日本で進学するための

総合日本語
文法と表現

EJU, JLPT, 大学独自試験対応

A COMPREHENSIVE JAPANESE GRAMMAR FOR JLPT, EJU, AND VARIOUS JP.UNIV. ENTRANCE EXAMS

中国語訳・注釈付

CHAPTER 1	文法の基礎	1
CHAPTER 2	名詞	2
CHAPTER 3	動詞	3
CHAPTER 4	形容詞・形容動詞	4
CHAPTER 5	副詞・連体詞	5
CHAPTER 6	接続詞・感動詞	6
CHAPTER 7	助動詞	7
CHAPTER 8	助詞	8
CHAPTER 9	複文	9
CHAPTER 10	文型表現	10
CHAPTER 11	敬語	11
CHAPTER 12	口語	12

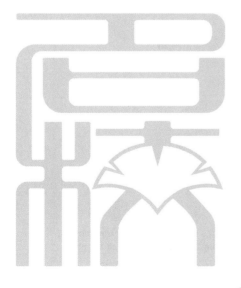

初級 | 中級 | 上級

名校教育

監修	陳 芨		
	馮 嘉卿		
編著	陳 芨		
	宋 衡		
	王 茜玥		
	鄭 爽		
校正	徐 一平		
	青柳 千佳		
イラスト絵	栗田 卓也		
	王 怡玮		
編集協力	加藤 理矢	高岩 万紗	柏原 節子
	佐藤 翼	邱 天涯	張 哲
	謝 天	徐 博晨	周 温文
	宋 陽	洪 漪	朱 婧依
	代 子安	海迪且・阿不来提	
	名美美術教育	名校情報技術部	名校志向塾学部文科部・VIP 部
ナレーション	打田 マサシ	亀中 理恵子	宮崎 綸
装丁・組版	上原 里美		
協力学校	名校教育日本語学校	国際善隣学院	
	東京外国語学院	東京巣鴨国際学院	
	専門学校アニメ・アーティスト・アカデミー		

Published by MEKO EDUCATION GROUP Co.,Ltd
Dai-san Yamahiro Bldg. 2F, 4-1-1, Kita-Shinjuku, Shinjuku, Tokyo 169-0074, Japan
ISBN978-4-909907-28-8
First published 2021

序

由名校教育集团编写的『日本で進学するための総合日本語 文法と表現』（中文版：《中日双语辅导教程 综合日语 语法与句型》）一书终于问世了。名校教育集团即“名校志向塾”，塾乃进行教育的地方，即学校。从小学到大学都可以叫“塾”。在日本，“庆应义塾大学”可谓“塾”里面的佼佼者。“名校志向塾”顾名思义，就是为帮助留学日本的众多中国留学生考入自己心仪的名牌大学而兴办的学校。2017年，笔者在日本访学期间，曾有机会拜访该校的创建者和几位主要领导层的成员。谈话之间，笔者了解到了几位年轻人为广大中国留学生开办此学校的真知灼见和他们卓有成效的办学效果。在他们位于日本东京都最繁华的新宿区的校舍墙壁上，贴满了当年如愿以偿考上了日本各名校的学员名单。当他们向我展示他们自己的教学成果时，其欣喜的心情溢于言表，也着实让我为他们感到高兴。据说，目前在东京抑或是在日本其他各地，这样的预备校已经比比皆是，但“名校志向塾”是其中的先行者。回想起笔者30多年前留学日本时，身边有许多想报考日本名牌大学，或读完本科想继续升入更好的大学攻读硕士研究生的学子，都苦于没有人给予相应的辅导和启迪，从而未能如愿。也真想为现在的留学生们，向“名校志向塾”以及和名校志向塾一样的各预备校的创建者和经营者们表示衷心的感谢。

为办好这所学校，也为给自己的学员们提供更多的学习资源，迄今为止，名校教育集团编写了许多教材和教辅材料。此次出版的『日本で進学するための総合日本語 文法と表現』也是其中的一本。在编写过程中，编写组负责人委托笔者对书稿予以审订。尽管笔者对他们的教学对象的具体情况不甚了解，担心难以做到精准的把关，但笔者出于自己原来的留学经历，也想为留学事业做点事情，就欣然答应了。

经过在这一阶段修订过程中的交流，笔者感觉到名校教育集团自己的编写队伍是一支非常有干劲且朝气蓬勃的编写队伍。他们在名校教育集团教研负责人陈芨先生的带领下，工作认真、效率高，而且非常虚心好学。他们可能原本并不都是日本语言专业或日语教育专业的专业人员，在编写过程中，遇到了很多难题，包括国外日语教学不同于国内专业教学习惯，有许多需要在国外日语教学与国内日语专业教学之间进行协调的地方，等等。但是一经指点便能举一反三，很快地反映到修改稿中。能在如此短暂的时间内完成书稿，不能不让笔者对这样一个年轻有为的群体表示钦佩。

从本书的内容来看，笔者以为有如下几大特点。

一是针对性。编者明确地提出，以在日本留学的中国留学生及以进入日本大学为目标的学生为对象而开发并编写。他们在教学中实际感觉到，目前大多数到日本来求学的留学生，很多都是没有经过日语专业训练的学生，甚至很多学生还是自学的。这些学生在日语学习过程中没有很好地学习过语法，所以在日语学习中或者是在升学考试中，都在语言能力测评方面遇到了某种困难。“语法”是一种语言的结构方式，构成语法教学的内容，是由前人总结和归纳出的反映该语言结构规律的总和。语言教学中不能一味地死抠语法，但是好的语法教学也可以使语言习得收到事半功倍的效果。

二是系统性。对于留学生在日语学习中应该掌握哪些语法内容，名校教育集团的教师们从自己的教学实践出发，总结出了一套适合其教学对象的语法系统。本书内容就包括了语法基础、各个词类以及复句、句型表达方式、敬语、口语等在内的12个章节的内容，可以说涉及语法教学的方方面面，为学习者提供了一个既充实又系统的语法教学内容。

三是实践性。语法教学最忌讳的就是单纯地讲解语法概念，而没有活生生的语言实践。这样的教学，即使学生记住了再多的语法概念和语法规则，如果没有实际的语言运用，也不可能提高学生的语言综合运用能力。本书在讲解日语语法时，大量地列举了许多真实的语言示例，使学生在实际的语言运用中理解语法并掌握语法。特别是编者使用了大量的篇幅编写了第10章“句型表达方式”。其实很少有语法书会有专门讲解“句型表达方式”的部分。因为从严格意义上来讲，它既不属于“词法（研究词类以及各种词类的构造、变化等内容）”，也不属于“句法（研究句子的结构与类型，如主谓句、被动句、单句、复句等内容）”，而且日语教学中许多被称为“句型”的内容在词典中也查不到。这样就给学习者带来了许多困难。本书的编者知难而进，编写了这一章节，内容非常充实，实为难能可贵。

四是趣味性。现在的留学生大都已是21世纪以后出生的，他们成长于数字化时代和动漫时代。为了满足这些学生的需求，本书编者在语法教学中插入了许多生动的漫画和插图，可以让学习者真正体会到“快乐学习”的乐趣。

总之，本书凝聚了名校教育集团各位教学、管理人员的心血，也是他们多年教学成果的一个总结。我相信本书的出版一定会提高广大留学生们的日语学习能力。同时，也祝愿名校教育集团能够进一步发展壮大，为培养出更多的优秀留日学子，为促进中日两国人民的相互理解做出更大的贡献。

中国日语教学研究会名誉会长

北京外国语大学教授

徐 一平

2020年12月于北京

はじめに
前言

この本は、将来日本への留学や日本の大学への進学を目指して日本語を学んでいる学生にとって「本当に必要な文法知識とは何か」を考えることによって生まれました。

本书面向正在学习日语的学生，特别针对以日本留学及进入日本大学为目标的学生开发完成，旨在探讨一个核心概念：对于学生来说“真正需要的语法知识是什么”。

現在の日本語教育界において、日本語学習者（JLPT、高考（中国）、日本の大学への留学を目的とした学習者）にとって、文法を体系的に学ぶ機会はほとんどありません。しかし、日本の大学に入学するにあたって受験しなければならない日本留学試験（EJU）や大学独自試験は、学術的な用語が多い上、高度な読解力や聴解力が求められています。そういった読解力や聴解力を身につけるには、論理性のある文法力の養成が極めて重要だと我々は考えます。

在当今日本语教育界，对于学习日语的学习者（以参加JLPT（日本能力考试）、高考日语、或以来日本留学为目标的学习者）来说，几乎没有很系统及成体系地学习日语语法的机会。但是，当参加日本留学考试（EJU）及日本各大学自主考试时，除了需要了解学术用语以外，阅读理解及听力理解水平的整体要求也很高。对此我们认为，培养具备高度逻辑性的语法能力至关重要。

当校、名校志向塾では、日本語文法講義（基礎文法とEJU予備文法）を塾の日本語教育並びに大学受験対策システムの大前提に位置づけております。当塾では年間4800人の学生が学んでいますが、入門レベルであれ、難関国公立志望であれ、また大学・大学院の志望を問わず、まず我々の日本語文法講義を受講します。そこで、文法・文型のルールを体系的に、かつ徹底的に学び、文法構造を理解します。そういった文法教育を基礎に置くからこそ、後期にはハイレベルな大学独自試験や小論文に対応しうる日本語力が育っていきます。

在我校名校志向塾，“日语语法课程”（基础语法及EJU预备语法）一直处于校内日语教育及大学应试课程体系中最核心最根本的地位。在我校，年均约4800名学生参与学习，不管是正在学习初级课程的群体，还是目标国立和公立院校、正在备考大学或研究生院的群体，都会选修日语语法课程。在此课程中，系统性地学习日语语法及句型规则，以求彻底理解日语语法结构。并以此为根基，在后期培养学生具有可应对一流大学自主招生考试及小论文的日语能力。

本書は、名校志向塾の文法講義に基づいて日本語文法を体系化したものです。品詞や文型表現等の基礎をおさえた上で、中上級の例文や文法項目の実践を通して、EJU、大学独自試験等の難易度に対応していきます。更に本書では、通常の日本語教育における「日本語教育文法」と、日本国内で日本人が勉強する「国文法」との両方に基づいて解説されている点が大きな特徴です。「助動詞」は、日本語教育では扱われませんが、日本語を理解するうえで非常に重要な要素であり、本書ではこれについても詳しく説明されています。外国人向けではないと指摘されている国文法ですが、確立された体系により中国の大学の日本語科や韓国の学校では重要視されています。表現や実践に注目した日本語教育文法と合わせて勉強すれば、よりハイレベルな日本語が身につけられることが期待できます。

本书以名校志向塾"日语语法课程"为基础，将其体系化整理而成。以品词（词类）及句型表现为核心，配以中高级例句及语法实例加以演绎，可对应EJU及大学自主考试等的难度。本书的一大特点，是结合了外国人日语教育中的"日语教育语法"及日本本土母语者学习的"国文法"。以"助动词"为例，它在日语教育体系中一般不会提及，但对于日语理解却是一大重要板块，本书中也有详细的说明。"国文法"虽然一般被认为不适合外国人学习日语时学习，却因其系统化的语法结构，在中国大学的日语专业及韩国的学校中一直以来受到重视并采用。可见，如将注重实践和表达的日语教育语法与之融合，日语学习会获得更高层次的效果。

更に、単調になりがちな文字だけの説明に加え、当校グループ校の専門学校アニメ・アーティスト・アカデミーの講師兼漫画家である栗田卓也と名美美術教育のOE（ペンネーム）によるマンガやイラスト絵を用いることで「文法も楽しく勉強できる」ことを目指しています。高校生活を送っている学生も、進学受験生も、基礎固めから、大学入試レベルへと進んでいけるしっかりした日本語文法力を身につけるために、この本を大いに活用していただきたいと思います。

与此同时，为避免全篇仅文字说明易造成的空乏单调，名校教育集团旗下的专门学校动漫艺术学院（Anime Artist Academy）的讲师兼漫画家栗田卓也和名美美术教育的OE（笔名）也专为本书绘制漫画插图，力争为大家打造"快乐学语法"的全新学习体验。不管是正在读高中的同学，还是正积极准备应试的考生，通过对本书的学习，都能打好足以应对大学入学考试的牢固基础。

最後に、本書の出版にあたって、我々の趣旨をご理解いただき、完成まで多大なるご協力と助言を頂きました、北京外国語大学の徐一平教授には心からお礼申し上げます。

最后，在本书出版之际，特别感谢北京外国语大学徐一平教授在本书编撰过程中为我们提供了极大帮助及宝贵的意见。

一人でも多くの日本語学習者とご指導にあたる先生方のお役に立つことを心より願いつつ作成致しました。不十分な点もあるかと思いますが、お気づきの点、ご意見等頂ければ幸いです。

希望本书能够为更多的日语学习者及指导教师们提供帮助。本书难免有不完备之处，欢迎提出宝贵意见。

本書の特色

本书的特色

◇専門的で学術的な内容が多い入試日本語（EJUや大学独自試験）を目標にした文法体系。中国国内高校での勉強や、JLPT受験にも配慮。

◇针对专业及学术内容较多的应试日语（EJU或大学自主考试）语法体系。同样适用于中国国内高中日语的学习及JLPT应试。

◇中国語の訳または注釈を通じて、初級レベルの学生も文法のポイントを理解できる。

◇附有中文译文（部分为直译）及注释，即使尚处日语初级水平的学生也能轻松理解语法点。

◇文法と文の構造に分けて説明する。文法では、日本国内で使用されている国文法も取り入れ、多角的な視点から文法構造を明らかにする。文の構造は複文と文型表現に着目。

◇语法与句法分开说明：语法部分的解说引入了日本国内使用的"国文法"，从多方视角对语法结构进行剖析；句法部分着重讲解复句及句型表达。

◇初級と、中上級の二つのレベルに分けた例文。姉妹編「EJU日本語単語・語彙10000語」からも多くの例文を引用し、EJU日本語の難易度を表す。

◇例句分为初级及中高级。部分例句来自姐妹篇《日本留学考试（EJU）系列 日语单词词汇10000词》，体现EJU日语的难易程度。

◇章末に設ける文法項目の実践では、EJU過去問や、トップ大学の留学生入試問題等を通じ、実際の試験に出る文章の難易度や実際の受験者のレベルを確認できる。

◇章末设有语法条目的运用部分，通过来源于EJU真题及顶级大学的留学生考试真题等确认实际考试中出现的日语文章的难易程度及考生的水平。

◇プロの漫画家とイラストレーターによる多くのイラスト絵で、単調な文法に楽しさをもたらす。

◇配有专业级漫画家及插画家绘制的大量的插图，语法学习将不再单调！

本書の使い方

本书的使用方法

1. 基本的な構成　基本构成

本書は、留学・進学に必要な日本語文法を5部で構成しています。名詞・動詞のような品詞から、複文・文型などの文まで、更に敬語と口語といった表現など、全ての分野を網羅しているので、この1冊で文法を中上級まで固めることができます。

本书将留学、升学所需要的日语语法分为五个部分：囊括从名词、动词类的品词到复句、句型类的句法，再到敬语及口语的表达等。使用本书将有助于牢牢掌握从基础到中高级的日语语法。

PART1　文法の基礎　语法基础

日本語の文法で最初に理解しなければならない基礎知識と概念を学習します。

学习对于理解日语语法而言必要的基础知识及概念。

PART2　文法　语法

日本の国文法を参考に、日本語文法の表現等を加え、自立語と付属語の単語を一つ一つ見ていきます。

以日本“国文法”为参考，同时参照日语语法的表达等，将独立词及付属词的单词各个击破。

PART3　文の構造　句法

文の組み立て方法を複文の構造と文型表現で詳しく学びます。

通过复句的结构及句型表达详细学习日语的遣词造句。

PART4　敬語　敬语

日本語特有の敬語を学習します。　学习日语特有的敬语体系。

PART5　口語　口语

日本語特有の話し言葉の形や表現方法を学びます。　学习日语特有的口语词汇及表达方式。

2. 紙面配置などの説明　页面设置等说明

（1）章扉　章节扉页

そのchapterで学習する文法項目を概念とイラスト絵で示してあります。

以概念及插图展现本章所涉及的语法条目。

（2）本文　正文

文法項目の基本的な概念及び関連した様々な慣用表現等を説明しています。

说明语法条目的基本概念及各种相关的惯用表达。

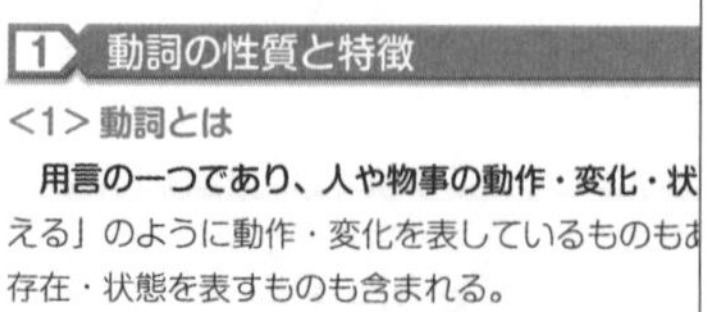
1 動詞の性質と特徴
<1> 動詞とは
用言の一つであり、人や物事の動作・変化・状
える」のように動作・変化を表しているものもあ
存在・状態を表すものも含まれる。

（3）例　例

文法項目を使った基礎レベルの例文です。

使用语法条目的基础例句。

きれいな花が咲く。　美丽的花盛开。
連文節　きれいな花が　文節　きれいな／花

（4）ADVANCED EJU etc.　ADVANCED EJU etc. EJU日本語または大学独自試験レベルの例文です。 EJU日语或大学自主考试等中高级别的例句。	ADVANCED(EJU etc.) 海外旅行の面白さは、「生活や文化の違 海外旅行有趣的地方就在于能接触到“不同的生活
（5）参照ページ　参考页 関連事項が掲載されているページを示しています。 关联事项的页面。	補助動詞（▶70ページ）があるように 力形容詞は、「て＋補助形容詞」の形
（6）脚注　脚注 本文の補足説明や注意点です。 正文的补充说明及值得注意的内容。	辞書形 ※1 ※1　動詞の辞書形は、国文法の終止形である。
（7）POINT　POINT 文法項目の重要な箇所やまとめ等を示しています。 语法条目的重要部分汇总。	POINT　「ーーさ」と「ーーみ 形容（動）詞は「さ」「み」をつけることで、名詞にすることができる。二つの形式は違いがある。
（8）COLUMN　COLUMN 文法項目に関連して補足的な情報です。 语法条目相关的补充内容。	COLUMN 的なものを表す名詞が「がする」と連なる。 感或某种直觉的词。
（9）MORE　MORE 文法項目に関連して補足的・発展的な情報です。 语法条目相关的拓展内容。	MORE　「たい」「たがる」について 「たい」は主観的な願望を表すのに対し、「たがる」 見える」といった、推量の要素が含まれている。 「たい」表示主观的愿望，「たがる」含有推测的成分，表示
（10）文法項目の実践　语法条目的运用 各CHAPTERで学習した文法項目が実際どのように入試課題文等で使われるのかを示しています。過去のEJU日本語読解や聴解、そして有名大学筆記試験での課題文などの形式の文章があります。これらの素材を通じて、進学するための入試難易度を理解することができます。 展示各章节学习的语法条目在实际应试考题当中的具体运用。文章源于EJU日语读解、听力真题及著名大学笔试的各类考题。通过这些素材，可以更好地理解升学的应试难度。	文法項目の実践 私は早稲田大学で社会科学の学問を勉強し、アジア ともなう諸問題に解決や改善の提案を出来る人材にな 中国のニュースでよく留守児童の報道が見られる。 に行くことにより、子供達は一人で、または祖父母と いる。私も幼い頃、短い期間だが実家で約一年間そう
（11）イラスト絵　插图 マンガ・イラスト絵によって関連知識を表現しています。 通过漫画、插图表现相关知识。	

3. 音声と確認問題　音频及确认试题

本書に収録されている例文は、全てグループ校である専門学校アニメ・アーティスト・アカデミーの協力を得て、プロの現役アナウンサーや声優によって吹き込まれた音声を聞くことができます。更に、ポイントごとに確認問題を作成してあります。

専用のページから音声ファイルの再生や、学習度に合わせたテストを受けることができます。それにより、より手軽に自身の理解度をチェックすることができるだけでなく、反復的な復習を行うことで、より高い学習効果が期待できます。

本书所收录的例句音频全部由名校教育集团旗下的专门学校动漫艺术学院（Anime Artist Academy）的现役声优老师协作录制。同时还将配以针对各部分知识点的确认试题。

通过播放专用页面的音频，即可参加和学习进度配套的考试。这样不仅可以及时把握自身对于学习内容的理解程度，还可通过反复练习获取更好的学习效果。

4. 登場キャラクター紹介　登场人物简介

張さん（中国人・留学生）　小张（中国留学生）

有名大学への入学を目標に日本で留学中。ややそそっかしいが真面目な好青年で家族思い。 大学卒業後はジャーナリストになりたいと思っている。

以进入知名大学为目标，目前正在日本留学。虽然有点冒冒失失，但还是一位认真的好青年，常常思念家里。志向是大学毕业后成为一名记者。

アオイさん（日本人・大学生）　小葵（日本大学生）

日本の大学生で張さんの憧れの女性。国際交流イベントを通じて出会った。お嬢様で優しい性格だが、同時に活発で行動力もある。現在中国語も勉強中。

日本大学生，与小张在国际交流活动中相识，是小张暗恋的对象。虽然是个性格温婉的女孩子，但同时也很活泼，执行力也很强，现在正在学习中文。

ミナミ先生（日本人・先生）　南老师（日本教师）

張さんの通う日本語学校の先生。一見頼りないが、非常に優れた教育力を持ち、数多くの学生を一流大学合格に導いた。

小张所在日语学校的老师。虽然看上去好像没有那么可靠，其实作为老师非常优秀，已经成功指导很多同学考人了一流大学。

5. 本書で使う記号　本书所使用的符号

名詞	N
五段動詞	V（五段）
一段動詞	V（一段）
カ変動詞	V（カ）
サ変動詞	V（サ）
サ変動詞の名詞部分	する動詞
動詞辞書形	V辞
動詞連用形	V~~ます~~（「ます」に連なる場合）
動詞未然形［否］	V否
動詞意志形［意］	V意
動詞仮定形	V仮
動詞ます形	Vます
動詞て形	Vて

動詞た形	Vた
動詞可能形	V可能
動詞普通形	V[普]
形容詞辞書形	A
形容詞語幹	A~~い~~
形容詞語幹＋く	A~~い~~く
形容詞過去形	A~~い~~かった
形容詞仮定形	A~~い~~ければ
形容動詞語幹	NA
形容動詞＋な	NAな
普通形	[普]
丁寧形	[丁]
銀杏マーク	本文中国語解説の印

6. 大学合格に必要な日本語レベル一覧表　录取大学的日语水平标准一览表（以近年实际录取学生为参考）

目標 大学入試（留学生入試） 国公立	私立	EJU	JLPT	高考日本語	本書の文法（※1）
東京大学・一橋大学・東北大学・名古屋大学・北海道大学・東京医科歯科大学		360+	N1+（※2）		★
東京外国語大学・筑波大学・東京工業大学・京都大学・小樽商科大学・お茶の水女子大学	慶應義塾大学・順天堂大学	350+	N1+		★★
大阪大学・横浜国立大学・東京都立大学・千葉大学・九州大学	国際基督教大学	340+	N1+		★★★

群馬大学・信州大学・埼玉大学・佐賀大学・大阪府立大学・電気通信大学・名古屋工業大学・横浜市立大学・金沢大学	早稲田大学・上智大学・学習院大学・立教大学・青山学院大学	330+	N1		★★★
東京藝術大学・神戸大学・宇都宮大学・長崎大学・大阪教育大学・岡山大学・東京学芸大学・東京海洋大学・高知県立大学	明治大学・中央大学・法政大学・東京理科大学・同志社大学・立命館大学・関西大学・関西学院大学・東京歯科大学	320+	N2-N1		★★★
高崎経済大学・山梨大学・富山大学・室蘭工業大学・山形大学・県立広島大学・宮崎公立大学・滋賀大学・福井大学・山梨県立大学・北九州市立大学・香川大学	芝浦工業大学・専修大学・日本大学・近畿大学・工学院大学	310+	N2-N1		★★★
秋田大学・静岡大学・福岡女子大学・広島市立大学・岩手大学・弘前大学・下関市立大学・豊橋技術科学大学	東京電機大学・東洋大学・関西外国語大学・駒沢大学・国学院大学・京都外国語大学・女子美術大学	300+	N2		★★★
長野大学・宮城大学・和歌山大学・奈良教育大学・大分大学・長野県立大学	武蔵野大学・桜美林大学・京都産業大学・龍谷大学	290+	N2		★★★
愛知大学・福井県立大学・兵庫県立大学・愛知県立大学・静岡県立大学・尾道市立大学・琉球大学・長崎県立大学	大阪芸術大学・東京都市大学・中京大学・神奈川大学	280+	N2		★★★
岡山県立大学・京都府立大学・福島大学・公立鳥取環境大学・高知大学・滋賀県立大学	成城大学・国士舘大学・千葉工業大学・東海大学・千葉科学大学・桜美林大学・神奈川歯科大学・国際医療福祉大学	270+	N3-N2		★★★
	東京農業大学・関東学院大学・大東文化大学・湘南工科大学・名城大学・大阪経済大学・帝京大学・大阪産業大学・神奈川工科大学	260+	N3-N2		★★★
	多摩美術大学・武蔵野美術大学・東京造形大学・拓殖大学・亜細亜大学・東京工科大学・中央学院大学・東京情報大学	240+	N3-N2	高考	★★★
	東京工芸大学・京都精華大学・京都芸術大学	220+	N3-N2	高考	★★★
			N3	高考	★★★
			N5-N4	高考	★★★

※1 本書が対応する日本語レベル。★は対応の程度を表す。

※2 EJU日本語とJLPTは厳密な対応ではない。N1の一部の普段使わない文法は、EJUではほとんど見られないが、EJUで高得点をとるために求められるアカデミックな読解力・聴解力がN1より上回っている意味で、「N1+」としている。

※1 本书所对应的日语水平。★表示所对应的程度。

※2 EJU日语和JLPT并不能严丝合缝地对应。N1中一部分平时很少使用的语法，在EJU考试中几乎不会出现。但如果想要在EJU考试中获得高分则需要具备N1水平之上的学术日语读解和听解能力，所以EJU日语高分阶段标记为“N1+”。

7. 専用サイト（音声・確認問題・最新情報・お問い合わせ＆意見）

专用页面（音频、确认试题、最新信息、反馈和意见）

専用サイトでは、本書に関する最新情報の確認、音声・確認テストを利用することができます。本書の復習やリスニング学習に最適！

在以下页面可以获取与本书相关的最新信息，并可以使用音频或参加确认考试。非常推荐使用以下页面进行复习或进行听力学习！

www.mekoedu.com/grammar

▶目次 目录 CONTENTS

序 序文 …… iii
はじめに 前言 …… v
本書の特色 本书的特色 …… vii
本書の使い方 本书的使用方法 …… viii
目次 目录 …… xii

PART1 文法の基礎 语法基础
CHAPTER 1 文法の基礎 语法基础 …… 1

PART2 文法 语法
CHAPTER 2 名詞 名词 …… 25
CHAPTER 3 動詞 动词 …… 43
CHAPTER 4 形容詞・形容動詞 形容词・形容动词 …… 123
CHAPTER 5 副詞・連体詞 副词・连体词 …… 147
CHAPTER 6 接続詞・感動詞 接续词・感叹词 …… 163
CHAPTER 7 助動詞 助动词 …… 174
CHAPTER 8 助詞 助词 …… 221

PART3 文の構造 句法
CHAPTER 9 複文 复句 …… 259
CHAPTER 10 文型表現 句型表达 …… 305

PART4 敬語 敬语
CHAPTER 11 敬語 敬语 …… 451

PART5 口語 口语
CHAPTER 12 口語 口语 …… 463

付録 附录 …… 487
索引 索引 …… 489

CHAPTER 1 PART1 文法の基礎

文法の基礎

言葉が意味を持つものとして成り立つためには、一定のルール・きまりが必要である。そのルール・きまりを文法と呼ぶ。「文法の基礎」では、日本語の文法で最初に理解しておきたい基礎知識、すなわち基礎的なルール・きまりを日本語学習者に向けてわかりやすく説明する。

语言要准确达意，必须遵守一定的规则。该规则被称为语法。本章“语法的基础”将向大家浅而易懂地介绍日语语法学习中必须要掌握的基础知识及规则。

CHAPTER 1

文法の基礎

1 言葉の単位

「言葉」の大きさを表すために**「言葉の単位」**が用いられる。言葉の単位には、大きい順に**文章・段落・文・文節・単語**の五つがある。

日语的语言单位从大到小依次分为文章、段落、句子、文节（句节）、单词。

文章：いくつもの文が集まっている最も大きな言葉の単位
文章，是由很多句子组成的独立成篇的文字，是语言的最大单位。

段落：文章を内容で区切った一つのまとまり
段落，是将文章按内容分隔开的独立的部分。

文　：句点（。）で終わるまとまった1つの意味があるもの
句子，是以句号结束的具有独立完整意思的一句话。

文節：文をできるだけ短く区切った意味のあるもの
文节，是将句子尽可能切分后的有独立意义的词的组合。

単語：ことばとして一番小さな単位
单词，是语言的最小单位。

<1> 文章

文章とは、**一つのまとまりのある内容を表した言葉の集まり全体**をいう。文章はことばの単位の中で最も大きいものである。たとえば、一本の論文、一編の小説、一つの詩、あるいはEJU読解問題の中の一つの読解文が一つの文章になる。

文章是表达某一完整内容的一篇文字的总和。文章为文字语言最大的单位，可以是一篇论文、一篇小说、一首诗等，当然也可以是EJU读解问题中的一篇阅读文章。

<2> 段落

段落とは、**長い文章を内容ごとに区切ったひとまとまり**である。日本語の書き言葉では、段落の最初を全角一文字空けるのが普通である。

段落是将文章按内容分隔开的具有一个相对完整意思的部分。日语每一段落段首空一格。

<3> 文

文とは、**句点（。）によって区切られた一続き**の言葉をいう。文の終わりには必ず句点が打たれる。文がいくつか集まることによって段落、さらに文章になる。

句子是以句号结束的具有独立完整意思的一句话。数个句子可组成一个段落，并进而组成一篇文章。

文の種類	特徴	例文（一つの文）
名詞文　名词句	名詞が述語になる	私は**学生**です。
形容詞文　形容词句	形容詞が述語になる	先生は**優しい**です。
	形容動詞が述語になる	東大は**有名**です。
動詞文　动词句	動詞が述語になる	夏が**来ました**。

<4>文節

文はさらに小さな部分（文節）に分けることができる。**文節**とは、**文を実際の言語として不自然にならない程度（意味が通じる）にできるだけ短く区切った一区切り**をいう。文節は単語と文との中間にある単位である。

文节是将句子按照实际的语言尽可能切分后的有独立意义的词的组合。文节这一单位介于句子和单词之间。

僕（ぼく）は昨日から日本語の勉強を始めました。（一つの文）

僕は①／**昨日から**②／**日本語の**③／**勉強を**④／**始めました**⑤。（五つの文節）

我从昨天开始学日语了。

「文節」を分けるとき、１文節の中には１自立語しかないというルールがある。自立語とは、「名詞」、「動詞」、「形容詞」、「形容動詞」、「副詞」、「連体詞」、「感動詞」、「接続詞」の８つ。つまり「助詞」、「助動詞」以外は全て「自立語」だ。「助詞」、「助動詞」は付属語である。

在划分“文节”时，基本规则为一个文节中有一个且只能有一个独立词。所谓独立词包括“名词、动词、形容词、形容动词、副词、连体词、感叹词、接续词”八种。也就是说除“助词、助动词”以外全部是“独立词”。“助词、助动词”是附属词。

連文節：連続した**二つ以上の文節がひとまとまりになって一つの成分として働く**もの。

连文节，连续的两个以上的文节结合形成的一个独立的句子成分。

きれいな花が咲く。　美丽的花盛开。

連文節 きれいな花が　**文節** きれいな／花が

咲いているのは**桜の花だ**。　盛开的是樱花。

連文節 桜の花だ　**文節** 桜の／花だ

花が**夏の野山（のやま）に**咲いている。　花在夏天的野山上绽放。

連文節 夏の野山に　**文節** 夏の／野山に

ADVANCED(EJU etc.)

貧困層(ひんこんそう)の人々は、毎日の飢(う)えを どうにか**凌(しの)いでいた。**

連文節	**貧困層の人々は**	文節	貧困層の/人々は
連文節	**毎日の飢えを**	文節	毎日の/飢えを
連文節	**凌いでいた**	文節	凌いで/いた

贫困阶层的人们每天都在忍受着饥饿。

水泳(すいえい)や自転車(じてんしゃ)などは、一度学習(がくしゅう)すれば、**かなり長期間(ちょうきかん)**スキルが保持(ほじ)される。

連文節	**水泳や自転車などは**	文節	水泳や/自転車などは
連文節	**かなり長期間**	文節	かなり/長期間

游泳和骑自行车等，一旦学会了就很长时间都不会忘记。

<5> 単語

単語とは、文節をさらに分けた、**これ以上分けることができない一番小さな言葉の単位**である。単語は、「**名詞・動詞・形容詞・形容動詞・副詞・連体詞・接続詞・感動詞・助詞・助動詞**」という10個の品詞に分類することができる。

日语的单词分类被称为“品词分类”，共分为“名词、动词、形容词、形容动词、副词、连体词、接续词、感叹词、助词、助动词”十种。

僕①/は②/昨日③/から④/日本語⑤/の⑥/勉強⑦/を⑧/始め⑨/た⑩。

(10個の単語)

①名詞 ②助詞 ③名詞 ④助詞 ⑤名詞 ⑥助詞 ⑦名詞 ⑧助詞 ⑨動詞 ⑩助動詞

僕は①/昨日から②/日本語の③/勉強を④/始めた⑤。**(五つの文節)**

言葉の単位	具体的な例(『日本留学試験(EJU) 実戦問題集 記述・読解 vol 1』
文章	会社にはいろいろな個性を持つ人がいて，世代も違えば物事の捉え方や感じ方にも大きな違いがある。 しかし，それでいいのだ。それぞれの持つ個性が多様であることはむしろ大きな力となる。もちろん一人ひとりが好き勝手をやっていたら仕事にならないが，個性を生かしつつそれぞれの持つベクトルを合わせて会社全体の力としていければ，大きな成果を生む。多様な個性があるということは，それだけ可能性があるということなのだ。

段落	**段落1**：会社にはいろいろな個性を持つ人がいて，世代も違えば物事の捉え方や感じ方にも大きな違いがある。 **段落2**：しかし，それでいいのだ。それぞれの持つ個性が多様であることはむしろ大きな力となる。もちろん一人ひとりが好き勝手をやっていたら仕事にならないが，個性を生かしつつそれぞれの持つベクトルを合わせて会社全体の力としていければ，大きな成果を生む。多様な個性があるということは，それだけ可能性があるということなのだ。
文	**文1**：会社にはいろいろな個性を持つ人がいて，世代も違えば物事の捉え方や感じ方にも大きな違いがある。 **文2**：しかし，それでいいのだ。 **文3**：それぞれの持つ個性が多様であることはむしろ大きな力となる。 **文4**：もちろん一人ひとりが好き勝手をやっていたら仕事にならないが，個性を生かしつつそれぞれの持つベクトルを合わせて会社全体の力としていければ，大きな成果を生む。 **文5**：多様な個性があるということは，それだけ可能性があるということなのだ。
文節	会社には/いろいろな/個性を/持つ人が/いて/，世代も/違えば/物事の/捉え方や/感じ方にも/大きな/違いが/ある。 しかし/，それで/いいのだ/。それぞれの/持つ/個性が/多様で/ある/ことは/むしろ/大きな/力と/なる/。もちろん/一人ひとりが/好き勝手を/やって/いたら/仕事に/ならないが/，個性を/生かしつつ/それぞれの/持つ/ベクトルを/合わせて/会社全体の/力と/して/いければ/，大きな/成果を/生む/。多様な/個性が/あると/いう/ことは/，それだけ/可能性が/あると/いう/ことなのだ。
単語	会社/に/は/いろいろな/個性/を/持つ/人/が/い/て/，世代/も/違え/ば/物事/の/捉え方/や/感じ方/に/も/大きな/違い/が/ある。 しかし/，それ/で/いい/の/だ/。それぞれ/の/持つ/個性/が/多様/で/ある/こと/は/むしろ/大きな/力/と/なる/。もちろん/一人ひとり/が/好き勝手/を/やっ/て/い/たら/仕事/に/なら/ない/が/，個性/を/生かし/つつ/それぞれ/の/持つ/ベクトル/を/合わせ/て/会社/全体/の/力/と/し/て/いけれ/ば/，大きな/成果/を/生む/。多様な/個性/が/ある/と/いう/こと/は/，それだけ/可能性/が/ある/と/いう/こと/な/の/だ。

2 文の成分

<1> 文の成分

文節の働きによって、文を異なる成分に分けることができる。具体的に**主語・述語・修飾語・接続語・独立語**という五つの種類がある。

主語と述語は**文の骨組み**となる。

日语句子成分按具体作用可以分为主语、述语（谓语）、修饰成分、接续成分、独立成分五类。其中主语和述语（谓语）是句子的核心部分。

主語　：「何が（だれが）」に当たる文節。
主语，表示句子陈述的对象，可以是“人”或“物”。

述語　：「どうする・どんなだ・何だ・ある（いる）」に当たる文節。
谓语，在句子中表示“怎么做、怎么样、是什么、有”等内容。

修飾語：ほかの文節を詳しく説明する文節。
修饰成分，对其他文节进行详细说明，起修饰作用。

接続語：前後の文や文節をつなぎ、関係を表す文節。
接续成分，连接前后句子或文节，表示前后关系。

独立語：文中のほかの文節から独立している文節。
独立成分，不依赖句子中其他文节而独立存在的文节。

文の成分	機能	例
主語	文の主題や動作の主体を示す **「誰が」「何が」**	**私は**　中国人だ。我是中国人。**「誰が」** **花が**　咲く。　花开。　**「何が」**
述語	主語を詳しく説明する **「どうする」「どんなだ」** **「何だ」「ある（いる）」**	花が　**咲く。**　开花。　**「どうする」** 花は　**きれいだ。**花美。　**「どんなだ」** これは　**花だ。**　这是花。　**「何だ」** 花が　**ある。**　有花。　**「ある（いる）」**
修飾語	あとの部分を詳しく説明する **「いつ・どこで・なにを・どのように・どうして」**など	これは　**きれいな**　花だ。　**「どんな」** 这是美丽的花。 花が　**きれいに**　咲く。　**「どのように」** 花开得很美。 **真面目（まじめ）に**　勉強する。　**「どのように」** 认真地学习。
接続語	前後の文・文節を結びつけ， **順接・逆接・累加・並立**など の意味を示す	日本語**または** 英語で答える。　**並立** 用英语或者日语回答。 **寝坊（ねぼう）したから、**遅刻した。　**順接** 因为睡过头了，所以迟到了。
独立語	**感動・呼びかけ・応答・提示** などの意味を表す	**ああ、**幸せだな。　**感動** 啊，好幸福。 **李さん、**一緒に頑張ろう！　**呼びかけ** 小李，我们一起努力吧！ **はい、**頑張ります。　**応答** 好，我会努力的。 **名校志向塾、**夢が叶ったところだ。**提示** 名校志向塾，是你圆梦的地方。

文節相互の関係：一つの文にいくつかの文節があり、文節同士はさまざまな関係で結びついている。その結び方（文節相互の関係）には、次のような種類がある。

一个句子中有若干文节存在，文节之间是通过各种关系联系在一起的，其相互关系主要分为以下几种。

主・述の関係 主谓关系	**雨が**　**降る**。　下雨。 **主語**　**述語**
修飾・被修飾の関係 修饰与被修饰关系	**強い**　**雨が**　大量に降る。　暴雨下得很大。 **修飾語**　**被修飾語**
接続の関係 接续关系	雨が**降ったので**、**試合(しあい)が延期(えんき)された**。　由于下雨，比赛延期了。 **接続語**　**順接の関係**
独立の関係 独立关系	**あら**、雨が降ってきたわ。　啊，下起雨来了。 **独立語**
並立の関係 并列关系	**雨や**　**風が**強くなりそうだ。　看起来风和雨要变大了。 **並立の関係**
補助の関係 补助关系	雨が**降って**　**いる**。　雨正在下。 **補助の関係**

COLUMN

連体修飾語・連用修飾語

連体修飾語：体言（名詞）を修飾する修飾語。中国語の「定語」に相当する。

连体修饰成分，是修饰体言（名词）的修饰成分，相当于中文中的“定语”。

① **強い**　**雨**
連体修飾語　名詞
▶「雨」是名词，「強い」作为“连体修饰成分”对「雨」进行详细说明。

② **雨の**　**日**
連体修飾語　名詞
▶「日」是名词，「雨の」作为“连体修饰成分”对「日」进行详细说明。

連用修飾語：用言（動詞・形容詞・形容動詞）を修飾する修飾語

连用修饰成分，是修饰用言（动词、形容词、形容动词）的修饰成分。

① **とても**　**大きい**
連用修飾語　形容詞
▶「大きい」是形容词，「とても」作为“连用修饰成分”说明「大きい」的程度。

② **昨日**　**激(はげ)しく**　**降った**
連用修飾語　連用修飾語　動詞
▶「降った」是动词，「昨日」、「激しく」作为“连用修饰成分”分别说明动作的时间（いつ）和状态（どのように）。

連文節の場合は、その働きによって**主部・述部・修飾部・接続部・独立部**という５種類に分けられる。

连文节按其作用可以分为主语部分、谓语部分、修饰部分、接续部分、独立部分五类。

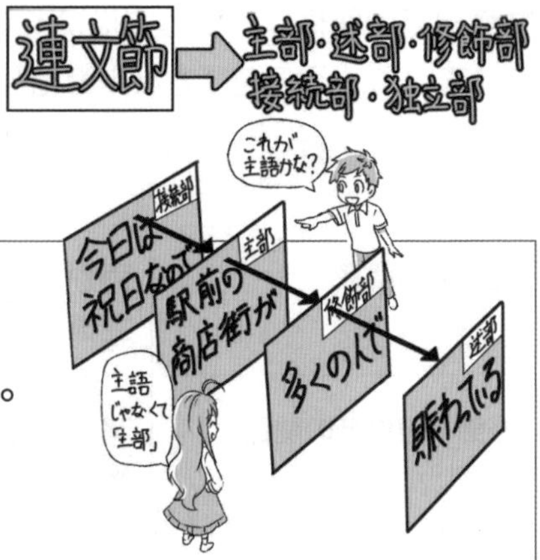

単文節	単文節	単文節	単文節
祝日(しゅくじつ)なので、	商店街(しょうてんがい)が	非常に	賑(にぎ)やかだ。
接続語	主語	修飾語	述語

因为是法定休假日，所以商业街非常热闹。

連文節	連文節	連文節	連文節
今日は祝日なので、	駅前(えきまえ)の商店街が	多くの人で	賑(にぎ)わっている。
接続部	主部	修飾部	述部

因为今天是法定休假日，所以车站前的商业街有很多人，特别热闹。

ADVANCED(EJU etc.)

始(はじ)めから　無理(むり)な目標を　立(た)てて　しまったら、計画(けいかく)の実行過程(じっこうかてい)で

（立てて：述語　しまったら：補助動詞）

接続部：始めから　無理な目標を　立てて　しまったら、
- 無理な（連体修飾語）　目標を（連用修飾語）
- 無理な（連体修飾語）　**目標を**（被修飾語）
- **立てて**（被修飾語）

修飾部：計画の実行過程で
- 計画の（連体修飾語）　**実行過程で**（被修飾語）
- 実行過程で（連用修飾語）

モチベーションが　下(さ)がって　しまう。

（モチベーションが：主語　下がって：述語　しまう：補助動詞）

主部：モチベーションが

述部：下がって　しまう。
- **下がって**（被修飾語）

从一开始就定下难以实现的目标的话，在实行计划的过程中积极性就会减退。

経済活動による　二酸化炭素(にさんかたんそ)の膨大(ぼうだい)な　排出量(はいしゅつりょう)は　自然(しぜん)の　吸収能力(きゅうしゅうのうりょく)を　超(こ)えて　いる。

（排出量は：主語　超えて：述語　いる：補助動詞）

主部：経済活動による　二酸化炭素の膨大な　排出量は
- 二酸化炭素の（連体修飾語）　膨大な（連体修飾語）　**排出量は**（被修飾語）

修飾部：自然の　吸収能力を
- 自然の（連体修飾語）　**吸収能力を**（被修飾語）
- 吸収能力を（連用修飾語）

述部：超えて　いる。
- **超えて**（被修飾語）

人们的经济活动产生了大量的二氧化碳，其排放量超过了大自然的吸收能力。

<2> 文の成分の位置

(1) 主語(主部)や修飾語(修飾部)は、述語(述部)の前にくる。

主语(主语部分)及修饰成分(修饰部分)一般在谓语(谓语部分)之前。

(2) 述語(述部)は文の終わりにくる。

谓语(谓语部分)通常在句子最后。

父が	**飛行機で**	**東京に**	**行った。**
主語	修飾語	修飾語	述語

(3) 主語(部)と修飾語(部)、また、修飾語(部)と修飾語(部)の位置は、入れ替えても差支えのない場合が多い。ただし、被修飾語(部)は必ず修飾語(部)の後に置く。

主语(主语部分)和修饰成分(修饰部分),或修饰成分(修饰部分)和修饰成分(修饰部分)的位置通常互换后也不会对句子整体意思产生影响。但被修饰成分(被修饰部分)必须在修饰成分(修饰部分)的后面。

主語	修飾語1	修飾語2	述語
父が	飛行機で	東京に	行った。
父が	東京に	飛行機で	行った。
飛行機で	父が	東京に	行った。
飛行機で	東京に	父が	行った。
東京に	父が	飛行機で	行った。
東京に	飛行機で	父が	行った。

上記のような、各成分の役割や意味が明確な文において、述語が一般的に文の最後にくるのに対して、ほとんどの場合主語や修飾語の並ぶ順序は入れ替えることができ、それらの順序によって文の論理的な意味が変わることはない。しかし、**修飾語は必ず被修飾語の前にくる必要がある。**

上述句子中,各句子成分所起的作用和意义相对明确,因此除谓语一般都在句子最后外,主语和修饰成分的位置比较灵活,即使互换也不会影响句子所要表达的逻辑关系。这也是日语本身一大特点,与中文重语序的特征有较大区别。但有一点需要注意,修饰成分的位置必须在被修饰成分之前。上述句子中的修饰语 1 和修饰语 2 都是用来修饰谓语的,所以无论位置怎样变化都必须放在谓语之前。

(4) 独立語(独立部)は文の最初にくることが多い。接続語(接続部)は文の最初、または文の途中にくる。

独立成分(独立部分)通常都在句子开头。接续成分(接续部分)一般在句子开头或句子中间。

寝坊したから、遅刻した。
接続語
因为睡过头了,所以迟到了。

李さん、一緒に頑張ろう!
独立語
小李,我们一起努力吧!

<3> 文の成分の倒置と省略

倒置：一般的に文末に来る述語（述部）がほかの成分の前に来る。（会話の中や強調したい時に用いられる）

本来应该出现在句末的谓语（谓语部分）被提到其他句子成分的前边。（通常用于强调时。）

> **おいしいね、このケーキは。**　好好吃啊，这个蛋糕。
>
> （おいしいね＝述語　このケーキは＝主語）

省略：話の場面や前後の言葉の関係で意味が適切にわかる場合、文の一部の成分を省くことがある。

在前后语境关系明确的前提下，句子中的一部分成分可以省略。

> 今日は何曜日ですか。（今日は）日曜日です。　**（主語の省略）**
> 今天周几？（今天）周日。
>
> 君は何しに日本へ（来ましたか）？　**（述語の省略）**
> 你为什么（来）到日本？
>
> 父が息子をほめ、母も（息子を）ほめた。　**（修飾語の省略）**
> 父亲夸了儿子，母亲也夸了（儿子）。

<4> 文の成分の照応

（1）主語（主部）と述語（述部）の照応

文としての意味が通じるためには、主語（主部）と述語（述部）がきちんと照応することが大切である。

句子要准确达意，就必须保证主语（主语部分）和谓语（谓语部分）正确搭配。

> ×**その理由は**、そもそも若者が高齢者の生活に関心を持っていないと**思っている。**
>
> （その理由は＝主部　思っている＝述部）
>
> 其理由是，我认为年轻人本来就不关心老年人的生活。

上記の文の主部と述部は適切に照応していない。主部が「何が」であれば、述部は「どうする」ではなく、「何だ」という内容にするべきである。その一方、述部が「どうする」であれば、主部を「誰が」にする必要がある。

以上句子里的主语和谓语没有形成相互搭配的关系。主语部分提出了句子的主体“什么”，所以谓语部分不应是“做了什么”而应该是“是什么”。反过来说，如果谓语部分是“做了什么”，则主语部分应该提出“谁”。可改为以下表达，形成主谓搭配。

○**その理由は**、そもそも若者が高齢者の生活に関心を持っていないという**ことだ。**

○**私は**、そもそも若者が高齢者の生活に関心を持っていないのが理由だと**思っている。**

（2）文の成分の位置と読点

文の成分の位置、または成分の間の読点の打ち方が適切でなければ、文の意味がはっきり捉えられなくなり、人によって違った意味に受け取られる表現になることがある。

句子成分的位置、成分之间标点的有无及位置如果不合理的话，会造成句子意思不明，产生歧义。

> **先生は笑いながら**いたずらをしている男子学生を注意した。
>
> 老师笑着制止了正在恶作剧的男同学。／老师制止了笑着做恶作剧的男同学。

上記の文では、「笑いながら」の動作主が先生なのか、男子学生なのか、はっきりしていない。文の意味をはっきりさせるために、文の成分の位置を変える、または文の成分の間に読点を打つことが必要である。

上述句子中，「笑いながら」的动作者是老师还是男学生并不明确。为了避免歧义，需要改变句子成分的位置，或加上合适的标点。

①「笑いながら」の動作主が先生である場合

○先生はいたずらをしている男子学生を笑いながら注意した。　**（位置を変える）**

○先生は笑いながら、いたずらをしている男子学生を注意した。**（読点を打つ）**

②「笑いながら」の動作主が学生である場合

○笑いながらいたずらをしている男子学生を先生は注意した。　**（位置を変える）**

○先生は、笑いながらいたずらをしている男子学生を注意した。**（読点を打つ）**

＜5＞文の種類

文は、その構造、主語・述語の関係によって、**単文・重文・複文**という三つの種類に分けられる。

句子根据其结构及内部主语和谓语的关系，可以分为单句、并列句、复句三种。

（1）**単文**：主語・述語の関係が一つだけ（述語が一つだけある）の文。

单句，只有一组主谓关系（谓语只有一个）的句子。

> **あの桜は**毎年きれいに**咲く。**
>
> **主語**　　　**述語**
>
> 那棵樱花树每年都会开的很美。

（2）**重文**：主語・述語の関係が二つ以上あり、それらが並立の関係となっている文。

并列句，句子中有两组或两组以上的主谓关系，每一组之间呈并列关系。

春が　**去り**、**夏が**　**来る。**　春去，夏至。

主語1　述語1　主語2　述語2

外見に無頓着な**人も**　**いれば**、おしゃれが大好きな**人も**　**いる**。

主語1　述語1　主語2　述語2

既有毫不在乎外表的人，也有喜好打扮讲究穿戴的人。

（3）**複文**：主語・述語の関係が二つ以上あり、それらが並立の関係ではない文。

（詳しくは「複文」▶261ページ）

复句，句子中有两组或两组以上的主谓关系，但相互之间并非并列关系。

主語1　述語1　主語2　述語2

私が　書いた　小説が　有名な雑誌（ざっし）に載（の）った。我写的小说刊登在了一本著名的杂志上。

主部　述部

「私が書いた」は主語２（文全体の主語）である「小説」の修飾文節となる。

这里的「私が書いた」是用来修饰这个句子整体的主语「小説」一词的。

主語1　述語1/主語2　述語2

男性が髭（ひげ）を伸（の）ばすというのは、19世紀以前はノーマルな習慣だった。

主部　述部

男性留胡子在19世纪以前是很普遍的习惯。

「伸ばすというのは」という主語２が「習慣だった」という述語２に係っているが、「伸ばすというのは」という文節は「男性が」という主語を受ける述語にもなっている。

「伸ばすというのは」这个主语与谓语「習慣だった」相对应，表示留胡子这个行为是种常见的习惯。句中的「男性が」是作为「伸ばすというのは」这个行为的主语出现的。

3 単語の種類

単語は、さまざまな種類に分けることができ、主に「**自立語と付属語**」、「**活用する語と活用しない語**」、「**品詞の分類**」という三つの分類のしかたがある。

日语单词主要有“独立词和附属词”“有活用的词和无活用的词”“品词分类”等三种分类方法。

<1> 自立語と付属語

自立語は、**単独で文節をつくることができる**単語である。

付属語は、**単独で文節をつくることができず**、つねに**自立語のあとに付く**単語である。

独立词是指单独可以形成文节的词。附属词则不能单独构成文节，必须始终附着于独立词之后。

<2> 単語の活用

活用とは、**文中での用いられ方によって単語の終わりの部分が変化することである。**

活用是指根据该词在句子中的用法或意义的不同而产生的词尾的变化。

動詞の活用		**形容詞の活用**		**形容動詞の活用**	
水を**飲**まない	否定形（未然形）	**寒**かろう	未然形	**便利**だろう	未然形
水を**飲**もう	意向形（未然形）	**寒**かった	連用形	**便利**だった	連用形
水を**飲**みます	ます形（連用形）	**寒**くなる	連用形	**便利**でない	連用形
水を**飲**んだ	た形（連用形）	**寒**い	辞書形	**便利**になる	連用形
水を**飲**む	辞書形（終止形）	**寒**いとき	連体形	**便利**だ	辞書形
水を**飲**む時	連体形	**寒**ければ	仮定形	**便利**なとき	連体形
水を**飲**めば	仮定形			**便利**なら（ば）	仮定形
水を**飲**め	命令形				
語幹：**飲** ／ 活用語尾：む		語幹：**寒** ／ 活用語尾：い		語幹：**便利** ／ 活用語尾：だ	

※活用のある語で、**活用によって変化しない部分を語幹**（　）、**活用によって変化する部分を活用語尾**（赤字）という。

自立語と付属語のそれぞれに活用がある語と活用がない語がある。

独立词和附属词中均包含有活用及无活用的词。

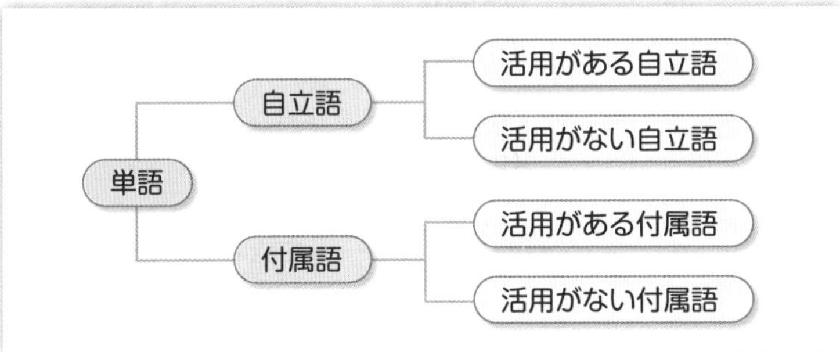

<3> 品詞の分類

品詞の分類とは、単語を性質や働きから細かく分類したものである。**名詞・動詞・形容詞・形容動詞・副詞・連体詞・接続詞・感動詞・助動詞・助詞**の10種類がある。

品词分类是指按照词语的性质及功能进行的细化分类。日语品词分类包含名词、动词、形容词、形容动词、副词、连体词、接续词、感叹词、助动词、助词十种。

（品詞）種類	**例**	**例文**
名詞	**文章**	この作家の**文章**には、何か心を引かれるものがある。 这位作家的文章里，有某些吸引人的东西。
動詞	**来る**	店に**来る**お客の数が多いほど、売り上げに繋がる。 来到店里的顾客越多，销售额就越好。
形容詞 （イ形容詞）	**良い**	バランスの**良い**食生活を送ることが肝心だ。 均衡饮食是非常重要的。
形容動詞 （ナ形容詞）	**必要だ**	成功するには粘り強い努力だけではなく、適度に諦めることも**必要だ。** 成功不仅需要坚持不懈的努力，适当的放弃也是必要的。

副詞	**真に**	**真に**優れた指導者は、人格も高潔である。 真正优秀的领导人，人格也是高尚纯洁的。
連体詞	**あの**	**あの**人とは、もともと縁がなかったから、諦めた。 我和那个人原本就没什么缘分，所以放弃了。
接続詞	**しかし**	**しかし**一概にそうとも言えないのである。 但是也不能一概而论。
感動詞	**まあ**	**まあ**、野生動物が人に慣れるまでに、時間がかかるのはしょうがない。 野生动物适应人需要时间，这是没办法的事情。
助動詞	**られる**	社会の変化に伴い、求め**られる**学生の資質も変わりつつある。 随着社会变化，所需要的学生素质也在逐渐变化。
助詞	**を**	早朝に鶏の声**を**聞いて、はっと目覚めた。 早起听到鸡鸣后瞬间醒来了。

◆品詞分類表

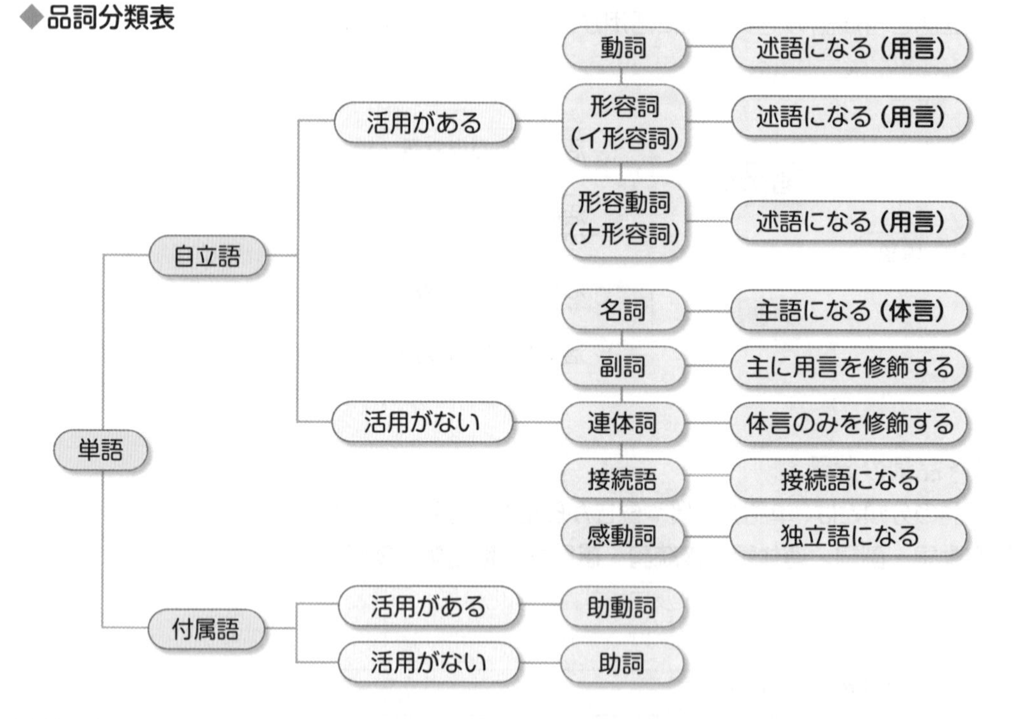

「名詞」を「体言」、「動詞」「形容詞」「形容動詞」を「用言」と呼ぶことがある。

"名词"通常被称为"体言"，"动词""形容词""形容动词"通常被称为"用言"。

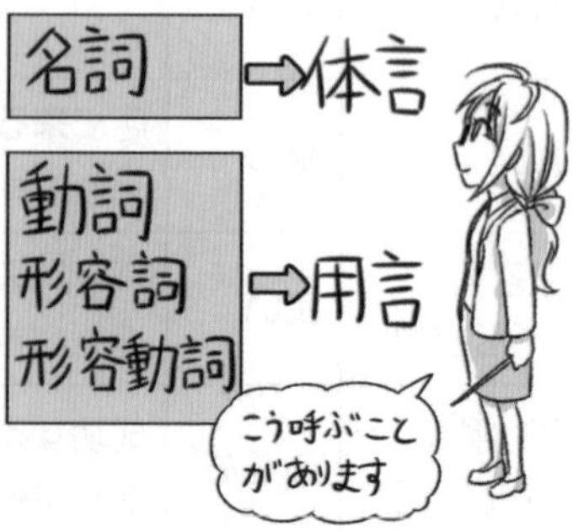

4 指示語

<1> 指示語の定義

指示語とは、話し手・聞き手との関係を基準にして**物事を指し示す機能を持つ語**である。**「こそあど（ことば）」**とも呼ぶ。

話し手に近い物事を指す語を**近称（コ系列）**、聞き手に近い物事を指す語を**中称（ソ系列）**、両方とも遠い物事を指す語を**遠称（ア系列）**、遠近が決まっていない物事を指す語を**不定称（ド系列）**と呼びます。

指示词是有指示事物功能的词语。指示离说话人近的事物时用近称（コ系列），指示离听话人近的事物时用中称（ソ系列），指示离两者均较远的事物时用远称（ア系列），指示远近关系不明确的事物时用不定称（ド系列）。

	代名詞			連体詞	副詞	形容動詞
	事物	場所	方向			
近称（コ系列）	これ	ここ	こっち（こちら）	この	こう	こんなだ
中称（ソ系列）	それ	そこ	そっち（そちら）	その	そう	そんなだ
遠称（ア系列）	あれ	あそこ	あっち（あちら）	あの	ああ	あんなだ
不定称（ド系列）	どれ	どこ	どっち（どちら）	どの	どう	どんなだ

<2> 指示語の使い方

指示語には**現場指示**と**文脈指示**という二つの使い方がある。

指示词可以分为现场指示和语境指示两种用法。

現場指示：直接目で見る「現場」にある物を指し示す用法
直接指示眼前可以看到的位于“现场”的事物。

文脈指示：会話の中や文章の中の話題となっている事柄を指し示す用法
在对话或文章中指示成为话题的事项。

（1）**現場指示**：話し手と聞き手が目の前にある物を指して使う指示語の表現は「**現場指示**」という。

说话人和听话人对在眼前的事物进行指示时所用的表达叫“现场指示”。

1 領域共有型―話し手が聞き手と同じ領域にいる

話し手と聞き手の領域にあるものは「コ」；話し手と聞き手の領域から、やや遠いものは「ソ」；両者から「ソ」列で表すより遠い場合は「ア」を使う。

说话人和听话人位于同一领域时，在两者领域内的事物用“コ系列”，离两者领域稍远的用“ソ系列”，离两者领域较远的用“ア系列”。

近　　　　遠

聞き手と話し手
コ系列　　ソ系列　　ア系列

2 領域対立型―話し手が聞き手とは違う領域にいる

話し手の領域にあるものは「こ」；聞き手の領域にあるものは「そ」；話し手の領域でもなく、聞き手の領域でもない場合は「あ」を使う。

说话人和听话人位于不同领域时，指代说话人领域内的事物用“コ系列”，指代听话人领域内的事物用“ソ系列”，指代两者领域以外的事物用“ア系列”。

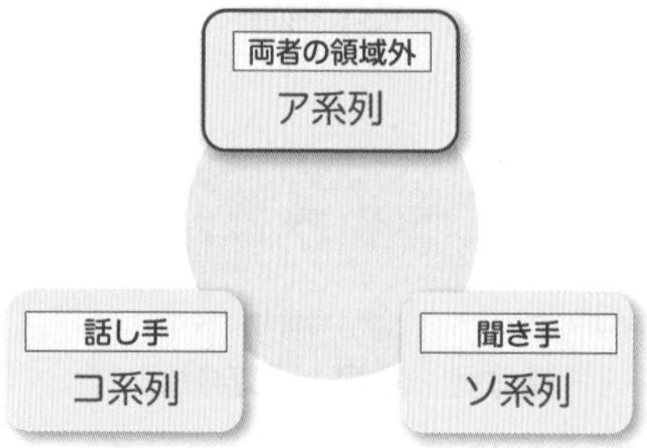

（2）**文脈指示**：会話や文章の中で前後の文脈にある話題や事柄を指し示す指示語の表現は「**文脈指示**」という。

在会话和文章中，对前后语境中的话题或事项进行指示时所用的表达为“语境指示”。

1 「コ」列の語を使う場面

①話し手が前に自分が話したことを指し示すとき　说话人在指代自己刚刚说过的内容时

> 過疎化（かそか）といえば、地方の小さな村がまず思（おも）い浮（う）かぶと思いますが、
> **この**問題は、実は都市部でも起こっているのです。
>
> 「この」指代前述的「過疎化」问题。
>
> 说起人口过疏化问题，我们总会联想到乡下的小村子，但实际上这个问题在城市中也同样存在。

②話し手がこれから話そうとして内容を指し示すとき　说话人指代接下来马上要说的内容时

> **これ**は、まだ誰にも言っていない話だが、実（じつ）は私はすでに離婚（りこん）している。
>
> 「これ」指代随后叙述的「すでに離婚している」一事
>
> 这件事我还谁都没告诉，其实我已经离婚了。

2 「ソ」列の語を使う場面

①話し手が前に自分が話したことを指し示すとき　说话人指代自己前面所说内容

> 今通（かよ）っているフランス語の教室で料理講座（こうざ）があるから、
> **それ**を受けてみようと思うんだ。
>
> 「それ」指代前述的「料理講座」
>
> 我现在去的法语培训班开了个料理讲座，我想去听听看。

POINT ①の①と②の①の区別

「こ」は話題について、話し手が「自分が提供した情報」、「大切」、「自分のもの」など、心理的に近いと感じた時に使う。
「そ」は話題について、話し手が「客観的に述べたい」、「距離をおきたい」と感じた時に使う。

使用「こ」系列，表示说话人对于所述话题在心理上感觉距离较近，包含“自己所提供的信息”、“很重要”、“自己的东西”等心情在内。
使用「そ」系列，表示说话人更想要“客观的描述”，或跟所述话题之间“有一定距离”。

②相手が先に話した内容を指し示すとき　说话人指代对方刚刚所说的内容时

A：今通っているフランス語の教室で料理講座があるから、それを受けてみようと思うんだ。
B：僕の母も昔，そういう講座に通っていたよ。

A：我现在去的法语培训班开了个料理讲座，我想去听听看。
B：我妈妈曾经也去参加过那种讲座呢。（「そういう」指代对方刚刚提到的「料理講座」）

③「ア」列の語を使う場面

①話し手が聞き手と双方で理解している既知の内容を指し示すとき
指代说话人和听话人双方都已经理解且知道的事项和内容时

A：駅の向こう側に新しいカフェができたの，知ってる？
B：うん。あそこのコーヒー豆は、とても質（しつ）がいいらしいよ。

A：车站对面新开了一家咖啡厅，你知道吗？
B：我知道呀。听说那儿的咖啡豆质量很不错。
（「あそこ」指代双方都已经知道的那间新开的咖啡厅）

②回想で、過去のころを指し示すとき　回想中指代过去的时间

あの頃（ころ）は楽（たの）しかったなあ。

那个时候真是很快乐啊。（「あの」指代已经过去的那段时间）

文脈指示の際、話者が話すときに指示する対象との心理的な距離が指示語の選択に影響を与える。心理的に近いと感じる時、または話題を身の近くにおいて考え、分析・評価する時に「こ」列の語を使う。心理的に遠いと感じる時、または既に話した内容、聞き手が既に理解している内容を聞き手の近くにおいて述べ、分析・評価する時に「そ」列の語を使う。

在进行语境指示时，无论是对话还是文章，虽然并没有实际的物体出现在眼前，但说话者在叙述时，心理上对所指示对象的距离会直接影响指示词的选择。「こ」系列指示词暗示该指代内容在说话者身边，或是说话者将该问题放在自己身边进行考虑、分析或评价；而「そ」系列指示词则暗示该指代内容离对方较近（离自己较远），或是认为该指示内容已经叙述完毕，读者（听者）已经认知和了解，放在读者（听者）一侧进行叙述、分析或评价。

同僚のイギリス人と芝居のはなしをしていた。もう十数年も前のことである。いまイギリスで、悲劇と喜劇のどちらが多いだろうかときいたら、ちょっと待ってくれないか、といって、彼は立ち上った。イギリスから来ている新聞をもってきて、数えてみようか、という。なるほどこれ①は実証的で感心した。広告のページに各劇場の出しものをのせている。多くは、喜劇か悲劇であるかを明示してある。観客がそれ②を求めるのだろう。

いくつあったか忘れたが、ずいぶんの数であったように思う。喜劇の方が多かった。その③ことよりも、こんなに④たくさんの芝居が常時見られる国ということについて考えた。われわれが芝居を見たいと思っても、広告はどうだ、というようには行かない。だいいち新聞広告なんかに出ていない。

（外山滋比古『ことばの教養』）

名校教育　日本留学試験（EJU）実戦問題集　日本語記述・読解 vol. 1

これ①：「イギリスから来ている新聞をもってきて、数えてみよう」

それ②：「喜劇か悲劇であるかを明示してある」

その③：「喜劇の方が多かった」

こんなに④：「たくさんの芝居が常時見られる」ということに対して、作者は心理的に近いと感じているので、「こ」を使った。

これ①：指代前述的「イギリスから来ている新聞をもってきて、数えてみよう」。作者将这件事拉回到自己的立场上进行评价，觉得这个做法是一项实证性方法。

それ②：指代前述的「喜劇か悲劇であるかを明示してある」，是观众所需求的。

その③：指代前述的「喜劇の方が多かった」。

こんなに④：本身是对后续的「たくさん」的程度进行强调，之所以用「こ」，是因为作者将“经常能看到这么多戏剧”这件事放在自己“身边”（从自己一方）进行叙述评价。而如果用「そ」则会显示出该事情与自己关系不大，只是客观叙述他人事件的语气。

5 複合語・派生語

<1> 複合語

複合語とは、**二つ以上の単語が結合して**一つになった単語。

由两个或两个以上的单词结合组成的新词被称为“复合词”。

種類	構造	例
複合名詞	名詞＋名詞	春風、朝風呂、本棚、夜空
	動詞＋名詞	遊び場、聞き手、洗い物、入れ歯
	形容詞＋名詞	白うさぎ、細道、青空、甘酒
	名詞・動詞＋形容詞	夜長、手近
	名詞・動詞＋動詞	物語、問い合わせ、押し入れ
複合動詞	名詞＋動詞	形作る、裏付ける、間引く、傷つける
	動詞＋動詞	思いやる、舞い上がる、降り出す
	形容詞＋動詞	近づける、遠のく、若返る
複合形容（動）詞	名詞＋形容詞	奥深い、心強い、幅広い、手厚い
	動詞＋形容（動）詞	疑い深い、燃えにくい、攻め上手だ
	形容詞＋形容詞	長細い、重苦しい、狭苦しい、古くさい

<2> 派生語

派生語とは、ある単語に**接辞などが付いたりして**できた単語。

単語の前について意味をなす言葉を「**接頭語**」、後について意味をなす言葉を「**接尾語**」と呼ぶ。

在某一单词前加上“接头词”，或在单词后加上“接尾词”而形成的新的单词被称为“派生词”。

種類	例（接頭語＋α）	例（α＋接尾語）
派生語の名詞	**お**金、**ご**両親、**素**肌	彼**ら**、血**だらけ**、甘**み**、重**さ**
派生語の動詞	**ぶっ**飛ばす、**ぶち**壊す	秋**めく**、先輩**ぶる**、寒**がる**、汗**ばむ**
派生語の形容詞	**真っ**黒い、**か**細い、**た**やすい、**素**早い、**小**憎らしい	男**らしい**、女**っぽい**、信じ**がたい**、未練**がましい**、後ろめ**たい**
派生語の形容動詞	**お**元気だ、**ご**立派だ	積極**的**だ、意識**的**だ、一般**的**だ

6 文体

文は、目的、場面、読み手などに応じて、さまざまな異なった様式を使用する。**この様式は、書き言葉（文章）では「文体」**と呼ばれる。現代日本語の書き方、いわゆる文体には、大きく分けて、**普通体（常体）と丁寧体（敬体）**の2種類がある。基本的に、一つの文章の中では、**どちらかに統一するように書かなければならない。**普通体と丁寧体に優劣はない。それぞれの文章に適した文体で書く必要がある。

文章根据不同的目的、场合、读者等有各种不同的书写形式。该书写的形式被称为“文体”。日语的“文体”一般可以分为普通体（简体）、礼貌体（敬体）两种。两者并无优劣之分，在一篇文章中通常必须统一使用一种文体。

普通体と丁寧体の使い分け

普通体：「だ・である調」，文末に「だ」「である」などを用いる

丁寧体：「です・ます調」，文末に「です」「ます」「でございます」などを用いる

普通体では、**文末に「だ」または「である」を付けた形**となるので、**「だ・である体」**と呼ぶこともある。それに対して、丁寧体では、**文末に「です」または「ます」を付けた形**となるので**「です・ます体」**と呼ぶこともある。

普通体一般句末以「だ」或「である」结尾，也可被称为「だ・である体」，而礼貌体一般句末以「です」「ます」结尾，也可被称为「です・ます体」。

<1> 普通体（だ・である体）の特徴

「だ・である体」で書かれた文章の語尾は、「～だ」「～である」「～だろう」「～ではない」「～ではなかろうか」などが一般的である。**断定的で堅い印象**を与える。

使われるシーン・媒体は新聞記事、雑誌、論文、日記、レポートなどである。例えば本書の文体は普通体となる。

「だ・である体」通常语气坚定、判断性较强，一般使用于报纸新闻、杂志、论文、日记、报告当中。

> すぐれた知能は、視覚的思考によって育まれるより、聴覚的思考力によって伸びると考えられる。
>
> 欧米の文化はギリシャの昔から、聴覚的思考を主体として発達してきたと考えられる。この点、視覚的思考の日本文化は、まさにユニークであるといってよいが、目よりも耳、という点では一歩、不利であることを認めなくてはならないように思われる。
>
> ひとりではなく、仲間といっしょに、語らい合っているうちに発動する思考力というものをわれわれは、これまでほとんど問題にしたことがなかった。
>
> それが、日本の学術、文化のおくれにかかわっているように思われる。ひとりではなく、同志と、本を読むのではなく、談話によって、新しい文化を開発することができる。
>
> そういう信念をもとにして、クラブ的芸術、思考を模索していくと、乱談の思考、セレンディピティ（serendipity）に至るというわけである。
>
> （外山滋比古『乱談のセレンディピティ』）

<2> 丁寧体（です・ます体）の特徴

「です・ます体」で書かれた文章の語尾は、「～です」「～でしょう」「～ます」「～ましょう」「～ません」「～ではありませんか」などが代表的である。丁寧な態度や読み手への

敬意を表す。**丁寧で柔らかい印象**を与える。

使われるシーン・媒体は手紙文、解説文／説明文、子ども向けの文章、発表（口語）などがメインである。

「です・ます体」一般语气较为柔和、客气，通常用于书信、说明文、儿童读物、口头发表等。

非常に丁寧な話し言葉の中では「です」の代わりに「でございます」が用いられる場合がある。

こちら**でございます**が、どうぞご覧(らん)ください。

田んぼにはさまざまな生きものの営みがあります。それでは、もっとも田んぼとかかわりのある生きものは何でしょうか？

それは、私たち人間です。

田んぼは人間が、食糧となる米を栽培するための場所です。つまり、人工的な環境なのです。

しかし、田んぼには、多くの生きものたちが集まってきています。そこは生きものたちにとって、かけがえのない棲みかなのです。

田んぼの環境は、人と自然とが長い時間をかけて創り上げてきた調和の産物です。だからこそ私たちは、人工的であるはずの田んぼに豊かな自然の風景を感じずにいられないのです。田んぼのように人の手が加わった自然環境は「二次的自然」と呼ばれています。

原生林の自然はとても美しいものです。しかし、人はそんな深い森に畏怖感を覚えてしまいます。

田んぼのようななつかしさや親しみは、そこにはありません。

（稲垣栄洋『田んぼの生きもの誌』）

EJU日本語の中の文体

日本留学試験（日本語）の中の文章を分析すると、大体右のような**普通体と丁寧体の割合**が分かる。

	普通体	丁寧体
EJU日本語読解	70%	30%
EJU日本語聴読解・聴解	10%	90%

日本留学試験（日本語）記述の問題では、普通体（常体）と丁寧体（敬体）どちらで書いても構わないが、どちらかに統一しなければならない。一般的に論文やレポートなどは普通体（常体）で書くので、普通体（常体）で書くのが無難である。

COLUMN

志望理由書は普通体か？丁寧体か？

大学入試の志望理由書は、普通体か丁寧体のどちらがよいかと迷っている学生が多いようです。先に結論から言えば、記入例や具体的な指示がなければどちらでも良いということですが、普通体なら最後まで普通体、丁寧体なら全て丁寧体で書くというのが基本的なルールです。ただし、志望理由書は「大学に入りたい意思を示す場」なのですから、読む側の立場を考えて、丁寧体いわゆる「です・ます体」統一で書いたほうが無難で、丁寧だと思います。

今読んでいるこの二つの段落は丁寧体、いわゆる「です・ます体」です。丁寧で柔らかい印象を読者に与えます。

很多同学常常会问大学入学申请时的「志望理由書」应该使用敬体书写还是使用简体书写。从结论而言，如果所申请的学校方没有给出范例或具体的指示，则两种文体皆可。但需要注意的是，无论是选择用简体还是敬体都必须从头到尾保持统一。另外，根据笔者的经验及普遍认识，「志望理由書」是向校方表达自己入学愿望的文章，因此从阅读者的角度考量，选用敬体书写会显得更加礼貌及稳妥。

现在您所读的上述两段日语文字就是用敬体书写的，会给读者带来礼貌且温和的感觉。

<3>「普通体・丁寧体」と「普通形・丁寧形」の違い

「形」は語単位で見た場合の言い方で、**「体」とは文単位**での言い方。

「丁寧体」と「普通体」は、「～体」と呼ばれているように、文・文章全体にかかわってくる。「丁寧形」と「普通形」は、単語単位の用言（動詞、形容詞、形容動詞）の活用形、及び名詞述語の活用形のことである。

“体”是指整个句子、文章层面的形式，而“形”（普通形、礼貌形）是具体指单个词语的活用形。

普通体

シンプルに問題を**説明できる**人は、コミュニケーションが**上手**（じょうず）**だ**と**思**（おも）**われる**。

普通形（説明できる）　普通形（上手だ）　普通形（思われる）

丁寧体

シンプルに問題を**説明できる**人は、コミュニケーションが**上手だ**と**思われます**。

普通形（説明できる）　普通形（上手だ）　丁寧形（思われます）

能够简明扼要地说明问题的人一般被认为是擅长沟通的人。

POINT 普通形と丁寧形の対照表

種類	丁寧形			普通形
名詞	現在	肯定	学生です	学生だ/学生である
		否定	学生ではありません/学生ではないです	学生ではない
	過去	肯定	学生でした	学生だった/学生であった
		否定	学生ではありませんでした 学生ではなかったです	学生ではなかった
形容詞 （イ形容詞）	現在	肯定	大きいです	大きい
		否定	大きくありません/大きくないです	大きくない
	過去	肯定	大きかったです	大きかった
		否定	大きくありませんでした/大きくなかったです	大きくなかった
形容動詞 （ナ形容詞）	現在	肯定	静かです	静かだ/静かである
		否定	静かではありません/静かではないです	静かではない
	過去	肯定	静かでした	静かだった/静かであった
		否定	静かではありませんでした/ 静かではなかったです	静かではなかった
五段活用動詞 （Ｉ類動詞／ グループ１動詞）	現在	肯定	遊びます	遊ぶ
		否定	遊びません/遊ばないです	遊ばない
	過去	肯定	遊びました	遊んだ
		否定	遊びませんでした/遊ばなかったです	遊ばなかった
一段活用動詞 （Ⅱ類動詞／ グループ２動詞）	現在	肯定	起きます	起きる
		否定	起きません/起きないです	起きない
	過去	肯定	起きました	起きた
		否定	起きませんでした/起きなかったです	起きなかった
サ変活用動詞 （Ⅲ類動詞／ グループ３動詞）	現在	肯定	勉強します	勉強する
		否定	勉強しません/勉強しないです	勉強しない
	過去	肯定	勉強しました	勉強した
		否定	勉強しませんでした/勉強しなかったです	勉強しなかった
カ変活用動詞 （Ⅲ類動詞／ グループ３動詞）	現在	肯定	来ます	来る
		否定	来ません/来ないです	来ない
	過去	肯定	来ました	来た
		否定	来ませんでした/来なかったです	来なかった
ある	現在	肯定	あります	ある
		否定	ありません/ないです	ない
	過去	肯定	ありました	あった
		否定	ありませんでした/なかったです	なかった
いる	現在	肯定	います	いる
		否定	いません/いないです	いない
	過去	肯定	いました	いた
		否定	いませんでした/いなかったです	いなかった

文法項目の実践

私は早稲田大学で社会科学の学問を勉強し、アジアの地域社会に存在する社会発展にともなう諸問題に解決や改善の提案を出来る人材になりたい。

中国のニュースでよく留守児童の報道が見られる。両親が生活のために都会に出稼ぎに行くことにより、子供達は一人で、または祖父母と暮らさざるを得ない状況になっている。私も幼い頃、短い期間だが実家で約一年間そういう生活を送ってきた経験がある。その時期の複雑な気持ちは今でも忘れず、留守児童や地域に残された老人問題に常に関心を持っており、将来はそれらの問題の解決に役立ちたいと考える。

だが、それらの問題は単なる一つの分野に収まるものではない。経済格差、産業や社会問題、心理、都市農村の計画という多くの領域と密接に関わっている。経済発展の遅れで、中堅労働者が都会に行かざるを得ないことになり、年寄りと児童が残され地域格差がますます広がっていく。同時に労働者不足で地域産業、特に農業の発展も妨げられ、社会全体の産業バランスへの影響が無視できない。また、それらの格差により教育や医療制度の整備、国全体としての都市と農村の計画等様々な面で一連の問題が発生している。それは単なる一国や地域単位の問題ではなく、社会の発展に伴う様々な社会が直面しなければいけない問題だと考える。そのような問題を総合的に分析し、複数の学問的なアプローチからまとめて課題をとらえ考える力を大学で身につけたいと思う。

数多くの大学の中で、早稲田大学が学部を超えた多彩な学びが出来る特徴を有し、学問分野の枠を超えて豊かな知識力と思考力が大学の勉強を通じて身につけられることに大変魅力を感じる。特に私が最も関心を持つ社会的問題に関して、貴校の社会科学部において、学際的に一つの課題に挑戦して解明するという理念がある。そして、「学際研究入門」及び「社会科学総合研究」といった二種類の講義科目を通じて、一分野にとらわれず複数の学問領域の最先端にいらっしゃる教授達への学びと絶えぬ交流をもって、多角的な問題考察力を身につけられる。ここでしっかり勉強をすれば、将来自分の夢の実現にもつながると確信をした。

従って、早稲田大学社会科学部を志望する。

早稲田大学社会科学部・志望理由書

名校志向塾卒業学生提出用

CHAPTER 2 PART2 文法

名詞

名詞は品詞の一つで、人、もの、場所など、物事の名称をあらわす自立語である。名詞はもっとも語数の豊富な品詞で、文章の中で一番多く出てくる。名詞に関する学習は文法の学習において非常に重要な部分で、土台となる。本章は名詞の定義、性質、分類と働きについて説明する。

名词是日语品词分类中的一种，是表示人、物、场所等事物名称的独立词。名词的数量极其庞大，在文章中出现频率最高。名词的学习是语法学习中非常重要的基础内容。本章将对名词的定义、性质、分类和作用等进行介绍。

CHAPTER 2

名詞

1 名詞の定義と性質

自立語の中で、活用がなく、主語となることのできるものを**名詞**という。一般に**体言**とも言う。それに対して、**動詞、形容詞、形容動詞**を合わせて**用言**と呼ぶ。

独立词中无活用且可以成为主语的词是名词，通常被称为「体言」。而动词、形容词、形容动词则被称为「用言」。

体言：名詞

用言：動詞、形容詞、形容動詞

<1> 名詞の定義

名詞とは、**物品や人物名など、存在する物事の名称を表す**単語。

名词是表示世间存在的人或事物名称的词。

文章　自分　社会　問題　言葉　名校志向塾　日本語

<2> 名詞の性質

(1) **自立語で活用がない**（語尾の形が変わらない）。

名词为独立词且无活用（无词尾变化）。

(2) **主語になる時、主に「が」や「は」を伴う**

名词作主语时，通常后接「が」或「は」。

実が熟(じゅく)して地面(じめん)に落(お)ちた。　果实熟了掉到了地上。

「実」は名詞で活用がなく、「が」を伴って主語になる

法律は私たちの社会で、共通(きょうつう)のルールとして機能(きのう)している。

「法律」は名詞で活用がなく、「は」を伴って主語になる

法律在我们的社会中起到维护公共行为规范的作用。

子供たちは音楽(おんがく)に合わせてリズミカルに踊(おど)っている。

「子供たち」は名詞で活用がなく、「は」を伴って主語になる

孩子们伴随着音乐有节奏地跳舞。

生物(せいぶつ)は環境(かんきょう)を自(みずか)ら生存(せいぞん)しやすいように変(か)えてきた。

「生物」は名詞で活用がなく、「は」を伴って主語になる

生物将环境改造得更适合自身的生存。

2 名詞の種類

名詞は、一般的に**普通名詞、固有名詞、数詞、代名詞、形式名詞**という５つの種類に分けられる。 名词一般分为普通名词、固有名词、数量词、代名词、形式名词五种。

＜1＞ 普通名詞：一般的な名称を表す 普通名词：表示一般事物的名称。

携帯　新聞　フクロウ　水　ご飯

ADVANCED(EJU etc.)

人間(にんげん)は**場合**(ばあい)によって、様々な**判断**(はんだん)を下(くだ)している。
人类会根据场合做出各种各样的判断。

川(かわ)の**氾濫**(はんらん)を防(ふせ)ぐには、**川底**(かわぞこ)を平(たい)らにする**工事**(こうじ)が必要である。
为了防止河川泛滥，有必要施工将河床变平。

＜2＞ 固有名詞：人名・地名・グループ名などを表す 固定名词：表示人名、地名、集体名等。

中華人民共和国　松下電器　東京大学　東京　ANA

ADVANCED(EJU etc.)

アメリカでは議員(ぎいん)に圧力(あつりょく)をかけるロビー活動(かつどう)が盛(さか)んです。
在美国对议员们施加压力的游说活动十分盛行。

地球にとって水はかけがえのない資源(しげん)です。 对于地球来说，水是无可替代的资源。

＜3＞ 数詞：数・量や、順序を表す 数量词：表示数量、顺序。

2020年　5つ　10個　1番　五人

ADVANCED(EJU etc.)

二人が初めて出会(であ)った場所を再(ふたた)び訪(おとず)れた。 两人再次来到初次邂逅的地方。

いきなり**十年**ぶりの友人に出(で)くわして、びっくりした。
突然偶遇十年不见的朋友，吓了一跳。

<4> 代名詞：人や事物を本来の名称のかわりに指し示す言葉

代词：代替人或事物本身名称来指代人或事物的名词。

わたし　彼　きみ　僕　これ　ここ　そちら　どこ

代名詞には、**人称代名詞と指示代名詞**との２種類がある。

代词包含人称代词和指示代词两种。

（1）人称代名詞：人を指し示す

第一人称（自称）：私、俺、僕、わし、わたくし、おいら

第二人称（対称）：あなた、君、お前、あんた、おたく、貴様

第三人称（他称）：彼、彼女、あいつ、やつ、そいつ

不定称（疑問詞）：誰、どいつ、どなた

彼は日曜日なら大抵(たいてい)家にいる。　他周日基本都在家。

私は決して同じ過(あやま)ちを繰(く)り返(かえ)すわけにはいかない。　我绝对不会再犯同样的错误。

（2）指示代名詞：物事・場所・方角を指し示す

	近称	中称	遠称	不定称
物事	これ	それ	あれ	どれ
場所	ここ	そこ	あそこ	どこ
方角	こちら／こっち	そちら／そっち	あちら／あっち	どちら／どっち

ADVANCED(EJU etc.)

これは専門家も匙(さじ)を投げるほどの難病(なんびょう)です。　这是连专家也束手无策的难治之病。

あそこの店では、中古のゲーム機を廉価(れんか)で購入(こうにゅう)することができる。

在那家店可以买到便宜的二手游戏机。

「こちら」「そちら」「あちら」「どちら」は方角を表すことによって、間接的に人を指す使い方もある。**丁寧な言い方。**

「こちら」「そちら」「あちら」「どちら」通过表示方位，也可间接指人。是比较礼貌的说法。

こちらが田中さんです。
三人称　这位是田中先生。

こちらこそよろしくお願いします。
一人称　我这边才要请您多指教。

そちらの意見(いけん)を聞(き)かせてください。
二人称　我想听一下您的意见。

あちらが社長ですか。
三人称　那位是社长吗？

POINT　「この」「その」「あの」「どの」は代名詞ではない

「この」「その」「あの」「どの」は代名詞ではなく、連体詞（▶160ページ）**である。**
代名詞は主語になれるが、「この」「その」「あの」「どの」は単独で主語になれず、連体修飾語として用いられる。
「この」「その」「あの」「どの」并不是代词，而是连体词。代词可以直接做主语，但连体词不能单独做主语，必须要连接名词作为定语来使用。

これが私の本です。这是我的书。　**この**本は面白(おもしろ)いです。这本书很有趣。

＜5＞**形式名詞**：実質的な意味がない形式的な名詞
形式名词：无实际意义的形式上的名词。

「ピアノを弾くことが好きだ」の「こと」、「これから勉強するところだ」の「ところ」など、**自身では実質的意味がない（または、本来の意味が薄くなっている）形式的な名詞**は形式名詞という。**「こと」「もの」「の」「ため」「わけ」「はず」「つもり」「とき」「ところ」「ほう」「うち」**などがよく使われる形式名詞で、**普通ひらがなで表記**される。
「ピアノを弾くことが好きだ」中的「こと」、「これから勉強するところだ」中的「ところ」等，本身并无实际意义（或其实际意义已经相对虚化）的形式上的名词被称为形式名词。形式名词通常不写汉字，均使用平假名书写。

（1）**こと**
「事」から。**節全体の表す事柄、行為を名詞化し、経験、場合、価値などあらゆる意味を表す。**また、格助詞**「の」**を挟んで名詞に接続することで、心情や動作の対象を強調したり、関連する事柄を漠然と示したりすることができる。
由名词「事」而来，可将前述句节（或从句）所表述的事件、行为等整体进行名词化，表达经验、场合、价值等多种含义。也可前接名词＋「の」的形式强调心情或动作的对象。

日本に留学した**こと**はありますか。
行為の名詞化
你曾经去日本留学过吗？

彼女の**こと**が好きだ。
対象の強調
我喜欢她。

MORE + 「こと」に関する文型

～ことだ

意味
①助言や忠告を表す。 ①表示劝诫或忠告。
②驚きや感嘆、同情等の感情を強調する。②强调惊讶、感叹、同情等情感。

例文
①健康が心配なら、もっと体を動(うご)かす**ことだ**ね。①如果担心健康的话，那就应该更多地加强活动。
②教え子が東京大学に受かって、大変うれしい**ことだ**。②我的学生考上了东大，真是太开心了。

～ことにする

意味
話し手自身の意志や判断による主観的な決定を表す。「～ことにしている」で習慣を表す。
表示说话人依自身意志所做出的主观决定。「～ことにしている」表示习惯做某事。

例文
明日から、毎朝30分日本語を朗読(ろうどく)する**ことにしました**。
我决定从明天起每天早晨朗读三十分钟日语。

～ことになる

意味
他の人に決められたことや結果的にそうなることを表す。「～ことになっている」で「規則・決まり」を表す。
表示由他人所做决定或客观所呈现出的结果。「～ことになっている」表示规则或规定。

例文
来月から長期(ちょうき)で日本で仕事をする**ことになった**。
下个月开始我被派到日本长期工作。

～ことがある

意味
①動詞の夕形につながって「～した経験がある」の意味を表す。
②辞書形・否定形につながって「たまに～する」「時々～する」という意味を表す。
①接在动词た形后表示“曾经有过……的经历”。
②接在动词辞书形或否定形后表示“有时候会发生……”之意。

例文
①この作家(さっか)の小説を読んだ**ことがあります**。①我读过这位作家的小说。
②日本に住んでいると、国へ帰りたいと思う**ことがある**。②居住在日本，有时候会想要回国。

～ことはない

意味
「～する必要はない」という意味を表す。
表示“没必要做……”之意。

例文
電話で済(す)むのだから、わざわざ行く**ことはありません**。
打电话就可以解决，所以没必要专门跑一趟。

～ないことはない・ないこともない

意味
「もしかしたら～という可能性があるかもしれない」という意味を表す。
表示“或许有可能会……”之意。

例文
今すぐタクシーで行けば間(ま)に合(あ)わ**ないこともない**よ。
如果现在马上坐出租车去的话，还是有可能赶上的。

～ことから

意味 「～という理由で」、「～から判断して」という意味を表す。
表示"依照……理由"、"由……来判断"之意。

例文 彼は歴史に非常に詳しい**ことから**、みんなから「歴史通(つう)」と呼ばれている。
因为他精通历史，所以被大家称为"历史通"。

～のことだから

意味 人を表す名詞に付いて、「その人の性質・性癖・特徴に基づけば、そう判断できるから」という理由や根拠を表す。
通常前接表示人的名词，表示基于其自身性格、特点等可以判断出后续结果。

例文 真面目な李さん**のことだから**、宿題を忘れるなんてあり得ない。
小李平时做事认真仔细，所以绝对不会忘带作业的。

～ことに（は）

意味 「とても～が」「非常に～が」という意味を表す。
表示"极其……"、"非常……"之意。

例文 残念(ざんねん)な**ことに**、日本留学試験でいい成績が取れなかった。
非常遗憾的是，没能在日本留学考试中取得好成绩。

～ことだし

意味 軽い理由を表す言い方。理由は数ある理由のうちの一つで、それ以外の理由の存在も暗示する。
表达某种程度较轻的理由，隐含着除此之外还有别的理由的语感。

例文 天気もいい**ことだし**、今日は外で食べよう。
天气又好，今天就在外面吃吧。

～ことなしに

意味 「～をしないで～する」の意味を表す。やや硬い言い方。
表示"不……而……"之意，略微生硬的表达。

例文 工場でロボットは24時間休む**ことなしに**働きます。
工厂里机器人昼夜不停地工作。

～ないことには

意味 前項が成立しなければ、後項も成立しないことを表す。
表示若前项不成立，则后项也不会成立。

例文 実際に着てみ**ないことには**、似合(にあ)うかどうか分からないでしょう。
如果不实际试穿一下，你怎么会知道合适不合适呢?

（2）もの

「物」から。**節全体の内容を名詞化し、人や物の性質や、話し手の判断、感動や懐古などを強調する。**

由名词「物」而来，可将前述句节（或从句）整体内容名词化，表达人或事物的性质、说话者的判断、感动、回忆等。

人の性格はなかなか変わらない**もの**だ。 人的性格是很难改变的。

性質

私も、学生時代はよく遊んだ**もの**です。 我在学生时代也是很贪玩儿的。

懐古

父はもう諦(あきら)めた**もの**と見えて、口を出してこなくなった。

判断の強調

父亲看起来好像已经是放弃了，不再插话了。

MORE＋ 「もの」に関する文型

～ものだ

意味 ①回顧・懐かしさ ②願望 ③物事の本来の性質や傾向 ④当然・義務 ⑤感慨

①回忆、怀念 ②愿望 ③事物本身的性质或倾向 ④当然、义务 ⑤感慨

例文 ①子供の頃はよくこの店で駄菓子(だがし)を買った**ものだ**。①我小时候常常在这家店买零食来着。

②平和な世界になってほしい**ものだ**。②真希望世界变得和平。

③人は誰でも間違(まちが)いをする**ものだ**。③人都是会犯错的。

④学生はもっと勉強する**ものだ**。④学生应该更加努力学习。

⑤ボランティア活動で色々な人と出会えるのは楽しい**ものだ**。

⑤通过志愿者活动遇到各种各样的人，实在是很开心。

～ものか

意味 文末に付けて、話者の強い否定・拒絶を表す。口語は「もんか」。

接在句尾表示说话人强烈的否定或拒绝。口语中会使用「もんか」。

例文 あんなにサービスが悪い店、二度(にど)と行く**ものか**。

服务那么差的店，我是绝对不会再去的。

～ないものだろうか

意味 ある出来事の実現を強く望む話し手の気持ちを表す。

表达对于某件事情的实现所表现出的强烈的期望。

例文 仕事の量(りょう)をもう少し減(へ)らしてもらえ**ないものだろうか**。

能不能再给我减少一些工作量啊？

～ものではない

意味 人の行為を表す動詞に付き、「～すべきではない」という意味を表す。忠告などに用いられる。

接在表示行为的动词后，表达“不应该……”之意。一般用于忠告。

例文 クラスメートの悪口(わるぐち)を言う**ものではない**。

不应该说同学的坏话。

～ものだから・ものですから

意味 原因・理由を表す言い方で、個人的な事を言う時に使う。丁寧に言う場合は「～ものですから」になる。
陈述理由的表达方式，常用于表明个人的解释、辩解。用「～ものですから」更加礼貌。

例文 安かったものだから、たくさん買ってしまいました。
因为很便宜，所以就买了很多。

～ものなら

意味 前には動詞の可能形が来ることが多く、文全体としては物事の実現する可能性が非常に低いが、強く願う話者の願望や期待を表す。
前面一般接包含可能意义的动词或动词可能态，表达虽然实现的可能性较低，但说话人抱有强烈的愿望或期待。

例文 日本に住めるものなら一度は住んでみたい。
要是能在日本住下来的话，我真想住一段试试。

～（よ）うものなら

意味 「もし～したら、大変なことが起きる」という意味を表す。
表达“如果要……的话，就会出现不好的结果。”之意。

例文 試験中に一言（ひとこと）でも喋（しゃべ）ろうものなら、不合格（ふごうかく）になります。
如果考试过程中哪怕说一句话就会被判不及格。

～ものの

意味 書き言葉的な表現で、逆接の意味を表す。後件はマイナスの事柄になる事が多い。
书面语的表达，表示转折。后项多为负面内容。

例文 日本で３年間日本語を勉強したものの、流暢（りゅうちょう）に話すことができない。
虽然在日本学了三年日语，但还是不能说得很流利。

～ものがある

意味 「なんとなく～という感じがする」の意味を表す。
表示“因为某种因素，让说话人有某种感觉”之意。

例文 一人で火鍋（ひなべ）を食べるのは寂（さび）しいものがある。
一个人吃火锅总觉得有点孤单。

～ものを

意味 「～していたら、～のに」というように、実際に行われなかったことに対して不満・非難・後悔・残念という気持ちを表す。
用于表达“本应该……”，但实际却没有按照原期待的方向发展。大都包含不满、责难、后悔、遗憾等情绪。

例文 薬を飲んで休んでおけばいいものを、無理（むり）して症状（しょうじょう）が悪化（あっか）したんだ。
本来应该吃完药好好休息一下的，结果硬撑导致病情恶化了。

（3）の

格助詞「の」は名詞ではないが、連体修飾節に接続して節全体を名詞化する役割を持つ。「こと」と似た働きをするが、使える場面・使いやすい場面は若干異なる。

（詳しくは複文▶264ページ）

这里的「の」为格助词，可将前接的连体修饰句节整体名词化，与「こと」的功能类似，但在使用的场合方面略有差别。

今の段階では、彼と会う**の**は難しい。　○彼と会うことは難しい

在现在这个阶段，很难和他见面。

あの家で、彼女が歌う**の**を聞いた。　×彼女が歌うことを聞いた

在他们家，我听她唱过歌儿。

（4）ため

「為」（役に立つ物事。利益になる物事）から。**理由・原因、目的を表す。**

由表示“有用、有益”的「為」而来，可以表示理由、原因、目的等。

風邪をひいた**ため**、今日は休みます。　因为感冒了，所以今天休息。

理由

受験に合格する**ため**に、必死（ひっし）に勉強した。　为了考试能及格，拼命地学习。

目的

（5）わけ

「訳」（理由・道理）から。**節全体の事情・理由を漠然と指すことで、それが当然であるということを表す。**

由表示“理由、情理”的「訳」而来，指代前述句节整体的情况、情形、理由等。表示“作为结果当然是这样”的意思。

君はあの塾に通っているのか。道理（どうり）で勉強ができる**わけ**だ。

当然

你是在那个补习班上课啊。怪不得学习好呢。

君のように頭（あたま）のいい人間（にんげん）が、大学に受（う）からない**わけ**がない。

可能性の否定

像你这样聪明的人，不可能考不上大学。

（6）はず

「筈」（矢の先端につけるもの）から。「筈は弓の弦と当然合致する」ことから、**節全体が当然であるということ、可能性の高い推測や確定した予定などを表す。**

由表示“弓筈”的「筈」而来，从“弓筈一定与弓弦相吻合”之意，表达可能性较高的推测或已确定的计划、安排，另可表达理所当然之意。

どうりで寒い**はず**だ。外は雪が降っている。
当然
难怪这么冷。外面正在下雪。

彼女はバレンタインにチョコをくれたので、僕のことを好きな**はず**だ。
推測
她在情人节送了我巧克力，一定是喜欢我吧。

明日は六時に東京駅に到着（とうちゃく）する**はず**だ。
予定
明天六点应该会到东京站。

（7）つもり

動詞「積もる」の連用形「積もり」が名詞化したもの。**話し手（主語）の意図や、心構えを表す。**

由动词「積もる」的连用形「積もり」转化而来，表达说话人的意图、心理准备、决心等。

明日には家に帰る**つもり**だ。
意図
我打算明天回家。

死（し）んだ**つもり**で働いていく。
心構え
准备拼了命工作。

（8）とき

「時」から。**ある特定の状況が起きた時間や、場合を表す。**

由名词「時」而来，表达特定状况发生的时间、场合。

テレビを見る**とき**は、部屋（へや）を明（あか）るくしよう。
場合
看电视的时候，把房间弄亮一点。

君が昼食（ちゅうしょく）を食べていた**とき**、僕は自分の家にいた。
時間
你吃午饭的时候，我在自己家里。

（9）ところ

「所」から。**時間や状況、また抽象的な部分や特徴などを表す。**

由名词「所」而来，表达时间、状况、抽象的部分及特征等。

電話が掛(か)かってきたとき、僕はちょうど家を出ようとする**ところ**だった。
状況
电话打来的时候，我正打算出家门。

日本語のどんな**ところ**が難しいですか。
部分・特徴
日语的哪些地方难呢?

（10）ほう

「方」（＝方角、方面）から。**二つ以上あるもののうちの一方を表す。**「比較構文」で重要な役割を果たす。また忠告の表現といわれる「～ほうがいい」などでも使われる。

由表示“方位、方面”的「方」而来，表达两者以上事物中的一方，常出现在表示比较的句型中。另也常使用「～ほうがいい」的句型表示忠告、建议。

こっちの**ほう**がおいしいです。
比較
这个更好吃。

傘(かさ)を持って行った**ほう**がいいです。
忠告
（你）最好带把雨伞去。

（11）うち

「内」から。**抽象的に設定された時間や量・数の範囲の内部を表す。**

由名词「内」而来，表达抽象概念的时间、数量的范围之内。

若(わか)い**うち**に好きなことをしろ。　趁着年轻做自己喜欢的事吧。
時間の範囲

ADVANCED(EJU etc.)

海外旅行の面白さは、「生活や文化の違い」に触(ふ)れる**こと**だろう。
海外旅行有趣的地方就在于能接触到“不同的生活与文化”。
節の名詞化

自分を客観的(きゃっかんてき)に見るというのは難しい**もの**で、自身の行動(こうどう)や発言(はつげん)の欠点(けってん)にはなかなか気づかない**もの**である。
性質
客观认识自己是一件很难的事情，特别是很难意识到自己言行举止上的缺点。

企業が新規顧客の獲得のために、大量の広告費を費やす**の**は一般的だ。

節の名詞化

企业为了获得新的客户，一般都会投入大量的广告费。

箸の先端が細くなっているのは、食べ物を取りやすくする**ため**である。

目的

筷子的一头比较细是为了更便于夹取食物。

ご覧の通り，酸素はあまり水に溶けないので，気泡が生じた**わけ**です。

当然

如您所见，氧气不易溶于水，所以才会产生气泡。

材料は有り余るほど用意したので、恐らくこれで人数分は事足りる**はず**です。

推測

材料准备得非常充分，所以满足今天的人数应该是足够的。

いくら巧妙に気持ちを隠した**つもり**でも、顔の動きから読み取れる部分は多い。

意図

就算我们自认为巧妙地隐藏了情绪，其实从神态变化中还是能察觉到很多东西。

電車の中にいた**とき**、ふと見ると、向かい側の席で女性が化粧をしていた。

時間

在电车里的时候，不经意一看，坐在对面的女士正在化妆。

同じ化学実験を何度した**ところ**で、必ずしも同じ結果が出るとは限りません。

状況

同样的化学实验即使重复做很多次，也不一定会得到相同的结果。

より目立つ視覚効果を求めるなら、赤いマークを使った**ほう**がよい。

忠告

如果要追求更明显的视觉效果的话，最好用红色的标记。

人々は知らず知らずの**うち**に、科学の恩恵を受けている。

時間の範囲

人们不知不觉间从科学技术中获益。

COLUMN

実質名詞と形式名詞

若いうちに多くの**こと**①を経験して、
実質名詞
対応力を養う**こと**②は大切だ。
形式名詞
趁着年轻的时候多积累经验，培养应对能力很重要。

上記例文にある「こと②」に対して、「こと①」は実質的な意味を持つ名詞であるので、形式名詞ではなく、実質名詞と呼ばれる。

前に出て
主語になりたいの
だけれども単独で
NO!
ギターを弾く
修飾節
ことができる
いや君
形式名詞
だろう

実質名詞：実質的な意味を持つ名詞

昨日の授業に来なかった**わけ**を言いなさい。
実質名詞
请解释一下昨天没有来上课的理由。

時(とき)が止まったような気がする。
実質名詞
感觉时间好像停止了。

実質名詞は単独で主語になることができ、漢字または平仮名で表記される。それに対して、形式名詞は必ず前に修飾節が来ることが必要で、単独で主語になれず、一般的に漢字ではなく平仮名で表記される。

实质名词可以单独出现做主语，且可以用汉字或假名书写。而形式名词必须前接修饰句节（或从句），且不能单独做主语，一般用假名书写。

COLUMN

転成名詞

転成名詞とは、もともと動詞や形容詞・形容動詞として使われていた単語から、転じて名詞になった語である。转换名词是由动词或形容词、形容动词转换而来的名词。

【動詞からの転成名詞】（動詞の連用形➡名詞）

「喜ぶ」（動詞）▶「喜び」（転成名詞）

息子の成長を**喜ぶ**。
動詞
为儿子的成长而感到高兴。

活動で得(え)られる**喜び**をみんなに伝えたい。
転成名詞
想向大家传达在活动中获得的喜悦。

「考える」（動詞）▶「考え」（転成名詞）

地域活性化について市民とともに**考える**。
動詞
和市民一起考虑区域开发问题。

私に良い**考え**がある。
転成名詞
我有一个好主意。

【形容詞・形容動詞からの転成名詞】

①形容詞の連用形が名詞になる（**形容詞の連用形➡名詞**）

「遠い」（形容詞）▶「遠く」（転成名詞）

その道は駅から非常に**遠い**です。

形容詞

那条路离车站非常远。

視力（しりょく）が低下し、**遠く**がよく見えなくなった。

転成名詞

视力减退，看不清远处的东西了。

②形容詞の語幹＋み（**形容詞語幹＋み➡名詞**）

「重い」（形容詞）▶「重み」（転成名詞）

このペンは**重い**ので書きづらいです。

形容詞

这支笔有点儿沉，所以写起字来费劲。

歴史を感じる**重み**のある雰囲気が素敵（すてき）です。

転成名詞

我觉得这种能够使人感受到历史的厚重氛围很不错。

③形容詞・形容動詞の語幹＋さ（**形容（動）詞の語幹＋さ➡名詞**）

「暑い」（形容詞）▶「暑さ」（転成名詞）

今日は**暑い**です。　今天很热。

形容詞

昨日は各地で記録的な**暑さ**となりました。

転成名詞　昨天各地的高温都创下了纪录。

「爽やか」（形容動詞）▶「爽やかさ」（転成名詞）

夏にぴったりの**さわやか**な風味（ふうみ）です。

形容動詞　与夏天绝配的清爽味道。

爽やかさはモテるために必要不可欠なものともいえる。

転成名詞　可以说清爽的气质是拥有高回头率的必要条件。

3 名詞の働き

名詞は文の中で、具体的に**主語、述語、修飾語、独立語としての働き**がある。

名词在句子中具体可以做主语、谓语、修饰成分、独立成分。

<1> 主語になる

風が吹く。
主語
刮风。

東京は有名だ。**北京**も有名だ。
主語　主語
东京很有名。北京也很有名。

<2> 述語になる

これは**電車**だ。　这是电车。
述語

あの人は**医者**ですか。　那个人是医生吗？
述語

<3> 修飾語になる

連体修飾語：体言（名詞）文節を修飾する文節
修饰体言（名词）的文节，中文中一般称为定语。

連用修飾語：用言（動詞・形容詞・形容動詞）文節を修飾する文節
修饰用言（动词、形容词、形容动词）的文节。

東京の面積は広い。　东京的面积很大。
「東京」：名詞　「東京の」：連体修飾語

李さんの職業（しょくぎょう）は弁護士（べんごし）だ。　小李的职业是律师。
「李さん」：名詞　「李さんの」：連体修飾語

日本語を勉強している。　正在学习日语。
「日本語」：名詞　「日本語を」：連用修飾語

上海まで**船**に乗（の）って行く。　乘船去上海。
「上海」と「船」：名詞　「上海まで」と「船に」：連用修飾語

<4> 独立語になる

名校志向塾、夢(ゆめ)が叶(かな)ったところだ。

名詞・独立語

名校志向塾，圆梦的地方。

少年(しょうねん)よ、大志(たいし)を抱(いだ)け。

「少年」：名詞　「少年よ」：独立語

少年，要胸怀大志！

ADVANCED(EJU etc.)

いのししが　**農作物**(のうさくぶつ)に　**被害**(ひがい)を及ぼしているので、**罠**(わな)を仕掛(しか)けて捕(つか)まえてやる。

主語（いのししが）　連用修飾語（農作物に）　連用修飾語（被害を）　連用修飾語（罠を）

因为野猪会毁坏农作物，所以设了陷阱抓捕。

自由と**規律**(きりつ)を　**中心テーマ**に　据(す)えた　**教育方針**(きょういくほうしん)です。

連用修飾語（自由と規律を）　連用修飾語（中心テーマに）　述語（教育方針です）

这是以自由和纪律为中心制定的教育方针。

この　**二つ**の　**事件**(じけん)には　何(なん)らかの　**つながり**が　ある。

連体修飾語（二つの）　連用修飾語（事件には）　主語（つながりが）

这两个案件之间有着某些联系。

彼は　この　**情報**(じょうほう)が　**世間**(せけん)へ　知(し)れる　**の**を　恐(おそ)れた。

主語 1（彼は）　主語 2（情報が）　連用修飾語（世間へ）　連用修飾語（のを）

他害怕这个信息被世人所知。

文法項目の実践

20世紀半ばから始まった「宇宙開発」は、その動機はともあれ、宇宙についての知識や概念を大きく進展させ、そのことが哲学や文学や美術などに計り知れない影響を与えました。スペースシャトルや気象衛星、通信衛星などといったものを通じて、宇宙は私たちの生活や考え方に浸透しています。これまで民族や国家単位でものごとを考えたり、あるいはヨーロッパ、南北アメリカ、アジア、アフリカといった大陸単位からの発想がせいぜいだったところへ、「地球」という宇宙からの視点が加わったのです。これは新しい理念の創出といっていい出来事でした。

人類は古代から天空を眺めてさまざまな疑問を発し、その謎を解くための技術を考え、理論や思想をつくり上げてきました。そして今なお人類は、宇宙の果てを探り、宇宙の成り立ちや構造や運命を探り出そうとしています。もっとも古典的学問である天文学が最先端の技術を駆使して人類誕生以来の謎を解明しようとしているのです。そのことが、これからの人類の思想や理念にどんな変化をもたらすかは，私たち天文学者がそこで何を発見し、何を伝えられるかにかかっています。宇宙の謎を解明することは、人類の新しい思想や理念を創出することだと、そんなふうに考えることもできるのではないでしょうか。

吉井讓『論争する宇宙』

EJU日本語問題・2011年・日本語読解文章の素材

CHAPTER 3 PART2 文法

動詞

動詞は、恐らく外国人が日本語を学ぶ時に、最初に出会う難関であろう。動詞は様々な形に変化するだけではなく、可能、使役、受身等を表す要素と組み合わせて、複雑な表現が形成される。そういった複雑な変化や表現には、ルールが存在しており、中でも、最も基本的なものは、動詞の変化（活用）である。初級段階で動詞の変化（活用）に関するルールをきちんとおさえ、身につければ、その後の勉強もスムーズになる。

动词也许是外国人学习日语时遇到的第一个难点。动词不仅可以变化成各种形式，还可以形成各种各样的表达方法，如表示可能、使役、被动等。初级阶段需要认真理解和掌握动词的变化（活用）等规则，为后面的学习打好基础。

CHAPTER 3 動詞

1 動詞の性質と特徴

<1> 動詞とは

用言の一つであり、人や物事の動作・変化・状態などを表す単語。「走る」「集める」「消える」のように動作・変化を表しているものもあれば、「ある」「いる」「違う」のように存在・状態を表すものも含まれる。

动词属于用言，表示人或事物的动作、变化以及状态等。如「走る」「集める」「消える」等词表示动作、变化，「ある」「いる」「違う」等词表示存在、状态。

私は　ご飯を　**食べる。**（動作）　我吃饭。

客が　**増える。**（変化）　客人增加。

本が　**ある。**（存在・状態）　有书。

猫が　**いる。**（存在・状態）　有猫。

ADVANCED(EJU etc.)

新しいプロジェクトに**備(そな)える**ため、分野の壁を**越(こ)えて**人材を**集める。**

为了筹备新项目召集跨领域的人才。

政府は積極的に市民と**向(む)き合(あ)い**、対話を**通(とお)して**理解を**深(ふか)める**ことが大切だ。

政府积极地面对市民，通过对话加深理解是非常重要的。

<2> 動詞の分類

動詞は以下のような分類ができる。

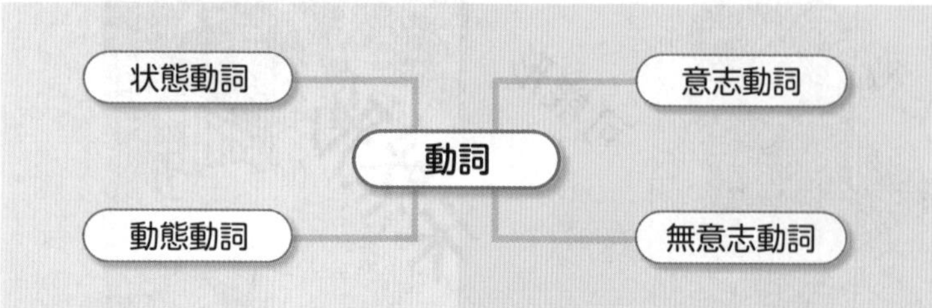

（1）**状態動詞、動態動詞（動作動詞・変化動詞）**

状態動詞：状態を表す動詞のことで、一度始まったら一定期間続き、突然終わることはない状態を表す動詞を指す。原則、「～ている」の形にならない。

いる　ある　できる（可能）　要る

動態動詞：動作や変化など動的な動きを表す動詞（動作動詞・変化動詞）のことである。大多数の動詞はこの分類に属している。

話す　歩く　入る　書く

状态动词表示一段时间内持续存在的状态，一般不用「～ている」形式；动态动词表示动作与变化。大多数动词为动态动词。

（2）**意志動詞と無意志動詞**

動詞を人の意志的な動作・行為かどうか、または、人の意志でコントロールできる動作・行為かどうか、という観点で以下の二種類に分ける。

意志动词表示该动作、行为受人的意志所控制，如"读""吃"等。非意志动词表示的动作或行为不受人的意志所控制。

意志動詞　：読む、作る、やる、食べる、歩く　など

無意志動詞：出会う、ある、降る、輝く、転ぶ、忘れる　など

<3> 動詞の性質と特徴

自立語で活用があり、単独で述語になる。

动词是具有活用形式的独立词，可以单独做谓语。

（1）**動詞基本の形（辞書形）は、すべて五十音図のウ段の音で終わる。**

动词基本形式（辞书形）以五十音图中的ウ段音结尾。

落ち着く　思い出す　目立つ　考える　笑う　住む　導く

（2）動詞は自立語であり、**文中での使用のされ方により、形が変化する。**このように形が変わることを「活用する」という。

动词在句子中使用时，会发生各种各样的形式变化，这种形式变化叫"活用"。

水を**飲む**。 喝水。 ▶ 水を**飲ま**ない。 不喝水。 ▶ 水を**飲も**う。 喝水吧。 ▶ 水を**飲み**ます。 喝水。 ▶ 水を**飲め**。 喝水！

ADVANCED(EJU etc.)

失敗を**恐れ**ずに、自分を**信じ**て前に**進も**う。不要害怕失败，要相信自己并勇敢向前。

恐れる　信じる　進む

子どもたちは、**遊び**ながら人との接し方を**学ん**でいる。孩子们是边玩儿边学习和人打交道的方法。

遊ぶ　学ぶ

成績の結果が**出**て、私の期待は大きく**裏切ら**れた。成绩单发榜了，令我大失所望。

出る　裏切る

（3）**動詞は単独で述語になる。**　动词可以单独做谓语。

花が　**咲く**。　开花。 主語　述語	本を　**読む**。　读书。 修飾語　述語

ADVANCED(EJU etc.)

私たちは、時に、自分に都合よく利用するために相手を**褒める**。

我们有时会为了自身利益而褒奖他人。

甘いものを食べることで、体の中でのドーパミンは徐々に**増える**。

食用甜食之后，体内分泌的多巴胺会慢慢增加。

<4> 動詞の働き

（1）述語になる

動詞は、単独で、またはいろいろな付属語とあわせて、述語となる。
動詞だけではなく、形容詞（イ形容詞）・形容動詞（ナ形容詞）も述語になることができる。

动词可以单独或者和其他附属词一起，做谓语。

私は、　毎晩　本を　**読む**。 我每天晚上读书。　単独で述語	綺麗な　花が　**咲いた**。美丽的花开了。 付属語「た」を伴う

太陽が　**沈み**、月が　**輝く**。　日下沉，月闪耀。

中止法　単独で述語

（2）主語になる

動詞は、助詞の「の」＋「が」「は」「も」などを伴い、主語になることができる。主語になる場合、動詞は**連体形**になる。

动词的连体形后接助词「の」，再接「が」「は」「も」等助词，可以做主语。

本を**読むのは**、良い習慣である。　读书是个好习惯。

ADVANCED(EJU etc.)

どう褒めていいかわからない場合は、率直に感じたことを**伝えるのが**無難です。

主語：動詞「伝える」　述語：形容動詞「無難です」

在不知道如何褒奖他人的情况下，坦率地传达你的感受是无可非议的。

教室の雰囲気を察知し、今**発言**(はつげん)**するのは**まずいと判断した子どもは黙ることが多い。

主語：動詞「発言する」　述語：形容詞「まずい」

在观察教室里的气氛之后觉得现在不适宜发言的话，孩子们大多就会沉默不语。

（3）修飾語になる

動詞は、連体形なら単独で連体修飾語になることができる。また、**助詞「に」「より」「さえ」や助動詞「ようだ」がついて、連用修飾語になる。**

动词连体形可作为定语直接修饰名词（体言）；动词后接助词「に」「より」「さえ」或助动词「ようだ」，可作为连用修饰成分修饰用言（动词、形容词等）。

本を**読む習慣**をつけるのは、良いことである。　养成读书的习惯是件好事。

連体修飾

宿題が終わったから、**遊びに行こう。**　作业完成了，咱们去玩吧。

連用修飾

（4）接続語になる

動詞は、接続助詞がついて、接続語になる。　动词后接接续助词，可做接续成分。

口車に**乗せられて**、ついうっかり高額の品物を買わされるところだった。

乗せる＋られる（受け身）＋て：確定の順接を表す。

我差点儿被花言巧语所骗，买下高价商品。

中華料理店でバイトを**すると**、中国語の勉強ができるだけではなく、

する＋と：仮定や条件の順接を表す。

まかないで食事代も節約できるので、まさに一石二鳥だ。

在中华料理店打工，不仅可以学习中文，还可以节约饭费，真可谓一举两得啊。

POINT　動詞の働き

- 動詞＋「の」など → **主語**
- 動詞（＋いろいろな付属語） → **述語**
- 動詞（連体形） → **連体修飾語**
- 動詞＋助詞／助動詞「に」「より」「さえ」「ようだ」 → **連用修飾語**
- 動詞＋接続助詞 → **接続語**

2 動詞の活用と表現

<1> 動詞の活用形

文の中で、動詞は様々な活用をする。本書においては、動詞の基本活用形は、「**辞書形、連用形、連体形、未然形［否］と未然形［意］、仮定形、命令形**」である。そして、通常の日本語教育では、動詞と後続の助詞や助動詞と合わせて「**ます形、て形、た形、ば形、否定形、意向形、可能形、受身形、使役形**」などと呼ぶ。

基本活用形：辞书形、连用形、连体形、未然形［否］、未然形［意］、假定形、命令形
动词及后接的助（动）词：ます形、て形、た形、ば形、否定形、意向形、可能形、被动形、使役形

本書における活用形分類	接続記号	学校文法（日本の国文法）	日本語文法（外国人向け文法）
辞書形 ※1	V辞	1．終止形	辞書形
連用形	V~~ます~~（「ます」に連なる場合）	2．連用形	—
連体形 ※2	V辞	3．連体形	—
未然形［否］ 未然形［意］	V否 V意	4．未然形	—
仮定形	V仮	5．仮定形	
命令形		6．命令形	命令形
ます形	Vます	連用形＋助動詞「ます」	ます形
て形	Vて	連用形＋助詞「て」	て形
た形	Vた	連用形＋助動詞「た／だ」	た形
ば形	Vば	仮定形＋助詞「ば」	仮定形／ば形
否定形 （未然形［否］＋ない）	V否＋ない	未然形＋助動詞「ない」	否定形／ない形
意向形 （未然形［意］＋（よ）う）	V意＋（よ）う	未然形＋助動詞「（よ）う」	意向形
可能形 （未然形［否］＋（ら）れる）	V否＋（ら）れる	未然形＋助動詞「（ら）れる」	可能形
受身形 （未然形［否］＋（ら）れる）	V否＋（ら）れる	未然形＋助動詞「（ら）れる」	受身形
使役形 （未然形［否］＋（さ）せる）	V否＋（さ）せる	未然形＋助動詞「（さ）せる」	使役形

※1　動詞の辞書形は、国文法の終止形である。
※2　動詞の連体形は辞書形と同じ形なので、接続記号を本書ではV辞を使用する。

活用語尾：用いられ方によって形の変わる部分。
語幹：常に形の変わらない部分。

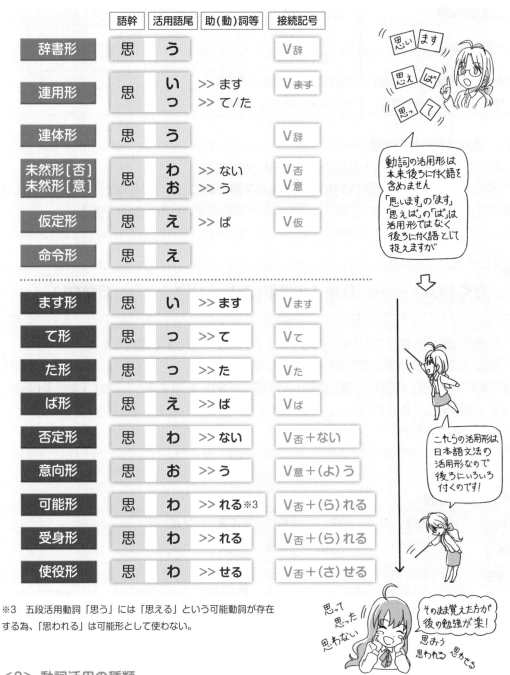

	語幹	活用語尾	助(動)詞等	接続記号
辞書形	思	う		V辞
連用形	思	い っ	>> ます >> て/た	V~~ます~~
連体形	思	う		V辞
未然形[否] 未然形[意]	思	わ お	>> ない >> う	V否 V意
仮定形	思	え	>> ば	V仮
命令形	思	え		
ます形	思	い	>> ます	Vます
て形	思	っ	>> て	Vて
た形	思	っ	>> た	Vた
ば形	思	え	>> ば	Vば
否定形	思	わ	>> ない	V否＋ない
意向形	思	お	>> う	V意＋(よ)う
可能形	思	わ	>> れる※3	V否＋(ら)れる
受身形	思	わ	>> れる	V否＋(ら)れる
使役形	思	わ	>> せる	V否＋(さ)せる

思い
ます
思え
ば
思っ
て
動詞の活用形は本来後ろに付く語を含めません
「思います」の「ます」「思えば」の「ば」は活用形ではなく後ろに付く語として捉えますが

これらの活用形は日本語文法の活用形なので後ろにいろいろ付くのです!

※3　五段活用動詞「思う」には「思える」という可能動詞が存在する為、「思われる」は可能形として使わない。

思って
思った
思わない
そのまま覚えた方が後の勉強が楽!
思おう
思われる
思わせる

<2> 動詞活用の種類

動詞は、五段活用動詞、一段活用動詞、カ行変格活用動詞、サ行変格活用動詞に分けられる。通常の日本語教育では、五段活用動詞を**Ⅰ類動詞 / グループ1動詞**、一段活用動詞を**Ⅱ類動詞 / グループ2動詞**、カ行とサ行変格活用動詞を**Ⅲ類動詞 / グループ3動詞**とそれぞれ呼ぶ。

动词按活用方式分为五段活用动词、一段活用动词、カ变动词、サ变动词。日常日语教学中，五段活用动词也称1类动词，一段活用动词称2类动词，カ变动词和サ变动词统称3类动词。

本書においての名称	学校文法 （日本国文法）	日本語文法 （外国人向け文法）
五段活用動詞	五段活用動詞	Ⅰ類動詞 / グループ 1 動詞
一段活用動詞	上一段活用動詞	Ⅱ類動詞 / グループ 2 動詞
	下一段活用動詞	
カ行変格活用動詞（カ変）	カ行変格活用動詞（カ変）	Ⅲ類動詞 / グループ 3 動詞
サ行変格活用動詞（サ変）	サ行変格活用動詞（サ変）	

（1）五段活用動詞の特徴

①動詞の活用語尾が、五十音図の五つの段に活用する。

②五段活用動詞は、**未然形[否]の活用語尾がア段の音になるのが特徴だ。**「助動詞「ない」は未然形[否]につくので、「ない」の前の音がア段であれば五段動詞である。」

①五段动词的词尾会在50音图的同一行5个段进行活用变化。②未然形[否]时，词尾变为所在行ア段是其最明显的特征。

行（い）**く**＋ない ——→ 行（い）**か**（未然形[否]）＋ない ——→ **行（い）かない**

1 五段活用動詞とは「ア」「イ」「ウ」「エ」「オ」段に活用する動詞である

五段活用動詞の活用は下記の表のとおりであり、辞書形の語尾を同じ行の中で活用させていく。「戦**う**」の語尾「**う**」を同じ行の五つの段に活用すると、「**わ**」（未然形[否]）、「**い**」（連用形）、「**う**」（辞書形）、「**え**」（仮定形・命令形）、「**お**」（未然形[意]）に変化する。五十音図を参考にすると理解しやすい。

五段动词活用时将词尾ウ段上的假名分别变为所在行ア段、イ段、ウ段、エ段、オ段上的假名，就分别可以构成未然形[否]、连用形、辞书形、假定形/命令形、未然形[意]等活用形。

◆五段活用動詞

五段	ア段	イ段	ウ段	エ段	オ段
戦（たたか）う	戦わない	戦います	戦う	戦えば	戦おう
渡（わた）る	渡らない	渡ります	渡る	渡れば	渡ろう
読（よ）む	読まない	読みます	読む	読めば	読もう
学（まな）ぶ	学ばない	学びます	学ぶ	学べば	学ぼう
死（し）ぬ	死なない	死にます	死ぬ	死ねば	死のう
打（う）つ	打たない	打ちます	打つ	打てば	打とう
押（お）す	押さない	押します	押す	押せば	押そう
泳（およ）ぐ	泳がない	泳ぎます	泳ぐ	泳げば	泳ごう
招（まね）く	招かない	招きます	招く	招けば	招こう
本書の活用形	未然形[否]	連用形	辞書形	仮定形	未然形[意]

◆「ない」「ます」「う」：助動詞、「て」「ば」：助詞　◆「あ」：活用語尾、「あ」：接続するもの。

50音図	ア段	イ段	ウ段	エ段	オ段
あ行	あ(わ)	い	う	え	お
か	か	き	く	け	こ
さ	さ	し	す	せ	そ
た	た	ち	つ	て	と
な	な	に	ぬ	ね	の
は	は	ひ	ふ	へ	ほ
ま	ま	み	む	め	も
や	や		ゆ		よ
ら	ら	り	る	れ	ろ
わ	わ				を

2 五段活用動詞の音便

五段活用動詞の後ろに、助詞**「て」**、助動詞**「た」**などが連なる場合（て形、た形になる場合）、**音便**になる。音便は発音しやすいように音が変化したものである。

ただ、語尾が**「す」**の五段活用動詞には音便形がない。

五段动词后接助词「て」，助动词「た」等时，为了发音方便，会产生音便。

書(か)く：書**いて**　書**いた**	叫(さけ)ぶ：叫**んで**　叫**んだ**
招(まね)く：招**いて**　招**いた**	渡(わた)る：渡**って**　渡**った**
凹(へこ)む：凹**んで**　凹**んだ**	戦(たたか)う：戦**って**　戦**った**

(i) イ音便

語尾が**「く」**の五段活用動詞は、**て形**、**た形**になるとき、また**「たり」**が連なる場合、活用語尾は**「い」**となる。

語尾が**「ぐ」**の五段活用動詞は、**て形**、**た形**になるとき、また**「だり」**が連なる場合、活用語尾は**「い」**となる。

イ音便：词尾为「く」和「ぐ」的五段动词，词尾变为「い」，分别接「て」「た」「たり」和「で」「だ」「だり」。

聞(き)く ➡ 聞**いて**	書(か)く ➡ 書**いて**	巻(ま)く ➡ 巻**いた**
剥(は)ぐ ➡ 剥**いで**	急(いそ)ぐ ➡ 急**いで**	泳(およ)ぐ ➡ 泳**いだ**

(ii) 撥音便(はつおんびん)

語尾が**「ぬ」「ぶ」「む」**の五段活用動詞は、**て形**、**た形**になるとき、また**「だり」**が連なる場合、活用語尾は**「ん」**となる。この場合、**「て」「た」「たり」**は**「で」「だ」「だり」**となる。

拨音便：词尾为「ぬ」「ぶ」「む」的五段动词，词尾变为「ん」，接「で」「だ」「だり」。

喜(よろこ)ぶ ➡ 喜**んで**	望(のぞ)む ➡ 望**んだ**	学(まな)ぶ ➡ 学**んだ**

（iii）促音便

語尾が**「つ」「る」「う」**の五段活用動詞は、**て形**、**た形**になるとき、また**「たり」**が連なる場合、活用語尾は**「っ」**となる。

促音便：词尾为「つ」「る」「う」的五段动词，词尾变为「っ」，接「て」「た」「たり」。

買（か）う ➡ 買って	渡る ➡ 渡って	放（はな）つ ➡ 放って

◆音便のまとめ

	語尾	語尾▶イ段	音便	語尾▶音便＋て／で
戦う	う	戦います	促音便	戦って
渡る	る	渡ります	促音便	渡って
打つ	つ	打ちます	促音便	打って
読む	む	読みます	撥音便	読んで
学ぶ	ぶ	学びます	撥音便	学んで
死ぬ	ぬ	死にます	撥音便	死んで
泳ぐ	ぐ	泳ぎます	イ音便	泳いで
招く	く	招きます	イ音便	招いて
押す	す	押します	なし	押して
		ます形	て形	

◆五段活用動詞の活用まとめ表

辞書形	話（はな）す	踊（おど）る	見合（みあ）う	学（まな）ぶ
連用形	話します 話して	踊ります 踊って	見合います 見合って	学びます 学んで
連体形	話す	踊る	見合う	学ぶ
未然形［否］	話さない	踊らない	見合わない	学ばない
未然形［意］	話そう	踊ろう	見合おう	学ぼう
仮定形	話せば	踊れば	見合えば	学べば
命令形	話せ	踊れ	見合え	学べ
ます形	話します	踊ります	見合います	学びます
て形	話して	踊って	見合って	学んで
た形	話した	踊った	見合った	学んだ
ば形	話せば	踊れば	見合えば	学べば
否定形	話さない	踊らない	見合わない	学ばない
意向形	話そう	踊ろう	見合おう	学ぼう
可能形	（話される）	（踊られる）	（見合われる）	（学ばれる）
受身形	話される	踊られる	見合われる	学ばれる
使役形	話させる	踊らせる	見合わせる	学ばせる

◆「ない」「ます」「う」：助動詞、「て」「ば」：助詞　◆「あ」：活用語尾、「あ」：接続するもの。
五段活用動詞には可能動詞が存在する為、上記「話される」等は使わない。

（2）一段活用動詞

一段活用動詞は「る」で終わり、活用語尾が上の一段（イ段）か、下の一段（エ段）だけで活用するのが特徴である。　一段动词以「る」结尾，且活用词尾在イ段或エ段上活用。

1 一段活用動詞の活用

一段活用動詞の活用語尾は上の一段（イ段）か、下の一段（エ段）だけで活用する。

◆一段活用動詞活用例

		ア段	イ段	ウ段	エ段	オ段
上一段活用	借(か)りる		**借り**	借りる		
	試(こころ)みる		**試み**	試みる		
	信(しん)じる		**信じ**	信じる		
	過(す)ぎる		**過ぎ**	過ぎる		
	起(お)きる		**起き**	起きる		
	報(むく)いる		**報い**	報いる		
下一段活用	痺(しび)れる			痺れる	**痺れ**	
	寄(よ)せる			寄せる	**寄せ**	
	妨(ふせ)げる			妨げる	**妨げ**	
	受(う)ける			受ける	**受け**	
	生(は)える			生える	**生え**	
本書の活用形			未然形[否] 未然形[意] 連用形 仮定形 命令形	辞書形	未然形[否] 未然形[意] 連用形 仮定形 命令形	

MORE➕　一段活用動詞の活用変化を暗記

一段活用動詞の中には、語幹と活用語尾を区別できないものがあるので（例えば、「見る」「着る」）、活用語尾の概念を用いて一段の活用を理解するのは難しい。暗記する際に、以下のルールを参考にしてもいい。

①連用形と未然形[否][意]：最後の仮名「~~る~~」。「ます」「て」「た」「ない」等の助詞や助動詞に連なる。

②仮定形：最後の仮名「る」➡「れ」。助詞「ば」に連なる。

③命令形：最後の仮名「る」➡「ろ」/「よ」。

简便记忆：一段动词以「る」结尾，前一个假名是イ段或エ段的假名。
①连用形和未然形[否][意]：去掉结尾「る」，后可接「ます」「て」「た」「ない」等相应的助词、助动词。
②假定形：将结尾「る」变为「れ」（假定形），后可接助词「ば」。
③命令形：将结尾「る」变为「ろ」「よ」（命令形）即可。

五段と一段活用動詞を見分けるには、「否定形」にして、「ない」の直前の音で判断する。

①「a」＋ ない：五段活用　　②「i」/「e」＋ない：一段活用
洗う ➡ 洗わない：五段　　起きる ➡ 起きない：一段

区分五段和一段动词的方法：看后面加「ない」时，前面一个音如果是「a」，就是五段动词；前面一个音如果是「i」或者「e」，就是一段动词。

◆一段活用動詞の活用まとめ表

辞書形	過(す)ぎる	着(き)る	混(ま)ぜる	寝(ね)る
連用形	過ぎます 過ぎて	着ます 着て	混ぜます 混ぜて	寝ます 寝て
連体形	過ぎる	着る	混ぜる	寝る
未然形［否］	過ぎない	着ない	混ぜない	寝ない
未然形［意］	過ぎよう	着よう	混ぜよう	寝よう
仮定形	過ぎれば	着れば	混ぜれば	寝れば
命令形	過ぎろ 過ぎよ	着ろ 着よ	混ぜろ 混ぜよ	寝ろ 寝よ
ます形	過ぎます	着ます	混ぜます	寝ます
て形	過ぎて	着て	混ぜて	寝て
た形	過ぎた	着た	混ぜた	寝た
ば形	過ぎれば	着れば	混ぜれば	寝れば
否定形	過ぎない	着ない	混ぜない	寝ない
意向形	過ぎよう	着よう	混ぜよう	寝よう
可能形	過ぎられる	着られる	混ぜられる	寝られる
受身形	過ぎられる	着られる	混ぜられる	寝られる
使役形	過ぎさせる	着させる	混ぜさせる	寝させる

◆一段活用動詞に音便はない。「ない」「ます」「よう」：助動詞、「て」「ば」：助詞

◆「あ」：活用語尾、「あ」：接続するもの。

2 一段活用動詞の特徴を有する五段活用動詞

「る」で終わり、「る」の前の仮名が、イ段もしくはエ段の仮名であるという特徴を持つ五段動詞もある。一段動詞と間違えやすいが、否定形にしたときの「ない」の前の音で区別する。

有部分以「る」结尾，「る」前面的假名在イ段或エ段上的五段动词容易和一段动词混淆。可以变为否定形后看「ない」前面的假名在哪段来区分。

帰(かえ)る	回来、回去	煎(い)る	煎、炒	知(し)る	知道、认识
要(い)る	需要	滑(すべ)る	滑	参(まい)る	来、去的自谦语
切(き)る	切	混(ま)じる	混杂	散(ち)る	凋谢、分散
入(はい)る	进入	練(ね)る	推敲	焦(あせ)る	着急
握(にぎ)る	握	蹴(け)る	踢、踹	茂(しげ)る	茂盛
照(て)る	照耀	湿(しめ)る	潮湿	嘲(あざけ)る	嘲笑
限(かぎ)る	限于	罵(ののし)る	骂	喋(しゃべ)る	说话
遮(さえぎ)る	遮住	覆(くつがえ)る	被推翻	返(かえ)る	返还
漲(みなぎ)る	充满	減(へ)る	减少	走(はし)る	跑、行驶

（3）カ行変格活用動詞　「来る」だけ

「来る」という動詞は、カ行に活用するが、活用の仕方が変則的である。

一般称为カ变动词，只有一个「来る」，活用方式不规则。

	活用形	助（動）詞等
辞書形	来(く)る	
連用形	来(き)	ます て
連体形	来(く)る	
未然形［否］	来(こ)	ない られる
未然形［意］	来(こ)	よう
仮定形	来(く)れ	ば
命令形	来(こ)い	

	活用形
ます形	来(き)ます
て形	来(き)て
た形	来(き)た
ば形	来(く)れば
否定形	来(こ)ない
意向形	来(こ)よう
可能形	来(こ)られる
受身形	来(こ)られる
使役形	来(こ)させる

（4）サ行変格活用動詞　「する」など

サ行変格活用動詞は**「する」**1語だけだが、「する」と複合した動詞もサ行変格活用をする。**「勉強する」「学習する」**のように、名詞と結びついた複合詞が非常に多い。

一般称为サ变动词，有「する」及和「する」结合的汉语动名词，如「勉強する」「学習する」等。

	活用形	助（動）詞等
辞書形	する	
連用形	し	ます て
連体形	する	
未然形［否］	し せ さ	ない ぬ／ず れる
未然形［意］	し	よう
仮定形	すれ	ば
命令形	しろ せよ	

	活用形
ます形	します
て形	して
た形	した
ば形	すれば
否定形	しない
意向形	しよう
可能形	できる
受身形	される
使役形	させる

COLUMN

名詞＋がする

「～感じる」という意味を表す。五感や感覚的なものを表す名詞が「がする」と連なる。

表示"感到……"之意。前面名词为表示五感或某种直觉的词。

笛(ふえ)の**音(おと)がする**。
感觉有笛子的声音。

変な**味(あじ)がする**。
感觉有奇怪的味道。

嫌(いや)な**予感(よかん)がする**。
有不好的预感。

(5) 動詞の活用表まとめ

	五段	一段	一段	カ変	サ変
動詞	書く(か)	見る(み)	受ける(う)	来る(く)	する
辞書形	書く	見る	受ける	来る	する
連用形	書きます 書いて	見ます 見て	受けます 受けて	きます きて	します して
連体形	書く	見る	受ける	来る	する
未然形［否］	書かない	見ない	受けない	こない	しない せぬ / せず される
未然形［意］	書こう	見よう	受けよう	こよう	しよう
仮定形	書けば	見れば	受ければ	くれば	すれば
命令形	書け	見よ 見ろ	受けよ 受けろ	こい	せよ しろ
ます形	書きます	見ます	受けます	きます	します
て形	書いて	見て	受けて	きて	して
た形	書いた	見た	受けた	きた	した
ば形	書けば	見れば	受ければ	くれば	すれば
否定形	書かない	見ない	受けない	こない	しない
意向形	書こう	見よう	受けよう	こよう	しよう
可能形	(書かれる)	見られる	受けられる	こられる	できる
受身形	書かれる	見られる	受けられる	こられる	される
使役形	書かせる	見させる	受けさせる	こさせる	させる

◆「ない」「ます」「(よ)う」: 助動詞、「て」「ば」: 助詞

◆「あ」: 活用語尾、「あ」: 接続するもの。

五段活用動詞には可能動詞が存在する為、上記「書かれる」は使わない。

<3> 動詞の活用形の説明

(1) 辞書形

単独で言い切る形。動詞の基本形であり、ここでは辞書形と呼ぶ。※4

辞書形が用いられるのは、文をそこで言い切る以外に、「が」「と」「けれども」「から」等の付属語に連なる場合がある。

本書における接続記号はV辞とする。

动词单独使用并可以直接结句的形式。本书称为辞书形。辞书形是动词的基本形式，国文法中称终止形。辞书形可直接结句，也可以后接一些附属词「が」「と」「けれども」「から」等。接续符号为V辞。

ADVANCED(EJU etc.)

老後に備えてお金を**蓄**(たくわ)**える**。
文を言い切る
为了过好晚年生活而存钱。

自分と関係が深い問題が**起**(お)**こると**、冷静に判断できなくなる人が多い。
付属語が続く
当一些与自己密切相关的问题发生时，很多人就无法作出冷静的判断。

今日は**おごるから**、好きなものをどんどん注文してください。
付属語が続く
今天我请客，喜欢什么随便点。

（2）連用形

助動詞「ます」に連なる形である。そのほか、助動詞の「た/だ」「たい」など、助詞の「て/で」「たり/だり」「ながら」などにも連なる。**日本語文法では、助動詞「ます」を含めた形を「ます形」、助詞「て/で」を含めた形を「て形」、助動詞「た/だ」を含めた形を「た形」と定義している。** 連用形において、「雪がやみ、太陽が出た」のように、**いったん文を中止してまた続ける場合に使用する方法を中止法という。**

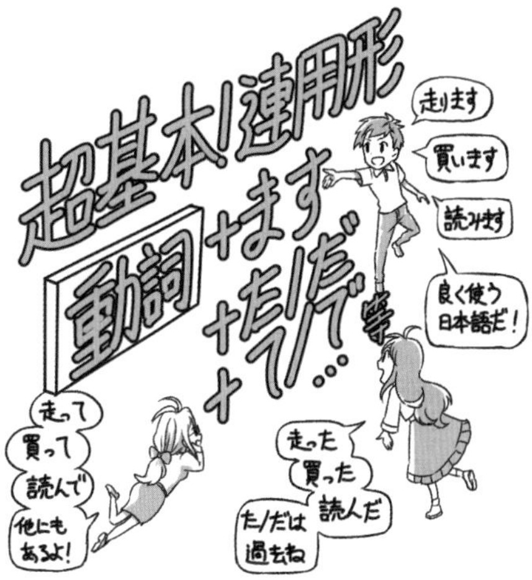

「ます」に連なる連用形の接続記号は**V~~ます~~**とする。

连用形是最常见的一种活用形式，是动词本身的变化。后面可以接助动词「ます」，还可以接助动词「た/だ」「たい」，助词「て/で」「たり/だり」「ながら」等。连用形加上助动词「ます」、助词「て/で」「た/だ」后分别称为ます形、て形、た形。连用形还可以表示中顿。连用形（后接「ます」）的接续符号为：V~~ます~~。

1 **ます形** ← **連用形** ＋助動詞「ます」

本書における接続記号は**Vます**とする。

飲(の)む ——→	**飲(の)みます**		
	飲み	連用形	V~~ます~~
	飲みます	ます形	Vます

ADVANCED(EJU etc.)

人の性格は、一人ひとりの経験や育ってきた環境で**違います**。

「違う」連用形 ＋ 助動詞「ます」

人的性格会因个人的经历和成长环境而不同。

まずは教授に講演していただき、その後、質疑応答の時間を設けたいと**思います**。

我想首先请教授演讲，在此之后，设置答疑时间。

「思う」連用形 ＋ 助動詞「ます」

発射されたロケットは、第一段ロケットを**切り離し**、さらに上昇を続けていった。

中止法

发射的火箭在第一段火箭分离后继续上升。

2 て形 ⬅ 連用形 ＋助詞「て/で」

本書における接続記号はVてとする。 动词て形符号为Vて。

読む →	**読んで**	
	読んで て形	Vて
考える →	**考えて**	
	考えて て形	Vて

ADVANCED(EJU etc.)

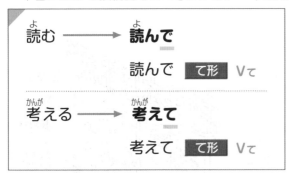

エイは広い海を、のびのびと**泳いで**暮らしている。

「泳ぐ」連用形 ＋ 助詞「て」

鳐鱼每天悠闲自得地遨游在广阔的大海之中。

会議をスムーズに進行させるためにも、事前にお手元の資料を**読んで**おいてください。

「読む」連用形＋助詞「で」

为了能顺利地开会，请先把手头的资料阅读一下。

選手団は胸を**張って**行進していた。 运动员挺胸抬头走进会场。

「張る」連用形 ＋ 助詞「て」

3 た形 ⬅ 連用形 ＋助動詞「た/だ」

本書における接続記号はVたとする。た形は、過去や完了を表す。

动词た形符号为Vた。た形表示的是过去和完结。

泊(と)まる → **泊(と)まった**

泊まった **た形** Vた

学(まな)ぶ → **学(まな)んだ**

学んだ **た形** Vた

ADVANCED(EJU etc.)

大学での生活を如何(いか)に**過(す)ごした**かは、将来に大きく影響を与えるでしょう。

「過ごす」連用形 ＋ 助動詞「た」

大学生活如何度过，会对将来产生很大影响。

子どもを世話するのに、骨が**折(お)れた**わ。 照顾孩子真的是太累了。

「折れる」連用形 ＋ 助動詞「た」

旅行の際に、そこでたまたま**出会(であ)った**人と、たまたま**見た**風景(ふうけい)の記憶は、

「出会う」連用形＋助動詞「た」 「見る」連用形＋助動詞「た」

旅行の醍醐味(だいごみ)と言えるだろう。

在旅行的时候，偶然在当地遇到的人及偶然看到的风景，可以说是旅行的真正乐趣吧。

（3）**連体形**

直接、名詞や「こと」「とき」「もの」のような体言に連なる形である。本書における接続記号は辞書形と同じV辞である。**連体形は辞書形と同じ形であり、「とき」「こと」「人」「もの」**などの体言や、助動詞**「ようだ」**、助詞**「の」「のに」「ので」「ばかり」「ほど」「くらい」**等にも連なる。

动词连体形与辞书形的形式相同，但后面主要接名词或「こと」「とき」「もの」等体言，也可接助动词「ようだ」、助词「の」「のに」「ので」「ばかり」「ほど」「くらい」等。接续符号和辞书形相同为V辞。

ADVANCED(EJU etc.)

電子決済(けっさい)に対して、多くの人が個人情報が**漏(も)れること**を心配している。

对于电子支付，很多人担心会泄露自己的个人信息。 「漏れる」連体形 ＋ 名詞「こと」

その文章は、複雑な構文(こうぶん)に加え、難解(なんかい)な言葉だらけなので、**読むのに**多少てこずる。

「読む」連体形＋助詞「の」「に」：助詞が動詞に直接接続する場合は、原則連体形に活用する。

这篇文章不仅有复杂的句子结构，而且有很多难懂的词语，所以读起来会有些困难。

このままだと、二つのミーティングが**ぶつかるので**、もう一度時間を調整(ちょうせい)してくれ。 「ぶつかる」連体形＋助詞「ので」

如果这样安排的话，两个会议将发生冲突，请再次调整时间。

（4）**未然形［否］と未然形［意］**

未然形［否］［意］の後ろに異なる助動詞がつくことで、否定や意向、可能、受身、使役などの意味を表すことができる。

本書では、後ろに**「ない」**などをつける未然形を「**未然形［否］**」と定義し、接続記号を$V_{\text{否}}$とする。また、後ろに**「（よ）う」**をつける未然形を「**未然形［意］**」と定義し、接続記号を$V_{\text{意}}$とする。※4

未然形［否］が助動詞「ない」と合わせて、「**否定形**」を成し、否定を表す。未然形［意］が助動詞「（よ）う」と合わせて、「**意向形**」を成し、呼びかけや提案を表す。

※4 「未然形［否］」と「未然形［意］」は、否定形語幹と意向形語幹と書くことがある。

未然形［否］和未然形［意］后接不同的助动词，可表示否定、意向、可能、被动、使役等意思。本书中，后接「ない」的称未然形［否］，后接「（よ）う」的称未然形［意］。未然形［否］加上「ない」构成否定形；未然形［意］加上「（よ）う」构成意志形。接续符号分别为：$V_{\text{否}}$和$V_{\text{意}}$。

もう　誰とも　**話**（はな）**さない。**　再也不和任何人说了。

話さ　**未然形［否］**　$V_{\text{否}}$

話さない　**否定形**

部屋に　こもって　本を　**読**（よ）**もう。**　闷在家里看书吧。

読も　**未然形［意］**　$V_{\text{意}}$

読もう　**意向形**

明日は　学校なので、もう**寝**（ね）**よう。**　因为明天还要上学，所以睡吧。

寝　**未然形［意］**　$V_{\text{意}}$

寝よう　**意向形**

MORE＋　何故「未然形」に二つの活用が存在するか

現代日本語の中に、否定を表す「書かない」と意向を表す「書こう」という2つの形は、古文では、「**書かず**」と「**書かむ**」と書かれていた。どちらも「**書か**」の形に活用していた。現代では、「書かむ」は使われなくなり、「書こう」という形に変わってしまったが、古文の「未然形」をそのまま使用し続けてきたのだ。

1 否定形 ← 未然形[否] ＋助動詞「ない」

未然形[否]后加「ない」构成否定形。表达否定的意思。

ADVANCED(EJU etc.)

世の中には、自分が**知らない**ことのほうが圧倒的に多い。

五段活用動詞「知る」未然形[否]＋「ない」

在这世界上，绝大多数事情是我们不知道的。

いくら景色が美しい観光地でも、交通が不便だと観光客は**集まらない**。

五段活用動詞「集まる」未然形[否]＋「ない」

景色再美的旅游景点，如果交通不方便的话游客也不会来。

2 意向形 ← 未然形[意] ＋助動詞「(よ) う」

五段活用動詞には**「う」**が付き、その他の動詞には**「よう」**が付く。**呼びかけや意向を表す。**

未然形[意]后加「(よ) う」构成意向形。五段动词接「う」，其他动词接「よう」。表达呼吁或提议。

駅まで　自転車で　**行こう。**　骑自行车去车站吧。

帰って　ご飯　**食べよう。**　回家吃饭吧。

ADVANCED(EJU etc.)

いくら**覚えよう**としても、忘れるものは忘れる。再怎么背，要忘记的总会忘记。

一段活用動詞「覚える」未然形[意]＋「よう」

混乱しないためにも、これを仮説Aと**名付けよう**。为了不产生混乱，把这命名为假说A吧。

一段活用動詞「名付ける」未然形[意]＋「よう」

「急がば回れ」と言われるように、急いでいるからといって、安易に慣れない近道を**行こう**とすると、かえって道に迷ってしまうのです。

五段活用動詞「行く」未然形[意]＋「う」

就像“欲速则不达”所说的那样，因为着急就轻易选择走不熟悉的捷径的话，反而可能会迷路。

3 受身形/可能形 ← 未然形[否] ＋助動詞「(ら) れる」

受け身や可能、尊敬などを表す使い方。五段活用動詞とサ変動詞には**「れる」**が付き、一段活用動詞とカ変動詞には**「られる」**が付く。なお、可能形において、本書ではこの形に加え、可能動詞(▶69ページ)も含めて**「可能形」**と呼ぶ。

未然形[否]后接「(ら) れる」构成被动/可能形，表示被动、可能、尊敬等意思。五段和サ变动词接「れる」，一段和カ变动词接「られる」。另外，本书中的可能形，也包含可能动词。

ADVANCED(EJU etc.)

今大会での敗戦(はいせん)においては、選手よりも監督が**責(せ)められる**べきです。

一段活用動詞「責める」未然形[否]+られる

这回在大赛中输掉比赛，比起选手更应该责怪教练。

デー夕改(かい)ざん問題の影響で、建物内部の免震(めんしん)ダンパーが**取(と)り替(か)えられる**予定だ。

一段活用動詞「取り替える」未然形[否]+られる

受到数据篡改的影响，建筑物内部的免震阻尼器将被更换。

学生時代の友人が、来週、テレビで**紹介される**らしいという話を聞いた。

サ変動詞「紹介する」未然形[否]+れる

听说在下周的电视节目上，学生时代的朋友会被介绍。

④ 使役形 ← 未然形[否] +助動詞「(さ)せる」

使役を表す使い方。五段活用動詞とサ変動詞には**「せる」**が付き、一段活用動詞とカ変動詞には**「させる」**が付く。

未然形[否]后加「(さ)せる」构成使役形，表示使役。五段和サ变动词接「せる」，一段和カ变动词接「させる」。

ADVANCED(EJU etc.)

落語(らくご)は、話(はなし)を語(かた)り、演(えん)ずることで観客(かんきゃく)を**笑わせる**伝統芸能(げいのう)の一つです。**五段活用動詞「笑う」未然形[否]+せる**

日本单口相声“落语”，是通过讲述、表演故事来逗乐观众的一种传统艺术。

子どもに、あまりにも残酷(ざんこく)すぎる現実(げんじつ)をそのまま**受(う)け止(と)めさせる**のはあまりよろしくない。

一段活用動詞「受け止める」未然形[否]+させる

让孩子们接受过于残酷的现实并不好。

(5) ば形 ← 仮定形 +助詞「ば」

動詞は助詞**「ば」**に連なり、**仮定や条件を表す。**

本書における仮定形の接続記号は**V仮**とする。

假定形后接助词「ば」，构成ば形，表示假定或条件。

覚(おぼ)える ——→ **覚(おぼ)えれば**

覚えれ 仮定形 V仮

覚えれば ば形

ADVANCED(EJU etc.)

勉強の仕方(しかた)をうまく**選べば**、第一言語より第二言語のほうがうまくなる可能性がある。　五段活用動詞「選ぶ」仮定形＋「ば」

只要选择好学习方法，第二语言就有可能比母语说得还好。

車はアクセルを**踏(ふ)めば**スピードが出せてしまうので、安全な運転が大切です。

五段活用動詞「踏む」仮定形＋「ば」

因为只要踩下油门汽车就会加速，所以安全驾驶最为重要。

容疑者が潔(いさぎよ)く自分の罪(つみ)を**認(みと)めれば**、事件の解決が簡単(かんたん)になる。

下一段活用動詞「認める」仮定形＋「ば」

如果嫌疑人能够坦白认罪的话，案件就容易解决了。

（6）命令形

命令の意味で言い切る形。　命令形没有后接的助词、助动词等。

早く　**来(こ)い**。	これを　全部　**食べろ**。	もう 9時　だから　**起きろ**。
快来。	把这个全部吃掉。	都９点了，快起来！

＜4＞自他動詞・可能動詞・補助動詞

（1）自動詞と他動詞

主語についての動作や作用を表している動詞を、**自動詞**という。

表している動作や作用が主語以外に及ぶ動詞を、**他動詞**という。誰かが意志を持ってやった行動に使われることが多い。**通常、「～を」という形で目的語を伴うことが多い。**

表示主语自身动作或作用的动词叫自动词。当所做的动作或作用涉及主语以外的事物时，所用动词为他动词，通常以「～を」的形式来提示他动词的对象（宾语）。自动词强调“状态的变化”，而他动词强调“改变状态的原因”。

動詞	自動詞	他動詞
例	落ちる	落とす
例文	りんご**が落ちる**。苹果掉下来了。 	りんご**を落とす**。把苹果打下来。 

解説	誰かがやったのか風がやったのかわからないが、とにかくりんごが木から地面に落ちる。「変化していること」だけにフォーカスしている。 不知道是人为的还是因为风吹的等原因，苹果从树上掉落下来。只关注“苹果掉落”这一状态变化本身。	明らかに動作を起こした人が存在している。「誰かが意志を持ってやった行動」にフォーカスしている。 很明显是有人有意识地做出动作把苹果从树上弄下来。关注“有意识、目的的动作本身”。

（2）構文

＜主語＞が　＜自動詞＞。

（＜主語＞は/が）＜直接目的語＞を＜他動詞＞。

自动词表示主语的动作，主语一般用「～が」提示。
他动词前一般用「～を」提示动作的对象。

手紙 **が** **届**(とど)**く**。
自動詞
信到了。

手紙 **を** **届**(とど)**ける**。
他動詞
把信送到。

水 **が** **流**(なが)**れる**。
自動詞
水流。

水 **を** **流**(なが)**す**。
他動詞
冲水。

お湯 **が** **沸**(わ)**いた**。
「沸く」：自動詞
水烧开了。

李さんはお湯 **を** **沸**(わ)**かした**。
「沸かす」：他動詞
小李把水烧开了。

火 **が** **消**(き)**えた**。
「消える」：自動詞
火灭了。

私は火 **を** **消**(け)**した**。
「消す」：他動詞
我把火扑灭了。

授業 **が** **始**(はじ)**まる**。
「始まる」：自動詞
授课开始。

先生が授業 **を** **始**(はじ)**める**。
「始める」：他動詞
老师开始授课。

基本的に、「～を」を伴うのは他動詞であるが、**「場所＋を＋移動動詞」**のような、「～を」を伴うが、自動詞であるケースもある。その場合、「を」が起点、経過場所や時間を表す。

前置助词「を」的动词多为他动词。但自动词有时也会有前置助词「を」的情况，这时「を」表示动作的起点、经过的场所或时间。表达形式为「場所＋を＋移動動詞」。

駅 を 出(で)**た。** 出了车站。
「出る」：自動詞。「を」は起点を示す

道 を 走(はし)**る。** 在路上跑。
「走る」：自動詞。「を」は経過の場所や時間を示す

（3）自動詞と他動詞のペア

1自動詞と他動詞が互いに対応し、ペア（対）になる組み合わせが多くある。

成对出现的自动词和他动词，汉字相同，送假名不同。

自動詞	他動詞	自動詞	他動詞
消える 例字が**消える**。 字消失。	**消す** 例字を**消す**。 把字擦掉。	**染まる** 例服が**染まる**。 衣服被染色。	**染める** 例服を**染める**。 给衣服染色。
倒れる 例木が**倒れる**。 树倒。	**倒す** 例木を**倒す**。 把树放倒。	**閉まる** 例扉が**閉まる**。 门紧闭。	**閉める** 例扉を**閉める**。 把门关上。
壊れる 例パソコンが**壊れる**。 电脑坏了。	**壊す** 例パソコンを**壊す**。 把电脑弄坏。	**決まる** 例日程が**決まる**。 日程决定了。	**決める** 例日程を**決める**。 决定日程。
離れる 例手が**離れる**。 手松开。	**離す** 例手を**離す**。 把手放开。	**集まる** 例人が**集まる**。 人聚集。	**集める** 例人を**集める**。 把人聚集起来。
汚れる 例服が**汚れる**。 衣服脏了。	**汚す** 例服を**汚す**。 把衣服弄脏。	**始まる** 例授業が**始まる**。 授课开始了。	**始める** 例授業を**始める**。 (老师)开始授课。
現れる 例姿が**現れる**。 现身。	**現す** 例姿を**現す**。 使之现身。	**温まる** 例心が**温まる**。 心温暖了。	**温める** 例心を**温める**。 把心温暖。
隠れる 例犯人が**隠れる**。 犯人躲藏起来。	**隠す** 例犯人を**隠す**。 藏匿罪犯。	**埋まる** 例穴が**埋まる**。 洞填上了。	**埋める** 例穴を**埋める**。 把洞填上。
崩れる 例体調が**崩れる**。 身体垮了。	**崩す** 例体調を**崩す**。 把身体搞垮。	**収まる** 例怒りが**収まる**。 怒火平息了。	**収める** 例怒りを**収める**。 抑制怒火。
潰れる 例顔が**潰れる**。 丢脸。	**潰す** 例顔を**潰す**。 使之丢脸。	**固まる** 例土が**固まる**。 泥土结块。	**固める** 例土を**固める**。 使泥土结块。
流れる 例水が**流れる**。 水流。	**流す** 例水を**流す**。 冲水。	**高まる** 例効果が**高まる**。 效果提高。	**高める** 例効果を**高める**。 提高效果。
燃える 例紙が**燃える**。 纸烧着了。	**燃やす** 例紙を**燃やす**。 烧纸。	**強まる** 例火力が**強まる**。 火势增强。	**強める** 例火力を**強める**。 加大火力。
冷える 例体が**冷える**。 身体发冷。	**冷やす** 例体を**冷やす**。 降低体温。	**止まる** 例車が**止まる**。 车停了。	**止める** 例車を**止める**。 停车。

生える 例髭が**生える**。 长胡子。	**生やす** 例髭を**生やす**。 留长胡子。	**広まる** 例知識が**広まる**。 知识扩展。	**広める** 例知識を**広める**。 扩展知识。
増える 例利益が**増える**。 利润增长。	**増やす** 例利益を**増やす**。 提高利润。	**見つかる** 例鍵が**見つかる**。 钥匙找到了。	**見つける** 例鍵を**見つける**。 找到钥匙。
出る 例結果が**出る**。 出结果。	**出す** 例結果を**出す**。 拿出结果。	**掛かる** 例鍵が**掛かる**。 锁上了。	**掛ける** 例鍵を**掛ける**。 （把门）锁上。
逃げる 例犯人が**逃げる**。 罪犯逃跑。	**逃がす** 例犯人を**逃がす**。 放跑罪犯。	**助かる** 例自分が**助かる**。 自己得救。	**助ける** 例自分を**助ける**。 救助自己。
溶ける 例砂糖が**溶ける**。 砂糖溶化。	**溶かす** 例砂糖を**溶かす**。 把糖化开。	**受かる** 例試験に**受かる**。 考试及格。	**受ける** 例試験を**受ける**。 参加考试。
枯れる 例雑草が**枯れる**。 杂草枯萎。	**枯らす** 例雑草を**枯らす**。 使杂草枯萎。	**曲がる** 例棒が**曲がる**。 棒子弯曲。	**曲げる** 例棒を**曲げる**。 把棒子掰弯。
揺れる 例ゆりかごが**揺れる**。 摇篮在摇晃。	**揺らす** 例ゆりかごを**揺らす**。 摇晃摇篮。	**上がる** 例予算が**上がる**。 预算增加。	**上げる** 例予算を**上げる**。 增加预算。
慣れる 例体が寒さに**慣れる**。 身体习惯了寒冷。	**慣らす** 例体を寒さに**慣らす**。 使身体适应寒冷。	**下がる** 例コストが**下がる**。 成本下降。	**下げる** 例コストを**下げる**。 降低成本。
冷める 例スープが**冷める**。 汤凉了。	**冷ます** 例スープを**冷ます**。 把汤凉一凉。	**繋がる** 例電話が**繋がる**。 电话接通了。	**繋げる** 例電話を**繋げる**。 接通电话。
伸びる 例売上が**伸びる**。 销售额上涨。	**伸ばす** 例売上を**伸ばす**。 提高销售额。	**重なる** 例紙が**重なる**。 纸摞在一起。	**重ねる** 例紙を**重ねる**。 把纸摞起来。
満ちる 例容器に水が**満ちる**。 容器中水满了。	**満たす** 例容器を水で**満たす**。 给容器灌满水。	**混ざる** 例青に白が**混ざる**。 青色中掺有白色。	**混ぜる** 例青に白を**混ぜる**。 给青色中掺入白色。
落ちる 例リンゴが**落ちる**。 苹果掉落下来。	**落とす** 例リンゴを**落とす**。 把苹果打下来。	**変わる** 例名前が**変わる**。 名字改了。	**変える** 例名前を**変える**。 改名。
起きる 例弟が**起きる**。 弟弟起床。	**起こす** 例弟を**起こす**。 叫醒弟弟。	**加わる** 例新人が**加わる**。 新人加入了。	**加える** 例新人を**加える**。 增加新人。

降りる 例車から**降りる**。 下车。	**降ろす** 例車から荷物を**降ろす**。 从车上卸货。	**終わる** 例仕事が**終わる**。 完工。	**終える** 例仕事を**終える**。 把工作做完。
過ぎる 例時間が**過ぎる**。 时间消逝。	**過ごす** 例時間を**過ごす**。 度过时光。	**開く** 例店が**開く**。 店铺开门。	**開ける** 例店を**開ける**。 开店。
沸く 例お湯が**沸く**。 水开了。	**沸かす** 例お湯を**沸かす**。 烧开水。	**届く** 例手紙が**届く**。 信到了。	**届ける** 例手紙を**届ける**。 把信送到。
乾く 例髪が**乾く**。 头发干了。	**乾かす** 例髪を**乾かす**。 把头发吹干。	**付く** 例条件が**付く**。 附有条件。	**付ける** 例条件を**付ける**。 附加条件。
動く 例体が**動く**。 身体动了。	**動かす** 例体を**動かす**。 活动身体。	**向く** 例注意が**向く**。 注意到。	**向ける** 例注意を**向ける**。 使注意。
泣く 例赤ちゃんが**泣く**。 婴儿哭泣。	**泣かす** 例赤ちゃんを**泣かす**。 把婴儿弄哭了。	**育つ** 例子供が**育つ**。 孩子成长。	**育てる** 例子供を**育てる**。 培育孩子。
減る 例人口が**減る**。 人口减少。	**減らす** 例人口を**減らす**。 减少人口。	**立つ** 例看板が**立つ**。 招牌竖立。	**立てる** 例看板を**立てる**。 竖立招牌。
散る 例花が**散る**。 花落了。	**散らす** 例花を**散らす**。 把花吹落了。	**入る** 例空気が**入る**。 流入了空气。	**入れる** 例空気を**入れる**。 让空气流入。
漏れる 例秘密が**漏れる**。 秘密泄露。	**漏らす** 例秘密を**漏らす**。 泄漏秘密。	**進む** 例開発が**進む**。 开发进展中。	**進める** 例開発を**進める**。 推进开发。
喜ぶ 例子供が**喜ぶ**。 孩子高兴。	**喜ばす** 例子供を**喜ばす**。 让孩子高兴。	**緩む** 例紐が**緩む**。 带子松了。	**緩める** 例紐を**緩める**。 松开带子。
飛ぶ 例飛行機が**飛ぶ**。 飞机起飞。	**飛ばす** 例飛行機を**飛ばす**。 开飞机。	**叶う** 例夢が**叶う**。 梦想实现。	**叶える** 例夢を**叶える**。 实现梦想。
滅ぶ 例国が**滅ぶ**。 国家灭亡。	**滅ぼす** 例国を**滅ぼす**。 使国家灭亡。	**揃う** 例足並みが**揃う**。 步调一致。	**揃える** 例足並みを**揃える**。 统一步调。
うつる 例風邪が**うつる**。 感冒传染了。	**うつす** 例風邪を**うつす**。 传染感冒。	**乗る** 例客が**乗る**。 客人乘车。	**乗せる** 例客を**乗せる**。 让客人上车。

潤う 例肌が**潤う**。 皮肤滋润。	**潤す** 例肌を**潤す**。 滋润皮肤。	**寄る** 例船が岸に**寄る**。 船靠岸。	**寄せる** 例船を岸に**寄せる**。 把船靠岸。
返る 例ボールが**返る**。 球回来了。	**返す** 例ボールを**返す**。 把球归还。	**切れる** 例紙が**切れる**。 纸张切断。	**切る** 例紙を**切る**。 切纸。
通る 例車が**通る**。 汽车通过。	**通す** 例車を**通す**。 让车过去。	**売れる** 例商品が**売れる**。 商品畅销。	**売る** 例商品を**売る**。 卖商品。
回る 例風車が**回る**。 风车转动。	**回す** 例風車を**回す**。 转动风车。	**割れる** 例ガラスが**割れる**。 玻璃碎了。	**割る** 例ガラスを**割る**。 打碎玻璃。
直る 例故障が**直る**。 故障修复。	**直す** 例故障を**直す**。 修复故障。	**抜ける** 例毛が**抜ける**。 掉毛。	**抜く** 例毛を**抜く**。 拔毛。
渡る 例橋を**渡る**。 过桥。	**渡す** 例本を**渡す**。 递书。	**焼ける** 例クッキーが**焼ける**。 饼干烤好了。	**焼く** 例クッキーを**焼く**。 烤饼干。
治る 例病気が**治る**。 病愈。	**治す** 例病気を**治す**。 治病。	**解ける** 例問題が**解ける**。 问题解开了。	**解く** 例問題を**解く**。 解开问题。
残る 例記録が**残る**。 记录留传。	**残す** 例記録を**残す**。 留下记录。	**聞こえる** 例音が**聞こえる**。 听见声音。	**聞く** 例音を**聞く**。 听声音。
戻る 例貸した本が**戻る**。 借出的书还回来了。	**戻す** 例借りた本を**戻す**。 归还借阅的书。	**貯まる** 例お金が**貯まる**。 钱积攒下来了。	**貯める** 例お金を**貯める**。 存钱。

2 1つの動詞が自動詞と他動詞両方の特性を備える。自他動詞とも呼ぶ。

有些动词，本身既是自动词，也是他动词。也可称为“自他动词”。

吹く

風 **が** 吹く。乱风。
自動詞の役割

尺八 **を** 吹く。 吹尺八。
他動詞の役割

笑う

人 **が** 笑う。人笑。
自動詞の役割

人 **を** 笑う。 取笑人。
他動詞の役割

開(ひら)く

桜の花 **が** 開(ひら)く。樱花开放。
自動詞の役割

お店 **を** 開(ひら)く。 开店。
他動詞の役割

3 対（ペア）にならない自動詞や他動詞がある。 有些动词没有相对应的自动词或他动词。

自動詞しかない動詞（無対自動詞）

ある、来る、憧れる、泳ぐ、死ぬ、光る、
走る、座る、這う、実る、茂る…

他動詞しかない動詞（無対他動詞）

読む、投げる、話す、忘れる、疑う、殴る、
嫌う、褒める、感じる…

MORE＋ 自他動詞の対応

自他動詞の対応で明確なルールは存在しないが、下記の図で大多数の対応関係を示している。例えば、自動詞の**かかる**は**[ア]る**に属し、対応する他動詞の**かける**は**[エ]る**に属する。また、自動詞の**届く**は**[ウ]**に属し、対応する他動詞の**届ける**は**[エ]る**に属する。

自他动词虽然存在一些对应规则，但没有对应规则的也很多，多数的对应关系可以参考下表。

自動詞	最後の母音と仮名	他動詞	最後の母音と仮名
(〜が)		(〜を)	
かかる	[ア]る	かける	[エ]る
変わる		変える	
決まる		決める	
入る	[イ]る	入れる	
開く	[ウ]	開ける	
付く		付ける	
消える	[エ]る	消す	す
壊れる		壊す	[ア]す
出る		出す	

（4）可能動詞と動詞の可能形

可能動詞は、五段活用動詞から派生した「〜することができる」という意味を持っている動詞である。「読む」「書く」のような五段活用動詞が、「読める」「書ける」に形を変え、可能の意味を持つ。一段活用動詞とカ変動詞は、助動詞「られる」を付けて、可能形を作ることができる（「助動詞」▶200ページ）。本書では、可能動詞と動詞の可能形を合わせて**可能形**と定義する。

	辞書形	可能の形	
五段活用動詞	読む 話す 書く	読める 話せる 書ける	可能動詞 (可能形)
一段活用動詞	見る 食べる	見られる 食べられる	可能形
サ変	する	できる	可能形
カ変	来る	こられる	可能形

动词表示“能做……”时，除了「〜することができる」的表达方法以外，动词本身可以变为可能形。五段动词存在特殊的变形，一般单独称为可能动词。一段和カ变动词，加上助动词「られる」可以构成可能形。

（5）補助動詞（形式動詞）

補助動詞は**「ある」「いる」「いく（ゆく）」「みる」「おく」「くる」「しまう」**等のような他の語について補助的な役割で使用される動詞のことである。補助動詞は、形式動詞とも呼ばれ、助動詞と同じような機能をするが、動詞であるため、自立語として扱う。**通常、補助動詞は動詞て形に連なり、ひらがなで書く。**活用は普通の動詞と同じように活用する。

补助动词又称为形式动词，和助动词一样对前面动词的表达起辅助性作用，但独立成词。一般接在前面动词的て形后面，只写假名。如：「ある」「いる」「いく（ゆく）」「みる」「おく」「くる」「しまう」。活用方法与普通动词一样。

ADVANCED(EJU etc.)

ここに先生の名前が**書いてある**。

補助動詞「ある」:「書く」という動作の結果の状態を表す。

这里写着老师的名字。

焦っている時には、人の聴覚や嗅覚は過敏になりがちだ。

補助動詞「いる」:（焦るという動作が）特定の時点で持続・進行中である状態を表す。

焦虑的时候，人的听觉和嗅觉往往会变得过于敏感。

毎年、沖縄から北海道にかけて、桜が順々に**咲いていく**。

補助動詞「いく」:（「沖縄から北海道にかけて」という）動作の移り変わりを表す。

每年从冲绳到北海道，樱花依次开放。

実際に見知らぬ土地を**歩いてみる**と、今まで本や雑誌では知り得なかったことを感じることができる。

補助動詞「みる」:「試しに～する」という意味を表す。

当你真正行走在陌生的土地上时，你会获得至今为止从书本和杂志上无法获得的感受。

若い頃に、貯金や保険など様々な準備を**しておく**と、老後の生活は楽々と送れるだろう。

補助動詞「おく」:「あらかじめ～する」という意味を表す。

年轻的时候，如果提早做好储蓄和保险等准备的话，就可以轻松地过好晚年生活吧。

たとえ減量に成功しても、油断大敵だよ。少しでも気を抜けば、**リバウンドしてしまう**から。

補助動詞「しまう」: 不本意な事態が実現することを表す。

就算减肥成功，大意也是不行的。只要稍微不注意就有可能反弹。

＜5＞授受動詞

授受動詞は、授受関係を表す動詞である。「授受」とは、授けることと受けること。受け渡しや、やりとりを表現する。同じ事実を表すにも、視点が与え手側であるか受け手側であるかによって、表現が異なる。

日语的授受动词表示的是给予和接受的概念。使用时牵涉到视角的转移，对于外国学习者来说初级阶段是个难点。

（1）授受動詞は全部で７つ

授 表达的是给予的概念	他者（側）が自己（側）へ	**(a) くれる　くださる**
	1）自己（側）が他者（側）へ 2）他者（側）が他者（側）へ ※自己（側）・他者（側）とは相対的な概念	**(b) やる　あげる　さしあげる**
受 表达的是接受的概念	1）自己（側）が他者（側）から 2）他者（側）が他者（側）から	**(c) もらう　いただく**

（2）授受動詞の使い方

下記の表では、自己（側）を「私」、他者（側）を「他」と記する。

	主語の視点				
	与え手		**表現**		**受け手**
授	目下／対等の人	➡	くれる	➡	私
	目上の人	➡	くださる	➡	私
	私／他	➡	やる	➡	目下の人
	私／他	➡	あげる	➡	対等の人
	私／他	➡	さしあげる	➡	目上の人
	受け手		**表現**		**与え手**
受	私／他	⬅	もらう	⬅	目下／同等の人
	私／他	⬅	いただく	⬅	目上の人

根据授（给予）、受（接受）动作的不同，站在主语的视角，根据人与人之间关系的不同（晚辈、平辈、长辈），使用不同的授受动词。如：主语是长辈，给予我的话，用「くださる」；主语是我，从长辈那里接受的话，用「いただく」。

- ●友達は　私に　プレゼントを　**くれました。**　朋友给了我礼物。
- ●課長は　私たちに　お土産を　**くださいました。**　科长送给了我一份伴手礼。
- ●私は　猫に　餌を　**やりました。**　我给猫喂了食物。
- ●私は　友達に　プレゼントを　**あげました。**　我给了朋友礼物。
- ●私は　課長に　お土産を　**差し上げました。**　我送给了科长一份伴手礼。
- ●私は　友達から　プレゼントを　**もらいました。**　我从朋友那儿得到了礼物。
- ●私は　課長から　お土産を　**いただきました。**　我从科长那儿得到了一份伴手礼。
- ●彼は　先生から　小説を　**いただきました。**　他从老师那儿得到了一本小说。

(3) 補助動詞としての授受動詞

授受動詞は独立して使用される以外、て形の後ろに連なり、補助動詞としての働きをする。

授受动词接在动词て形后，可以作为补助动词来使用。表示前面动词所表示动作的授受关系。

(a) **~(て)くれる　~(て)くださる**
(b) **~(て)やる　~(て)あげる　~(て)さしあげる**
(c) **~(て)もらう　~(て)いただく**

(a) 母は　私に　ご飯を　**作ってくれる。**　妈妈给我做饭。
先生は　私に　推薦状を　**書いてくださる。**　老师替我写推荐书。

(b) 私は　弟に　おもちゃを　**買ってやった。**　我给弟弟买了玩具。
私は　友達の　カバンを　**持ってあげた。**　我替朋友拿包。
私は　先生に　ペンを　**貸してさしあげた。**　我借给老师笔。

(c) 私は　友達に　日本語を　**教えてもらった。**　我让朋友教了我日语。
私は　先生に　願書を　**直していただいた。**　我请老师帮我修改了申请书。

ADVANCED(EJU etc.)

親身（しんみ）になって相手の話を聞くからこそ、相手も本音（ほんね）を**語（かた）ってくれる**のです。
くれる：話者と「相手」は対等な立場である。
正是因为站在对方的立场来倾听，对方才会对你说出心里话。

お母さんが**炊（た）いてくれる**ご飯は美味しい。　母亲煮的饭很好吃。
くれる：話者と「お母さん」は対等な立場である。

実験に**協力してくださる**方を募集しています。募集实验协助者。
くださる：目上の人、お願いをする相手に対する表現。

この一撃（いちげき）で、とどめを**刺（さ）してやる。**　用这一击做个了结。
やる：目下の立場（この場合は、好ましくない相手）に対する表現。

子どもが何か失敗で落（お）ち込（こ）んでいるときには、親は子どもの悔（くや）しい気持ちに共感（きょうかん）し、**理解（りかい）してやる**ことが大切だ。
やる：目下の立場（親➡子ども）に対する表現。
当孩子因为某些失败而闷闷不乐的时候，父母要充分体谅孩子悔恨的心情，并给予理解是非常重要的。

海外からの留学生の相談に親身になって**のってあげる**。

あげる：対等の人（話者⇔留学生）に対する表現。

设身处地地听取海外留学生的恳切需求。

夜も深(ふか)まったことですから、そろそろ先生を家に**送ってさしあげましょう**。

さしあげる：目上の人（話者➡先生）に対する表現。

夜已很深了，我们该把老师送回家去了吧。

法律は人々にルールを**守ってもらう**ための強力(きょうりょく)な手段である。

もらう：対等、あるいは立場の関係ない世間一般の人々に対する表現。

法律是让人们遵守规则的强有力的手段。

<6> 時制（テンス）・アスペクト・ヴォイス　上級編

テンスはある事柄がどの時点で起きる/起こったか、どういう状態であるか/であったかを表す。一方アスペクトは、動作や状態の開始、継続、終了等を表す。しかし、日本語では、アスペクトは時にはテンス・ヴォイスと絡んで非常に複雑になる。本節では、テンス・アスペクトの基本を様々な動詞表現を通して取り上げる。

日语中的时（Tense）、体（Aspect）、态（Voice）比较复杂。"时"表示过去、现在和将来，"体"表示动作状态的开始，持续，完结。"态"有被动态、使役态等。日语中，时、体、态往往交织在一起变得很复杂。本节主要关注时和体相关的各类动词表达方法。

（1）テンス

テンスは、**発話時（基準時）と、出来事の時間的な前後関係**を表している。出来事は、発話時より前なら過去、同時なら現在、後なら未来となる。形式上、過去形と非過去形に二分される。

テンスは、動詞自体ではなく、助動詞によって表されている。また、テンスは動詞特有の文法ではなく、述語になることができる**形容詞（イ形容詞）・形容動詞（ナ形容詞）、そして助動詞**にも存在する。

"时"虽然有过去、现在、将来，但日语形式上只划分为过去形和非过去形（现在/将来）。不仅动词具备"时"的概念，可以构成谓语的形容词和形容动词，以及助动词同样具备"时"的概念。"时"需要借用助动词来表达。

動詞のテンス　例書く　　◆本書における普通形の接続記号は普とする。

動詞	過去形		非過去形（現在・未来）	
	普通形 普	丁寧形	普通形 普	丁寧形
肯定	Vた 例書いた	Vます+ました 例書きました	V辞 例書く	Vます+ます 例書きます
否定	V否+なかった 例書かなかった	Vます+ませんでした（V否+なかったです） 例書きませんでした（書かなかったです）	V否+ない 例書かない	Vます+ません（V否+ないです） 例書きません（書かないです）

1 **動詞過去形のテンス**：過去の動作、作用、状態を表す。

动词过去形：表示过去的动作、作用、状态。

動詞過去形	**例**
①過去形は通常、**過去**を表す。 一般来说过去形表示的是过去。	昨日の夜雨が**降った。** 昨夜下雨了。
②過去形で**完了**を表すことができる。基準時の前に動作等が完結したことを表す。 过去形除了表示过去以外，还可以表示完成态。表示的是动作在某个基准时间之前结束。	昼ごはんはもう**食べた。** 已经吃过午饭了。 東京に**行った**とき、お土産を買った。 **行くという行為は、お土産を買ったという基準時より前** 去东京的时候，买了那里的土特产。
③更に、慣用的な表現として**現在の状態**や話し手の気持ちを表すことができる。 另外，作为惯用表达，过去形可以表达现在的状态以及说话人的心情。	風邪を**ひきました。**感冒了。 **現在の状態**

2 **動詞非過去形のテンス**：現在や未来の動作、作用、状態を表す。

动词非过去形：表示现在或将来的动作、作用、状态。

動詞非過去形	**例**
全ての動詞 **過去・現在・未来という枠を超える。** 習慣・真理・規則を表し、恒常的表現ともいう。「いつも」「よく」と一緒に使う場合がある。 非过去形可表示习惯、真理、规则等恒常性的动作。	日本人はよく寿司を**食べる。** 日本人常吃寿司。 太陽を中心に地球が**回る。** 地球以太阳为中心旋转。 毎日日記を**書く。**每天写日记。
状態動詞 状態動詞の非過去形は基本的に**現在の状態**を表す。 **例いる、似合う、値する** 状态动词的非过去形一般表示现在的状态。	庭園に大きな桜の木が**ある。** 庭院中有棵大樱花树。
動態動詞（動作・変化） 動態動詞の非過去形は**未来**を表すことができる。 **例歩く、食べる、流れる** 动态动词的非过去形可以表示将来。	明日雨が**降る。** 明日降雨。 貯金して家を**購入する。** 储蓄以待以后买房。
動態動詞の非過去形は**現在**を表す時に、「～ている」を使用する。 ①**現在進行中**であることを表す。 歩い**ている**、食べ**ている**、流れ**ている** ②動作・出来事の**結果が現在も継続**している状態を表す。 開い**ている**、着**ている** 动态动词的非过去形表示现在时，用「～ている」。"现在"还可以分为"现在进行"和"动作结果持续到现在"。	彼は図書館で勉強を**している。** 他正在图书馆学习呢。

ADVANCED(EJU etc.)

引退(いんたい)した先輩に対し、皆は立ち上がって、長い間拍手を**送った**。

大家站了起来，用持久的掌声欢送退休的前辈。　過去を表す

物体(ぶったい)に複数(ふくすう)の力が作用しているのに、物体が動かない場合、これらの力はつり合っているといいう。

動態動詞「いう」非過去形：文の内容が定義であることを表す。

当物体有多个力在作用，而物体却不动时，说明这些力是平衡的。

図書館の有能な司書(ししょ)は、**いつも**趣味に合う本を薦めて**くれる**。

動態動詞「くれる」非過去形：文の内容が「いつも」の習慣であることを表す。

非常能干的图书馆管理员总是会根据我的兴趣给我推荐好书。

早慶戦(そうけいせん)、どちらにも友達が**いる**ので肩(かた)を入れることができない。

状態動詞「いる」非過去形：現在の状態を表す。

在“早庆”两校比赛中，因为双方队中都有我的朋友，所以不好偏向某一方。

多くの応募の中から、優秀な作品のみを取り出して、二次選考を行い、その中でも特に優れた作品を一等賞と**する**。

動態動詞「する」非過去形：文の内容が決められた規則であることを表す。

在提交的众多作品中，只选择优秀作品进行二次评选，其中的最佳作品将获得一等奖。

東京オリンピックは、ボランティアの応募を**受け付けている**。

動態動詞「受け付ける」＋「ている」：現在の動作を表す。

东京奥运会正在接受志愿者的报名。

古い写真に**写っている**若々しい母の姿は、とても懐(なつ)かしい。

動態動詞「写る」＋「ている」：写るという動作の結果の持続を表す。

老照片中母亲年轻时的容貌很让人怀念。

POINT　動詞のテンスと意味

- 動詞（過去形）
  - 過去を表す
  - 完了を表す
  - 現在の状態を表す（慣用表現）
- 動詞（非過去形）〈現在・未来〉
  - 習慣・真理・規則を表す　全ての動詞
  - 現在の状態を表す　状態動詞
  - 未来を表す　動態動詞
  - 進行中 or 結果が現在も継続　動態動詞

（2）絶対テンスと相対テンス

発話時を基準とした、事態がそれより前か、同時か、後かという時間的関係を、**絶対テンス**という。発話時より前なら「**過去形**」、発話時と同時か、発話時より後なら「**非過去形**」を使う。

以说话时间为标准，判断事情动作的前后，叫“绝对时间”概念。在说话时间之前，使用“过去形”，与说话时间同时或在说话时间之后，使用“非过去形”。

1）先週、お母さんと京都に**行った**。　上周，和母亲去了京都。
2）庭に砂が**ある**。　庭院中有砂石。
3）来週、お母さんと京都に**行く**。　下周，和母亲去京都。

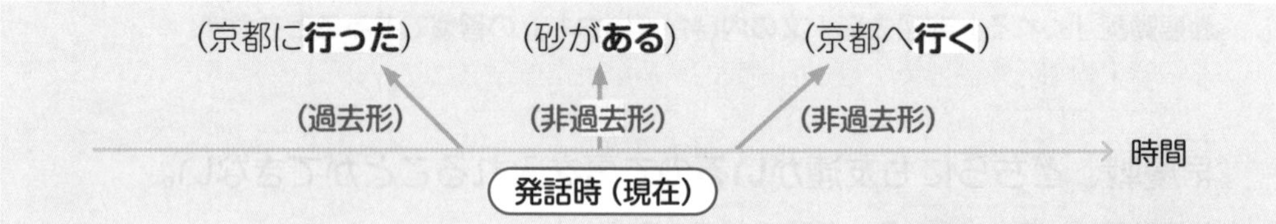

複文において、**従属節**（▶261ページ）のテンスが発話時を基準とせず、主節との時間的関係で表すものを**相対テンス**という。**基本的に従属節のテンスは相対テンスとなり、主節は発話時を基準に時間的前後関係を決めていくので、絶対テンスとなる。ただし、従属節が主節と同時であったり、時間的に重なったりする場合は従属節も絶対テンスとなる場合がある。**

复句中的从句中，一般不采用说话时间为标准，而是通过和主句之间的时间关系来判断，叫“相对时间”概念。主句一般是根据说话时间为标准，为“绝对时间”。但从句有时也采用“绝对时间”，需要具体分析。

1 前後の時間関係を表す複文の相対テンス（「～前」「～後」等の表現がある場合）

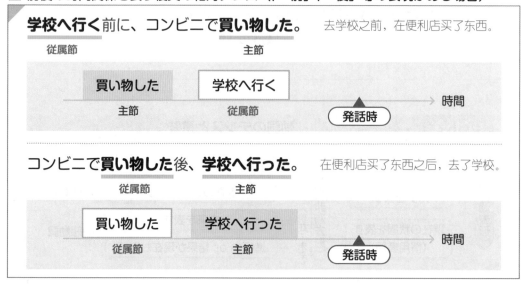

学校へ行く前に、コンビニで**買い物した**。　去学校之前，在便利店买了东西。

従属節　主節

コンビニで**買い物した**後、**学校へ行った**。　在便利店买了东西之后，去了学校。

従属節　主節

2 前後の時間関係を明確に表していない複文の相対テンス

①主節は「非過去形」、従属節も「非過去形」を取る場合

主句是“非过去形”，从句也是“非过去形”

来週の面接に行くときは、**このスーツを着る。** 下周去面试的时候，穿这套西服。

従属節　主節

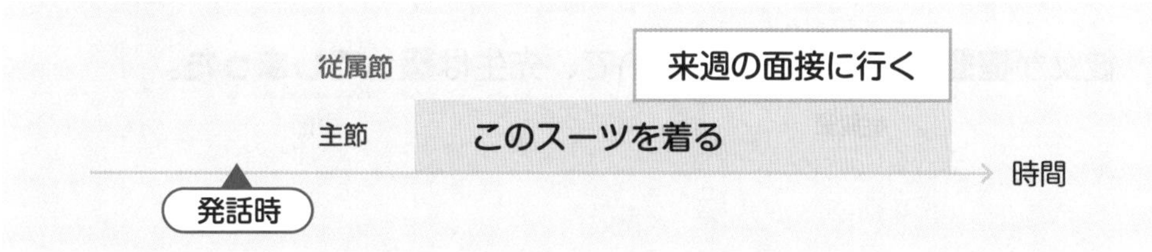

②主節は「非過去形」、従属節は「過去形」を取る場合

主句是“非过去形”，从句为“过去形”

明日君に会ったとき**話します。** 明天见到你时告诉你。

従属節　主節

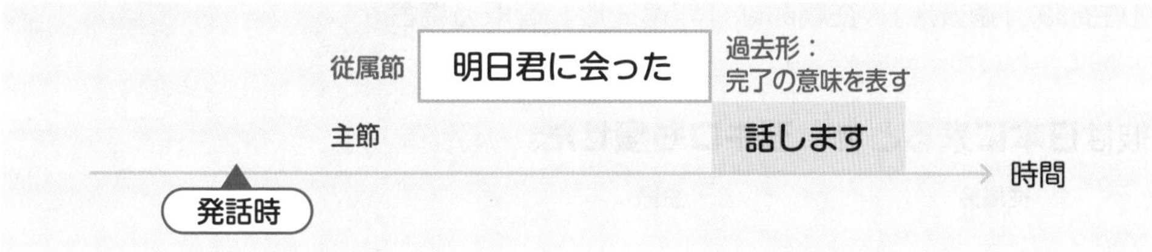

③主節は「過去形」、従属節も「過去形」をとる場合

主句是“过去形”，从句也是“过去形”

パリに行ったとき、ずっと欲しがっていた**かばんを手に入れた。**

従属節　主節

去巴黎的时候，买到了心仪已久的包。

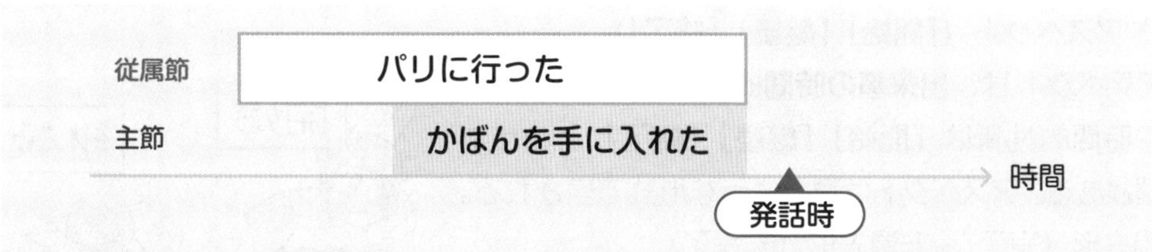

ADVANCED (EJU etc.)

一晩暖房の壊れた**部屋で過ごした**が、**風邪は引かなかった。**

従属節　主節

虽然在暖气坏了的房间里过了一晚，但是没有感冒。

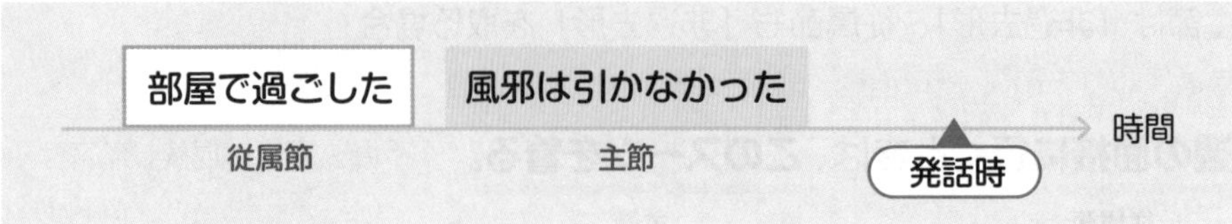

彼女が宿題を出さなかったせいで、先生は怒ってしまった。

（従属節：宿題を出さなかった／主節：怒ってしまった）

都怪她没有交作业，老师生气了。

④主節は「過去形」、従属節は「非過去形」を取る場合

主句是“过去形”，从句为“非过去形”

彼は日本に来るとき、五キロも痩せた。

（従属節：日本に来る／主節：五キロも痩せた）

他来日本之前，瘦了五公斤。

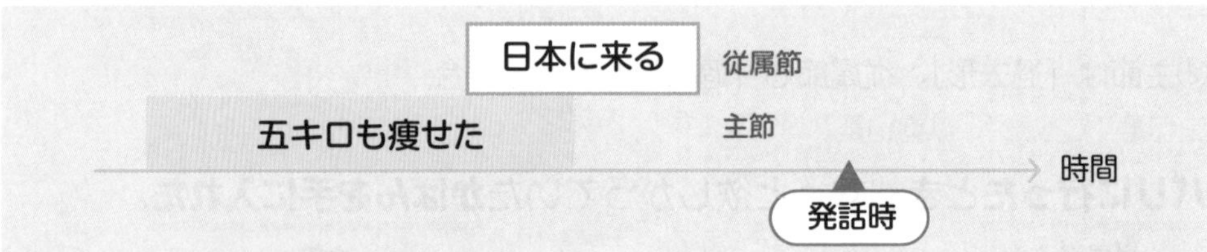

（3）アスペクト（「開始」「継続」「終了」）

アスペクトは、**出来事の時間的性質**を表している。その時間的性質は**「開始」「継続」「終了」**といった種類がある。アスペクトは次のような形式で表される。

1 過去形（完了）・非過去形（未完了）
2 補助動詞（～(て)いる、～(て)ある、など）
3 複合動詞（～始める、～だす、～終わる、など）
4 その他（～ところだ、～ばかりだ、など）

体(ASPECT)表示的是事情的时间性质，可大致划分为：开始，继续，完成。日语中的“体”虽然在体系上不如英语严密，相关表达句型却很多。下表是对各类表达的总结归纳，需要理解和记忆。

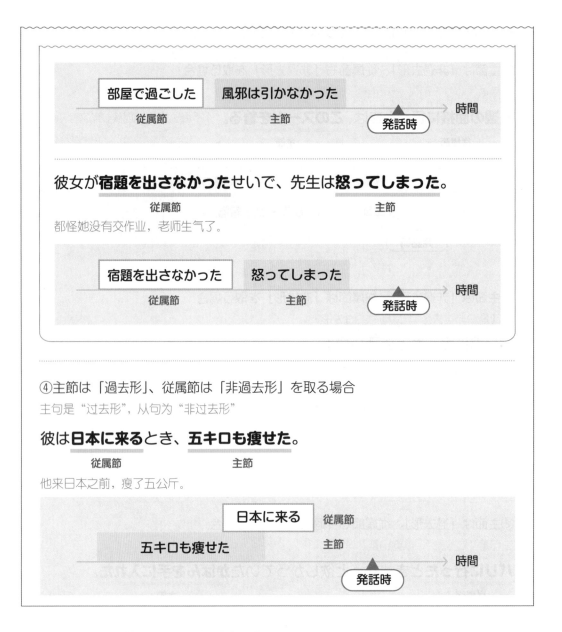

●開始（準備、始動） 刚开始做某事、即将要做某事、某个动作即将要发生等

～始める V~~ます~~＋始める

説明 動きや習慣的な行為の始まりを表す。そして変化の始まりも表す。
表示动作或习惯性行为的开始，或变化的起始。

例 学校に通い**始める**。 开始上学。
氷が溶け**はじめる**。 冰开始溶化。

～だす V~~ます~~＋だす

説明 突発性の動作に使う。意向形：使用しない。 ✕作りだそう
一般不使用意向形。用于表示某种突发性的动作。

例 雨が降り**出す**。 开始下雨。
彼女が話し**出す**。 她开始诉说。

～おく Vて＋おく

説明 ①前もって何かをする。 ①提前做。
②そのままにする 通常話し手自身の行動や考えに使われるが、第三者の主語にはあまり使われない。②保持某种状态。一般用于说话人，很少用于第三者等他人。

例 ①お菓子を**買っておく**。 先买点儿点心。
②窓を**開けておきましょう**。 窗户就这么开着吧。

～（よ）うとする V意＋（よ）うとする

説明 ①行為や出来事の直前。 ①动作行为实施前。
②ある行為を実現しようと試みている。 ②努力尝试某种行为。一般不用来直接结句。

例 ①太陽が**沈もうとしている**。 太阳开始下沉。
②**出かけようとした**時、彼から電話が来た。 刚想要出门的时候，他打电话过来了。

～ところだ V辞＋ところだ

説明 動作が行われる直前であることを表す。
表示动作实施之前。

例 これから散歩に**出かけるところだ**。
正要出去散步呢！

●継続（持続、結果） 动作变化的进行、已形成状态的持续、结果的持续等

～いる Vて＋いる

説明 ①動作・変化の継続。 动作和变化的继续。
②状態の継続 自動詞と一緒に使う。 状态的持续，一般和自动词搭配使用。
③習慣を表す。 表示一种习惯。

例 ①彼はパンを**食べている**。 他正在吃面包。
②ガラスが**割れている**。 玻璃碎了。
③毎朝バナナを**食べている**。 每天早上吃香蕉。

類 ～いた　Vて＋いた

説明 ～いた：過去の基準時に動作が継続している。
表示在过去某时间点动作一直持续。

例 昨日の夜、彼は図書室で本を**読んでいた**。
昨天夜里，他一直在图书馆读书。

～ある　Vて＋ある

説明 状態や効果の継続。
動作結果の継続：他動詞と一緒に使う。動作主は人だが、主語は物になる。
状态、动作结果的持续，一般和他动词搭配使用。动作主体虽是人，而主语是物体。

例 窓が**あけてある**。
窗户开着。

～いるところだ　Vて＋いるところだ

説明 ≒～いる　無意志動詞あまり使わない。
基本等同于「～（て）いる」。一般不用于无主观意识的动词。

例 宿題を**やっているところだ**。
正在做作业呢！

～つつある　Vます＋つつある

説明 変化の最中。
表示正在变化中。

例 台数が**増えつつある**。
（汽车）数量在增加。

～続ける／続く　Vます＋続ける／続く

説明 動作の長期的な継続。現在を表すなら、「～いる」を使う必要がある
表示动作的长期持续。如果表示现在，需要加上「～（て）いる」。

例 先生は**話をし続けている**。
老师继续讲话。

●完了（終結）　动作的完成或终结

た形

説明 「もう、やっと、今、すでに」などが伴う場合が多い
不是单纯的过去，而是表示现在完成

例 やっと掃除が**終わった**。
终于打扫完了。

類 ～いた　Vて＋いた

説明 過去の基準時の前に動作等が終わっていることを表す。「もう～(て)いた」という表現が多い。
表示在过去某基准时点前动作完成通常用「もう～（て）いた」来表达。

例 昨日の朝９時頃、彼はもう家から**出ていた**。
昨天早上９点时分，他已经出门了。
昨日の今頃、彼はもう上海に**ついていた**。
昨天的这个时间，他已经到上海了。

類 ～いるだろう　Vて＋いるだろう

説明 未来の基準時の前に動作等が終わっていることを表す。
但し、状態動詞の場合は、状態の継続を表す。
表示在将来某基准时点前动作完成；但状态动词表示状态的持续。

例 明日の21時頃、彼は既にパリに**ついているだろう**。
明天的21点时分，他应该已经到达巴黎了吧。

～終わる / 終える　V~~ます~~＋終わる / 終える

説明 終結点を持つ動作や出来事を表す動詞に使える。　动作有明确的终点。
自然現象や生理現象には使わない。　一般不用于自然现象或生理现象。
✕雨が降り終わった。　✕赤ちゃんが泣き終わった。

例 マラソンを**走り終えた**。
跑完了马拉松。

～やむ　V~~ます~~＋やむ

説明 無意志な出来事を表す動詞に使う。
非主观意志动作的停止。

例 雪が**降りやんだ**。
雪停了。

～ところだ / ばかりだ　Vた＋ところだ / ばかりだ

説明 動作・変化終了の直後を表す。ほぼ＝～ばかりだ。
表示动作变化刚结束后。基本等于～ばかりだ。

例 試験が**終わったところだ**。≒ 試験が**終わったばかりだ**。
考试刚结束。　≈ 考试刚结束。

～しまう　Vて＋しまう

説明 ①動作が完了したこと、完全にその状態になったことを表す。
①表示动作完成，或完全变成某种状态。
②完了した動作が不本意であったことや、動作に対する後悔を表す。
②表示完成的动作不是故意的，带有后悔的感情色彩。

例 ①すっかり**あきれてしまった**。　真叫人吃惊。
明日までに宿題を**やってしまおう**。　明天之前我一定要把作业做完。
②痩せたいのに甘いものを**食べてしまった**。　明明想瘦却还是吃了甜食。

～きる　Vます＋きる

説明
①意志動詞：事柄が完成に行われることを意味する。全体量が決まっている。
②無意志動詞：完全にその状態になる。
用于意志动词表示有个整体总量的动作的完成。另外用于无意志动词表示完全成为某个状态。

例
①5キロを**走り切った**。　跑完了五公里。
②料理は**腐りきっている**。　料理彻底馊了。

～つくす　Vます＋つくす

説明
すべて～するという意味がある。
将某个动作彻底做完的意思。

例
全財産を**使いつくした**。　把全部财产都花光了。
徹底的に**調べつくす**。　彻底调查清楚。

ADVANCED(EJU etc.)

被害者(ひがいしゃ)が出てからようやく、警察はその事件について**調べ始めた**。
動作の開始
出现了被害者后，警察终于开始调查那个案件了。

夜中でも、診(み)てもらえる病院はあらかじめ**調べておく**べきだ。
動作の準備
应该提前找好半夜也能接诊的医院。

その絵がよっぽど気に入ったのか、ずっとその絵の前に**立っている**人がいる。
動作の継続
不知道是不是对这幅画特别喜欢，有一个人一直站在这幅画的前面。

この制度は欧米の社会に今も**残っている**。
状態の継続
这个制度至今仍保留在欧美国家。

世の中の人々の仕事が忙しくなるにつれて、平均読書時間はどんどん短く**なっている**。　随着工作越来越忙，世人的平均读书时间在不断短缩。
変化の継続

この動物園には、動物が様々な角度から観察(かんさつ)できるよう、斬新(ざんしん)な仕掛(しか)けが**施(ほどこ)してある**。　为了(让人们)能从各种角度观察动物，这家动物园采用了崭新的装置。
動作結果の継続

社会の変化に伴い、求められる人材も**変わりつつある。**

変化の最中

随着社会的变化，所需要的人才也在不断发生变化。

脳は有機(ゆうき)的な組織として、生きている限り、常に**学習し続けている。**

動作の長期的な継続

只要大脑还是作为有机组织存活，它就会继续学习。

いろいろと経験を積んだことが、今回の成功に**つながった。**

完了

正是平时积累了各种各样的经验，才获得了这次成功。

うっかり間違った駅に降りかけたが、降りる直前(ちょくぜん)に気づいたので、急いで座席に**戻った。**

完了／過去

没留神差点儿下错站，好在下车前一瞬间意识到了，赶紧回到了座位上。

あの事件の真相(しんそう)がわかったときには、もう午後四時ごろに**なっていた。**

過去の基準点における状態の完了

知道那个事件真相的时候，已经是下午四点了。

明日の午後、あの人なら**寝ているだろう。**

未来の基準点における状態の継続

明天下午，他大概会在睡觉吧。

来週から行く予定の旅行について、やっと**計画し終わった。**

動作の完了

我终于做好了下周去旅行的计划。

母親が抱き上げてくれたので、ようやく赤(あか)ん坊(ぼう)は**泣き止んだ。**

動作の終了

妈妈把婴儿抱起来以后，他终于停止了哭泣。

私が彼に電話をしたとき、ちょうど彼は家を**出たところだった。**

過去の基準点における動作完了の直後

我给他打电话的时候，正好他刚出门了。

ついカッとなって、心にもないことを言い、母を**傷つけてしまった。**

後悔の含まれる完了

不由得发起火来，说出了违心的话，伤害了母亲。

制限時間以内にこのラーメンを**食べきった**人には、賞金(しょうきん)が与えられます。

全体量が決まっている動作の完了

在规定时间内吃完拉面的人，会被授予奖金。

その選手は、最後の試合で力を**出しつくし**、その場で倒れこんだ。

動作の終了

那位运动员在最后的比赛中拼尽全力，当场倒下了。

日本語のアスペクト分類は、英語ほど厳密ではなく、研究者による議論も多く存在する。本書で取り上げている表現は学術研究のためではなく、EJU及び中上級の日本語を理解する観点から整理と再分類を行った。

日语“体”，不如英语严密，研究学说众多。本书从学习中高级日语的角度重新进行了整理和分类。

（4）態（ヴォイス）：受け身、使役、可能、自発、授受

態（日本語文法では一般的にヴォイスという）とは、形態のことである。基本的に、受身、使役がある。態（ヴォイス）はある事柄をどの立場から表現するかに注目したものである。同じ事実で、視点や立場によって言い方が異なり、読み手が受ける印象も変わってくる。日本語の態（ヴォイス）の代表的な表現として、**受け身**と**使役**があげられ、それ以外には**可能**や**自発**、**授受**などがある。

日语中的“态”（Voice），指的是语态。有被动、使役、可能、自发、授受等。

1 **受け身**　他から動作を受けるという意味を表す構文である。

動作を表す動詞の**未然形[否]**に「**られる**」「**れる**」という**助動詞**をつけることによって**受身形**を作る。

種類	受身形	例
五段活用動詞	V否＋れる	笑わ**れる** 踏ま**れる**
一段活用動詞	V否＋られる	食べ**られる** 見**られる**
カ変・サ変動詞	来る ➡ 来(こ)られる する ➡ される	来**られる** 強制さ**れる**

受け身構文では

動作を受ける側 ➡ 主語

動作を発する側（動作主） ➡ 「〜に」「〜から」「〜によって」

被动语态用动词的未然形[否]加「れる」「られる」来表达。被动语态中，主语是动作的接受方。动作的发出方用「に」「から」「によって」来提示。

Ⓐ **直接受身文** 他動詞

動作から**直接影響**を受ける人や物が主語となる。**受け身の構文に主語が現れることが多い。**

（主語） が／は 誰か に 動詞～（ら）れる

“直接被动”态中，主语是直接受到动作影响的人或物，且多数情况会在句子中体现出来。

先生が学生を**褒める。**	老师夸奖学生。
学生が先生に**褒められる。**	学生被老师夸奖。
先生が学生に説教を**する。**	老师训诫学生。
学生が先生に説教を**される。**	学生被老师训诫。

Ⓑ 間接受身文（**被害受身**） 自動詞 他動詞

動作から**間接的に影響**を受ける人が主語となる。自動詞も他動詞も間接受身文になることができる。**主語は、事態や事件で迷惑や被害を被るという意味を表すことが多い。**間接受身文の構文と３つのパターンは以下の通りである。

（主語） が／は 誰か に （主語の所有物） （を） 動詞～（ら）れる

“间接被动”态中，主语受到动作的间接性影响，且未必体现在句子中。受到的有些影响带有困扰或伤害等意思。自他动词均可构成间接被动态。

①迷惑や被害を表すことがある　表示困扰或伤害

●（私は）（誰かに）財布（さいふ）を**とられた。**	（我）被（谁）偷了钱包。
●（私は）電車で足を**踏（ふ）まれた。**	（我）在电车上被踩了脚。
●子供に**泣（な）かれる。**	孩子哭（得我心烦意乱）。
●雨に**降られる。**	被雨淋。

②迷惑や被害を表さない　不表示困扰或伤害

●私は彼に息子を**褒められた。**	我的儿子被他表扬了。
●風に**吹（ふ）かれていた。**	被风吹。
●先生に**喜ばれた。**	老师（因我）而高兴。

③動作主体が不要な場合　不需要动作主体时

●オリンピックは数年後、この国で**開かれる**予定だ。

几年后，奥运会预计在这个国家举行。

●販売促進（はんばいそくしん）は主にマスメディアを通じて**行われる**。

促销活动主要通过大众媒体进行。

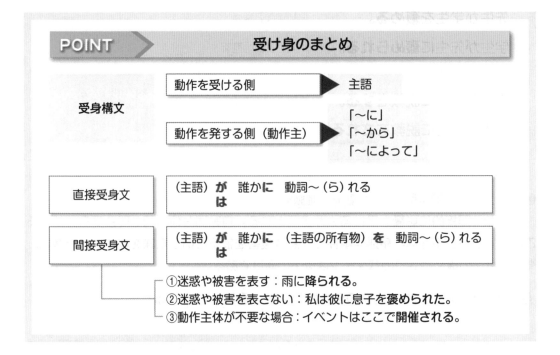

POINT　受け身のまとめ

受身構文	動作を受ける側 ▶	主語
	動作を発する側（動作主） ▶	「～に」「～から」「～によって」

直接受身文	（主語）**が**/**は**　誰か**に**　動詞～（ら）れる
間接受身文	（主語）**が**/**は**　誰か**に**　（主語の所有物）**を**　動詞～（ら）れる

間接受身文
- ①迷惑や被害を表す：雨に**降られる**。
- ②迷惑や被害を表さない：私は彼に息子を**褒められた**。
- ③動作主体が不要な場合：イベントはここで**開催される**。

MORE＋　比較：受け身と自発

「受け身」で使われる助動詞の「れる」「られる」は、自発や尊敬の意味も有する（▶198ページ）。文の中でどの意味になるかをしっかり文脈を通して理解しよう。

“被动”中的助动词「れる」「られる」，除被动以外，还可以表示自发、尊敬的意思。

妻は普段あまり喋（しゃべ）らないので、周りの人にはおとなしいと**思われる**。

直接受け身文。動作主は「周りの人」。

因为妻子平时不怎么说话，所以被周围人认为很老实。

この街に来ると、子供の頃のことが**思い出される**。

自発を表す文。能動文に書き換えることはできない。

来到这条街，就想起小时候的事情。

自発を表わす文だと
能動文には
書き換え
できません！

② **使役**　他に動作させるという意味を表す構文である。

種類	使役形	例
五段活用動詞	V否＋せる	笑わ**せる** 踏ま**せる**
一段活用動詞	V否＋させる	食べ**させる** 見**させる**
カ変・サ変動詞	来る ➡ 来させる する ➡ させる	来**させる** 勉強さ**せる**

使役态用动词的未然形[否]加「せる」「させる」来表达。

Ⓐ 自動詞

主語　が　使役相手　を／に　動詞～（さ）せる

因为自动词不直接用「を」提示宾语，所以在使役态中，自动词一般用「を」来提示使役的对象（多指人）。

- 先生が学生を**帰らせた**。　老师让学生回去了。
- 親が子供を**遊ばせた**。　父母让孩子玩耍。
- 彼が彼女を**怒らせた**。　他让她生气了。

Ⓑ 他動詞

主語　が／は　使役相手　に　対象　を　動詞～（さ）せる

他动词一般用「を」提示宾语，为了避免「～を～を」的助词重复，使役对象用「に」提示。

- 彼が部下に机を**片付けさせた**。　他让部下去收拾办公桌。
- あの人が息子に水泳を**習**（なら）**わせた**。　那个人让儿子学游泳。

Ⓒ 謙譲を表す

「～させてもらう」「～させていただく」は使役と授受表現で謙譲を表す表現である。

使役态和授受动词可以复合起来表示自谦语。

- 訪問**させていただきたい**のです。　请允许我拜访（您）。
- こちらから連絡を**させていただきます**。　请允许我们联系（您）。

POINT 使役のまとめ

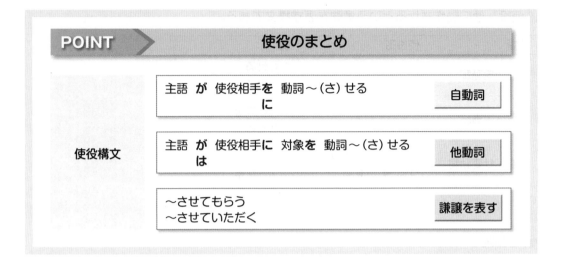

使役構文	主語 **が** 使役相手**を**/**に** 動詞～(さ)せる	自動詞
	主語 **が**/**は** 使役相手**に** 対象**を** 動詞～(さ)せる	他動詞
	～させてもらう ～させていただく	謙譲を表す

ADVANCED(EJU etc.)

部屋に**閉**(と)**じこもらせず**に、外で**遊**(あそ)**ばせた**ほうが子どものためになる。

自動詞「閉じこもる」　自動詞「遊ぶ」

使役の主語と使役相手は省略されているが、省略しないで書くなら「子どもを部屋に閉じこもらせずに、(子どもを) 外で遊ばせたほうが子どものためになる。」

不要让孩子们封闭在房间里，让他们在外面玩耍对孩子们更好。

リーマン・ショック後、身(み)を削(けず)る思いをして何とか会社を**持ちこたえさせた**。

在雷曼事件之后，历经千辛万苦总算让公司坚持下来了。

研究者の話によると、菌(きん)を体に**住まわせた**方が人間の体に良いという。

自動詞「住まう」

「菌が体に住まう」➡「菌を体に住まわせる」
使役の主語：省略されている。使役相手：菌、対象：体。

据研究者说，让细菌在体内存活下来对人的身体是有好处的。

貴重(きちょう)なものをお借りして大変申し訳ありませんが、もしすぐにはお使いにならないようでしたら、そのように**させていただきたく**思います。

「そのようにしたく思います」を謙譲語に言い換えた一文

很抱歉向您借用如此贵重的东西，如果您暂时不用的话，能不能就这样先放在我这里。

3 **使役受身**　やりたくないことを誰かにやるように指示された意味を表す構文である。

種類	使役受身形	例
五段活用動詞	V否＋せられる（省略➡される）	笑わ**せられる**（省略➡笑わ**される**） 踏ま**せられる**（省略➡踏ま**される**）
一段活用動詞	V否＋させられる	食べ**させられる** 見**させられる**
カ変・サ変動詞	来る ➡ 来させられる する ➡ させられる	来**させられる** 勉強さ**せられる**

使役被动用动词的未然形[否]加「せられる」「させられる」来表达。其本质是在使役形的基础上，加上了表示被动的助动词，来表示主语不愿做某事的心情。

構文

Ⓐ 自動詞

（被使役者　が）（使役者　に）　動詞～(さ)せられる

被使役者も使役者も省略できる。

- （私が）親に病院へ**行かせられた（行かされた）。**　父母（非让我）去医院。
- 李さんが大家さんに**引っ越しさせられた。**　房东逼迫小李搬了家。

Ⓑ 他動詞

（被使役者　が）（使役者　に）　対象　を　動詞～(さ)せられる
**　　　　　　は**

被使役者も使役者も省略できる。

- （私は）子供のころ、ピアノを**習わせられた。**（我）小时候，被强迫学钢琴。
- （私は）親に野菜を**食べさせられた。**　（我）被父母逼着吃蔬菜。
- 李さんが両親に部屋を**掃除させられた。**　父母催着小李打扫了房间。

MORE＋　使役と使役受身　視点の変化

使役文

親　は　**私**に部屋を掃除させた。
主語・使役者　被使役者

「親」は文の主語と動作主であり、視点は「親」に置いている。

在本句中，句子的主语和动作主体都是“父母”，因此是站在父母的视点来描述。意为：父母要求我打扫了房间。

使役受身文

私　は　**親**に部屋を掃除させられた。

主語：被使役者　使役者

「私」はこの文の主語と動作主であり、視点は「私」に置いている。「私」は「部屋を掃除する」ように指示され、「掃除したくない」という気持ちを表す。

在本句中，句子的主语和动作主语都是“我”，是站在“我”的视点来描述，“我”被要求“打扫房间”，从而表现了“不想打扫房间”的心情。意为：我被父母要求打扫了房间。

ADVANCED(EJU etc.)

彼は他人の論文を盗んだことで，大学を**退学させられた**。

主語：被使役者　他動詞：退学する

この文の主語「彼」は被使役者であり、使役者は隠れた「大学」あるいは「学校」である。「彼」の「退学したくないが、そうしなければならない」という気持ちを表す。

他因为剽窃他人的论文，被大学勒令退学。

外来生物(がいらいせいぶつ)は，人為的(じんいてき)に**移動させられた**生物を指(さ)し，生物が自ら移動する場合は，これにはあてはまらない。

主語：被使役者　自動詞：移動する

「人為的に移動させられた」の「に」は、対象を提示する「に」ではなく、形容動詞「人為的」の連用形として、後文の動詞を修飾する。この文の主語「外来生物」は被使役者であり、使役者は隠れた「人類」あるいは「人」である。

外来物种，指的是被人为移动的物种，生物如果是自行迁移的情况，则不适用于此。

MORE +　**比較　使役受身形と使役の能動形**

① 運動能力を向上させるため、コーチに高地(こうち)の酸欠(さんけつ)環境で**練習させられた**。

使役者　使役受身形

为了提高运动体能，（我）被教练要求在高原的缺氧环境中进行训练。

---

② 高地の酸欠環境への適応過程(てきおうかてい)を巧(たく)みに利用することで運動能力を**向上させられる**。

被使役者

使役形＋可能を表す助動詞「られる」

巧妙地利用对于高原缺氧环境的适应训练，能够让运动体能得到提高。

①の「練習させられる」と②の「向上させられる」が似ており、どちらも使役受身に見えますが、実は異なっている。
①の使役者はコーチであり、被使役者は隠れた話者、つまり練習者である。そして、この隠れた被使役者が主語であり、視点は被使役者に置く。したがって、使役受身文である。話者の「練習したくないが、そうしなければならない」という気持ちを表す。
②の被使役者は「運動能力」であり、使役者は隠れた「高地の酸欠環境への適応過程を巧みに利用する人」、そして、この「人」はこの文の主語である。つまり、視点が使役者に置き、使役受身文ではなく、単なる使役文である。この「向上させられる」の「られる」は、受け身の意味を表す「られる」ではなく、可能の意味を表す「られる」である。つまり、「向上させることができる」あるいは「向上させることが可能である」という意味を表す。
在此处虽然①的「練習させられる」和②的「向上させられる」看上去非常相似，都像是使役被动态，然而两者并不同。
在①里，使役者是教练，而被使役者是被隐藏起来的主语，也就是说话人自己。视点落在被使役者上，这是使役被动态的一个明显特征，因此在这里，用使役被动态来表示说话人“不想训练却不得不做”的心情。
意为：为了提高运动体能，（我）被教练要求在高原的缺氧环境中进行训练。
而在②中，被使役者是“运动体能”，而使役者是被隐藏起来的主语“巧妙利用……的人”，视点是放在使役者上的，因此并不是一个使役被动句，而是一个使役句加上了表示可能性的助动词。
意为：巧妙地利用对于高原缺氧环境的适应训练，能够让运动体能得到提高。

<7> 動詞の表現

動詞は文の中で、補助動詞や助動詞、そして助詞などと合わせて、様々な表現ができる。それらの表現は、日本人なら普段の生活で無意識的に使われているものが多いが、外国人学生としてそれらの使い方をしっかりを理解、把握する必要がある。

句子中，动词和后面的补助动词、助动词、助词等一起，可以构成各式各样的句型表达。这些表达，日本人不会单独作为语法来学习，但外国学生需要记忆和掌握。

（1）辞書形（連体形含む）の表現

辞書形及び、辞書形と同じ形をする連体形に関する表現は下記の表でまとめる。連体形は、**「こと」「とき」「もの」**などの体言や、**「の」「より」「ほど」**などの助詞に連なるので、それらの語から派生する表現は様々なものがある。

动词的辞书形和连体形构成的相关句型表达如下。

～ことがある　V辞＋ことがある　V否＋ない＋ことがある

説明　いつもではないが、時々またはたまにするという意味を表す。
有时……／偶尔……

例　夜眠れない**ことがある**。　有时晚上会睡不着。
朝ごはんを食べない**ことがある**。　有时会不吃早饭。

～ことができる　V辞＋ことができる

説明　①動作の実現が可能な状態であることを表す。　①能够……
②能力を表す　②表示能力。可以……

例　①ここでタバコを吸う**ことができない**。　这里不能抽烟。
②彼は中華料理を作る**ことができる**。　他能做中国菜。

～ことにする V辞＋ことにする V否＋ない＋ことにする

説明 何かすると決めるという話し手の意志を表す。
決定做……

例 卒業したら、日本で働く**ことにする**。
毕业后，决定在日本工作。

～ことになる V辞＋ことになる V否＋ない＋ことになる

説明 あることが決まって、そういう結果になるということを表す。
变成……的结果

例 来年彼は海外赴任する**ことになった**。
明年他会去海外赴任。

～ことはない V辞＋ことはない

説明 行動する必要がないことを表す。
不需要做……

例 彼はもう大人だから、心配する**ことはない**。
他已经是大人了，不需要为他担心。

～しかない V辞＋しかない

説明 そうする以外に他に選択肢はないということを表す。
只能……

例 お金がないなら、仕事してお金を稼ぐ**しかない**。
如果没有钱的话，就只能工作赚钱了。

～べからず V辞＋べからず

説明 不可能を表し、後ろに名詞がつくこともある。禁止も表すことができる。
不能……。也可表示禁止。

例 彼は日本の監督を語るうえで欠く**べからざる**存在だ。
提到日本的导演他是一个不可或缺的存在。

～べくもない V辞＋べくもない

説明 する手段がないという不可能を表す。そうなることを望んでいるが、実際にできないという意味合いがある。无法……

例 将来のことを考える**べくもなく**、今を精一杯生きるだけだ。
将来的事情无法考量，只需现在竭尽所能地活下去。

～（より）ほかない V辞＋（より）ほかない

説明 そうする以外に方法はないということを表す。
只能……

例 もう結果は変えられないし、納得する**よりほかはない**。
结果已经无法改变，只能无奈接受。

～までもない　V辞＋までもない

説明 重要度が低いため、わざわざする必要がないという意味を表す。
不必……

例 言う**までもない**ことですが、道にゴミを捨てないでください。
无须多言，请不要在路上乱扔垃圾。

～ものではない　V辞＋ものではない

説明 人の行為に対して、そうすべきではないと忠告やアドバイスをする時に使われる。
不应该……

例 人は見た目で判断する**ものではない**。
人不可貌相。

～つもりだ　V辞＋つもりだ　V否＋ない＋つもりだ

説明 未来に何かをする予定を表す。
打算／准备……

例 トップレベルの国立大学を受験する**つもりだ**。
打算报考顶尖的国立大学。

～ようにする　V辞＋ようにする　V否＋ない＋ようにする

説明 話し手が頑張って、何らかを動作を実現させるという意味を表す。
努力做到……

例 健康のために、野菜をもっと食べる**ようにする**。
为了健康，努力吃更多的蔬菜。

～ようになる　V辞＋ようになる　V否＋ない＋ようになる

説明 昔はそうでない状態だが、今はそのように変わるという動作や状態の変化を表す。
变得……

例 少しずつ日本語の新聞が読める**ようになった**。
慢慢地变得能读日语报纸了。

～わけにいかない　V辞＋わけにいかない

説明 常識や社会の規範から考えると、することができないということを表す。
不能……

例 体調が悪いからと言って、何週間も会社を休む**わけにいかない**。
虽说身体不好，但也不能休息好几个星期不上班。

～一方だ　V辞＋一方だ

説明 動作や変化がある特定の方向に進行するということを表す。
不断……

例 不況が続き、店の売り上げも減る**一方だ**。
持续不景气，商店的销售额也在不断下降。

～ばかりだ　V辞＋ばかりだ

説明
①事態が悪い方向に変化し続けるという意味を表す。　①持续（不好的方向）……
②事前の準備が完了し、いつでも次の行動に移れる状態であることを表す　②只剩下……

例
①近年若者の政治への関心度が下がる**ばかりだ**。近年来年轻人对政治的关心度不断下降。
②旅行の用意はすべてできたし、後は出発する**ばかりだ**。旅行的准备都做好了，接下来就等出发了。

～ところだ　V辞＋ところだ

説明
これから何かをするという動作が始まる直前を表す。
正要……

例
出かける**ところで**、友達が訪ねてきた。
正要出门的时候，朋友来了。

（2）連用形（「ます」が接続する）の表現

連用形の表現法は非常に多く、中止や丁寧、願望や可能性などを表す。
动词的连用形所构成的句型表达可以表示中顿、礼貌、愿望、可能性等。

1 丁寧を表す表現　～ます/ません/ました

2 勧誘を表す表現　～ましょう/ましょうか/ませんか

助動詞「ます」がついて、丁寧形となる。普通形との対応は下記の表のとおりである。

種類	丁寧形	参考：普通形	例
丁寧	**～ます**	辞書形	**食べます** 食べる
	～ません	否定形 / ～ない	**食べません** 食べない
	～ました	た形 / ～た	**食べました** 食べた
勧誘	**～ましょう**	意向形 / ～（よ）う	**食べましょう** 食べよう
	～ましょうか	意向形＋疑問 / ～（よ）うか	**食べましょうか** 食べようか
	～ませんか	否定形＋疑問 / ～ないか	**食べませんか** 食べないか

● ～ましょう/ましょうか/ませんか

「～ましょう」（意志）

①**話し手の意志**　表达说话人的意愿

私がこれを**やりましょう**。　我来做这个吧。
意志の表示

②**勧誘**：意志の表現で話し手の意志を含み、間接的に相手を誘う。聞き手も同じ意向を持っていることを前提に、一方的に話し手の意向を表しているので、**やや強引な表現**。勧誘動作主体「話し手・相手」。

表示说话人带有自己的意愿间接地劝诱对方。说话人认为听话人也有同样意愿，所以单方面表达自己的意愿，表达略显强制。劝诱动作的主体是“说话人和听话人”。

> 来週の日曜日、美術館に**行きましょう**。 下周日去美术馆吧。

「～ましょうか」（意志＋疑問）

①**疑問** 表达疑问

> 誕生日プレゼントは何に**しましょうか**。 生日礼物决定是什么呢？
> **意志の確認**

②**勧誘**：疑問詞をつけることで直接的に相手を誘う。話し手も相手も動作を実行することがほぼ決定している（または話し手にその意志が高い）状況で、その動作を促す際に使用する。勧誘動作主体「話し手・相手」。

表达劝诱：结尾有疑问词「か」，表示直接劝诱对方。说话人和对方基本都决定或有意愿做出行动时，使用该表达催促行动。劝诱动作的主体是“说话人和听话人”。

> お昼ご飯も食べたことだし、そろそろ美術館に**行きましょうか**。
> 午饭也吃过了，差不多该去美术馆了吧。
>
> あなたも来週の日曜日が暇なら、一緒に美術館に**行きましょうか**。
> 你下周日有空的话，也一起去美术馆吧。

③**提案・申し出**：動作主体「話し手」。 表示提议。动作主体是“说话人”。

> 荷物を**お持ちしましょうか**。 我帮您拿行李吧。
> ＝私があなたの荷物を持つのを手伝いますか。

「～ませんか」（否定＋疑問）

①**疑問** 表示疑问

> 彼は今日仕事に**行きませんか**。 他今天去工作吗？
> ＝行きますか？行きませんか？

②**勧誘**：否定疑問文により、相手にその意志があるかを尋ねる。**相手の意向を尊重する。**
勧誘動作の主体「相手」。

表示劝诱：询问对方有没有意愿的否定疑问句。尊重对方的意愿。劝诱动作的主体是“听话人”。

チケットが一枚余っているので、来週の日曜日、美術館に**行きませんか。**

还多一张票，下周日去美术馆怎么样？　相手

来週の日曜日、（一緒に）美術館に**行きませんか。**

下周日，（一起）去美术馆怎么样？　相手

POINT　**勧誘を表す場合の比較**

	注意点	動作主体
～ましょう	意志の表現で話し手の意志を含み、間接的に相手を誘う。	話し手・相手
～ましょうか	話し手も相手も動作を実行することがほぼ決定している（または話し手にその意志が高い）状況で、その動作を促す際に使用する。	話し手・相手
～ませんか	相手にその意志があるかを尋ねる。	相手

ADVANCED(EJU etc.)

アルコールに弱い方は、焼酎（しょうちゅう）を水などで割（わ）って飲むのをお勧め**します。**

对于不善饮酒的客人，推荐兑水烧酒。　する＋ます

何でも人任せにしていたのでは、自分のために**なりません。**

如果你把所有的事情都交给别人做，对自己是没有好处的。　なる＋ません

幼い頃は、プラモデルの組み立てに夢中（むちゅう）に**なっていました。**

我小时候沉迷于组装塑料模型。　なっている＋ました

雨が強まってきたので、晴れるまで喫茶店で雨宿（あまやど）り**しましょう。**

雨下得越来越大了，在放晴之前我们先去咖啡厅避避雨吧。　する＋ましょう

人数がそろったようね、ならばさっそく**始めましょうか**。

始める＋ましょうか

人好像都到齐了，那就赶紧开始吧！

規則が云々(うんぬん)ではなく、もう少し血が通った行政は**できませんか**？

できる＋ませんか

不要总是提规则，在行政上再稍微有点人情味不行吗?

私たちの会社は上下関係(じょうげかんけい)が少なく、お互いに意見を言い合いながら、会社の成長と個人の成長を目指す風通(かぜとお)しの良い職場になっています。興味のある方は、ぜひ私たちと一緒に**働いてみませんか**。

働く＋みる＋ませんか

我们公司人际关系简单，是一个互相交换意见、以公司的成长和个人成长为目标的良好的职场。我们希望有意于敝公司的人，来公司和我们一起工作。

3 願望・希望を表す表現　～たい/たがる

ある行為をすることに対する願望は「～たい」や「～たがる」で表現する。

「たい」：自分や話し手の希望・願望。

「たがる」：自分や話し手以外の人の希望・願望。

表示对某种行为的愿望用「～たい」或「～たがる」来表达。「～たい」一般表示自己或说话人的希望、愿望，「～たがる」一般表示自己或说话人以外的人的希望、愿望。

～たい　Vます＋たい

説明
①基本的に一人称のある行為をすることに対する願望。①一般用于第一人称的愿望。
②名詞修飾節の中では、他者が主語でも、「～たい」を使用することがある。
②在修饰名词的句节（从句）中，即便主语是别人，也有用「～たい」的情况。
③二人称の疑問文では「～たいですか」と使うことができるが、失礼にあたる可能性がある。
③疑问句中，可以使用「～たいですか」询问对方的意愿，但有时会显得不够礼貌。
④第三者の願望を表す時、「と言っている」「と思っている」「そうだ」「らしい」を付ける必要がある。
④如果要表达第三者的愿望时，需要使用「と言っている」「と思っている」「そうだ」「らしい」。

例
①お風呂に入りたいです。　我想洗澡。　肉が食べたくない。　我不想吃肉。
②食べたい人はこちらにどうぞ。　想吃的人请来这边。
③ケーキが食べたいですか。　你想吃蛋糕吗?
④彼女は歌いたいと思っている。　我认为她想唱歌。

～たがる　Vます＋たがる

説明
話し手以外の人の願望を表すには、「～たがる」を使用。
表达说话人以外的人的愿望，一般用「～たがる」。

例
彼は酒を飲みたがっている。　他想要喝酒。
彼女が観たがっている映画。　这是她想看的电影。

MORE＋ 「たい」「たがる」について

「たい」は主観的な願望を表すのに対し、「たがる」には「客観的に見たときにそう見える」といった、推量の要素が含まれている。

「たい」表示主观的愿望，「たがる」含有推测的成分，表示从客观上来看好像。

また、日本では、目上の人に直接希望を聞くことは失礼にあたるという文化があるため、話し相手に

×「お菓子を召し上がりたいですか」

×「何を召し上がりたいですか」

などの質問をするのは避けた方が良い。

二人称疑問文では、

○「お菓子はいかがですか」

○「何を召し上がりますか」

などのように薦める形で尋ねるか、断定表現で聞くのが、無難である。

一般表说话人以外的人的希望、愿望时，用「たがる」，是因为不是说话人，所以会有某种程度上的推测。此外，日本文化中，直接问长辈想做什么是比较失礼的，需要更换表达方式。

ADVANCED(EJU etc.)

学習室を**利用したい**方は、事前（じぜん）に申し出る必要があります。

不特定な人物の願望

如果想使用自习室，您需要提前申请。

故郷の街に誇（ほこ）りと愛着（あいちゃく）を持って**暮らしたい**。

話し手の願望

想怀着对故乡的自豪和热爱生活。

4 開始・終了・直前を表す表現

～始める

～出す

～かける

～終わる/終える

～止む

～かける /かけだ/かけの

●開始

～始める　Vます＋始める

説明
①動作動詞：個別の動作や出来事の開始時点。　用于动作动词表示个别动作或事物的开始时间点。
②移動動詞：習慣的な行為の始まり。　用于移动动词表示习惯性行为的开始。
③変化動詞：変化の過程を表す。　用于变化动词表示变化的过程。
✕状態動詞：使用しない。例：「いる」「できる」。
状态动词无法使用「～始める」。如：「いる」「できる」。

例
①作り始める。　开始做。
②学校に行き始める。　开始上学。
③溶け始める。　开始溶化。

～出す　Vます＋出す

説明
✕意向形：使用しない。　✕作りだそう
「～出す」一般不用作意向形。

例
雨が降り出す。
雨开始下。

●終了

～終わる / 終える　Vます＋終わる / 終える

説明
動詞：▷ 81 ページ

～やむ　Vます＋やむ

説明
動詞：▷ 81 ページ

例
雨が降りやんだ。
停止下雨。

●直前

～かける　Vます＋かける

説明
①動作や出来事が始まる直前。　①表示的是刚做未做的那一刻。
②動作や出来事がすでに始まり、途中の状態。　②表示动作或事情开始后中途的状态。

例
途中で泣きかけた。　刚到一半的时候，我差点儿哭了。
ジュースを飲みかけている。　果汁喝了一半。
手紙を書きかけていた。　信写了一半。
病気が治りかけていたのに、また悪化した。　病刚好一点儿却又开始恶化了。

～かけ　Vます＋かけ

説明
動作や出来事がすでに始まり、途中の状態。
表示动作或事情已经开始了。

例
あの店はつぶれかけだ。　那家店快倒闭了。
書きかけの手紙が置いてある。　放着写到一半的信。

ADVANCED(EJU etc.)

業績不振(ぎょうせきふしん)により、このメーカーの経営者は改革の案を**考え始めた**。

動作「考える」の開始

由于经营不善，这家制造商的经营者开始考虑改革方案了。

来週から行く予定の旅行について、やっと**計画し終わった**。

動作「計画する」の終了

我终于做好了下周要去旅行的计划。

母親が抱(だ)き上げてくれたので、ようやく赤ん坊は**泣き止んだ**。

妈妈把他抱起来以后，婴儿终于停止了哭泣。

話し手の意志が及ばない動作、出来事「赤ん坊が泣く」の終了

彼女が劇場(げきじょう)に着いたとき、ショーは**始まりかけていた**。

動作「始まる」の直前または開始直後

她到剧场的时候，表演已经开始了。

家に**帰りかけだった**友達を、慌(あわ)てて引き止めた。

動作「家に帰る」の直前または開始直後

我急忙劝住了正要回家的朋友。

やりかけの仕事を途中で投げるようなことはしないでくれ。

既に取り掛かっているが途中であることを表す

别中途放弃已经做到一半的工作。

5 可能を表す表現

~得る/得ない　~かねる/かねない　~ようがない　~っこない

●可能

~得る(うる・える)　Vます+得る

説明

可能、可能性があることを表す。

文体的に硬い。日常的な能力表現に使わない。

较生硬的表达，一般不用于表达日常生活中的一些能力。

類 ①動詞可能形

②~ことができる　V辞+ことができる

③~可能性がある　V辞+可能性がある

例

想像し**得る**。　可以想象。

地震はいつでも起り**得る**。

地震随时可能发生。

×彼は1時間で論文を書き**得る**。

~かねない　Vます+かねない

説明

望ましくないことが起こる可能性を表す。原因も明確。書き言葉。

表示可能会出现不太好的结果。通常原因较明确，为书面表达。

例

残業で体を壊し**かねない**。

总加班可能会搞坏身体。

類 ～かもしれない　V普＋かもしれない

説明 可能性を表す一般的な表現。
单纯表达事物或动作的可能性。

例 今夜彼が来る**かもしれない**。
今天晚上他可能会来。

類 ～恐れがある　V辞＋恐れがある

説明 望ましくないことが起こる可能性を表す。
表达可能会发生不好的事情。

例 地震で家が倒れる**恐れがある**。
房屋有因为地震而倒塌的危险。

●不可能

～得ない　V~~ます~~＋得ない

説明 不可能、可能性がないことを表す。文体的に硬い。
日常的な能力表現に使わない。
书面性的、较生硬的表达，一般不用于表达生活中的一些能力。

類 ① 動詞可能形
② ～ことができない　V辞＋ことができない
③ ～はずがない　V辞＋はずがない

例 この事故は予想し**得なかった**。
没有预想到会发生这个事故。

～かねる　V~~ます~~＋かねる

説明 外的状況からの不可能を表す。
表示无奈外部条件不允许。

例 なんとも言い**かねる**。＝なんとも言えない。
实在难以表达。＝实在难以表达。

～ようがない　V~~ます~~＋ようがない

説明 可能性がない。方法がないからできない。
想做但没法做，强调没有方法。

例 探し**ようがない**。＝探せない。
没法找。＝没法找。

～っこない　V~~ます~~＋っこない

説明 発生の可能性を強く否定する。
表示根本不可能。

例 やり直しができ**っこない**。　根本没法重做。
伝わり**っこない**。　根本无法传达。

ADVANCED(EJU etc.)

小さなミスでも見逃してしまうと、それが大きな間違いの要因に**なりうる**。

なりうる：なる可能性がある、なりかねない、なるかもしれない、なる恐れがあるに言い換え可能

如果不注意小的漏洞，就会酿成大祸。

外来種(がいらいしゅ)は、島固有(しまこゆう)の生物の生存を脅かし、島全体の生態系を**破壊しかねない**。

破壊しかねない：破壊する恐れがある、破壊するかもしれないに言い換え可能。破壊しうるの場合、少し可能性が高まる

外来物种会威胁岛上原有生物的生存，甚至有可能破坏整个岛的生态链。

五年前に起こった事故は、我々にとって**信じえない**出来事であった。

信じえない：信じることができないに言い換え可能

如果不注意小的漏洞，就会酿成大祸。

私たちの会社では、そういったお客様のご要望には**応えかねます**。

立場や条件の上でできないというニュアンスを表すので、改まった場面で相手の要望を断るときに多く使われる表現

我们公司很难回应这种顾客的要求。

家に帰るのが遅くなると連絡するのを忘れたので、妻は怒っている**かもしれない**。

忘了告诉家里今晚要晚点回去，也许我妻子正在生我的气呢。

外来種生物を野生(やせい)に放(はな)つと、生態系が乱(みだ)れる**恐れがある**。

如果将外来物种放归野外，恐怕会扰乱我们的生态系统。

犯人を逮捕しようにも、証拠(しょうこ)は見つからないし目撃者もいない以上、**捜査しようがない**。

捜査する手段がないことを表す

就算是想要逮捕凶犯，要是找不到证据，又没有目击者，那这个案子就没法往下查了。

どれほど勉強しようと、生まれながらに頭の良い姉には**勝てっこない**。

「勝てる」＋「っこない」：「勝つことができない」と、強く可能性を否定する

无论怎么努力学习，也根本赛不过天生聪明的姐姐。

6 難易を表す表現

～やすい　～がちだ　～にくい　～づらい　～がたい

～やすい　Vます＋やすい

説明
①意志動詞：するのが容易。　用于意志动词，表示很容易做到。
②無意志動詞：しばしば～する。　用于非意志动词，表示经常会。

例
①読み**やすい**。　易读。
②降り**やすい**。　经常下（雨）。

～がちだ　Vます＋がちだ

説明
しばしば起こることを表す。～傾向がある、よく～になる、～になることが多いという意味。
無意志動詞：＝～やすい
表示容易发生某种情况，多为不太好的倾向。用于非意志动词，基本等同于「～やすい」。

例
忘れ物をし**がちだ**。
总是丢三落四的。

～にくい　Vます＋にくい

説明
①意志動詞：するのが困難だが、できなくはない。用于意志动词，表示虽然很困难但不是不能做到。
②無意志動詞：なかなか～しない；できなくはない。用于非意志动词，表示不太会发生，但不是不可能发生。

例
①食べ**にくい**。　吃起来有点儿费劲。
②燃え**にくい**。　不易燃烧。

～づらい　Vます＋づらい

説明
意志動詞：するのが困難だが、できなくはない。　用于意志动词，表示虽然很困难但不是不能做到。
動作主がつらく感じる。　动作者会感觉有心理压力。

例
行き**づらい**。　（那个地方）不太好去。
食べ**づらい**。　难以吞咽。

～がたい　Vます＋がたい

説明
動作の実現が難しい。ほぼ不可能。
实现起来有困难。基本不可能。

例
信じ**がたい**。　难以置信。／避け**がたい**。　难以避开。／許し**がたい**行為。　不可饶恕的行为。

ADVANCED(EJU etc.)

彼女の書く物語の多くは、子どもに**分かりやすい**だけではなく、大人の心を慰（なぐさ）めてくれる。　**無意志動詞「分かる」＋やすい：動作が容易であることを表す**
她写的大多数故事不仅对小孩来说很易懂，也可以抚慰大人的心灵。

内装で寒色（かんしょく）が多く使われている部屋は、人に重苦（おもくる）しい印象を**与えがちだ**。
意志動詞「与える」＋がちだ：しばしば～与える
在装修中使用了很多冷色调的房间容易给人以沉闷的印象。

100円ショップなどで安く売られる商品は、手軽に**購入しやすい**が、その分デザイン性や機能性において**使いにくかったり**、**壊れやすかったり**といった問題点を抱えている場合もある。何年も使うことを見越して商品を手に入れたいのなら、専門店や口コミを頼って、**壊れにくい**ものや機能性に優れたものを購入する方が良いだろう。

在100日元商店等处低价出售的商品，虽然购买简便，但其在设计性和功能性方面也存在难以使用、容易损坏等问题。如要想买到可以长年使用的商品的话，最好是到专卖店或根据买家的好评，购买那些不易损坏且好用的商品。

このゲームは、動作(どうさ)がカクカクしていて**見づらい**。

意志動詞「見る」+「つらい」: 見るのが困難であることを表す。「見にくい」に言い換え可能

这个游戏的画面很卡，玩起来伤眼睛。

冬の寒さは、多くの動物にとって**耐(た)えがたい**ものである

耐えるのが非常に困難であることを表す

冬天的寒冷对于很多动物来说很难忍耐。

7 傾向を表す表現

～気味(ぎみ)だ　～っぽい　～がちだ

～気味だ　Vます+気味だ　N+気味だ

説明　ある傾向や様子がある。良い場合も良くない場合も使える。
有某种倾向或样子。褒义贬义均可使用。

例　太り**気味だ**。　有点发胖。
風邪**気味だ**。　有点感冒。

～っぽい　Vます+っぽい　Aい+っぽい　NA・N+っぽい

説明　①ある良くない状態になりやすいことを表す（性格）。表示人的性格容易怎么样（通常是贬义）。
②ある性質を帯びていることを表す。　表示带有某种特性。
③本来はある性質を持ってはいないが、その性質を持っている様子を表す。表示有某种本不该有的特性。
類　～らしい

例　①怒り**っぽい**。　易怒的。　飽き**っぽい**。　容易厌烦的（没有常性的）。
②安**っぽい**。　不值钱的。　油**っぽい**。　油腻腻的。
③子供**っぽい**。　孩子气的　男**っぽい**。　有男子气概的。

～がちだ　Vます+がちだ　N(一部)+がちだ

説明　好ましくない変化や動作が生じやすい。
一般表示容易产生不好的动作或变化的倾向。

例　忘れ物をし**がちだ**。　总是丢三落四的。
進行が遅れ**がちだ**。　进展往往延迟。

ADVANCED(EJU etc.)

急に客が来たので、彼は**慌て気味**にお茶とお菓子を用意した。

突然来了客人，他急急忙忙地准备了茶和点心。

怒りっぽい上司に付き合うのが面倒くさい。

和易怒的上司打交道很麻烦。

MORE＋ **～っぽい/～みたいだ/～らしい**

「みたいだ」と「らしい」は助動詞の部で詳しく説明する（▶213, 215ページ）。

	～っぽい	～みたいだ	～らしい
表現	V~~ます~~＋っぽい A~~い~~＋っぽい NA・N＋っぽい	普(V・A)＋みたいだ NA・N＋みたいだ	普＋らしい
説明	(1)ある良くない状態になりやすいことを表す（性格） (2)ある性質を帯びていることを表す (3)本来はある性質を持ってはいないが、その性質を持っている様子を表す	(1)推定：何らかの根拠をもって推し量る意味 (2)比喩：何かを例えて言う (3)例示：例を挙げるという意味	(1)伝聞：伝聞を表す (2)推量：なんらかの根拠に基づいて推し量る意味
例	飽き**っぽい**。 容易厌烦的（没有常性的）。 油**っぽい**。 油腻腻的。 男**っぽい**。 有男子气概的。	彼はもう帰った**みたいだ**。 他好像已经回去了。 夏**みたいな**暑さだ。 像夏天一样炎热。 先生**みたいに**うまくなりたい。 想做得像老师一样好。	明日台風が来る**らしい**。 明天好像要来台风。 来月転校生が来る**らしい**。 下个月好像有转校生要来。

8 複合動詞としての表現

～込む　～合う　～ぬく　～なおす

～込む　V~~ます~~＋込む

説明
①入る、入れるといった「内部への動き」の意味を付け足す。　表示进入的意思。
②すっかりその状態になる、その状態をずっと保つ、といった状態を表す。
表示完全变成或一直维持某种状态。

例
①袋に詰め**込む**。　装进袋子里。　海に飛び**込む**。　跳进海里。
②黙り**込んでしまった**。　不作声了。　眠り**込む**。　熟睡。

～合う　Vます+合う

説明
①互いに～する。　表示互相做某事。
②別々だったものが一緒になる、調和することを表す。　表示合为一体。

例
①明日の予定について話し**合う**。　协商明天的计划。
②帽子と服が似**合っている**。　帽子和衣服很搭。
　喫茶店で落ち**合った**。　在咖啡馆碰头了。

～抜く　Vます+ぬく

説明
①ある行為を最後までする、やり通すことを表す。　表示一直进展到最后。
②越す意味を表す。　表示超过之意。
③選び取る意味を表す。　表示选出之意。

例
①辛かったが、最後までやり**抜きました**。　虽然很辛苦，但还是坚持做到了最后。
②追い**抜く**。　追上并超过。　出し**抜く**。　乘机抢先。
③引き**抜く**。　选拔。　切り**抜く**。　剪断，截选。

～なおす　Vます+なおす

説明
改めてもう一度する意味を表す。
表示重新做某事。

例
何度も見**なおす**。　重看好几遍。
やり**なおす**。　重做。

ADVANCED(EJU etc.)

見張り（みは）りのミーアキャットが「危険」のサインを発すると、ほかのミーアキャットは即座（そくざ）に穴の中に**逃げ込む**。

逃げる+込む：穴の中への動きを表す

放哨的狐獴一发出危险信号，其他的狐獴就会立刻逃进巢穴当中。

数学とは一概に言えば、数字に**向き合う**学問です。

向く+合う：互いに向かうという意味から、事象をまっすぐ直視するという意味を表す

笼统地说，数学就是面对数字的学问。

現代社会を**生き抜く**には、ハングリー精神が重要だ。

生きる+抜く：最後まで生きる ➡「困難や苦しみを乗り越えて最後まで生きる」という意味で使われる

危机意识对于生存于现代社会至关重要。

9 その他の表現

～っぱなしだ　～すぎる／すぎだ　～なさい

～っぱなしだ　Vます+っぱなしだ

説明

①他動詞：ある状態を放置する。

表示放置不管（他动词）。

②自動詞：ある状態が持続している。

表示一直处于某种状态（自动词）。

例

①開けっぱなし。　敞开着。

②立ちっぱなし。　一直站着。

～すぎる　Vます+すぎる

説明

過剰。好ましくない。

表示过多，且带贬义。

例

お酒を飲みすぎる。

喝酒喝过头了。

～すぎだ　Vます+すぎだ

説明

過剰。好ましくない。

表示过多，且带贬义。多指某些习惯。

例

お酒を飲みすぎだ。

喝酒喝过头了。

言いすぎだ。

说得过头了。

～なさい　Vます+なさい

説明

命令の丁寧形。丁寧で柔らかい印象になるが、目上の人に対しては使わない。話し手の立場が上。

有礼貌的命令。语气柔和也有礼貌，但一般不对长辈使用。说话人地位较高。

例

勉強しなさい。

请学习。

類 命令形

説明

基本の命令形。丁寧さはない。

比较直接的命令。

例

電気を消せ。

把灯关掉。

類 ～な　V辞+な

説明

禁止を表す。

表示的是禁止。

例

勝手に使うな。

不要随便用。

ADVANCED(EJU etc.)

普段から外部からの情報に**頼りすぎる**と、スマホなどの情報チャネルが遮断（しゃだん）されるときに不安になりやすい。

如果平时过于依赖外界的信息，当手机之类的信息渠道被切断后就很容易坐立不安。

太陽の光が強すぎると、植物(しょくぶつ)の葉(は)は**温まりすぎてしまい**、正常な新陳代謝(しんちんたいしゃ)を行うことが出来なくなる。
太阳光过于强烈的话，植物的叶子会因为温度过高而不能进行正常的新陈代谢。

当時の私は、自分の限界が分かっておらず、今思えば**頑張りすぎだった**。
当时的我，不知道自己的能力限度，现在想起来有点努力过头了。

おもちゃをとられたからといって、兄を叩(たた)くのは**やめなさい**。
就算哥哥抢了你的玩具，你也不能打他啊。

先生は、有名な大学に行きたいならしっかり**勉強しなさい**とおっしゃっていた。
老师说，想上有名的大学就要好好学习。

「モテたいなら、まず**ダイエットしろ**」と彼が言っていた。
他说："要想有人气，就先减肥吧。"

人が何を言おうと**気にするな**。
不管别人怎么说都不要在意。

（3）て形の表現

て形も、いろいろな表現ができる。

1 ～いく　～くる

●空間移動の方向性

～いく　Vて＋いく

説明　動作などが話し手や文中の特定の視点から離れていく。
动作逐渐远离说话人或文中的某个基准点。

例　飛行機は東へ消えて**いった**。
飞机消失在了东边的天际。

～くる　Vて＋くる

説明　動作主、または動作の対象が話し手に近づいてくる。
动作主体或动作对象逐渐靠近说话人。

例　父は向こうから歩いて**きた**。　父亲从对面走过来。
友人がみかんを送って**きた**。　朋友寄来了橘子。

「ていく」「てくる」を使う時に、動作等が二段階になることがある。

現在地
↓ 買っていく
タバコを買う
↓

現在地
↓↑ 買ってくる
タバコを買う

●時間推移と事態の展開

～いく　Vて＋いく

説明　基準時から基準時以降への推移。
从基准时间点向后推移。

例　これからも努力し続けて<u>いく</u>。
今后也会继续努力下去。

～くる　Vて＋くる

説明　基準時前から基準時への推移。
从之前向基准时间点推移。

例　近年、中国からの留学生が増えて<u>きた</u>。
近年来，来自中国的留学生多起来了。

ADVANCED(EJU etc.)

彼は唯我独尊(ゆいがどくそん)で、人の意見を聞き入れないので友人が次々と**去(さ)っていく**。
去る＋いく：友人が彼から離れていくことを表す。
他很自以为是，完全听不进别人的意见，所以朋友们都离他而去。

彼は援軍(えんぐん)が**やってくる**まで孤軍奮闘(こぐんふんとう)し、まさに一騎当千(いっきとうせん)の活躍をした。
やる＋くる：援軍が彼の方に来ることを表す。
他在援军到来之前孤军奋战，正所谓一夫当关万夫莫敌啊。

お互いに批判し、**議論していく**過程で正しい結論を得ることが多い。
議論する＋いく：「議論する前」という基準時からの時間の変化による推移を表す。
很多时候我们会在相互批判和议论的过程中得到正确的结论。

人間社会においては、普通の生活を営(いとな)むにも、様々な知恵(ちえ)が必要に**なってくる**。
なる＋くる：時間の変化による推移を表す。「なっていく」でも置き換え可。
在人类社会，即使只是过着普通的生活也需要各种智慧。

2 ～おく

～おく　Vて＋おく

説明
①あらかじめ行動する。（準備）　①表示预先的行动。不可用于非意志动词。
②今の状態のままにする。（放置）　≒～たままにする
①も②も、無意志動詞とは使えないことに注意する。
②表示保持现有状态。基本等同于「～たままにする」。不可用于非意志动词。

例
①事前に資料に目を通して<u>おく</u>。　事先把资料浏览一遍。
来週までにこの小説を読んで<u>おきなさい</u>。　下周之前把这本小说看完。
②そこの窓は開けて<u>おいてください</u>。　请不要关闭那扇窗户。
（≒窓は開けたままにしてください）　（≒请保持那扇窗户一直开着。）

ADVANCED(EJU etc.)

財布やスマホなどの毎日使わなければならない物は、あらかじめ置き場所を**決めておく**と、出かける際にいちいち探さずに済む。

「出かける前」に「前もって置き場所を決める」という準備の意味を表す。

提前将钱包、手机等每天必须用的东西放好，这样出门前就不用再一个个来找。

確かに時間には結構余裕があるけれども、転ばぬ先の杖と言われるように、予め準備は入念に**しておく**に越したことはない。

準備を表す

虽然时间还有很多富余，但是就像"未雨绸缪"说的一样，最好还是事先做好充分的准备。

この部屋は別の団体がこの後使うので、電気は**点けておいてください**。

電気をつけたままにする

这个房间过会其他团体会使用，请把灯开着。

3 ～みる

～みる Vて＋みる

説明 試しに行うことを表す。原則ひらがなで書く。
一般写假名，表示试试。

例 ここのラーメンを食べてみてください。
请尝尝这里的拉面。

ADVANCED(EJU etc.)

今までテレビ番組にあまり関心がなかったが、改めて**見てみる**と、案外面白いかもしれないと、少し興味が湧いてきた。

見る＋みる≒試しに見る

迄今为止我对电视节目一直不感兴趣，但有一次认真看了一下，觉得还挺有意思，于是就产生了兴趣。

考えがまとまらなくても、まず思いつくことをノートに**書いてみる**のはどうでしょう。

書く＋みる≒試しに書く

即使没有完全整理好想法，先把想到的东西写在笔记本上如何呢？

語学を身につけるときは、ただ知識をインプットするだけではなく、人と話すときにその語学を**使ってみたり**、文章を**書いてみたり**、実践の機会を積極的に設けることも重要になってくる。

使う＋みる　書く＋みる

学习一门语言的时候，不仅是要输入知识，还应该尝试用这种语言与人交流，尝试用这种语言写写文章，即积极地创造语言的实践机会也是非常重要的。

4 ～みせる

～みせる Vて＋みせる

説明
①他人に理解してもらうためにお手本としての動作。　表示做示范
②実現への決意を表す。呼応：必ず。　表示某种决心。和「必ず」呼应。

例
①この実験をとりあえずやって<u>みせましょう</u>。　先做这个实验给你看看吧。
②今度の試験、必ず合格して<u>みせる</u>。　这次考试，我一定考及格给你看。

ADVANCED(EJU etc.)

試(ため)しにこの茶(ちゃ)わん蒸(む)しを、お鍋を使わずに**作ってみせましょう。**

作る＋みせる：お手本としての動作を表す

尝试着不用锅给你做这个蒸鸡蛋羹。

私は家族全員の期待を担っているので、大学受験は絶対に一発**合格してみせる。**

合格する＋みせる：実現の決意

我背负着全家的期望，所以一定要顺利考上大学给他们看。

今はまだ貧(まず)しいですが、いつか夢を叶えて、家族みんなを幸せに**してみせます。**

する＋みせる：実現の決意

虽然现在还很贫穷，但是总有一天我要实现梦想，让全家人都幸福。

5 ～ほしい

～ほしい Vて＋ほしい

説明
①他者のある行動を望むことを表す。
対象（相手 or 聞き手）に助詞「に」がつく。
<u>（私は）人に～てほしい＝～てもらいたい</u>
表示对别人／听话人某种行为的期待。
②望むのは人ではない場合。
<u>（私は）何が～てほしい</u>
表示对某件事的期待。

例
①長野の名物を買って<u>ほしい</u>。
请帮我买些长野的特产。

先生に説明して<u>ほしい</u>。
希望老师给讲解一下。

②世界がもっと平和になって<u>ほしい</u>。
希望世界更加和平。

来週長野観光に行くよね
信州そばを おみやげに
買ってほしいな
長野

ADVANCED(EJU etc.)

ひとつの考えだけにこだわらないで、もっと柔軟性を**持ってほしい**。

持つ＋ほしい：話し相手あるいは世間一般の人々に対する願望

我希望你能更灵活一些，而不拘泥于一个想法。

電車の中での音漏(おとも)れは耳に障(さわ)るのでマナーを**守ってほしい**。

守る＋ほしい：話し相手あるいは世間一般の人々に対する願望

在电车里用耳机听音乐，如果声音太大会吵到别人，所以希望大家都能遵守乘车礼仪。

自発的(じはつてき)な意欲を引き出すためにも、できるだけ多くのことに興味を**持ってほしい**のです。

持つ＋ほしい：話し相手、あるいは世間一般の人々に対する願望

为了能激发你的自主热情，希望你能对更多的事情感兴趣。

私は司法制度がもう少し人々に幸せをもたらすものに**なってほしい**。

我希望司法制度能给人们带来更多幸福。　なる＋ほしい：制度に対する願望

6 ～ばかり（いる）

「ばかり」は副助詞で程度や限定、完了などを意味を表す（助詞 ▶244ページ）。

「ばかり」是副助词，表示程度、限定或完成等意思。

～ばかり（いる）　Vて＋ばかり（いる）

説明　ある物事や状態が繰り返されている。やるべきことをせずに他のことだけをしている。（批判的な態度）

表示某种事态总是不断地重复，或某人总干一些不该他干的事情（批判的态度）。

例　授業中、携帯を見て**ばかりいる**と、成績が落ちるよ。　上课时总是看手机的话，成绩会下降哦。

小説を読んで**ばかりいない**で、宿題をやりましょう。　别总是看小说了，做作业吧。

ADVANCED(EJU etc.)

上司は、隙(すき)あらば自分の自慢話(じまんばなし)を**してばかりいる**ので、部下からは少しめんどくさいと思われている。　自慢が多いことに対する批判

上司一有空就总是自吹自擂，所以部下会觉得很头疼。

弱音(よわね)や愚痴(ぐち)を**吐いてばかりいる**と、せっかく訪れた幸運も見逃(みのが)してしまう。

弱音や愚痴が多いことに対する批判

总是说丧气和抱怨的话，好不容易到来的幸运也会被你错过的哦。

7 ～から

「～から」は、事項の時間的前後関係を表している。

「～から」表示事项在时间上的先后关系。

～から Vて＋から

説明
一つの事項の後、もう一つの事項が起こる。
前の事項に着目しているニュアンスがある。
一件事之后，发生另一件事。相较而言比较注重前面一件事。

例
本を読み終わってから、母に電話する。
读完书后给妈妈打电话。

ADVANCED(EJU etc.)

会社が**引けてから**皆さんに会いに行きますね。

会社が引ける＝会社のその日の仕事が終わること

我下了班之后就去和大家见面。

貧困家庭で育った子どもはそうでない子どもに比べて、大人に**なってから**の貧困のリスクが高い。

「～てからの○○」というように、名詞を修飾することも可能。

成长于贫困家庭的孩子与其他孩子相比，长大之后贫困的风险更高。

（4）た形の表現

1 ～後（で）

～後（で） Vた＋後(で)

説明
～(て)から
……之后

例
デザートを食べた後で、歯をしっかり磨かなければならない。
吃完甜点后，必须好好刷牙。

2 ～ばかりだ　～ところだ

～ばかりだ Vた＋ばかりだ

説明
何らかの出来事の直後。
表示刚刚发生某事。

例
赤ちゃんが昨日生まれたばかりです。
孩子昨天刚出生。

～ところだ Vた＋ところだ

説明
何らかの出来事の直後。　表示某事之后。
出来事の直後に新たな動作・出来事が次に続くニュアンスがある。　「～ところだ」带有动作结束后会进入下一个阶段的含义；「～ばかりだ」仅仅表示一个动作的结束。

例
今、会社に着いたところだ。
刚到公司。（接下来会做其他的事情）

MORE+ 「～ばかりだ」と「～ところだ」

「ところだ」は形式名詞「ところ」が動詞に接続したものであるため、空間的に動作が行われた場所からあまり離れていない≒時間的に「たった今」動作が完了したというニュアンスを表す。
それに対し、「ばかり」は物事が終了してあまり時間が経っていないことに焦点が当てられ、話し手の感覚で語られることが多い。そのため、「昨日」「先週」など、過去を表す副詞とともに使われることもある。

また、「ばかりだ」は単に出来事の直後であることを表すのに対し、「ところだ」は、出来事の直後に新たな動作・出来事が次に続くことを表すニュアンスがある。

① 「ところだ」: 空间上离动作的发生场所不远；时间上表示动作刚结束。且表示事情结束后会有接下来的动作或事情。
② 「ばかりだ」: 表示说话人感觉动作结束后时间没过多久。所以可以和“昨天”“上周”等词一起用。仅表示事情刚刚结束。

ADVANCED(EJU etc.)

大学に入ったばかりの時期は、幅広い領域の知識を習得する必要がある。
在刚刚进入大学的那段时期，有必要广泛地学习各个领域的知识。

さっき**帰ったばかり**の彼がなぜか、再び戻ってきた。
不知道为什么，他刚刚回家就又折返回来了。

当時は**上京**（じょうきょう）**したばかりだった**ので、東京の地理が全く分からなかった。
当时因为刚来东京，所以完全搞不懂东京的东南西北。

今家を**出たところ**なので、あと十分ほどで到着すると思う。
现在刚出家门，所以我想还有十分钟左右就到了。

試験はたった今**始まったところ**なので、まだ間に合います。
因为考试才刚刚开始，还来得及。

3 ～ほうがいい

～ほうがいい Vた＋ほうがいい

説明 選択の余地があるが、ある行動が望ましい。アドバイスや提案を表す。
虽有选择的余地，但希望采取某个行动。表某种建议。

例 タバコをやめたほうがいい。
最好戒烟。

ADVANCED(EJU etc.)

管理しやすくするために、いろいろな制限を**加えた方がいい。**

「加えるべきだ」よりも柔らかいニュアンスで薦めることができる。

为了便于管理，最好加上各种限制。

人間は「生かしてもらっている」存在ではない。いつまでたっても受け身のままではいけないから、もっと能動的(のうどうてき)に物事(ものごと)に**取り組んだ方がいい。**

特定の誰かにではなく、漠然とした対象に行動を薦める際に、多く用いられる。

人类不是"被赋予生命"的存在。不能一直被动，所以应该更加主动地参与事物。

機能性を重視する標識(ひょうしき)では、なるべく奇抜(きばつ)なデザインを**避(さ)けた方がいい。**

「なるべく」「できれば」「可能な限り」など、主張を和らげる副詞と相性が良い。

在设计功能性很强的标记时，最好尽量避免一些奇特的设计。

4 ～ことがある／ことがない

～ことがある Vた＋ことがある　**～ことがない** Vた＋ことがない

説明 経験についての表現。話をする時とある程度時期が隔たっている。
表达有某事的经验。但之前的经历和说话时有一定的时间间隔。

例 パリに行ったことがある。　我去过巴黎。
この本を読んだことがない。　我没读过这本书。

ADVANCED(EJU etc.)

夏になると、多くの人が熱中症(ねっちゅうしょう)で救急車で病院に連(つ)れていかれるシーンを、誰でもテレビで**見たことがある**でしょう。

到了夏天，很多人因为中暑被救护车送去医院的场景，大家都在电视上看到过吧?

50年前に、この湖で怪奇(かいき)な現象が**起こったことがある。**

「起こる」＋ことがある；無意志動詞と接続することで、物体や物事を主語にすることもできる。

50年前这个湖里发生过很奇怪的现象。

彼はかつて誰も**登ったことがない**、未踏峰（みとうほう）の山にチャレンジすることにした。

「～ことがない人」「(人が) ～したことがない物（人）」という形で名詞を修飾する。

他决定挑战过去谁都没攀登过的处女山。

5 ～たり（～たり）

～たり～たり V た＋たり

説明 ①例示・並列を表す。 ②繰り返しや対照を表す。

表示并列或者举例，也可表示动作反复或对照。

例 休み時間は本を読ん**だり**課題をし**たりして**過ごしている。每个休息日我都是看看书，做做课题什么的。

最近は景気も上がっ**たり**下がっ**たり**で商売が難しい。最近经济涨涨落落，生意很难做。

POINT た形に関する表現のまとめ

た形に関する表現は下記の表のとおりであるが、「上は」「かぎりでは」「かないかのうちに」「そばから」等はた形以外にも接続する（複文や文型表現参照）。

た形相关表达见下表，其中部分表达如「上は」「かぎりでは」「かないかのうちに」「そばから」也可以接た形以外的形式。具体参考复句和句型表达章节。

表現	意味
あげく(に)	最后
あと（で）	……之后
うえは	既然……就
かぎりでは	据……所知
かと思うと かと思えば かと思ったら	原以为……却
かないかのうちに	刚……就
が最後	一旦……就
きりだ	……之后，就再没
ことがある	有过……

表現	意味
末（に）	经过……最后
そばから	刚……就
ばかりだ	刚刚……
ところだ	刚刚……
とたん（に）	一……就
たり～たりする	有时……有时
ほうがいい	最好……
までだ	只不过……而已
ものだ	表示回忆过去
ものではない	不应该

（5）否定形の表現

1 ～なければならない　～なければいけない

～なければならない V否＋なければならない

説明 義務、必要、責任を表す。ルールや慣習に基づき「当然」であるニュアンスを表す。

客観的な表現。　表示根据习惯规定是某种“当然”。表达比较客观。

例 準備し**なければならない**。

必须做好准备。

～なければいけない　V否＋なければいけない

説明　義務、必要、責任を表す。話し言葉としてよく使われる。
話し手の主観的な判断に基づくことが多い。
表达义务和必要性，一般用于口语，和「～なければならない」的不同在于，表达比较主观。

例　今から行か**なければいけない**。
现在必须去。

類 ～(せ) ざるをえない　V否＋ざるをえない　する➡せざるをえない

説明　消極的な意味の必要を表す。それ以外の選択肢がない。
比较消极的表达，除此以外别无他法

例　調べるには、現地に行か**ざるをえない**。
要调查的话，就不得不去现场。

類 ～べきだ　V辞＋べきだ　する➡すべきだ

説明　忠告や助言の意味。義務・当然・適当など多くの意味がある。
表示忠告或建议。还表示义务、理所当然、妥当等意思。

例　あなたが責任を取る**べきだ**。
你应该负责。

ADVANCED(EJU etc.)

これらの問題をこのまま放置しておいたのでは、必ず問題として取り上げられてしまうだろう。その前に、対処法(たいしょほう)等を**考え出さなければならない。**

「考え出さなければならない」：客観的な理由のもと、強い義務、必要性があることを表す。
如果放任这些问题不管，以后一定会出现问题的。在此之前必须想出对策来。

試験結果を知るためには、
学校へ**行かなければいけない。**

「行かなければならない」：「私が試験結果を見たい」
という個人的な理由に基づいた義務、必要性を表す。
为了知道考试结果，必须去学校。

今日は日曜日だが、急な仕事が入ったので出社**せざるをえない。**
虽然今天是星期天，但是因为有急事不得不去公司。　やや消極的な意味

過度な密集(みっしゅう)を避けるよう政府に呼び掛(か)けられたので、狭い空間に多くのファンが集まる予定だったイベントは、**中止せざるをえなくなった。**

「中止せざるをえない」：「中止しないことはできない」➡「中止せねばならない」
由于政府呼吁避免过度（人群）密集，原定在狭小空间聚集大量粉丝的活动不得不取消。

金融業界は、一度限りの取引(とりひき)をする顧客をたくさん**集めるべきだ。**
金融行业应该更多地聚集单次交易的客户。　適当

2 ～なくて、～ないで　～ず、～ず（に）

～なくて　V否＋なくて

説明

話し言葉でよく使われる。
①原因や理由　②並列や対比
×状態
口语中常用。可用于表示原因、理由、并列、对比等。不可以用于表示状态。

例

①彼の体調がよくならなくて心配だ。**（原因・理由）**
因为他的身体状况不好，所以很担心。

②兄は来なくて、弟も来なかった。**（並列・対比）**
哥哥没来，弟弟也没来。

～ないで　V否＋ないで

説明

話し言葉でよく使われる。
×原因や理由
①並列や対比
②状態
③補助動詞がつく場合（ください／ほしい／いる／おく／あげる／くれる…）
口语中常用。不可用于表示原因、理由、可用于表示并列、对比、状态等。后面可接补助动词。

例

①兄は来ないで、弟も来なかった。**（並列・対比）**
哥哥没来，弟弟也没来。

②ドアを閉めないで寝てしまった。**（手段・状態）**
没关门就睡了。

②中華鍋を使わないで中華料理を作った。**（状態）**
不用中式炒菜锅就做了中国菜。

③言わないでください。**（補助動詞）**
请不要说。

～ず（に）　V否＋ず（に）　する➡せず（に）

説明

やや硬い表現、正式な言い方。
①原因や理由
②並列や対比
③状態
表达比较生硬正式。可用于原因、理由、并列、对比、状态。

例

①授業を聞いても理解できず、困っている。**（原因・理由）**
即使听课也没办法理解，所以很为难。

②ご飯は食べず、水も飲まない。**（並列・対比）**
不吃饭也不喝水。

③財布を持たず、買い物に行った。**（状態）**
没拿钱包就去买东西了。

③朝ごはんを食べずに、学校に行った。**（状態）**
没吃早饭就去学校了。

ADVANCED (EJU etc.)

飼い犬が昨日から何も**食べなくて**、家族みんなで心配している。
食べる＋なくて：原因や理由を表す
我养的狗从昨天开始什么也不吃，全家人都很担心。

日本は魚の種類も多く、鮎の塩(しおや)焼きのように一匹をそのまま焼き、魚の形を**壊さないで**食べることが多い。
壊す＋ないで：状態を表す
日本的鱼类多种多样，吃的时候就像盐烤香鱼一样，经常整条烤制，不破坏鱼的形状。

期末テストが迫ってきたのに、復習が**追いつかず**焦（あせ）っている。

追いつく＋ず：「焦っている」の原因・理由を表す

期末考试迫在眉睫，然而来不及复习，很焦躁。

先入観（せんにゅうかん）を**持たずに**、素直な目で相手を見ることは思いの外（ほか）難しい。

持つ＋ずに：状態を表す

不抱有成见，用真诚的眼光看待对方比想象中要难。

MORE＋ 「～なくて」から派生した関連表現

表現	意味・ポイント	例
～なくてはいけない	～しないと物事が成り立たない、必須である。「なくてはならない」のほうが、客観的な強制力がある。 非……不可／必须 「なくてはならない」有较为客观的强制力。	明日までにレポートを提出し**なくてはいけない。** 必须在明天之前提交报告。
～なくてはならない		日本に来たら日本の法律を守ら**なくてはならない。** 来日本的话必须遵守日本的法律。
～なくてもいい	～する必要がない。 不需要……	休日、学校に行か**なくてもいい。** 休息日可以不去学校。
～なくてもかまわない	「なくてもいい」とほぼ同じだが、譲歩や妥協を表す。 没有……也没关系 与「なくてもいい」基本相同，但带有让步和妥协的意思。	この難しい問題を解け**なくてもかまわない。** 这道难题解不开也没关系。

実験の結果は客観的に検証可能なもの
でなくてはならない。
研究
実習中!

（6）意向形と仮定形の表現

意向形と仮定形に関する表現は下記でまとめる。

～（よ）うが／（よ）うと　V意＋（よ）うが／（よ）うと

説明　～しても

即使……也……／无论……都……／不管……也……

例　たとえ反対され**ようが**将来の進路は自分で決める。

即使被反对，将来的出路也要自己决定。

～（よ）うが～（よ）うが／（よ）うと～（よ）うと

V意＋（よ）うが／（よ）うと＋V意＋（よ）うが／（よ）うと

説明
～しても～しても
无论……也好……也好，都……

例
雨が降ろうが風が吹こうが、あそこには行かなければならない。
不管下雨还是刮风，都非去不可。
反対されようが見捨てられようが、私は自分の意見を貫く。
无论是被反对或是被抛弃，我都要把自己的意见坚持到底。

～（よ）うが～まいが／（よ）うと～まいと

V意＋（よ）うが＋V辞（五段動詞）（※）＋まいが　※V否：五段動詞以外

説明
～しても～しなくても
无论是……还是……／无论是否……都……

例
昔の恋人が結婚しようとしまいと私には関係がない。无论以前的恋人是否结婚都与我无关。
私が言おうが言うまいが、彼は気づいていただろう。无论我说还是不说，他都已经注意到了吧。

～（よ）うとも　V意＋（よ）うとも

説明
～しても
即使……也……／无论……都……／不管……也……

例
人に反対されようとも私は自分の夢を叶えたい。
即使别人反对我也要实现我的梦想。

～（よ）うにも～ない　V意＋（よ）うにも

説明
～しようとしてもできない
後件は多くの場合、可能否定形がくる。
即使想……也不（能）……

例
旅行しようにも金がないので、できない。　即使想旅游也没钱，去不了。
説得しようにも話を聞いてくれない。　即使我想劝他，他也不听我的。

～（よ）うものなら　V意＋（よ）うものなら

説明
もし～のようなことをしたら
前項の条件が満たされたら、極めて深刻な事態になる。
如果要……的话

例
私の親友を傷つけようものなら、君とは縁をきる。
如果要伤害我的好友的话，我就和你断绝关系。

～ばこそ　V仮＋ばこそ

説明
～から　理由や原因を強調する。
正因为……才……

例
愛があればこそ厳しく叱るべきこともある。　正因为有爱，所以才更应该严厉训斥。
好きであればこそ、苦しくなることもある。　正因为喜欢，有时才会痛苦。

～ば～ほど　V仮＋ば＋V辞＋ほど

説明　～ば、もっと～
越……越……

例　子供は褒められれば褒められるほど成長する。　孩子越被表扬越能成长。
見れば見るほど、好きになる。　越看越喜欢。

～ば～で　V仮＋ば＋V辞・た＋で

説明　～であっても結局
尽管……结果还是

例　時間があればあるで、暇を持て余してしまう。　有空又有有空的麻烦，又觉得闲得不得了。
会社に入れば入ったで、組織の関係が面倒くさい。工作后又有工作的烦恼，人际关系很麻烦。

文法項目の実践

ニューキャッスル大学のベイトソン博士たちの行なった実験は、眼の写真を壁に貼っておくだけで、実際に人間を正直者にすることができることを示した。この実験の行なわれたニューキャッスル大学では、コーヒーや紅茶を飲んだら自主的に「正直箱」という箱に指定された金額を寄付する制度になっていた。実験者がこっそり、コーヒーや紅茶の台の前に「眼の絵」が描いてあるポスターと「花の絵」のポスターを毎週貼り替えて、それぞれの週ごとに自主的に払ったお金の量を調査した。…(略)…

この実験では、眼の写真が貼られていた週では、より多くの正直箱への寄付が行なわれているということがわかった。データからは、実に倍以上ものお金を正直に支払うようになったことが読み取れる。

もちろん、眼の写真が貼られていたからといって、本当に誰かに見られているわけではないということは、わかっているはずである。それにもかかわらず、眼という視覚刺激を与えられることで、他人の眼というものを感じ取って、無意識のうちに行動に影響が出てしまうのである。

金井良太『脳に刻まれたモラルの起源－人はなぜ善を求めるのか』
EJU日本語・2017年・日本語読解文章の素材

文法項目の実践

日本以外の東アジアの国々においては、血縁を基にする「家族」が、各人のアイデンティティのよりどころになっている。個人主義をベースにする欧米の近代文明を取り入れるときに、それがひとつの妨害要因としてはたらいているようである。これに比して日本は、血縁をそれほど重要視しないので、近代化をするときに、比較的早く行なうことができた。

日本人はこのような考えによっているので、会社が一種の擬似家族的役割を果すようになってくる。日本人は「仕事好き」とか「はたらきすぎ」と言われる。そのような面も確かにあり、それについても考える必要があるが、就労時間が長いことの要因のひとつとして、会社内の家族的一体感の保持ということが大いに関係していることも認めねばならない。…(略)…

ところが、このような状況も最近では変化してきた。リストラの波が押し寄せてくると、擬似家族はしょせん擬似でしかないので、容赦なく解雇がある。これよりも、もっと深刻なことは、定年退職である。退職してしまうと、会社内の人間関係が自分が感じとっていたのよりも、はるかに稀薄であることを思い知らされる。部長として在任していたときは、多くの人が自分を大切にしてくれていると思っていた。しかし退職してみると、それは自分という「人間」に対してよりは、部長という「地位」に対してのものであったことがわかってくる。…(略)…

昔は、働きづめに働き、だんだんと枯れてきて、退職してしばらくするとお迎えが来て、皆に惜しまれて去る、というようなパターンができていたが、近代医学の進歩というのが、このような日本的な美的完成を阻むようになった。

河合隼雄『日本文化のゆくえ』

早稲田大学外国学生入試・2018年・文学部日本語試験問題の素材

CHAPTER 4

PART2 文法

形容詞・形容動詞

形容詞と形容動詞は、物事の性質・状態をあらわす単語である。動詞と同じく活用形があり、用言に属している。日本語教育においては、ともに形容詞（イ形容詞とナ形容詞）として学ぶことが多い。

形容词和形容动词是表示事物性质、状态的单词。和动词一样有活用形，属于用言。日语教学中，经常将二者（イ形容词和ナ形容词）放在一起来学习。

CHAPTER 4
形容詞・形容動詞

1 形容詞・形容動詞の性質と特徴

<1> 形容詞・形容動詞とは

形容詞・形容動詞は、物事の性質・状態を表す単語である。普段の日本語教育では、形容詞を「**イ形容詞**」、形容動詞を「**ナ形容詞**」とも呼ぶ。本書では、形容詞辞書形と形容動詞語幹の接続記号をそれぞれ**A**と**NA**とする。

形容詞（イ形容詞）は、日本語本来の形容詞であるのに対して、形容動詞（ナ形容詞）は、漢語やカタカナ語を起源としたものが多い。

形容词和形容动词是表示事物性质、状态的词。日常日语教学中，形容词会称为「イ形容詞」，形容动词会称为「ナ形容詞」。本书中形容词原形和形容动词词干的接续符号为A和NA。形容词是日语原本的形容词，形容动词多起源于汉语和外来语。

動詞	花が**咲**(さ)**く**。 开花。	実(み)が**なる**。 结果。	動作・作用を表す
形容詞	花が**美**(うつく)**しい**。 花很美。	実が**大きい**。 果实很大。	性質・状態を表す
形容動詞	花が**綺麗**(きれい)**だ**。 花が**綺麗です**。 花很漂亮。	教室が**賑やかだ**。 教室が**賑やかです**。 教室很热闹。	性質・状態を表す

このように、形容詞は、「美しい」「大きい」などのように、言い切ったとき、すべて語尾「**い**」で終わる。形容動詞は、「綺麗だ」「綺麗です」「賑やかだ」「賑やかです」などのように、すべて語尾「**だ**」または「**です**」（丁寧な言い方）で終わる。

形容词以「い」结尾。形容动词以「だ」或「です」（礼貌说法）结尾。

<2> 形容詞・形容動詞の性質

（1）形容詞・形容動詞は、ともに自立語であり、単独で述語となることができる。

形容词和形容动词都是独立词，可单独做谓语。

形容詞	高い、太い、細い、楽しい、多い…
形容動詞	綺麗だ、真面目だ、簡単だ、正直(しょうじき)だ、穏(おだ)やかだ…

（2）**形容詞・形容動詞は、用言であり、ともに活用がある。**

形容词和形容动词是用言，都具有活用形式。

1 形容詞の活用

山は**高かろ**う。 山很高吧。	とても**高かっ**た。 （山）很高。	山が**高く**、登(のぼ)るのも難しい。 山很高，很难爬。
山は**高い**。 山很高。	**高い**山が見える。 看得到很高的山。	**高けれ**ば、登りに行こう。 （山）很高的话，去爬吧。

2 形容動詞の活用

水は**清(きよ)らかだろ**う。	水は**清らかでしょ**う。	水很清澈吧。
水は**清らかだっ**た。	水は**清らかでし**た。	水曾经很清澈。
水は**清らかで**ある。	水は**清らかです**。	水很清澈。

清らかに流れる。	（水）清澈地流动。	水は**清らかだ**。	水很清澈。
清らかな水だ。	清澈的水。	**清らかなら**ば飲もう。	（水）清澈的话，喝吧。

＜3＞ 形容詞・形容動詞の働き

（1）述語になる

形容詞も形容動詞も、**単独で述語になる**ことができる。形容词和形容动词都可以单独做谓语。

男の子は**多く**、女の子は**少ない**。	男孩子很多，女孩子很少。
この本は**面白い**。	这本书很有趣。
庭に咲いた花がとても**きれいだ**。	庭院里盛开的花很漂亮。

（2）主語になる

形容詞と形容動詞は、単独で主語になることができない。**主語として使うには、形容詞と形容動詞を連体形にした上で、助詞「の」＋「が」「は」「も」などをつける。**

形容词和形容动词无法单独做主语。如要做主语，需变为连体形后加助词"「の」＋「が」「は」「も」"等。

赤いのがあそこにある。
形容詞＋「の」＋「が」
红色的在那里。

静かなのはいい。
形容動詞連体形＋「の」＋「は」
安静很好。

（3）**修飾語になる**

形容詞と形容動詞は、**単独で、または、他の付属語と一緒に、連体修飾語や連用修飾語になる**ことができる。

形容词和形容动词可单独或与其他附属词一起，做连体修饰成分（定语）或连用修饰成分。

1 **連体修飾語になる**

形容詞と形容動詞が、**単独で連体修飾語になる場合、連体形を使用する。**

形容词和形容动词单独做连体修饰成分（定语）时，需用连体形。

激しい(はげ)雨が降る。
単独・連体形
下大雨。

激しかった雨が止(や)んだ。
付属語「た」を伴う
大雨停了。

新鮮な(しんせん)野菜を買う。
単独・連体形
买新鲜的蔬菜。

新鮮だった野菜が腐(くさ)る。
付属語「た」を伴う
之前新鲜的蔬菜烂了。

2 **連用修飾語になる**

形容詞と形容動詞は、**単独で連用修飾語になる場合、連用形を使用する。**この場合、形容詞は**「～く」**、形容動詞は**「～に」**の形をとる。

形容词和形容动词单独做连用修饰成分时，使用连用形。形容词用「～く」的形式，形容动词用「～に」的形式。

雨が**激しく**降る。　雨下得很大。

きれいに書く。　写得很漂亮。

（4）**接続語になる**

形容詞と形容動詞は、**接続助詞を伴って接続語になる**ことがある。

形容词和形容动词可与接续助词一起做接续成分。

もう**遅いので**、先に帰る。　因为已经很晚了，我先回去了。

体調(たいちょう)は**大丈夫だが**、やる気が全くない。　虽然身体没有问题，但一点干劲都没有。

2 属性形容（動）詞と感情形容（動）詞

<1> 属性形容（動）詞：性質や状態などの属性を表現する

属性形容（动）词：表示性质或状态等属性。

高い　低い　長い　大きい　若い　豊富(ほうふ)だ　鮮(あざ)やかだ　静かだ

身長が**高い**。	宇宙(うちゅう)は**広い**。	スピードが**速い**。
个子很高。	宇宙很广阔。	速度很快。

<2> 感情形容（動）詞：人の感情や感覚を表現する

感情形容（动）词：表示人的感情或感觉。

怖い　悲しい　嬉しい　つらい　苦しい　痛い　眠い

好きだ　嫌いだ　心配だ　不安だ

故郷(ふるさと)が**恋(こい)しい**。	頭が**痛い**。	胸が**苦しい**。
故乡令人怀念。	头痛。	胸闷。

COLUMN

第三者を表す場合

感情形容詞は、一般的には話し手自身の感情や感覚を表現するものであり、第三者の感情や感覚を表す場合、「~**がる**」をつけたり、助動詞「**そうだ**」をつけたりすることがある。ただ、「好きだ」「嫌いだ」「苦手だ」のような感情形容（動）詞の場合、そのまま第三者にも使える。

感情形容（动）词一般表示的是说话人自己的感情或感觉，如果需要表达第三者的感情或感觉，可以在后面加上「~がる」、助动词「そうだ」等。但是，「好きだ」「嫌いだ」「苦手だ」这些词可以直接用于第三者。

彼はその模型(もけい)を**ほしがっている**。　他很想要这个模型。

お母さんは**嬉しそうだ**。　母亲看起来很开心。

彼女は、新しい財布が**ほしいと言っている。** 她说她想要个新的钱包。

あの人は唐辛子(とうがらし)が**苦手だ。** 那个人吃不了辣椒。

ADVANCED(EJU etc.)

彼は**恥ずかしそうに**眼(め)を伏(ふ)せた。 他很害羞地垂下了双眼。

イベントが終わって帰ろうとしたとき、ふと見ると、イベントに参加していた人たちは少し**寂しそうな**表情(ひょうじょう)を浮(う)かべていた。

在活动结束后打算回家的时候，不经意间看见参加活动的人们脸上都露出了些许落寞的表情。

スクリーンの前には、ニュースを**面白がる**人たちが群(むら)がっていた。

屏幕前聚集了很多对新闻感兴趣的人。

POINT 比較

1	生徒が寒いとはっきり口に出している場合 生徒たちが**寒いと言っていた**ので、暖房(だんぼう)の温度(おんど)を上げた。 因为学生们说很冷，所以上调了暖空调的温度。（学生明确口头表示冷）
2	生徒が自分の気持ちを口や態度で示している場合 生徒たちが**寒がっていた**ので、暖房の温度を上げた。 因为看上去学生们好像很冷，所以上调了暖空调的温度。（学生通过言行或态度等表示感到冷）
3	生徒が何も言っていなくても、仕草などで話し手が生徒の気持ちを判断した場合 生徒たちが**寒そうだった**ので、暖房の温度を上げた。 因为学生们看起来很冷，所以上调了暖空调的温度。（强调说话人通过学生动作或样子看出其感到冷）

3 形容詞・形容動詞の活用

<1> 形容詞の活用

（1）形容詞の活用形

形容詞の活用形は、五つある。**辞書形**（国文法では**終止形**）、**連用形**、**連体形**、**未然形**、**仮定形**である。**命令形**は存在しない。

形容词的活用形有五个。辞书形、连用形、连体形、未然形、假定形。没有命令形。

例高い	語幹	活用	助動詞など	
辞書形	高	い		
連用形	高	く く かっ かっ	ない なる た たり	補助形容詞 動詞 助動詞 接続助詞
連体形	高	い	塔（名詞）	
未然形	高	かろ	う	助動詞
仮定形	高	けれ	ば	助詞
命令形	—	—		

1 **辞書形** は国文法では終止形と呼ばれ、**文を言い切るときの形である。**
辞书形在日本国文法中叫终止形，是直接结句时的形式。

①単独で文の終止

今年の冬は**寒い。** 今年的冬天很冷。 | あの土地（とち）は**広い。** 那片土地很广阔。

② **辞書形** +「そうだ」「らしい」（伝聞を表す助動詞）

明日は**寒いそうだ。** 据说明天很冷。

彼は走るのが**速いそうだ。** 听说他跑步很快。

あの先生の授業は**厳しいらしい。** 那个老师的课好像很严格。

③ **辞書形** +「と」「けれど（も）」「が」「し」「な」等助詞

この店は**安いが**味（あじ）が悪い。 这家店虽然很便宜，但是味道不怎么样。

そこの景色（けしき）は**美しいと**聞いた。 听说那里的景色很美。

2 **連用形** は**用言、助動詞「た」**（過去を表す）、**接続助詞「たり」**（並立を表す）などに連なる。 连用形后面会接用言、助动词「た」（表示过去）、助词「たり」（表示列举）等。

①～く+いろいろな用言

短くまとめる。
用言（動詞）
简短总结。

素晴らしくきれいだ。
用言（形容動詞）
十分美丽。

著（いちじる）しく少ない。
用言（形容詞）
特别少。

②～く＋「ない」（補助形容詞）

美しくない 不美

楽しくない 不开心

怖くない 不害怕

③～く＋「て」「ても」「は」「も」

インスタントラーメンは**安くて**美味しい。
方便面又便宜又好吃。

惜(お)**しくも**試合に敗(やぶ)れた。
很遗憾，比赛失败了。

④～く：**中止法**（文を一旦中止して、また続ける場合）

この本は**面白く**、とても読みやすい。
这本书很有趣，读起来还特别顺畅。

この生地(きじ)は**柔**(やわ)**らかく**、肌触(はだざわ)りが良い。
这块料子的质地很柔软，手感也很好。

⑤～かっ＋「た」「たり」

窓際(まどぎわ)は日が**まぶしかった**。
窗边的阳光很眩目。

日によって**暑かったり**、**寒かったり**する。
有些日子热，有些日子冷。

3 **連体形** は**各種体言**、**助動詞「ようだ」**や**様々な助詞**に連なる。

连体形后面接各种体言、助动词「ようだ」或各种助词。

①～い＋体言

長い一日だった。
名詞
漫长的一天。

体の調子が**悪いこと**に気づかなかった。
形式名詞
没有注意到身体状况不好。

②～い＋助動詞「ようだ」

彼女は**つらいようだ**。
她好像很痛苦。

あの二人は**親**(した)**しいようだ**。
他们俩好像很亲密。

③～い＋助詞

彼女は頭の回転(かいてん)が**速いので**、効率(こうりつ)よく仕事できる。
她脑子转得很快，所以工作效率很高。

彼まだ**若いのに**、もう部長になっている。 他还很年轻就当上了部长。

④ **未然形** は**推量を表す助動詞「う」に連なり、推量を表す。**活用語尾の「い」が「かろ」になる。

未然形后面接表示推测的助动词「う」。形容词的活用词尾「い」变成「かろ」。

高い → **高かろう**	美しい → **美しかろう**	良い → **良かろう**
高→高吧	美→美吧	好→好吧

⑤ **仮定形** は**助詞「ば」に連なり、仮定を表す。**活用語尾の「い」が「けれ」になる。

假定形后面接助词「ば」表示假设。形容词的活用词尾「い」变成「けれ」。

良い → **良ければ**	多い → **多ければ**	暖かい → **暖かければ**
好→好的话	多→多的话	暖和→暖和的话

POINT　形容詞と動詞の否定「ない」の違い

動詞の場合、**助動詞「ない」**が**未然形[否]**の後ろにつき、動詞の**否定形**を成す。
形容詞の場合、**補助形容詞「ない」**が**連用形**の後ろにつき、形容詞の**否定**を成す。
同じ「**ない**」のように見えるが、形容詞連用形につくのは**補助形容詞**である。

形容詞につく「ない」は
補助形容詞です!

动词：助动词「ない」接在未然形[否]后面，构成动词的否定形。
形容词：补助形容词「ない」接在连用形后面，构成形容词的否定。
看上去同样的「ない」，在形容词连用形后面的是补助形容词。

明日は仕事に**行かない。**　明天不去工作。

動詞「行く」(未然形[否]) ＋助動詞「ない」

その問題は**難しくない。**　那个问题不难。

形容詞「難しい」(連用形) ＋補助形容詞「ない」

(2) 形容詞の音便

形容詞が「**ございます**」「**存ずる**」などの語に連なるときに、発音しやすくするために、**ウ音便**の形をとることがある。

形容词后接「ございます」「存じます」等词语时，为了发音方便，会产生ウ音便。

1 末尾が「アい」、「オい」の場合、「オう」 に変える。

●ありがたい ——→ ありが**とう**ございます

●はやい ——→ おは**よう**ございます

●あぶない ——→ あぶ**のう**ございます

●あおい ——→ あ**おう**ございます

2 末尾が「シい」の場合、「しゅう」に変える。

●美しい ——→ 美**しゅう**ございます

3 末尾が「ウい」の場合、「ウう」に変える。

●低(ひく)い ——→ **低う**ございます

<2> 形容動詞の活用

(1)「だ」で終わる形容動詞の活用形

「だ」で終わる形容動詞の活用形は、五つある。**辞書形**（国文法では**終止形**)、**連用形**、**連体形**、**未然形**、**仮定形**である。**命令形**は存在しない。

以「だ」结尾的形容动词活用形有五个。辞书形、连用形、连体形、未然形、假定形。没有命令形。

例賑やかだ	語幹	活用	助動詞など	
辞書形	賑やか	だ		
連用形	賑やか	で に だっ	ない なる た たり	補助形容詞 用言（動詞） 助動詞 接続助詞
連体形	賑やか	な	街（名詞）	
未然形	賑やか	だろ	う	助動詞
仮定形	賑やか	なら	（ば）	助詞
命令形	—	—		

1 **辞書形** は国文法では終止形と呼ばれ、**文を言い切るときの形である。**

辞书形在日本国文法中叫终止形，是直接结句时的形式。

①単独で文の終止

彼女は**きれいだ。** 她很漂亮。　　この問題は**簡単だ。** 这个问题很简单。

② **辞書形** +「そうだ」（伝聞を表す助動詞）

この問題集は**簡単だそうだ。** 听说这本题集很简单。	彼は**元気だそうだ。** 听说他身体很好。

③ **辞書形** +「と」「けれど（も）」「が」「し」「な」等助詞

あの町は**賑やかだと**聞いた。 听说那个小镇很热闹。	お金は**必要だが**、重要でない。 钱是必要的，但并不重要。

2 **連用形** は**用言、助動詞「た」**（過去を表す）、**接続助詞「たり」**（並立を表す）などに連なる。　连用形后面会接用言、助动词「た」（表示过去）、助词「たり」（表示列举）等。

①～に＋いろいろな用言

綺麗に書く。　写得漂亮。 用言（動詞）	**僅**（わず）**かに高い。**　有一点点贵。 用言（形容詞）

②～で＋「ない」「ある」（補助形容詞・補助動詞）

彼は**真面目**（まじめ）**である。**　他很认真。 補助動詞	彼は**真面目でない。**　他不认真。 補助形容詞

③～だっ＋「た」「たり」

前の家は**快適**（かいてき）**だった。** 以前住的房子很舒适。	**単純**（たんじゅん）**だったり複雑**（ふくざつ）**だったり**する。 有时单纯有时复杂。

④～で＋「は」「も」「さえ」

純粋（じゅんすい）**では**ある。 纯真是纯真。	**純粋でも**ない。 并不那么纯真。	**純粋でさえ**あった。 甚至非常纯真。

⑤～で：中止法

知識（ちしき）は**豊富で**、腕（うで）もいい。　知识很丰富，技术也很好。

3 **連体形** **は末尾の「だ」が「な」になり、各種体言、助動詞「ようだ」や様々な助詞に連なる。**

用于连体形时，词尾的「だ」变「な」，后面接各种体言、助动词「ようだ」或各种助词。

①～な＋体言

貴重な経験（きちょう けいけん） 宝贵的经验	**大切な一日** 重要的一天

②～な＋「ようだ」

あの人は**不満なようだ**。（ふまん） 那个人看起来很不高兴。	彼はあの子のことが**好きなようだ**。 看起来他很喜欢那个孩子。

③～な＋「ので」「のに」「だけ」

危険なので、横断するのを禁じる。（きけん、おうだん、きん） 由于危险，禁止横穿马路。	体は**健康なのに**、気分が晴れない。（けんこう、きぶん、は） 明明身体没毛病，心情却不好。

4 **未然形** **は末尾の「だ」が「だろ」になり、推量を表す助動詞「う」に連なる。**

用于未然形时，词尾的「だ」变「だろ」，后面接表示推测的助动词「う」。

これだけ準備すれば**大丈夫だろう**。（じゅんび） 准备到这个程度应该就没问题了吧。	彼にとっては**大切だろう**。（たいせつ） 对他来讲很重要吧。

5 **仮定形** **は末尾の「だ」が「なら」になり、助動詞「ば」に連なるのが一般的だ。**「ば」をつけないケースもある。

用于假定形时，结尾的「だ」变「なら」，后面一般接「ば」，但也可以不接。

波が**穏やかならば**、泳ぎに行こう。（なみ） 风平浪静的话，去游泳吧。	**不安なら**、もう一度確認してみよう。（ふあん、かくにん） 如果不放心，就再去确认一下看看吧。

（2）丁寧な言い方を表す「です」で終わる形容動詞の活用形

丁寧な言い方を表す「です」で終わる形容動詞の活用形は、四つある。**辞書形**（国文法では**終止形**）、**連用形**、**連体形**、**未然形**である。**仮定形**、**命令形**は存在しない。

連用形は末尾の「です」が**「でし」**になり、助動詞**「た」**（過去を表す）に連なる。

連体形は末尾の「です」が、**「ので」「のに」のみ**に連なる。例：綺麗ですので。

未然形は末尾の「です」が**「でしょ」**になり、推量を表す助動詞**「う」**に連なる。

以「です」（礼貌的说法）结尾的形容动词活用形有四个。辞书形、连用形、连体形、未然形。没有假定形和命令形。

例賑やかです	語幹	活用	助動詞など	
基本形	賑やか	です		
連用形	賑やか	でし	た	助動詞
連体形	賑やか	です	ので、のに	
未然形	賑やか	でしょ	う	助動詞
仮定形	―	―		
命令形	―	―		

<3> 形容（動）詞のテンス（過去形と非過去形）

動詞の部で取り上げたテンスは、形容詞と形容動詞にも適用する。テンスは、**発話時（基準時）と、出来事の時間的な前後関係**を表し、形式上、**過去形**と**非過去形**に分けられる。

形容（动）词同样存在时态。形式上分为过去形和非过去形。

形容詞（イ形容詞）のテンス　例長い　例よい（いい）※

	過去形		非過去形（現在・未来）	
	普通形	丁寧形	普通形	丁寧形
肯定	A~~い~~＋かった 例長**かった** 例よ**かった**	A~~い~~＋かったです 例長**かったです** 例よ**かったです**	A 例長**い** 例よ**い** い**い**	A＋です 例長**いです** 例よ**いです** い**いです**
否定	A~~い~~く＋なかった 例長**くなかった** 例よ**くなかった**	A~~い~~く＋なかったです A~~い~~く＋ありませんでした 例長**くなかったです** 長**くありませんでした** 例よ**くなかったです** よ**くありませんでした**	A~~い~~く＋ない 例長**くない** 例よ**くない**	A~~い~~く＋ないです A~~い~~く＋ありません 例長**くないです** 長**くありません** 例よ**くないです** よ**くありません**

※「いい」の否定形と過去形を表す場合には、「いい」ではなく、「よい」という特殊な形を使用する。

形容動詞（ナ形容詞）のテンス　例静かだ

	過去形		非過去形（現在・未来）	
	普通形	丁寧形	普通形	丁寧形
肯定	NA＋だった NA＋であった 例静か**だった** 静か**であった**	NA＋でした 例静か**でした**	NA＋だ NA＋である 例静か**だ** 静か**である**	NA＋です 例静か**です**
否定	NA＋ではなかった 例静か**ではなかった**	NA＋ではありませんでした NA＋ではなかったです 例静か**ではありませんでした** 静か**ではなかったです**	NA＋ではない 例静か**ではない**	NA＋ではありません NA＋ではないです 例静か**ではありません** 静か**ではないです**

<4> 形容（動）詞の転化

形容（動）詞は、「さ」「み」「げ」などをつけることで、名詞にすることができる。また、他の形容詞や名詞、動詞と合わせて複合形容詞、複合名詞、複合動詞を構成できる。

形容（动）词通过在词尾添加「さ」「み」「げ」，变成名词形式。也可以和其他的形容词、名词、动词结合，构成复合形容词、复合名词、复合动词等。

（1）形容（動）詞＋さ

形容（動）詞の語幹に「**さ**」をつけることで、**抽象的な意味を持つ名詞**にすることができ、**事柄の性質や状態の程度**を表す。

在形容（动）词的词干后加「さ」，可以转变为名词，用来表达事物性质状态的程度。

山の**高さ**に驚(おどろ)いた。　被山的高度所震惊。

生産性(せいさんせい)の**低さ**の原因は何でしょう。　效率如此低下的原因是什么呢?

生活の**豊(ゆた)かさ**は家族形態(けいたい)と関連(かんれん)する。　生活的富足程度与家庭形态是相关的。

ADVANCED(EJU etc.)

ピラミッドの**高さ**をどのようにして測(はか)っていたのでしょうか。

金字塔的高度是怎么测量的呢?

生物界(せいぶつかい)の**奥深(おくぶか)さ**は、常(つね)に我々(われわれ)の常識(じょうしき)を覆(くつがえ)している。

生物世界的深奥程度常常颠覆我们的常识。

最近、先進国(せんしんこく)では物質生活の**豊かさ**だけでなく、より高次元(こうじげん)における目標の設定が必要になっている。

对于如今的发达国家来说，除了追求物质生活的富足，设定一些更高维度的目标也很有必要。

（2）形容（動）詞＋み

形容（動）詞の語幹に「**み**」をつけることで、同じく名詞化にすることができ、**事柄の状態から得た感情、形態、色などの感覚や印象**を表す。そして、**抽象的だが、場所**を表すことができる。

形容（动）词通过加「み」转变为名词，用来表达由事物状态得到的感情以及形态、颜色等感觉。也可以表达抽象的场所。

面白みがある文章　有趣味的文章 ｜ **新鮮み**のないアイディア　毫无新意的点子

高みを目指す　目标高处　|　問題が**明るみ**に出る　问题暴露出来

ADVANCED(EJU etc.)

極寒(ごっかん)の外に出ると、わずか数秒(すうびょう)で頬(ほお)に耐(た)えられない**痛(いた)み**を感じる。

到极其寒冷的室外后，仅仅几秒钟脸蛋就会感受到无法忍耐的疼痛。

女房(にょうぼう)には**弱(よわ)み**を握(にぎ)られているので逆(さか)らえない。

因为被老婆捏住了把柄，所以没法反抗。

POINT　「――さ」と「――み」の違い

形容（動）詞は「さ」「み」をつけることで、名詞にすることができる。二つの形式は違いがある。
「さ」をつけて転成された名詞は**測られる程度**を表すものが多い。
「み」をつけて転成された名詞は**その状態から感じる感覚や感情**を表すものが多い。

形容（动）词可以通过加「さ」「み」转变为名词。两种方式的差别在于：
加「さ」构成的名词多表示可以测量的程度。
加「み」构成的名词多表示从某状态感受到的感觉或情感。

深さ：何メートルか測られる深度のことである　深度：能够测出具体数值的深度

深み：何かから深いと感じるところである　深度：从某物中感受的到深刻、深邃之处

強さ：力や能力の強弱のことである　强度：力量、能力等的强弱

強み：強いと感じるところである　强项：让人觉得强大、厉害的地方

（3）形容（動）詞＋ げ（だ）

形容（動）詞の語幹に「 **げ（だ）**」をつけることができる。「～げ」は「**～そうな様子**」**と同じく外観から状態を推察する意味を表す**。新しい言葉は形容動詞として考えられ、活用形も形容動詞の活用形を使用する。

形容（动）词词干可以接「げ（だ）」。「～げ」和「～そうな様子」一样，表示从外观上推断状态的意思。新构成的词也是形容动词，按照形容动词的规则进行活用。

映画を**楽しげ**に観る。
愉快地看电影。

<ruby>怪<rt>あや</rt></ruby>しげに見える。
看起来很古怪。

故郷で事件が起きたらしく、彼女は**不安げ**な顔でニュースを見ていた。
形容動詞「不安」＋「げ」:「不安そうな顔」と言い換えられる
她的家乡好像出事儿了，她神色不安地看着新闻。

あまり顔には出さないが、今日の彼はどことなく**嬉しげ**だ。
形容詞「嬉しい」＋「げ」:「嬉しそうだ」と言い換えられる
他平时几乎没什么表情，但今天看起来好像很高兴。

COLUMN

違う接尾語を持つ形容詞

悲しさ：客観的・普遍的な感情の程度を表す　表示客观的、普遍的感情程度
例大切な人を失う**悲しさ**は、私たちには計り知れない。

悲しみ：主観的・個人的な感情を表す　表示主观的、个人的感情
例彼の深い**悲しみ**は、誰にも癒すことができないだろう。

悲しげ：～そうな様子　表示看上去……的样子
例公園では、男が**悲しげ**な顔でブランコに座っていた。

（4）複合形容詞

二つ以上の単語が合体してできた形容詞を、**複合形容詞**という。
两个以上的单词合并构成的形容词，称为复合形容词。

- 書く＋やすい ──→ 書きやすい
- 言う＋つらい ──→ 言いづらい
- 古い＋臭い ──→ 古臭い
- 目＋新しい ──→ 目新しい

<ruby>細長<rt>ほそなが</rt></ruby>い木の板
细长的木板

書きやすいペン
好写的笔

ADVANCED(EJU etc.)

内装(ないそう)で寒色(かんしょく)が多く使われている部屋は、人に**重苦しい**(おもくるしい)印象(いんしょう)を与えがちだ。

在装修中使用了很多冷色调的房间容易给人沉闷的印象。

重い ＋ 苦しい ➡ 重苦しい
形容詞　形容詞　複合形容詞

多くの冬着(ふゆぎ)は**格好悪い**と考えられがちだが、防寒性(ぼうかんせい)には優(すぐ)れている。

格好 ＋ 悪い ➡ 格好悪い
名詞　形容詞　複合形容詞

人们往往会觉得很多冬季服装的样式不好看，但是它们的保暖性很好。

<5> 補助形容詞「ない」「いい」「ほしい」

動詞には、ほかの語について補助的な役割に使われる補助動詞(▶70ページ)があるように、形容詞にも同じ役割を有する**補助形容詞**がある。補助形容詞は、**「て＋補助形容詞」**の形になることが多い。

形容词中也有对别的单词起辅助作用的补助形容词。补助形容词常用“て＋补助形容词”的形式。

(1)「ない」

「ない」は**形容詞として「存在しない」という意味**を持つ。また、助動詞や補助形容詞として使える。**補助形容詞として使う場合、形容（動）詞や名詞の否定を表す。**

「ない」作为形容词，意思是“不存在”。「ない」也可作为助动词或补助形容词使用。作为补助形容词时，表示形容（动）词或名词的否定。

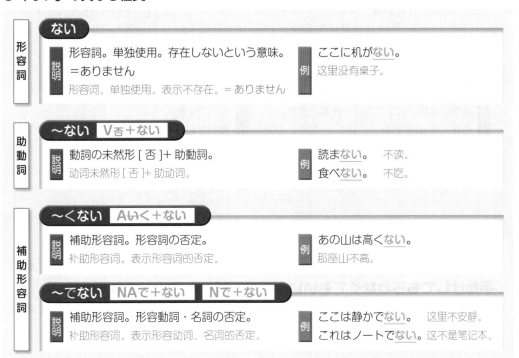

●「ない」の異なる性質

品詞	形	説明	例
形容詞	ない	形容詞。単独使用。存在しないという意味。＝ありません 形容词。单独使用。表示不存在。＝ありません	ここに机がない。 这里没有桌子。
助動詞	～ない　V否＋ない	動詞の未然形［否］＋助動詞。 动词未然形［否］＋助动词。	読まない。　不读。 食べない。　不吃。
補助形容詞	～くない　Aい＜＋ない	補助形容詞。形容詞の否定。 补助形容词。表示形容词的否定。	あの山は高くない。 那座山不高。
補助形容詞	～でない　NAで＋ない　Nで＋ない	補助形容詞。形容動詞・名詞の否定。 补助形容词。表示形容动词、名词的否定。	ここは静かでない。　这里不安静。 これはノートでない。这不是笔记本。

ADVANCED(EJU etc.)

第一志望(しぼう)の大学に合格することほど、喜(よろこ)ばしいことは**ない**。

没有比考上第一志愿的大学更加令人开心的事情了。　**形容詞**

見た目が綺麗な料理が、必ずしも美味しいとは**限らない**。

外表看着很漂亮的菜并不一定好吃。　**助動詞**

自分が**詳(くわ)しくない**分野(ぶんや)に関しては、気軽(きがる)に意見を言うよりも、黙っている方が賢(かしこ)いと思われる。

補助形容詞

对于自己不熟悉的领域，与其轻易地发表意见不如保持沉默会被认为更明智。

論文では**重要でない**部分は簡略(かんりゃく)に説明すればいい。

補助形容詞

论文中不重要的地方简单地说明一下就行了。

(2)「いい」

「いい」は形容詞の中で少し特殊で、基本的に辞書形（終止形）、連体形でしか用いられない。そして、**「よい」**を用いて活用形や各種テンスを表す。更に、様々な表現で**「よい」「よろしい」**と置き換えることができる。「いい」と「よい」は意味の上で差がそれほどないが、**「よい」は主に書き言葉に用いられる傾向がある。**

形容词「いい」比较特殊，一般只用于辞书形和连体形。换成「よい」可用于其他活用形和时态。另外，很多表达中，「よい」可替换为「よろしい」。「いい」和「よい」在意思上几乎没有差别，但「よい」主要用于书面语。

～て(も)いい　Vて＋(も)いい

説明	例
補助形容詞。肯定：許可、許容を表す。 否定：不必要を表す。話し手の申し出で、意向を表す。 补助形容词。肯定时表示许可、允许。否定时表示不必要。还可以表示说话人的提议、意愿。	食べて(も)いい。　可以吃。 食べなくて(も)いい。　可以不吃。 僕が書いてもいいよ。　我来写吧。

ADVANCED(EJU etc.)

日本の空港では、たとえ日本語が分からない人でも、周りの人にあれこれ**手助(てだす)けしてもらわなくてもいい**ように、様々な工夫(くふう)がされている。

不必要を表す。

在日本的机场，为了让不懂日语的人也可以不依靠别人就能完成通关，机场方面下了很多功夫。

宝(たから)くじを当てる確率(かくりつ)は、ほぼゼロに等(ひと)しいと**思ってもいい**。

中彩票的几率，可以认为是几乎为0。　許容・譲歩を表す。

私に構(かま)わないで、先に**行っていい**よ。

别管我，你们可以先走。　許可・許容を表す。

（3）「ほしい」

形容詞

ほしい

説明：話し手の「ものを手に入れたい」という願望を表す形容詞。「が」で願望の対象を表す ➡「～がほしい」。
表示说话人"想得到某物"的愿望。句型「～がほしい」中「が」表示希望的对象。

例：
新しい靴がほしい。
想要双新鞋。
大学のオファーがほしい。
想要大学录取通知书。

補助形容詞

～てほしい　Vて＋ほしい　動詞（▶111ページ）

説明：
①他者のある行動を望むことを表す。
相手（聞き手）に助詞「に」がつく。
(私は) 人に～てほしい
＝～てもらいたい
Vて＋もらいたい
表示对别人／听话人某种行为的期待。别人／听话人用助词「に」提示。
②望むのは人ではない場合。
(私は) 何が～てほしい
表示对某件事的期待。

例：
長野の名物を買ってほしい。
希望你能给我买些长野的特产。
先生に説明してほしい。
希望你能跟老师解释一下。
世界がもっと平和になってほしい。
希望世界能变得更加和平。

ADVANCED (EJU etc.)

お客にとって**ほしい**と思えるような商品を作ることは、すべての職人(しょくにん)の目標だろう。「お客（他者）」の手に入れたいという願望を表す形容詞

制作出能让客人有购买欲望的商品是所有匠人的目标。

電車の中での音漏(おとも)れは耳に障(さわ)るのでマナーを**守ってほしい**。

他者の「守る」という行動に対する願望を表す補助形容詞

在电车里用耳机听音乐，如果声音太大会吵到别人，所以希望大家都能遵守乘车礼仪。

自発的(じはつてき)な意欲(いよく)を引き出すためにも、できるだけ多くのことに興味を**持ってほしい**のです。他者の「興味を持つ」という行動に対する願望を表す補助形容詞

为了能激发你的自主热情，希望你能对更多的事情感兴趣。

＜6＞特殊な形容動詞：同じだ、こんなだ、そんなだ、あんなだ、どんなだ

（1）「同じだ」

「**同じだ**」は、体言などに連なる場合は、語幹そのものを使用する。ただ、「**の**」「**ので**」「**のに**」に連なる場合は、「**同じな**」という連体形を使用する。

「同じだ」后接体言等时，使用词干。但后接「の」「ので」「のに」时，变为连体形「同じな」。

双子(ふたご)は**同じ顔**をしている。　双胞胎长得一模一样。

年齢が**同じなのに**、振舞(ふるま)いは全然違う。　年龄虽然一样，但行为举止却大相径庭。

ADVANCED(EJU etc.)

ベルトコンベア方式は、**同じ製品**を繰(く)り返(かえ)し製造(せいぞう)するのに適(てき)している。

×「同じな製品」

流水线生产方式适用于反复制造同一种产品。

尋(たず)ねた質問の回答が曖昧(あいまい)だった場合は、もう一度**同じ質問**をしてみましょう。

×「同じな質問」

在询问的问题得到的回答不明确的情况下，
就把相同的问题再问一遍。

（2）「こんなだ」

「**こんなだ**」と同じく、「**そんなだ**」「**あんなだ**」「**どんなだ**」という**形容動詞は連体形がなく**、体言などに連なる場合は、「**こんな**」「**そんな**」「**どんな**」という語幹そのものを使用する。

和「こんなだ」一样，形容动词「そんなだ」「あんなだ」「どんなだ」后接体言时，使用词干「こんな」「そんな」「どんな」。

こんな所で何をしているのか。　在这里干什么呢?

ADVANCED(EJU etc.)

そんな汚(きたな)い手段を使ってまで、勝利(しょうり)する価値はあるのか。

你觉得使用如此卑劣的手段获取胜利，值得吗?

今日は、**どんな洋服**を組み合わせようか。　今天怎么搭配衣服呢?

あんなゲームに夢中(むちゅう)になるとは気が知れない。　真捉摸不透他为什么沉迷于那种游戏。

「あんな○○」「そんな○○」には、そのものの価値を否定するニュアンスが出る場合もあるため、使う際は気を付けよう。

MORE+ 形容動詞か連体詞

一部の研究では、「こんなだ」などの単語を、「こんな」のような連体詞として分類している。ただ、その場合、「こんなに」などを副詞とみなした方がいいかもしれない。

<7> 名詞+「的」

「的」を付けることで、**名詞を形容動詞に変えることができる。**その場合、形容動詞は「~という性質を持つ」意味がある。

名词后加「的」，可以变为形容动词。此时，该词具有“带有某种性质”的意思。

社会 → 社会**的**だ | 専門 → 専門**的**だ | 効率 → 効率**的**なやり方

ADVANCED(EJU etc.)

仕事が行(ゆ)き詰(づま)った時に、そこから**一時的**(いちじてき)に「逃げ出す」のも悪くない。

一時:ある少しの時間。一時的:少しのあいだだけ。その時だけ。

工作陷入死胡同时，考虑暂时从那里“逃脱出来”也并不是什么坏事。

ごく稀(まれ)なケースを除(のぞ)いて、これは**一般的**(いっぱんてき)に成立すると言えます。

一般:広く認められ、成立すること。一般的:広く認められている、行われていることである様子。

除了极少数情况外，一般来讲这也是能够成立的。

政府は**積極的**(せっきょくてき)に市民と向き合い、対話を通(とお)して理解を深めることが大切だ。

積極的:物事に対し、肯定的に進んではたらきかける様子。

政府积极地面对市民，通过对话加深理解是非常重要的。

<8> 形容動詞語幹で名詞となる

一部の形容動詞の語幹は名詞となる。 部分形容动词的词干可以变为名词。

当然のことだ。	そんな**必要**はない。	**不安**を感じる。
理所当然。	没有这个必要。	感到不安。

ADVANCED(EJU etc.)

品質**不良**(ふりょう)の製品が市場に流通(りゅうつう)してしまえば、企業の名誉(めいよ)を大きく損(そこ)なうことになる。 如果质量不过关的产品流通到市场的话，会对企业的名誉造成巨大的损害。

法律は私たちの社会で、**共通**(きょうつう)のルールとして機能(きのう)している。

法律在我们的社会中作为通用的规则发挥着作用。

<9> 形容詞・形容動詞の表現

（1）～かぎりだ

～かぎりだ A+かぎりだ　NAな+かぎりだ

意味：非常に～だ。　非常……

彼女ができたなんて、**羨(うらや)ましいかぎりだ。**

他居然有女朋友了，我实在太羡慕了。

楽しみにしていたイベントが、中止になり**残念なかぎりだ。**

期待已久的活动取消了，实在是太遗憾了。

（2）～しかた（が）ない/しようがない/たまらない/ならない

～しかた（が）ない / しようがない / たまらない / ならない

Vて+しかた（が）たない/しようがない

Aいくて+しかた（が）ない/しようがない/たまらない/ならない

NAで+しかた（が）ない/しようがない/たまらない/ならない

意味：非常に～だ。　非常……

あの人が辞めるのは実に**残念でならない。**

我对于他辞职一事感到无比遗憾。

一生懸命練習したのに試合に負けて、**悔(くや)しくてたまらない。**

拼命训练最后却输掉了比赛，非常遗憾难过。

苦手な科目を勉強するのが**嫌でしかたがない。**

非常反感学习自己不擅长的科目。

彼女がどうして不機嫌(ふきげん)なのか**不思議(ふしぎ)でしょうがない。**

她为什么心情那么不好，我感到非常不可思议。

（3）～極まる/極まりない

～極まる / 極まりない

A+こと+極まりない　NAな+こと+極まりない　NA+極まりない/極まる

意味：この上なくはなはだしい。　极其……

うれしいこと**極(きわ)まりない。**

实在是太开心了。

失礼なこと**極まりない。**

实在是太失礼了。

ADVANCED(EJU etc.)

先生が話している最中（さいちゅう）に寝るなんて、
失礼なこと極まりない。

形容動詞「失礼だ」の連体形「失礼な」＋こと
＋極まりない：大変失礼であることを表す。

在老师讲话的时候居然睡着了，这实在是太失礼了。

先日の失態（しったい）を思い出すと、**恥ずかしいこと極まりない。**

形容詞「はずかしい」＋こと＋極まりない：大変恥ずかしいことを表す。

想起之前的失态，实在是太羞耻了。

彼が引退（いんたい）してしまったのは**残念極まる。** 他隐退这件事实在是太遗憾了。

形容動詞「残念だ」の語幹＋極まる

COLUMN

形容動詞の色々

1 形容詞と形容動詞で語幹が同じもの 有的形容词和形容动词词干相同

柔らかい 形容詞	**細かい** 形容詞	**暖かい** 形容詞
柔らかだ 形容動詞	**細かだ** 形容動詞	**暖かだ** 形容動詞

2 形容動詞と「名詞＋だ」の区別 形容动词与「名词＋だ」的区别

①「だ」を「な」に変え、後ろに名詞を付けられる ➡ **形容動詞**

「だ」变「な」，后面可以接名词 → 形容动词

これは**本だ**　：✕ **本な**カバー ➡ 名詞
　　　　　　　 〇 **本の**カバー

あの人は**綺麗だ**：〇 **綺麗な**人 ➡ 形容動詞

② 前に「とても」を付けられる ➡ **形容動詞** 前面可加「とても」→ 形容动词

世界は**平和**だ　　　：〇 世界は**とても平和**だ ➡ 形容動詞
重要なのは**平和**だ：✕ 重要なのは**とても平和**だ ➡ 名詞

3 外来語の形容（動）詞化

外来语直接转化为形容（动）词

エモい　スマートだ

パーフェクトだ　シンプルだ

4 形容（動）詞の語幹言い切りの形

形容（动）词词干进行结句的形式

寒っ！　痛っ！

文法項目の実践

東京を訪れる外国人に、私はいつもつぎのように説明せざるをえない。

「東京世界の首都のなかでも異例な都市だ。何しろ百年前の住宅すら、もはや見つけ出すのが難しいのだから……」

震災と戦災で東京の大半が二度も焼土と化し、しかも高度成長期の破壊と改造は、都市の風景を一変させた。西洋文明を貪欲に摂取してつくり上げられた明治期の独特の都市の相貌も、もはや絵や写真で見るしかない、といった異常な状態に我々は置かれている。過去の顔を失ったかに見える巨大都市東京……。

それに対し、先日、私は初めてアメリカを訪ね、ニューヨークの町を見て驚いた。現代文明の最先端を行き、ある意味で東京の手本のような都市かと思っていたこのニューヨークの町並みが実は、基本的には一九世紀後半から今世紀前半にかけての古い建物で構成されているのである。しかも、その中に一九二〇年代、三〇年代の重厚な様式の摩天楼が何本も立ち上がってスカイラインを形づくり、都市に風格を与えている。特にアール・デコの様式で知られるエンパイアステート・ビルやクライスラー・ビルは、実にシックな建築であるのに加え、夜の照明効果も素晴らしく、今でもこの都市の象徴として君臨している。超モダンな現代の摩天楼は、むしろそれらに負けじとユニークなデザインを競いながら、またその中から立ち上がっているように見える。セントラルパーク周辺の華麗な建築様式を誇る高級マンション街、グリニッチ・ヴィレッシの趣きのある古い住宅街などを歩いていると、これがニューヨークなのかと疑いたくなるほどなのである。現代の様々な文明を続々と生み出すニューヨークが、一方でこのように古くてシックな町であることに、私は強烈な印象を受けた。

陣内秀信『東京の空間人類学』

早稲田大学外国学生入試・2020年・共通日本語試験問題の素材

CHAPTER 5

PART2 文法

副詞・連体詞

副詞・連体詞は、単独で修飾語になり、文の意味を詳しく説明する単語。

副词和连体词单独可做句子中的修饰成分，具体说明句子的意思。

CHAPTER 5

副詞・連体詞

◆ 副詞

1 副詞の性質と働き

副詞は、文の中で他の文節を修飾し、文の意味を詳しく説明する単語である。**副詞は活用がなく、単独でも一つの文節になることができる自立語である。主として連用修飾語として用いられる。**

副词是在句子中修饰其他文节，具体说明句子意思的单词。副词是无活用的独立词，一般在句子中作连用修饰成分。

赤ちゃんは**ぐっすり眠(ねむ)っている。**

修飾語　被修飾語

婴儿香甜地睡了。

そのことは**すっかり忘れた。**

修飾語　被修飾語

完全忘了这件事。

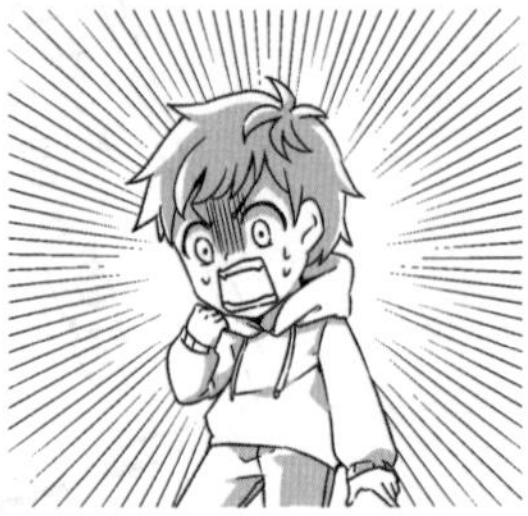

ADVANCED (EJU etc.)

よく嘘(うそ)を**つく**子どもは叱(しか)らずに、**どうして**嘘を**つく**のかを考えましょう。

不要训斥经常说谎的孩子，应该想想他们为什么说谎。

もっと脳(のう)の容積(ようせき)について**調べれば**、言語獲得(げんごかくとく)の時期が分かってくるだろう。

如果我们再好好地研究一下大脑的容积，应该就可以弄清楚语言形成的时期。

2 副詞の種類

副詞は、事物の性質・状態について修飾する**状態の副詞**、程度を示す**程度の副詞**そして一定の制約を要求する**呼応の副詞**に分けることができる。

副词一般可以分为修饰事物性质、状态的状态副词，表示程度的程度副词，以及有一定规则的呼应副词。

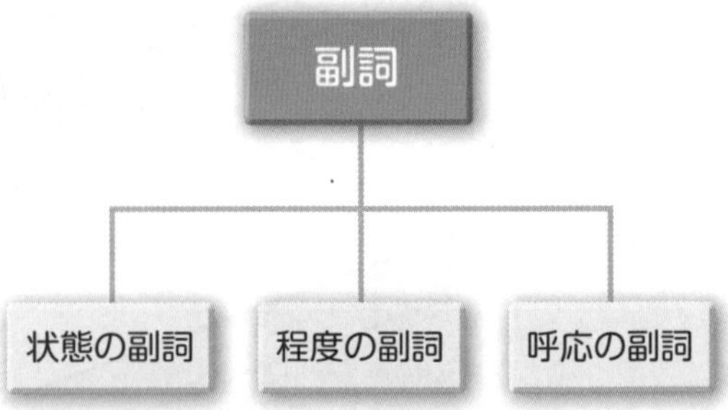

＜1＞ 状態の副詞

状態の副詞は、主として用言の文節を修飾し、動作、作用の状態をくわしく表し、連用修飾語になる。主に四種類がある。

状态副词（情态副词），主要用来修饰用言，表示动作或作用的状态，做连用修饰成分。共有4类（修饰行为动作、限定时间和数量、拟声拟态、指代）。

（1）行為と動作を表す副詞　表示行为或者动作

ADVANCED(EJU etc.)

その分野の研究をしたいなら、**じっくり**と**取(と)り組(く)む**べきだ。

じっくり：落ち着いてゆっくり物事を行う様子を表す副詞。

如果想要进行那方面的研究，首先需要就需要全身心地投入。（形容做事沉稳扎实的样子）

（2）時間と数を示す副詞　表示时间或者数量

ADVANCED(EJU etc.)

無駄(むだ)な勉強というものはない。すべての知識は**いつか**役に**立つ**。

いつか：未定の時間を示す副詞

没有白费的功夫，所有学到的知识总会在某个时间发挥作用。（表示时间不确定）

中国では8月上旬(じょうじゅん)を立秋(りっしゅう)と呼び、暦(こよみ)の上では秋の始まりとなるが、実際は**まだ**暑い日が**続く**ところもある。

まだ：状態と行為が継続していることを表す副詞

中国把八月上旬称为立秋，虽然从日历上看已经到了秋天，但实际上有些地方炎热的天气还会持续一段时间。（表示状态和行为持续的副词）

（3）擬音語・擬態語

ものの音や声をまねたり、物事の状態や様子などを感覚的に音声化して表現する。ある程度定型化されているが、場合によっては話者が自由に作り出すこともできる。**「する」**を伴い、サ行変格活用の複合動詞として用いることもできる。

模仿物体的声音或将事物的状态用感性的声音表达出来。多数为固定的词，但有时也可有说话人自行创造的新词。还可以与「する」一起使用，来组成一个复合动词。

ADVANCED(EJU etc.)

その猫は道に迷(まよ)ったらしく、道路を**うろうろ**と彷徨(さまよ)っている。

うろうろ：当てもなくあちこち動き回る様子を表す擬態語。

那只猫好像迷路了，在路上徘徊。（形容漫无目的，走来走去的样子。）

父は部屋が汚（よご）されたのを見て、
カンカンに怒っていた。

カンカン：激しい怒りを表す擬態語。

父亲看到房间很脏，大发脾气。（形容震怒的样子。）

日本の文章は、どちらかといえば、**だらだらしていて**単調（たんちょう）に聞こえる。

だらだら：きまりなく、いつ終わるとも知らず続けられる様子を表す擬態語。

日本的文章，总的来说，拖拖拉拉的，没有重点。（形容拖拖拉拉，冗长的样子。）

（4）**指示の副詞**（話者からの距離的関係を示す。空間的なものばかりでなく，時間的なものや，心理的なものもある。**「こう」「そう」「ああ」**など）

表示指代含义的副词，用来提示与说话人的距离关系，不仅仅是空间上的距离，还可以体现为时间上、心理上的距离。常见的有「こう」「そう」「ああ」等。

ADVANCED(EJU etc.)

こうなると茎（くき）の中の大きい葉が勝者（しょうしゃ）となり，負けたものは日陰（ひかげ）になって枯（か）れてしまう。　这么下去的话茎上大的叶子会成为胜者，败者只能在阴影下枯萎。

私の友達は**そう書いた**のだが、何を要求しているのか、こちらには見当（けんとう）がつかない。　我的朋友是这么写了，但他在要求什么，我也不清楚。

ああうるさくては、かなわない。　这么吵闹，我可受不了。

<2> 程度の副詞

程度の副詞は、物事の性質や状態などの程度を示し、主として用言の文節を修飾するが、体言や他の副詞を修飾することがある。

程度副词主要表示事物性质状态的程度，主要用来修饰用言，但有时候也可以修饰体言或其他副词。

この国際交流センターが建てられたのは**かなり昔**のことだ。

建造这个国际交流中心是很久以前的事了。　**体言を修飾する**

もっとしっかり勉強してください。　请更加努力学习。

副詞を修飾する

彼女は年のわりには、**ずいぶん老（ふ）けて見える。**从她的岁数来说，她看起来相当苍老。

用言を修飾する

程度副詞の中には、数量を表す副詞もあれば、程度を表す副詞もある。そして、数量を表す副詞の中にも、比較対象が必要の「もっと」のような副詞もあれば、範囲が必要となる「最も」のような副詞もある。したがって、使用した際には注意する必要がある。

程度副词里既有表示数量和程度的副词，也有单纯表示程度的副词。而在表示数量的副词中，既有需要比较对象的副词，如「もっと」；也有需要对比范围的副词，如「最も」。在使用时需要注意。

（1）**比較**：比較の対象が必要である。 这类副词在使用时需要注意，应出现比较的对象。

さらに

例 昼食後に眠たくなると，夕方にかけて**さらに**眠たくなっている。
吃完午饭就犯困的话，临近傍晚会更困的。

もっと

例 地味な色をしているカレイは他の**もっと**目立つ色模様のカレイよりも，捕食に成功する確率が高くなる。 颜色朴素的鲽鱼比起其他颜色更加鲜艳的鲽鱼，捕食成功的概率更高。

よほど

例 昨年の辛かった記憶を思えば、今年のほうが**よほど**楽だ。
回想起去年痛苦的记忆，相比起来今年轻松多了。

ずっと

例 タイ料理より四川料理のほうが**ずっと**辛い。
比起泰国料理，四川料理辣多了。

（2）**範囲**：同類の中の一方の極にある。 表示在某个范围里最为……

最も

例 次の文章で筆者が**最も**言いたいことはどれですか。
下文中，作者最想表达的是什么？

一番

例 どんな仕事でも、**一番**大切なのは、あきらめずにどんな状況でも全力を尽くせる心の強さです。 无论什么工作，最重要的是，不管遇到什么情况都永不放弃全力拼搏的强大内心。

（3）**平均**：範囲や比較する対象がなく、一般的、平均的な程度と比べる。

这类副词在使用时，没有和任何对象进行比较，也不是某个范围内，而是较于平均程度，表示“相对……”

ごく

例 **ごく**当たり前のことだが、家計簿をつけても、記録を付けるだけでは節約にはならない。
当然，如果只是单纯地记流水账，即使用了记账本也节约不了。

極めて

例 犯人の捜査はこの町の警察内部で秘密裏に、そして**極めて**慎重に行われた。
搜捕凶犯是在本市公安局内部，秘密且慎重地展开的。

あまり

例 複雑な先進的な組織では、上司の役割が**あまり**大きくない。
在组织结构复杂且先进化的组织中，上司的作用并不是很大的。

大して

例 最近話題の映画を途中から見ただけだが、別に**大して**面白いとは思わなかった。
我从中途开始看了最近颇有话题的电影，但并不觉得多有趣。

それほど

例 この商品は**それほど**複雑な仕組みではないが、人気のブランドなため値段が高い。
这个商品的结构并不是那么复杂，但因为是人气品牌，所以价格很贵。

(4) **全体**：あるグループの中で、普通の程度を超えるさまを表す。

在某个群体内，超出了整体的普通水平，对整体进行说明或与整体内其他部分进行比较。

とても

例 毎年の年末は**とても**忙しく、猫の手も借りたいぐらいだ。
每年年末都特别忙，那真是叫有多少只手都不够用啊（恨不得把猫咪的爪子都借来当人手）。

大変

例 文字によるコミュニケーションは、相手の時間の都合を気にする必要がない点が**大変**便利だ。
通过文字进行交流，不用顾及对方时间是否合适，从这点来说十分方便。

非常に

例 湖の寿命がだいたい数千年から数万年だが、しかし，中には**非常に**寿命の長い湖もある。
湖的寿命基本都是在几千年到几万年之间，但其中也有寿命特别长的湖。

なかなか

例 人に説教するのは簡単だが、いざ自分がされるとなると、**なかなか**耳が痛いものだ。
对人说教很简单，而一旦自己成了被说教的一方，就有点听不下去了。

ほとんど

例 現代都市のなかでもっとも現代化された地域は、どの都市でもその風景は**ほとんど**変わらない。　不管哪个现代化都市，最发达的区域都有着基本类似的风景。

だいたい

例 地球の裂け目、地溝帯に海水が溜まった場所である紅海は、**だいたい** 5600万年から3390万年くらい前に形成されたものだ。
在地球的裂缝，即地沟带海水沉积形成的红海，大约是在5600万年前到3390万年前之间形成的。

<3> 呼応の副詞

呼応の副詞は、それを受ける文節をいつも一定にして、特別な決まった言い方を要求するものである。**陳述の副詞**とも言われる。

呼应副词（也叫做陈述副词）用固定的呼应或搭配的表达方式来表示说话人的态度和语气。

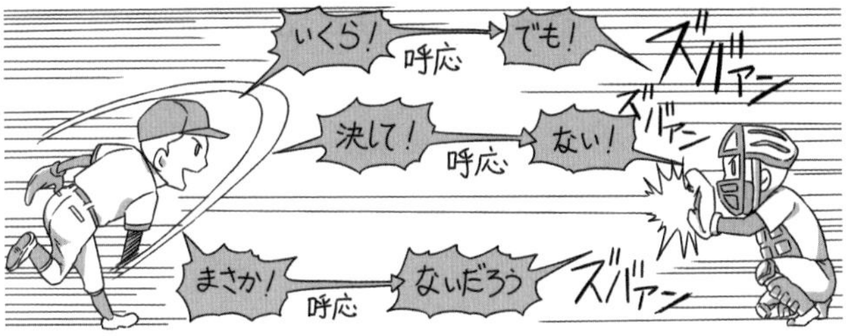

(1) 疑問または反語との呼応

「なぜ」「どうして」「いかが」等、後ろの**「か」**と一緒に使う。

与疑问或是反问的呼应。和后面的「か」一起使用。

なぜ～か　どうして～か　いかが～か

ADVANCED (EJU etc.)

なぜ言葉にそんな不思議な力があるの**か**。为什么语言竟有如此不可思议的力量?
疑問

彼女は**どうして**そう思うの**か**、僕にはさっぱりわからない。
疑問
她为什么会这么想，我实在是搞不懂。

いかがお過ごしでしょう**か**。您过得如何?
疑問

どうして僕が受験に失敗するなんてことがあるだろう**か**。为什么我会考学失败呢?
反語

（2）推量と呼応

「たぶん」「恐らく」「さぞ」「きっと」等があり、後ろ**「だろう」**が来ることが多い。確信度の強さは、**「恐らく」<「たぶん」<「きっと」<「さぞ」**。

有「たぶん」「恐らく」「さぞ」「きっと」等副词，和后面的「だろう」一起使用。表达的确信程度可依如下顺序排列「恐らく」＜「たぶん」＜「きっと」＜「さぞ」。

恐らく～だろう
たぶん～だろう
きっと～だろう
さぞ～だろう

ADVANCED(EJU etc.)

父は**恐（おそ）らく**試合の日にその椅子にかけて微笑（ほほえ）みながら自分を見守（みまも）る**だろう**。

比赛的那天，父亲大概会坐在那张椅子上微笑着看我比赛吧。

口コミサイトで話題になっていたお店は、**たぶん**それ**だろう**。

在消费点评网站上引起热议的那家店，也许就是这家吧。

母は**きっと**毎日私の健康に気遣（きづか）っている**だろう**。

母亲一定每天都很关心我的健康吧。

たった一人で外国で病気になって、**さぞ**心細（こころぼそ）かったこと**だろう**。

一个人在国外生病了，肯定很无助吧。

（3）仮定条件と呼応

「もし」「いくら」「かりに」のような副詞がある。後ろに、仮定の**「なら」**や逆接の**「ても」**などの表現が来ることが多い。

有「もし」「いくら」「かりに」等副词。后句多接表示假定的「なら」和表示逆接的「ても」。

もし～なら
もし～ても
たとえ～ても
いくら～ても
かりに～なら
かりに～ても

ADVANCED(EJU etc.)

もし100億円手に入る**なら**、あなたはどんなことをしたいですか？

もし～なら（ても）：順接、逆接の仮定表現。

如果有了 100 亿日元，你想做什么？

四本撚(よ)りのクライミングロープは、**たとえ**一本の糸(いと)が切れ**ても**、登山者(とざんしゃ)の安全を保障(ほしょう)できる。　たとえ～ても：逆接の仮定表現。

由四股绳子搓成的攀岩绳索，即使有一根绳子断了也还留有三根，所以可以保障登山者的安全。

いくら隠(かく)してい**ても**、嘘は嘘だ。　不管再怎么隐瞒，谎言就是谎言。

いくら～ても：逆接の仮定表現。仮定に限らず、既に起きた出来事について用いることができる。

かりに失敗し**ても**、くじけるな。　即使失败，也不要灰心丧气。

かりに～なら（ても）：順接、逆接の仮定表現。起こる可能性が低い仮定で用いられる。

（4）打ち消しと呼応

「決して」「少しも」「どうしても」「あまり」「なかなか」等がある。後ろに**否定や禁止**表現が来ることが多い。

常见「決して」「少しも」「どうしても」「あまり」「なかなか」等副词，后文多接表示否定和禁止的表达方式。

決して～ない

少しも～ない

どうしても～ない

あまり～ない

なかなか～ない

ADVANCED(EJU etc.)

私は**決して**(けっして)同じ過(あやま)ちを繰り返すわけにはいか**ない**。我绝对不会再犯同一个错误。

決して～ない：意志や考えの否定、禁止の意味を表す。

同じマンションに住んでいても、隣の人と一度も話したことがないというのは、**少しも**珍(めずら)しく**ない**。

少しも～ない：量や程度がないことを表す。

住在同一幢公寓里，却跟邻居一句话也没说过，这一点都不稀奇。

この人と会ったことはあるが、**どうしても**名前が思い出せ**ない**。

どうしても～ない：不可能・非実現を表す。

和这个人见过面，但无论如何都想不起来他叫什么名字。

(5) 打ち消しの推量と呼応

「まさか」「よもや」のような副詞がある。後ろに**「まい」「ないだろう」**などの打消しの推量の表現が来ることが多い。「よもや」は、「まさか」よりも古風な言葉である。

与否定推测的呼应，常见「まさか」「よもや」等副词。后文多接「まい」「ないだろう」等表示否定推测的表达方式。「よもや」是老式的表达方式。

まさか～まい・ないだろう
よもや～まい・ないだろう

ADVANCED(EJU etc.)

この難問(なんもん)を解(と)ける者は**まさか**いる**まい**。

没有人能解开这道难题吧。

よもや全(まった)くの偶然(ぐうぜん)とは言え**まい**。

这完全不是偶然吧。

(6) 比喩と呼応

「まるで」「ちょうど」「あたかも」等がある。後ろに**「みたいだ」「ようだ」**などの表現が来ることが多い。それぞれ用法にほとんど差はなく、何かを他のものに見立てて表す際に用いられる。

常见「まるで」「ちょうど」「あたかも」等副词。后文常接表示比喻的「みたいだ」「ようだ」等表达方式。

まるで～みたいだ・ようだ
ちょうど～みたいだ・ようだ
あたかも～みたいだ・ようだ

ADVANCED(EJU etc.)

その夫婦は二人とも、**まるで**子供の**ように**純粋なところがある。

这对夫妇两个人都有着仿佛孩童一般纯真的地方。

群青(ぐんじょう)というのは**ちょうど**秋晴(あきば)れの空の**ような**深い青のことだ。

群青色，就是像秋天晴朗天空那样的深蓝色。

都心部(としんぶ)の夜は**あたかも**昼の**ように**明るい。

市中心的夜晚，宛如白昼一般明亮。

（7）願望と呼応

「ぜひ」「どうか」等がある。後ろに**「～たい」「～てください」「～てもらいたい」**等の表現が来ることが多い。

常见「ぜひ」「どうか」等副词。后文多接表示愿望的「～たい」和表示请求的「～てください」「～てもらいたい」等表达方式。

ぜひ～たい・てください・てもらいたい
どうか～たい・てください・てもらいたい

ADVANCED(EJU etc.)

皆さんも**ぜひ**、いつでも窓口までお気軽に声をかけてみて**ください**。

ぜひ：強い勧誘・希望を表す。

欢迎大家随时直接到窗口来咨询。

どうか事情をお汲(く)み取(と)りいただき、前向(まえむ)きにご検討(けんとう)**ください**。

ぜひ：強い勧誘・希望を表す。

希望您能理解我们的情况，并积极考虑。

連体詞

1 連体詞の性質と働き

連体詞は、文の中で他の文節を修飾し、文の意味を詳しく説明する単語である。連体詞は活用がなく、単独でも一つの文節になることができる自立語である。**主として連体修飾語として用いられる。「ある」「この」「たいした」「いろんな」**などが代表的な連体詞である。

连体词是在句子中修饰其他文节，具体说明句子意思的单词。连体词是无活用的独立词，一般在句子中作连体修饰成分（定语）。「ある」「この」「たいした」「いろんな」等都是连体词。

ADVANCED(EJU etc.)

それは**ある日**のことだった。

那是某一天发生的事情。

いわゆる天才とはまた違う。

和所谓的天才有些许不同。

お母さんは、**わが子**を見てにっこりと笑いました。

母亲看着自己的孩子，甜甜地笑了。

彼女は**あらゆる人々**にその話をしたが、誰も彼女を理解しようとはしてくれなかった。

她和所有人都说了那件事，但没有一个人愿意去理解她。

2 連体詞の種類

連体詞は特に種類があるわけではないが、形の上で、次のように分類することができる。

连体词虽然没有明确分类，但可以根据来源和形式归纳成以下几种，以便于记忆。

<1>「ーーる」

動詞から転成した連体詞、語尾の「ーーる」が特徴。　由动词转来，最后一个假名为「る」。

ADVANCED(EJU etc.)

ある人物が、何かに熱中(ねっちゅう)しながら歩いたり走ったりしている。

有个人走一会儿跑一会儿，好像在专注地做什么事。

ここでは**あらゆる望(のぞ)み**がみな浄(きよ)められている。在这里，所有欲望都被洗干净了。

区民体育大会は**来(き)たる体育の日**に開(ひら)かれる。区民体育大会在即将到来的体育节召开。

このことは、**いかなる場合**の**いかなる意味**においても、かつ**いかなる人**にとっても決して名誉ではない。

这件事，在任何场合或是在任何意义上，对任何人来说，都不是一件好事。

40代未婚の彼女は、比較的にお金にも時間にも余裕(よゆう)があり、**いわゆる独身貴族**である。

她四十几岁还没有结婚，可以说是又有钱又有闲，也就是所谓的“单身贵族”。

COLUMN

或(あ)ると在(あ)る

① **或(あ)る**人物が、何かに熱中しながら歩いたり走ったりしている。
連体詞　或る

連体詞の「ある」（或る）は、文中で体言の文節（ここでは人物）を修飾する働きをして、単独で連体修飾語になる。活用することはない。

连体词「ある（或る）」意为“某个”，在句子中起修饰体言（此处是人物）文节的作用，单独成为连体修饰成分，没有活用形式。

② この町に**ある**小学校は、町の商工会の協力を得て、「総合的な学習の時間」に取り組んだ。
動詞　在る

動詞の「ある」（在る）は、小学校の存在を表す。そして、「この町にあった小学校が廃校された」のように、動詞の「ある」は活用することができる。

动词「ある（在る）」在句中表示小学的存在，并且有活用形式，如「あった」可以表示过去曾存在。

<2>「ーーな」

形容詞と形容動詞から転成した連体詞、語尾の「ーーな」が特徴。形容詞の活用とは違い、品詞は「連体詞」であるため、注意が必要である。通常の形容詞の連体形は「ーーな」ではなく「ーーい」である。

由形容词或形容动词转来，最后一个假名都是「な」，需要注意的是这类词是连体词而非形容词，形容词的连体形是「ーーい」而不是「ーーな」。

ADVANCED(EJU etc.)

手塚治虫(てづかおさむ)の漫画は、日本の科学技術に非常に**大きな影響**を与えました。

手冢治虫的漫画，给日本的科学技术带来了巨大的影响。

エイズは人間に対し多大な苦痛(くつう)を与えるだけでなく、発展途上国(はってんとじょうこく)において経済発展に対する**大きな障害(しょうがい)**ともなっている。

艾滋病不仅给人类带来了巨大的痛苦，也对发展中国家的经济发展造成了巨大的阻碍。

普段(ふだん)は気がつかないが、都市空間には**小さな音**があふれている。

虽然平时很难注意到，但城市里充满了各种各样微弱的噪音。

屋敷(やしき)につくと、玄関の**小さな戸口(とぐち)**から中へ入った。

到那个大宅院以后，我们从玄关的小门进到了里面。

小学校の高学年にかかる頃、**おかしなこと**を考えていたのを憶(おぼ)えている。

记得在小学高年级的时候，我经常思考一些奇怪的事情。

メモをとったり、線を引いたり、**いろんなこと**をしても忘れるものは忘れる。

即使记了笔记，画了线，做了各种尝试，但是记不住的还是记不住。

POINT　大きなと大きい

連体詞である「大きな」が、名詞の前にしか使わない。そして活用することもない。それに対し、形容詞である「大きい」が活用することができ、そして名詞以外も前に付く。また、活用と接続のほか、「大きな」と「大きい」のニュアンスも違う。「大きな」は抽象的な語と一緒に、「大きい」は具象的な語と共に使う傾向がある。

「大きな」作为一个连体词，只能加在名词前使用，并且也没有活用形。而与之相对，「大きい」是一个形容词，有活用形式，也可以与名词之外的词一起使用。另外两者语感也有不同，「大きな」多与抽象意义的词一起使用，而「大きい」则常与具象意义的词一起使用。

① 小学校から仲のいい二人の関係に**大きな**変化が起こっています。

两人从小学开始关系就很好，但现在他们的关系出现了巨大的变化。

② 今、市場の値動き(ねうご)きは**大きい**変化が起こっています。

现在，市场的价格正发生着巨大的变化。

✕ 小学校から仲のいい二人の関係の変化が**大きな**。

○ 今起こっている市場の値動きの変化が**大きい**。

③ **大きな**影響を与える。

抽象的

产生巨大的影响。

④ **大きな**意味がある。

抽象的

有重大的意义。

⑤ **大きい**服の店を探す。

具象的

寻找有卖大码衣服的商店。

⑤ **大きい**文字で読めるアプリが便利だ。

具象的

能用大字浏览的应用软件很方便。

<3>「ーーの」「ーーが」

体言＋助詞から転成した連体詞、語尾に「ーーの」「ーーが」がくるのが特徴である。**「この」「その」「あの」「どの」「わが」**などがその典型的な例だ。

由体言加助词转换而来的连体词，特征是最后一个假名是「の」或「が」。

ADVANCED(EJU etc.)

技術が改善(かいぜん)した今では、**この就業制限(しゅうぎょうせいげん)**も時代遅(じだいおく)れのものとなっている。

在技术已经得到改善的今天，这种就业限制已经是落后于时代的了。

地球温暖化(ちきゅうおんだんか)の主因(しゅいん)とされるのが「二酸化炭素(にさんかたんそ)」で、**その二酸化炭素**は近年、年間55億トンも排出(はいしゅつ)されている。

人们认为造成全球气候变暖的主要原因就是“二氧化碳”，近年来，每年排出的二氧化碳大约有55亿吨。

彼女のおかげで、**あの**素敵(すてき)な**ひと夏**をもらった。

幸亏遇到了她，我才收获了一个完美的夏天。

どの方法で宣伝（せんでん）するのが効果的（こうかてき）かわからない。

不知道用什么方法宣传才会有效。

電波開放戦略（でんぱかいほうせんりゃく）の推進（すいしん）は**我（わ）が国（くに）**の経済をさらに成長させ、より豊かな国民生活を実現（じつげん）させるだろう。

电波开放战略的推进应该能使我国经济进一步发展，并且能使国民生活水平得到进一步的提高。

<4>「ーーた」「ーーだ」

語尾の「た」あるいは「だ」が特徴。　最后一个假名是「た」或者「だ」的连体词。

ADVANCED(EJU etc.)

自分は**大した生活**を望んでいるのではない。　我也不是想过上多么好的生活。

話がつい**とんだところ**へ外（はず）れてしまいました。　话不知不觉岔开了。

今でも**ふとした**ときに彼女を思い出す。　现在还会偶然想起她。

POINT　連体詞のまとめ

形	例	例文
「ーーる」	ある	**ある**日のことだった。　那是某一天发生的事情。
	あらゆる	**あらゆる**可能性を考えよう。　要考虑各种各样的可能性。
	来たる	運動会は**来たる**金曜日に開かれる。 运动会在即将到来的周五举行。
	いかなる	**いかなる**ことがあろうともおどろかない。 不管发生什么都不会惊讶。
	いわゆる	彼は**いわゆる**天才だ。　他就是所谓的天才。
「ーーな」	大きな	彼の作品が社会に**大きな**影響を与えた。 他的作品给社会带来了巨大的影响。
	小さな	ホームの近くに、**小さな**公園がある。　家旁边有个小公园。
	おかしな	**おかしな**格好をして笑わせる。　打扮得奇形怪状来引人发笑。
	いろんな	友達と朝まで**いろんな**ことをしゃべり通してしまった。 和朋友聊各种事情一直聊到了第二天早上。

「ーーの」	この	**この**ことをもう少し考えよう。　再稍微考虑一下这件事吧。
	その	**その**話はもうやめよう。　别再说那件事了。
	あの	**あの**件はどうなったか。　那件事怎么样了?
	どの	**どの**道を選べばいいのか。　选哪条路好呢。
「ーーが」	我が	小さいながらも楽しい**我が**家。　我家虽然小却很幸福。
「ーーた」	大した	**大した**ことはない。　并不是什么大事。
	ふとした	**ふとした**縁で知り合った。　偶然的相识了。
	とんだ	**とんだ**失敗をしてしまった。　遭遇了意外的失败。

文法項目の実践

日本で、最も深刻な生態系被害をもたらしている外来種にマングースがいます。マングースは、西アジアから東南アジアにかけて分布する雑食性の哺乳類で、日本では、沖縄島と奄美大島に定着しています。外来種としての歴史は意外と古く、1910(明治43)年に沖縄島に最初に導入されました。マングースが持ち込まれた理由は、島内のネズミと毒ヘビのハブを退治するためだったとされます。…(略)…

ところが、その後の調査で、マングースが実はハブ退治の役には立っていないことがわかってきました。1980年代に入って、研究者たちがマングースの胃内容物や糞を分析した結果、ハブを食べている個体はほとんどおらず、代わりに沖縄ではオキナワキノボリトカゲやヤンバルクイナ、奄美ではアマミトゲネズミやアマミノクロウサギ、ケナガネズミなどの、島固有の希少種が犠牲となっていることが明らかとなったのです。

実は、マングースは昼間しか行動しない昼行性の動物であり、そして、ハブは夜しか動かない夜行性の動物であり、もともとこの2種の動物が野外で出合うチャンスは極めて低かったのです。さらに、マングースは雑食性の動物であり、別にヘビを専門に食べる動物ではありません。ハブみたいに危険な動物を食物にしなくとも、もっと楽に食べられるものがあれば、当然、そちらから食べ始めます。そして、沖縄や奄美大島でマングースの食物としてその目にとまったのが、よちよちと地面を無防備に歩いているヤンバルクイナやアマミノクロウサギたちだったのです。

五箇公一『終わりなき侵略者との闘い 増え続ける外来生物』小学館クリエイティブ
EJU日本語・2019年・日本語読解文章素材

CHAPTER 6 PART2 文法

接続詞・感動詞

前後の文を接続したり、そして感動や呼びかけ等を表したりする接続詞・感動詞は、活用のない自立語である。存在感が薄く見えるが、実際日常生活の中、高頻度に使われている。

连接前后句子、表达感叹或引起对方注意的接续词、感叹词是不发生活用的独立词。虽非必不可少的句子成分，但在实际生活中却被广泛运用。

CHAPTER 6
接続詞・感動詞

◆接続詞

1 接続詞の性質と働き

<1> 接続詞とは

接続詞というのは、前後の文節や文をつなぐ単語のことである。**「および」「しかし」「したがって」「あるいは」**などがある。**接続詞は、活用のない自立語で、単独で接続語になる。主語・述語・修飾語にならない。**

接续词用于连接前后的文节或者句子。常见「および」「しかし」「したがって」「あるいは」等。接续词是没有活用形式的独立词，可以单独作为接续成分来使用。不能做主语、谓语和修饰成分。

韓国語 **あるいは** 日本語を 勉強したいと思う。
文節　接続詞　文節　（文節と文節をつなぐ）
我想学习韩语或者日语。

赤い鉛筆 **または** 赤いボールペンで 記入（きにゅう）してください。
連文節　接続詞　連文節　（連文節と連文節をつなぐ）
请用红色的铅笔或者红色圆珠笔填写。

外が暗くなった。**そこで**、電気をつけた。　外面暗了下来，于是开了灯。
文　接続詞　文　（文と文をつなぐ）

<2> 接続詞と接続語

接続語というのは、前後の文や文節をつなぐ文節のことである。**接続詞**は単語で、単独で接続語になるが、体言や用言も、接続助詞を伴って接続語になることができる。

接续成分连接前后句子或文节。接续词是单词，可单独或与体言用言、接续助词一起做接续成分。

ドアの前に立った。**すると**、ひとりでに開いた。　我站在了门前。于是乎，门自动地打开了。
文　接続詞　文

飼（か）い主（ぬし）だから、犬のフンを始末（しまつ）しなければならない。
接続語（名詞「飼い主」＋断定の助動詞「だ」＋原因・理由を表す接続助詞「から」）
因为是宠物的主人，所以必须处理狗的粪便。

疲れたから、行きたくない。　我累了，所以不想去。
接続語（動詞「疲れる」連用形＋助動詞「た」＋原因・理由を表す接続助詞「から」）

汚いから、触(さわ)らないでください。　不要碰，太脏了。

接続語（形容詞「汚い」＋原因・理由を表す接続助詞「から」）

簡単だから、やってみてください。　这个很简单，所以试着做一下吧。

接続語（形容動詞「簡単だ」＋原因・理由を表す接続助詞「から」）

2 接続詞の種類

<1> 順接：前件が後件の順当な原因・理由などになっている。

前项是后项成立的原因或理由。

それで

例 彼を探したのですが見つけられなくて、**それで**あなたに聞きに来たのです。
我找不到他，所以来问你了。

だから

例 あなたは一人ではない。**だから**、いつでも誰かがあなたを助けてくれます。
你并不是孤单一人，所以，不管何时都会有人帮助你。

そこで

例 レポートの資料の集め方がわからなくて困った。**そこで**、先生に尋ねた。
不知道该怎么收集写报告的资料，于是请教了老师。

すると

例 彼が指をならした。**すると**、部屋の電気がすべて消えた。
他打了个响指，瞬间房间所有的灯都灭了。

ゆえに

例 我(われ)思う。**ゆえに**我あり。
我思故我在。

したがって

例 このかばんはブランド品だ。**したがって**値段が高い。
这个包是名牌。所以很贵。

それゆえ

例 この店は異国情緒(いこくじょうちょ)あふれる街、神戸にある。**それゆえ**店の雰囲気(ふんいき)がいい。
这个店位于充满异国风情的神户。因而店里气氛也很不错。

よって

例 諸君(しょくん)は今回のスピーチコンテストにて、優秀な成績を収(おさ)め、**よって**、これを賞(しょう)する。
各位在本次的演讲比赛中获得了优秀的成绩，特此嘉奖。

＜2＞ 逆接：前件と後件が逆になっている。

前项与后项相反。

しかし

例 一生懸命努力した。**しかし**、二位だった。
拼命努力了。但只得了个第二名。

だが

例 彼は必ず来ると言った。**だが**、それから会ったことは一度もない。
他说他一定会来。但从那以后再也没见过他。

けれども

例 風邪がひどかった。**けれども**、会社にいった。
感冒很严重。但还是去了公司。

でも

例 あのときは、本当に頑張った。**でも**、負けてしまった。
当时我真的很努力。但还是输了。

ところが

例 この映画は高く評価されていた。**ところが**、実際に観ると全く面白くなかった。
这部电影得到了很高的评价，然而实际去看了发现一点儿也不好看。

だけど

例 話はよくわかった。**だけど**、承諾（しょうだく）するわけにはいかない。
你说的我很明白。但是我不能就此做出承诺。

なのに

例 彼は今日のパーティに参加すると言っていた。（それ）**なのに**、来なかった。
他说了参加今天的晚会。但是却没来。

＜3＞ 累加：前件に後件の事柄を付け加える。

在前项的基础上，添加上后项。

それから

例 講演会の日、会場の準備や先生のお世話、**それから**講演会のあとの食事の用意をする係（かかり）を取り決めた。
演讲会那天，我们商定了分别负责布置会场、接待老师、负责准备演讲会后用餐等事项的负责人。

なお

例 討論会に応募（おうぼ）する方は土曜日までに要旨（ようし）を送付（そうふ）してください。**なお**、図、表等は添付（てんぷ）できません。
报名参加讨论会的人请在周六之前发送提纲，此外，提纲中不能添加图片和表格。

しかも

例 今回の新製品は、従来(じゅうらい)の製品とは違う。**しかも**、競合(きょうごう)製品にはない良さを持っている。

这次的新产品与之前的商品有所不同。不仅如此，还有着现今市场上销售的同类竞争产品所不具备的优点。

それに

例 川の中流(ちゅうりゅう)にいる魚と下流(かりゅう)にいる魚では、食べ物も違うし、**それに**、活動する時間も異(こと)なっている。

河的中游和下游的鱼，不仅食物不同，连活动的时间段也不同。

そして

例 携帯電話の普及(ふきゅう)により、もともと繋(つな)がりの強い家族はますます繋がりを強め、**そして**、繋がりの弱い家族はますます繋がりを弱めていくだろう。

随着手机的普及，原本关系紧密的家族会越来越紧密，原本关系疏远的家族会越来越疏远吧。

そのうえ

例 ケーブル編(あ)みのニットはかわいくて、**そのうえ**体形を隠してくれる。

麻花编织的毛衣不仅可爱，还可以遮掩体型的缺陷。

<4> 並立：前件と後件が並んである。

前项与后项并列。

また

例 去年の夏は、沖縄にいった。**また**、冬には北海道にも遊びに行った。

去年夏天去冲绳旅游了。然后，冬天又去了北海道。

ならびに

例 罪(つみ)は、道徳的(どうとくてき)**ならびに**法律的範囲(ほうりつてきはんい)における冒険的(ぼうけんてき)行為である。

犯罪，是在道德及法律范围内的一种冒险行为。

および

例 自然災害(しぜんさいがい)、事故**および**交通機関のストライキ等に伴(ともな)う授業の措置(そち)について説明する。

对由于自然灾害、意外事故以及交通系统罢工等导致的课程调整进行说明。

<5> 対比選択：前件と後件、どちらかを選ぶ。

在前项和后项中做出选择。

あるいは

例 一年次は、中国語**あるいは**フランス語のどちらかを履修(りしゅう)しなければならない。

第一年必须选修中文或是法语。

それとも

例　何かを知ろうと思って勉強するのか、**それとも**自ら考えるために勉強するのか。
是为了了解知识而学习，还是为了能自我思考而学习呢。

または

例　無断**または**無届けで学費を滞納した場合は，除籍処分となります。
对于无故拖欠学费或是无事先通知拖欠学费的行为，将处以开除学籍处分。

もしくは

例　予防接種のご予約は、お電話、**もしくは**来院時に受付にて、お願いいたします。
疫苗接种的预约手续请通过电话或是到医院挂号处办理。

<6> 説明補足：前件についての説明や補足を表す

对前项进行补充说明

なぜなら

例　もうあの人に会いたくない。**なぜなら**、彼の態度はあまりにもひどいからだ。
再也不想见到那个人了。因为他的态度实在是太过分了。

ただし

例　研究室のノートパソコンは自由に使用してください。**ただし**、研究室外への持ち出しは厳禁です。　研究室的笔记本电脑可以随意使用。但严禁将电脑带出研究室。

つまり

例　事件が起きた日、兄だけは家にいなかった。**つまり**、彼が犯人の可能性が最も高いということだ。
（最終的に結論に達する）
事发当天，只有哥哥不在家。也就是说他最有可能就是凶手。

兄は学校を中退し、働かずに毎日家で寝ている。**つまり**、ニートということだ。
（同じ内容を言い換える）
哥哥退了学，也不工作，天天躺在家里。也就是俗话说的家里蹲。

もっとも

例　講座にはみんな参加する。**もっとも**、行かない人も一人いるが。
大家都参加讲座。但是有一个人不去。

すなわち

例　計算というと、足し算やかけ算などの数の計算、**すなわち**「数値計算」のことを思い浮かべる。
说起计算，首先会联想到的是加减乘除等数字的计算，也就是“四则运算”。

<7> 転換：話題を変える。

转换话题。

ところで

例 調査の実施（じっし）時間をもう一度考えてください。**ところで**、調査対象は何人ぐらいになる予定ですか。
请再次考虑一下调查的实施时间。话说回来，计划的调查对象大概是多少人？

では

例 以上をもちまして、私の挨拶とさせていただきます。**では**、本題（ほんだい）に入りましょう。
以上就是我的简短致辞。那么我们进入正题吧。

ときに

例 **ときに**、例の件はどうなりましたか。
话说，之前那件事怎么样了？

さて

例 **さて**、ごはんの用意を始めよう。
那么，咱们开始做饭吧。

POINT 類語の比較

① 「それで」「そこで」

	そこで	それで
共通の意味	前の状況が理由、原因となって、後の状況が生じる。 「だから」などと違って、積極的に因果関係を示す意識はない。 前项的状况成为原因或理由，发生了后项的状况。 与「だから」等词不同，没有强调因果关系的感觉。	
使い分け	具体的な場面を前提として、そのことから後件の行為が生じたことを表す。**客観的な因果関係が必要。後件の行為を強調。** 以某具体的场景为前提，由此而产生了后项的行为。前后需要客观的因果关系。强调后项的行为。	必ずしも具体的な場面設定は必要ではない。単に前件が後件の原因、理由ということを説明する。**客観的な因果関係が不要な場合もある。前件の原因や理由を強調。** 不一定有具体的场景。只是说明前项是后项的原因或理由。前后可以不需要客观的因果关系。强调前项的原因或理由。
例文	教室にスピーチコンテストのポスターが貼ってあった。**そこで**私も応募した。 教室里贴了演讲比赛的海报，于是我就报了名。	弟は格好良くて明るい。**それで**みんなに好かれている。 弟弟长得又帅又开朗，所以大家都喜欢他。

② 「しかし」「だが」「ところが」

	しかし	だが	ところが
共通の意味	前の文から当然考えられる結果とは異なることを表す。 表示从前项出发，可以自然而然地得出一个结果，然而后项却不符合这个推测。		
使い分け	前文から考えられる結果とは異なる内容が後ろにくる。 后项内容与前项推测不符。		後文は前文から推測される結果とは大幅に異なり、**意外などの気持ちを表す。** 后文与前文的推测差别较大，表达意外的心情。
例文	彼女がすごく痩せている。**しかし**、大食い女王選手権で優勝した。 她特别瘦，但她获得了大胃女王锦标赛的冠军。	今日は晴れの日だ。**だが**風が強い。 今天天气晴朗，但风非常大。	授業が始まった。**ところが**教室に一人もいなかった。 已经开始上课了，然而教室里竟然一个人都没有。

③ 「そして」「それから」

	そして	それから
共通の意味	並列・添加を表す。前文の事項に続いて後文の事項が起こる。 表示并列、添加。前文的事项与后文的事项接连发生。	
使い分け	連続性をもち、前文と後文がひとまとまりの行為や現象であるニュアンスを表す。 前项和后项有连续性，是一个整体的行为或现象。	前後時間の区切りを表す。前文が終わったあとに後文が行われる。 用来表示时间的先后顺序，前项发生之后，后项再发生。
例文	盆休みは実家に帰った。**そして、**昔の友達と会った。 盂兰盆节的时候我回了老家，见了以前的朋友。	家に帰ると宿題をして、**それから**夕食を食べる。 回家后做完作业然后吃了晚饭。

④ 「あるいは」「または」「もしくは」

	あるいは	または	もしくは
共通の意味	複数の異なるものから一つを選ぶ。 在几个不同的事物中选择出一个。		

使い分け	二つから一つを選ぶか、両者同時に成立する場合使う。どちらでもよいという場合には用いられない。 用于在双方中选择一方，或双方同时成立。不能用于任意一方都可以的情况。	二つのもののうち、一方を捨てて、一方をとる場合や、どちらでもよいという意味を表す場合に使う。 用于双方中选择一方，放弃另外一方。也可以用于任意一方都可以的情况。	複数のうち、そのいずれかを選択する場合に限って使う。 只能在几方中任选一方的情况下使用。
例文	チームワークの結果を口頭発表、**あるいは**レポートの形で提出する。 小组合作的结果通过口头进行发表，或提交报告。	結果が出た場合、電話**または**手紙で知らせる。 有了结果会打电话或写信通知。	ジムの会員**もしくは**会員の家族に限り入場できる。 只允许健身房会员或会员家人进入。

◆ 感動詞

1 感動詞とは

感動詞とは、**感動・呼びかけ・応答**などを表す自立語である。感動詞は、活用のない自立語であり、話し手の感動を表す**「ああ」「おお」**などをはじめ、呼びかけを表す**「おい」「もしもし」**などや、応答を表す**「はい」「いいえ」**などがある。

感叹词一般出现在句首，用来表达感叹、打招呼和应答等。是没有活用形式的独立词。常见感叹词有表示说话人感叹的「ああ」「おお」等，表示打招呼的「おい」「もしもし」等，表示应答的「はい」「いいえ」等。

ほら、この写(うつ)っている人、知っている。

你看，我认识照片上的这个人哦。

もしもし、木村先生でいらっしゃいますか。

喂，请问是木村老师吗？

こんにちは。

你好。

2 感動詞の種類

感動 驚き、喜び、悲しみ、怒りなどの感情を表す 表示感叹 （喜怒哀乐等）	あら	**あら**、大変だ。　哎呀，可了不得了。
	あらまあ	**あらまあ**、どうしたの。呀，怎么了。
	あっ	**あっ**、素敵なはな。　啊，这花儿真漂亮。
	ああ	**ああ**、面白い。　啊，真好玩儿。
	はあ	**はあ**、なんということ。哎，怎么搞的?
	おやっ・おやおや	**おや**、おかしいなあ。　哎? 好奇怪啊。
呼びかけ 行動を促す 表示引起注意	おい	**おい**、お茶。　喂，倒茶。
	こら	**こら**、待て。　喂，等等!
	さあ	**さあ**、どうしよう　哎，怎么办呢?
	ねえ（ね）	**ねえ**、そのこと聞いた。哎，这事儿我听说了。
	もしもし	**もしもし**、山田さんでいらっしゃいますか。 喂，请问是山田先生吗?
応答 表示应答	いいえ（ううん）	A：食事はおすみですか。A：吃了吗? B：**いいえ**、まだです。　B：还没呢。
	はい（うん）	A：鈴木さんいますか。　A：铃木在吗? B：**はい**、ここにいます。B：在，我在这儿。
	ええ	**ええ**、そんなこともあるんだ。 诶，还有这种事啊。
あいさつ 打招呼，寒暄	おはよう	早上好
	こんにちは	你好
	こんばんは	晚上好
	さようなら	再见
かけ声 人を呼びかける声 为了鼓励或者鼓劲儿发出的声音	よいしょ	哎呦嘿

MORE＋ 感動詞と終助詞

感動詞は自立語であり、それだけで感動・呼びかけ・応答などを表すことができる。終助詞は、付属語であり、自立語のあとについて、疑問・反語・禁止・感動・勧誘など様々な意味を添える。

ね、一緒に行こう	**ね**。
感動詞	終助詞

文頭の感動詞の「ね」は、聞き手に呼び掛け、聞き手の注意を喚起する。それに対し、文末の「ね」は終助詞で、相手に同意あるいは共感を求める。

感叹词在句子开头，表示感叹、引起注意等。终助词在句末添加疑问、反问、禁止、感叹、劝诱等很多意思。例句中，开头的感叹词「ね」表示引起听者注意，句末的语气助词「ね」表示寻求听者同意或同感。

文法項目の実践

ラジオ番組の司会者が女性に、チャッキラコ（アクセント：チャッ/キラコ）という伝統的な踊りについてインタビューしています。 女性はこの踊りを守っていくために、どのような工夫をしていますか。

司会：今日はチャッキラコという、伝統的な踊りの保存についてお伺いします。

女性：はい。チャッキラコというのは、このあたりで300年前から続いている郷土芸能です。が、実はこれ、いったんすたれかかったんです。

司会：そうなんですか。でも、今もしっかり受け継がれているそうですが、どんなことをなさってるんですか。

女性：まず、チャッキラコは子供たちが中心になって行うものですので、子供たちに「チャッキラコ」を知ってもらわなければなりません。それで、保存会のメンバーが学校に出向いて、分かりやすく説明するんです。それから、テレビの取材を積極的に受けるようにしています。

司会：と言いますと？

女性：テレビ局の取材の申し込みがよく来るんですが、そのとき、子供たちにテレビに出てもらうんです。それを子供たちはすごく喜ぶんですよ。

司会：なるほど、それが狙いというわけですね。

EJU日本語問題・2017年・日本語聴解スクリプト

CHAPTER 7

PART2 文法

助動詞

日本語の中で、極めて多く使われ、外国人学生があまり意識していないのが助動詞である。文法の学習においては、非常に重要な助動詞であるが、外国人学生向けの日本語教育文法では新しい活用形や普通形を導入することで、あまり体系的に取り扱いがされていない。助動詞は、用言または体言に接続して、意味を添えたり、話し手の感情や判断を表したりする役割がある。また、前の語に接続しながら、自身が活用形を持って、使う場面によって活用する。更に助動詞の前に来る語が用言（動詞・形容詞・形容動詞）の場合、用言にも活用形があり、合わせると非常に煩雑となるため、それらに馴染みのない外国人学生にとって習得するのは難しい。とはいえ、助動詞には、肯定（断定）を表す「だ」「です」や、過去を表す「た」、否定を表す「ない」「ぬ（ん）」、そしてヴォイス、丁寧、意志、推量等を表す様々なものがあり、それらを精緻に学ぶことにより、しっかりした日本語の土台を作ることができる。本書では、助動詞を一つずつ取り上げ、その助動詞を含めた構文や慣用表現を解説する。まずは、それらの慣用表現を覚えることから始めるとよい。例えば、過去のテンスを表す助動詞「た」について、体言・用言の過去形でまとめて覚えることや、断定を表す助動詞「だ」「です」について、連語・慣用表現をしっかりおさえておくこと等である。その後、それぞれの助動詞の接続や活用を理解しよう。

日语学习中一般不会意识到的助动词，在语法体系中非常重要。日语教育语法体系中由于导入新活用形以及普通形，所以一般不会涉及。助动词前接体言或用言，添加语义，表达说话人情感和判断等。助动词学习起来很繁琐，也很难。但掌握好助动词会提升对整体日语的把握，也方便应对小论文、大学校内考等难度更大的考试。本书针对每个助动词系统进行说明，同时将含有该助动词的重要表达句型也一并介绍。开始学习时，可以从这些重要句型人手，逐渐去体会和掌握助动词的接续以及活用形式等。

助動詞はすごく
難しいね！
まずは連語・慣用表現
から慣れていきましょう
忠犬ハチ公

CHAPTER 7

助動詞

1 助動詞の性質

助動詞は、体言・用言・その他について、**いろいろな意味を添える役割を果たす付属語の単語である。**助動詞は、単独で文節を作ることができず、体言・用言等の自立語につくことで、文節を作っている。そして、一つの自立語に一つだけの助動詞が付くとは限らず、いくつも重なって付くこともある。よって、**助動詞をつける時には、まず用言の活用形に注意する必要があり、いくつかの助動詞をつける時には、前の助動詞の活用形にも注意しなければならない。**

助动词用在体言、用言等后面，添加某种语义，是附属词。助动词无法单独构成文节，只能黏着，或者叠加黏着于体言用言等独立词后面构成文节。前面独立词如果是用言的话，使用时，需要注意用言的活用形，多个助动词叠加使用时，也需要注意前一个助动词的活用形。

体言
用言
その他

＋ 助動詞 ＋ 助動詞 ＋ 助動詞

（網掛け）活用に注意

知る ＋ **ない** ＋ **そうだ** ＝ 知らないそうだ
動詞　助動詞　助動詞

開く ＋ **た** ＋ **らしい** ＝ 開いたらしい
動詞　助動詞　助動詞

2 助動詞の分類

助動詞は、意味によって分類することができる。 助动词可以根据意义来分类。

▷**断定・丁寧**
だ　です　ます

▷**過去・完了**
た（だ）

▷**ヴォイス（受身・使役など）**
れる・られる　せる・させる

▷**願望**
たい・たがる

▷**否定**
ない・ぬ（ん）

▷**推量・意思（否定まい）**
う・よう　まい

▷**伝聞・様態**
そうだ・そうです

▷**推定・比況・例示**
ようだ・みたいだ

▷**推定・伝聞**
らしい

意味	助動詞
断定	だ・です
丁寧	です・ます
過去・完了	た（だ）
受身	れる・られる
可能	れる・られる
自発	れる・られる
尊敬	れる・られる
使役	せる・させる
願望	たい・たがる
否定	ない・ぬ（ん）
推量	う・よう・まい
意志	う・よう・まい
伝聞・様態	そうだ・そうです
推定・比況・例示	ようだ・ようです
推定・伝聞	らしい

3 断定・丁寧を表す助動詞

「だ」「です」「ます」

＜1＞「だ」「です」「ます」の意味

「だ」は、**断定する意味**を表す助動詞であり、**「です」**は「だ」より**丁寧な断定**である。「だ」と「です」の活用や接続がすこし特殊で複雑であるため、使用する際に注意しよう。**「ます」**は、**丁寧な意味**を表し、丁寧な断定を表す助動詞「です」とともに、敬語の丁寧語として使われている。これらは、日本語を学ぶ外国人にとって、最初に出会う助動詞であろう。

「だ」「です」作为助动词表示断定，「です」比「だ」更加郑重礼貌。「ます」也表示郑重礼貌，和「です」一起构成敬语中的敬体。

あれは富士山**だ**。	ここは東京大学**です**。	今から図書館へ行き**ます**。
断定	丁寧な断定	「行く」の丁寧形

＜2＞ 接続と活用

（1）「だ」の接続

「だ」は**体言や一部の助詞など活用のない単語**に接続する場合と、**動詞・形容詞と一部の助動詞など活用のある単語**に接続する場合とでは、使用できる活用形（次の項目で説明する）が違ってくる。

根据前面单词是否具有活用形式，「だ」的使用形式（活用形）也不同。

活用のない単語に「だ」が接続する場合、全ての活用形が使える。一方、**活用のある単語（動詞・形容詞・助動詞）に「だ」が接続する場合**、「だ」の基本形や連体形は使用できず、**未然形（だろ）、連用形（で）、仮定形（なら）しか使えない。**

前面单词（如名词等）没有活用形式的话，「だ」可以使用所有的活用形；前面单词（如动词等）具有活用形式的话，「だ」只能使用未然形（だろ）、连用形（で）、假定形（なら）。

前の単語			**「だ」の形** （前の単語に接続する時の活用形）
活用の有無	種類		
活用のない単語	**体言（名詞等）** **一部の助詞** 「の」 「から」 「だけ」 「ばかり」 「ほど」等	＋	**「だ」の全ての活用形** 例 これが**机だろう。** 这是桌子吧。 こちらはパソコン**教室である。** 这里是电脑教室。 今から自習する**のだ。** 现在开始自习。 反撃は今**からだ。** 反击从现在开始。 チャンスは今**だけだ。** 只有现在才是机会。 返却された**ばかりだ。** 刚刚返还。 涙が出る**ほどだ。** 几乎要哭了。
活用のある単語	**動詞** **形容詞** **一部の助動詞** 「れる」 「られる」 「せる」 「させる」 「たい」 「たがる」 「ない」 「ぬ（ん）」 「た（だ）」 「ます」 辞書形・基本形	＋	**だろう** 未然形 **であろう** 連用形 **なら** 仮定形 例 **やっただろう。** 是你干的吧。 **泣くであろう。** （她）会哭的吧。 **厳しいだろう。** 很严格吧。 **やるなら**早く。 要做的话就趁早。

◆「う」：助動詞、「あろう」＝「ある」＋「う」

MORE＋ 「である」と「だろう」は助動詞？

「だ」の接続と活用は非常に複雑で覚えにくい。**「である」**や**「だろう」**をそれぞれ一つの助動詞とするという意見もあるぐらい、文法のルールとしては定説がない。そこで、多くの場合、接続や活用より、助動詞「だ」で成すいくつかの表現（**のだ、なのだ、である、だろう、なら**）を理解して覚えることが重要（▶189ページ）。

「だ」的接续以及活用形式比较复杂，甚至有学者认为「である」「だろう」应该作为单独的助动词。从学习的角度来说，我们建议优先掌握「だ」相关的各种表达方法（のだ、なのだ、である、だろう、なら）等。

（2）「だ」の活用形

助動詞「だ」は、命令形が存在しない。連体形は助詞の**「の」「ので」「のに」**が続く場合のみ**「な」**という形で使用され、**名詞等の体言に連なることはない。**

「だ」没有命令形。连体形时变为「な」，后面仅接助词「の」「ので」「のに」，不接名词等体言。

	活用形	後に来る助（動）詞等	注意	例
基本形	だ			こちらは図書館**だ**。 这里是图书馆。
連体形	（な）	の	「の」「ので」「のに」に連なる場合のみ使用 仅后接助词「の」「ので」「のに」	病気**だ**。 ➡病気**な**ので、仕事を休んだ。 生病了。 →因为生病所以休息了。
		ので		
		のに		学生**な**のに、遊んでいる。 明明是学生却在玩儿。
連用形	だっ	た	過去を表す 表示过去	私はここの学生**だ**。 ➡私は昔ここの学生**だっ**た。 我是这里的学生。 →我以前是这里的学生。
	で	ある	動詞・形容詞・助動詞の場合、**「で＋あろう」**の形でのみ使われる。※1 前面为动词、形容词、助动词时，仅用「であろう」	彼が担任**だ**。 ➡彼が担任**で**ある。 他是班主任。 →他是班主任。 先生に聞かれる**で**あろう。 会被老师问的吧。
		ない	否定を表す。「ない」は補助形容詞。 表示否定，「ない」为补助形容词	こちらは自習室**で**ない。 这里不是自习室。

※1 動詞に**「である」**を使用する場合、前に助詞**「の」**が必要。原因理由を強く述べる意味がある。
例：上司がそう断言したのである。

未然形	だろ	う	不確かな断定を表す 表示不确定的判断	学生が集まる**だろ**う 会来不少学生吧。 嬉しい**だろ**う 很高兴吧？
仮定形	なら	（ば）	仮定を表す 表示假设	楽しい**なら**（ば） 笑いましょう。 开心的话就笑吧。 行く**なら**（ば） 早く行きましょう。 要去的话就早点去吧。
命令形	—			

◆接続と活用例

名詞	
これは**食べ物だ**。	这是食物。
これが彼の**写真だ**。	这就是他的照片。

助詞（一部）	
寒い**からだ**。	因为冷。
帰る**のだ**。	要回去的。
残りは大教室**だけだ**。	剩下的只有大教室了。

動詞	
叫ぶだろう。	会大声叫喊吧。
叫ぶであろう。	会大声叫喊吧。
叫ぶなら（ば）。	如果大声叫喊的话。

形容詞	
美味しいだろう。	很好吃吧。
美味しいであろう。	很好吃吧。
美味しいなら（ば）。	如果好吃的话。

助動詞（一部）	
見**られるだろ**う。	能看得见吧。
見**られるなら**（ば）。	如果能看见的话。
食べ**させるだろ**う。	会让(他)吃吧。
食べ**させるなら**（ば）。	如果让(他)吃的话。
やり**たがるだろ**う。	（他）会想做的吧。
やり**たがるなら**（ば）。	如果(他)想做的话。
やり**たいだろ**う。	想做吧。
やり**たいなら**（ば）。	如果想做的话。
やら**ないだろ**う。	（他）不会做吧。
やら**ないなら**（ば）。	如果不做的话。
帰ら**ぬ（ん）だろ**う。	可能不回去吧。
帰ら**ぬ（ん）なら**（ば）。	如果不回去的话。
帰っ**ただろ**う。	已经回去了吧。
帰っ**たなら**（ば）。	如果回去了的话。
行き**ますなら**（ば）。	如果去的话。
食べ**ますなら**（ば）。	如果吃的话。

POINT 助動詞「だ」「です」と形容動詞語尾の「だ」「です」

形容動詞の「だ」「です」は辞書形の語尾であり、助動詞ではない。形容動詞の「だ」と「です」がないと、ただの語幹部分になるので、注意をしよう。

きれい**だ**	きれい**です**	教室**だ**	教室**です**
語尾	語尾	助動詞	助動詞

（3）「です」の接続

活用形のない単語に「です」が接続する場合、全ての活用形が使える。一方、**活用のある単語（動詞・形容詞・助動詞）に「です」が接続する場合、「です」の未然形「でしょ」のみである。**

前接单词（如名词等）没有活用形式的话，「です」可以使用所有的活用形；前接单词（如动词等）有活用形式的话，「です」只能使用未然形「でしょ」。

しかし、それは助動詞「です」に関する最もオーソドックスな文法ルールであり、日本語の発展より、**形容詞でも丁寧を表す場合、普通形などに「です」を付けることができる**ようになっている。

形容词可以在其普通形后直接接「です」，表示郑重、礼貌。

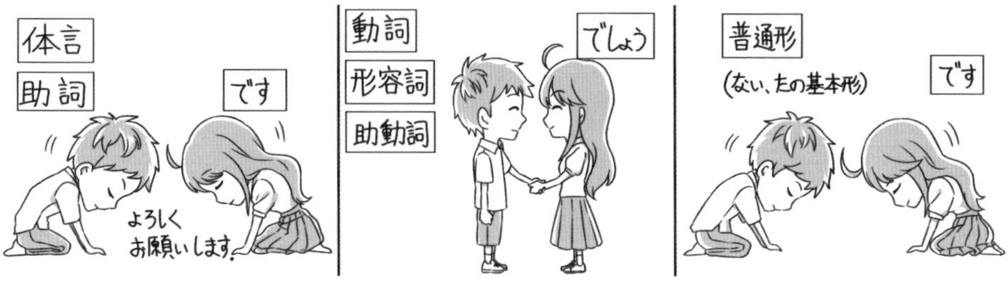

前の単語		+	「です」の形（前の単語に接続する時の活用形）
活用の有無	種類		
活用のない単語	**体言** **一部の助詞** 「の」 「から」 「だけ」 「ばかり」 「ほど」等	+	**「です」の全ての活用形** 例 これが**机です。** 这是桌子。 今から自習する**のです。** 现在开始自习。 反撃は今**からです。** 反击从现在开始。 チャンスは今**だけです。** 只有现在才是机会。 返却された**ばかりです。** 刚刚返还。 涙が出る**ほどです。** 几乎要哭了。 先月の給料は**ゼロでした。** 上个月的工资是零。 彼は**先生ではありません。** 他不是老师。

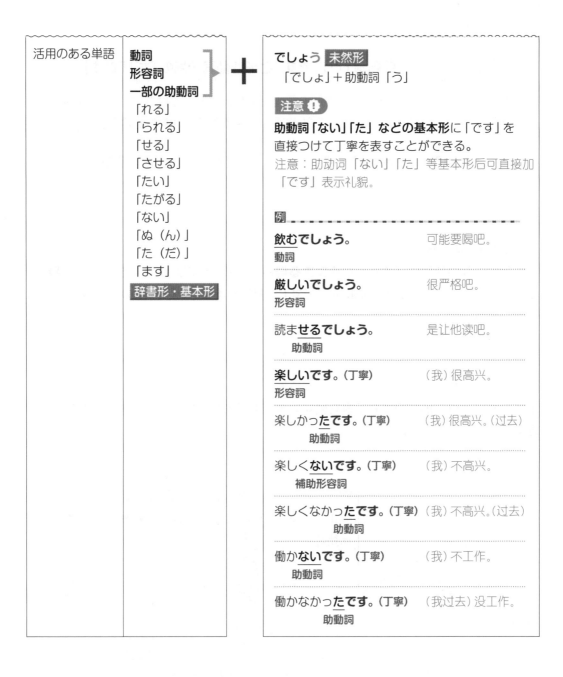

活用のある単語		
	動詞 **形容詞** **一部の助動詞** 「れる」 「られる」 「せる」 「させる」 「たい」 「たがる」 「ない」 「ぬ（ん）」 「た（だ）」 「ます」 **辞書形・基本形**	＋ **でしょう** **未然形** 「でしょ」＋助動詞「う」

注意

助動詞「ない」「た」などの基本形に「です」を直接つけて丁寧を表すことができる。
注意：助动词「ない」「た」等基本形后可直接加「です」表示礼貌。

例

飲むでしょう。 動詞	可能要喝吧。
厳しいでしょう。 形容詞	很严格吧。
読ま**せるでしょう。** 助動詞	是让他读吧。
楽しいです。（丁寧） 形容詞	（我）很高兴。
楽しかっ**たです。**（丁寧） 助動詞	（我）很高兴。（过去）
楽しく**ないです。**（丁寧） 補助形容詞	（我）不高兴。
楽しくなかっ**たです。**（丁寧） 助動詞	（我）不高兴。（过去）
働か**ないです。**（丁寧） 助動詞	（我）不工作。
働かなかっ**たです。**（丁寧） 助動詞	（我过去）没工作。

（4）「です」の活用形

「です」の連体形は、**助詞の「ので」「のに」に連なる場合のみ使用される。**
「です」连体形仅后接助词「ので」「のに」。

	活用形	助動詞等	注意	例
基本形	です			こちらは図書館**です。** 这里是图书馆。
連体形	（です）	ので のに	後ろに「ので」「のに」が連なる場合のみ使用 仅后接助词「ので」「のに」	病気**です**ので、仕事を休んだ。 因为生病所以休息了。

連用形	でし	た	体言や一部助詞のみ使用 仅前接体言或部分助词	私はここの学生**です。** 我是这里的学生。 私は昔ここの学生**でした。** 我以前是这里的学生。
未然形	でしょ	う	動詞・形容詞・一部助動詞も使用可能 前接动词、形容词、部分助动词	泣く**でしょう。** （他）会哭吧。 嬉しい**でしょう。** （你）很高兴吧。
仮定形	—			
命令形	—			

◆**接続と活用例**

名詞	
これは**食べ物です。**	这是食物。
あれは**飛行機でしょう。**	那大概是飞机吧。

助詞（一部）	
寒い**からです。**	因为冷。
帰る**のです。**	要回去的。
残りは大教室**だけです。**	剩下的只有大教室了。

動詞	
叫ぶでしょう。	会大声叫喊吧。

形容詞	
美味しいでしょう。	很好吃吧。

助動詞（一部）	
見**られるでしょう。**	可能看得见的吧。
食べ**させるでしょう。**	让(他)吃吧。
やり**たがるでしょう。**	（他）会想做的吧。
やり**たいでしょう。**	想做吧。
やら**ないでしょう。**	（他）不会做吧。
帰ら**ぬ（ん）でしょう。**	可能不回去吧。
帰っ**たでしょう。**	已经回去了吧。

（5）「ます」の接続

「ます」には、過去を表す「**ました**」、否定を表す「**ません**」、勧誘を表す「**ましょう**」という表現があり、動詞の表現で（▶94ページ）取り上げられている。また、過去の否定を表す場合、「ません」に「でした」をつけ、「**ませんでした**」の連語表現を使う。それらのます形表現は最も フォーマルな動詞の丁寧形を成す。

「ます」相关的各类肯定、否定、劝诱等表达方式在相关动词章节中已讲解过。「ます」所构成的动词礼貌形也是比较正式的表达方式。

例飲む	普通形	丁寧形（ます形）	丁寧形（です形）
肯定・現在	飲む	**飲みます**	
肯定・過去	飲んだ	**飲みました**	
否定・現在	飲まない	**飲みません**	飲まない**です**
否定・過去	飲まなかった	**飲みませんでした**	飲まなかった**です**
		フォーマルな印象	実際結構使われている

MORE ➕ 「ます形」と「です形」の丁寧形

動詞は、ます形の丁寧形以外に、「です」を用いたです形の丁寧形も一部存在する。ます形の丁寧形はフォーマルな印象を与えるが、丁寧を表す「です」が最後に来ることで丁寧だと感じる為、現代日本語では、です形もよく使われている。

除动词的「ます形」表示礼貌以外，现代日语中也经常会出现最后使用「です形」来表示礼貌的表达方法。如「読まなかったです」。

前の単語		「ます」
動詞 連用形 V~~ます~~ 一部の助動詞 連用形 「れる」「られる」「せる」 「させる」「たがる」	＋	「ます」と「ます」の全ての活用形

(6)「ます」の活用形

	活用形	助動詞等	注意
基本形	ます		
連体形	ます		
連用形	まし	た	
未然形	ませ	ん	
	ましょ	う	
仮定形	ますれ		使用しない。仮定を表す場合 ➡ ましたら 不使用。表示假定：ましたら
命令形	ませ		尊敬の意味を表す動詞だけ使う 仅用于表示尊敬的动词
	まし		

例 書く			
書きます	写	**書きません**	不写
書きましょう	让(我们)写吧	書か**れます**	被写(到)
書か**せます**	让(某人)写	書き**たがります**	(他)想写
お書き**くださいませ**	请写	お書き**くださいまし**	请写

例 調査する	
調査します	调查
調査**されます**	被调查
調査**させます**	让(某人)调查
調査し**たがります**	(他)想调查

<3>「だ」「です」「ます」が成す普通と丁寧表現

（1）**前は体言もしくは一部の助詞の場合**：体言と助詞は単独で文を構成できないので、「だ」「です」「ます」（他の助動詞や助詞、補助動詞とあわせて）に頼って、肯定・否定の普通・丁寧、及びテンスを表す。

前面是名词等体言或者部分助词时：体言和助词无法单独成句，需借助「だ」「です」「ます」（及其他助动词、助词、辅助动词）来表示肯定否定、简体敬体以及时态等。

大学 → 大学**ではありませんでした**

否定・丁寧・過去

大学→不是大学（否定，敬体，过去）

丁寧	1	肯定・現在	助動詞「です」	**です**
丁寧	2	肯定・過去	助動詞「です」の連用形＋助動詞「た」	**でした**
丁寧	3	否定・現在	助動詞「だ」の連用形「で」＋（助詞「は」）＋動詞「ある」＋助動詞「ます」未然形＋助動詞「ん」	**ではありません**
丁寧	4	否定・過去	助動詞「だ」の連用形＋（助詞「は」）＋動詞「ある」＋助動詞「ます」未然形＋助動詞「ん」＋助動詞「です」＋助動詞「た」	**ではありませんでした**
丁寧	5	推量	助動詞「です」未然形＋助動詞「う」	**でしょう**
普通	6	肯定・現在	助動詞「だ」 助動詞「だ」の連用形＋補助動詞「ある」	**だ** **である**
普通	7	肯定・過去	助動詞「だ」の連用形「だっ」＋助動詞「た」 助動詞「だ」の連用形＋補助動詞「ある」＋助動詞「た」	**だった** **であった**
普通	8	否定・現在	助動詞「だ」の連用形＋（助詞「は」）＋補助形容詞「ない」	**で（は）ない**
普通	9	否定・過去	助動詞「だ」の連用形＋（助詞「は」）＋補助形容詞「ない」＋助動詞「た」	**で（は）なかった**
普通	10	推量	助動詞「だ」の未然形＋助動詞「う」	**だろう**

上記の分解を無視して、より分かりやすい表でまとめると、以下のとおりである。表現の前に来るのは**体言もしくは一部の助詞**であることを注意する。

若无视上表右侧的分解，整理出更简单易懂的表格的话，即为下表。

体言・一部の助詞＋

重要 そのまま覚えよう!!

肯定／否定／推定	普通形	丁寧形
肯定・現在	だ である	です
肯定・過去	であった だった	でした
否定・現在	で（は）ない	で（は）ありません
否定・過去	で（は）なかった	で（は）ありませんでした で（は）なかったです
推量	だろう	でしょう

以下は、名詞（例：教室）が前に来る場合、「だ」「です」を中心とした連語が成す普通形と丁寧形のまとめ表である。名詞は活用せず、単独でテンスのある文節を作れないので、助動詞「だ」「です」等が、その活用形でテンスを表現する。

名词需要借用助动词来构成具备时态的文节，如「だ」「です」的活用形后面加上「た」「ない」辅助表达过去或否定。

昔ここは商店街ではありませんでした
商店街

例名詞＋

重要 そのまま覚えよう!!

例教室（名詞）	普通形	丁寧形
肯定・現在	**教室だ。** **教室である。**	**教室です。** 是教室。
肯定・過去	**教室であった。** **教室だった。**	**教室でした。** 是教室（过去）。
否定・現在	**教室で（は）ない。**	**教室で（は）ありません。** 不是教室。
否定・過去	**教室で（は）なかった。**	**教室で（は）ありませんでした。** 不是教室（过去）。 **教室で（は）なかったです。** 不是教室（过去）。
推量	**教室だろう。**	**教室でしょう。** 是教室吧。

（2）**前は動詞、形容詞、形容動詞、一部助動詞の場合**：動詞、形容詞、形容動詞、一部助動詞は活用形が存在する為、基本的にそれらの活用形に**「た」「ない」**をつけて過去や否定などを表現する。

前面是动词、形容（动）词、部分助动词时：动词、形容（动）词、部分助动词本身的活用形直接加上表示过去的「た」、表示否定的「ない」就可以表示否定或过去。

過去

動詞 (連用形 or た形 た) 形容詞 (連用形 かっ) 形容動詞 (連用形 だっ) 助動詞 (連用形)	＋た	▶	例 働い 高かっ 静かだっ 食べ<u>られ</u>	た

過去を表す「た」との間に、「だ」「です」が要らない！！！

否定

動詞 (未然形[否]) 形容詞 (連用形 く) 形容動詞 (連用形 で) 助動詞 (連用形)	＋ない	▶	例 働か 高く 静かで 食べ<u>られ</u>	ない

否定を表す「ない」との間に、「だ」「です」が要らない！！！

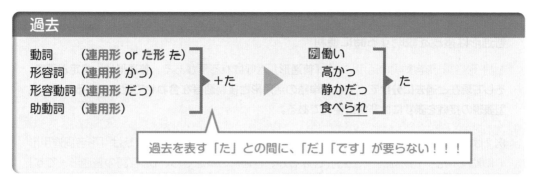

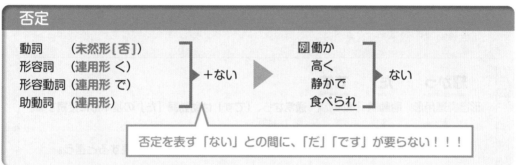

用言の**普通形**の場合、その後ろに、助動詞「**だ**」が直接接続することはない（敢えて「だ」の活用形で断定や肯定否定、テンスを表現する必要がないからだ）。一方、**丁寧形**にする場合は、丁寧を表すために、動詞と形容詞に「**です**」「**ます**」を付ける必要がある。

なお、形容動詞の「だ」「です」は、本書では助動詞ではなく、活用語尾の一部である。

用言普通形：无须借助助动词「だ」的活用形来表达断定、肯定否定或时态。用言礼貌形：后面加上「です」「ます」可表示郑重、礼貌。本书中形容动词的「だ」「です」不作为助动词，而作为活用词尾的一部分来处理。

◆動詞、形容詞、形容動詞の普通形・丁寧形表現のまとめ　重要 そのまま覚えよう!!

例 使う（動詞）	普通形	丁寧形（ます）	丁寧形（です）
肯定・現在	使う	使います	
肯定・過去	使った	使いました	
否定・現在	使わない	使いません	使わないです
否定・過去	使わなかった	使いませんでした	使わなかったです

例 細い（形容詞）	普通形	丁寧形（ます）	丁寧形（です）
肯定・現在	細い		細いです
肯定・過去	細かった		細かったです
否定・現在	細くない	細くありません	細くないです
否定・過去	細くなかった	細くありませんでした	細くなかったです

COLUMN

普通形は接続を説明する時に便利

動詞·形容詞·形容動詞の活用には、**「普通形」**と呼ばれる形がある。**普通形は、肯定と否定、そして現在と過去に分けて、それら単語の活用形と後続語等を合わせて捉えているので、文型表現の接続を表すには非常に便利である。**

例えば、（肯定・過去）形容詞が「です」をつけて丁寧を表す場合、接続は「形容詞連用形＋助動詞『た』＋助動詞『です』」となるが、普通形の概念なら、「形容詞の普通形＋です」と簡単に説明できる。

普通形＝动词／形容词／形容动词活用形＋后面的附属词，导入普通形的概念，在说明各种句型接续时比较方便。下面例子可以直接说明为：形容词的普通形＋です。

細かっ **た** **です**

形容詞連用形　助動詞　助動詞　通常なら、「です」は助動詞「た」の基本形に接続する。

普通形　普通形あると、「です」は「細い」の普通形に接続すると言う。

例静かだ（形容動詞）	普通形	丁寧形（ます）
肯定・現在	静かだ	静かです
肯定・過去	静かだった 静かであった	静かでした
否定・現在	静かで（は）ない	静かで（は）ありません
否定・過去	静かで（は）なかった	静かで（は）ありませんでした

◆形容動詞の「だ」「です」は、助動詞ではなく、活用語尾の一部である。

MORE＋　動詞・形容詞・助動詞 ＋「の」＋「だ」（「です」）

動詞・形容詞・助動詞の辞書形・基本形は直接「だ」「です」に連なることはなく、助詞「の」をつけて「だ」「です」に連なることがある。その場合、**強い断定や強調など別の意味を表す**ことになる（▶189ページ）。

动词、形容词、助动词的辞书形、基本形后加「の」后才可接助动词「だ」「です」，但表示的是强调、强烈的断定等不同意思。

泳ぐのだ。

勉強**するのだ。**

高いのだ。

見**られるのだ。**

<4>「のだ」「なのだ」「だろう」「なら(ば)」などの連語表現

助動詞「だ」の項目では、複雑な活用や接続があり、外国人学生にとって理解しづらいものが多い。多くの場合、それらの活用と接続の詳細を全て把握するより、1つ1つの連語表現として覚えることが大事だ。

「だ」的活用形式及接续等很复杂，我们建议先从一些连语表达入手进行学习和记忆。

① のだ	助詞「の」＋助動詞「だ」 の　だ
② なのだ	助動詞「だ」の連体形 / 形容動詞の連体形 ＋助詞「の」＋助動詞「だ」 な　の　だ
③ だろう	助動詞「だ」の未然形＋助動詞「う」 だろ　う
④ なら(ば)	助動詞「だ」の仮定形＋助詞「ば」 なら　ば

このような分解の詳細より、それらを以下より説明する連語表現として覚えておこう。

(1) 断定を表す表現　表示断定

~のだ(なのだ)　~のです　~のである

のだ　＝助詞「の」＋助動詞「だ」
のです　＝助詞「の」＋助動詞「です」
のである＝助詞「の」＋助動詞「で」＋補助動詞「ある」

～のだ／のです／のである　普(V・A)・NAな・Nな＋のだ／のです／のである

意味※2

①強い断定を表す。　强烈断定。

②先行する文の理由や解釈、言い換えを強調して説明する。
强调上文的理由、解释以及补充说明。

③発見を表す。主に、それまでの文脈に関連付いた新しい情報を発見した際の感動を表す。
表示发现。

④話し手の決意や話し相手への要求、命令を表す。表示说话人的决定或对听话人的要求、命令。

▶話し言葉では、「**の**」が「**ん**」になりやすい。口语中，「の」常会变为「ん」。

例

①すべての責任(せきにん)は私にある**のだ**。　所有责任都是我的。

②洗濯物が濡(ぬ)れている。雨が降っていた**んだ**。　晾的衣服都湿了。因为刚才下雨了。

ミスを無視してきたから大事故につながった**のだ**。
因为我们一直忽略了小的过失，所以才酿成了今天的大祸。

③私の携帯はあんなところにあった**んだ**。　我的手机居然在那里。

④今日はもう遅いから、(君は) そろそろ帰る**んだ**。今天已经这么晚了，(你) 差不多该回去了。

※2　ほかの意味もあるが、本章では取り上げない

ADVANCED(EJU etc.)

農薬(のうやく)を嫌(いや)がる消費者のニーズが、むしろ農薬を増(ふ)やした。何とも皮肉(ひにく)な結果になってしまった**のだ**。

一文目に対する、書き手の解釈、感想を表している。

讨厌农药的消费者的需求，反而增加了农药的使用，这真的是一个具有讽刺意义的结果。

チャンスと言うものは、身のまわりにたくさん転(ころ)がっているが、それに気付けるかどうかが問題**なのだ**。

強い断定を表す。

机会其实随处可见，关键问题是看你能否注意到。

「寝る子は育つ」という諺(ことわざ)があるように、睡眠は子供の成長に大きな影響を与えるので、きわめて大切なことな**のです**。

睡眠が大切であることの理由を強調し、断定している。

正如"会睡觉的孩子长得好"这句谚语所说，睡眠会对孩子的成长产生很大的影响，所以非常重要。

食事は健康に大きく関わっている**のである**。

強い断定を表す。

饮食与健康有很深的关联。

発展 他の強い断定、確信を表す表現

はずだ　はずがない　わけだ　わけがない　に違いない　に相違ない　に決まっている

～はずだ　普(V・A)・NAな・Nの＋はずだ

意味

①**主観的な推論**による結論を述べるので、確信度がそれほど強くなく、強い推量を表す。
通过主观的推论阐述结论，并不确信，表示较强的推测。
②確定した予定を表す。　表示确定好的预订安排。
③現実と認識が一致しないことを表す。　表示现实和认识不一致。

例

①今朝は雨が降っていたので、外は寒い**はずだ**。　今天早上下雨了，所以外面应该很冷的。
②明日は朝九時に駅で待ち合わせだった**はずだ**。　已经确定好明天早上 9 点在车站见面的。
③こんな問題も解けないなんて、君はもっと頭が良かった**はずだ**。
连这么简单的题都没做出来呀。你的脑子不是很聪明的吗?

～はずがない　普(V・A)・NAな・Nの＋はずがない

意味

①事柄が起こる可能性を主観的な推量をもって強く否定する表現。
通过主观的推测强烈否定发生某事的可能性。
②確定した予定を表す。　表示确定好的预订安排。
③現実と認識が一致しないことを表す。　表示现实与认识不一致。
▶「ないはずだ」に言い換えることも可能だが、否定の意味は少し弱くなる。
可替换为「ないはずだ」但否定语气变弱。

例

①昨日あれほど勉強したのだから、不合格になる**はずがない**。
⇄昨日あれほど勉強したのだから、不合格にはなら**ないはずだ**。
昨天那么努力地复习了，不可能考不及格。⇄昨天那么努力地复习了，不应该不及格的。
②彼女は会議には来る**はずがない**。
⇄彼女は会議には来**ないはずだ**。
她不可能来开会。⇄她应该不会来开会。
③今ここに彼がいる**はずがない**のに、なぜいるんだ。
他不应该出现在这里啊，为什么会在呢?

～わけだ　普(V・A)・NAな・Nの＋わけだ

意味

①**客観的な根拠や、経験や知識**に基づいた、論理的に導き出す結論を述べる。確信度が非常に強い。　表示通过客观事实、经历、知识等，有理有据地推导出结论。很确信。
②当然そうなることを説明する際や、納得した際に使われる。
对理所当然的事表示接受认可时使用。

例

①彼女はアメリカに五年ほど住んでいたので、英語ができる**わけである**。
她在美国住了将近五年，应该会英语的。
②彼女の親はかなり厳しいらしい。どうりであれほど真面目に育つ**わけだ**。
她的父母似乎相当严格，所以教出了这么认真的孩子啊。

～わけがない　普(V・A)・NAな・Nの＋わけがない

意味

その事柄が起こる**可能性を強く否定する**表現。多くの場合「はずがない」と言い換え可能だが、「わけがない」は、特に根拠なく否定する場合に使える。
强烈否定发生某事的可能性。可替换成「はずがない」，但「わけがない」可用于无特殊理由否定的场合。

例 たった1ヶ月で僕が試験の点数を50点もあげられる**わけがない**。
仅仅一个月的时间，是不可能把我的考试成绩提高50分的。

～に違いない 普(V・A)・NA・N＋に違いない

意味 確信度の強い推量を表す。論理的な根拠の薄い**直感的な確信**を表すこともできる。
表示强烈的确信。也可表示缺乏根据的很直观的确信。

例 妻とは初めて会った日に、この人と結ばれる**に違いない**と確信（かくしん）した。
和妻子第一次见面的那天我就确信肯定会和她结婚的。

～に相違ない／に決まっている 普(V・A)・NA・N＋に相違ない／に決まっている

意味 「に違いない」と意味はほぼ同じだが、「に相違ない」はより**堅い文章**である。「に決まっている」は主に**日常会話**で主に使用される。
与「に違いない」相似，「に相違ない」更加生硬，「に決まっている」用于会话。

例 その手紙は、学生時代の恩師（おんし）が書いたものに**相違なかった**。这封信一定是学生时代的恩师写的。
あの花瓶は息子が倒した**に決まっている**わ。这花瓶准是儿子给弄倒的。

POINT 断定・確信を表す表現の比較

話し言葉 くだけた表現 口语／较为随便的表达	**両方使える** 口语和书面语均可	**書き言葉** 硬い表現 书面语／较为生硬的表达
っこない に決まっている	はずだ わけだ はずがない わけがない に違いない	に相違ない

「わけ」：「理由」「道理」という意味の「訳」が形式名詞化したものである。
「わけ」：汉字「訳」表示的就是理由、道理的意思。

「はず」：「筈」から来ているので、「当然そうなるべき道理」を表す。
「はず」：表示理所当然的理由。

「～わけだ」には「道理が通っている」「理屈でそうあるべき」といったニュアンスがあり、より理論的・客観的な正確性が強い。
「～わけだ」：表示理论上、逻辑上说得通，偏向理论的、客观的正确。

「～はずだ」は、推量が強く、結果に対しての確信度は低く不確実である。
「～はずだ」：推测的成分较大，对结果并不是很确定。

ADVANCED(EJU etc.)

繰り返し読めば、自(おの)ずと理解できる**はずだ**。

強い推量を表す。

反复读的话，应当自然就能理解其中的意思。

繰りかえし読めば
自ずと理解
できるはずだ!!
ホント
かな?

人生において、1つの明確な答えなど到底(とうてい)見つかる**はずがない**。

強い否定の推量を表す。

人生当中，怎么也不可能找到一个明确的答案。

見えない世界は見えるようになりさえすれば、分析ができ、科学的思考の対象にすることが出来る**わけだ**。

経験に基づいて結論を述べる。

如果我们可以将看不见的世界可视化，那么我们就可以对其进行分析，当然也就可以将其作为科学研究的对象。

自分を褒めてくれるものを追(お)い出(だ)す**わけがない**。そのアーティストは嫌々(いやいや)ながらも、ファンの言葉に耳を傾(かたむ)けざるを得なかった。

起こる可能性を強く否定。

谁都不可能把表扬自己的人赶走，所以那个艺术家虽然很不情愿，但是也不得不去倾听粉丝们的赞美之词。

偶然発見(ぐうぜんはっけん)したように見えても、実際のところ、彼のそれまでの努力があったからこそ、今回の実験で成果として現(あらわ)れた**に違いない**。

確信を表す。

虽然看起来像是偶然的发现，但是实际上是因为他之前的努力，所以才会有这一次实验的成果。

(2) 推量を表す表現　表示推测

~だろう　~でしょう　~であろう

だろう = 助動詞「だ」の未然形＋助動詞「う」
でしょう = 助動詞「です」の未然形＋助動詞「う」
であろう = 助動詞「で」＋補助動詞「ある」＋助動詞「う」

~だろう / でしょう　普(V・A)・NA・N＋だろう/でしょう

意味 不確かな断定、または推量を表す。「たぶん」「おそらく」などと一緒に使用。
表示不确定的判断，或表示推测。常与「たぶん」「おそらく」并用。

例
彼は来学期の担任**だろう**。　他可能是下学期的班主任吧。
このリンゴはたぶん甘い**でしょう**。　这苹果大概很甜吧。
このテレビはもう使えない**だろう**。　这台电视机已经不能用了吧。

～であろう　普(V・A)・NA・N＋であろう

意味　不確かな断定、または推量を表す。固い表現。＝だろう
表示不确定的判断，或表示推测。基本等同于だろう。

例　満足する**であろう**。
（他）会满意的。

ADVANCED(EJU etc.)

子どもの時期は誰でも、好奇心（こうきしん）がむくむくと頭をもたげた経験がある**だろう**。
不確かな断定を表す
谁都有小时候好奇心蠢蠢欲动无法抑制的经历吧。

この商品は高額ですが、長い目で見ればお買い得**でしょう**。
不確かな断定・丁寧を表す
这个商品虽然很贵，但是用长远的眼光来看的话还是很实惠的。

二人がお互いに向き合って立（た）ち話（ばなし）をする場合、疎遠（そえん）な間柄（あいだがら）であれば、自ずと二人の距離は開く**であろう**。
直前の仮定を受けて、不確かな断定を表す
两个人面对面站着说话时，如果相互关系比较疏远，两人的距离也会不自觉地隔开一些。

発展　他の不確かな断定、推量を表す表現
と思う　と思われる　と考える　と考えられる
（の）ではないか　（の）ではないだろうか　まい

これらは
小論文などの
記述試験で
よく使われる
んだよ！

～と思う / と思われる / と考える / と考えられる
普＋と思う / と思われる / と考える / と考えられる

意味　①「と思われる」「と考えられる」は少し固い表現で、世間一般的にそう思われている、**合理的な判断に基づいてこう結論付けられる**、ということも表す。
②受け身の意味としての「思われる」と区別する必要がある。
「と思われる」「と考えられる」稍显生硬，可表示社会上一般性的认识、符合逻辑的判断等。「と思われる」需要注意和表示被动的意思区分。

例
①父は立派な人だ**と思う**。　（我）认为父亲是个值得尊敬的人。
この小説にはひとつ、大きな問題点がある**と思われる**。　大家认为这部小说有一个大问题。
私は、この国の将来は暗い**と考えている**。　我认为这个国家的未来是暗淡的。
この国の将来は暗い**と考えられる**。　人们普遍认为这个国家的前途是暗淡的。
②私が嘘つきだ**と思われる**のは困る。　最苦恼的是，自己被大家误认为撒了谎。
受け身

～(の)ではないか/(の)ではなかろうか/(の)ではあるまいか/(の)ではないだろうか

普＋(の)ではないか/(の)ではなかろうか/(の)ではあるまいか/(の)ではないだろうか

意味 不確かだが、正しいと見込んで断定を表す。論説文では、この形で筆者の主張を表す。
虽不确定，但认为正确而做出断言。论文中常用来表达作者主张。

例 今のままでは、少子高齢化は進む一方な**のではないか**。
照此发展下去，少子高龄化的现象必然会越来越凸显。
この映画は、資本主義を風刺(ふうし)している**のではないだろうか**。
这部电影似乎是在讽刺资本主义。

～まい V辞＋まい その他接続は（▶208ページ）

（▶208ページ）

意味 ①ないだろう ②～しないという意志を表す
表示“大概不……”或“不做……”

例 ①私の弟が、まさかこの時間には**起きまい**。(or **起きるまい**) 这个时间，我弟弟大概还没起床呢吧。
何を言ったって、反対派は**納得しまい**。 无论说什么，反对派大概都不会认同的。
②もう二度と不合格には**なるまい**。（我）绝不会再考不及格的（＝下次一定要考个及格给你们看看）
何があろうと彼を**許すまい**。 无论怎样也不能原谅他。

ADVANCED(EJU etc.)

脳の容量(ようりょう)が大きい動物ほど賢い**と思われる**。一般认为脑容量大的动物比较聪明。

私は、地球温暖化の原因のひとつとして、人々がゴミを多く排出しすぎていることが挙げられる**と考える**。
我认为人们对垃圾的过度排放是地球温暖化的原因之一。

この洞窟(どうくつ)では、豪華(ごうか)な装飾品(そうしょくひん)を身に付けた若い女性の遺体(いたい)が多く見つかった。これらのことから、この町に住んでいた人々は、死者を生贄(いけにえ)として神に捧(ささ)げていた**と考えられる**。
在这个洞窟中发现了许多身着豪华饰品的女性遗骸。由此可以推断，这个小镇里居住的人们曾有过将死者作为祭品献给神明的行为。

読者(どくしゃ)が納得(なっとく)してくれるなら、それはそれで作者の念願(ねんがん)がある程度叶えられたと言える**のではないか**。
完全な断言を避けているが、ほぼ断定の意味を表す
可以说，读者能够赞同的话就是在一定程度上实现了作者的愿望。

芸術上、本当の創作(そうさく)というものはこういうものであるべきではある**まい**か。
「あるべきではないだろうか」に言い換え可。反語的に、強い肯定を表している
从艺术上来讲，真正的创作难道不就应该是这样的吗？

7 助動詞

（3）なら（ば）

なら（ば）＝ 助動詞「だ」の仮定形（＋助詞「ば」）

～なら（ば） 普(V・A)・NA・N＋なら（ば）

意味 仮定を表す。
表示假定。

例 彼が行く**なら（ば）**、私も行く。
如果他去的话，我也去。

ADVANCED(EJU etc.)

もし君が既（すで）にこれをよく知っているの**ならば**、きっと一を聞けばすぐに十を知ることができるでしょう。 助詞「の」に「だ」の仮定形「なら」が付く。仮定を表す

如果你已经完全理解了的话，那一定能举一反三吧。

生活を充実したものにしようとする**なら**、こうした努力なしに済（す）ますことはできない。 仮定を表す

如果想让自己的生活充实起来，不努力是不行的。

4 過去や完了を表す助動詞

「た（だ）」

<1> 意味

「た（だ）」は**過去に起きた動作、すでに済んだ動作等を表し**、テンスを表す助動詞として広く使われている。動詞・形容詞・形容動詞の過去形を成す。**そのほかに、完了や存続、想起を表す。**

「た（だ）」作为表示时态的助动词应用极为广泛，可表示过去发生的动作、已经结束的动作等，还可以表示动作完结、状态持续、回想等意思。

<2> 接続と活用

（1）接続

前の単語	例
動詞 連用形 た形た Vた	食べた
形容詞 連用形 Aいかっ	楽しかった
形容動詞 連用形 NAだっ	失礼だった
助動詞 「(よ)う」「ぬ(ん)」「まい」を除く 連用形	られる：食べ**られた** させる：食べ**させた** ない　：飲ま**なかった**

（2）**活用形**

助動詞「た（だ）」は、**連用形**、**命令形**がない。仮定形の「たら」「だら」は、「ば」を伴わないでも使える。五段活用動詞辞書形の末尾が「ぐ」「ぬ」「ぶ」「む」の場合は、「だ」を使用する（▶「動詞（撥音便）」51ページ）。

「た（だ）」无连用形和命令形。假定形后面的助词「ば」可省略。前接以「ぐ」「ぬ」「ぶ」「む」为词尾的五段动词时，注意会发生音便，变为「だ」。

	活用形	助動詞等	例 行った	例 学んだ	例 泳いだ
基本形	た（だ）		行っ**た**	学ん**だ**	泳い**だ**
連体形	た（だ）		行っ**た**	学ん**だ**	泳い**だ**
連用形	ー		×	×	×
未然形	たろ（だろ）	う	行っ**たろ**う	学ん**だろ**う	泳い**だろ**う
仮定形	たら（だら）	（ば）	行っ**たら**	学ん**だら**	泳い**だら**
命令形	ー		×	×	×

<3> 構文と表現

（1）**過去を表す。**動作が既に済んだ意味を持つ。 表示过去。动作已经结束。

昨日、牛丼を**食べた**。
昨天吃了牛肉盖饭。

今朝、ジョギングを**した**。
今早跑步了。

昨日の飲み会で、ついに同僚（どうりょう）が、社長に対し文句を**言った**。
在昨天聚会上，同事终于对总经理发了牢骚。

新作のゲームを**買った**彼は、我（われ）を忘れるほど夢中（むちゅう）になって遊んでいる。
他买了新游戏后全神贯注地拼命玩儿。

（2）**完了を表す。**ちょうど動作が終わったという意味である。
表示完成。意味着动作刚好结束。

いま課題を**やり終えた**。
刚刚做完课题。

今日のタスクが今**済んだ**。
刚刚完成了今天的任务。

空港に**着いたら**連絡してください。 到机场后请和我联系。

古い建物なので、壁紙（かべがみ）が剥（は）がれ**落ち始めた**。因为是老建筑物，壁纸开始脱落了。

（3）**存続を表す。**すでに終わった動作だが、その結果が現在も引き続き存在している意味を表す。 表示持续。已经结束的动作结果持续到现在。

汚(よご)**れた**服を洗濯する。 清洗脏衣服。	白く**塗った**壁。 涂白的墙。

自由と規律を中心テーマに**据**(す)**えた**教育方針です。
这是以自由和纪律为中心制定的教育方针。

決められたルールは、守らなければならない。 必须要遵守制定好的规矩。

（4）**ある事実を、確認し、思い出しているという意味を表す。**
表示想起、确认到某件事情。

そういえば、今日は僕の誕生日**だった**。
对了，今天是我的生日啊。 **想起**

明日の会議は、７時から**だった**？
明天的会议，是７点开始来着？ **確認**

5 ヴォイス（受け身・使役など）に関係する助動詞

「れる」「られる」

<1> 意味

「れる」「られる」は**受け身・可能・自発・尊敬**を表すことができる。
「れる」「られる」可表示被动、可能、自发、尊敬等。

<2> 接続と活用

（1）接続

	前の単語	形	例
れる	五段活用動詞 未然形［否］ V否	V否＋**れる**	笑**われる**
	サ変活用動詞 未然形［否］ V否	する ➡ **される**	強制**される**
られる	一段活用動詞 未然形［否］ V否	V否＋**られる**	食べ**られる** 見**られる**
	カ変活用動詞 未然形［否］ V否	来る ➡ **来られる**	**来られる**
	使役の助動詞「せる」「させる」 未然形	せ**られる** させ**られる**	読ませ**られる** 教えさせ**られる**

（2）**活用形**

助動詞「れる」「られる」は、動詞の一段活用と同じような活用をする。受け身以外の、可能・自発・尊敬を表す場合は、命令形が存在しない。

「れる」「られる」基本按照一段动词的方式活用。只有表示被动时，有命令形。

	活用形	活用形	助動詞等
基本形	れる	られる	
連体形	れる	られる	
連用形	れ	られ	ます
未然形	れ	られ	ない よう
仮定形	れれ	られれ	ば
命令形（受け身のみ）	れろ れよ	られろ られよ	

ADVANCED(EJU etc.)

ネットで新聞を注文すれば、直接家庭や仕事場（しごとば）に**届けられます**。
受け身
如果在网上订阅报纸的话，可以直接送到家里或公司里。

失敗を「しょうがないこと」と思い込むと、失敗の真の原因を**見つけられない**。
可能
如果认定失败是“没办法的事”，就无法发现失败的真正原因。

いくら悪い言葉を**投げかけられよう**と、なるべく受け流（うけなが）すようにしている。
受け身
不管被人说了多么恶毒的话，我都会尽量地装作没听到。

<3> 構文と表現

（1）**受け身の意味**。他から動作を受ける意味を表す。（▶「動詞」84ページ）

動作を表す動詞の**未然形[否]**に「**られる**」「**れる**」という**助動詞**をつけることによって**受身形**を作る。動詞の部で取り上げたように、受け身構文は直接受身文と間接受身文に分けることができる。直接受身文は他動詞を使用するが、間接受身文は迷惑や被害を被るという意味を表すことができる。間接受身文では自他動詞両方を使用することが可能だ。

动词未然形[否]后接「られる」「れる」表示被动。被动分为直接被动句和间接被动句。具体见动词部分。

友達がパソコンを**壊す**。
パソコンが友達に**壊される**。

先生が学生に説教を**する**。
学生が先生に説教を**される**。

赤ちゃんに**泣かれる**。

私は彼に息子を**褒められた**。

万博は数年後、この都市で**開かれる**予定だ。

（2）**可能の意味**。できるという意味を表す。ただ、五段活用動詞の場合、可能動詞が存在するため、可能の助動詞「れる」がつく形はあまり使われない （▶「動詞」69ページ）

表示能够。五段动词另有特殊的可能动词，一般不使用「れる」。

	辞書形	可能の形	
五段活用動詞	読む 話す 書く	読める 話せる 書ける	可能動詞（可能形）
	読む 話す 書く	読まれる 話される 書かれる	**助動詞「れる」がつき可能を表すが、形式自体は使われない。** 虽然存在这种形式，但一般不使用。
一段活用動詞	見る 食べる	見られる 食べられる	可能形
サ変	する	できる	可能形
カ変	来る	こられる	可能形

これくらいなら**覚えられる**。

这么简单的话能记住。

100mを12秒で**走れる**。

（我）100米能跑12秒。

図書館で**勉強できる**。

可以在图书馆学习。

立派（りっぱ）な文章を**書ける**としても、それを口でうまく**説明できる**とは限らない。

「書ける」：五段活用動詞「書く」の可能動詞　**「できる」：サ変動詞「する」の可能形**

即使能写出很出色的文章，也不代表就具备出色的口头讲解能力。

自分をかっこいいと見せつける行為（こうい）は、思春期（ししゅんき）の子どもたちによく**見られる**。

耍帅这种行为在青春期的孩子身上很常见。　**「見られる」：一段動詞「見る」＋「られる」**

（3）**自発（自然発生）の意味。**自然に感覚が湧いてきたり、人の意志と関係なく動作が起きたりする様子を表す。 表示自然而然的感觉，或表示某种和人的意志无关的动作发生。

秋の気配（けはい）が**感じられる。** 感受到了秋天的气息。

つい遠い昔（むかし）のことが**思い出される。** 不由得回忆起很久之前的事情。

大きな災害のニュースを見るたびに、故郷（こきょう）にいる母のことが**案（あん）じられる。**
自然に心配してしまう様子
每次看到大型灾害的新闻，都会挂念住在故乡的母亲。

（4）**尊敬の意味。**「れる」「られる」は動作の主体に対して敬意を表し、尊敬語として使える。
「れる」「られる」表达对动作主体的尊敬，构成敬语。

教授が**話される。** 教授讲话。

上司が**帰られた。** 上司回去了。

年配（ねんぱい）の方が店によく**来られる。**
年长者常来店里。

先生がビールを**飲まれる。**
老师喝啤酒。

POINT 受け身・可能・自発・尊敬の識別

① **動作を受ける意味**があれば ➡ **受け身**
② **「できる」**という表現に置き換えることが可能なら ➡ **可能**
③ **「自然とそうなる」**という意味であれば ➡ **自発**
④ **目上の人の動作を表す**のであれば ➡ **尊敬**

社長に**認められた。** → 認める動作を受ける。 → **受け身**
被社长认可了→承受动作认可→被动

朝早く**起きられる。** → 朝早く起きることができる。 → **可能**
能够早起→大清早能够做到起床这件事→可能

彼のことが**心配される**。→ 自然と彼のことが心配になる。

担心他的事情→不由自主地担心他的事情→自然的发生　→ **自発**

お茶を**飲まれます**か。→ 目上の人がお茶を飲む。→ **尊敬**

（您）喝茶吗→长辈做喝茶这个动作→尊敬

「せる」「させる」

<1> 意味

他に動作させるという意味で、**使役を表現する助動詞**である。（▶「動詞」87ページ）

「せる」「させる」表示"让／使……"。

<2> 接続と活用

（1）接続

前の単語	形	例
五段活用動詞　未然形［否］　V否	V否＋**せる**	笑わ**せる** 踏ま**せる**
一段活用動詞　未然形［否］　V否	V否＋**させる**	食べ**させる** 見**させる**
カ変・サ変動詞　未然形［否］　V否	来る ➡ 来**させる** する ➡ さ**せる**	来**させる** 勉強さ**せる**

（2）活用形

助動詞「せる」「させる」は、動詞の一段活用と同じような活用をする。

「せる」「させる」基本按照一段动词的方式活用。

	活用形	活用形	助動詞等
基本形	せる	させる	
連体形	せる	させる	
連用形	せ	させ	ます
未然形	せ	させ	ない よう
仮定形	せれ	させれ	ば
命令形	せろ せよ	させろ させよ	

6 その他の助動詞

「たい」「たがる」

<1> 意味

「たい」と**「たがる」**両方は、**ある行為をすることに対する願望を表す。**動詞連用形表現（▶97ページ）で取り上げられたように、**「たい」は基本的に話し手の願望を表し、「たがる」は話し手以外の人の願望を表す。**

「たい」「たがる」均表示对某种行为的愿望。「たい」一般表示说话人的愿望，「たがる」表示说话人以外的人的愿望。

私はこの本を**買いたい。**　我想买这本书。

弟はこの本を**読みたがっている。**　弟弟想要读这本书。

<2> 接続と活用

「たい」は、助動詞ではあるが、形容詞と同じように、末尾は**「い」**で終わる為、活用も形容詞と同じように活用する。ただ、**未然形の表現「たかろう」「たがろう」は普段使用されていない。**その代わり、**「たいだろう」「たがるだろう」**の方がよく使われている。

「たい」结尾有「い」，活用方式与形容词基本相同。但未然形一般不用「たかろう」「たがろう」，而使用「たいだろう」「たがるだろう」。

「たがる」は、末尾は**「る」**で終わる為、活用は普通の五段活用動詞と同じように活用する。**「たがる」は多くの場合、「たがっている」という表現で使われている。**

「たがる」以「る」结尾，活用方式基本与五段动词相同。

前の単語	「たい」の例	「たがる」の例
動詞 連用形 V~~ます~~	**入りたい** **泳ぎたい** **食べたい**	**入りたがる** **泳ぎたがる** **食べたがる**
助動詞 「れる」「られる」「せる」「させる」 連用形	れる：呼ば**れたい** られる：褒め**られたい** せる：思わ**せたい** させる：食べ**させたい**	れる：呼ば**れたがる** られる：褒め**られたがる** せる：思わ**せたがる** させる：食べ**させたがる**

例 たい	活用形	助動詞等	例
基本形	たい		観**たい**
連体形	だい		観**たい**作品
連用形	たかっ	た	観**たかっ**た
	たく	て	観**たく**てしようがない

未然形	たかろ	う	観**たかろう**（▲） 観たいだろう
仮定形	たけれ	ば	観**たければ**
命令形	ー		

例たがる	活用形	助動詞等	例
基本形	たがる		歌い**たがる**
連体形	たがる		歌い**たがる**時
連用形	たがり	ます	歌い**たがり**ます
	たがっ	て た	歌い**たがっ**ている 歌い**たがっ**た
未然形	たがら	ない	歌い**たがら**ない
	たがろ	う	歌い**たがろ**う（不使用）
仮定形	たがれ	ば	歌い**たがれ**ば
命令形	ー		

ADVANCED(EJU etc.)

できれば、他人とのトラブルを**避けたい**です。

如果可以的话，想尽量避免与他人产生纠纷。

いくら遊びに**行きたくて**も、
時間がない限りどうにもならない。

即使再怎么想出去玩儿，要是没有时间也毫无办法。

部長が定年後(ていねんご)も命令口調(めいれいくちょう)で
仕切(しき)りたがっている。

部长在退休后也依旧想用命令的口气来处事。

「ない」「ぬ（ん）」

<1> 意味

「ない」と「ぬ（ん）」は、否定の意味を表す助動詞である。**動詞の未然形［否］や助動詞の未然形につき、否定形を成す。**

「ない」「ぬ（ん）」表示否定的意思。接在动词未然形［否］或助动词未然形后面，构成否定形。

学生が**集まらない**。 学生聚集不起来。	学生が**集まらぬ（ん）**。 学生不聚集起来。

この本はあまり**勧められない。**	この本はあまり**勧められぬ（ん）。**
这本书不怎么推荐。	这本书不怎么推荐。

<2> 接続と活用

（1）接続

「ない」と「ぬ（ん）」は、動詞の未然形［否］と助動詞の未然形につく。ただ、動詞の「ある」には「ない」がつけられない。**「あらない」という言い方はなく、「あらぬ」のみ存在する。**なお、形容詞につく「ない」も否定を表すが、これは補助形容詞であるため、助動詞「ない」とは品詞が異なるので、区別する必要がある（▶139ページ）。

「ない」「ぬ（ん）」接在动词未然形［否］、助动词未然形后面。但动词「ある」只有「あらぬ」，没有「あらない」。另外需要注意接在形容词后的「ない」虽表示否定但属于补助形容词，与助动词的「ない」活用形式不同。

前の単語	「ない」の例	「ぬ（ん）」の例
動詞 未然形［否］ V否	入らない 泳がない 食べない 勉強しない	入らぬ（ん） 泳がぬ（ん） 食べぬ（ん） 勉強せぬ（ん）
助動詞 「れる」「られる」「せる」 「させる」「たがる」「ます」 未然形	られる：褒め**られない** れる：呼ば**れない** させる：食べ**させない** せる：思わ**せない** たがる：読み**たがらない**	られる：褒め**られぬ（ん）** れる：呼ば**れぬ（ん）** させる：食べ**させぬ（ん）** せる：思わ**せぬ（ん）** たがる：読み**たがらぬ（ん）** ます：書き**ませぬ（ん）**

（2）活用形

例ない	活用形	助動詞等	例
基本形	ない		疲れ**ない**
連体形	ない		疲れ**ない**人
連用形	なかっ	た	疲れ**なかっ**た
	なく	て なる する 等	疲れ**なく**て 疲れ**なく**なる 疲れ**なく**する
未然形	なかろ	う	疲れ**なかろ**う
仮定形	なけれ	ば	疲れ**なけれ**ば
命令形	ー		

例ぬ(ん)	活用形	助動詞等	例
基本形	ぬ(ん)		疲れ**ぬ(ん)**
連体形	ぬ(ん)		疲れ**ぬ(ん)** 人
連用形	ず	に	疲れ**ず**に
未然形	ー		
仮定形	ね	ば	疲れ**ね**ば
命令形	ー		

ADVANCED(EJU etc.)

今まで人間があまり踏み込ま**なかった**南極(なんきょく)で、新しい生物(せいぶつ)が発見された。

在迄今为止没有多少人到过的南极地区，发现了新的生物。

偏見(へんけん)を持ちながら他人と接(せっ)すると、その人のありのままの姿(すがた)が見え**なくなる**。

如果带着偏见与别人接触的话，就无法了解他的真实面貌。

学んだ知識を使わ**なければ**、やがて忘れてしまう。

学习过的知识如果不用的话最终就会忘记。

今月中に新規事業の成果(せいか)を**出さねば**、昇進(しょうしん)は難しいだろう。

如果这个月新业务出不了成果，往上提拔就难了吧。

彼女はその日一睡(いっすい)も**せずに**、試験に向けて勉強し続けた。

那天，她一夜没有合眼，一直在为准备考试而努力学习。

予期(よき)せぬ襲撃(しゅうげき)に不意(ふい)を打(う)たれて、慌(あわ)てふためいた。

遭遇到毫无准备的突然袭击，非常地狼狈不堪。

「う」「よう」

<1> 意味

「う」と**「よう」**という助動詞は、**推量と意志**という2つの意味を持つ。推量は、話し手が推測して物事を言う意味であり、意志は、話し手の意志や、相手への勧誘を表す意味を持つ。

「う」「よう」表示推测和意愿两个意思。推测是说话人经过推测来表达某事，意愿是表示说话人的意愿或是劝诱对方做某事的意思。

来月には、富士山の雪も消え**よう**。

下个月，富士山的雪就会消融吧。　　推量

東京は暑かろ**う**。　　东京或许很热吧。

推量

美味しい料理を作ろ**う**。　来做一道好吃的菜吧。

意志

一緒に勉強し**よう**。　　来一起学习吧。

意志

<2> 接続と活用

(1)「う」の接続

前の単語	例
動詞（五段） 未然形[意] V意	書こう 住もう
形容詞 未然形 Aかろ	辛かろう 楽しかろう
形容動詞 未然形 NAだろ	静かだろう 綺麗だろう
助動詞 「だ」「ます」「たい」 未然形	辛いだろう 行ったろう 起きたかろう やりましょう

(2)「よう」の接続

前の単語	例
動詞（五段以外） 未然形[意] V意	食べよう 起きよう 来よう 納得しよう
助動詞 「れる」「られる」「せる」「させる」 未然形	潰されよう 食べられよう 直させよう 運動させよう

(3)「う」と「よう」の活用形

「う」と「よう」ともに、**基本形（連体形）**のみあり、その他の活用形はない。連体形の後ろは**「こと」「もの」**等の形式名詞が付く。

「う」「よう」只有基本型（连体形），没有其他活用形。连体形后接「こと」「もの」等形式名词。

真似（まね）をし**ようもの**なら

「まい」

<1> 意味

「まい」という助動詞は、**否定の推量と否定の意志**という２つの意味を持つ。「う」と「よう」が表す推量と意志に否定を加わった意味である。「まい」は、否定の推量を表す場合、**「～ないだろう」**とほぼ同じ意味であり、否定の意志を表す場合、**「～ないつもりだ」**や**「～ないことにしよう」**と同じ意味である。

「まい」表示否定的推测时，基本等同于「～ないだろう」。表示否定的意愿时，基本等同于「～ないつもりだ」や「～ないことにしよう」。

（1）否定の推量　否定的推测

台風は来る。	この病気は治る。
たぶん台風は来る**まい**。	この病気は治る**まい**。
＝台風はたぶん来ないだろう。	＝この病気はたぶん治らないだろう。

（2）否定の意志　否定的意愿

辛くても泣く**まい**。
＝辛くても泣かないようにしよう。
＝辛くても泣かないつもりだ。

<2> 接続と活用

（1）接続

「まい」の接続はゆれが多く、一段動詞、「する」と「来る」は、「まい」に接続する形が一定しない。

「まい」的接续方式比较随意，一段动词、「する」「来る」有几种形式可接「まい」。

前の単語	例
動詞（五段）　辞書形　V辞	笑うまい
動詞（一段）　辞書形　V辞	食べるまい
未然形［否］　V否	食べまい
する する／し／す	するまい しまい すまい

来る 来る／来(こ)／来(き)	来るまい 来(こ)まい 来(き)まい
助動詞 基本形 未然形	書か**せるまい** 書か**せまい**

（2）活用形

「まい」は「う」「よう」と同じく、**基本形（連体形）**のみあり、その他の活用形はない。連体形の後ろは「こと」「もの」等の形式名詞が付く。

「まい」也仅有基本形（连体形），无其他活用形。连体形后接「こと」「もの」等形式名词。

ある**まいこと**

<3> 表現

表現	意味	例
「絶対～まい」 「もう～まい」	否定の意志　不要…… ＝～ないつもりだ、 ～ないことにしよう	もう先生とは会う**まい**。 再也不会去见老师了。 絶対にこの問題を間違える**まい**。 绝对不会把这个问题搞错的。
「たぶん～まい」 「もう～まい」 「きっと～まい」	否定の推量　不……吧 ＝～ないだろう	もう先生は会いにはきてくれ**まい**。 老师不会再来见我了吧。 彼らの悲しみは消え**まい**。 他们的悲伤还没有消除吧。
～（よ）うと～まいと ～（よ）うが～まいが	「してもしなくても、 ～でも～でなくても」 という意味を表す。 做……或不做……	食べ**ようと**食べ**まいと**、私の勝手だ。 吃还是不是，我说了算。

POINT　「う」「よう」と「まい」

意志・推量 ――→ **「う」「よう」**

意志・推量の否定 ――→ **「まい」**

否定の「ない」＋「う」「よう」＝**「まい」**

「う」「よう」と「まい」の活用もほぼ同じ。
- **活用形は終止・連体形のみ**
- **連体形は「こと」など形式名詞に接続**

「そうだ」「そうです」

<1> 意味

「そうだ」は二つの意味で使われている。**伝聞を表す使い方と、様態を表す使い方がある。**
末尾の「だ」を「です」に置き換えることで、丁寧を表す。
「そうだ」可表示传闻，也可表示样态。「そうです」是其礼貌、郑重的表达方式。

（1）**伝聞**：他の人から聞いたという意味（＝**〜と聞いた**）　传闻：从别人那里听到。

天気予報によると、明日雨が降る**そうだ**。
据天气预报说明天要下雨。

その本は来月発売（はつばい）だ**そうだ**。
听说那本书下个月开始发售。

（2）**様態**：そういう様子であるという意味（＝**〜の様子だ**）　样态：好像什么的样子。

暗くなったから、雨が降り**そうだ**。
天暗下来了，好像要下雨的样子。

今年の冬は寒**そうだ**。
今年的冬天好像会很冷的。

<2> 接続と活用

（1）**接続**

意味	前の単語	例	参考：普通形を使った接続
伝聞	**動詞・形容詞・形容動詞** **助動詞** 辞書形・基本形	チャレンジ**するそうだ** **厳しいそうだ** **綺麗だそうだ** **帰らないそうだ** 戻**られるそうだ**	普＋そうだ
様態	**動詞** 連用形 V~~ます~~	**降りそうだ**	V~~ます~~＋そうだ A~~い~~＋そうだ （いい➡よさそうだ） （ない➡なさそうだ） NA＋そうだ
	形容詞 語幹 A~~い~~ **形容動詞** 語幹 NA	**甘そうだ** 元気**そうだ** **よい ➡ よさそうだ** **ない ➡ なさそうだ**	
	助動詞 連用形	来**られそうだ**	
	助動詞　「たい」➡ た 「ない」➡ な	行き**たそうだ** 行か**なそうだ**	

1 伝聞の「そうだ」

	活用形	助動詞等	例
基本形	そうだ		受け付ける**そうだ**
連体形	ー		
連用形	そうで	ある	受け付ける**そうで**ある
未然形	ー		
仮定形	ー		
命令形	ー		

2 様態の「そうだ」

	活用形	助動詞等	例
基本形	そうだ		
連体形	そうな		解け**そうな**問題
連用形	そうで そうに そうだっ	ある なる 等 た	解け**そうで**ある 解け**そうに**なる 解け**そうだっ**た
未然形	そうだろ	う	聞き取れ**そうだろ**う
仮定形	そうなら		聞き取れ**そうなら**
命令形	ー		

POINT 「そうだ」意味の見分け

① 辞書形（基本形）に付く ➡ **伝聞**
② 連用形（V~~ます~~）／語幹に付く ➡ **様態**

辞書形や基本形の場合、その後ろに付く「そうだ」は伝聞を表す。辞書形や基本形は完結した形であり、「そうだ」を「～と聞いた」という表現に置き換えることも可能だ。

既然表示的是传闻，可以翻译为听说，听说的一定是一个完整的事或叙述，所以前面词语相应地使用基本形或者辞书形也很自然。「そうだ」可以替换为「と聞いた」。

ADVANCED(EJU etc.)

朝からずっと走り回り、腹(はら)が減(へ)って目が**回りそうだ**。

从早上就一直在四处奔走，肚子饿得要晕了。 **動詞「回る」連用形＋「そうだ」辞書形：様態**

山の中を歩いていたら、いかにも**狂暴(きょうぼう)そうな**熊(くま)に遭遇(そうぐう)した。

形容動詞「狂暴だ」語幹＋「そうだ」辞書形：様態

在山里行走的时候，碰见了一头看起来好像很凶的熊。

遅刻しそうだったので、口にパンをくわえたまま、走って登校した。

動詞「遅刻する」連用形＋「そうだ」連用形＋助動詞「た」：様態

因为快要迟到了，所以就叼着面包一直跑到学校。

隣国の大統領は汚職事件に関わっているとの疑惑が**あるそうだ**。

听说邻国总统有参与贪污案的嫌疑。　**動詞「ある」辞書形＋「そうだ」基本形：伝聞**

<3> 表現

によると～そうだ　～そうではない　～なさそうだ　～そうにもない

によると～そうだ　V・A普＋そうだ　NAな/NAだ＋そうだ　Nだ/Nだった＋そうだ

意味　伝聞を表す（「他の人から聞いたりテレビや本で知ったりしたことを表す）。「によると」の前は情報のソースを表す。　表示传闻，「によると」前面提示信息来源。

例
植物事典**によると**、この花の名前はかすみ草だ**そうだ**。根据植物百科，这种花的名字叫“满天星”。
娘は故郷には帰らない**そうだ**。　听说这姑娘不回老家。
兄は、母が倒れたことを知らなかった**そうだ**。　据说哥哥并不知道母亲病倒的事。

～そうではない　Vます＋そうではない　Aい＋そうではない　NA＋そうではない

意味　様態の否定。自分で見聞きした上で感じた対象の様子を表す。
（「～そうだ（推測）＋ない（否定）」で、推測の否定となる。）
样态的否定。表达自己听到看到后的感觉。是对推测的否定。

例
①昨日見た限りでは、彼女は元気**そうではなかった**。从昨天的情况来看，她看起来似乎不怎么有精神。
②天気予報では雨だと言っていたが、降り**そうではない**。天气预报说要下雨，但好像下不起来似的。

～な（さ）そうだ　V否＋なそうだ　Aく＋なさそうだ　NA・N＋で（は）＋なさそうだ

意味　様態の否定。主に形容詞や動詞の否定で使われ、自分で見聞きした上で感じた対象の現在の様子を表す。样态的否定。主要接在形容词、动词否定形后面，表达自己听到看到事物后现在的样子。

例
彼女は元気が**なさそうだ**。　她看起来没精神。
彼にはこの文章の意味が**分からなそうだ**。　他看起来不懂这篇文章的意思。
今は暇**ではなさそうだ**。　现在看起来没有空。
あれは目当てのもの**ではなさそうだ**。　那个好像不是我要找的东西。

～そうに（も）ない　Vます＋そうに（も）ない　Aい＋そうに（も）ない　NA＋そうに（も）ない

意味
①様態の否定。動詞に接続し、現在の様子から予測される未来を表すときによく使われる。
样态的否定。接动词后，表示通过现在的样子推测将来。
②現在の様態を否定する場合は、「そうではない」よりも強い否定を表す。
否定现在的样态，比「そうではない」所表达的否定更强烈。

例
①彼女は病気がひどく、明日の会議には参加でき**そうに（も）ない**。
她病得很重，看来不能参加明天的会议了。
②彼にはこの文章の意味が分かり**そうに（も）ない**。　他好像根本不了解这篇文章的意思。

「ようだ」「みたいだ」

<1> 意味

「ようだ」には、推定、比況と例示という3つの意味で使われている。その丁寧な言い方として、「ようです」が使われる。また、「ようだ」の口語体として、**「みたいだ」**が使われる。

「ようだ」（口语：「みたいだ」）有推断、比喻、举例３个意思。「ようです」是其礼貌、郑重的表达方式。

（1）**推定**：なんらかの根拠をもって推しはかる意味。　推断：有根据地进行推断。

彼は朝ごはんを食べた**ようだ**。
他好像已经吃过早饭了。

単語が聞き取れて嬉しい**ようだ**。
能够听懂单词好像很开心的样子。

（2）**比況**：何かを例えて言う意味。　比喻：就好像……

まるで夢の**ようだ**。
简直就像做梦一样。

天国（てんごく）にいる**ようだ**。
好像在天堂一样。

（3）**例示**：具体的な例を挙げるという意味（＝例えば～）。この場合、「ような」「ように」の形が多い。　举例：举出具体例子（比如……），多用作「ような」「ように」。

君の**ような**人にとって、この問題は簡単すぎだ。
对于像你这样的人，这个问题太过简单了。

前にも話した**ように**、今年は寒くなると思われる。
像之前说过的一样，看来今年会很冷。

<2> 接続と活用

（1）**接続**

前の単語	例	参考：普通形を使った接続
動詞・形容詞・形容動詞 助動詞　連体形	太陽が**沈むようだ** 景色が**素晴らしいようだ** **静かなようだ**	普＋ようだ （NAだな＋ようだ） （Nだの＋ようだ）

	見られた**ようだ** 知ら**ない****ようだ** 読み**たがる****ようだ** **飛ぶように**走る 子供の頃**経験したような**興奮	------------------------------ 普+みたいだ （NAだ+みたいだ） （Nだ+みたいだ）
助詞「の」	豆腐**のようなもの**	**注意！** **「ようだ」と「みたいだ」の接続が少し違う。**
連体詞 **「この」「その」「あの」「どの」**	**このような**鉛筆	

（2）活用形

	活用形	助動詞等	例
基本形	ようだ		飲む**ようだ**
連体形	ような		この**ような**時
連用形	ようで ように ようだっ	ある なる／する 等 た	飲む**ようで**ある 飲む**ように**する 飲む**ようだっ**た
未然形	ようだろ	う	飲む**ようだろ**う
仮定形	ようなら	（ば）	飲む**ようなら**（ば）
命令形	ー		

＜3＞表現

どうやら（どうも）～ようだ　まるで～のようだ　～ようにする／ようになる

どうやら（どうも）～ようだ（推定）

意味　客観的な状況や根拠にもとづいた、推定の意味を表す。ほぼ確定であるが、断定はできないことを述べる表現。　根据客观情况进行推断。虽有把握，但不能断定。

例　**どうやら**このお皿を割ったのは彼女の**ようだ**。　看样子打破这个盘子的就是她。
どうも、この人物が犯人の**ようだ**。　总觉得这个人就是凶手。

まるで～のようだ（比況）

意味　比喩の強調を表す。
強调比喻。

例　妻は**まるで**天使**のようだ**。　妻子简直像个天使。
あの二人は**まるで**兄弟**のようだ**。　他两个人简直像兄弟一样。

～ようにする／ようになる

意味
①ようになる（可能）：状況、能力や習慣の変化を表す。　表示状况、能力、习惯的变化。
②ようにする（努力・工夫）：習慣の変化　表示通过努力改变某些习惯。
③ようにしてください：丁寧な指示・依頼　表示郑重的指令、委托。
④〔目標〕ように〔努力〕する　朝着某目标进行努力。

例		
	①練習したおかげで、絵が描けるようになった。	经过（反复）练习，终于会画画了。
	②私は毎日走るようにしている。	我坚持每天跑步。
	③朝、学校に着いたら窓を開けるようにしてください。	早上到校后请把窗户打开。
	④早く解決するように努力する。	为了尽快解决（问题）而努力。

<4> 推定の「ようだ」と様態の「そうだ」

「ようだ」は推定を表す時に、不確かな要素はありながら、**なんらかの根拠をもって推定**をするので、やや客観的な意味を持つ。それに対して、様態の**「そうだ」**は、見た目の感じや直感を表す。そして、推定の「ようだ」は観察やデータなどから客観的に判断し、過去から未来にかけて判断することができるが、様態の「そうだ」は現在の状況から直感的に現在・未来を判断する。

「ようだ」表示推断时，虽有不确定因素，但也是有根据的推断，比较客观（可对过去、现在、将来进行推断）。表示样态的「そうだ」，是根据现状做出的一种直觉的判断（可对现在、将来进行推断）。

- **「ようだ」：話し手の観察・体験を通じて得た情報による判断（過去～未来）**
- **「そうだ」（様態）：外観・外見のみによる直感的・反射的な判断（現在～未来）**

ADVANCED(EJU etc.)

彼女の声は小さすぎて、周りの雑音に今にもかき消されてしまい**そうだ**。

她的声音小到几乎要被周围的噪音所吞没。

才色兼備な彼女だが、料理の方も腕が立つ**ようだ**。

腕が立つようだ：何かしらの証拠、事実をもとに判断している。「立ちそうだ」に置き換えた場合、彼女の外見のみを見て推測する印象が強くなる。

她不仅才貌双全，做饭的手艺也不错。

「らしい」

<1> 意味

「らしい」は、「ようだ」と似ており、推定を表す。そして、なんらかの根拠に基づいて推しはかる意味を持っている。ただ、一部の文脈では、伝聞を表す「そうだ」と同じように伝聞を表すこともある。

「らしい」与「ようだ」类似，表示有根据的推断。根据上下文可表示传闻，与「そうだ」一样。

もうすぐ先生が来る。　老师马上要来。

もうすぐ先生が来る**らしい**。　（估计）老师好像马上要来。

推定

≅もうすぐ先生が来る**ようだ**。　≅老师好像马上要来。

田中先生は来月東京に引っ越してくる**らしい**。

（听说）田中老师下个月好像要搬到东京来。　伝聞

≅田中先生は来月東京に引っ越してくる**そうだ**。

≅据说田中老师下个月好像要搬到东京来。

助動詞の中で、推定を表すのは「ようだ」と「らしい」、推量を表すのは「う」「よう」がある。推量は単なる推しはかる（推測）のを意味するのに対して、推定はある一定の確信をもって推量する場合を意味する。

「ようだ」「らしい」表示推断（有一定的把握），「う」「よう」表示推测（单纯推测）。

<2> 接続と活用

（1）接続

「らしい」は名詞、形容動詞の語幹、動詞、形容詞の辞書形、助動詞の基本形に付く。

前の単語	例	参考：普通形を使った接続
名詞・形容動詞 語幹　N・NA 一部助詞 **「の」「から」「まで」「ばかり」** など	**電話らしい** **静からしい** 明日**までらしい**	普＋らしい （NAだ＋らしい） （Nだ＋らしい）
動詞・形容詞 辞書形	**行くらしい** **厳しいらしい**	
助動詞 基本形	行か**れるらしい** 活か**せるらしい**	

（2）活用形

「らしい」の末尾は「い」であり、形容詞と似たような形から、活用も形容詞に準じて活用する。ただ、未然形と命令形は存在しない。

「らしい」结尾是「い」，活用形式与形容词类似。但没有未然形和命令形。

	活用形	助動詞等	例
基本形	らしい		
連体形	らしい		
連用形	らしく らしかっ	なる 等 た	認める**らしく**なる 認める**らしかっ**た
未然形	ー		
仮定形	らしけれ	ば	認める**らしければ**　注：殆ど使用しない
命令形	ー		

<3> 表現

どうやら/どうも~らしい

比較 **いかにも~らしい**（形容詞の接尾語）（＝~にふさわしい）

（どうやら / どうも）~らしい

意味
「どうやら～ようだ」と意味はほぼ同じだが、主に他者から見聞きした情報にもとづいた、推定の意味を表す。ほぼ確定であるが、断定はできないことを述べる表現。
表示根据别处听到看到的信息，做出推断。基本等同于「どうやら～ようだ」。基本确定但却无法断定。

例
どうやら明日は晴れるらしい。　明天大概是晴天。
どうやら彼女は今日本にいるらしい。　她现在好像在日本。
どうもあの二人は最近仲が悪いらしい。　总觉得他俩最近关系不太好。

比較 （いかにも）~らしい　N+らしい

意味
この表現では、「らしい」は形容詞の接尾語であり、助動詞ではない。
「らしい」在该表达中是形容词型接尾词，不是助动词。

例
学生らしい。　像个学生。
科学者らしい。　像个科学家。
いかにも学生らしい。　的确像个学生。
学生らしく勉強しなさい。　学生要有个学生样啊。
科学者らしくなった。　有点科学家的风度了。

ADVANCED(EJU etc.)

試験の出来が心配でしょうがなかったが、単位(たんい)はもらえたので、
どうやら無事に合格点に**達(たっ)していたらしい。**

過去の行動に対する推定では、過去形を用いる

我一直很担心考试的成绩。而老师给了学分，看来还总算是顺利通过了吧。

POINT　「そうだ」「ようだ」「みたいだ」「らしい」のまとめ

四つの助動詞は推しはかって判断するという意味を持っており、場合によって置き換えも可能である。ただ、判断の根拠は違う。

● **「そうだ」**（様態）

①**今にもそれが起こる直前**（「ようだ」に置き換えはできない）马上就要……

雨が降り**そうだ。**
眼看要下雨的样子。

もう少しでぶつかり**そうだ。**
差一点就撞上了。

②**見て、聞いて判断**（直観的・反射的な判断）

根据听到看到的进行判断（直观的、条件反射性的判断）

誰かがい**そうだ**。
好像有人似的。

外は寒**そうだ**。
外面好像很冷。

● 「ようだ」「みたいだ」（推定）

観察・体験から得た情報による判断 根据观察、经历得到的信息进行判断

誰かがいる**ようだ**。 誰かがいる**みたいだ**。 好像有人。

外は寒い**ようだ**。 外は寒い**みたいだ**。 外面好像很冷。

● 「らしい」（推定）

なんらかの根拠に基づいて推しはかる客観的に推量

有根据地进行推断（推断根据往往来源别处，所以也可表示传闻）

（根拠は他から与えられる情報であるケースが多い為、伝聞も表すことができる）

カバンがないので、彼はもう帰った**らしい**。
包不在了，他好像已经回去了。

まとめ

➡**そうだ**（直観的・反射的判断）

➡**ようだ・みたいだ**（主に自ら得た情報が根拠）

➡**らしい**（他から得た情報が根拠）

文法項目の実践

人間は見たいところだけを見る。自分がそうなると怖いから、最悪のシナリオは考えない。そういう人は、自分が前方不注意で車をぶつけても、出会いがしらの不運な事故だった、と自分に言い聞かせる。駐車違反やスピード違反で捕まっても、罰金制度を罵り、身の不運を嘆く。弁解、言い訳、責任転嫁をいくらしたところで問題は解決しない。 問題を解決するには、真っ向からこれに取り組むことから始めるべきである。

自分に非はなかったか？　自分自身が当事者になって分析することなしに、問題点の把握、対策、改善、改良、革新はありえないのである。以前、某大手電機メーカーの経営トップと話をすることがあったが、彼は何か問題が発生したらすべて自分の責任と考えるようにしているという。「自分が悪いと考えれば、即座に対策を考えます。人のせい、環境のせいにしていたら、ワンテンポ、対処が遅れます」

たしかにその通りである。売上が上がらない理由を不景気のせい、政治のせい、お客のせいにしていたら、根本的な解決策など浮かぶはずがない。

売上の減少は自分の責任だと、とらえることができれば、必死になって対策を考えようとする。経営者が他力本願では株主も従業員もたまらない。

失敗は起こりうるものだが、それに対して最善、次善の手は打てる。

労働災害の専門家によれば、経営者などのリーダーが意識して安全管理に取り組んでいるか否かで、罹災率は3倍も違ってくるそうである。

経験的に導かれたこの数字は、安全管理のシステムの中身もさることながら、これを活用するリーダーの心構えひとつで結果が大きく変わることを意味している。

中尾政之『なぜかミスをしない人の思考法』より
一橋大学私費外国人留学生選抜・2018年・日本語問題の素材

文法項目の実践

イルカは，ヒレなどで物に触ることによって，物を認識することができます。また，目で見て物を認識することもできますが，目で見えているのは，私の研究では最大30メートルです。では，それ以上の距離にある物や仲間を認識することはできないのでしょうか。

実はイルカは，音を使ってもっと遠くまで認識しています。例えば，イルカの近くでは「カチカチ」という音が聞こえることがありますが，この音は，前方150メートル以内のものを認識するときに使われます。さらに約2キロメートル以内なら，仲間同士が音を使って呼び合えます。しかしこの時の音はとても高く，人間には聞こえません。

以前は，「カチカチ」という音は，イルカ同士の会話のための音だと考えていました。しかし，本当は物を認識するために発していた音だったのです。このことを知ったときには，とても驚きました。我々に聞こえる音だと，仲間と会話していると思ってしまいがちですが，必ずしもそうではないということです。

私が今日持ってきた資料についてお話したいと思います。こちらは墨を使って描かれた水墨画という絵です。日本では，墨と呼ばれる染料を使って絵を描くことが昔から一般的でした。西暦1400年頃に，この水墨画の文化が最も栄えました。この資料は，その時代よりも後に描かれたものです。

ところで，この水墨画は何を描いたもののように見えますか？　これはオーロラを描いたものだと言われています。オーロラとは，太陽から発せられるガスと地球が持っている磁石のような力が重なることで見えるもので，オーロラを見られる地域としては，北極の周辺が有名です。しかし，太陽の活動が活発で，発生するガスが多い時期には，他の地域でも見ることができます。つまり，この水墨画にオーロラが描かれていることは，太陽の活動が活発であった時期に，日本でもオーロラを見ることができたということを示しています。

CHAPTER 8 PART2 文法

助詞

助詞は、日本語の品詞の一つで、付属語で活用がない単語である。単独では文中に現れることがなく、主に自立語に付いて関係を示したり、意味を添えたりする。助詞は文の中で各成分の文法的役割を決める機能を持つため、日本語文法の中で非常に重要な位置を占めている。特に日本語学習者にとって、助詞は誤用率が高く学習者の習得が最も困難とされる文法項目の一つで、細心の注意を払う必要がある。

助词属于日语品词分类中的一种，是无活用的附属词。助词通常不会单独出现，而是附在独立词之后，表示各语法成分之间的相互关系或增加某种含义。助词具有决定句子中各个成分语法作用的功能，所以在日语语法中占据极其重要的位置。对日语学习者来说，助词误用率高，学习起来较为困难，因此必须充分引起注意。

CHAPTER
8 助詞

1 助詞の定義

助詞は、**付属語で活用がなく**、自立語について**関係を示したり、意味を添えたり**する単語である。

助词是无活用的附属词，通常接在独立词后表示各语法成分之间的相互关系，或增加一定含义。

富士山**が**きれいだ。　富士山很美。

「が」：主語を提示する

残業(ざんぎょう)した**ので**、帰りが遅くなった。　因为加班，所以回去晚了。

「ので」：理由を表す

毎日ゲーム**ばかり**している。　每天光玩儿游戏。

「ばかり」：限定の意を示す

勝手(かって)に触(さわ)る**な**。　不要随便触碰。

「な」：禁止の意を示す

ADVANCED(EJU etc.)

彼女**は**けが**を**負(お)った猫**の**容態(ようたい)**を**気遣(きづか)っている。

她非常担心这只受了伤的猫的状况。

子供**が**泣き**ながら**母親**に**しがみついている。

小朋友一边哭一边紧紧搂着母亲。

2 助詞の性質

<1> 付属語（単独で使用できない。必ず他の語のあとに付く）

助詞は、単独で文中に現れることができず、**必ず他の語（名詞・動詞・形容詞など）に付属する。**

助词不会在句子中单独出现，而是必须附在其他词（名词、动词、形容词等）之后。

<2> 活用がない（後ろにくる語によって形が変化しない）

助詞は、文中での用法によって**その形が変化することがない**。つまり、**活用がない単語**である。助詞は活用がなく、助動詞は活用がある。

助词不会根据其在句中的用法产生变形，也就是说助词无活用变化。但助动词有活用变化，需要注意。

3 助詞の種類と働き

助詞は、働きによって**格助詞**・**接続助詞**・**副助詞**・**終助詞**の４つに分類される。

格助詞　：主に体言に付いて、その名詞と他の語との意味関係を表す。
附在体言之后，表示所附体言（名词）与其他句子成分的意思关系。

接続助詞：用言や助動詞に付いて、前後の文節の接続関係を表す。
附在用言或助动词后，表示前后文节的接续关系。

副助詞　：さまざまな語に付いて多様な意味を付け加える。
附在各类词之后增加各种不同的意思。

終助詞　：主に文末に付いて、さまざまな意味を添える。
通常位于句末，增加各类不同含义。

◆助詞の種類

格助詞	
が	主語を表す。
の	連体修飾語や主語・準体言を表す。
を	動作の対象や移動の空間や通過点・起点を表す。
に	動作の相手や存在の場所・時点・到着点・結果・目的・理由などを表す。
へ	移動の方向を表す。
と	共同行為者・結果・比較の基準・引用・並列を表す。
で	場所・手段・原因・理由・材料・範囲・状態などを表す。
や	並列を表す。
から	起点・原料・原因・動作主を表す。
より	比較の基準・開始の時点・限定を表す。

接続助詞	
ば	順接・並列を表す。
と	順接または逆接を表す。
て	順接・連用修飾（単純接続）・並列・補助関係を表す。
ても（でも）	逆接を表す。
けれど（けれども）	逆接・並列・単純接続（前置き）を表す。
が	逆接・並列・単純接続（前置き）を表す。
のに	逆接を表す。
ので	順接を表す。
から	順接を表す。
し	並列を表す。

ながら	動作の並行（連用修飾）・逆接を表す。
たり（だり）	並列・例示（連用修飾）を表す。
ものの	逆接を表す。
ところで	逆接を表す。
つつ	逆接・動作の同時進行や継続（連用修飾）を表す。

副助詞	
は	主題・強調・比較を表す。
も	同類・強調・並列を表す。
こそ	強調を表す。
さえ	類推・限定・添加を表す。
しか	限定を表す。
ばかり	程度・限定・動作完了直後の状態を表す。
だけ	限定・程度を表す。
ほど	程度・比例条件を表す
くらい（ぐらい）	程度・限度を表す。
など	例示・軽んじて扱う意を表す。
きり	限定を表す。
なり	例示・並列を表す。
やら	不確実・並列を表す。
ずつ	数量を等分に割り当てる意・繰り返す意を表す。
でも	類推・不確実な事例・全面的な肯定（不定称の指示語に付いて）を表す。
か	不確実・並列を表す。
まで	終点・程度・類推を表す。

終助詞	
か	疑問・反語・感動を表す。
な	禁止を表す。
なあ	感動・念を押す意を表す。
とも	強調（強い断定）を表す。
よ	呼びかけ・念を押す意を表す。
の	疑問・軽い断定を表す。
わ	感動・軽い主張を表す。
ぞ	念を押す意を表す。
ね（ねえ）	感動・念を押す意・共感を求める意を表す。
さ	判断や主張を表す。
かしら	軽い不審・疑問を表す。

<1> 格助詞

主に体言（名詞）に付いて、**その名詞と他の語（名詞・動詞・形容詞など）との意味関係**を表す。格助詞には「**が**」「**の**」「**を**」「**に**」「**へ**」「**と**」「**で**」「**や**」「**から**」「**より**」の10種類がある。

格助词主要附在体言（名词）之后，表示该名词与其他词（名词、动词、形容词等）之间的意思关系。格助词包含「が」「の」「を」「に」「へ」「と」「で」「や」「から」「より」共十个。

が

(1) **主語を表す。** 提示主语

雨**が**降る。　下雨。

(2) **述語の対象を表す。**（希望・能力・好悪） 提示谓语的对象，谓语通常表达希望，能力或好恶。

張さんは日本語**が**上手です。　小张的日语很好。
（能力）

彼女**が**ほしいです。可愛い子**が**好きです。　想找个女朋友。我喜欢漂亮的。
（希望）（好悪）

コーラ**が**飲みたいです。　我想喝可乐。
（希望）

の

(1) **名詞と名詞をつなぎ、連体修飾語であることを示す。**

连接名词与名词，提示连体修饰成分（定语）。表达所有、所属等关系。

私**の**本です。　我的书。

近く**の**公園に行く。　去附近的公园。

(2) **名詞を修飾する節の主語・対象を表す。**「が」に言い換えることができる。

提示名词修饰从句中的主语，可以用「が」替换。

雨**の**降る日は家にいたい。　下雨的日子想待在家里。
「雨」が主語で、「雨が降る日」とも言える。

先生**の**言ったことを聞いてください。　请听老师说的话。
「先生」が主語で、「先生が言ったこと」とも言える。

(3) **体言に準ずるものを作る。**「のもの」や「こと」に言い換えることができる。通常、「の」は「形式名詞」として扱われる。（▶「名詞」34ページ、「複文」264ページ）

形成准体言性的成分，可以替换为「のもの」或「こと」。通常「の」被称为“形式名词”。

このパソコンは会社**の**だ。　这台电脑是公司的。

私は歌を歌う**の**が好きだ。	我喜欢唱歌。
大きな声を出す**の**をやめてください。	请不要大声说话。

を

（1）動作の対象を表す。 提示动作的宾语。

ビール**を**飲みます。	喝啤酒。	日本語**を**勉強します。	学习日语。

（2）移動の空間や通過点・経路、期間の経過を表す。

表示移动的空间、经过的场所以及度过的期间。

公園**を**散歩します。	在公园散步。	改札（かいさつ）**を**通る。	通过检票口。
この道**を**歩いて行く。	在这条路上走。	田舎（いなか）で夏休み**を**過（す）ごす。	在乡下过暑假。

（3）起点を表す。 表示动作的起点。

家**を**出ました。	从家里出去了。	大学**を**卒業する。	从大学毕业。
飛行機が空港**を**出発しました。	飞机从机场出发了。		

に

（1）存在の場所を表す。 提示存在的场所。

心の中**に**夢があります。	心中有梦想。	私は日本**に**住んでいる。	我住在日本。
部屋**に**電子レンジはありますか。	房间里有微波炉吗？		

（2）動作の相手を表す。 提示动作的对象。

好きな人**に**告白しました。	对自己喜欢的人表白了。
上司**に**電話をかける。	给上司打电话。
両親**に**日頃（ひごろ）の感謝を伝える。	向父母表达日常的感谢。

（3）目的を表す。 表示目的。

今晩飲み**に**行きませんか。	今晚去喝一杯吗？
映画館へ映画を見**に**行きました。	去电影院看电影了。

(4) **基準を表す。** 表示评价、时间、空间等的基准。

この本は文法の勉強**に**便利です。	这本书对于学习语法很方便。
パソコンは目**に**よくないですよ。	电脑对眼睛不好噢。
わたしは週**に**2回ジムで筋(きん)トレをします。	我每周在健身房健身两次。
この子は父親**に**似ています。	这个孩子长得像父亲。

(5) **時点を表す。** 提示时间点。

10時**に**授業が始まります。	10点开始上课。
今年の1月1日**に**日本に来ました。	今年的1月1日来日本的。

(6) **変化の結果を表す。** 表示变化的结果。

大金持(おおがねも)ち**に**なりたいです。 想成为大富翁。

信号が青**に**なった。 交通信号灯变绿了。

夜7時**に**なりました。 到晚上7点了。

(7) **動作・作用の帰着点・方向を表す。** 表示动作的到达终点或方向。

アメリカ**に**行きました。 去美国了。

電車**に**乗る。 坐电车。

あっち**に**行こう。 去那边吧。

(8) **使役・受身の動作主を表す。** 提示使役或被动的动作主体。

学生**に**本を読ませる。 让学生读书。
使役表現

学生**に**尊敬(そんけい)されている。 受到学生尊敬。
受身表現

(9) **原因・理由を表す。** 表示原因或理由。

日本留学試験の難しさ**に**驚(おどろ)いた。	为日本留学生考试的难度所震惊。
お金**に**困っている人がいる。	有人为钱而苦恼。

(10) **並列(累加)を表す。** 表示并列累加。

A:何を買ったの?	A:买了什么?
B:時計**に**帽子**に**、バッグも買ったよ。	B:买了手表、帽子和包。

A：誰を招待しましたか。　A：都邀请了谁？

B：山田さん**に**陳さん**に**、あとは小林さんを招待しました。　B：邀请了山田、小陈和小林。

へ

（1）移動の方向を表す。　表示移动的方向。

この電車は新宿方面へ行きます。　这趟电车是开往新宿方向的。

鳥が南へ飛んでいった。　鸟朝南飞去了。

COLUMN

「に」と「へ」の使い分け

移動の意味を表す動詞が後ろに来る場合、「に」と「へ」の意味がほぼ同じだが、ニュアンス的には以下のような違いがある：

在跟移动动词连接时，很多场合两个格助词可以互换使用，意思基本一致，但主要有以下含义上的差别：

に：動作の帰着・到達点を表現する。　强调动作的归结点（到达点）。

へ：動作の方向を表現する。　强调动作的方向。

① 新宿に行く。　**② 新宿へ行く。**

①「新宿に到着する」という意味を表し、移動の最終目的地が「新宿」となる。

②「新宿へ向けて移動する」という意味を表し、移動の方向が「新宿方面」となる。

①表示“去的是新宿”，强调最终目的地就是新宿。

②表示“朝新宿移动”，只是强调朝着新宿方向出发。

「に」とよく一緒に使う動詞は「着く」「達する」「至る」等で、「へ」とよく一緒に使う動詞は「発つ」「向かう」「赴く」等。

跟「に」常搭配的动词有「着く」「達する」「至る」等，而跟「へ」比较常搭配的动词有「発つ」「向かう」「赴く」等。

「へ」の後ろに「の」が付くことができるのに対して、「に」はこういう使い方がない。

「へ」可以后接助词「の」，而「に」不能。

ファンへのメッセージを発表しました。

发表了给粉丝们的一封信。

と

(1) **2つ以上の名詞を並べ立て、並立を表す。** 表示两个以上名词的并列。

私は日本語**と**英語**と**韓国語ができます。　我会说日语、英语和韩语。

(2) **動作の対象・共同行為者を表す。** 表示动作对象或共同行为者。

彼女**と**結婚します。和女友结婚。

友達**と**買い物に行きました。和朋友购物去了。

(3) **比較を表す。** 表示比较。

私の考えは先生の**と**違います。　我的想法和老师的想法不一致。

李さんはお母さん**と**本当に似ていますね。　小李长得和他妈妈真的很像呢。

(4) **引用の内容を表す。** 表示引用的内容。

私は正しくない**と**思います。　我认为不正确。

寝る前に「おやすみなさい」**と**言います。　睡前说“晚安”。

(5) **動作や作用の結果。** 表示动作、作用的结果。

前回の会議(かいぎ)資料(しりょう)が、一部変更**と**なります。　上次会议发的资料，有部分变更。

で

(1) **動作が行われる場所を表す。** 表示动作发生的场所。

日本**で**会社を経営しています。　在日本经营着一家公司。

コンビニ**で**弁当を買いました。　在便利店买了便当。

(2) **手段・道具・方法を表す。** 表示动作的手段、工具、方法。

日本人と中国人は箸(はし)**で**食べます。　日本人和中国人用筷子吃饭。

鉛筆**で**名前を書いてください。　请用铅笔写上名字。

新幹線**で**大阪へ行きます。　坐新干线去大阪。

(3) **原因や理由を表す。** 表示原因或理由。

病気**で**会社を休みました。因病请假了。

地震**で**電車が止まりました。因地震电车停运了。

（4）**材料を表す。**　表示材料。

小麦粉(こむぎこ)**で**麺(めん)を作ります。用小麦粉做面条。
おにぎりは米**で**作ります。饭团是用米制作的。

（5）**範囲を表す。**　表示范围。

日本**で**一番大きい湖は琵琶湖(びわこ)です。	日本最大的湖泊是琵琶湖。

（6）**状態を表す。**　表示状态。

中国の魅力を全力**で**伝えよう！	尽全力来宣传中国的魅力吧！
裸(はだか)**で**寝ると熟睡(じゅくすい)できる。	光膀子睡觉睡得香。

（7）**行為者の数量を表す。**　表示行为者的数量。

一人**で**旅行に行く。一个人去旅行。
みんな**で**応援する。大家一起助威声援。

（8）**事柄の成立に必要な時間などの量を表す。**　表示事项成立所需要的时间等数量。

1年間**で**日本語が上手になった。	用一年时间日语变得很棒了。
1000円**で**十分です。	1000日元足够了。

や

（1）**並列を表す。**　表示并列。

トマト**や**キャベツが好きです。	喜欢西红柿和圆白菜。

から

（1）**起点を表す。**　表示起点。

高田馬場(たかだのばば)**から**歩いて行きます。	从高田马场走着去。
今日は忙しいから、明日**から**頑張ろう。	因为今天很忙，所以从明天开始再加油吧。

（2）**原材料を表す。**　表示原材料。

ワインはぶどう**から**作ります。	葡萄酒是由葡萄制作而成。
大豆(だいず)**から**味噌(みそ)を作る。	用大豆来制作味噌。

(3) **原因を表す。** 表示原因。

不注意（ふちゅうい）**から**事故が起こった。	因不小心而发生了事故。
ストレス**から**うつ病（びょう）になった。	因精神压力而导致了抑郁症。

(4) **動作・作用の出どころを表す。** 表示动作的发出者。

田中さん**から**聞いた話です。是从田中那儿听到的。

先生**から**叱（しか）られた。被老师批评了。

COLUMN

「～から作る」「～で作る」の違い

「～から作る」：原料から完成品への変化が著しく、完成品を見ても、その「もと」になっている物が分からない。

「～で作る」：材料から完成品への変化が少なく、完成品を見て、その「もと」になっている物が分かる。

「～から作る」：从原材料到成品的变化较大，单纯看完成品无法知道其原材料究竟是什么。
「～で作る」：从原材料到成品的变化较小，单看完成品就可以明显了解其原材料。

大豆**から**味噌を作る。
原材料は推測できない
用大豆来制作味噌。

毛糸（けいと）**で**セーターを編（あ）む。
原材料は見てすぐわかる
用毛线织毛衣。

より

(1) **比較の基準を表す。** 表示比较的基准。

大阪**より**東京は人が多いです。	比起大阪东京的人更多。

(2) **場所や時間の起点を表す。** 表示场所或时间的起点。

京都**より**配信（はいしん）をしています。	正在从京都发布信息。
これ**より**試験を始めます。	从现在开始考试。

(3) **限定を表す。**（打消しの語が後ろにくる） 表示限定，一般后续否定表达方式。

努力する**より**ほかに成功する道はない。	除了努力以外别无成功之道。

ADVANCED(EJU etc.)

改革開放以来(かいかくかいほういらい)**の**中国は、著(いちじる)しい発展**を**遂(と)げてきた。

連体修飾　　動作の対象

中国自改革开放以来取得了显著发展。

肩(かた)**が**凝(こ)るとき**に**、ちゃんと揉(も)めば痛(いた)み**を**解消(かいしょう)できる。

主語　　時点　　動作の対象

在肩膀酸痛的时候，好好地揉一下就能得到缓解。

私は好奇心(こうきしん)**に**駆(か)り立(た)てられ、旅(たび)**に**出た。　我受好奇心驱使，踏上了旅程。

受け身の動作主　　目的

その店主は、不景気**で**物**が**売れない**と**嘆(なげ)いている。

原因　主語　　引用

那个店主哀叹因为经济不景气而商品滞销。

ホームドア**の**設置(せっち)は、転落防止(てんらくぼうし)**と**遅延対策(ちえんたいさく)**に**資(し)する。

連体修飾　　並立　　対象

月台门的设置能防止发生坠落事故及电车延误。

かつて中国**から**日本**に**取り入れられた漢語(かんご)も、今や日本語**の**一部**と**なった。

起点　到達点　　連体修飾　結果

以往从中国传入日本的汉字词汇，如今已经成为日语中的一部分。

<2> 接続助詞

接続助詞は、動詞・形容詞などの用言や助動詞のうしろに付いて、**前後の文節を繋ぎ、前後の関係**を表す。

接续助词一般接在动词、形容词等用言及助动词之后，连接前后文节，表示前后文节之间的关系。

(1) 接続助詞の働き

1 順接

順接の働きをする接続助詞は、順当な事柄が後ろに続く。

起顺接作用的接续助词之后的内容为理所当然、理应发生的结果。

ば、と、ので、から、て(で)

雨が降れ**ば**花火大会は中止だ。 仮定の順接 如果下雨的话，焰火晚会就取消。	雨が降った**ので**、花火大会は中止になった。 確定の順接 因为下雨，所以焰火晚会取消了。

2 逆接

逆接の働きをする接続助詞は、予想外（反対）の結果が後ろに続く。

起逆接（转折）作用的接续助词之后的内容为预想外的或与预想相反的结果。

が、ても（でも）、ところで、のに、ものの、ながら、けれど　等

たとえ雨が降っ**ても**、花火大会（はなびたいかい）は中止しない。　即使下雨，焰火晚会也不取消。
仮定の逆接

雨が降った**けれど**、花火大会は楽しかった。　虽然下了雨，但是焰火晚会还是很开心的。
確定の逆接

仮定：まだ起きていない事を表現する
表达尚未发生的事实

確定：過去に起こったことや、確実に起こることを表現する
表达过去已发生的，或明确会发生的事实

3 並立

並立の働きをする。　起并列连接的作用。

ば、が、けれど（けれども）、し、て（で）、たり（だり）

東京も寒い**が**、上海も寒い。　东京很冷，上海也很冷。

この店は安い**し**、おいしい。　这家店又便宜，又好吃。

本を読ん**だり**、映画を見**たり**する暇（ひま）もありません。　连读书看电影的时间都没有。

この広場は広く**て**大きいです。　这个广场又宽阔又大。

4 連用修飾

接続助詞のついた文節（連文節）の働きとして、1～3以外の意味で用いられる場合は、連用修飾語を作り、副詞的な意味を持つ。

連用修飾語とは、用言を修飾するもので、「いつ・どこで・どのように」など用言を詳しく説明する。

除上述1～3的作用以外，附有接续助词的文节一般对后续文节起连用修饰成分的作用，类似于副词的作用。连用修饰成分为修饰用言的文节，通常表示“什么时候”“在哪里”“怎么样”等含义。

が、けれど（けれども）、て（で）、ながら、たり（だり）、つつ　等

連用修飾語

ご飯を食べ**ながら**　話す。　边吃饭边说。
修飾部　被修飾

連用修飾語

車を頻繁(ひんぱん)に買い替え**たり** する若い世代がいる。 有的年轻人频繁购买更换车子。

修飾部 被修飾

5 特別な形

が、けれど（けれども） は前置きを提示する。

接续助词「が」「けれど（けれども）」提示前置内容。

すみません**が**、醤油(しょうゆ)を取ってくれませんか。 抱歉，能帮我拿下酱油吗？

明日の歓迎会です**けれども**、18時から開始します。 明天的欢迎会从18点开始。

ADVANCED(EJU etc.)

論文では重要でない部分は簡略(かんりゃく)に説明すれ**ば**いい。

仮定の順接

在论文里，不重要的地方简单地说明一下就行了。（假定条件下的顺接）

来週の会議にはカジュアルな服装(ふくそう)で出席し**ても**構(かま)わない。

下周的会议可以穿便服出席。（假定条件下的转折） 仮定の逆接

このポイントは見落(みお)とされがちな**ので**、試験によく出されます。

確定の順接

由于这一点经常会被忽视，所以试题中经常会出现。（确定条件下的顺接）

渋滞(じゅうたい)を嫌(きら)って、高速を降(お)りた**ものの**、一般道路も同じような状況であった。

確定の逆接

因为讨厌堵车所以下了高速，但一般道路也是相同的状况。（确定条件下的转折）

人間ドックの前日夜9時からは何も飲ん**だり**食べ**たり**してはいけない。

並立 並立

体检前一天的晚上9点以后不能吃喝任何东西。（并列）

「空気(くうき)を読む」とは、場(ば)の雰囲気を感じ**ながら**人と接(せっ)することです。

連用修飾

所谓“要会读空气”就是要学会根据现场的气氛和情况来与他人接触和交流。（连用修饰）

（2）主な接続助詞の意味

ば

（1）**仮定の順接。** 假定条件的顺接，表示“如果……”。

安けれ**ば**買う。　如果便宜的话就买。

(2) **確定の順接。** 确定条件的顺接，一旦出现前面的状况，则自然出现后者。

秋になれ**ば**、葉（は）が落ちる。　一到秋天，叶子就会落下。

(3) **並立の関係。** 并列关系，通常使用「も～ば、～も～」的句式，表示"既……又……"。

苦**も**あれ**ば**、楽**も**ある。　既有苦，又有乐。

と

(1) **仮定の順接。** 假定条件的顺接，表示"如果……"。

試験に受かる**と**いいですね。　如果考试及格的话就好了呢。

(2) **確定の順接。** 确定条件的顺接，一旦出现前面的状况，则自然出现后者。

春になる**と**、花が咲く。　一到春天，花就会开。

トンネルを抜ける**と**雪国（ゆきぐに）だった。　一穿过隧道，就是雪国了。

(3) **仮定の逆接。** 假定条件的转折，表示"即使……也……"。

誰になんと言われよう**と**、諦（あきら）めない。　不管别人说什么，我也不会放弃。

て（で）

(1) **確定の順接。** 确定条件的转折，表示理由、原因。

電車が遅れ**て**、試験に間に合わなかった。　因电车晚点，没赶上考试。

(2) **連用修飾**（単純接続）。 连用修饰，表示后续事件在前项之后发生。

学校に行っ**て**、教育を受ける。　去学校接受教育。

(3) **並立の関係。** 并列的关系，表示"既……又……"。

このケーキは安く**て**おいしいです。　这个蛋糕既便宜又美味。

(4) **補助の関係。**（▶「動詞」70ページ） 后接补助动词，形成补助关系。

本に字を書い**て**みる。　试着在书上写字。(「みる」是补助动词)

「みる」：補助動詞

本に字を書い**て**しまう。　在书本上写了字。（「しまう」是补助动词）

「しまう」：補助動詞

て も（でも）

（1）**仮定の逆接。**　假定条件的转折，表示"即使……也……"。

たとえ雨が降っ**ても**、明日の大会は中止しません。即使下雨，明天的大赛也要照常举行。

（2）**確定の逆接。**　确定条件的转折，表示"虽然……但……"。

薬を飲ん**でも**、咳（せき）が止まらない。　虽然吃了药，但咳嗽还是止不住。

けれど（けれども）

（1）**確定の逆接。**　确定条件的转折，表示"虽然……但……"。

毎日日本語を聞いている**けれど（けれども）**、聴解力（ちょうかいりょく）が上がりません。

虽然每天都听日语，但是听力还是没有提高。

（2）**並立の関係。**　前后内容并列或对比关系。

アウトドアスポーツも好きだ**けれども**、インドアスポーツも好きだ。

喜欢户外运动的同时，也很喜爱室内运动。

（3）**単純接続**（前置き）。　提示前置内容，无实际意义，表示语气中顿。

あなたのお考えです**けれども**、少々問題があると思います。

我觉得你的想法，还是有些问题。

が

（1）**確定の逆接。**　确定条件的转折，表示"虽然……但……"。

日本語を勉強した**が**、あまりできません。　虽然学习了日语，但不怎么好。

（2）**並立の関係。**　前后内容并列或对比关系。

アウトドアスポーツも好きだ**が**、インドアスポーツも好きだ。

喜欢户外运动的同时，也喜爱室内运动。

（3）**単純接続**（前置き）。　提示前置内容，无实际意义，表示语气中顿。

あなたのお考えです**が**、少々問題があると思います。　我觉得你的想法还是有些问题。

のに

（1）**確定の逆接。**　确定条件的转折，表示“明明……却”。

後件の結果が、前文から予想されるものとは逆であることを表す。**多くの場合、話し手の驚きや意外、不満などの気持ちが含まれる。**

陈述事实后引出与前述事实相反的结果，多含有意外、疑问、不满、责难、遗憾等语气。

> 時間がある**のに**、どうして復習しないのですか。　明明有时间，为什么不复习呢？

ので

（1）**確定の順接。**原因や理由を表す。　确定条件的顺接，表示原因理由。

> 電車が遅れた**ので**、遅刻しました。　因为电车晚点了，所以迟到了。

から

（1）**確定の順接。**原因や理由を表す。**後ろによく依頼、意向、命令、推量の意味を表す文が来る。**确定条件的顺接，表示原因理由。后常接表示请求、意向、命令、推量等含义的内容。

> 時間がないです**から**、急いでください。　因为没时间了，所以请快一点儿。
>
> 非常においしい**から**、もう少し食べたい。　因为非常好吃，所以想再吃一点儿。
>
> すぐに戻る**から**、心配するな。　我马上会回来的，所以别担心。
>
> 今日は祝日です**から**、店は閉まっているでしょう。因为今天是节假日，所以商店关门了吧。

COLUMN

「ので」と「から」の使い分け

「ので」：客観的因果関係を表す**（丁寧でやわらかい表現）**

表示客观的因果关系。（礼貌且温和的表达方式）

「から」：主観的な理由を表す**（自分の意見の主張が強い）**

表示主观的理由。（个人意见主张的语气较强）

> **地震で電車が止まった**から**、遅れました。**
>
> 因为地震电车停运了，所以迟到了。
> （个人主观理由陈述的色彩较强，强调“不是我的原因，是电车的问题”。抱歉语气较弱。）
>
> **地震で電車が止まった**ので**、遅れました。**
>
> 因为地震电车停运了，所以迟到了。
> （温和且礼貌的表达方式，单纯陈述因果关系，可体现出说话者抱歉的语气。）

	「～から」	「～ので」
文体	主に話し言葉。 主要用于口语。	書き言葉と話し言葉どちらでも使える。 可用于书面语及口语。
主観性	自分の意見を強く主張する。主観的な理由を述べる。 个人主张强烈，主观意见及情绪影响下的理由陈述。	客観的な因果関係を述べる。 客观中立的陈述因果关系。
意志表現	様々な意志表現（推量、命令、勧誘など）が使える。 后可接各种意志表达方式（推断、命令、劝诱等）。	命令などの強い意志表現は使えない。 不能用于"命令"等强烈意志性表达方式。
丁寧度	言い方によっては丁寧さに欠ける表現になる。 礼貌程度一般或较弱。	丁寧で、やわらかい表現。 礼貌且柔和的表达方式。

し

（1）**並立の関係。** 并列关系，表示"不但……而且……"。

年収（ねんしゅう）も高い**し**、性格もいい。　不但年薪高，而且性格也好。

ながら

（1）**確定の逆接。** 确定条件的转折，表示"虽然……但……"。

本当のことを知り**ながら**、知らないふりをしている。　虽然知道真相，但却装作不知道。

（2）**連用修飾**（動作の同時進行）。 前后两个动作同时发生，表示"一边……一边……"。

ビールを飲み**ながら**テレビを見ます。　一边喝啤酒一边看电视。

たり（だり）

（1）**並立の関係。** 并列的关系，表示"或者……或者……""有时……有时……"。

週末には、本を読ん**だり**、映画を見**たり**します。　在周末，有时候读读书，有时看看电影。

（2）**連用修飾**（例示）。 连用修饰，表示在同类型事项中选一项作为例示。

人に迷惑（めいわく）をかけ**たり**するのはよくないよ。　不要给人添麻烦什么的。

ものの

(１) **確定の逆接。**　确定条件的转折，表示“虽然……但……”。

> 自分はわかっている**ものの**、他人に説明するのは難しい。
>
> 虽然自己理解，但是给他人解释起来就困难了。

ところで

(１) **仮定の逆接。**　假定条件的转折，表示“即使……也……”。

> この問題は親に相談した**ところで**、どうにもならないでしょう。
>
> 即使把这个问题和父母谈了，也无济于事吧。

つつ

(１) **確定の逆接。**　确定条件的转折，表示“虽然……却……”。

> 悪いと知り**つつ**、何の理由もなく欠席した。　虽然知道不好，却还是无故缺席了。

(２) **連用修飾**（動作の同時進行）。　连用修饰，表示前后动作同时进行。

> 従来(じゅうらい)の事業を維持し**つつ**、新しい製品・サービスで新市場に進出する。
>
> 一边维持着现有的事业，同时用新商品和服务打入新的市场。

(３) **連用修飾**（動作の継続）。　连用修饰，表示动作持续进行。

> 農村部(のうそんぶ)の人口が減(へ)り**つつ**ある。　农村的人口在持续减少。

＜3＞副助詞

副助詞は、さまざまな語に付いて多様な意味を付け加える。

副助词接在各类词后增添各种不同的含义。

(１) 副助詞の働き

副助詞は、**強調・類推・並立・限定・程度・例示・不確か**などの意味をそえる。副助詞は名詞や助詞だけではなく、用言や助動詞などにつくことができる。

副助词可以表达强调、类推、并列、限定、程度、示例、不确定等含义。副助词不仅可以附着于名词、助词后，也可以附着于用言或助动词后。

ビール**は**飲まない。 限定主題	不喝啤酒。
ビール**こそ**人生の楽しみだ。 強調	啤酒才是人生的乐趣所在。
ビール**さえ**飲めない。 類推	连啤酒都喝不了。
ビール**も**日本酒**も**大好きだ。 並立　並立	啤酒和日本酒都很喜欢。
ビール**しか**飲まない。 限定	只喝啤酒。
ぬるいビール**ほど**まずいものはない。 程度	没有什么比温乎乎的啤酒更难喝的东西了。
ビール**くらい**飲ませてくれ。 限定	给我喝点儿啤酒吧。
ビール**など**の飲み物は持ち込み禁止だ。 例示	禁止带入啤酒之类的饮料。
どこ**か**でビールを飲んでいる。 不確か	正在什么地方喝啤酒呢。

（2）主な副助詞の意味

は

（1）**主題（題目）を表す。**　提示句子主题。

私**は**中国人です。　我是中国人。

（2）**限定を表す。**　表示限定。

日本酒**は**飲みません。　不喝日本酒。
他と区別して取り出して言う

COLUMN

「今日はきれいだね。」

妻や恋人にこのように言う時、「は」によって「きれい」が「今日」に限定されるから、相手が「今日だけなの？じゃ昨日はきれいではなかったという意味？」と思ってしまうようになる。なので、「今日もきれいだね」と言ったほうがいい。

当你对自己的妻子或恋人这样称赞时，因为「は」所含有的限定的作用，对方会疑问说“那你的意思是我只今天漂亮，昨天不漂亮？”因此最好表达为「今日もきれいだね」。

（3）**強調の意味を加える。** 增加强调的语气。

もう迷い**は**しない。 已经不会再犹豫了。

（4）**比較・対比を表す。** 表示比较、对比。

食べること**は**好きですが、作ること**は**好きではありません。 喜欢吃，但是不喜欢做。

COLUMN

「は」と「が」の区別

1 「は」の主な使い方

(1) 主題（文の話題の中心となる事柄）を表す。 提示整个句子所述内容的主题。

中国**は**人口が多いです。 中国人口很多。

(2) 強調を表す。 通常和后续否定搭配，起强调作用。

お酒を飲んで**は**いけません。 不可以喝酒。

(3) 比較・対照を表す。 前后两项进行对比。

食べること**は**好きだが、作ること**は**好きではない。 喜欢吃，但是不喜欢做。

2 「が」の主な使い方

(1) 主語。 指出动作主体不是别的而是「が」所提示内容。

李さん**が**明日うちの会社に来ます。

小李明天会来我们公司。（是对“明天谁要来我们公司”的一种回答）

(2) 自然現象。 客观现实，自然发生的事情。

雨**が**降ります。 下雨。

主題（theme/topic）は通常文頭にあって、文の内容の対象、範囲、話題で、全文を支配する。

主語（subject）は述語が表現する動作や存在の主体となる。

主题通常出现在句首，是指句子整体阐述内容的对象、范围等，其余部分是对主题的展开。主语则针对谓语而言，一般为动作或存在的主体。

文によって、主題と主語が一致することもあれば、主題と主語が違うこともある。

有些句子中主题和主语一致，而有些句子中主题和主语不同。

君**は**美しいです。（「君」：主題＆主語） 你很美。

このケーキ**は**李さん**が**買ったのです。（「ケーキ」：主題、「李さん」：主語） 这个蛋糕是小李买的。

李さん**は**背**が**高いです。（「李さん」：主題，「背」：主語） 小李的身材高挑。

❸「は」と「が」の使い分け

⑴「既知・旧情報」:「は」、「未知・新情報」:「が」。「が」は主語の部分を強調し、「は」は述語の部分を強調する。

已知的旧信息用「は」提示，未知的新信息用「が」提示。「が」强调主语的部分，「は」强调谓语的部分。

A: ここに携帯**が**あったんですが。
（「携帯」: 未知情報）

B: どんな携帯ですか。

A: その携帯**は**iPhoneの最新型で、黒いです。
（「携帯」: 既知情報）

A：这里有看到一只手机吗?
B：什么样的手机?
A：是iPhone的最新款，黑色的。

A: 私**は先生**です。（「先生」の部分が強調されている）

B: **私が**先生です。（「私」の部分が強調されている）

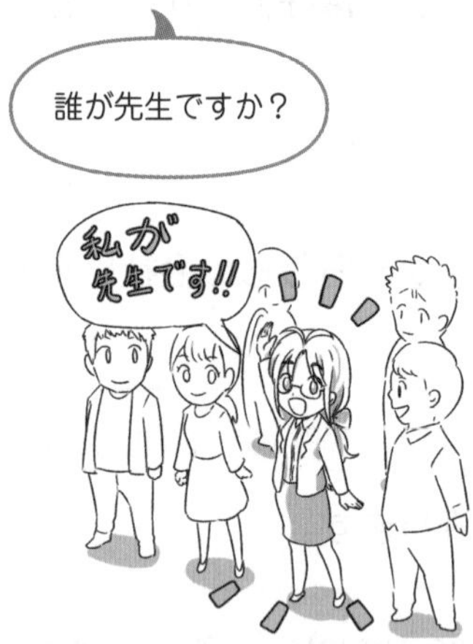

私は先生です。

「は」は既知情報を提示する。「先生」の部分が重要情報となる。

单纯自我介绍，「私」是已知信息，而句子所要重点传达的信息是后面的「先生」。

私が先生です。

「が」は未知情報を提示する。「先生」が既知情報で、「が」によって提示される「私」が新しい情報で、強調されている。

在别人询问「誰が先生ですか？」后其中一人回答「私が先生です。」「私」是新信息，而「先生」是已知信息。这里的「が」在提示主语时有排他作用，表达不是别人而是「私」。

(2) 疑問詞（何／だれ／どこ／どれか）が主語にある：「が」、疑問詞が述語にある：「は」。

疑问词为主语时用「が」，疑问词在谓语时用「は」。

A：明日誰**が**北京へ行きますか。	A：明天谁去北京？
B：私**が**行きます。	B：是我去。
それ**は**何ですか。	那是什么？

(3) 存在を表す表現。　在表达存在的句子里，使用「場所に物／人がある／いる」或「物／人は場所にある／いる」这样的句型。

①	**場所**	に	**物／人**	**が** ある／いる
②	**物／人**	**は**	**場所**	に ある／いる

A：机の上に猫**が**いる。	A：桌子上有猫。
B：猫**は**机の上にいる。	B：猫在桌子上。

(4)「N１はN２が～」の構文で、「は」は主題を提示し、「が」は「N１」の希望・能力・好悪等の対象を示す。「N１」の部分は省略されることが多い。

在「N1はN2が～」这样的句型中，「は」提示主题，「が」提示「N1」的希望、能力、好恶等的对象。「N1」部分很多情况下会省略。

N１ **は** N２が ～
主題

張さん**は**日本語**が**上手です。**（能力）**	小张很擅长日语。
私**は**英語**が**読める。**（能力）**	我能看懂英语。
彼女**が**欲しいです。**（希望）**	想要女朋友。
コーラ**が**飲みたいです。**（希望）**	想喝可乐。
可愛い動物**が**好きです。**（好悪）**	喜欢可爱的动物。

(5) 複文では、主節の主語は「は」、従属節の主語は「が」になる。主節の主語は省略されることが多い。

在复句中，主句的主语用「は」提示，从句的主语用「が」提示。主句的主语很多情况下会省略。

私**は**息子**が**書いた作文を読みました。	我读了儿子写的作文。
（私は）いつも夫**が**出勤してから家を出ます。 **主節の主語は「私は」で、ここでは省略されている**	（我）总是在丈夫上班后出门。 （主句的主语是“我”，在此省略）

も

(1) **同類を表す。** 表示同类。

> 彼**も**行きません。　他也不去。

(2) **強調を表す。** 表示强调。

> このカバンは10万円**も**した。　这个包竟然花了10万日元。

(3) **並列を表す。** 表示并列。

> 中国**も**日本**も**高齢化が進んでいる。　中国也好日本也好高龄化日益严重。

こそ

(1) **強調を表す。** 表示强调，“才是，正是”。

> このような逆境（ぎゃっきょう）**こそ**本当の実力を発揮（はっき）する時だ。
> 这样的逆境才正是发挥真正实力的时候。

さえ

(1) **極端な例を表す。** 举出一个极端的例子，暗示其他自不用说。

> 日本に来たばかりの彼はひらがな**さえ**読めない。　他刚来日本，连平假名也不认识。

(2) **最低限の条件を表す。** 表示只要……就……，往往后续和假定形搭配。

> あなた**さえ**そばにいれば満足だ。　只要你在我身边就心满意足了。

(3) **添加を表す。** 表示“而且连……”。

> 雨が止んだだけでなく、太陽**さえ**出てきた。　不仅雨停了，而且连太阳都出来了。

しか

(1) **限定を表し、否定と共に使う。** 表示限定，后接否定。

> 自分で我慢する**しか**方法がない。　只能自己忍耐，除此之外别无他法。

ばかり

(1) **程度を表す。** 表示大概，大约。

> 1000円**ばかり**貸してくれますか。　能借我大概1000日元吗?

（2）**限定を表す。** 表示限定，"只……"、"光……"。

この子は毎日ゲーム**ばかり**やっています。 这孩子一天到晚光玩儿游戏。

（3）**動作が発生した直後であることを表す。** 接在动词た形后表示动作刚刚完成。

私は着いた**ばかり**です。 我刚刚才到。

だけ

（1）**限定を表す。** 表示限定，"只……"。

あなた**だけ**に教えます。 只告诉你。

（2）**程度を表す。** 表示程度。

できる**だけ**多くのひとに見てもらいたい。 尽可能想让更多的人看到。

ほど

（1）**程度を表す。** 表示程度。

死ぬ**ほど**練習しました。 拼命练习。

病院にいく**ほど**の症状（しょうじょう）ではありません。 症状并没有到要去医院的程度。

MORE＋ 関連文型

ほど～ない：比較を表す。 后续否定，表示比较的基准。

今年11月の気温は去年**ほど**高く**ない**。 今年11月的气温没有去年那么高。

練習**ほど**嫌なものは**ない**。 没有比练习更让人讨厌的事情了。

～ば～ほど：一方の程度が変われば、それとともに他方も変わる。

表示一方面的程度发生了变化，与此同时另一方也会变化。

練習すれ**ば**する**ほど**上手になる。 越练越好。

考えれ**ば**考える**ほど**不安は大きくなる。 越想越不放心。

くらい（ぐらい）

（1）**程度を表す。**

表示程度。

少し**ぐらい**のお酒は健康にいい。 少许喝点酒对健康有好处。

（2）**限度を表す。**
表示限度。

掃除**くらい**自分でしなさい。 起码打扫卫生这点儿事要自己做。

POINT 「くらい」と「ぐらい」

一般的に言うと、体言（名詞）には「ぐらい」が付き、コソアド形の連体詞（この・その・あの・どの）には「くらい」が付く。用言や助動詞にはどちらをつけてもよい。現在ではどちらを使ってもよく、厳密な使い分けがない。

传统来讲一般体言（名词）后面接「ぐらい」、コソアド系的连体词后接「くらい」、而用言助动词后两者皆可。但现代日语中基本已不再严格区分。

など

（1）**例示を表す。** 表示举例。

輸入品や高級品**など**を売る店です。 这是一家出售进口商品和高档商品的店。

（2）**軽んじて扱う。**否定的・反語的表現を伴うことが多い。
表示轻视，往往与否定、反语等表达搭配使用

遊ぶ余裕（よゆう）**など**あるわけないでしょう。 哪儿还有时间出去玩儿啊。

きり

（1）**限定を表す。** 表示限定。

男女二人**きり**で食事したり飲みに行ったりする。 男女二人单独去吃吃饭喝喝酒什么的。

なり

（1）**例示を表す。** 表示示例，暗示还有其他选择，仅仅给出一个参考。

担任（たんにん）に**なり**相談したらいいと思う。 和班主任什么的谈一下比较好。

（2）**並立を表す「～なり～なり」。** 并列几个类似的事项，从中选择。

掃除**なり**買い物**なり**親を手伝ってください。 打扫打扫啊，买个东西什么的，多帮父母分担一些。

やら

(１) **不明確を表す。** 一般接疑问词，表示不确定。

ボトルの底（そこ）に何**やら**黒い塊（かたまり）のようなものが沈殿（ちんでん）している。 瓶底有某些黑色块状的沉淀。

(２) **並立を表す。** 并列几个事物、表示"……之类……之类的"。

宿題**やら**レポート**やら**で、のんびりする時間もない。

又要写作业，又要交论文，一点空闲都没有。

MORE＋ 関連文型の違い

～とか～とか　V辞・A・NA・N＋とか

意味　例示し列挙する。「～や～など」に比べると少しカジュアルである。

单纯列举同类事物。

例文　庭にはアジサイ**とか**、バラ**とか**、いろいろな花が植えてある。

院子里种了紫阳花、玫瑰等各种各样的花。

～だの～だの　V辞・A・NA・N＋だの

意味　例を複数挙げて言う。話者の不満や非難の感情が込められることが多い。主に話し言葉。

含有不满、责备的语气。多用于口语。

例文　好き**だの**嫌い**だの**、わがままばかり言う。

又是喜欢这个了，不喜欢那个了，净耍小脾气。

～やら～やら　V辞・A・NA・N＋やら

意味　代表例を１つ２つあげる。どんな様子かわからないとき、どれと決めがたい場合に使うことが多い。主に話し言葉。

强调心情很复杂，除开心、害羞等还有各种情绪，不知如何是好。多用于口语。

例文　嬉しい**やら**恥ずかしい**やら**、どうしていいかわからなかった。

又觉得开心，又觉得害羞，真是不知道怎么办才好。

ずつ

(１) **数量を等分に割り当てる意を表す。** 表示等量平均分配。

(一人) 三つ**ずつ**好きなお菓子を選んでください。

请（每人）各取三样自己喜欢的点心。

(２) **一定量で繰り返す意を表す。** 表示等量反复。

少し**ずつ**この小説を読み終わった。 一点一点地把这本小说读完了。

でも

（1）極端な例を示し、他を類推させる。

提示极端事例，暗示其他，表示“就连……也……”。

この問題は先輩**でも**分からなかった。	这个问题就连前辈也不懂。

（2）だいたいの例を挙げる。 举出一个大概的例子，表示“……之类的”。

まだ時間があるから、コーヒー**でも**飲もう。	因为还有时间，咱们去喝个咖啡吧。

（3）（不特定をさす語「なに（なん）」「だれ」「いつ」「どこ」などに付いて）**すべての場合を肯定することを表わす。**

接在疑问词「なに（なん）」「だれ」「いつ」「どこ」后，表示全部认可、全部肯定。

だれ**でも**知っている。	谁都知道。

か

（1）不確実を表す。 表示不确定。

いつ**か**どこ**か**の空の下でまた会おう。	未来某日某地让我们再相会吧。

（2）並立を表す。 表示并列。

行ける**か**行けない**か**さっさと言いなさい。	痛快地说能去还是不能去。
美容室に行く**か**、やめる**か**迷っている。	是去美容院还是不去很犹豫。

まで

（1）時間や距離の終点。 表示时间或距离的终点

駅**まで**歩いて10分くらいかかります。	到车站步行的话大概要花10分钟。

（2）程度・限度を表す。 表示程度、限度。

ちょっと聞いてみた**まで**です。（≒だけ）	只是稍微打听一下而已。

（3）極端な例を挙げて、物事が高い程度に達していることを表す。

举出极端的例子，表示到达的程度极高。

敬語**まで**ペラペラしゃべれるようになった。	连敬语都能够说得很流利了。

COLUMN

「まで」と「までに」の違い

まで：一定時間（期間）継続する行為・動作・出来事を表す動詞（例：待つ、いる）と結び付き、動作や状態がある時点まで続くことを表す。

与表示在一定期间持续性发生的行为或动作的动词（例：待つ、いる）搭配使用，表示动作或状态一直持续到某一时点。

きのうは夜中の１時**まで**勉強していた。　昨晩一直学习到深夜一点。

までに：一回きり、継続しない行為・動作・出来事を表す動詞（例：返す、提出する）と結び付き、動作の期限や締め切りを表す。

与表示瞬间的、非持续的行为或动作的动词（例：返す、提出する）搭配使用，表示动作的期限或截止时间。

６時**までに**、レポートを出さなければならない。　六点之前必须要交报告。

<4> 終助詞

終助詞は、主に文末に付いて、**疑問**、**反語**、**禁止**、**感動**、**勧誘**などさまざまな意味を添える。

终助词主要位于句末，为句子增添疑问、反语、禁止、感动、劝诱等各类含义。

（1）終助詞の働き

終助詞は話し手の気持ちを表す働きをしている。具体的に以下のような例がある。

ビールを飲みます**か**。　喝啤酒吗？
疑問

ビールを飲む**な**。　禁止饮用啤酒！
禁止

ビールはおいしい**（な）なあ**。　啤酒真好喝啊！
感動

ビールはおいしい**ね**。　啤酒真好喝呢！
感動

ビールを飲みに来て**ね**。　要来喝啤酒哦。
念を押す

ビールを飲む**ぞ**。 念を押す	喝啤酒喽！
ビールを飲みに行こう**よ**。 念を押す	去喝啤酒吧。
ビール**よ**、おいしくなれ！ 呼びかけ	啤酒啊，变得好喝吧！

（2）**主な終助詞の意味**

か

（1）**疑問の意を表す。**
表示疑问。

どこに行きます**か**。　去哪儿啊？

（2）**反語を表す。**　表示反语。

こんなにおいしいものが他にあるのだろう**か**。　其他还有像这个一样这么好吃的东西吗？

（3）**感動を表す。**　表示感动。

やっと終わった**か**。　终于完成了啊！

な

（1）**禁止を表す。**
表示禁止。

余計な事をしゃべる**な**。　少说废话。

な（なあ）

（1）**感動を表す。**　表示感动。

この本は本当に分かりやすい**な（なあ）**。　这本书真的很好懂呢。

（2）**念を押す意味を表す。**　表示叮嘱、叮问、提醒。

犯人はこの三人の中にいるのは間違いない**な**。　罪犯一定在这三人之中。

とも

（1）**強調（強い断定）を表す。**　表示强调、强烈的断定。

A：お酒はやめますか。　B：きっとやめます**とも**。
A：要戒酒吗？　B：我一定能戒掉的。

よ

（1）呼びかけを表す。
表示呼吁、呼唤。

少年**よ**、君は強くなる。　少年啊，你会变强的。

（2）念を押す意味を表す。　表示叮嘱、告知。

二度と入ってはいけない**よ**。　你不能再进去了啊。

（3）（推量の助動詞「う」「よう」に付いて）**勧誘と弱い念押しの意を表す。**
表示劝诱及轻微的叮嘱。

明日一緒に行きましょう**よ**。　明天一起去吧。

の

（1）疑問の意を表す。（上昇調）　表示疑问，句尾用升调。

なぜそれをみんなに言った**の**。　为什么把那件事告诉大家啊?

（2）軽い断定の意を表す。（女性や児童が使う言葉）（下降調）
表示轻微断定，一般为女性或儿童用语，句尾用降调。

お金、使っちゃった**の**。　钱，我都给花了。

わ

（1）感動や驚きの意を表す。　表示感动或惊讶的语气。

指定席（していせき）の完売（かんばい）が早かった**わ**。　对号票售罄得真快啊。

（2）主張を和らげて言う。（主に女性語）
表达轻微的主张，一般为女性使用。

これだけ有れば十分だ**わ**。　只要有这个就足够了呀。

ぞ

（1）念を押す。（主張、判断、決意）　表达说话人自身主张、判断或决定，有叮嘱强调语气。

自由恋愛なら応援する**ぞ**。　如果是自由恋爱的话我支持噢。

明日はテストだ**ぞ**。忘れるな。　明天考试噢，别忘了。

ね（ねえ）

（1）感動・詠嘆の意を表す。 表示感动或感叹。

あなたの文章は素晴らしい**ね**。	你的文章绝佳啊。

（2）相手に「同意・共感」を求める。 寻求对方的同意或同感。

今日のテストは難しかった**ね**。	今天的考试真难啊。

（3）念を押す。 表示叮嘱。

朝食（ちょうしょく）はしっかり食べて**ね**。	好好吃早饭噢。

さ

（1）判断や主張を表す。（多少言い放つ意味） 表达判断或主张，有些许信口开河的语气。

負けるに決まっている**さ**。	一定会输掉的啊。
今どき、誰でも携帯を持っている**さ**。	现今，谁都有手机的啊。

かしら

（1）軽い不審・疑問を表す。（主に女性が使う） 表示轻微的怀疑或疑问，一般为女性用语。

電車がくる**かしら**。	电车还会不会来啊？
どの駅で降りればいいの**かしら**。	在哪一站下车好呢？

COLUMN

終助詞における男性語と女性語

	終助詞	意味	例文
主に男性用	さ	判断や主張を表す	負けるに決まっている**さ**。
	ぞ	念を押す（主張、判断、決意）	声を出したら殺す**ぞ**。
	ぜ	親しみを込めて軽く念を押す意を表す	勝負しよう**ぜ**。
主に女性用	わ 上昇調	主張を和らげて言う	そんな約束はできない**わ**。
	の	軽い断定の意を表す	気がかわってしまった**の**。
	かしら	軽い不審・疑問を表す	こんな夜中に誰が来たの**かしら**。

4 助詞の脱落現象

日本語の話し言葉では助詞の脱落現象（無助詞/省略）がよく観察される。以下のような例がある。

日语口语中常会出现助词脱落（无助词或省略）的情况，如以下例子所示。

助詞	脱落現象	解説
は	僕（は）、行かない。 俺（は）、会社を辞める。 あの人（は）中国人だね。 今日（は）、学校に行かない。	主題について述べるのが明らかである。 很明显，这是在就主题进行说明。
が	何か飲み物（が）ほしい？ 声（が）かわいいね。 あ、雨（が）降り出した。	格関係に意味の違いが生じなく、対象語や主語であることが明らかである。 成分之间关系较为明显，哪个部分为主语，哪个部分为对象语均很明确。
を	ケーキ（を）食べる？	動詞との格関係が明白で、省略しても意味に差異が出ない。 动词和相应的对象（宾语）之间的关系明确。
に	東京（に）行くなら民泊に泊まろう！ 明日、みんなでディズニーランド（に）行こう。	着点や方向であることが明らかである。 表示到达点、方向等的句子成分很明确。
の	私は法学部（の）一年です。 私たちはイギリス（の）ロンドンにやって来ました。	所属関係が明らかである。 前后句子成分之间的所属关系很明确。

確かに日本語母語話者の話し言葉に助詞の脱落現象がよく見られるが、外国人日本語学習者として場面や聞き手との親疎関係を顧みず、勝手に助詞を省略して言うのは片言で、子供っぽく、下手な日本語に聞こえることがあり、ひいては相手に失礼な印象を与える可能性があるので、その点には十分注意が必要だ。書き言葉では助詞の省略は不自然で、起こりにくいとされている。

日语母语者在口语中的确会常常出现助词省略的现象，但外国学习者如果在没有确切把握语境及谈话双方亲疏关系的状况下随意省略助词，则有可能让自己的表达听起来很幼稚、拙劣，甚至给对方留下失礼的印象，因此务必引起注意。另外，在书面语中一般不会出现助词省略情况。

5 助詞の不適切な使用

日本語母語話者がごく自然に使っている助詞は外国人日本語学習者、特に中国人学習者にとっては、その使い方が非常に複雑で、適切でない例がよく見られる。しかし、助詞が文の成立において大きな役割を果たしている成分で、間違って使うと、誤解を招く可能性があるのみならず、相手を不快にさせる恐れがある。特に、以下のような不適切な使用が数多く確認された。

对于非日语母语者的中国日语学习者来说，助词的部分往往较难切实掌握，容易出错。下述助词的常见误用例需格外引起注意。

<1> 助詞の誤用

中国人日本語学習者が書いた日本語には、意味の近い助詞の誤用の例が非常に多い。特に下記のような典型的な誤用例がある。

对于以中文为母语的日语学习者来说意思较为接近的助词容易产生误用。以下为典型误用例。

私は日本の歴史を詳しくないです。✕

私は日本の歴史**に**詳しくないです。○

「詳しい」の前に「に」が付き、対象を提示する。

「詳しい」前接「に」提示熟悉、熟知的对象，而不能用「を」。

今年は本気で日本語能力試験N1を合格したいです。✕

今年は本気で日本語能力試験N1**に**合格したいです。○

「〜に合格する」が一般的で、「〜を合格する」とは言わない。

表示某一考试考及格的意思时，要使用「〜に合格する」，而不能使用「を」。

クラスメートの中に、東南アジアから来た留学生は一番多いです。✕

クラスメートの中**では**、東南アジアから来た留学生**が**一番多いです。○

「では」は範囲を示し、「東南アジアから来た留学生」が未知の新情報なので、「が」を使う。

「では」提示范围，「東南アジアから来た留学生」是未知的新信息，用「が」提示。

現在私は東京新宿区で住んでいます。✕

現在私は東京新宿区**に**住んでいます。○

「住む」は存在を表す動詞なので、「に」を使って存在の場所を示す。

住在某地，属于存在性的动作，要用「に」提示居住的场所。

日曜日に佐藤さんのうちにパーティーがある。✕

日曜日に佐藤さんのうち**で**パーティーがある。○

出来事が行われる場所を示す時、「に」ではなく「で」を使う。

提示活动实施或举办的场所时，要用助词「で」。

COLUMN

「に」と「で」の使い分け（場所を表す時）

格助詞「で」は、主に動作・行為性の動詞の場合に使われ、動作または出来事が行われる場所を示す。

格助词「で」主要后接表示动作及行为性的动词，表示动作、活动实施或举办的场所。

格助詞「に」は、主に存在性の動詞の場合に使われ、存在の場所を示す。または動作の目的地、到達点を表す。

格助词「に」主要后接表示存在意义的动词，表示存在的场所。或表示动作的目的地、到达点。

大学**で**サッカーの練習をする。　在大学练习足球。
動作が行われる場所

大学**で**コンサートがある。　在大学有音乐会。
出来事が行われる場所

大学**に**試験会場がある。　大学有考试场地。
存在の場所

大学**に**着きました。　到大学了。
移動の到達点

本を読んだり、携帯**を**遊んだりします。✕
本を読んだり、携帯**で**遊んだりします。〇

「遊ぶ」は自動詞で、ヲ格を使わない。
「遊ぶ」是自动词，不能用「を」直接连接动词宾语。

李さんは文学**の**興味があります。✕
李さんは文学**に**興味があります。〇

「～に興味がある」は一般的な言い方で、「に」は対象を提示する。
表达“对……有兴趣”，要用「に」提示感兴趣的对象。

壁に「立入禁止」**を**書いてある。✕
壁に「立入禁止」**と**書いてある。〇

「と」は引用を表す。
助词「と」表示引用，提示书写的内容。

電車**を**乗って、渋谷に行きます。✕

電車**に**乗って、渋谷に行きます。○

交通手段を表す時、「～に乗る」という言い方を使う。「に」は動作の帰着点を表す。

表达乘坐某种交通工具时，要用「～に乗る」的表达方式，「に」提示“乘坐”该动作的归结点。

公園**で**散歩しました。✕

公園**を**散歩しました。○

移動の空間を表すとき、「を」を使う。

表达移动动作的范围时用「を」提示。

<2> 助詞の過剰使用

助詞の過剰使用とは、本来助詞が入るはずのないところに誤って助詞を入れることである。例として特に多いのは、格助詞「の」である。中国語の助詞「的」の影響によるものだと指摘されている。

助词的过剩使用是指，在不该使用助词的地方错误添加助词。尤其是中文母语者受中文助词“的”的影响，很多时候在本不需要格助词「の」的地方添加「の」。以下为典型误用例。

一日**に**遊んだ。✕

一日~~に~~遊んだ。○

「に」は時点を表すので、ここでは要らない。

表达“玩儿了一整天”，不需要助词「に」。

毎週**に**二回ジムに行きます。✕

毎週~~に~~二回ジムに行きます。○

「毎週二回」または「週に二回」が正しい言い方である。

表达“每周去两次”，可以使用「毎週二回」，或者「週に二回」的方式。

負けるには原因がいろいろ**に**ある。✕

負けるには原因がいろいろ~~に~~ある。○

「いろいろ」は副詞で、「ある」を修飾する時に「に」が付かない。

「いろいろ」作为副词修饰后面的动词「ある」，之间不需要添加「に」。

小さい**の**頃からお世話になっています。✕

小さい~~の~~頃からお世話になっています。○

形容詞が名詞の前に来る場合、つまり形容詞が名詞を修飾する場合（連体修飾）、間に「の」が付かない。

形容词修饰名词时，直接加即可，不需要中间加「の」。

昨日見たの映画は面白かったです。✕

昨日見た~~の~~映画は面白かったです。〇

動詞た形が名詞の前に来る場合、つまり動詞た形が名詞を修飾する場合（連体修飾）、間に「の」が付かない。

动词た形修饰名词时，直接加即可，不需要中间加「の」。

日本語を使うの仕事を探しています。✕

日本語を使う~~の~~仕事を探しています。〇

動詞辞書形が前に来る場合、つまり動詞辞書形が名詞を修飾する場合（連体修飾）、間に「の」が付かない。

动词辞典形修饰名词时，直接加即可，不需要中间加「の」。

絵の勉強をするのために、フランスの大学に留学します。✕

絵の勉強をする~~の~~ために、フランスの大学に留学します。〇

「ために」の前に動詞の辞書形が来る場合、間に「の」が付かない。

「ために」前直接接动词辞书形，不需要中间加「の」。

POINT

動詞・助動詞で名詞を修飾する場合
（名詞が動詞・助動詞の活用形の後ろに続く）

食べるもの	〇	食べる**の**もの	✕
食べたもの	〇	食べた**の**もの	✕
食べないもの	〇	食べない**の**もの	✕
食べなかったもの	〇	食べなかった**の**もの	✕
食べているもの	〇	食べている**の**もの	✕
食べていたもの	〇	食べていた**の**もの	✕

文法項目の実践

私たちは、会社の会議、いろいろな委員会や裁判員制度、ひいては議会に至るまで、集団での意思決定の仕組みを、人間だけのもつ専売特許のように考えがちです。言語をもつ人間だからこそ、話し合って皆で決めることができるとする見方です。この意味で、言語をもたないハチやアリが集団意思決定を行うという話は、ただの喩え話にすぎないと思われるかもしれません。

しかし、ヒト以外の動物種においても、動物たちの示す特定の身体姿勢や運動のパターン、発声の仕方などが投票や意見表明と同じ機能をもつことが、近年の生物学の研究から明らかにされています。こうしたかたちでのメンバーの「投票」は、多数決などの「集団決定ルール」を通じて、巣場所の選択や移動の開始など、群れ全体での統一的な行動にまとめられます。言語能力はとても重要ではあるものの、集団意思決定を行うための必要条件ではありません。

つまるところ、集団意思決定とは、個々のメンバーの意思（「餌場Aに移動したい」、「この巣からそろそろ別の場所に引越したい」などの意思）を、群れ全体の行動選択にまとめあげる集約の仕組みに過ぎません。この意味での集団意思決定は、人間に固有ではなく、社会性昆虫のほかにも、魚類、鳥類、食肉類、霊長類などにおいてかなり広く認められます。

亀田達也『モラルの起源――実験社会科学からの問い』

EJU日本語問題・2019年・日本語読解文章の素材

CHAPTER 9

PART3 文の構造

複文

表現の必要性に基づき、二つあるいは二つ以上の「節」をある一定の論理関係によって組み合わせ、より複雑な一つの文を作り上げたものが複文である。複文は主語・述語の関係は2つ以上あり、単文よりも一つ次元の高い文法単位と見なすことができる。複文の構成と意味を正しく理解することにより、日本語の表現が豊かになると同時に、より複雑な文章の理解もできるようになる。

复句由2个或2个以上的从句按照一定的逻辑关系组成。有两组以上的主谓结构。理解复句的结构与意义，可以使你的日语表达更加丰富，也可以理解更加复杂的文章。

CHAPTER 9 複文

1 文の成分

「文法の基礎」（▶5ページ）で説明した文の成分には大きく分けて**主語、述語、修飾語、独立語と接続語**がある※1。修飾語は「**連体修飾語**」と「**連用修飾語**」とに分けられる。更に、ここでは、一般的に連用修飾語と接続語として取り扱われている**状況語、目的語、補足語**について説明する。

“语法基础”章节中已经说明了句子成分有主语、谓语、修饰成分（连体修饰语和连用修饰语）、独立成分、接续成分。另外，还可以将连用修饰成分和接续成分继续细分为时空成分、宾语和补充成分（不同于中文中的补语）。

※1　説明を簡略化する為に、本章では主部・述部の代わりに、主語・述語で説明を統一する。

状況語：文で述べられる事柄が成り立つための時間、場所を表す。
時空成分：表示句子中事情发生的时间和场所。

目的語：述語の動作等が及ぶ対象を表す。助詞**「を」**で提示する。
宾语：表示谓语动词的对象。用助词「を」提示。

補足語：述語の意味（状態、原因等）を補い叙述を完全なものにする役割を果たす。
补充成分：补充说明谓语的意思如状态或原因等。

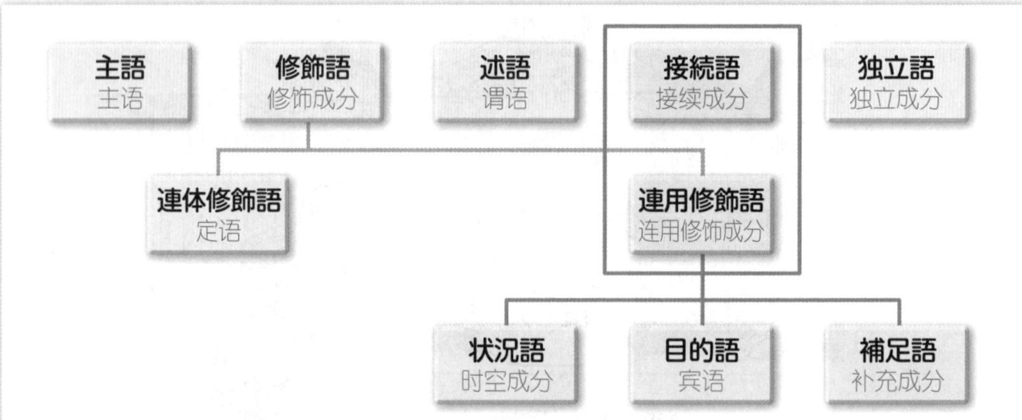

佐藤さんは（主語） **家で**（①） **家族と**（②） **朝ごはんを**（③） 食べます。（述語）　佐藤在家和家人一起吃早饭。

① どこで食べるのか ──→ 家で食べます。（状況語）
② 何を食べるのか ──→ 朝ごはんを食べます。（目的語・「を」で提示）
③ 誰と食べるのか ──→ 家族と食べます。（補足語）

2 文の構造

文を構造で分類すると、単文・重文・複文に分けられる。ただ、重文は並列関係の複文といえるので、説明を単純化するために、本章では重文と複文をあわせて複文と分類する。

句子可以分为单句、并列句、复句。本书中将并列句和复句统称为复句。

単文	一文の中に、主語・述語の関係が一つだけある	
複文	**並列関係の複文**：	主語・述語の関係を二組以上持っていて、それが対等関係である文（重文）
	主従関係の複文：	主語・述語の関係を二組以上持っていて、その関係が対等でないもの

<1> 単文

単文は、主語・述語の関係が1つだけある文のことであり、最もシンプルな文の形である。

单句只有一组主谓关系。

彼は　学生です。
主語　述語
他是学生。

あの山は　きれいだ。
主語　述語
那座山很漂亮。

この町が　非常に　静かだ。
主語　修飾語　述語
这片街市非常安静。

<2> 複文

複文とは、主語・述語の関係が二つ以上ある文のことである。そして、述語をもった言葉のまとまりを節と呼ぶ。よって、複文は複数の節から構成されている文のことである。複数節のうち、文末の述語を中心とした節を**主節**と呼ぶ。主節以外の節は、**接続節**と呼び、主節との関係から、接続節がさらに**並列節**と**従属節**とに分ける。

复句具有两组以上的主谓结构。复句的每个从句「節」含有谓语。以句尾谓语为中心的句节称为“主句”，主句以外的从句称为“接续从句”。接续从句还可以分为“并列从句”和“从属从句”。

卒業後、**田中さんは東京へ行き**、佐藤さんは大阪へ行った。
並列節　並列節（主節）
毕业后，田中去了东京，佐藤去了大阪。

私は**父が買ってくれた絵**を大切にしている。
従属節　主節
我很珍惜父亲给我买的画。

<3> 複文の種類

複文は構成された節同士の関係により、並列関係と主従関係の２種類に分かれる。

复句根据其从句前后的关系，可分为并列复句和主从复句两种。

（1）並列関係（重文とも言う）

並列関係の複文（重文）とは、単文が２つ以上並列に連なった文のことである。並列関係の複文のうち、文末にある述語を中心として文の全体を取りまとめる働きをする部分が**主節**であり、主節と平等な関係で結びついている部分が**並列節**である。並列節と主節は用言の連用形や接続詞で結ばれていることが多いので、切り離すことができる。

并列复句由主句和并列从句组成。并列从句和主句为平等并列的关系。主句和并列从句间由用言的连用形或接续词来连接，可以分割。

文	並列の表現、	文
並列節		並列節（主節）

◆複文の並列節でよく使われる表現

並列の表現	説明
連用形の中止法	用言を連用形によっていったん切り、次に続ける
が	接続助詞
し	複数の事柄を並列的に述べる表現
て（で）	（並列）同じ属性を持つ物事を対等な関係で並べて表現する （対比）違う属性を持つ物事を比べて表現することもある
たり	事柄や行為の中から二つか三つ取り上げ、それだけではなく同様のことを他にもあることを暗示する（例示※2） 動作・状態の繰り返しを表す用法もある

※2　例示する「～たり」が一つの場合もある

秋が終わ**り**、冬が来る。 並列節　並列節（主節）	秋天结束，冬天来临。
彼はイケメンだ**し**、成績も優秀です。 並列節　並列節（主節）	他长得帅，成绩也好。
父は仕事に出かけ**て**、母はスーパーに行った。 並列節　並列節（主節）	父亲上班去了，母亲去超市了。
彼は毎朝ジョギングし**たり**、体操をしたりする。 並列節　並列節（主節）	他每天早上跑步，或者做体操。

（1）主従関係

主従関係の複文のうち、文末にある述語を中心として文の全体を取りまとめる働きをする部分が主節であり、主節に従属的に結びついている部分が従属節である。従属節は、その働きによって、**連体修飾節**と**連用修飾節**に分けられる。

主从复句可分为主句和从属从句。从属从句又可以分为连体修饰从句和连用修饰从句。

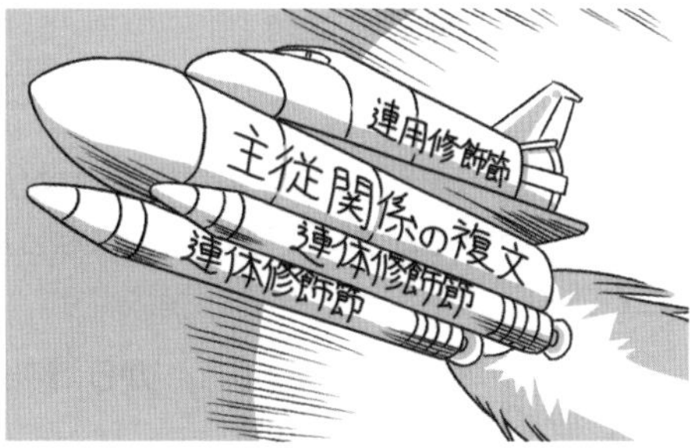

1 連体修飾節 上級編

名詞や形式名詞である「の」「こと」「ところ」などにつながることで文中で名詞と同じ機能を果たす（名詞化とも言う）節である。**連体修飾節**は、文の中で、**連体修飾語**の成分を担うことができ、被修飾語の（形式）名詞などと合わせて**主語、述語、連用修飾語、接続語**など文の成分を構成することができる。連体修飾節の中には、主題を表す助詞「は」、丁寧体、終助詞などが現れない。

主从复句中的连体修饰从句，修饰名词或形式名词「の」「こと」「ところ」，作连体修饰成分（定语）。“连体修饰从句＋所修饰的（形式）名词等”可作句子的主语、谓语、连用修饰成分、接续成分等。连体修饰从句中，不能出现提示主题的助词「は」、礼貌体（です・ます体）、终助词等。

◆連体修飾節が構成できる文の成分

連体修飾節＋被修飾語等が担う文の成分

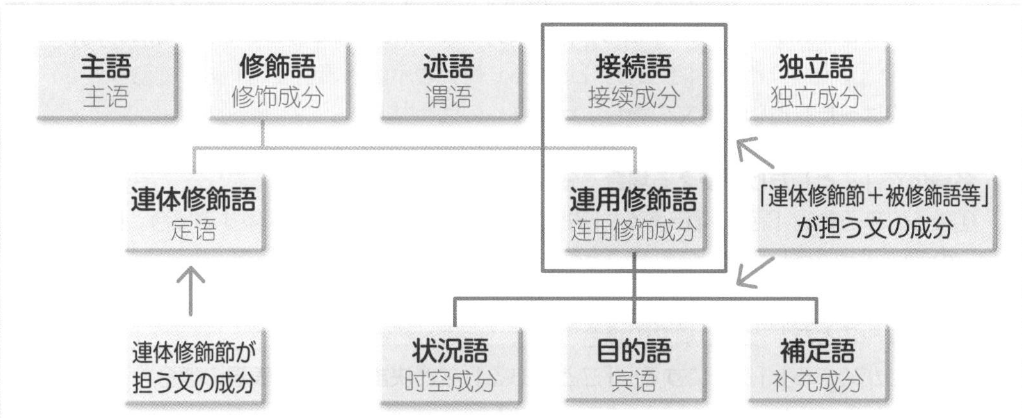

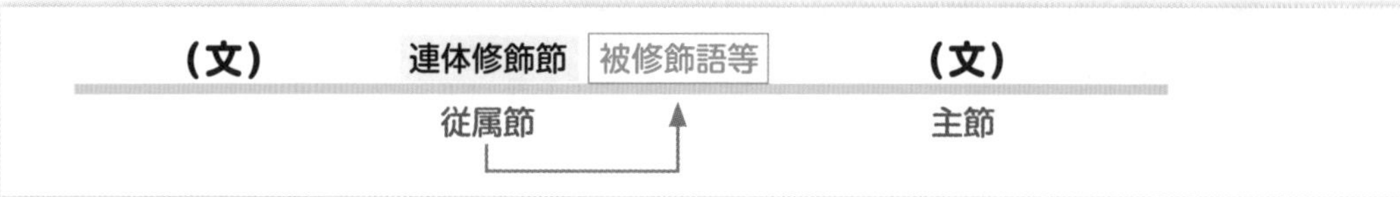

◆連体修飾節の被修飾語

被修飾語	例文　表記：連体修飾節　(形式)名詞
名詞	彼が読んでいる本は、図書館から借りたものだ。他正在读的书是从图书馆借来的。（主語） ２年前、高速道路で大事故が起きた日を思い出した。（連用修飾語（目的語）） （我）回想起了两年前在高速公路上出大事故的那天。
の	動物が冬眠するのは、寒い冬の間の余計なエネルギーの消耗を避けるためである。（主語） 动物进行冬眠，是为了避免在寒冷的冬天消耗不必要的能量。
こと	現代のような水利施設のなかった時代においては、雨が降って川の水量が増えたことが、氾濫の原因になったと考えられている。（主語） 在没有现代水利设施的时代，因为下雨导致的河水上涨被认为是河川泛滥的原因。 彼が黙り込んだことから、事態の深刻さを察知した。从他的沉默中感觉到了事态的严重性。（接続語）
ところ	電話で問い合わせしようとしたところ、メールで返信が来た。（連用修飾語（補足語）） 正要打电话去问问的时候，回复的电邮来了。

POINT　形式名詞「の」と「こと」の使い分け

名詞化で「の」だけが使える場合　名词化只能用「の」的情况

①後ろに来る述語が「見る」「見える」「聞く」「聞こえる」「感じる」など**感覚を表す動詞**である場合
后面谓语含表示感觉的动词「見る」「見える」「聞く」「聞こえる」「感じる」等。

②後ろに来る述語が「待つ」「手伝う」「止める」などある**事態に合わせて行う動作**の場合
后面谓语动词为「待つ」「手伝う」「止める」等，表示配合事态发展而进行的动作。

③**「～のは～だ」**という構文の場合　句型「～のは～だ」中。

名詞化で「こと」だけが使える場合　名词化只能用「こと」的情况

①後ろに来る動詞「話す」「伝える」「約束する」などが主に発話に関係する場合。「こと」の前に「という」が用いられることがある
后面接「話す」「伝える」「約束する」等主要和说话相关的动词。「こと」前面可以用「という」。

②**「～は～ことだ」**という構文の場合　句型「～は～ことだ」中。

③「ことができる」「ことにする」「ことがある」など**決まっている表現**の場合
「ことができる」「ことにする」「ことがある」等惯用表达句型中。

④後ろに**「大切だ」「必要だ」**が来る場合。**但し「の」も使えるケースがある。**

后面谓语是「大切だ」「必要だ」等。但部分情况也可以使用「の」。

⑤後ろに「考える」「思う」「信じる」等が来る場合 后面动词是「考える」「思う」「信じる」等的时候。

例

六月に街を歩くと、紫陽花の花が咲いている[の]を見ることができます。
(×咲いていること) 六月走在街上，能看见正在开放的紫阳花。

先生が、庭に紫陽花の花が咲いている(という)[こと]を教えてくれた。
(△咲いているのを) 老师告诉我庭院里的紫阳花正在开放。

彼女が暴走するのを止める[の]は不可能だ。 想要阻止她的莽撞是不可能的。

私ひとりが政治を憎んだ[ところ]で、人々の生活がよくなることはなかった。
只我一个人憎恨政治是不能使人们生活变好的。

この大雨の中で、森の中を歩く[の]は危険だ。 在这样的大雨里，穿行森林是很危险的。

チョウザメはサメの種類ではないという[こと]は、あまり知られていない。
蝴蝶鲨不属于鲨鱼这件事，不太为人所知。

彼はずっと、不況の中で店を畳むべきかどうかという[こと]について考えていた。
他一直在考虑要不要在这次的经济萧条中把店铺关掉。

雨が降り出したとき、ちょうど私は洗濯物を干そうとしていた[ところ]だった。
开始下雨的时候，正好是我要晾衣服的时候。

先生：何してるの？
生徒：ごめんなさい、自習に飽きたので絵を描いていました。
先生：あら、すごく綺麗な絵ね。
生徒：外に花が咲いている[の](**の①**)が見えたので、思わず描きたくなったんです。
　　　私が絵を描いてた[こと](**こと①**)は、誰にも言わないでください。
先生：人に知られたら良くない[こと](**こと③**)があるの？
生徒：母は、私が頭が悪い[の](**の③**)は絵を描くせいだと思っていて、
　　　いつも勉強する[こと](**こと⑤**)だけを考えなさいって怒るんです。
先生：あら、息抜きする[こと]※3(**こと④**)も大切なのにね。
生徒：先生は私が勉強しない[の](**の②**)を注意しないんですか。
先生：お母さんの言うこと(**実質名詞**)も正しいかもしれないけれど、あなたが好き
　　　なこと(**実質名詞**)をする[の](**の②**)を止める権利は誰にもないわよ。

老师：你在干什么？
学生：对不起。自习上够了所以刚才正在画画。
老师：哦，很漂亮的画嘛。
学生：看到外面的花开，下意识地就想画了。我画画这事，请不要告诉任何人。
老师：有什么难言之隐吗？
学生：妈妈总觉得我不聪明是因为画画的原因，总是发怒让我专心学习。
老师：哦？可是休息一下也很重要呢。
学生：我不学习，您不批评我吗？
老师：你妈妈的话也许是对的，但是谁也没有权阻止你做自己喜欢的事情呀。

※3 「の」も使える。

2 連用修飾節 ※4 上級編

主節の述語を修飾する従属節を、**連用修飾節**と呼ぶ。連用修飾節は、副詞節や補足節、引用節等に分けることができるが、**本書では、それらは同じく述語や主節全体を修飾する働きを持つことから、統一して連用修飾節と呼ぶ。**更に、連用修飾節は接続助詞などの様々な表現と合わせて、引用、条件、逆接、理由、目的、時間、様態などの意味を表す。連用修飾節は、文の中で**連用修飾語**、**接続語**などを構成できる。

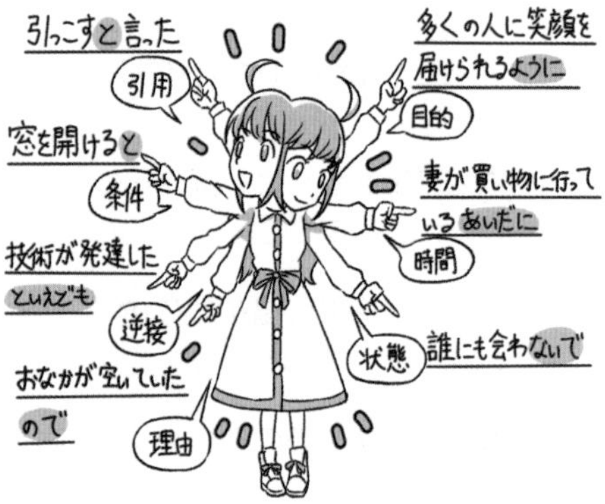

主从复句中的连用修饰从句，修饰主句谓语部分或主句整体。根据其功能，可分为“引用、条件、转折、理由、目的、时间、状态”等，并可作句子的连用修饰成分、接续成分等。

※4　補足節（名詞節、引用節、疑問節）、副詞節などに分ける分類もあるが、本書では全て「連用修飾節」として捉える。

◆連用修飾節が構成できる文の成分

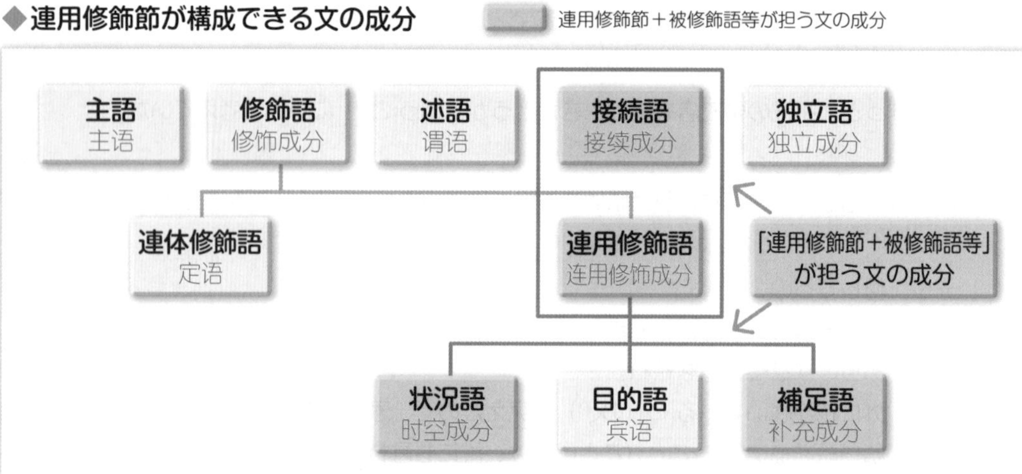

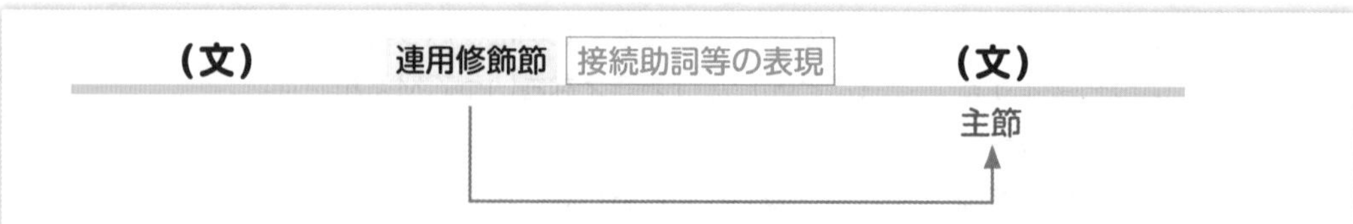

例

彼は、来月東京大学の近くに引っ越す[と]言った。　他说下个月搬家到东京大学附近。
補足語：引用

窓を開ける[と]、先生はすぐにエアコンの電源を消した。　窗一开，老师马上就关了空调。
補足語：条件

技術が発達した[といえども]、依然として人間の手腕を必要とする仕事は多く存在している。
補足語：逆接
即使技术已经发达，但是需要人工的工作依旧还是很多。

おなかが空いていた[ので]、ケーキを食べた。　因为肚子饿了，所以吃了蛋糕。
補足語：理由

多くの人に笑顔を届けられる[ように]、毎日あらゆる工夫をしている。为了把笑脸传递给更多的人，每天都悉心钻研。
補足語：目的

妻が買い物に行っている[あいだに]、部屋を片付けておこう。在妻子去买东西的那段时间里，把房间收拾一下吧。
状況語：時間

誰にも会わ[ないで]、彼は部屋に閉じこもってしまった。 他把自己关在房间里，谁也不见。
補足語：状態

COLUMN

重複文と、やや複雑な文

重複文とは、重文と複文が結合された文である。また、並列節と従属節が同時に存在したり、複数の並列節や従属節が存在したりする複雑な文もある。

重句和复句嵌套的句子叫做重复句。此外，还有并列从句和从属从句同时存在，以及存在多个并列从句或从属从句的复杂复句。

日本人は 座る**ときに**、畳の上で正座をし**たり**、あぐらをかい**たりします**。
従属節（連用修飾節・時間）　並列節　主節
日本人坐下时，有在榻榻米上正座的，也有盘腿坐的。

私は 仕事が終わった後、子どもが寝ている横で、ゆっくりとお茶を飲むのが 好きだ。
並列節　並列節　従属節・連体修飾節　主節
我喜欢工作结束后，在睡着的孩子身边，慢慢喝点茶。

カメレオンは その体色を自在に変化させる ことができるので、
従属節・連体修飾節　従属節・連用修飾節・理由
カモフラージュに長けていると 言える。
従属節・連用修飾節・引用　主節
变色龙可以自由地让身体颜色变化，可以说擅长伪装。

グルタミン酸は 体内に取り入れられる**と**、体内で様々な物質に変換**され**、脳や体を形作る。
従属節（連用修飾節・条件）　従属節（連用修飾節）　主節
谷氨酸被吸收之后，在人体内转变为各种物质，构成了身体和大脑。

POINT　複文のまとめ

- **並列関係**
  - 並列節
  - 並列節（主節）
- **主従関係**
  - 主節
  - 従属節
    - **連体修飾節（＋被修飾語等）**
      主語　述語　修飾語　接続語
    - **連用修飾節（＋接続助詞）**
      連用修飾語　接続語
      - 引用　条件　逆接　理由
      - 目的　時間　様態

<4> 連用修飾節に関わる様々な表現

様々な表現（連用修飾節＋接続助詞等）	
①引用	～と、～ように、～か、～かどうか
②条件	～と、～ば、～なら、～たら、～のだったら、～とすると/としたら/とすれば、～ものなら、～ないことには、～ては、～でもしたら、～とき（に）は、～際には、～場合（に）は、～てみると
③逆接 （対比） （譲歩）	～けど、～が、～のに、～にもかかわらず、～くせに、～ものを、～ながら（も）、～といえども、～とはいえ、～もかまわず； ～ものの、～にしては、～わりには、～（か）と思ったら、～と思いきや、～つつ（も）、～に反して、～にひきかえ、～反面、～一方（で）、～に対して； ～ても、～たところで、～にせよ/にしろ、～（よ）が～まいが、～にしても/にしたって、～であれ、～からといって
④理由	～て、～ので、～おかげで、～せいで、～ために、～ばかりに、～から、～からこそ、～から（に）は、～以上（は）、～上（は）、～のだから、～ものだから、～だけあって、～だけに、～とあって、～あまり（に）
⑤目的	～ために（は）、～ように、～べく
⑥時間	～とき（に）、～際（に）、～おり（に）、～うちに、～最中に、～あいだ（に）、～と同時に、～とともに、～た（か）と思うと、～が早いか、～や（否や）、～なり、～次第、～そばから、～たとたん（に）、～か～ないかのうちに、～あと（に/で）、～てから、～てからでないと、～てからでなければ、～てからというもの、～てはじめて、～て以来、～上で、～前（に）
⑦様態	～て、～ないで、～なくて、～ずに、～ながら、～つつ、～ついでに、～かたわら、～がてら、～かたがた、～だけでなく、～ばかりでなく、～のみならず、～にとどまらず、～ばかりか、～ば～ほど、～につれて、～にしたがって、～に伴って、～とともに

以下、例文の表記： 従属節（連用修飾節） 接続助詞等 主節。

（1）引用

節を「と」「ように」「か」「かどうか」につなげ、述語の表す内容を具体的に表す。述語によって、思考や、発言、依頼、命令、疑問など、様々な内容を引用表現で表す。

从句接「と」「ように」「か」「かどうか」表示谓语的具体内容的引用表达句型。根据谓语，可表示思考、发言、委托、命令、疑问等内容。

～と / ～ように / ～か / ～かどうか

普＋と	普＋ように （NA ~~だ~~ な＋ように） （N ~~だ~~ の＋ように）	普＋か 普＋かどうか

例

彼は「別れよう」と私に告(つ)げました。　他跟我说："分手吧。"

この部屋には決して入ってはならないと、きつく戒(いまし)められた。　被严厉告诫绝对不要进入这个房间。

上司から明日までにこの企画(きかく)を完成させるように指示された。
接到上级指示，要求明天以前必须完成这一策划。

（2）条件

条件に関する表現は、前件と後件の関係が順接の場合に使われる。すなわち、前件のできごとに対し、後件には、順当に予想される結果が来る。本書では、以下の四つのタイプに分類し説明する。

前后项是顺接假设关系时使用的相关表达方式。本书具体分为以下四种情况。

仮定条件　：前件の真偽が未定である条件　完全假设：表示前项是否成立并不确定

確定条件　：前件は未実現だが、発生する可能性が100％である条件
確定假设：表示前项虽尚未实现，但可以100％确定其一定可以成立

事実条件　：前件が既に実現済みの条件　事实条件：表示前项已实现

反事実条件：実際には起こらなかったことを、もし起こっていればどうなっていたかということを述べる条件
非事实条件：表示前项虽未成立，但如果成立的话将会怎样

◆条件を表す表現一覧

表現	仮定条件	確定条件	事実条件	反事実条件
～と	○	○	○	
～ば	○			○
～なら	○			○
～たら	○	○	○	○
～のだったら	○			
～とすると/としたら/とすれば	○	○		○
～ものなら	○			○
～ないことには	○		○	
～ては	○			
～でもしたら	○			○
～時には/ 際には /場合には	○			
～てみると			○	

～と / ～ば / ～なら / ～たら

V辞＋と V否＋ない＋と A＋と NA・Nだ＋と	V仮＋ば A~~い~~ければ	普＋なら NA・N＋なら NA・Nである＋なら	Vた＋ら A~~い~~かったら NAだったら Nだったら

「と」：前件が起これば、通常後件が起こるという、**恒常的・反復的な関係**（自然現象や習慣、操作と結果等）を表す。そして、**事実条件、発見、前件後件の連続した動作**を表すことができる。ただ、後件に意思・要望・命令・依頼といった表現を使うことはない。
「ば」：前件と後件が**恒常的に成立する関係**を表す時に使う。そのほか、**仮定条件、反事実条件**にも使える。後件に意思・要望・命令・依頼といった表現を使うことは少ない。
「たら」：**一回的・特定的な関係**を表す時に使う。また、**仮定条件、確定条件、事実条件、反事実条件**に用いることができる。後件に意思・要望・命令・依頼といった表現を使うことはできる。
「なら」：**前件の仮定をもって、**後件では話し手の判断・命令・希望・意思等が述べる時に使う。
「と」：前后从句是恒定的、反复性的关系。前项发生的话，一般后项就会发生。也可表示事实条件、发现、前后连续的动作。但后项不使用表示意愿、想法、命令、委托的表达方式。
「ば」：用于前项和后项是普遍成立的关系。此外，也可用于完全假设、反事实条件。后项不常使用表示意愿、想法、命令、委托的表达方式。
「たら」：用于前后项是一次性的、特定的关系。此外，也可用于完全假设、确定假设、事实条件和反事实条件。后项可以使用表示意愿、想法、命令、委托的表达方式。
「なら」：根据前项的假设，后项表示说话人的判断、命令、想法和意愿的时候使用。

表現	仮定条件	確定条件	事実条件	反事実条件
～と	○	○	○	
～ば	○			○
～たら	○	○	○	○
～なら	○			○

例

夕方になる[と]、ここから赤富士(あかふじ)が見える。**（恒常的・反復的な関係）**
到了傍晚，可以从这里看见红色的富士山。（恒定反复的条件或习惯）

風が吹く[と]、桶屋(おけや)が儲(もう)かる。**（恒常的・反復的な関係）**
一刮风，卖桶的就赚钱。（恒定反复的条件或习惯）

夕方になる[と]、窓から見える富士山が赤く染(そ)まり始めた。**（事実条件）**
到了傍晚，就从窗口看见富士山开始被染红。（事实条件，事情已经发生）

コーヒーを飲む[と]、眠気(ねむけ)がなくなった。**（事実条件）** 喝了咖啡就不困了。（事实条件，事情已经发生）

窓を開ける[と]、そこには美しい山の風景が広がっていた。**（事実条件・発見）**
打开窗户，远处美丽的山景就展现在面前。（事实条件，发现的用法）

ツボの蓋(ふた)を開ける[と]、中に蛇がいた。**（事実条件・発見）**
打开壶盖，发现里面有条蛇。（事实条件，发现的用法）

窓を開けると、先生はすぐにエアコンの電源を消した。（事実条件・連続した動作）
（我）一开窗，老师马上就关了空调。（事实条件，连续动作）

門を突破すると、我々はすぐに敵が潜（ひそ）む部屋へと向かった。（事実条件・連続した動作）
突破大门之后，我们马上冲向敌人藏身的房间。（事实条件，连续动作）

夕方になれば、ここから赤富士が見える。（恒常的な関係）
到了傍晚，可以从这里看见红色的富士山。（恒定的关系）

夜になれば、この山からは満天（まんてん）の星空（ほしぞら）を望（のぞ）むことができる。（恒常的な関係）
到了晚上，就可以从这座山看见满天的星空。（恒定的关系）

もし夕方が晴れであれば、富士が見えるだろう。（仮定条件）
如果傍晚是晴天的话，应该能看见富士山吧。（完全假设，前项事情未必成立）

もしこの男が犯人であれば、事件現場（げんば）に再度訪れることだろう。（仮定条件）
如果那个男人是凶手的话，就会再次来到案发现场的吧。（完全假设，前项事情未必成立）

晴れていれば、富士山が見えただろうに。（反事実条件）
要是晴天的话，就能看见富士山了。（反事实条件，对已发生事情做相反的假设）

晴れていれば、あのあたりにオリオン座が見えていただろうに。（反事実条件）
要是晴天的话，那边就能看见猎户座了。（反事实条件，对已发生的事情做相反的假设）

雨が降ったら、実験は延期にしよう。（仮定条件　一回・特定的な関係）
如果下雨的话，实验就延期吧。（完全假设，一次性的、特定的关系）

明日の試験に受かったら、寿司に連れて行ってやろう。（仮定条件　一回・特定的な関係）
如果明天考试及格的话，就带你去吃寿司。（完全假设，一次性的、特定的关系）

この雨が止んだら、実験をはじめよう。（確定条件）　雨停了就开始实验吧。（确定假设，前项事情一定会成立的）

お茶を飲み終えたら、仕事に行こう。（確定条件）
喝完茶就去工作吧。（确定假设，前项事情一定会成立的）

雨が止んだら、今度は雪が降り始めた。（事実条件）
雨停了之后又开始下雪了。（事实条件，事情已经发生）

お腹がいっぱいになったら、今度は甘いものが食べたくなった。
已经吃饱了，又想吃甜食了。（事实条件，事情已经发生）　（事実条件）

あのとき雨が降っていたら、我々はかなりの損失を被っていただろう。（反事実条件）
如果那时候下雨了的话，我们会遭到巨大损失的吧。（反事实条件，对已发生的事情做相反的假设）

あのとき彼が助けていなかったら、私は大怪我（おおけが）をしていただろう。（反事実条件）
如果那时候没有他帮忙的话，我会受重伤的吧。（反事实条件，对已发生事情做相反的假设）

今から外に行くなら、傘は持っていくべきだ。（仮定条件：その仮定をもって判断命令等を述べる）
如果现在就外出的话，需要带伞。（完全假设，根据前项的假定做出判断命令等）

動物を飼うなら、きちんと命に対して責任を持つべきだ。（仮定条件：その仮定をもって判断命令等を述べる）
如果养宠物的话，就需要对它的生命认真负责。（完全假设，根据前项的假定做出判断命令等）

ADVANCED(EJU etc.)

あとはユーモアのセンスさえ磨け**ば**、彼女の才能はいずれ芽吹く(めぶ)に違いない。

之后只要培养幽默感，早晚有一天她的才能绝对能绽放。

生活を充実したものにしようとする**なら**、こうした努力なしに済ますことはできない。

如果想要生活充实起来，没有这样的努力是不行的。

遊び半分でそのイベントに参加し**たら**、意外な収穫(しゅうかく)があった。

参加这个活动本来是闹着玩儿，却意外地有收获。

～のだったら

普＋のだったら
（NAな・N＋のだったら）

「のだったら」は「なら」に差し替えることが可能。　可替换为「なら」。

例

北海道へ行く**のだったら**、彼に連絡したほうがいい。　去北海道的话，联系他比较好。

～とすると / としたら / とすれば

普＋とすると / としたら / とすれば

「とすると / としたら / とすれば」は確定条件を表す表現であり、文脈または会話の中で、提示された情報を事実として受け入れ、後件の結論を述べる際に使う。
表示确定假设。将上文或会话中提到的信息作为事实，陈述后面的结论。

例

A：今度のパーティーに田中さんが来るそうだ。　A：听说这次聚会好像田中要来。
B：田中さんが来る**とすると / としたら / とすれば**、きちんと準備しないといけないね。
B：如果田中来的话，就必须好好准备了呢。

～ものなら（▶「文型」438ページ）

動詞可能形＋ものなら
V意＋(よ)うものなら

「ものなら」の口語は「もんなら」。「もし～することができれば」という仮定条件、反事実条件を表す。　口语形式是「もんなら」，表示完全假设或反事实条件。

例

アイドルと付き合える**ものなら**、付き合ってみたい。如果能和自己的偶像交往的话，想交往下看看。

～ないことには（▷「文型」438 ページ）

V否＋ないことには
A~~い~~く＋ないことには
NA＋で＋ないことには
N＋で＋ないことには

前件は後件の必要条件である表現。後件の述語が否定形を使う。
前项是后项的必要条件。后项的谓语用否定形。

例

そのラーメン屋さんは人気があるそうですが、実際に食べてみ［ないことには］、美味しいかどうか判断できない。　虽然听说这家拉面很有人气，但是不实际吃吃看的话，无法判断是否好吃。

～ては

V~~て~~＋ては

後件は、マイナスなものが来ることが多い。例えば「困る」「できない」「だめだ」「嫌だ」など。また、「ては」が二つの動作を繰り返し行う様子や状態を表すことができる。その場合、条件の表現ではなくなる。
后项多为表示负面意思的表达方式。如「困る」「できない」「だめだ」「嫌だ」等。此外，还可以表示两个动作反复进行的样子或状态，但此时就不是表达条件的句型了。

例

素早く病床を確保しなく［ては］、医療崩壊を防ぐことはできない。（条件）
不迅速保证病床（数）的话，就无法防止医疗崩溃。

若者が積極的に投票しなく［ては］、国の未来を変えることはできない。（条件）
年轻人不积极投票的话，就无法改变国家的未来。

常識に縛られてい［ては］、面白い結果が出てこない。（条件）
如果不打破常规的话，就不会出现有趣的结果。

盗賊たちは、島を襲っ［ては］女を迫害し、宝を奪い去っていった。（二つの動作を繰り返し行う）
盗贼们每次袭击岛屿都要残害妇女，抢夺财富。

マスコミは、芸能人のプライバシーに踏み込ん［では］、鬼の首を取ったように彼らのスキャンダルを報道している。（二つの動作を繰り返し行う）
大众传媒一旦接触到艺人的隐私的话，就如获至宝般地报道他们的丑闻。

～でもしたら

V~~ます~~＋でもしたら
N＋でもしたら

前件も後件も望ましい出来事ではない。もし起きたら、非常に悪い結果になるときに、使われることが多い表現だ。前后项都是负面事项。经常用来表示“如果发生前项，就会产生不好的结果”。

例

腰を痛め［でもしたら］、仕事ができなくなる。 如果伤了腰的话，就不能工作了。

著名人が政治に関わるようなツイート［でもしたら］、一度に一般人からの批判を浴びることになるだろう。 如果名人发表了与政治相关的推特的话，会受到一般人的批判吧。

険しい山道で交通事故を起こし［でもしたら］、誰であっても小さな怪我（けが）では済まないはずだ。
如果在险峻的山道发生交通事故，没有一个人只是受点小伤就算完事的。

～時には / ～際には（▶「文型」354ページ）/ ～場合には

V辞・Vた＋時には / 際には / 場合には
N＋の＋時には / 際には / 場合には

「時には」「際には」「場合には」は、条件を表す表現でありながら、時間を表す表現でもある。（▶290ページ） 「時には」「際には」「場合には」除了表示条件以外，还可以表示时间。

例

認知機能についての対照実験を行う［際には］、ある程度同等の能力を持つ被験者（ひけんしゃ）を集める必要がある。 在对人进行有关认知机能的对比试验时，需要召集一定程度上有着相同认知能力的受试者。

～てみると

Vて＋みると

前件の動作を試しに行った結果、気付いたことを後件で述べる。後件は実現したことなので、事実的条件を表す表現である。 尝试进行前项动作后，在后项叙述注意到的事情。后项是实际发生的事情，所以该表达方式属于事实条件。

例

あのビルは地震が来たら危ないと思っていたが、実際に地震が起こっ［てみると / てみれば / てみたら］、意外にも倒れなかった。本来认为那座大楼如果地震来了会很危险，但实际地震来了，大楼出乎意外地没有倒塌。

トンネルを抜けた先の駅に降り立っ［てみると］、そこには真っ白な雪景色（ゆきげしき）が広がっていた。
在穿过隧道后的车站下车一看，白茫茫的雪景就扑面而来。

机に置かれた本を開い［てみると］、暗号（あんごう）のようなものが書かれていた。
打开放在桌子上的书，里面写满了密码一样的东西。

（3）逆接・対比

前件と後件が逆接の関係の時に使われる。すなわち、前件のできごとに対し、後件に予想される結果が来ない。逆接には、ここでは大きく分けて３つのタイプがある。
前后项是转折的关系。转折此处分为三种：转折、对比和让步。

逆接：前件の予測と後件の結果は一致しない。 前项预测和后项的结果不一致。

対比：前件と後件を対比させている。 将前后项进行对比。

譲歩：前件が満たされても後件は実現しない。 即便满足前项，后项也不发生。

逆接	～けど	～が	～のに
	～にもかかわらず	～くせに	～ものを
	～ながら（も）	～といえども	～とはいえ
	～もかまわず		
対比	～ものの	～にしては	～わりには
	～（か）と思ったら/ ～と思いきや	～つつ（も）	～に反して
	～にひきかえ	～反面/～一方（で）	～に対して
譲歩	～ても	～たところで	～にしても/にしたって
	～にせよ/～にしろ	～（よ）うが～まいが	～であれ
	～からといって		

1 逆接

～けど・けれど・けれども / ～が　虽然……但是

普・丁＋けど/けれど/けれども
普・丁＋が

「けど」「けれど」「けれども」の順で、徐々に書き言葉的になる。「が」は書き言葉も話し言葉も使える。事実的逆接を表す表現だが、驚き、不満、意外といった主観はなく、客観的な表現である。　按照「けど」「けれど」「けれども」的顺序，书面语程度递增。「が」既可用于书面语也可用于口语。客观地表示事实的转折，不含惊讶、不满、意外等主观因素。

例

最近、親が子どもに「なになにしてあげる」という言い方が普通にしているようだ**けど**、実は間違った使い方だ。虽然最近有些家长经常对孩子说「なになにしてあげる」，但这种用法是错误的。

少しお腹が痛い**けれども**、もう少し我慢（がまん）しよう。　虽然肚子有点痛，但再稍微忍耐下吧。

絵を描いている時は大人しい人だ**が**、酒が入るとよく暴（あば）れた。
他画画的时候是一个安静的人，但是一喝酒就会撒酒疯。

MORE＋　前置き：「けど」「けれど」「けれども」「が」

「けど」「けれど」「けれども」「が」などの表現は、逆接以外に、前置きの提示を表すこともできる。例えば話題を提示したり、情報を示したりして、本題に結び付ける意を表す場合、それらの表現を使う。　除转折以外，还可用于提示与正题相关的话题、信息等。

先週あの人が持ってきたノートのことだ**けど**、重要な事項が書かれてあったんだよ。
上周的那个人拿来的笔记本里，写着很重要的事项呢。

昨日のことだ**けど**、もう忘れてください。　关于昨天的事情，请将它忘记吧。

すみません**が**、近くに本屋さんありますか。　不好意思，请问这附近有书店么?

～のに　虽然……但是

V・A普＋のに
NA・Nな＋のに

「のに」は、前件の事実から予測される結果が後件に来ない。**不満や意外等の気持ちを表すことが多い**ため、話し手の主観が入る。そして、後件には、①命令・依頼・意思等の表現、②「だろう」「かもしれない」という判断を表す表現、が来ることが少ない。

「のに」表示根据前项事实推测的结果并没有在后项发生。带有不满、意外等情绪，比较主观。一般来说后项不常用：①命令、委托、意愿等表达方式，②「だろう」「かもしれない」等表示判断的表达方式。

例

あの人はあまり能力がない**のに**、いつも偉そうに振舞(ふるま)っている。
那个人虽然没什么能力，却一直都摆出一副趾高气扬的样子。

✕ 少しお腹が痛いのに、もう少し我慢しよう。
意志の表現

✕ 彼は熱が出ているのに、今朝の発表会に来ているだろう。

～にもかかわらず　虽然……但是／尽管……却

普＋にもかかわらず
（NA~~だ~~・NA~~だ~~である＋にもかかわらず）
（N~~だ~~・N~~だ~~である＋にもかかわらず）

「にもかかわらず」は、すでに予想と違う事実が発生した時に使う表現で、やや硬い。
用于与预想相反的事实发生时，语气较生硬。

例

航空学的には飛べるはずではない形である**にもかかわらず**、空を飛ぶクマバチの飛行方法は、学者にとって長年の謎であった。
长期以来，熊蜂在天空中飞行的方式一直是学者们的一个谜，尽管它们的身体形态在航空学上是无法解释的。

～くせに　明明……却

普＋くせに
（NA~~だ~~な＋くせに）
（N~~だ~~の＋くせに）

前件と後件の主語は同じ人であり、話し手の不満や非難の気持ちを表し、話し言葉ではよく使う。
前后项主语是同一人物，表示说话人不满、抱怨的心情。口语常用。

例

彼は、部下の前では偉そうに大声をあげる**くせに**、社長にはいつも頭を下げている。
他在下属面前总是颐指气使大声喊叫，在总经理面前却总是卑躬屈膝的。

～ものを　要是……就好了

V・A・NA 普 ＋ものを
（NA~~だ~~な＋ものを）

前件が実現しなかったことに対して、話し手の不満や後悔という気持ちを表したりする。「～ば～ものを～」という文型がよく使われる。「ものを」の後ろは省略されることがある。
表示说话人对于前项没有实现而不满或后悔的心情。多用于「～ば～ものを～」句型。「ものを」后面有时会省略。

例

事実を知っていれば手伝った **ものを** 話してくれなかったのは残念だ。
如果知道他这种情况我就帮助他了，可惜没有告诉我。

お前のウェディングドレス姿を母さんにも見せてやりたかったよ。まだ生きていてくれたらよかった **ものを** 。
真想让你妈妈看到你穿婚纱的样子。要是她还活着就好了。

～ながら（も）　虽然……但是（▶「文型」418ページ）

V~~ます~~＋ながら・ながらも
V否＋ない＋ながら・ながらも
A＋ながら・ながらも
NA(であり)・N(であり)＋ながら・ながらも

例

我々は試行錯誤（しこうさくご）を重（かさ）ね **ながらも** 、別の道も模索（もさく）していた。
虽然我们还在反复地做试验，但也在寻找别的方式。

モーツァルトは、幼い **ながらも** その音楽の才能を評価され、「神童（しんどう）」と呼ばれていた。
莫扎特年纪尚小时就被看好在音乐上的才能，被称为“神童”。

●別の意味　前件と後件が同時に存在、発生していることを述べる。一边……一边（▶ 299ページ）另有表示前后项同时存在、发生的意思。

～といえども　即使……也／虽说……但还是

普 ＋といえども
（NA~~だ~~＋といえども　可）
（N~~だ~~＋といえども　可）

非常に硬い表現である。「たとえ」「いかに」「どんな」と一緒に使うことが多い。
语气较生硬。多与「たとえ」「いかに」「どんな」一起使用。

例

いくら社長の頭が堅い **といえども** 、時間をかけて説得すれば分かってくれるはずだ。
不管总经理思想有多么顽固，如果您花时间说服他，他总会明白的。

9 複文

昔よりは改善された といえども 、やはり男女差別の問題は根強く残っている。
虽说较以往已经改善，但性别歧视的问题仍旧深深存在。

技術が発達した といえども 、依然として人間の手腕を必要とする仕事は多く存在している。
即使技术已经发达，但是需要人工的工作依旧还是很多。

～とはいえ　虽说……但是 / 尽管……可是（▶「文型」420ページ）

普＋とはいえ
（NA~~だ~~＋とはいえ　可）
（N~~だ~~＋とはいえ　可）

前件について、話し手が事実だと思っていながらも、後件は前件の事実に反することや評価が来る。「とはいえ」の古い言い方だと、「といえども」になる。
关于前项，尽管说话人认为是事实，后项为与前项事实相反的事或评价。较为陈旧的说法是「といえども」。

例

いくら若い とはいえ 、無理をして徹夜を続けると体に相当な負担がかかるだろう。
尽管你还年轻，但如果总是强迫自己熬夜，也会给身体带来很大压力。

～もかまわず　不顾……（▶「文型」409ページ）

普＋の＋もかまわず
（NA~~だ~~な・NA~~だ~~である＋の＋かまわず）
（N~~だ~~である＋の＋かまわず）
N＋もかまわず

前件を気にしないで、という意味で使われる。　表示完全不在意前项的意思。

例

消息不明の息子が見つかったという知らせが届いたとき、妻は人目 も構わず 、路上で泣き崩れた。
当得到失踪的儿子已经找到的消息时，妻子也顾不上周围人的目光，在街上痛哭了起来。

周りが笑うの もかまわずに 男は努力を続け、ついに、その夢を叶えた。
他不畏周围的嘲讽继续努力，终于实现了梦想。

2 対比

～ものの　虽然……但是（▶「文型」415ページ）

普＋ものの
（NA~~だ~~な・NA~~だ~~である＋ものの）
（N~~だ~~である＋ものの）

「ものの」は、書き言葉でしか使わない。後件に実現が難しいことが続くことが多い。
只用于书面语。后项多是实现起来很难的事。

例

渋滞を嫌って、高速を降りた**ものの**、一般道路も同じような状況であった。
因为害怕堵车所以下了高速，但普通公路也是同样的状况。

～にしては（▶「文型」323 ページ）

> 普＋にしては
> （NA~~だ~~＋にしては）
> （N~~だ~~＋にしては）

前件にふさわしくないという内容が後件に来る。　后项内容与前项不相称。

例

雨が降った**にしては**、地面があまり濡(ぬ)れていないようだけど。
虽然下雨了，但地面看起来好像不是很湿。

仕事が早く終わった**にしては**、えらく帰ってくるのが遅かったね。
说是早就下班了，但回来得真够晚的啊。

～わりには　虽然……但是（▶「文型」322 ページ）

> 普＋わりに（は）
> （NA~~だ~~な・NA~~だ~~である＋わりに（は））
> （N~~だ~~の・N~~だ~~である＋わりに（は））

例

あれほど恋人を好きだと言っていた**わりには**、別れてからすぐに新しい恋人を作ったみたいだね。
虽然他说一直深爱着自己的恋人，但分手后他好像马上就又结识了新的恋人。

毎日遅くまで仕事している**割(わり)には**、給料が少ないみたいだけど。
虽然每天工作到很晚，但薪水似乎很少。

～（か）と思ったら／と思いきや　原以为……但／刚……就

> Vた＋（か）と思ったら
> 普＋（か）と思いきや
> （NA~~だ~~＋（か）と思いきや）
> （N~~だ~~＋（か）と思いきや）

意味１：予想に反した出来事が発生する意味を表す。後件は話し手の意外や驚きといった感情が含まれている。自分自身に対してではなく、他人や周囲の状況に対しての表現である。
良く使われる表現としては、「誰かと思ったら」「何かと思ったら」がある。（▶「文型」422ページ）
表示事情发生的和预想相反。后项含有说话人意外、惊讶等感情。不是对本人，而是对别人和周围状况的表达。

例

空が明るくなり始めたので、夕方には晴れるの かと思いきや 、突然大雨が降り始めた。
随着天空开始变亮，我原以为晚上会放晴，但突然开始下大雨了。

意味2：前件が発生して、すぐ後件が発生したという意味を表す。後件は多くの場合、意外や驚きという気持ちが含まれる（▶「文型」359ページ）
表示前项发生后，后项立刻就发生了。后项多带有意外或惊讶的心情。

例

突然空が光った かと思ったら 、数秒後には、大きな雷の音が空に響（ひび）いた。
天空刚突然划过一道闪电，几秒后空中就响起了一声震雷。

部屋の電気が突然消えた と思ったら 、キッチンから両親が、誕生日ケーキを持って登場した。
房间的灯刚突然熄灭，父母就拿着生日蛋糕从厨房进来了。

～つつ（も）　虽然……但是（▶「文型」419ページ）

Vます＋つつ（も）

「つつも」は逆接表現、「つつ」は逆接表現と状態表現両方使えることは、「ながら（も）」と似ている。　「つつも」表示转折。「つつ」既可表示转折又可表示状态。

例

もう子供ではないと分かり つつも 、やはり我が子のことは放（はな）ってはおけないものだ。
尽管知道他已经不再是小孩了，但我还是对自己的孩子放心不下。

その職人は、伝統を守り つつ 、大胆な形態の作品を作り続けることで、新しい形の文化を後世に引（ひ）き継（つ）ぐことに成功した。（状態・前件と後件同時に行う）
那位匠人在守住传统的同时，通过不断制作形状惊人的作品，成功地将新形式的文化流传后世。

～に反して　与……相反（▶「文型」387ページ）

N＋に反して

対照的な二つのことを並べて対比的に述べる時に使う。
用于列举两个截然不同的事态并对其进行对比时。

例

弁護士（べんごし）になってほしいという父親の期待 に反して 、彼は理系の学部に進学した。
与父亲希望他将来成为律师的愿望相反，他考进了理科专业。

～にひきかえ　与……相反（▶「文型」389ページ）

N＋にひきかえ
普＋の＋にひきかえ
（NA~~だ~~・NA~~だ~~である＋の＋にひきかえ）
（N~~だ~~である＋の＋にひきかえ）

対照的な二つのことを並べて対比的に述べる時に使う。
用于列举两个截然不同的事态并对其进行对比时。

例

姉は勉強ができる。それ にひきかえ 私は中学レベルの数学もできない。
姐姐学习特别好。与此相反，我连初中程度的数学都不会。

彼女は真面目な人なの にひきかえ 旦那さんは定職にも就いていない。
她是一个非常正派的人，她的丈夫却连个固定工作都没有。

～反面 / ～一方（で）　但（另一方面）……（▷「文型」387 ページ）

普＋反面/一方（で）
（NA~~だ~~な・NA~~だ~~である＋反面/一方（で））
（N~~だ~~である＋反面/一方（で））

一つの事物が持つ対照的な二つの面を示す時に使う。
表示一个事物具有两个截然不同的侧面。

ADVANCED (EJU etc.)

粘土は加工しやすい 反面 、単独では壊れやすい材料です。
虽然黏土易于加工，但它本身是一种易碎材料。

コーヒーは一時的に眠気を覚ます効果がある 反面 、鉄分の吸収を妨げて、疲労を溜めやすくする可能性がある飲み物だ。
咖啡虽然具有暂时解除困倦的作用，但它也是会干扰人体吸收铁分并可能使人更容易疲劳的饮料。

～（の）に対して　相对于……（▷「文型」386 ページ）

普＋のに対して
（NA~~だ~~な・NA~~だ~~である＋のに対して）
（N~~だ~~な・N~~だ~~である＋のに対して）

二つの事物が持つ対照的な二つの面を示す時に使う。
表示两个事物具有两个截然不同的侧面。

ADVANCED (EJU etc.)

老朽化が継続的な劣化であり、元に戻らない のに対して 、陳腐化は状況の変化によって突発的に起こることもあり、また簡単に解消する場合もある。
老化是持续恶化且不可逆转的；与此相对，陈旧化则是一种由于环境的变化而突然发生，并且可以轻易消除的状况。

3 譲歩

～ても　尽管……还是

Vて・A~~い~~く＋も　NA・N＋でも

「のに」などや「けど」などの表現は事実的な逆接に使うのに対して、「ても」などは仮定的な逆接に使用される。前件の状況が実際に起こるかわからないが、仮に起こった場合でも、後件が成立するという意味を表す。「たとえ」「もし」といった副詞と合わせて使うことが多い。

「ても」用于假设性的转折。表示不知前项是否会实际发生，即使会发生，后项也依然成立的意思。多与「たとえ」「もし」等副词搭配使用。

例

何千年と時を超え**ても**、いまだに読（よ）み継（つ）がれている文学作品がある。
有些文学作品，即使经过千年也仍在被人们广泛传颂着。

長年研究を続け**ても**、なかなか新しい薬が開発できない。
即使经过多年的研究，也很难开发出新药。

勉強はできなく**ても**、彼女は人に好かれる力を持っている。
她虽然学习不太行，却有着一种为人所爱的魅力。

隣の家は、昼間は静か**でも**、夜になるといつも騒（さわ）ぎ出す。
隔壁的房间虽然白天很安静，但一到晚上总是吵闹。

たとえそれが事実**でも**、人々は信じないだろう。
即使是事实，人们也不相信吧。

～たところで　即使……也（未必）／在……的时候（▶「文型」414ページ）

V~~た~~＋たところで

譲歩を表す表現。「たところで」の後件で否定的な表現がよく使われる。例えば、「～たところで＋無理」「～たところで＋仕方ない」「～たところで＋意味がない」「～たところで＋難しい」。そして、仮定の逆接であり、物事実際発生していないので、後件述語は原則過去形を使わない。

表示让步，后项多用否定的表达方式。也可用于假定转折。由于事情实际没有发生，后项谓语一般不使用过去形。

例

計画を立て**たところで**、どうせその通りに実行できないに決まっている。
即使做好计划，肯定也不会按照计划来实施。

○ 今更告白し**たところで**、彼女は僕を受け入れてはくれないだろう。
即使现在表白，她也不会接受我吧。

× 勉強し**たところで**、東京大学には受からなかった。

●**別の意味**　時間を表す表現。前件が終わった後に、後件が発生する。（▶356ページ）
也可作为表示时间的句型。表示前项发生后，后项发生。

例

店を出たところで、見知らぬ男が声をかけてきた。
当我离开商店时，一个陌生男人和我打招呼。

～にしても／にしたって　即使……／无论……（▶「文型」414ページ）

普＋にしても／にしたって
（NA~~だ~~・NA~~だ~~である＋にしても／にしたって）
（N~~だ~~・N~~だ~~である＋にしても／にしたって）

「にしたって」はくだけた言い方である。「にしたって」是较随便的表达方式。

例

いくら彼が優秀な社員であるにしたって、環境が整（ととの）わなければ力を出し切れない。
无论他是多么优秀的职员，如果环境不具备，他也无法做到最好。

いずれにしても、彼が過ちを犯したことに変わりはない。
无论如何，他都是犯了错误。

～にせよ／にしろ（～にせよ／にしろ）　即使……／无论……（▶「文型」414ページ）

普＋にせよ／にしろ
（NA~~だ~~・NA~~だ~~である＋にせよ／にしろ）
（N~~だ~~・N~~だ~~である＋にせよ／にしろ）

「にしても」と同じような譲歩の意味を表すが、「にしても」より硬い表現になる。
和「にしても」一样表示让步，但更加生硬。

例

それが冗談（じょうだん）であったにせよ、彼の発言が多くのファンを失望（しつぼう）させたことに変わりはない。
虽说是开玩笑，但他的言论还是令许多粉丝大失所望。

いくら相手が子供であるにしろ、しっかりと叱（しか）りつけてやるべきだ。
虽说对方只是个孩子，也都应该严厉地批评他。

～（よ）うが（～まいが）　无论是……还是（▶「文型」412ページ）

V意＋（よ）うが＋｛V辞：五段／V否：五段動詞以外｝＋まいが※5

※5「まい」の接続はゆれが多く、詳しくは▶「助動詞」208ページ。

譲歩（仮定条件の逆接）を表すには、「（よ）うが」「（よ）うと」「（よ）うとも」「とも」など単独で使用する。「（よ）うが～まいが」と「（よ）うと～まいと」は同じく、どんな状況であっても後件が変わらないことを意味する。

表示让步（完全假设的转折）时，单独使用「(よ)うが」「(よ)うと」「(よ)うとも」「とも」。「(よ)うが～まいが」「(よ)うと～まいと」表示无论发生什么状况，后项也不变的意思。

例

どれほど他人に悪く言われ**ようが**、私はこのアニメのファンで居続けることを決めた。
不管别人怎么说，我是下定决心今后做这部动画的拥趸了。

雨が降ろ**うが**降る**まいが**、体育祭は決行される。　无论下不下雨，体育大会都照常举行。

今回の選挙で当選し**ようが**当選し**まいが**、彼は今後も我々の生活に干渉（かんしょう）してくることだろう。
无论是否赢得大选，他今后都会继续干涉我们的生活。

～であれ　即使……

N＋であれ

例

ニコチンが少ないもの**であれ**、未成年は煙草を吸ってはいけない。
即使是尼古丁含量低的烟，未成年人也不应吸。

～からといって　虽说……但是（▶「文型」417ページ）

普＋からといって

前件の原因だけでは、後件が成立しないことを表す。後件の述語に「～とは限らない」「～わけではない」等の表現が使われやすい。
表示仅有前项的原因，后项是不能成立的。后项谓语常用「～とは限らない」「～わけではない」等表达方式。

例

なかなか効果が出にくい**からといって**薬の投与（とうよ）を一度に増やすと、血中濃度（のうど）が上昇し、体に悪影響（あくえいきょう）を及ぼす場合（ばあい）がある。
如果仅仅由于难以见效就增加药物剂量，则血液中药物浓度可能增加，这可能会对人体产生不良影响。

それが多数派の意見である**からといって**、他人に自分の意見を強制するべきではない。
虽说这是多数人的意见，但也不应该因此强迫他人接受这一意见。

（4）理由

前件が事実であり、後件を実施する理由と判断の根拠になる表現である。複文の従属節で理由を表す表現の典型は「～ので」「～から」である。

表示前项是事实，也是后项实施的理由和判断的根据。最典型的表达是「～ので」「～から」。

～ので/～から	～て	～おかげで	～せいで	～ために
～ばかりに	～からこそ	～から（に）は	～以上（は）	～上（は）
～のだから	～ものだから	～だけあって	～だけに	～とあって
～あまり（に）				

～ので / ～から　因为……

普・丁＋ので / から

理由を表す際に、最も多く使われる表現は「ので」と「から」である。両方とも理由と判断の根拠を表すことができるが、「ので」は、少し**丁寧で客観的**に前件と後件の関係や判断の根拠を述べる。一方、「から」は、**話し手の意見や気持ちが含まれる**ので、**主観的**な表現であり、様々な意思表現に使える。　表示理由时使用最多的表达方式。两者都可以表示理由和判断的依据。「ので」比较礼貌客观地叙述前后项的关系和判断依据。「から」含有说话人的意见和情绪，比较主观。

例

友人がバイト先を紹介してくれた[ので]、ちょうど良いタイミングで働くことができた。
正好朋友给我介绍了兼职工作，因此我就适时地开始了工作。

家族がいつも支えてくれた[から]、辛くても仕事を頑張ることができた。
我的家人一直支持我，因此即使遇到困难，我也能努力工作。

～て　因为……

V~~て~~＋て
A~~い~~く＋て
NA＋で
N＋で

例

念願（ねんがん）の大学に合格出来[て]、嬉しかった。　考上心目中向往的大学，很开心。

日本に来て長い間、実家（じっか）に戻ることができなく[て]、非常に残念だ。来日本后很久没有机会回家乡，非常遗憾。

～おかげで / ～せいで　多亏……才 / 都怪……（▶「文型」428 ページ）

普＋おかげで / せいで
（NA~~だ~~な＋おかげで / せいで）
（N~~だ~~の＋おかげで / せいで）

例

戦争が中断した当時は、各国の協調外交（きょうちょうがいこう）の[おかげで]、諸国に一時的な平和がもたらされた。
暂时停战后，多亏各国的合作外交，才给这些国家带来了暂时的和平。

大気汚染や環境破壊の[せいで]、生態系に変化が生じてきている。
由于大气污染和环境破坏，生态系统才发生了变化。

～ため（に）

普(V・A)＋ために
NAな＋ために
Nの＋ために

例

その大会において未成年が優勝するということは前例がなかった**ため**、彼はすぐに世間(せけん)からの注目を浴びることとなった。　未成年人赢得这场大赛是史无前例的，因此他迅速受到了公众的关注。

青銅(せいどう)は、本来は光沢(こうたく)のある金属だが、酸化すると青緑色(あおみどりいろ)に変化する**ため**、青銅と呼ばれている。
青铜本来是一种有光泽的金属，但因为被氧化时会变成蓝绿色，而被称为青铜。

～ばかりに（▷「文型」430ページ）

普＋ばかりに
（NA~~だ~~な・NA~~だ~~である＋ばかりに）
（N~~だ~~な・N~~だ~~である＋ばかりに）

例

私が目を離していた**ばかりに**、娘はいなくなってしまった。
都怪我一时没看好，女儿一下就不见了。

仕事ばかりに夢中になって家庭を疎(おろそ)かにしていた**ばかりに**、妻に見捨てられてしまった。
都怪我只顾了工作而忽视了家人，结果被妻子抛弃了。

～からこそ　正因为……（▷「文型」433ページ）

普＋からこそ

前件の理由を強調したい時に使う表現である。　用于想强调前项理由时。

例

尊敬している先生がいる**からこそ**、私はこの大学を目指すことができた。
正因为这里有一位我非常敬佩的老师在，所以我才瞄准了这所大学。

優しい性格である**からこそ**、彼は時々騙(だま)されやすいのだ。
正因为性格温柔，他才时常容易上当。

～から（に）は（▷「文型」432ページ）／～以上（は）（▷「文型」433ページ）／～上（は）（▷「文型」433ページ）　既然……就

普＋からには （NA~~だ~~である＋からには） （N~~だ~~である＋からには）	普＋以上（は） （NA~~だ~~である＋以上（は）） （N~~だ~~である＋以上（は））	V辞・た＋上（は）

「から（に）は」「以上（は）」「上（は）」三つの表現は、「～するのだから、当然～」という意味を表し、前件を強調して、「なければならない」「べきだ」「しかない」など決意や判断が述語に来ることが多い。
表示“既然做了……，就应该……”的意思。强调前项，后项谓语多用「なければならない」「べきだ」「しかない」等表示决心或判断的表达方式。

例

東京に来た**からには**、夢が叶（かな）うまで全力を尽くすつもりだ。
既然来了东京，就将尽我所能，直到梦想成真。

やると決めた**からには**、まじめにやらなければならない。
既然已经决定要这样做了，就必须认真对待。

約束した**以上**、裏切（うらぎ）るわけにはいかない。只要约定，我就不会背叛。

今回のプロジェクトが失敗した**上は**、もう会社を辞めるしかない。
既然这个项目失败了，我别无选择，就只能辞职。

～のだから　既然……就

普＋のだから

「のだから」は少し口語的な表現で、よりくだけた言い方だと「んだから」が使われる。
「のだから」常用于口语。「んだから」更加口语化。

例

せっかく都心に引っ越した**のだから**、もう少し外の世界に触れてみたらどうだ。
既然你已经搬到了市中心，就多接触一下外面的世界如何？

もう若くない**んだから**、無理して徹夜（てつや）なんてしないでね。
既然已经不年轻了，就不要勉强熬夜了。

～ものだから　因为……（▶「文型」429ページ）

普＋ものだから
（NA~~だ~~な・NA~~だ~~である＋ものだから）
（N~~だ~~な・N~~だ~~である＋ものだから）

理由を説明する表現ではあるが、「仕方なくやった」という意味で使われる場合が多い。
表示对理由的说明。常用于表示“没办法所以做了”的意思时。

例

あまりにも隣の家が毎晩（まいばん）大きな音で騒（さわ）ぐ**ものだから**、引っ越すことにしました。
因为隔壁的房间每天晚上都很吵，所以我决定搬家。

恩人に誘われた**ものだから**、その会合（かいごう）には仕方なく参加することにした。
因为被恩人邀请，所以我只能决定参加这次聚会。

～だけあって　不愧是……（▷「文型」324 ページ）

> 普＋だけあって
> （NA~~だ~~な・NA~~だ~~である＋だけあって）
> （N~~だ~~＋だけあって）

前件の理由から必然的に結論が導き出されることを意味する。感心したり、褒めたりする時に使われやすく、評価する表現が来る。「さすが」と一緒に使うことが多い。

表示由前项理由自然地推出结论。常用于佩服、夸奖时，后项会有评价类的表达。多和「さすが」一起使用。

例

良家(りょうか)で英才教育(えいさいきょういく)を受けていた**だけあって**、彼女は文学や音楽にも造詣(ぞうけい)が深い。

她不愧是出身于一个好家庭，并接受了英才教育，对文学和音乐有很深的造诣。

名の知れた歌人(かじん)の子息(しそく)な**だけあって**、父親に劣(おと)らず、優(すぐ)れた歌を詠(よ)む。

不愧是著名和歌诗人的儿子，他不逊色于父亲，和歌作得很漂亮。

～だけに　不愧是……／正因为……更加／正因为……（▷「文型」430 ページ）

> 普＋だけに
> （NA~~だ~~な・NA~~だ~~である＋だけに）
> （N~~だ~~な・N~~だ~~である＋だけに）

「だけあって」と同じく、必然的に結論が導き出されることを表現する他に、前件によって「なおさら」「ますます」「かえって」後件の内容であることを意味する。　和「だけあって」相同，表示由前项理由自然地推出结论。此外，还表示由于前项，后项变得越来越……。

例

京都は歴史が深く、古い街並(まちな)みが残っている**だけに**、毎年訪れる観光客も多い。

正因为京都历史悠久，保留着古老的城市景观，每年都有许多观光客到访。

～とあって　因为……（▷「文型」432 ページ）

> 普＋とあって
> （NA~~だ~~＋とあって）
> （N~~だ~~＋とあって）

前件の特殊な状況によって、後件が発生したことを意味する。

表示由于前项的特殊状况，发生了后项。

例

大手広告代理店への就職が決まった**とあって**、彼は最近羽振(はぶ)りが良い。

因为在大广告代理店找到了工作，他最近可红了。

プレミアムフライデー**とあって**、街中の店が仕事帰(しごとがえ)りのサラリーマンで賑わっていた。

因为正值黄金星期五，街面上的店里挤满了下班回家的工薪族。

～あまり（に）　由于过度……而……（▷「文型」436ページ）

普＋あまり（に） （NA~~だ~~な＋あまり（に）） （N~~だ~~の＋あまり（に））

例

利便性を追求する［あまり］、大事なものを見失ってしまう。由于过度追求便捷性而忽视了很重要的东西。

（5）目的

主節の事態の目的を表す従属節で、表現の典型は「～ために」「～ように」である。

表示主句事项的目的。常见的表达有「～ために」「～ように」。

～ために（は）	～ように	～べく

～ために（は）/～ように　为了……

V辞＋ために（は） N＋ために（は）	普＋ように （NA~~だ~~な＋ように） （N~~だ~~の＋ように）

目的を表す表現として、「ために（は）」「ように」がよく見られる。

「ために（は）」の前は、話し手の明確な目的を表すので、意志動詞が来る。前件と後件の主語は同じである。非常に硬い文体で使う場合、「に」を省略することがある⇒「ため」。

「ように」の前は、「できる」「わかる」「可能動詞」「動詞可能形」など無意志動詞が来ることが多い。前件と後件の主語は同じである必要がない。

「ために（は）」用于表示说话人明确的目的，所以前面用意志动词。前后项主语相同。用于较生硬的书面语时，可省略「に」。

「ように」前多用「できる」「わかる」「可能動詞」「動詞可能形」等非意志动词，前后项主语不必相同。

例

実家から出て一人暮らしを始める［ために］、東京の大学に行くことを決めた。
我为了离开父母的家，开始独自生活，决定去东京上大学。

早く一人前の職人になれる［ように］、力を尽くして修行（しゅぎょう）に取り組みます。
为了尽快成为一个熟练的匠人，我会竭尽全力地苦练。

多くの人に笑顔（えがお）を届けられる［ように］、毎日あらゆる工夫（くふう）をしている。
为了把笑脸传递给更多的人，每天都悉心钻研。

～べく　为了……

V辞＋べく する：すべく/するべく

「ために（は）」とほぼ同じ意味であり、非常に硬い表現で書き言葉で使う。

和「ために（は）」基本相同，但表达很生硬，用于书面语。

例

彼は生態系の秘密を探る[べく]、アマゾンの秘境へと向かった。
他为了探索生态系统的秘密，前往尚未开发的亚马逊地区。

イザナギは死に別れた妻を下界に取り戻す[べく]、黄泉の国へと探しに行った。
伊邪那岐为了从地府找回死去的妻子，去探访了黄泉之国。

（6）時間

主節の事態が起きた時間を表す。関連の表現は二つのパターンがある。

A ある事が起こる時に、他の事が起こる、または、二つの事が同時に起こることを表す
表示一件事发生时，另一件事也发生，或者两件事同时发生。

B ある事が、他の事が起こる前後に起こることを表す　表示一件事在另一件事发生的前后发生。

A	～とき（に）	～際（に）	～おり（に）	～うちに	～最中に
A	～あいだ（に）	～と同時に	～とともに ※6	～た(か)と思うと	～が早いか
A	～や（否や）	～なり	～次第	～そばから	～たとたん(に)
A	～か～ないかのうちに				
B	～あと（に/で）	～てから	～てからでないと/てからでなければ	～てからというもの	～てはじめて
B	～て以来	～上で	～前（に）		

※6　同時を表す「～とともに」。

1 ある事が起こる時に、他の事が起こる、または、二つの事が同時に起こることを表す表現

～とき(に)　……的时候

V辞・Vた＋とき(に)
N＋の＋とき(に)

例

電車に乗っている[ときに]、電話がかかってきた。　我正在电车上的时候，接到了电话。

息子が家に帰った[とき]、私はまだ職場にいた。　儿子回到家的时候，我还在公司呢。

～際(に)　……的时候（▶「文型」354ページ）

V辞・Vた＋際(に)
N＋の＋際(に)

硬い表現であり、日常会話ではあまり使わない。日常会話で使う場合、後件には「～ください」を伴って使うことが多い。
较生硬的表达方式。日常会话中一般不用。日常使用时，一般后项跟「～ください」等表达方式。

例

図書館に入館する[際には]、学生証が必要になります。　进入图书馆的时候需要学生证。

～折（に）　……的时候（▶「文型」354 ページ）

V辞・Vた＋折（に）
N＋の＋折（に）

「～ときに」より丁寧な表現である。よく手紙などで使われる。
比「～ときに」礼貌，一般用于书信。

例

同封したポストカードは、私がイギリスを訪れた**折に**、大英博物館で購入したものです。
随附的明信片是我访问英国时在大英博物馆购买的。

～うち（に）　趁着……时候（▶「文型」358 ページ）

V辞・V否＋うちに
A＋うちに
NAな＋うちに
Nの＋うちに

その期間の間にしなかったら、もうできなくなるという気持ちが含まれている。前件は変化の前の状態を表す言葉がくる。後件は意志的な動作を表す文がくる。
含有“如果在这段期间不做的话，就做不了了”的心情。前项会出现表示变化前状态的词。后项会出现表示意志性动作的句子。

例

体が元気な**うちに**、新しい勉強を始めてみたい。
我想趁着身体健康的时候，开始新的学习。

～最中（に）　正在……时候（▶「文型」358 ページ）

Vている＋最中に
N＋の＋最中に

動作や現象の継続を表すが、「最中」とは特にその動作や現象が進行中である時間帯を指す。後件は突然発生した現象や予想外の現象が多い。
表示动作或现象持续进行中的时间段。
后项多是突然发生的现象或预料之外的现象。

例

授業を受けている**最中に**地震が起きた場合は、
速やかに机の下に潜（もぐ）って身を守ってください。
如果在上课时发生地震，请迅速钻到桌子下面以保护自己。

9 複文

～あいだ（に）　正在……时候

普＋あいだ（に）
N＋の＋あいだ（に）

「～あいだに」の後は瞬間性のある言葉と接続する。「あいだに」はただの時間幅を表すから、強調したい時には「うちに」を使うほうがいい。特に、「その時間（時期）でなければいけない」と強調するときは、「～うちに」を使う。

后项使用表示瞬间性意义的词语。「あいだに」仅表示某一时间段的期间，如要表示强调一般用「うちに」。强调非此时不行时，最好用「うちに」。

例

妻が買い物に行っている**あいだに**、部屋を片付けておこう。
趁着妻子去买东西，把房间收拾一下吧。

○ 父が生きている**うちに**、ウェディングドレス姿を見せてあげたい。
△ 父が生きている**あいだに**、ウェディングドレス姿を見せてあげたい。
（我）想趁父亲健在，给他看我穿婚纱的样子。

～と同時に　与……同时

V辞＋と同時に
A・N＋と同時に

例

銃声（じゅうせい）が鳴（な）り響（ひび）く**と同時に**、そばにいた女性が倒れた。在枪声响起的同时，身旁的那个女人倒下了。

部下に対して厳しい**と同時に**、自分に対しても厳しい。在严格要求下属的同时，他也严格要求自己。

～とともに　与……同时／和……一起／随着……　（▶「文型」366ページ）

V辞＋とともに
N（する動詞）＋とともに

①前件と後件の動作は同時に発生する。ただ、「とともに」は、他に②「と一緒に」を表す使い方と、③何らかの変化と同時に、他のことも徐々に変化することを表す使い方がある。

①前后项动作同时发生。②和……一起。③表示某种变化的同时，别的事情也慢慢发生变化。

例

①スマホの普及**とともに**、歩きスマホなどの問題も出てきている。
随着智能手机的普及，出现了在路上边走边玩儿手机等问题。

②先日行った会議では、現時点での会社の現状を社員全体で共有する**とともに**、これからの理念や方針についての意見を出し合った。
在上次的会议上，所有员工都分享了公司的现状，并就未来的公司理念和方针交换了意见。

③コンピュータの技術が進歩する[とともに]、ソフトウェアの開発や情報処理などを行う IT 業界への注目が集まってきている。
随着计算机技术的发展，从事开发软件和处理信息的 IT 行业受到瞩目。

～た（か）と思うと　刚……就／原以为……却（▶「文型」359 ページ）

V た＋た（か）と思うと

前件の直後に後件がすぐ発生することを表す。話し手の驚きや意外だという気持ちが含まれる。意志（～しよう）、命令（～しなさい）、否定などは後ろに来ない。自分の行動について使わない。
表示前项结束后，后项立刻发生。含有说话人惊讶、意外的心情。后面不用表示意志、命令、否定的表达方式。也不用于表述自己的行动。

例

数ヶ月ぶりに店を訪れてき[たかと思うと]、酒を一杯飲んだだけで、すぐに家に帰っていってしまった。　他好几个月没来我们店里了，没想到今天来了以后只喝了一杯酒就立刻回家去了。

～が早いか　一……就（▶「文型」360 ページ）

V 辞＋が早いか

「～するとすぐに～」という意味。前後の動作がほぼ同時発生していることを強調しており、意志動詞にのみ使える。そして、過去のことにしか使えない。
"一……就"的意思。强调前后动作几乎同时发生。只用于意志动词和表示过去的事情。

例

店のガレージを開ける[が早いか]、セール商品を狙った客が、一気に店の中に押し寄せてきた。
商店的卷帘门刚一打开，抢购特价商品的顾客就一拥而进。

合格者一覧表に自分の名前があるのを見つける[が早いか]、息子は声を上げて泣き出した。
儿子一在录取名单上找到自己的名字，就大声哭了出来。

～や（否や）　一……就／几乎与此同时

V 辞＋や（否や）

前件の動作後すぐに後件の動作が発生した。過去のことにしか使えなく、また、後件には予想外の出来事が述べられるので、驚きなどの気持ちを表す。
前项动作后立刻发生后项动作。只用于表示过去的事情。后项叙述的是预料之外的事，表示惊讶。

例

家に帰る[や否や]、娘はテレビの電源をつけた。　女儿一回到家，就打开了电视。

目が合う やや否や、男は逃げるように、何処(どこ)かに走って消えてしまった。
视线一交汇，那男人就像逃跑一样，跑得无影无踪了。

～なり　一……就

V辞＋なり

前件の動作後すぐに後件が発生した。過去のことにしか使えない。後件は良くないことが多く、また予想外のことがくる。**前件と後件の主語は同じでなければいけない。主語が異なる場合は、「～や否や」などを使う。**また、原則一人称「私」や二人称「あなた」は主語として使えない。
前项动作后立刻发生后项。只用于表示过去的事情。后项多是不好的事情或预料之外的事情。前后项主语必须相同。主语不同时，用「～や否や」等。一般主语不用第一和第二人称。

例

彼はドアを開ける なり、大声で叫んだ。　他一打开门，就大声喊了出来。

✕ 母が家に帰る なり、父は母に謝った。
○ 母が家に帰る やいなや、父は母に謝った。
母亲一回家，父亲就向她道歉。

✕ 私は定時を知らせるベルが鳴る なり、パソコンを閉じて家に帰る準備をした。
○ 私は定時を知らせるベルが鳴る や否や、パソコンを閉じて家に帰る準備をした。
闹铃声一响，我就关闭电脑准备回家了。

～次第　一……就／取决于……／……的原委（▶「文型」360,405,371 ページ）

Vます・N＋次第	N＋次第	V辞・た・ている＋次第

①前件が成立した場合、ただちに後件が行われる。後件に**意志表現が使える。**「～次第」には、この他に、②「～によって決まる」という「～次第だ」、③「～わけだ」という自分がその行為をするに至った経緯を表す「～次第だ」がある。
前项成立时，后项动作立刻会实施。后项可以使用意志表达方式。「～次第」还有“根据……而决定”“……的原委”的意思。

例

社長からの承諾(しょうだく)が下り 次第、すぐに御社(おんしゃ)にはお電話を差し上げます。
一旦得到总经理的同意，我们将立即致电给贵公司。

①野菜の価格は、その年の天候や天災 次第 で、大幅に変動する。
蔬菜价格根据当年的气候情况和自然灾害而大幅波动。

②御社にぜひ、一層仕事の効率化を計っていただくために、我々の新商品の紹介に伺った 次第 でございます。
我们为了让贵公司可以进一步提高工作效率，特来向您推荐我们的新产品。

～そばから　剛……就（▷「文型」407ページ）

V辞・Vた＋そばから

前件の後にすぐ後件が発生することを表す。また、後件の現象が過去に何度も繰り返し発生していることを表すことができる。
表示前项后面立刻发生后项。另外也可表示后项的现象过去也曾反复发生。

例

君は何度注意しても、注意した**そばから**同じミスを繰(く)り返(かえ)す傾向がある。
你的毛病就是，不论提醒你多少次，刚提醒完就又犯同样的错误。

忘れ物に気を付けろと言われた**そばから**、財布を机の上に置きっぱなしにしてしまった。
当被告知要小心别落了东西，我就把钱包落在了桌子上。

～たとたん（に）　刚……就（▷「文型」359ページ）

Vた＋たとたん（に）

後件には意外な内容がくる。そして、意志表現や命令表現は来ない。主観が入るので、前件後件に時間差がある場合でも使える。瞬間動詞や変化を表す動詞につく。
后项是表示意外的内容。不用于意志和命令的表达方式。比较主观，前项和后项有一定时间间隔时也可使用。一般接在瞬间动词或表示变化的动词后。

例

ボールがゴールに入っ**たとたんに**、隣に座っていた観客が狂(くる)ったような歓喜の声を上げた。
球一进，坐在我旁边的观众就疯狂地欢呼起来。

あの大型総合スーパーができ**たとたん**、商店街は客足(きゃくあし)が減った。
那座大型超市建成后，商业街的顾客数量一下就少了。

～か～ないかのうちに　刚……还没……就（▷「文型」359ページ）

V辞・Vた＋か＋V否＋ないかのうちに

前件の動作が行われる直前に後件が発生、または、前件と後件の動作がほぼ同時に発生したことを表す。
前项动作还未完就发生后项。或者前后项动作几乎同时发生。

例

大統領が話し終わる**か**終わら**ないかのうちに**、聴衆(ちょうしゅう)のひとりが罵声(ばせい)を上げた。
总统的讲话刚要完还没完时，一位听众就开始怒骂。

2 ある事が、他の事が起こる前後に起こることを表す表現

～あと（に／で）　……之后

Vた＋あと（に／で）
N＋の＋あと（に／で）

前件の動作を行った後に後件の動作を行う。前件の動作が完全に終わってから後件の動作をすることを表す。　前项动作进行后，实施后项的动作。表示前项动作完全结束后实施后项的意思。

例

妻に怒られた**あとは**、いつも頭が痛くなる。
被妻子生过气之后，我总是头疼。

一日中働いた**あとに**飲む酒は、格別に美味しく感じる。
一天工作结束后喝的酒异常美味。

～てから　然后……（▷「文型」361ページ）

Vて＋てから

前件の動作を行った後に後件の動作を行う。前後の順序を表す。
前项动作进行后，实施后项的动作。表示前后顺序。

例

先に会社のアカウントにログインし**てから**、取引先（とりひきさき）にメールを送ってください。
请先登录到公司帐户，然后向客户发送电子邮件。

トイレに行っ**てから**すぐに待ち合わせ場所に向かいます。
上完厕所之后，立即前往碰头地点。

～てからでないと／てからでなければ　如果不……就

Vて＋てからでないと／てからでなければ

前件の条件が達成されないと後件の実現が不可能、あるいは何か良くない事態が生じることを表す。つまり、前件は後件の前提条件となる。　如果前项的条件没有实现，则后项不可能实现，或者后项会发生不好的事情。前项是后项的前提条件。

例

マスクを装着（そうちゃく）し、手を消毒（しょうどく）し**てからでないと**、建物の中に入ることはできません。
如果不戴上口罩并给手消毒的话，是不能进入大楼的。

計画を立て**てからでなければ**、この仕事を完璧にやり遂（と）げるのは難しい。
如果不制定计划，这项工作就很难完成得很漂亮。

～てからというもの　自从……之后（▶「文型」363 ページ）

Vて＋てからというもの

後件は、前件が発生してから何らかの大きな変化が生じたことを表す。
后项表示在前项发生后发生了某种重大变化。

例

部長に配属され**てからというもの**、彼は前よりいっそう仕事に取り組むようになった。
自从被任命为部长以来，他比以前更加努力了。

～てはじめて　……之后才（▶「文型」361 ページ）

Vて＋てはじめて

前件には何らかの経験を述べ、後件ではその経験を通して分かった、気づいたことを述べる。多くの場合、「分かる」「知る」「できる」などの動詞を使う。　前项叙述某种经验，后项说明通过该经验了解到的、注意到的事情。多使用「分かる」「知る」「できる」等动词。

例

実家を離れ**てはじめて**親のありがたみを知った。　离开家以后，我才懂得了父母的恩情。

～て以来　自从……以来（▶「文型」362 ページ）

Vて＋て以来

「～してからずっと」という意味を表す。後件では継続した状態を表す。近い過去や未来のことには使えない。また、後件には一回限りの行動や出来事はこない。
□表示后项的状态一直持续。不用于表示刚刚发生或将来的事项。后项不是一次性的行为或事件。

例

娘が生まれ**て以来**、私と妻は一度も、二人きりで出掛け（でか）けたことがなかった。
女儿出生以来，我和妻子从来没有两个人一起外出过。

○ 高校に入学し**て以来**、彼は毎日勉強している。
进入高中以来，他每天都在学习。

× 高校に入学し**て以来**、三年目に彼は試験で満点を取った。

× 今朝学校に到着し**て以来**、彼はずっと勉強している。

～上で　在……之后（▶「文型」363 ページ）

Vた＋上で　　N＋の＋上で

まずは前件の動作を行った後に、後件の動作を行うことを表す。前件が完全に終わらなければ後件に移らないことを強調する。
表示前项动作结束后，实施后项的动作。强调前项没完全结束前，后项不会发生。

例

この海で釣りをする際は、ライフジャケットを着用(ちゃくよう)し、体調が万全であることを確認したた上で、船に乗ってください。　在这片海域中钓鱼时，请穿上救生衣并确保身体状况良好，然后再上船。

～前（に）　……之前

V辞＋前（に）
N＋の＋前（に）

前件の動作を行う前に後件の動作を行う。後件は意志動詞のみ来る。
前项动作进行之前，后项动作发生。后项只用意志动词。

例

新商品を発売する前に、全ての機種の動作確認を行ったので、不良品はないはずだ。
在发布新产品之前，我们检查了各个型号的运转情况，因此不应出现有缺陷的产品。

四十歳になる前に、キャリアを確立させて管理職に就いていたい。
我想在40岁之前确定职业规划，并获得管理职位。

（7）様態

主節の事態の在り方を表現する従属節である。
表示主句事项的状态的从句。

～て	～ないで	～なくて	～ず（に）	～ながら
～つつ	～ついでに	～かたわら	～がてら	～かたがた
～だけでなく	～ばかりでなく	～のみならず	～にとどまらず	～ばかりか
～ば～ほど	～につれて	～にしたがって	～に伴って	～とともに

～て　表示某种状态

V~~て~~＋て
A~~い~~く＋て
NA＋で
N＋で

「て」は前件後件の並列的関係や時間的関係を表す以外に、状態を表す表現でもある。
除表示前后项并列的关系以及时间关系以外，还可以表示状态。

例

長年の研究が評価されて、ノーベル賞を受賞した。
他多年的研究受到高度评价，并获得了诺贝尔奖。

～ないで　没有做……就／因为没有……
～なくて　因为没有……

V否＋ないで	V否＋なくて A~~い~~く＋なくて NA・Nでは＋なくて

前件は、後件の行為の状態を表す時に使う。　表示前项是后项行为的状态。

例

ご飯もろくに食べ**ないで**、慌てて家を出た。　我没吃几口饭就匆匆离开了家。

せっかく故郷の町に帰ったのに、彼は家族に挨拶もし**ないで**東京に戻ってしまった。
好不容易回了趟家乡，但他跟家里人连招呼都没打就又返回了东京。

～ず（に）　不……就／因为没有……

V否＋ず（に）
（する ➡ せ）＋ず（に）

「ないで」よりやや硬い表現である。「する」の場合は、「せず」になる。
比「ないで」更生硬。「する」用作「せず」。

例

鍵をかけ**ずに**家を出ると、泥棒に入られてしまう可能性がある。
如果不锁门就出去，家里可能会进小偷。

西洋医学が進歩した現代だからこそ、投薬や手術に頼ら**ずに**、体質を根本から変えてゆく治療法を見直すべきなのではないだろうか。　正因为是在西医进步的现代，我才认为我们应该重新考虑不依赖药物或手术而从根本上改变体质的治疗方法。

～ながら　一边……一边
～つつ　一边……一边

V~~ます~~＋ながら
V~~ます~~＋つつ

様態を表す時に、「ながら」は使えるが、「ながらも」は使うことはない。
表示动作状态时，不可以使用「ながらも」。

例

○ 休日の朝は、音楽を聴き**ながら**ストレッチをしています。
× 休日の朝は、音楽を聴き**ながらも**ストレッチをしています。
休息日早晨，边听音乐边做拉伸运动。

携帯電話が普及してから、スマホを見 ながら 街を歩く人が増えてしまった。
智能手机普及之后，一边走路一边玩手机的人增加了。

中立一元論とは、心の哲学という分野で、唯物論（ゆいぶつろん）や観念論（かんねんろん）と対立し つつ 、その両者の中間的位置を取る立場のことを指す。 中立一元论是指在心理哲学领域中，在与物理论和唯心论相对立的同时，采取处于两者之间的中间位置的立场。

～ついでに 顺便……

V辞・た＋ついでに
N（する動詞）＋の＋ついでに

例

桜の名所と呼ばれているこの地域では、工場を見学（けんがく）する ついでに 、花見していく人々もいます。
在这个被称为赏花胜地的地区，有些人在参观工厂的同时，顺便也来看花。

浅草を観光した ついでに 、スカイツリーにも登ってみるのはいかがですか。
在浅草观光，为什么不顺便登上天空树看看呢？

～かたわら 一边……一边（▶「文型」407 ページ）

V辞＋かたわら
N＋の＋かたわら

「～ついでに」や「～ながら」は短期間で２つの動作が行われるのに対し、「～かたわら」は長期間。仕事や学校などの社会的活動をしながら、別のこともしていることを表す。
「～ついでに」和「～ながら」表示短时间内进行两个动作。「～かたわら」用于长时间。表示一边进行工作或上学等社会活动，一边从事别的事情。

例

父は、医者として病院を経営する かたわら 、耳鼻科（じびか）の学者としても専門的な研究を進めて、多大な功績（こうせき）を収めることに成功した。 在作为医生经营医院的同时，父亲还作为学者从事耳鼻喉科的专业研究，并取得了巨大的成就。

大学では文学を研究する かたわら 、会社の長期インターンに参加することで、実践的（じっせんてき）な力も身に付けてきました。 在大学研究文学的同时，我通过参加公司的长期实习而获得了实践技能。

～がてら 顺便……

V~~ます~~＋がてら
N（する動詞）＋がてら

「ついでに」よりも硬い表現だ。多くの場合、後件には「行く」、「寄る」などの動詞が来る。
比「ついでに」更加生硬的表达方式。后面多跟「行く」「寄る」等动词。

例

絵の勉強 がてらに 描いていた漫画が、SNSで多くの反響(はんきょう)を呼んだ。
我学习绘画时顺便画的漫画，在SNS上获得了很大反响。

散歩 がてら 、友人のバイト先の店に行ってみた。 散步时，我顺便去了朋友兼职的商店。

～かたがた 顺便……

N（する動詞）＋かたがた

硬い表現でビジネスの場や目上の人との会話で使われる。後件には移動に関する動詞がよく使われる。例えば、ご挨拶、お礼、お見舞い、ご報告、お詫び。「ついでに」より、「兼ねて」の意味合いが強い。敬意が込められた表現。
一般用于商务或和长辈的对话。比较生硬。后项多用表示移动的动词。如「ご挨拶、お礼、お見舞い、ご報告、お詫び」等。比起「ついでに」有"顺便一起做某事"的意思。含有敬意。

例

先日お世話になったお礼 かたがた 、お借りした帽子(ぼうし)を返しに伺(うかが)いました。
我来感谢您前几天的帮助，顺便归还借用的帽子。

引越しのお祝(いわ)い かたがた 、ワインでも持ってあなたの家に伺いたいと存じます。
我想带着红酒去拜访你家，顺便庆祝乔迁。

～だけでなく 不仅……也

普＋だけでなく
（NA~~だ~~な・NA~~だ~~である＋だけでなく）
（N~~だ~~・N~~だ~~である＋だけでなく）

「だけでなく」「ばかりでなく」「のみならず」「にとどまらず」、多くの場合、言い換えることが可能。 「だけでなく」「ばかりでなく」「のみならず」「にとどまらず」多数情况下可以互换。

例

彼は歌手として有名である だけでなく 、敏腕(びんわん)プロデューサーとして、様々なアーティストの活躍にも貢献(こうけん)している。 他不仅是著名的歌手，而且还作为有才华的制片人为各种艺术家的活动做出了贡献。

～ばかりでなく 不仅……也（▶「文型」378ページ）

普＋ばかりでなく
（NA~~だ~~な・NA~~だ~~である＋ばかりでなく）
（N~~だ~~・N~~だ~~である＋ばかりでなく）

例

日本においては、社会全体の高齢化にともない、高齢者が交通事故の被害者になる ばかりでなく 、加害者となる事故も増加している。
在日本，随着整个社会的老龄化，老年人不仅是交通事故的受害者，其作为肇事者的事故也在增加。

～のみならず　不仅……也（「文型」377 ページ）

普＋のみならず
（NA~~だ~~・NA~~だ~~である＋のみならず）
（N~~だ~~・N~~だ~~である＋のみならず）

例

新兵器は、爆撃を受けた兵士を負傷させる［のみならず］、そこから発せられるガスを吸った人々に深い後遺症を与えた。
新武器不仅伤害了被炸的士兵，而且还给吸进其爆炸后产生的毒气的人的身体留下了严重的后遗症。

～にとどまらず　不仅……也（「文型」378 ページ）

普＋にとどまらず
（NA~~だ~~・NA~~だ~~である＋にとどまらず）
（N~~だ~~・N~~だ~~である＋にとどまらず）

例

彼の遅刻癖は学校生活だけ［にとどまらず］、バイトや習い事にも支障をきたしている。
他的迟到习惯不仅妨碍了学校生活，也妨碍了打工和课外学习。

～ばかりか　不仅……（而且）（「文型」379 ページ）

普＋ばかりか
（NA~~だ~~な・NA~~だ~~である＋ばかりか）
（N~~だ~~である＋ばかりか）

「だけでなく」とほぼ同じ意味。後件には「～も」「～さえ」「～まで」などがよく使われる。後件に意志や命令、勧誘などの表現はほとんど来ない。　和「だけでなく」意思几乎相同。后项多用「～も」「～さえ」「～まで」等表达方式。后项一般不适用意志、命令、劝诱等表达方式。

例

その島で流行した病は、島の生態系を崩壊させた［ばかりか］、本土にまで伝染し、全国的に猛威をふるった。那座岛上流行的疾病不仅破坏了岛上的生态系统，而且蔓延到了本土并在全国范围内肆虐。

～ば～ほど　越……越（「文型」367 ページ）

V仮＋ば＋V辞＋ほど
A~~い~~ければ＋A＋ほど
NAなら・であれば＋NAな・であるほど

例

彼女を好きになれ［ば］好きになる［ほど］、彼女の気持ちが分からなくて辛くなる。
我越喜欢她，就越不能理解她的心情，所以感到非常痛苦。

やるべきことからは、逃げれば逃げるほど、自分が苦しくなるだけだ。
对于必须要做的事情，越逃避只会使你变得越痛苦。

～につれて　随着……（▶「文型」365 ページ）

V辞＋につれて
N（する動詞）＋につれて

例

空が明るくなるにつれて、気温も上がってきた。　随着天空放晴，气温也回升了。

～にしたがって　随着……／根据（按照）……（▶「文型」365 ページ）

V辞＋にしたがって
N（する動詞）＋にしたがって

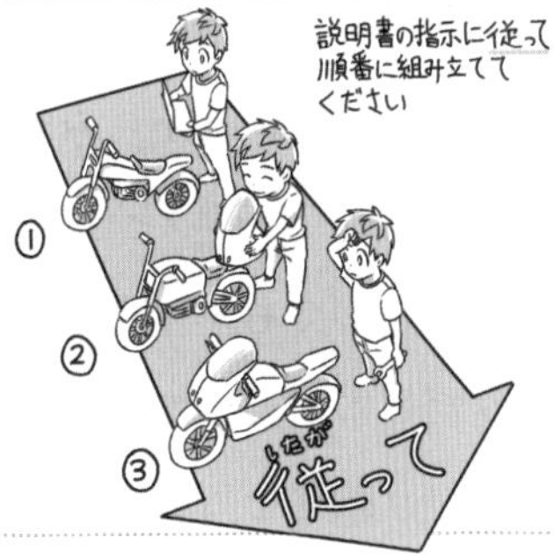

例

説明書の指示にしたがって、順番に組み立ててください。
（指示や規則などを遵守する）
请根据说明书按顺序进行组装。

国民の生活が貧しくなるにしたがって、王政に対する国民の不満も高まっていった。
（前項の変化に伴って後項も変化）
随着人们生活的日益贫困，他们对王权政府的不满也加剧了。

～に伴って　随着……（▶「文型」366 ページ）

V辞＋に伴って
N（する動詞）＋に伴って

例

その地域では、住民の少子高齢化に伴って、いくつかの小学校が取り壊されることとなった。
在这一地区，随着出生率下降和人口老龄化，几所小学被决定拆除。

～とともに　随着……（▶「文型」366 ページ）

V辞＋とともに
N（する動詞）＋とともに

例

新しい経済政策の導入により、人々の収入が増えるとともに、物価も著しく上昇した。
由于新经济政策的出台，人们收入的增加，物价也随之显著上升了。

文法項目の実践

市場経済のなかには、こういう要素（※）がたくさんふくまれて、現実には展開しているのです。そこに風土とか歴史の市場経済への「介入」がある。その結果ヨーロッパ的市場経済や日本的市場経済といったものが生まれる。

ところが、風土や歴史といったものの蓄積をもたない社会では、こういうものが「介入」してこない。だから資本主義的な市場経済の原理が、修正を受けずに展開してしまう。私たちはその代表的なかたちをアメリカにみることができます。アメリカ先住民のつくった風土や歴史を無視していまのアメリカがある以上、この社会には、資本主義的な市場経済を修正するだけの文化がないのです。

ところが、この原理だけで動く経済というのは、ときに小気味よく感じられる。なぜなら単純で、経済からみればわずらわしい介入を受けることがないからです。安いときに株を買って、高いときに売ればもうかるという、いわばそれぐらい単純なものですから、良くも悪しくもすっきりしている。そのことが、ときどきアメリカ的経済への信奉者を生みだします。その人が暮らしている社会がもっている文化から、自分は疎外されているという感覚をもっている人は、なおのことそういう傾向を強くする。ルサンチマンのアメリカ信奉といってもよいのですが、ルサンチマンは、かつてニーチェが好んで使った言葉で、憎悪、復讐心、怨み、嫉妬などのことです。

しかし、話を戻しますと、そういう傾向が声を大きくする時代はあっても、私自身は、その社会で修正されながら、市場経済もまたある種の安定性をつくりだすと考えています。以前からあった古典的なものと融和しないと、市場経済もまたうまくはいかない。私自身は、資本主義的な市場経済をこわしたいという気持をもっていますから、市場経済が安定性をもつことは嬉しくはないのですが、しかしここに市場経済の一面があるのだということは、押さえておいてもよいでしょう。

あ：連体修飾節の被修飾語　あ：連用修飾節に関わる表現

※：経済の合理性以外の、さまざまなこと。

内山節『「創造的である」ということ＜下＞地域の作法から』

京都大学外国人留学生特別選抜・2016年・経済学部試験問題の素材

CHAPTER 10 文型表現

助詞や助動詞、動詞そして名詞等が様々な形でつながり、１つの連語として文法的な意味を成す。これは日本語教育業界では「文型（機能語）」と呼ぶことが多い。中級以上の日本語では、文型（機能語）の勉強は非常に重要になってくる。JLPTやEJUのような試験で高得点を目指すのは勿論、大学の後期試験、例えば小論文、面接等においても、そういった文型についての理解と活用ができなければならない。本書においては、各品詞の章と複文の部分で関係する一部の文型表現について説明されているが、この章では、N2・N1やEJU試験で出題された中上級の文型表現を中心に、縦横比較を意識しつつ26の分類から紹介する。

助词、助动词、动词以及名词通过各种形式连接，形成一个具有语法意义的词组，在日语教育中被称为句型（语法功能词组），也就是我们平时所说的语法条目。句型是日语学习中极其重要的部分，在包括JLPT和EJU的所有日语相关考试、日本大学人学考试，以及日常听、说、读、写中均对句型的掌握有较高要求。掌握好句型，正确理解并运用句型是学好日语的关键。本章将对N2、N1以及EJU考试中常见的句型进行集中讲解，并对相似句型进行比较，以帮助大家加深理解、巩固记忆。

上を目指すには、
文型という大きな山
を越えないと…

CHAPTER
10 文型表現

●表記　意：意味　解：解説　例：例文（上段：初中級、下段：中上級）　比：比較文型

◆文型の目録

<1>	**話題** ▷ 309～314ページ
1	～というのは
2	～とは
3	～にかけては
4	～というものは・ということは
5	～といえば・というと・といったら
6	～といえば
7	～というと
8	～といったら
9	～のこととなると
10	～ときたら
<2>	**対象** ▷ 314～319ページ
11	～について
12	～に関して・に関する
13	～に関わる
14	～に対して・に対する
15	～をめぐって・をめぐる
16	～を中心に・を中心として・を中心とした
17	～向きだ・向きに・向きの
18	～向けだ・向けに・向けの
<3>	**判断の立場・根拠** ▷ 319～322ページ
19	～からいうと・からいえば・からいって ～からすると・からすれば・からして ～からみると・からみれば・からみて
20	～にしたら・にすれば
21	～にしたところで・としたところで
22	～なりに・なりの
23	～として
24	～にとって
<4>	**評価の視点** ▷ 322～325ページ
25	～わりに（は）
26	～にしては
27	～だけあって・だけのことはある
28	～ともなると・ともなれば
<5>	**根拠・手段・媒介** ▷ 325～328ページ
29	～によって・により・による
30	～によると・によれば
31	～を通じて・を通して
32	～をもって
<6>	**例示** ▷ 328～331ページ
33	～にしても～にしても
34	～といった
35	～やら～やら
36	～というか～というか
37	～なり～なり
38	～であれ～であれ ～であろうと～であろうと
<7>	**起点・終点・限界・範囲** ▷ 331～338ページ
39	～をはじめ（として）・をはじめとする
40	～を皮切りに（して）・を皮切りとして
41	～を限りに・限りで
42	～をもって
43	～から～にかけて
44	～を通じて・を通して
45	～にわたって・にわたる
46	～だけ・だけの
47	～限り・限りの
48	～からして
<8>	**可能性** ▷ 338～343ページ
49	～わけにはいかない
50	～ようがない・ようもない
51	～（よ）うにもない
52	～得る・得ない
53	～かねる
54	～がたい
55	～にかたくない
56	～に堪える・に堪えない
57	～っこない
<9>	**傾向・状態** ▷ 343～349ページ
58	～っぽい
59	～がち
60	～気味
61	～きらいがある
62	～だらけ
63	～まみれ
64	～ずくめ
65	～とばかりに
66	～んばかりに
67	～ともなく・ともなしに
<10>	**感動・願望** ▷ 349～353ページ
68	～ものだ
69	～ことだ
70	～ことに（は）
71	～ものがある
72	～なんて
73	～てほしい
<11>	**時間・時点** ▷ 353～363ページ
74	～際（に）

75	～折（に）
76	～に際し（て）
77	～にあたって・にあたり
78	～に先立って・に先立つ
79	～にあって
80	～ところに・ところへ・ところを・ところで
81	～最中・最中に・最中だ
82	～うちに・ないうちに
83	～か～ないかのうちに
84	～たとたん
85	～（か）と思うと・（か）と思ったら
86	～次第
87	～が早いか
88	～てはじめて・てこそ
89	～てから
90	～て以来
91	～てからというもの
92	～上で
<12>	**進行・相関関係** ▶ 363～368ページ
93	～一方だ
94	～つつある
95	～ばかりだ
96	～につれて・につれ
97	～にしたがって
98	～とともに
99	～に伴って・に伴い・に伴う
100	～ば～ほど
101	～きり・きりだ
102	～きる
<13>	**結果・結論** ▶ 369～373ページ
103	～たところ
104	～あげく
105	～末（に）
106	～っぱなし
107	～次第だ
108	～に至る・に至って
109	～始末だ
110	～わけだ
111	～ということだ
112	～こととなっている・ことになっている
<14>	**限定・非限定・付加** ▶ 373～382ページ
113	～に限り
114	～に限って
115	～に限らず
116	～限り（は）
117	ただ～のみ
118	～ならでは（の）
119	～をおいて
120	～のみならず

121	～にとどまらず
122	～ばかりでなく
123	～ばかりか
124	～も～ば（なら）～も
125	～上に
126	～に加え・加えて
127	～はもちろん・はもとより
128	～はおろか
129	～どころか
<15>	**比較・程度** ▶ 382～385ページ
130	～ほど・ほどの・ほどだ
131	～くらい・くらいの・くらいだ
132	～までだ・までのことだ
133	～というところだ・といったところだ
134	～に比べ・に比べて
135	～ないまでも
136	～に越したことはない
<16>	**対比・代替** ▶ 385～389ページ
137	～（の）に対して
138	～一方・一方で・一方では
139	～に反して・に反する・に反した
140	～反面・半面
141	～というより
142	～かわりに
143	～にかわって
144	～にひきかえ
<17>	**伝聞・推量** ▶ 389～395ページ
145	～そうだ（伝聞）・そうだ（様態）
146	～ということだ・とのことだ
147	～とか
148	～ようだ
149	～みたいだ
150	～らしい
151	～まい
152	～ではあるまいか
153	～かねない
154	～恐れがある
<18>	**主張・断定** ▶ 396～399ページ
155	～に違いない・に相違ない
156	～に決まっている
157	～にほかならない
158	～というものだ
159	～しかない
160	～（より）ほか（は）ない
161	～までだ・までのことだ
162	～にすぎない
<19>	**基準・対応** ▶ 399～408ページ
163	～ようだ・ように・ような
164	～とおりに・とおりだ・とおりの ～どおりに・どおりだ・どおりの

165	～をもとに（して）・をもとにした
166	～に基づいて・に基づく・に基づいた
167	～に沿って・に沿う・に沿った
168	～に即して・に即した
169	～を踏まえて・を踏まえた
170	～に応じて・に応じた
171	～のもとで・のもとに
172	～によって・による
173	～次第で（は）・次第だ
174	～たびに
175	～をきっかけに（して）・をきっかけとして
176	～を契機に（して）・を契機として
177	～かたわら
178	～そばから
<20>	**無関係・無視** ▶ 408～413ページ
179	～にかかわらず・にかかわりなく
180	～を問わず
181	～もかまわず
182	～はともかく（として）
183	～はさておき
184	～をものともせずに
185	～をよそに
186	～（よ）うと～まいと・（よ）うが～まいが
<21>	**逆接・譲歩** ▶ 413～422ページ
187	たとえ～ても
188	～としても
189	～にしても・にしろ・にせよ
190	～たところで
191	～ものの・とはいうものの
192	～ものを
193	～ところ（を）
194	～にもかかわらず
195	～からといって
196	～といっても
197	～ながら・ながらも
198	～つつ・つつも
199	～くせに・くせして
200	～とはいえ
201	～といえども
202	～（か）と思いきや
<22>	**否定・部分否定** ▶ 422～427ページ
203	～はずがない
204	～わけがない
205	～ことなく
206	～どころではない
207	～ものか
208	～なしに・ことなしに
209	～までもない
210	～とは限らない
211	～わけではない

212	～ないことはない・ないこともない
213	～というものではない
<23>	**原因・理由** ▶ 428～436ページ
214	～によって・による
215	～おかげで・おかげか・おかげだ
216	～せいで・せいか・せいだ
217	～もので・ものだから・もの
218	～ばかりに
219	～だけに
220	～あっての
221	～とあって
222	～からには
223	～以上（は）
224	～上は
225	～からこそ
226	～ことだし
227	～ことから
228	～のことだから
229	～（が）ゆえ・ゆえに・ゆえの
230	～あまり・あまりの
231	～では（じゃ）あるまいし
<24>	**条件** ▶ 436～441ページ
232	～さえ～ば
233	～としたら・とすれば・とすると
234	～ないことには
235	～ものなら
236	～（よ）うものなら
237	～をぬきにしては
238	～となると・となれば・となったら
239	～ない限り
240	～たら最後・たが最後
241	～なくして（は）
<25>	**心理・感情** ▶ 441～446ページ
242	～てしかたがない・てしょうがない
243	～てたまらない
244	～てならない
245	～てやまない
246	～ないではいられない・ずにはいられない
247	～ないではすまない・ずにはすまない
248	～ないではおかない・ずにはおかない
249	～ざるを得ない
250	～を余儀なくされる・を余儀なくさせる
<26>	**勧誘・注意・禁止** ▶ 446～449ページ
251	～（よ）うではないか
252	～てもさしつかえない
253	～ものではない
254	～ことはない
255	～ことだ
256	～べき・べきだ・べきではない
257	～べからず・べからざる

＜1＞話題

1	～というのは	所谓……（就是……）
2	～とは	所谓……（就是……）
3	～にかけては	在……方面（比其他厉害）
4	～というものは・ということは	所谓的……
5	～といえば・というと・といったら	说到……、谈到…… 、提到……
6	～といえば	要说……
7	～というと	你刚才说的……
8	～といったら	要说到……
9	～のこととなると	说到……（态度变化）
10	～ときたら	要说到……（责怪不满）

文型	～というのは	接続	N＋というのは
意	Nについて、定義づけや説明をする　所谓……（就是……）		
解	文の主題を提示し、それの意味や定義を説明する。「～というのは…ことだ／ものだ／という意味だ」という形になりやすい。　提示句子主题并对其意思或定义进行说明。通常使用「～というのは…ことだ／ものだ／という意味だ」的搭配形式。		
例	「人間国宝」というのは重要無形文化財の技術保有者のことだ。 “人间国宝”指的就是重要无形文化财产的技艺传承人。 人生というのは辛いものだ。　人生就是痛苦的。		
例	創造性というのは一見無関係なものから繋がりを見出す能力である。 所谓的创造性就是发现看似毫无关系的事物之间关联的能力。 日本人というのは、言いたいことを言わなかったり遠回しに表現したりするという性質を持っており、それが外国人との会話において思わぬ誤解を呼ぶことがある。 日本人的特点就是不直接说出想说的话，而是选择迂回隐晦的表达方式，这个特点在与外国人的对话中往往会招致意想不到的误解。		

POINT　「～というのは」「～とは」「～っていうのは」

くだけた会話では、「っていうのは」という形になる。正式な書き言葉では、「～とは」となることが多い。　比较随意的对话中，该句型可以简化为「っていうのは」。正式的书面语中一般会写成「～とは」。

例

人民元っていうのは中国で使われている通貨だよ。
所谓人民币就是在中国使用的货币。

子供っていうのは目を離すと何をするかわからないものだから、ちゃんといつも一緒にいないとだめだよ。　所谓孩子就是只要一离开你的视线就不知道他会干出什么来，所以不管什么时候都要带在身边。

文型	～とは	接続	N＋とは
意	定義・命題などの主題であることを示す。　所谓……（就是……）		
解	「～というのは」の意味と大体同じで、改まった表現である。 跟「～というのは」的意思基本相同，是较为正式的表达方式。		
例	就活**とは**就職活動のことだ。　所谓“就活”就是“就职活动”的意思。 詩人**とは**、詩を書き、それを発表する人や、それを職業としている人を指す。 诗人指的就是写诗并发表诗作，并以此为职业的人。 不親切なメディア**とは**、受け手に対して前提知識をたくさん要求するメディアのことである。 所谓不友好的媒体，就是对于受众要求过多预备知识的媒体。 全体主義**とは**、個人に対して社会の思想や政治を優先し、個人の思想や生活などを統制する政治体制のひとつである。 所谓全体主义，指的是相对于个人，更优先社会的思想和政治，并对个人的思想、生活等进行控制的一种政治体制。		

文型	～にかけては	接続	N＋にかけては
意	～では（他よりも上手だ）　在……方面（比其他厉害）		
解	「～に関しては」「～の分野では」という意味で、「能力や技術に関しては強い、あるいは自信がある」と言いたい時に使われる表現だ。 表达“关于……”或“在……领域”其“能力或技术厉害、有自信”。		
例	日本の歴史の知識**にかけては**、彼がクラスで一番だろう。 关于日本的历史知识，他是班级里最棒的。 料理の腕**にかけては**、妻の右に出るものはいない。在料理烹饪方面，无人与我妻子媲美。 彼は感性の羽を持っているため、ひらめきと発想力**にかけては**天才的です。 因为他拥有一双感性的翅膀，所以在灵感以及想象力方面简直就是天才。 かつてこの国を統治していた王は、外交能力**にかけては**非常に優秀であり、多くの危機を切り抜けたことでも知られている。 曾经统治这个国家的国王，在外交能力方面十分优秀，曾经安然度过了多次危机，因而被后人所赞颂。		

文型	～というものは・ということは	接続	N＋というものは 普＋ということは
意	～は　所谓的……		
解	先行の事柄に対し、その意味、性質、また自分の見解を述べるときに用いる。文を受ける場合は「ということは」の形になる。「ということは」は話をまとめ、結論を導くという用法もある。 对于所提示的事项的意思、性质或个人见解进行解释说明。前面接句子时使用「ということは」的形式。「ということは」也有总结话题，导出结论的用法。		

例	戦争**というものは**残酷(ざんこく)なものだ。　战争是非常残酷的。 ありのままの自分で生(い)き抜(ぬ)く**ということは**大変なことだね。　活出自我是件很不容易的事。 チャンス**というものは**、身のまわりにたくさん転(ころ)がっているが、それに気付(きづ)けるかどうかが問題なのだ。　机会随时存在于身边，关键在于是否能够发现它。 人の上に立つ**ということは**、人々の生活を守った上で彼らの意見や願いを尊重(そんちょう)することである。 做领导，必须在保证人们生活的基础上尊重他们的意见和愿望。

文型	～といえば・というと・といったら	接続	普＋といえば・というと・といったら （Nだ＋といえば・というと・といったら） （ただし、NAは「だ」がなくてもいい）
意	～を話題にすれば　说到……、谈到……、提到……		
解	話題を提示し、それに関連したこと、連想できることについて話す。会話では「と」が「って」になる場合もある。 提出话题，并阐述与其相关联或由此联想到的内容。日常会话中「と」有时会说成「って」。		
例	中国**というと**、人口が多いということがまず頭に浮かぶよね。 提到中国，首先想到的就是人口众多。 中国で人気がある日本のアニメ**といったら**、『スラムダンク』だ。 如果在中国提到有人气的日本动画，那就当数《灌篮高手》了。 地球環境問題**といえば**、地球温暖化とオゾン層(そう)の破壊(はかい)という二つの問題を思い浮かべる人が最も多いそうだ。 说到地球环境问题，据说联想到全球变暖和臭氧层破坏这两个问题的人是最多的。 かつての若者(わかもの)のコミュニケーションツール**といえば**ポケベルであったが、2000年代に入ると、その立(た)ち位置(いち)は携帯電話に取って変わられてしまった。 提到年轻人的通讯工具曾经一度指的都是传呼机，但自从进入21世纪，传呼机的位置渐渐被手机取代了。		

文型	～といえば	接続	普＋といえば （ただし、NAとNは「だ」がなくてもいい）
意	～ということは　要说……		
解	「AといえばA」という形で、「確かに認めるが、でも～」という意味を表し、一回認めておいて、その後で言いたいことを言う。 一般使用「AといえばA」的形式，就对方所提到的情况姑且承认，并在此基础上阐述自己真正想表达的内容。		
例	ここは便利**といえば**便利ですが、あまり安全ではない気がします。 这儿方便是方便，就是感觉不太安全。 この曲は人気**といえば**人気だけれど、流行(りゅうこう)が過(す)ぎ去(さ)れば忘れられそうな曲でもある。 这首歌的确是很火，但也是一首流行过后容易被遗忘的歌。		

物足りない**といえば**物足りなく思うが、きちんと自分の意見をまとめたのは貴重な一歩を踏み出したといえる。
要说不足确实是有点不足，但是能够很好地总结出自己的意见这一点的确可以说是已经迈出了宝贵的一步。

日本は平和**といえば**平和な国ではあるが、その分、危機感や当事者意識といったものが欠けている側面もあるのではないだろうか。
日本的确可以说是一个和平的国家，但也存在缺少危机感和当事者意识的地方。

君の作品は面白い**といえば**面白いが、読者を意識しすぎていて、自分の表現したいことを見失っている印象も受ける。
你的作品说有趣也的确是有趣，但总觉得你过于在意读者，反而看不出你自己最想要表达的意图。

文型	～というと	接続	普＋というと（N<s>だ</s>＋というと）
意	今言った～は　你刚才说的……		
解	相手の言った言葉を受けて、それが自分の思っている内容との一致性を確認するときに使う。 承接对方所说内容，并跟对方确认是否与自己所想内容一致。		

例

A：田中さんがさっき訪ねて来たよ。
B：田中さん**というと**、先週会った山田商事の営業部長ですか。
A：田中先生刚才来访了哦。
B：你说的田中先生，是上周见到的山田商事的营业部长吗？

A：A社の幹事が不祥事を起こして失脚したみたいだよ。
B：A社**というと**、毎年何かしらの問題を起こしている会社だよね。
A：听说A公司的干部出了丑闻倒台了。
B：你说的A公司，就是那家每年都会出点什么问题的公司吧。

A：先月、友達と敦煌に旅行に行ってきたよ。
B：敦煌**というと**、あの莫高窟で歴史的に有名な場所？
A：上个月我和朋友去了敦煌旅游。
B：说到敦煌，就是那个莫高窟所在的历史上有名的地方？

文型	～といったら	接続	N＋といったら
意	～について話すと　要说到……		
解	驚き、感動、失望などの気持ちの程度を話題にするときに使う。程度が普通でないことを強調する。 对于前述内容表达自己惊讶、感动或失望的程度，并强调该程度并不一般。		

例	彼女が作ったチャーハンのおいしさ**といったら**、言葉では表現できません。 说到她做的炒饭那叫好吃，简直难以用语言形容。 恋人といるときの彼女**といったら**、本当にいつも目が輝いているんですから。 说到和恋人在一起的她，真是眼睛时刻都熠熠生辉呢。
	10kmは確かに結構長いけど、走りきったあとの爽快感**といったら**日常生活では味わえない。 10公里确实很长，但跑完之后的那种爽劲儿真的是日常生活中所体会不到的。 オリンピックにおける彼女の演技**といったら**抜群に素晴らしく、金メダル獲得というのも、誰しもが納得する結果だと思う。 说起奥运会中她的表现，实在是非凡超群，获得金牌也是众人心服口服的结果。

MORE＋ 「～といったらない」

接続：N・A＋といったらない

意味：文末によく使われる表現で、「とても～だ」という意味となる。

多使用于句末，表达"非常……、极其……"的意思。

例

あの人の部屋は、汚い**といったらない**。
まったく足の踏み場がない。
他的房间那叫一个脏，简直没有下脚的地方。

出願書類の面倒くささ**といったらない**。
何回も書き直した。
申请材料简直是太麻烦了。我重写了好几次。

文型	～のこととなると	接続	N＋のこととなると
意	～の話題になると　当说到……		
解	～の話題、～の問題については急に普通とは違う態度に変わることを表す。 表达在说到某某话题，或提到某某问题时某人的态度呈现出与平常极大的差异。		
例	普段は無口な彼はアイドル**のこととなると**話が止まらなくなる。 平时话不多的他说到偶像时，就滔滔不绝了。 彼は勉強が苦手だが、世界史**のこととなると**誰にも引けを取らない。 他虽然不擅长学习，但是说到世界史的话题的时候无人能及。		
例	いろんな人は他人のやったこと、やることには立派な批評、批判をするが、自分**のこととなると**からきし自信を持ってない。 许多人对于别人所做的事或是要做的事都会批评得头头是道，但到了自己身上就完全没有自信了。 ルイ十六世は政治には無関心であったが、鷹狩りや錠前造りなどの趣味**のこととなると**誰よりも没頭していたと、一般的には言い伝えられている。 人们都说，路易16世虽然毫不关心政治，但一旦说到猎鹰和制锁等他感兴趣的事，就比谁都专心致志。		

文型	～ときたら	接続	N+ときたら
意	～について言うと　提到……、说起……		
解	非難、不満の気持ちを持って身近なものを話題にするときに使う。 提出身边的人或事并对其表达出责怪、不满的情绪。		
例	うちの息子ときたら、休みの日にどこにも出掛けず家で寝てばかりいる。 说起我们家儿子，休息日哪儿也不去就在家睡觉。 部長ときたら、仕事もろくにしないくせにいつも威張ってばかりいる。 说起部长那个人，明明工作做不好，倒是一天到晚摆着个臭架子。 この間もらった手袋ときたら分厚すぎて、ほとんどなんの感触も得られない。 说起之前你给我的那副手套，太厚了，摸到东西的时候一点感觉都没有。 このドラマの主役は素晴らしい俳優だが、その相手役の女優ときたら、まるで素人のように演技が硬い。 虽然这部电视剧的主演是个杰出的演员，但说到演对手戏的女演员，演技实在是像外行一样僵硬。		

<2> 対象

11	**～について**	关于……
12	**～に関して・に関する**	关于……
13	**～に関わる**	关系到…… 、影响到……
14	**～に対して・に対する**	对于……
15	**～をめぐって・をめぐる**	围绕……
16	**～を中心に・を中心として・を中心とした**	以……为中心
17	**～向きだ・向きに・向きの**	适合……
18	**～向けだ・向けに・向けの**	面向……

文型	～について	接続	N+について
意	～に関して　关于……		
解	動作・作用の対象となるものを表す。後ろに名詞が来る場合、「～についての+N」となる。「～につきまして」はより丁寧な言い方で，書き言葉では「～につき」と使われることがある。 表示动作或作用的对象。后面接名词时，用「～についての+N」的形式。「～につきまして」是更加礼貌的用法，书面语时有时会使用「～につき」。		
例	今回企画した新規プロジェクトについてプレゼンいたします。 今天我将对企划的新项目的内容进行发表。 出欠につきましては、月末までに私の方までご連絡ください。 关于考勤的情况，请月末之前告知我。 この問題につき何ができるのかを検討する。 讨论针对该问题可以采取哪些行动。		

	多目的教室の利用について、次のお知らせの内容と合っているものはどれですか。 关于多功能教室的用途，与下面通知内容相符合的选项是哪一个？ この本は歴史上の事実についてまとめたものなので、さらに詳しく各時代の文化や流行について知りたい場合は、こちらで紹介した本を参考にしてください。 由于这本书是基于真实历史编纂而成的，所以如果想要详细了解关于各个时代的文化和流行的内容，请将本次介绍的书籍作为参考。

文型	～に関して・に関する	接続	N+に関して・に関する
意	～について　关于……		
解	話す・聞く・考える・書くなどの行為で、扱う対象を言うときに使う。 用于表示说、听、想、写等行为所涉及的对象。		
例	先日依頼された調査に関する報告書を持ってきました。 我带来了之前被委托调查的相关报告。 あの人の趣味に関しては、私は口を出さないようにしている。 关于他的兴趣爱好，我不多说话。 とくに、デジタル技術に基づくものに関しては、コピーとオリジナルは、実質的にはまったく同じものだ。 特别是有关基于数码技术的问题，复制品与原件在实质上是完全一样的。 法案改正にともない、それにまつわる政府の方針や対策に関する文書が、政府によって公開された。 随着法案的修正，政府公开了与政府的方针、政策相关的文件。		

POINT 「～について」と「～に関して」の比較

文体的には「～について」より「～に関して」のほうがやや改まった印象を持つが、意味的には両者に差はない。ただし連体的に用いるとき使い方が違う。「～に関して」比「～について」更加正式，但意思两者一致。在做连体修饰成分（定语）时，注意用法有所不同。

○汚染問題に関しての調査
○汚染問題に関する調査
○汚染問題に関した調査
○汚染問題についての調査
×汚染問題につく調査
×汚染問題についた調査

文型	～に関わる	接続	N+にかかわる
意	～に関係する・～に影響を及ぼす　关系到……、影响到……		

解	よく「命」「名誉」「人権」などの後ろに来て、それに深く関係があり、重大な影響を与えるという意味を表す。 常接在「命」「名誉」「人権」等词之后，表达“与此关系紧密，或对此产生了重大影响”的意思。
例	命**にかかわる**重病ではありませんから、安心してください。 并不是关乎性命的重病，请放心。 自分の名誉**にかかわる**なら、どれほどくだらないことにも怒りの声を上げるべきだ。 如果关系到自身名誉的话，不管是多么细小的事情都应该提出自己的不满。 恋人同士の語らいから友人とのケンカ、取引先との交渉まで、人生**にかかわる**大切なやり取りの多くが、今やメールで行われるようになった。 从恋人间的谈情说爱到朋友间的争吵，以及与客户的谈判等，人生中许多重要的交流现在都已经变为通过邮件来进行了。 会社の知名度を上げるためには炎上商法も効果的かもしれないが、会社全体の名誉**にかかわる**ようなことはすべきではない。 为了提高公司知名度而采用炒作商法或许卓有成效，但不应该做影响公司声誉的事情。

比	20 無関係・無視	**～にかかわらず・にかかわりなく**	▶408ページ
比	21 逆接・譲歩	**～にもかかわらず**	▶417ページ

文型	～に対して・に対する	接続	N+に対して・に対する

意	～に、～を相手として　对于……、对……
解	「～」の部分に動作、感情、態度が向けられる対象や相手が入る。「～に対する」の後ろは名詞。 「～」的部分为动作、感情或态度的对象。「～に対する」后接名词。
例	私は政府の管理**に対して**不信感を持っている。　我对政府的管理感到不信任。 友人**に対する**君の態度は少し冷たすぎるように感じる。 我感觉你对朋友的态度有点过于冷漠了。 不親切なメディアとは，受け手**に対して**前提知識をたくさん要求するメディアのことである。 所谓不友好的媒体，指的是那些要求读者有很多预备知识的媒体。 幕末の日本では、日本に滞在する外国人**に対して**、日本の法律が適用されないという条約が結ばれていた。 幕府末期的日本，被迫签订了“对居住在日本的外国人不适用日本法律”这一条约。

比	16 対比・代替	**～（の）に対して**	▶386ページ

文型	～をめぐって・をめぐる	接続	N+をめぐって・をめぐる

意	～を議論や争いの中心点として　围绕……
解	～について、周囲で議論などが起こっているかを言うときに使う。後に、「議論する」「争う」「もめる」など複数の人が関与する動詞が来ることが多い。やや硬い表現で、新聞などでよく使われる。 阐述围绕某话题，周围产生了各种议论等。后续往往为「議論する」「争う」「もめる」等表示较多人参与的动词。是较为生硬的表达方式，往往用于新闻报纸等。

例	新しいスタジアムの建設**をめぐって**、議論が起こっている。 围绕新体育场的建设，有各种各样议论。 この小説は、ある学生の家庭問題**をめぐって**、周囲の人間が図らずも対立させられる物語を書いたものだ。 这个小说讲述了围绕某个学生的家庭问题，周围人异乎寻常地产生了对立的故事。
	価格**をめぐる**競争が激しくなり、大規模に大量生産される製品が流通の中心に座るようになる。 围绕价格的竞争愈演愈烈，大规模成批量生产的产品逐渐成为流通中的主流商品。 長年多くの人に信仰されている宗教においては、聖典の解釈**をめぐって**信者が分裂し、国や地域同士の争いに発展することもある。 一些长年来被众多人信仰的宗教，有时候围绕着圣典的解释会出现信徒派别上的分裂，甚至发展成国家和地域的争端。

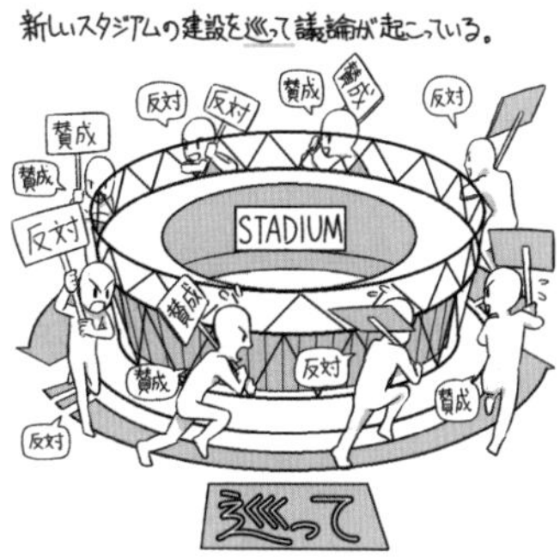

文型	～を中心に・を中心として・を中心とした	接続	N＋を中心に・を中心として・を中心とした
意	～を物事の中心にして　以……为中心、以……为重点		
解	～をある範囲の真ん中にして、何かをする、または何かが起こるということを言うときに使う。 表达以某事物作为某范围的中心实施某动作或产生了某状况的意思。		
例	この近隣には、妻**を中心とした**仲の良い奥様たちのグループがある。 在邻里之间，有个以我妻子为中心的各家太太聚集的小团体。		
	全国の農村部は都市の労働者のために生鮮野菜など農産物を送る一方、製造業**を中心とした**都市型産業の担い手の供給源になった。 全国农村地区一方面向大城市的劳动者们供应生鲜蔬菜等农作物，一方面成为以制造业为中心的都市型产业所需人力的供给源。 会社の労働環境に対する不満が溜まり、社内で、一人の社員**を中心とした**大規模なボイコットが発生した。 对公司的劳动环境积累了诸多不满的员工们，在公司内以一名员工为中心开展了大规模的抵制运动。 西日本の物流は古くから、国際的な港を持つ湾岸都市である大阪市**を中心として**栄えてきた。 西日本的物流自古以来都是以拥有国际港口的大阪市为中心发展起来的。		

文型	～向きだ・向きに・向きの	接続	N＋向きだ・向きに・向きの
意	～に適している　适合……		
解	人を表す名詞につながり、「その人に適するように、その人が気に入るように」という意味で使う。 接在表示人物的名词后，表达事物特性适合该人或满足该人。		

例	この靴は履きやすくて軽いので、高齢者**向きだ**。　这个鞋子穿起来轻便，适合老年人。 一般的には、スレンダーで脚の長い体型が、ファッションモデル**向きの**体型とされている。 一般来说，腿长纤瘦的体型被认为是适合做时装模特的体型。 専門家**向きの**論文を書かないと思っているのは、本書の中で一般の人々に煩瑣と思われない範囲で重要な典拠論文などを書き込んだからだ。 我不想再去写面向专家学者的论文，是因为在本书中已经对于重要的经典论文在不至于让一般人感到繁琐的范围内进行了记载。 エゴイズムや人間の心の機微を丁寧に書いた夏目漱石の『こころ』は、多感な中高生**向きの**作品として評価され、国語の教科書にも多く用いられている。 详细描写了利己主义和人类内心细微活动的夏目漱石的小说《心》，被评价为适合感情丰富的中学生阅读的作品，并多次被收录于语文教科书中。

文型	～向けだ・向けに・向けの	接続	N＋向けだ・向けに・向けの
意	～を対象として　面向……		
解	特定の人を対象に意図して作られたり、書かれたりしているという意味で使う。 以特定的人为对象，面向该对象有目的地进行制作、书写等。		
例	これは子供**向けの**映画だが、大人にも人気がある。 这个是面向孩子的电影，但也很受大人欢迎。 少女**向けの**漫画を少年が読んだからって、他人が文句を言う権利はないはずだ。 就算男孩儿看了少女漫画，别人也没有资格说三道四。 在宅での学習が増えたことにより、安価で量の多い食事を提供する学生**向けの**店が、経営の危機に瀕している。 由于居家学习的情况增多，一些面向学生提供价廉量足食物的饮食店正面临着经营的危机。 少子高齢化が進み、長寿社会を迎えたことで、住宅や施設の整備が進んだ高齢者**向けの**住宅の需要が高まってきている。 由于少子高龄化的发展而迎来了长寿社会，设施完善的面向老年人的住宅及老年护理机构等的需求在不断增加。		

POINT　「～向き」と「～向け」の違い

「向き」は，「向き不向き、初心者向き」というように，「対象に適している」という意味だ。**「向け」**は他動詞「向ける」からのもので，「対象に適するように意図して作った」という意味を表す。「向き」表示从结果或事物性质来看，“适合……”。「向け」表示“为适合所选对象而有意识地专门制作的东西”，可翻译为“面向……”。

例

筆者はこの本について、専門家**向け**であり、
人々への啓蒙を目的としたものではないと述べた。
(特に意図して専門家のために書いた本)
笔者将这本书描述成一本面向专家而非以对普通民众
启蒙为目的的书籍。(特别以专家为对象所写的书)

この店は量が多くて安いから、学生**向き**ですね。

（学生だけを対象として作ったわけではなく、結果からみれば、「量が多くて安い」という特性は学生に適している）

这家店量又足价格又便宜，很适合学生。（本身并不是仅以学生为对象所开设的店铺，但从结果来看“量多价优”这一特性极其适合学生群体）

＜3＞判断の立場・根拠

19	**～からいうと・からいえば・からいって** **～からすると・からすれば・からして** **～からみると・からみれば・からみて**	从……来说／来看／来判断
20	**～にしたら・にすれば**	从……角度来说（看）
21	**～にしたところで・としたところで**	即使是从……角度来说，（也……）
22	**～なりに・なりの**	与……立场相应的（地）
23	**～として**	作为……
24	**～にとって**	对于……来说

文型	**～からいうと・からいえば・からいって** **～からすると・からすれば・からして** **～からみると・からみれば・からみて**	**接続**	**N＋からいうと・からいえば・からいって** **N＋からすると・からすれば・からして** **N＋からみると・からみれば・からみて**
意	～の視点・立場で考えると　从……来说/来看/来说（看）		
解	3組の意味がほぼ同じ。使用する動詞が「言う」「する」「見る」で、それぞれ「意見」「感想・印象」「判断」の意味が帯びている。 句子中使用动词不同，表达意思略有差别。动词「言う」「する」「見る」分别带有“意见”“印象感想”“判断”等意思。		
例	今回の試験ですが、皆さんの実力（じつりょく）**からすると**問題なく合格できると思う。 这次考试，从大家的实力来看应该都能轻松考过。 彼女はいつも服装に気を使っているが、私**からみれば**全（すべ）て同じに見えてしまう。 她一直很在意服装的搭配，但在我看来并没有什么不同。 競争（きょうそう）の促進（そくしん）あるいは良質（りょうしつ）で安価（あんか）なサービスの提供（ていきょう）という面**からいえば**市場（しじょう）をよりオープンし、より多くの外資（がいし）を誘致（ゆうち）するのがベターではないか、という声が聞こえる。 有部分意见认为，从促进竞争以及提供高品质、低价格服务的方面来说，进一步开放市场，更多地吸引外资会更好。 遺伝子組換（いでんしくみかえ）という技術（ぎじゅつ）は農業（のうぎょう）の効率化（こうりつか）には大（おお）いに貢献（こうけん）したが、人間（にんげん）の健康（けんこう）という点**からみると**、必（かなら）ずしも安全（あんぜん）とは言（い）い切（き）れない部分（ぶぶん）がある。 转基因技术虽然对提高农业效率做出了巨大的贡献，但是从人类健康的角度来讲，还无法保证其绝对安全。		

POINT 人物を表す名詞の接続について

「～からいうと／～からいえば／～からいって」は判断する基準や事柄を提示し、人物を表す名詞には接続できない。
「～からいうと／～からいえば／～からいって」单纯表示判断的依据、事项，不能直接加在表示人物的名词后。

例
×彼女から言うと
○彼女の考えから言うと

文型	～にしたら・にすれば	接続	N+にしたら・にすれば
意	～の立場で考えると　从……角度来说（看）		
解	人や立場を表す名詞について、その人から見た考え方を推測して述べる。 表示站在别人的立场角度，推测他的想法。		
例	相手の会社**にしたら**迷惑だ。　站在对方公司立场来看，这是一件麻烦事。 彼女に悪気はなかったのかもしれないが、被害者**にしたら**そんなことは知ったことではないだろう。　她可能并没有恶意，但是从受害者角度来说或许是无法理解的。 人間の目で高齢者の様子を観察しながら介護することが大切で、人間の手のぬくもりが癒しとなることも確かであるが、介護される側**にしたら**、気兼ねのいらないロボットの方が頼みやすい場面もある。 以人的目光去观察并看护老年人的确实非常重要，人手的温度本身就是一种慰藉，但从被看护一方来看，无须顾虑或客气的机器人有时候反而更容易去拜托。 製品のデザインを大きく打ち出すことで他社との差別化を図ったのかもしれないが、消費者**にしたら**、性能さえよければどのメーカーでも変わらないと思っているだろう。 通过大力改善产品设计也许能实现与其他公司产品的差异化，但从消费者角度来看或许他们会觉得只要性能好哪家的产品都一样。		

文型	～にしたところで・としたところで	接続	N+にしたところで・としたところで
意	Nの立場から考えても　即使是从……角度来说，（也……）		
解	～の立場／場合から考えても状況は…だ。後ろには否定的な表現が多い。 表示即使站在别人的立场考虑，结果也不会有好的转变。一般后续负面的判断、评价等。		
例	彼**にしたところで**、優勝する自信があるわけではないと思う。即使是他也不一定有夺冠的自信。 先生**にしたところで**、僕ら生徒の幸せを願う気持ちは変わらないと思う。 即使是站在老师的立场上，他们也同样是希望我们能得到幸福的。 彼女**にしたところで**、田舎の男の子のほうが都会の男の子よりも安全だなんて、そんな世間知らずな考えを抱いているわけではない。 即使是她，也不会抱有这种“比起城市里的男孩，乡村的男孩更安全”这样不懂世故、阅历尚浅的想法。 政治家**にしたところで**日本をより豊かな国にしたいという思いは変わらないはずだが、その手段が不明瞭だとどうしても国民との齟齬が生じてしまう。 站在政治家的立场上，想让日本成为一个更强大的国家的愿望是不变的，但如果施政方针不清晰的话，就会与国民之间产生分歧。		

文型	～なりに・なりの	接続	普+なりに・なりの （NAだ+なりに・なりの） （Nだ+なりに・なりの）
意	～の立場に相応しい程度に　与……相应的……，与……相应地……		
解	～の立場やレベルで考えれば相応しいものや行動が後ろに来る。 通常表达与前述人或程度相应、相符合的状况或行动。		
例	高得点ではないにせよ、彼女の今回の試験結果には、彼女**なりの**努力の成果が出ている。 虽然分数不高，但她这次考试的成绩印证了她努力的成果。 今の仕事は大変だが、忙しい**なりに**時間を作って、資格の勉強をしています。 虽然现在的工作很繁忙，但我还是在忙碌中挤出一点时间进行考证的学习。 自分**なりの**分類方法で本棚を整理したり、違うブランドや色の服をコーディネイトしたり、家の雰囲気にあわせてインテリアを選んだりすることも、私たちが何気なくしている編集行為である。 利用自己的分类方法整理书架，搭配不同颜色和品牌的服装，根据家里的氛围选择家具等，这些都是无意间我们所进行的编辑行为。 金などの貴金属やニッケルなどの希少金属は、資源としての価値は高く、それに比例するように、掘り出すためにはそれ**なりの**施設や設備が必要となる。 像黄金这样的贵金属和像镍这样的稀有金属，作为资源有极高的价值，同时也需要相应高价的设施和设备去开采。		
比	6 例示	～なり～なり	▶ 330ページ

文型	～として	接続	N+として
意	～の立場で、～の資格で、～の観点で　站在……的立场上（作为……）		
解	～の立場、資格や名目で、ある行動をする、またはある状態である。後ろに来る名詞を修飾する場合、「～としての」を使う。　表示站在某人的立场上，或以某人的资格或名义而呈现的状态或采取的行动。「～としての」后接名词作定语使用。		
例	彼女は歌手**として**海外で活躍している。　她作为歌手活跃在海外。 メートルは、日本では長さを表す単位**として**用いられている。米，在日本是用于计量长度的单位。 路上生活者への支援**として**、ただ食物と住居を提供するだけでは不十分だ。 作为给予流浪者的援助，仅提供食物和住所是不够的。 通貨が存在しなかった時代には、物品が貨幣**として**流通に用いられていたと考えられている。 在没有货币流通的时代，物品曾作为货币（在市场中）流通。		

文型	～にとって	接続	N+にとって
意	～の立場から考えると　对于……来说		
解	後ろに来るのは主に判断や評価の内容 通常后续为站在某人的立场上进行的判断或评价。		

例

日本社会<u>にとって</u>、高齢化は大きな問題だ。　对于日本社会来说，老龄化是个大问题。

あなた<u>にとって</u>は些細なことかもしれないが、私<u>にとって</u>は重大な事件だ。
这对你来说可能是微不足道的事，但对我来说却是大事。

日本に来た留学生<u>にとって</u>は、「年功序列」という言葉はもはや耳に馴染んでいる。
对于来日本的留学生来说，「年功序列」已经是非常熟悉的一个词了。

特定の宗教<u>にとって</u>重大な意味や歴史を持つ場所は聖地と呼ばれ、そこを訪れること（巡礼）は、信者にとって特別な意味を持つ。
对于特定的宗教来说，具有重大意义或是历史特别悠久的地方被称作圣地。去圣地拜访（巡礼）对于信徒来讲具有特殊的意义。

POINT 「～にとって」と「～に対して」の違い

「～にとって」と**「～に対して」**の中国語訳は同じだが、前者は「～の立場から考えたり、判断したりする」意味で、後者は動作・関心・感情が向かう対象を示し、「要求する」、「反抗する」、「責任を持つ」、「親切だ」、「敬意を示す」などとよく一緒に使われる。

「～にとって」和「～に対して」中文都可以译为“对于……”，但前者表示“站在……的立场上来看、来判断”；而后者表示动作、行为、态度等的对象，常后接「要求する」「反抗する」「責任を持つ」「親切だ」「敬意を示す」等，需注意区分。

例

私<u>にとって</u>、それは簡単すぎる。
对于我来说，那太简单了。

現在の若者は政治的問題<u>に対して</u>無関心です。
现在的年轻人对政治问题漠不关心。

＜4＞評価の視点

25	**～わりに（は）**	与……不符，虽说……（但……）
26	**～にしては**	与……不符，虽说……（但……）
27	**～だけあって・だけのことはある**	不愧是……
28	**～ともなると・ともなれば**	一到……的时候，一旦……的话

文型	～わりに（は）	接続	普＋わりに（は） （NAだな・NAだである＋わりに（は）） （Nだの・Nだである＋わりに（は））
意	～とは不釣り合いに　与……不符、虽说……（但……）		
解	～のことから考えられる程度とは違っていることを表す。 按照前述内容考虑本应出现某结果，但实际结果却与此不符。		

例	彼は日本留学の経験がない**わりに**、日本語の発音がきれいだ。 他虽然没有日本留学的经历，但日语发音很标准。 先月に60になりましたが、年の**わりには**まだまだ体力があります。 上个月60了，虽然年纪不小了但体力还是很不错的。
	ある種類のコウモリは、体の大きさの**わりには**小さい翼で効率よく飛んでいるそうだ。 据说有某种蝙蝠，与其硕大的身材不相符的是翅膀很小，飞行效率很高。 この地域は都心から近く、人口密度も高い**わりには**、公共交通機関の開発が遅れているため、常に交通渋滞が起きている。 这个区域虽然离市中心很近，人口密度很高，但与之不相符的是公共交通开发得很慢，经常堵车。

文型	～にしては	接続	普＋にしては （NAだ＋にしては） （Nだ＋にしては）
意	～にふさわしくなく　与……不符、虽说……（但……）		
解	その事実から予想されることとは違うことを表す。自分にはほとんど使わなく、他の人を批判したり評価したりするときに使われる。 表达实际结果与由事实的一般性推断结果不一致。通常不用于自己，而是用于对他人的批判或评价。		
例	バスケットボール選手**にしては**背が低いですね。　作为篮球运动员来说个子太矮了啊。 彼は、栄養管理士の仕事をしている**にしては**、体に悪いものばかり食べている。 他虽然从事着营养调理师的工作，却总吃对身体不好的食物。		
	いくら成功したといっても、英雄**にしては**ちょっと汚い手を使っていたとみんなに言われる。 虽说是成功了，但是大家都认为其作为一个英雄却使用了与其身份不相符的略显卑鄙的手段。 その動画は知名度が低い**にしては**視聴回数が多いことが疑問を呼んでいたが、おそらく海外での知名度が高いことが主な理由と推測されている。 这个视频的知名度不高，相反浏览量却很高，这件事引发了疑问，经推测主要是因为在海外的知名度较高。		

POINT 「～にしては」と「～わりに」の違い

「～にしては」は具体的な内容や数値を示すものと一緒に使われる。「年齢」「身長」「成績」「高さ」などの尺度を表す名詞が前にくるときは、「にしては」は使えない。要するに、「～にしては」は幅がなく、具体的な言葉につくが、**「～わりに」**は意味や程度に幅のある言葉につく。

「～にしては」通常与表示具体内容或数值的表达方式一起使用。「年龄」「身長」「成績」「高さ」等表示尺度的名词后不能使用「にしては」。也就是说，「にしては」前接具体的、特定的事物，而「わりに」前接在意思和程度上有一定范围和幅度的内容。

例

○彼は48歳**にしては**、若く見える。（「48歳」は具体的な言葉）
×彼は年齢**にしては**、若く見える。（「年齢」は幅がある）
○彼は年齢の**わりに**、若く見える。
○彼は若い**わりに**はしっかりと考えている。（「若い」は幅がある）
×彼は若い**にしては**しっかりと考えている。

文型	～だけあって・だけのことはある	接続	普＋だけあって・だけのことはある （NAだな・NAだである＋だけあって・だけのことはある） （Nだ(な)＋だけあって・だけのことはある）
意	～ということにふさわしい、～だから当然　与……相称、不愧是……		
解	「その才能や努力や地位、経験にふさわしく」と感心したり、褒めたりするときの言い方。後に評価する言葉が来る。文末にくる場合は「～だけのことはある」を使う。 对“结果与其才能、努力、地位、经验等相符相称”表示钦佩，或给予称赞时使用该句型。后接评价类的表达方式。在句末使用时变成「～だけのことはある」。		
例	弟はさすがに京大生な**だけあって**、頭の回転がとても速い。 弟弟真不愧是京都大学的高材生，脑子转得飞快。 弟は頭の回転がとても速い。さすが京大生な**だけのことはある**。 弟弟脑子转得很快。不愧是京都大学的高材生。 さすが大都会**だけあって**、車の数がものすごく多く、都市中心部に近づけば近づくほど、高級な店も多く目につきます。 果然不愧是大城市，汽车数量非常多，越靠近城市中心越会看到大量的高级店铺。 彼は著名な映画監督だが、小説家から転身した**だけあって**、彼の作る映画は人物同士の会話が自然で物語の構造にも技巧が凝らされている。 他不愧是从小说家转行成为著名电影导演的，制作的电影里的人物对话自然，故事的结构也极富技巧。		
比	7 起点・終点・限界・範囲	～だけ・だけの	▶ 336ページ
比	23 原因・理由	～だけに	▶ 430ページ

文型	～ともなると・ともなれば	接続	V普＋ともなると・ともなれば N＋ともなると・ともなれば
意	～という場合・状況になると　一到……的时候、一旦……的话		
解	立場や年齢、時間や状況を表す名詞や動詞に接続して、その時になったらどのようになるかという評価を後項で述べる。 前面常用表示年龄、时间、状况等的名词或者动词。意思是“到了……情况下，就会……”。		
例	いつもは静かな町だが、休日**ともなると**大変にぎやかになる。 平时是安静的小城，一到休息日就变得很热闹。 好きなアイドルが結婚した**ともなれば**、彼女は悲しみのあまり部屋から出てこなくなるだろう。 如果她喜欢的偶像结了婚，估计她会因为伤心过度而闭门不出吧。 最初はまったく緊張や疑いの気持ちはなかったが、それでも、いよいよ最後の夜**ともなると**、落ち着いて眠ることができなかった。 一开始真的是没有任何紧张或是怀疑的感觉，但尽管如此，一旦到了最后一晚，还是没能安心地睡好。 通学を億劫に感じる学生は多くいたが、全面オンライン化**ともなると**、流石にほとんどの学生が授業に不満を覚え、反感を抱いた。 虽然有很多懒得上学的学生，但全面网课化后，大多数的学生还是对网课产生了不满和反感的情绪。		

POINT 「ともすると」

「ともすると」は副詞で、「どうかすると」や「場合によっては」といった意味である。しばしばそうなる傾向があるさまを表す。「ともすれば」とも言う。「このまま成り行きに任せておくと、その傾向が助長されやすいこと」という意味になることが多いため、よくない傾向について使うのが一般的だ。

「ともすると」是副词，意思是“动不动就……”“很容易就……”“往往……”“常常……”。也可以说成「ともすれば」。因为包含“如果放任的话就会很容易助长其进展”的意思，所以通常用于不好的倾向或趋势。

例

このままのやり方でいくと、**ともすれば**問題が起こって損失が大きくなるかもしれない。

如果继续这样进行下去的话，往往有可能会发生问题并致损失扩大。

<5> 根拠・手段・媒介

29	～によって・により・による	①手段方法；②根据
30	～によると・によれば	根据……
31	～を通じて・を通して	通过……
32	～をもって	以……、用……

文型	～によって・により・による	接続	N＋によって・により・による
意	①手段・方法　手段方法 ②根拠・よりどころ　根据		
解	手段・方法を表す場合、身近で日常的な道具などを個人的に使う時には「で」を使う。 パソコン（✕によって　〇で）レポートを書く。 表示手段方法时，如果是身边日常所需的工具，则使用助词「で」。		
例	①インターネット**によって**いろいろな情報が簡単に手に入る。 通过网络可以轻松获取各种信息。 この飲み会は経費**によって**支払われるので、お金のことは気にするな。 这个酒局的费用由公费支付，所以不用在意钱的事。 ②明日の試合は天気**によって**行うかどうか決める。 根据明天的天气决定是否举行比赛。 この状況なので、演奏会は、場合**によって**は中止になる可能性もあります。 出于目前这种状况，演奏会有可能根据情况而取消。 ①相手の時間などの都合を気にする必要がない点からいえば、文字**による**コミュニケーションは大変便利ではないか。 从无须顾虑对方时间合适与否这一点来说，通过文字交流难道不是非常方便吗？		

	①科学技術の発達していなかった時代には、占いや祈祷によって、天候の予測や疫病の治癒が試みられていた。 在科学技术不发达的时代，人们尝试通过占卜和祷告来预测天气和治疗疾病。 ②ワインは、作られた年度や地域によって味や価格が異なり、ものによっては、数百万円もの価格になることもある。 根据酿造的年份和地域的不同，红酒的味道和价格也不尽相同，有些价格甚至高达数百万日元。		
比	19 基準・対応	～によって・による	▶ 405ページ
比	23 原因・理由	～によって・による	▶ 428ページ

POINT 「～によって / により / による」使い方のまとめ

1 手段方法 手段方法　**2 根拠・よりどころ** 根据

3 原因
原因

例 人身事故によって電車のダイヤが乱れている。
发生人身事故导致电车运行时刻混乱。

4 受身文の動作主
表示被动句里的动作主

例 電球はエジソンによって発明された。
电灯泡是由爱迪生发明的。

5 異なる状況で異なる結果
根据不同状况产生不同结果

例 国によって風習が違う。
国家不同，风俗习惯也不同。

6 動作の主体
动作的发出者

例 敵軍による攻撃は民間人を危険にさらす。
由敌军发起的攻击将民众暴露于危险之中。

文型	～によると・によれば	接続	N＋によると・によれば
意	～では（情報源や判断の元を表す）　根据……		
解	伝聞の文において、その内容をもたらした情報源・根拠を示す。文末に「～そうだ/ということだ/とのことだ/んだって」など伝聞を表す表現が使われることが多い。「～によれば」も同じ意味を表す。　在表传闻的句子中表示所带来后续内容的信息源或根据。句末一般使用「～そうだ/ということだ/とのことだ/んだって」等表示传闻的结尾句型。「～によれば」也是同样的意思。		
例	専門家の予想によると来月から物価がさらに上昇するそうだ。 根据专家的预测，下个月开始物价会继续上涨。 今朝のニュースによると、今日は猛暑日らしい。 根据今早的新闻，今天会是酷热的一天。		

専門家の予想によると来月から物価がさらに上昇するそうですねー
牛丼も値上りするのか!!

	また、先週の科学技術庁の調査**によれば**、製造業の新規技術導入件数自体も増加傾向にある。 另外上周科学技术厅的调查显示，制造业中导入新技术的项目数量呈现增加趋势。 日本の世帯動態調査**によれば**、2014年時点でもっとも人口が多い年齢層は、65歳から69歳の層であり、人口のおよそ7.7%を占めていることが分かった。 根据日本家庭动态调查，截至2014年，人口最多的年龄段是65至69岁，约占总人口的7.7%。

POINT 「～ところによると」

「～ところによると」という表現もある。「～」の部分に動詞［辞書形・た形・ている形］が入る。
也有「～ところによると」这样的表达方式，前面接动词的辞书形、た形或ている形。

例

天気予報で聞いた**ところによると**、明日は雪だそうだ。　据天气预报说明天要下雪。

文型	～を通じて・を通して	接続	N＋を通じて・を通して
意	～を手段・媒介として　通过……		
解	直接ではなくて、人・手段・物事などが間に入って何かをするという意味を表す。 表达并不是通过直接的方式，而是中间通过了某些人、手段、事物做成某事。		
例	ボランティア活動**を通して**さまざまな人との出会いがあり、新しい人間関係をつくることができた。　通过参加志愿者活动，我结识了很多人，并建立了新的人际关系。 接客業**を通じて**、人とのコミュニケーションスキルを身につけることができました。 通过接待顾客的工作，获得了与人沟通的技巧。 これらの史料**を通じて**、当時のローマ軍の力強さを改めて認識した。 通过这些史料，再次认识到当时罗马军队的强大。 オリンピックなどの国際的なスポーツの祭典では、スポーツ**を通じて**、国同士の相互理解や交流、親交を深めたりすることもひとつの目的となる。 诸如奥运会这样的国际体育节，目的之一是通过体育加深国家之间的相互了解、流与友谊。		
比	7 起点・終点・限界・範囲	～を通じて・を通して	▶ 335page

文型	～をもって	接続	N＋をもって
意	～で、～を使って　以……、用……		
解	ある手段や方法を用いてあることをするという意味。やや硬い表現で、正式な場面や書き言葉として使われる。一般的にはひらがなで書くが、「～を以て」と漢字を使う場合もある。 表达利用某种手段方法做某事。是较为生硬的表达方式，一般用于正式场合或书面语言。一般写假名，但有时也会用汉字形式「～を以て」。		
例	身**をもって**外国の文化を経験する。　亲身体验外国文化。 毒**を以て**毒を制す。　以毒攻毒。		

	今回の検査の結果は、一週間後に書面**をもって**お知らせします。 本次检查的结果，一周后我们将会以书面的形式进行通知。 最新の科学技術**をもって**しても、人類は地球の内側のことですら完全に調査し、把握することはできていない。 即使采用最新的科学技术，人类也无法将地球内部的情况彻底调查并了解清楚。

比	7 起点・終点・限界・範囲	**～をもって**	▶ 334ページ

<6> 例示

33	**～にしても～にしても**	不管是……还是……
34	**～といった**	……那样的
35	**～やら～やら**	……啦……啦，又是……又是……
36	**～というか～というか**	说成是……还是……
37	**～なり～なり**	也可以是……也可以是……，……也行……也行
38	**～であれ～であれ・～であろうと～であろうと**	无论……还是，都（不）……

文型	～にしても～にしても	接続	V辞＋にしても＋V辞＋にしても V否＋ないにしても＋V否＋ないにしても N＋にしても＋N＋にしても

意	～でも～でも　不管是……还是……
解	同じジャンルのもの、または対立する二つのものを取り上げて、いずれの場合も例外ではない意を表す。「～にせよ～にせよ」や「～にしろ～にしろ」は硬い言い方で、用法も意味も「～にしても～にしても」と同じだ。　举出同一类别或有相反和对立意义的两个事物，表示无论是哪种情况都无一例外。「～にせよ～にせよ」与「～にしろ～にしろ」是更加正式的表达方式，用法和意思相同。
例	買う**にしても**買わない**にしても**早く決めて。 是买还是不买，请尽快决定。 文系**にせよ**、理系**にせよ**、日本で勉強するなら日本語をしっかりと勉強しなければならない。 不管是文科还是理科，如果在日本学习那就必须学好日语。 犬**にしろ**、猫**にしろ**、このマンションでは飼うことはできない。 不管是狗还是猫，这个公寓里都不能养。  仕事**にしても**恋**にしても**、相手を思い通りにしようとすると若干歪みができてしまう。 无论是工作，还是恋爱，一旦想要让对方顺从自己的想法行动就会产生些许偏差或扭曲。 小説家**にしても**劇作家**にしても**、読者ないし観客を感動させるような作品の構造や登場人物の設定には、ある程度の共通した法則がある。 无论是小说家还是戏剧作家，可以打动读者或听众的作品的结构和角色设置都有一些共通的法则。 会社を経営する**にしても**国を治める**にしても**人の上に立つという仕事には責任が伴い、自分の家族すら大切にできない人にはこれらを満足に行うのは不可能だ。 无论是经营公司还是统治国家，领导别人的工作都伴随着责任，而那些甚至不关心自己家人的人，是绝对无法胜任上述工作的。

比	21 逆接・譲歩	**～にしても・にしろ・にせよ**	▶ 414ページ

文型	～といった	接続	N＋といった

意	～のような ・～というような　……那样的
解	あるものごとの同類の具体例を挙げたいときの言い方。「～や～といった」「～とか～といった」の形で使うことが多い。 对于某一种类的事物，举出几个具体例子时使用本句型。常用「～や～といった」「～とか～といった」的形式表达。
例	コーラやスプライト**といった**炭酸飲料が若者の間で人気がある。 可乐和雪碧等碳酸饮料在年轻人中很受欢迎。 夫は野菜が苦手だが、アイスやクッキー**といった**甘いものにはとことん目がない。 我丈夫不喜欢蔬菜，但他对冰淇淋和饼干等甜点实在是爱不释手。 もちろん勉強は重要ですが、人生には趣味や家族など**といった**潤いも必要です。 学习固然重要，但人生同样需要兴趣爱好以及家人等精神上的抚慰。 日本では人口が減少し続けているが、一方で中国や韓国、ベトナム**といった**海外からの移住者の人口は増加している。 日本的人口继续减少，而来自中国、韩国和越南等外国的移民的人口却在增加。

文型	～やら～やら	接続	V辞＋やら A＋やら N＋やら

意	～や～など　……啦……啦、又是……又是……
解	まだほかにもいろいろあるが、まず代表的な例を挙げたいときに使う。「大変」「複雑」「難しい」などマイナスの感情が含まれることが多い。 表达虽然还有很多同类的事物，但先举出一两个代表性的例子。句子常常含有“辛苦”“复杂”“困难”等负面情绪。
例	久しぶりの休日だったのに、掃除**やら**洗濯**やら**で、忙しい一日だった。 今天好不容易有一天休假，但又是打扫又是洗衣服，真是忙碌的一天。 昔好きだった人が結婚したと聞いて、嬉しい**やら**寂しい**やら**となんとも言えない気持ちになった。 当我听到曾经喜欢的人结婚时，又是开心又是难过，心情难以名状。 今朝からお腹が痛い**やら**咳が出る**やら**で、体の調子がおかしいので、仕事を休みました。 一早开始又是肚子痛、又是咳嗽的，身体不舒服，于是请假没去上班。 夏になると、猛暑日が続く**やら**突然大雨が降り出す**やら**、気候が不安定になり、ストレスを感じるような天気ばかりで嫌になります。 到了夏季，气候变得不稳定，要么是连日酷暑不断，要么是突然大雨倾盆，天气总是会让人感到压力，非常不喜欢。

POINT 「~とか~とか」と「~やら~やら」の違い

「~とか~とか」:単に例示し列挙するのに用いる言葉で、話し言葉、書き言葉どちらも使える。**「~やら~やら」**:一つや二つの代表例を並べて挙げ、色々な物や気持ちが混在していて、決めがたい、整理できないという感情が含まれていることが多い。主に話し言葉。

「~とか~とか」:只是单纯地罗列事例,口语和书面语均可使用。
「~やら~やら」:表达的是虽然只举出了一两个例子,但实际上无论是事物的种类和心情都极为复杂烦乱,难以抉择、无法整理清楚。主要用于口语。

例

コンビニでパン**とか**牛乳**とか**食べ物をたくさん買った。
在便利店买了面包、牛奶等很多食物。

嬉しい**やら**恥ずかしい**やら**、どうしていいかわからなかった。
感觉到又高兴、又害羞,真不知该如何是好。

文型	~というか~というか	接続	普+というか+普+というか (NAだ+というか) (Nだ+というか)
意	~と言ったらいいのか~と言ったらいいのか 说成是……还是……		
解	話題になっているものごとについて、説明したり、例えたりするとき適切な表現を考えながらというときに使う。話し言葉に多い。 对于成为话题的事物进行解释、打比方时,一边选择合适的表达一边说明时使用该句型。常用于口语中。		
例	別れた時、彼女は寂しい**というか**、悲しい**というか**、切(せつ)ない表情を見せました。 分手时,她露出了不知是孤独还是悲伤的痛苦的表情。 この街はよく言えば閑静(かんせい)**というか**人が少ない**というか**、住みやすいがどこか物寂(ものさび)しい街だ。 简而言之,这个城市不知该说是安静还是人少,虽然住起来很方便但总觉得有点寂寞。 子供らにとっても、命(いのち)への慈(いつく)しみみたいな共生観(きょうせいかん)**というか**友愛観(ゆうあいかん)**というか**、そういうものを、動物や植物を育(そだ)てるを通して得ることが大事だと思います。 对于孩子们来说,让他们通过动物或植物的饲养,获得对于生命的爱怜这种可以说成"共生观"或"友爱观"的观念是非常重要的。 彼は実業家(じつぎょうか)**というか**芸術家**というか**、とにかくどんなことにも興味を持ち、仕事にできるオールマイティな人間であることは確かだ。 他不论是做商人还是当艺术家,绝对是一个对任何事物都感兴趣并且可以胜任的全能人士。		

文型	~なり~なり	接続	V辞+なり+V辞+なり N+なり+N+なり
意	~でもいい~でもいい 也可以是……也可以是……,……也行……也行		
解	同じ種類の例をあげて、「とにかく一つを選んで」という意味を表す。目上の人には使えない。 举出同种类型的例子,表达希望对方无论怎样尽快选择一项。不能对于上级或长辈使用。		

例	煮（に）るなり炒（いた）めるなり、好きなように調理してください。 煮也行炒也行，你喜欢怎么做就怎么做。 夜は寒くなるらしいから、上着なりマフラーなり持っていきなさい。 晚上似乎会很冷，所以带上外套上衣或围巾。
例	部屋を整理する場合、「断捨離（だんしゃり）」が大事で、もったいないのもわかるけど、捨てるなり売るなりしてとにかく物の量を減（へ）らさなければならない。 在整理房间的时候，“断舍离”极其重要，虽然确实会觉得有些可惜，但总之必须要通过扔掉或是卖掉来减少物品的数量。 熱中症（ねっちゅうしょう）を予防するためには、水分をこまめに補給（ほきゅう）するなり涼しい場所に移動するなりして、暑い中で無理しないことが大切です。 为了防止中暑，可以经常补充些水分或移动到凉爽的地方，总之关键是不要强忍着炎热而无动于衷。
比	3 判断の立場・根拠 ｜ ～なりに・～なりの ｜ ▶ 321ページ

文型	～であれ～であれ ～であろうと～であろうと	接続	N＋であれ＋N＋であれ N＋であろうと＋N＋であろうと
意	～でも～でも　无论……还是，都（不）……		
解	例を列挙し、いずれにも判断や行為が影響されないことを表す。文頭に「どんなに・たとえ」などがくることもある。「～であれ何であれ」「～であろうと何であろうと」は慣用表現。 先举例，然后表示无论哪种情况都对后续的判断或行为不构成影响。有时候会在句子开头搭配「どんなに・たとえ」一起使用。「～であれ何であれ」「～であろうと何であろうと」是惯用表达方式。		
例	大人であれ子供であれ、ここにいる限りルールを守らなくてはいけない。 无论是成人还是儿童，只要在这里就必须遵守规则。 お菓子であれ白米（はくまい）であれ、炭水化物（たんすいかぶつ）はダイエット中に食べ過ぎない方がいい。 无论是点心还是米饭，减肥过程中不要摄入过多的碳水化合物为好。		
例	学問であれ何であれ、高いレベルまで挑戦する場合には、最初は外的（がいてき）動機からはじまり、少しずつ内的（ないてき）動機をもつようになる。 无论是做学问还是干别的什么，在向高阶段挑战时，一开始是由外在动机所驱使，而后则会慢慢地建立起内在动机。 喫煙（きつえん）する際には、それが紙タバコであろうと電子タバコであろうと、周りに不快（ふかい）に思う人がいる可能性を考慮（こうりょ）し、マナーをわきまえねばならない。 吸烟时，无论是纸烟还是电子烟，都必须考虑周围人的感受，遵守规则。		

<7> 起点・終点・限界・範囲

39	～をはじめ（として）・をはじめとする	以……为代表
40	～を皮切りに（して）・を皮切りとして	以……为开端
41	～を限りに・限りで	以……为限
42	～をもって	以……为期限
43	～から～にかけて	从……到……

44	**～を通じて・を通して**	在整个……期间
45	**～にわたって・にわたる**	横跨……
46	**～だけ・だけの**	在……范围内尽可能……
47	**～限り・限りの**	尽量……
48	**～からして**	单从……来看

文型	～をはじめ（として）・をはじめとする	接続	N＋をはじめ(として)・をはじめとする
意	～を代表例として　以……为代表，以……为首		
解	代表例を挙げて、そのほかにも同じグループのものが色々あるという意味を表す。やや硬めの言い方。後に名詞が来るときは、「をはじめとするN」となる。 举出一个代表性的例子，表达由此出发还有很多同类型的事物。是较为正式的表达方式。后接名词时用「をはじめとするN」的形式。		
例	台風17号により沖縄**をはじめ（として）**、広い地域（ちいき）が大きな被害を受けた。 17号台风对包括冲绳在内的广大地区造成了巨大破坏。 この海は、夏になると家族連（づ）れ**をはじめとして**、多くの観光客が訪（おとず）れます。 到了夏天，许多观光客来这片海滨度假，其中有很多是携家带口的。 科学技術の急速な発展が法の姿（すがた）に次々と変化を迫（せま）る状況が、現代社会において、環境や医療、情報通信**をはじめ**、多くの場面で認（みと）められる。 科学技术的飞速发展迫使法律不断变化调整，这一状况在现代社会中以环境、医疗及信息通信为首的多个领域都能够看到。 国際化に伴（ともな）い、学生に英語**をはじめとした**様々な言語を習得（しゅうとく）させ、それをビジネスに活（い）かせるような人材の育成（いくせい）を試（こころ）みる大学が増加した。 伴随着国际化的进展，有越来越多的大学试着培养掌握英语等多种语言，并能将其应用到商业中的人才。		

文型	～を皮切（かわき）りに（して）・を皮切りとして	接続	N＋を皮切りに（して）・を皮切りとして
意	～から始まって・～を出発点として　以……为开端		
解	「～を出発点として、次々に～」、「～から始まって、次々に～」と言いたいときに使う。その後に続く行為の起点になる一番初めの行為を表す。ニュースなどで使われる硬い表現。 在表达"以……为出发点，接下来不断……"或"以……为起始，后续不断……"时使用该句型。表示后续一连串行为最初的起点。较为生硬，一般用于新闻报道中。		
例	今回の公演は、1月の東京ドームライブ**を皮切りに**、全国10都市をまわることになった。 从1月的"东京巨蛋演唱会"开始，该表演将在全国10个城市巡回演出。 彼女は大学のミスコンで優勝したこと**を皮切りに**、女子アナウンサーを目指して様々な芸能界（げいのうかい）活動を行なっている。 从赢得大学的选美冠军开始，她就以成为一名女播音员为目标一直从事各种各样的演艺活动。		

	欧州から帰国した彼は、明治二十七年に第二次伊藤内閣の文相として入閣したの**を皮切りに**、華やかな政治の表舞台を歩んできた。 从欧洲归国以后，他以明治27年作为第二次伊藤内阁文部大臣入阁为起点，走上了华丽的政治舞台。 あの外食チェーン店は、新宿での出店**を皮切りに**、あっという間に東京全域に店舗を展開した。 那家连锁餐厅以新宿店的开业为起始，转眼间就在整个东京铺开了店铺。

文型	～を限りに・限りで	接続	N＋を限りに・限りで
意	～を最後に　以……为限，到……为止		
解	今まで続いていたことが今後はもう続かなくなるということを言うときに使う。「今回」「今日」「今月」「今年」などに続くことが多い。　表示一直以来所持续的行为动作今后将不再继续。常常接在「今回」「今日」「今月」「今年」等词语之后。		
例	この大会**を限りに**引退することを決意しました。　我决定在这次大赛之后就退役。 彼が「今日**限りで**ゲームはやめる」と言っているところを、もう何回も見てきた。 我已经多次看到他说："过了今天就不再玩游戏了。" あるいは、彼とはその日**を限りに**もう二度と会えない、ということをなぜか予知していたからかもしれない。 抑或是，自己不知为何已经提前预见到，将会和他于那天之后不再有机会见面。 上皇が退位したことにより、「平成」という元号は、2019年4月30日**限りで**「令和」に改元された。 由于上皇的退位，"平成"这一年号于2019年4月30日之后被更改为"令和"。		

POINT　「限る」シリーズ

文型	意味	例文
～に限り	例外	招待券をお持ちの方**に限り**入場できます。 仅限持有招待券的人入场。
～に限らず	だけでなく	地方**に限らず**、都市部でも過疎化現象が現れている。 不仅地方，城市也出现了人口过疏现象。
～限り／の限り	最大限度	できる**限り**やる。　尽最大可能去做。
～限りだ	とても～だ	宝くじに当たったなんて、羨ましい**限りだ**。 竟然中了彩票，实在是让人羡慕不已。
～を限りに／～限りで	期限	今シーズン**を限りに**引退する。 打完本赛季就退役。
～限り／ない限り	条件	生きている**限り**、希望はある。 只要活着就有希望。
～限りでは	持つ情報の範囲	聞いている**限りでは**大丈夫そうだ。 在我听到的范围内貌似没问题。

～に限る	最も良い	風邪の時は寝る**に限る**。 感冒的时候最好卧床休息。
～に限って	～の場合だけ	急いでいる時**に限って**電車が遅れる。 偏偏在着急的时候电车晚点。
～とは限らない	必ず～とは言えない	日本人はみんな納豆が好き**とは限らない**。 日本人不一定人人都喜欢吃纳豆。
～に限りがある／に限りがない	限界	一人でできること**に限りがある**。 一个人可以做的事情是有限的。

文型	～をもって	接続	N＋をもって
意	～を期限・区切りとして　以……为期限、以……为分段		
解	何かの開始、終了や限界点を明示するときに使う。硬く改まった感じを与えるため、公式文書やあいさつなどで使われる。　对于事件的开始、结束、界限点进行明确说明。是正式生硬的表达方式，一般只用于公文或正式场合发言等。		
例	本日**をもって**閉店させていただきます。　自今日起停止营业。		
	私事(わたくしごと)で大変恐縮(きょうしゅく)ですが、一身上(いっしんじょう)の都合により3月31日**をもって**退社することになりました。 抱歉私事打扰大家，我本人因为个人原因将于3月31日正式离职。 こちらのポイントカードは今月**をもって**終了しますので、新規(しんき)カード発行(はっこう)をご希望の方は再度(さいど)会員登録をお願いいたします。 因该积分卡将于本月结束使用，若您希望领取新卡，请重新注册为会员。		

POINT　「～を限りに」と「～をもって」の違い

「～を限りに」は「これまで続いていたのが～の時点で」という意味を表し、**「～をもって」**は時点を表し、単に「～の時点で」を意味する。「～を限りに」は終わるときにだけ使えるのに対し、「～をもって」は始めるときと終わるとき両方に使える。

「～を限りに」表示一直持续的事情最终在某一时点截止，而「～をもって」则单纯表示时点。因此「～を限りに」只能用于表示事情的结束，而「～をもって」可用于表示事情的开始或结束。

例

○今日**を限りに**引退する。
×今日**を限りに**就任する。
○本日**をもって**引退する。
○本日**をもって**就任する。

文型	～から～にかけて	接続	N＋から＋N＋にかけて
意	～から～までの間　从……到……		

解	場所や時間のおおよその範囲を表す。始まりと終わりの時間または場所が明確でない場合に使うことが多い。起点を表す必要がないときは、「～から」は省略可能。 表示时间或场所的大致范围。一般用在开始及结束的时间或起始终了的地点并不十分明确的场合。无须明确表达起点时，「～から」部分可省略。
例	九州(きゅうしゅう)**から**西日本**にかけて**猛烈(もうれつ)な雨にご注意ください。 请注意从九州到日本西部的暴雨。 日本では、毎年六月の頭(あたま)**から**七月の半(なか)ば**にかけて**、ほぼ毎日雨が降る。 在日本，从6月初到7月中旬几乎每天都下雨。 毎年、沖縄**から**北海道**にかけて**、桜が順々(じゅんじゅん)に咲いていく。 每年，从冲绳到北海道，樱花由南向北依次盛开。 日本を代表するトップアーティストの一組であるMr.Kidsは、1990年代半ば**から**90年代後半**にかけて**多くのミリオンセラーを獲得(かくとく)し、広く人気を得た。 Mr.Kids是日本极具代表性的顶级歌唱组合之一，从1990年代中期到1990年代后期，他们的许多唱片热销百万以上，受到了广泛欢迎。

POINT 「～から～まで」と「～から～にかけて」の違い

「～から～まで」は始まりと終わりがはっきりしているのに対して、**「～から～にかけて」**は曖昧な場所・時のみを示す。

「～から～まで」用在起始和结束的时间点或空间点均十分明确的场合，而「～から～にかけて」所表述的时间空间都较为模糊，是大致范围。

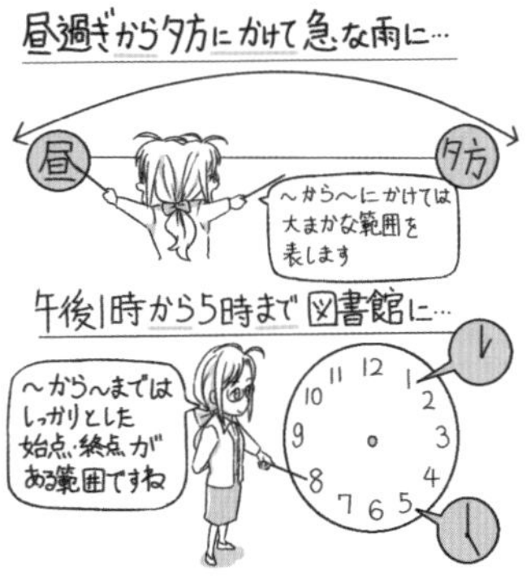

例

昼過ぎ**から**夕方**にかけて**急な雨にご注意ください。
（大体の範囲）
从午后到傍晚请注意突发降雨情况。

午後１時**から**５時**まで**図書館で本を読みました。
（具体的な起点と終点）
我下午一点至五点一直在图书馆看书。

文型	～を通(つう)じて・を通(とお)して	接続	N＋を通じて・を通して
意	～の期間ずっと　在整个……期间		
解	（比較的長い）期間を表す名詞に接続して、「～の間ずっと同じ状態だ」という意味を表す。 接在表示较长一段时间的名词后，表达“在一整个期间内均为同一状态”的意思。		
例	この辺(あた)りは１年**を通して**雨の降る日が少ない。　一整年这里也下不了几场雨。 生涯(しょうがい)**を通じて**生きがいを持って暮らせる町を作っていきたい。 我想建立一个使人一辈子都可以活得很有意义的城镇。		

	豆でも米でも野菜でも、一年**を通して**収穫されるのではなく、ほとんどのものがある季節にしか収穫されない。 无论是豆子、稻米还是蔬菜，并不是全年皆有收成，大部分仅在某个季节成熟收获。 食料や繁殖などの事情に応じて季節ごとに移動する鳥は渡り鳥と呼ばれるが、それに対し、年間**を通じて**同じ場所に生息し、移動しない鳥は、留鳥と呼ばれる。 根据食物和繁殖等情况而季节性迁徙的鸟称为候鸟，与此相对全年在同一地点居住且不迁徙的鸟称为留鸟。		
比	5 根拠・手段・媒介	**～を通じて・を通して**	▶ 327ページ

文型	～にわたって・にわたる	接続	N+にわたって・にわたる
意	～の全体に　从……到……、横跨……		
解	「～とう長い間」、「～という広い範囲」にある状態が広がっている、または続いているという様子を表す。後ろに名詞がくる場合は「～にわたる+N」の形になる。 表示在“很长的一段时间”或“很大的范围内”某项状态一直持续或一直扩展。当后接名词时使用「～にわたる+N」的形式。		
例	生徒会長なだけあって、彼は下級生から上級生**にわたって**広く顔が知られている。 到底是学生会主席，从低年级到高年级很多人都认识他。 夫婦二人三脚で長年**にわたって**営業してきた蕎麦屋を、ついに畳んだ。 夫妻二人齐心协力经营了多年的荞麦面馆，最终还是关门停业了。 万里の長城は歴史上世界最長の建築物として知られており、現在でも、山海関から嘉峪関までの2400km**にもわたる**長さを誇っている。 万里长城作为世界上最长的建筑为人所知，即使在今天，其从山海关到嘉峪关连绵2400千米的长度也仍然令人骄傲。 NHKの連続テレビ小説は、朝の短時間に放送される連続ドラマであることから「朝ドラ」という通称で親しまれ、幅広い世代**にわたって**視聴者を獲得している。 NHK的连续电视小说是在早晨的短时间内播出的电视连续剧，因此被广泛称为“晨间剧”，吸引了许多年龄层的观众。		

POINT　「～にわたって」と「～を通じて」の違い

「～にわたって」は期間だけでなく、場所や空間を指すときも使える。「～の範囲全体に広がっている」や「～の範囲全体に続いている」という意味になる。

「～を通じて」は「～」の部分に期間を示す言葉が入る。「～の間ずっと」という意味になる。

「～にわたって」不仅可以表示一段期间，还可以表示场所或空间。表达“在某一范围内整体扩散”或“在某一范围内一直持续”等意思。

「～を通じて」一般前面接表示时间的名词，表示整个时间范围，整个期间。

文型	～だけ・だけの	接続	普（肯定）+だけ・だけの （NAだな+だけ・だけの） （*Nにはつかない）
意	～の範囲は全部　在……范围内尽可能……		

解	「最大限度（範囲）まで〜する」と言いたいときに使う。「できるだけ」は慣用表現。後ろに名詞がくる場合は「〜だけの＋N」の形になる。 表示“做到最大限度（范围）”。「できるだけ」为常见惯用表达方式。后接名词时使用「〜だけの＋N」的形式。
例	ここにあるお菓子をどうぞ好きな**だけ**食べてください。　这里的点心请尽管吃。 やれる**だけの**ことはやったので、残りは君に任(まか)せたい。我已经尽力了，所以剩下的就交给你了。 常に留意(りゅうい)すべきのは、家に籠(こも)らず、できる**だけ**外に出て、人との出会いを大事にし、そして「三人行(さんにんおこな)えば、必ず我(わ)が師(し)有り」という謙虚(けんきょ)さを身に付けることではないか。 必须时常注意的是，不要总待在家里，而是要尽量外出，珍惜与人的相遇，另外要怀抱“三人行必有我师”这样的谦虚之心。 「男だから」「女だから」といった理由に縛(しば)られずに、誰しもが泣きたい**だけ**泣き、笑いたい**だけ**笑える、そんな社会を築(きず)いていきたいものだ。 我想建立一个每个人都可以随心所欲地哭泣，并可以随心所欲地欢笑的社会，不受诸如“因为是男人”或“因为是女人”之类的原因所束缚。

比	4 評価の視点	**〜だけあって・だけのことはある**	▶ 324ページ
比	23 原因・理由	**〜だけに**	▶ 430ページ

文型	**〜限り・限りの**	**接続**	V辞＋限り・限りの （動詞可能形、Vているに接続する場合もある） N＋の＋限り・限りの

意	〜の限界ぎりぎりまで　最大限度地……；尽量……
解	最大限度まである物事を行うということを表す。「力の限り」「声の限り」「命の限り」「見渡す限り」などの表現がよく使われる。 表示将事情做到最大限度。常见表达方式为「力の限り」「声の限り」「命の限り」「見渡す限り」等。
例	やれる**限りの**ことはやった。あとは結果を待つだけだ。 我已尽了最大的努力。之后就只是等待结果了。 チームメンバー全員が知恵(ちえ)をしぼり、自分のできることを力の**限り**しなければ、道は開けてこないということを、メンバーたちは痛いくらいに強く感じていた。 团队成员都深切感受到，若是成员所有人不齐心协力地将各自的智慧彻底贡献出来，不将各自的力量发挥到极致，新的道路就不会在眼前展开。 現代において国民が特別な不満を抱(いだ)かずに幸せに暮らせているのは、我々の先祖が命の**限り**、自由と平等(びょうどう)を願い、それを叫(さけ)び続けていてくれたからだ。 人们之所以能在现代生活中过得幸福且没有任何不满，是因为我们的祖先始终全力以赴地在追求自由和平等，并为此而不停呼吁。

比	7 起点・終点・限界・範囲	**「限る」シリーズ**	▶ 333ページ

文型	**〜からして**	**接続**	N＋からして

意	〜をはじめとして　单从……来看，就……

解	①最も基本的なことや、あまり重要でないことを取り上げ、「～がそうだから、それ以外ももちろん」という意味を表す。マイナスに評価することが多い。 ②～から判断して（推量の根拠） ①取最为基本的、较不重要的一个因素，表达"连……都这样，更何况其他的肯定也……"的意思。大多用于负面评价。 ②表示"由……判断"。（推断的依据）
例	①アラビア語は文字**からして**難しい。　阿拉伯语单从文字来看就很难。 ②あの表情**からして**、試験に落ちたに違いない。　从表情来看，考试肯定没过。 ①選挙演説（せんきょえんぜつ）ではきれいごとを言っているが、普段の国会（こっかい）での居眠（いねむ）りをするなどの態度**からして**、政治に対して真摯（しんし）とはとても言えない。 在选举演说的时候讲得很漂亮，但单从平时在国会上打瞌睡这一态度来讲，就绝对不是诚心诚意搞政治的。 ②画家は現代では芸術家として見られているが、かつては「頼まれて仕事として描く」という基本的な行動**からして**、職人（しょくにん）であった。 画家虽在现代被视为艺术家，但在过去，从"作为委托工作而画画"这一基本行为来看，其曾经是一个工匠。 ②今では評価されているような芸術作品も、かつての時代の流行**からして**、必ずしも当時から評価されていたとは限らないことは多々（たた）見受けられる。 现在受到好评的艺术作品，从过去的流行眼光来看，很多并非在当时也同样受到了好评。

<8> 可能性

49	**～わけにはいかない**	不能……
50	**～ようがない・ようもない**	没办法……
51	**～（よ）うにも～ない**	即使想……也没办法……
52	**～得る・得ない**	能……／不能……
53	**～かねる**	难以……
54	**～がたい**	难于…
55	**～にかたくない**	不难…
56	**～に堪える・に堪えない**	值得／不值得……
57	**～っこない**	根本不可能……

文型	～わけにはいかない	接続	V辞＋わけにはいかない V否＋ない＋わけにはいかない
意	～できない　不能……		
解	「したい気持ちはあるが、社会的常識や規則、経験などに基づいた主観的判断でしてはいけない」という意味を表す。表示内心想做，但是受到社会常识、规则及经验等约束而主观判断不能做。		
例	取引先（とりひきさき）と約束したので行かない**わけにはいかない**。 因为已经跟客户约好了，所以不能不去。 没収（ぼっしゅう）される可能性があるので、路上に自転車を駐輪（ちゅうりん）する**わけにはいかない**。 因为可能会被没收，所以不能将自行车停在街上。		

	テロ集団の残虐(ざんぎゃく)さには目を背(そむ)けるわけにはいかない。 我们无法不去正视恐怖组织的残暴。 日本では政教分離(せいきょうぶんり)が原則なので、自治体が特定の宗教(しゅうきょう)法人を支援するわけにはいかない。 在日本，因为政教分离的原则，自治体不能支持特定的宗教法人。		
比	22 否定・部分否定	**~わけがない**	▶ 423ページ
比	22 否定・部分否定	**~わけではない**	▶ 426ページ

文型	**~ようがない・ようもない**	接続	Vます+ようがない・ようもない
意	~の方法がない　没办法……		
解	「そうしたいが、手段や方法がなくてできない」という意味を表す。 表示想做，却没有相应的手段或方法。		
例	がんと診断され、もう治しようがないと言われた。　被诊断出患有癌症，并被告知无法治愈。 電話番号を知らない以上、連絡のしようもない。　只要不知道电话号码，就无法取得联系。 限りなく理論純水(じゅんすい)に近い水を造ることができるといっても、実際のところ純度(じゅんど)100%にどれくらい近づいているか測(はか)りようがないのだ。 虽说是可以制造出无限接近理论纯水的水，但实际上所制造出的水究竟有多么接近100%纯度是无法测量的。 歴史というのはしばしば書き記(しる)す人や読み解(と)く人によって事実と異(こと)なる解釈(かいしゃく)が為(な)されるため、我々はかつての偉人(いじん)の顔や性格、名前ですら、完全に正確には理解しようがないのだ。 历史常常被记录者和解释者所误解，因此我们甚至连伟人的面孔、个性和名字都无法完全正确理解。		

文型	**~(よ)うにも~ない**	接続	V意+(よ)うにも~ない
意	~しようと思っても~できない　即使想……也没办法……		
解	「動詞意向形+ようにも+同じ動詞可能形の否定形」という形がよくある。 一般采用"动词意向形+ようにも+同一动词可能形的否定形"的形式。		
例	日本に来たんだけど、日本語が分からなくて道を聞こうにも聞けない。 虽然来到日本，但是不懂日语，即使想问路也问不了。 遊びに行こうにも、外に出ると怒られるので出歩けない。 即使想出去玩，因为会被骂也不敢出去。 人に言おうにも言えない悩みや秘密をかかえて、一人で苦しんでいる人のために、対処方法をいろいろ調べました。 为了这些因为抱有无法与他人言说的烦恼或秘密而独自苦恼的人，我查询了很多应对方法。 荷物を国外に届けようにも、航空便が少なくなっている現状では、希望通りの日にちに届けることはままならないだろう。 即使想将包裹寄往国外，在当前航班数量减少的情况下，也很难做到如期运达。		

文型	**~得る・得ない**	接続	Vます+得る・得ない
意	~できる/~できない　能……/不能……		

解	「～可能性がある・～可能性がない」という意味を表す。能力的に不可能であることは表せない。「得る」は「うる・える」と2つの読み方がある。「あり得ない」は会話でよく使われる。 肯定形表示“可能……”，否定形表示“不可能……”。不能表达能力上的可能或不可能。「得る」有「うる」及「える」两种读法。会话中常使用「あり得ない」。
例	地形から見れば、こんな場所に大地震が起こり**得る**と思う。 从地形来看，这样的地方可能会发生大地震。 この作品は、彼が遺(のこ)した中で確認し**うる**限りでは、もっとも若い頃に作られたものだ。 在他留下的可确认的作品当中，这件作品是在最年轻的时候完成的。 このように、お客が価格を決める時代には、ファブレスは有効な手段になり**得る**のはたしかだが、非常にリスクが高いことも承知(しょうち)しておかなければならない。 像这样在顾客决定价格的时代里，不建工厂只做设计的模式（fabless）确实可以成为有效的手段，但必须了解这也是极其高风险的行为。 化学的に、理論上存在し**うる**最後の元素(げんそ)の原子番号は172番か173番であるとされ、174番以上の原子番号を持つ元素は存在し**えない**とされている。 在化学中，理论上可以存在的最后一个元素的原子序数为172或173，原子序数为174或更高的元素被认为不可能存在。

文型	～かねる	接続	V~~ます~~＋かねる
意	～できない　不能……，难以……		
解	「～しようとしてもできない」、「したくても難しい」という気持ちが含まれている。話し手の立場・状況・気持ちから婉曲的に断る表現としてビジネスで使われるのが多い。 包含“想做却无法……”或“想做却很难”的语气。是说话人根据自己的立场、状况及心情而委婉拒绝对方的表达方式，常用于商务场合。		
例	時間外のお問い合わせにはお答え致(いた)し**かねます**。　工作时间以外我们无法回答咨询。 落ち込んで部屋から出てこない弟を見**かねた**父は、弟を励(はげ)ますために家族旅行を計画した。 由于不忍看着弟弟意气消沉而闭门不出，父亲计划了一次家庭旅行来鼓励他。 ただそういう言葉が正しいかどうか、その点について私は専門家ではございませんので何とも申し**かねます**。只不过关于这种说法究竟是否正确，因为我不是专家所以我也不好说什么。 私個人としては貴社のお力になりたいのですが、会社の売り上げが低迷(ていめい)している現状では、貴社の提案は受諾(じゅだく)し**かねる**部分がございます。 我个人虽想为您的公司提供帮助，但是在当前公司销售低迷的情况下，贵公司的部分建议我们难以接受。		
比	17 伝聞・推量	～かねない	▶ 394ページ

文型	～がたい	接続	V~~ます~~＋がたい
意	～するのは難しい　很难……、难于……		
解	本当はしたい気持ちがあるが、実現困難であることを表す。「信じる・許す・理解する・想像する・受け入れる」などの動詞とともによく使われる。漢字「難い」が使われることもある。能力的にできないという意味では使わない。 表示内心很想做，但是实现起来非常困难。常与「信じる・許す・理解する・想像する・受け入れる」等动词搭配使用。也可以用汉字写为「難い」。不能表示本身能力上达不到的意思。		

例	
	国内専門家らは政府が取った一連(いちれん)の措置(そち)を理解し**がたい**と評価した。 国内专家等评论说，很难理解政府采取的一系列措施。
	冬の寒さは、多くの動物にとって耐(た)え**がたい**ものである。 冬天的寒冷对很多动物来说是难以忍受的。 多様化(たようか)する社会においては、理解し**がたい**人間を無理に理解しようとするのではなく、適切な距離感(きょりかん)をもって関わらないという選択(せんたく)をすることも大切だ。 在多元化的社会中，选择不去强行理解那些难以理解的人，保持适当距离不去过多接触也是很重要的。

POINT 「～にくい」「～づらい」「～がたい」の違い

「～にくい」：物理的・技術的な理由で難しいという意味。主に物事の性質に焦点を絞る。意志動詞、無意志動詞の両方につくことができる。

「～づらい」：話し手が精神的、肉体的に苦痛や負担を感じているというニュアンスがある。「づらい」の前は意志動詞のみで、無意志動詞は来ない。

「～がたい」：「心情的にはしたいけれど、状況的には困難で、実現することが不可能に近い」という意味を表す。その前に来る動詞がやや限定されていて、「理解しがたい、信じがたい、近寄りがたい、捨てがたい、許しがたい、想像しがたい、耐えがたい…等」がよく使われる。意志動詞に接続する。

「～にくい」：表示因物理或技术上的原因而很困难。通常关注点是事物本身的性质。前面可以接意志动词及无意志动词。

「～づらい」：表示说话人在做某事时会感受到精神或肉体上的痛苦、负担。前面只能接意志动词，而不能接无意志动词。

「～がたい」：表示有想做的愿望，但是客观上非常困难，几乎无法实现。前面所接的动词通常较为固定，如「理解しがたい、信じがたい、近寄りがたい、捨てがたい、許しがたい、想像しがたい、耐えがたい」等。接在意志动词后。

例

文字が小さすぎるから、読み**にくい**。
(客観的な状態の制限で難しい)
字太小，看不太清楚。(表示因客观状态限制而感到困难)

知らない単語がいっぱいあって、読み**づらい**。
(心身的に苦痛や負担を感じている)
有很多不认识的单词，所以很难阅读。(身心感到痛苦或负担)

そのような要求はとても受け入れ**がたい**。
(しようと思ってもできない)
那种要求实在难以接受。(即使想接受也完全没办法)

文型	～にかたくない	接続	V辞＋にかたくない N＋にかたくない
意	～はそれほど難しくない 不难（想象、察觉）……		

解	「～するのは難しくない」「～するのは比較的容易」という意味で使われる。漢字で書くと「～に難くない」となる。やや硬い表現で、下記ごく一部の単語にのみよく接続される。「想像にかたくない」「理解にかたくない 」「同情にかたくない」「察するにかたくない」。 表示“不难……”或“容易……”。汉字写为「～に難くない」。是较为生硬的表达方式，主要跟以下动词连接使用「想像にかたくない」「理解にかたくない」「同情にかたくない」「察するにかたくない」。
例	大きなチャンスを逃(のが)した彼の気持ちは想像**にかたくない**。不难想象他错过重大机会的心情。 私も学生の頃は息子と同じことで悩んでいたので、今の彼の気持ちは理解**にかたくない**。 当我还是学生的时候，也曾有过和儿子一样的烦恼，所以我现在不难理解他的感受。 古くからほとんど改装(かいそう)されず残っているこの城(しろ)の中を歩いてみれば、歴史上の人物がここで送っていた生活のありさまが、想像**にかたくない**だろう。 如果试着在这座自古以来几乎未进行过翻新或改建的城中漫步的话，就不难想象当时的人物在这里生活的样子。

文型	～に堪(た)える・に堪えない	接続	V辞＋に堪える・に堪えない N(する動詞)＋に堪える・に堪えない

意	～に値する・～に値しない　值得/不值得……
解	「見る・聞く・鑑賞・批判・賞賛」など限られた言葉に接続する。否定を表した時は、「～に堪えるNではない」の形をよく使う。 一般连接的动词较为固定，包括「見る・聞く・鑑賞・批判・賞賛」等。表示否定时，较常使用「～に堪えるNではない」的形式。
例	この絵本は大人でも読む**に堪える**素晴らしいものだ。这本图画书非常优秀，也值得成年人阅读。 有名人が書いたものだと言われるが、読む**に堪えない**内容だった。 据说它是由一位名人写的，但是内容却不值一读。 作品のレベルはそこそこだったが、アナログの編集機(へんしゅうき)では、画質(がしつ)の劣化(れっか)がひどく、放送**に堪える**画質ではなかった。 作品的水平倒是还不错，但是使用模拟式编辑器造成画质受损严重，完全没有达到可以播放的画质。 彼のメモは映画を作るために取材した内容を記したものだが、詳細な資料を駆使(くし)して細(こま)かく書かれたそのメモは、それ自体が鑑賞(かんしょう)**に堪える**作品と呼ぶことができよう。 他的备忘录本身是记录为了拍电影而采访的内容，但是使用详细材料并详细写成的备忘录本身就可以被称为一部值得欣赏的作品。 学生の書く小説とは、大抵は見る**に堪える**ものではないが、他人から的確な批評をもらい、それを自分の中に取り込めば、やがて眠っている才能が花を開くだろう。 虽说学生写的小说通常不值得阅读，但是如果能从别人那里得到正确的批评并将其融入自身，你的潜能终将得以绽放。

POINT　「～に堪えない」他の意味

①～に堪えない（N＋に堪えない）
意味：我慢できないほど～だ。「～の感情をおさえられない」
「～」のところによく使う名詞：「感激・感謝・後悔・喜び・悲しみ・同情　など」

意思：不胜、不堪、忍受不了。（内心的感情无法抑制）
前面所接的名词主要有「感激・感謝・後悔・喜び・悲しみ・同情」等。

例

皆様の温かいご支援をいただき、感謝の念**に堪えません**。得到诸位的热情支持，内心不胜感激。

②～に堪えない（V辞・N（する動詞）＋に堪えない）
意味：（とてもひどくて）～するのがつらい
「～」のところによく使う動詞：「見る・聞く・読む・正視・直視　など」
意思：（太过分）以至于不忍心看下去、听下去
前面所接的动词主要有「見る、聞く、読む、正視、直視」等。

例

大震災で死者が続々と出るニュースは見る**に堪えない**。大地震导致死者频出的新闻实在不忍看下去。

文型	～っこない	接続	V~~ます~~＋っこない
意	絶対に～ない　根本不可能……		
解	「そんなことは絶対考えられない」と可能性を強く否定する。話し言葉で、親しい人との会話で使う。表示前述内容"绝对不可能"，强烈否定其可能性。属口语表达方式，一般用于熟悉的人之间的对话。		
例	40歳からモデルになる夢なんて叶（かな）い**っこない**よ。 你想从40岁开始当一个服装模特，这一梦想根本不可能实现。 解（と）け**っこない**からと言って難しい問題から逃げていると、いつまでも成長しない。 如果因为无法解决而逃避难题，那将永远不会成长。 彼がそういう複雑な思考をするのは、もちろん自分の恋愛はうまくいき**っこない**と信じているからである。 他之所以有如此复杂的想法，是因为他总以为自己的恋爱不可能一帆风顺。 私の事業は上手く行き**っこない**と笑っていた人々が、私が成功した途端（とたん）に連絡を寄越（よこ）すようになったのは、なんとも皮肉（ひにく）な話である。 具有讽刺意味的是，那些嘲笑我的生意根本不会顺利的人，在我成功后就立即开始与我联系了。		

＜9＞傾向・状態

58	**～っぽい**	感觉……，容易……
59	**～がち**	容易……，往往会……
60	**～気味**	稍微……，有点儿……
61	**～きらいがある**	有……的倾向
62	**～だらけ**	净是……，满是……
63	**～まみれ**	布满……
64	**～ずくめ**	充满了……，清一色……
65	**～とばかりに**	几乎就要（说）……
66	**～んばかりに**	几乎要……的样子
67	**～ともなく・ともなしに**	不经意……

文型	～っぽい	接続	Vます＋っぽい N＋っぽい Aい＋っぽい

意 ①～の感じがする　②よく～する　感觉……、容易……

解 「その感じがする」、または「よく～する」「～しやすい」いう意味で、ほとんどの場合マイナスの意味を含んで使う。回数ではなく性質について言う。
表示“感觉上是……”，或是“常常……”“容易……”等意，几乎均包含有负面评价的意思。但是并不表示次数之多，而是强调性质。

例

①水を入れすぎたのか、このジュースは水**っぽい**。
感觉是因为在其中加了太多水，这种果汁喝起来像水一样淡而无味。

②うちの課長は怒(おこ)り**っぽい**人だ。　我们的课长是容易发怒的人。

①イエロー・バコパという水草(すいそう)は育成の難しい大型のバコパの仲間で、二酸化炭素の添加(てんか)を行うことで水中での育成が十分に可能で、大きな葉に白**っぽい**網目模様(あみめもよう)が浮(う)き出ていて美しい。
大虎耳是较难培育的大型虎耳水草的一种，但通过添加二氧化碳，在水中培育是完全有可能的。长成的大虎耳硕大的叶片上呈现出偏白色的网状纹路，甚是美丽。

②ベートーヴェンは音楽の天才として有名であるが、実は女性に惚(ほ)れ**っぽく**、様々な女性にアプローチをかけていたという一面も知られている。
贝多芬以音乐天才而闻名，但同时很多人也知道他容易为女性沉迷，曾追求过多位女性。

文型	～がち	接続	Vます＋がち N＋がち

意 よく～になる／～の状態になることが多い　容易……、往往会……（多用于不好的方面）

解 「～の状態になりやすい傾向がある」という意味を表す。主に悪い傾向に使う。「～がち」は悪い傾向に使われ、いいことには使えない。
表达“容易产生某种状态，或容易实施某种行为”的意思。该行为或状态一般为负面内容。「～がち」一般用于不好的倾向，不适合用于好的事情。
✕うちの妹はいい成績をとりがちだ。
○うちの妹はよくいい成績をとる。

例

この仕事が大変だと思われ**がち**だが、実はそうではない。
这项工作往往被认为很辛苦，但事实并非如此。

彼女は目つきが悪いので怖い人だと誤解(ごかい)され**がち**だが、喋(しゃべ)ってみると気さくで楽しい人だ。
她因为眼神看起来凶巴巴的，经常被误认为是一个可怕的人，但是一聊就会发现她是一个直爽而风趣的人。

このポイントは見落とされ**がち**なので、試験によく出されます。だから、皆さんはよく注意を払って復習するようにしてください。
由于这一点常常容易被忽视，所以经常会出现在考试中。因此大家务必在复习时引起注意。

健康的な生活を送るためには、炭水化物など過剰(かじょう)になり**がち**な栄養(えいよう)を抑(おさ)え、ビタミンや鉄分(てつぶん)といった欠乏(けつぼう)し**がち**な栄養素をバランスよく取ることが大切になる。
为了健康地生活，抑制碳水化合物等容易过度摄取的营养成分，并平衡维生素和铁等容易缺乏的营养成分，这些非常重要。

文型	～気味	接続	Vます＋気味 N＋気味

意	少し～の感じがする　稍微……，有点儿……
解	話し手が自分で感じている感覚を表す。マイナス評価の場合が多い。 表示说话人自己的感觉。多用于负面内容。
例	ちょっと風邪**気味**なので、早めに帰らせていただきたいです。 因为有点感冒，所以我想早点回去。 生徒の遅刻が増えてから、先生は最近少し怒り**気味**になっている。 由于迟到的学生增加，老师最近变得很容易发火。 少子高齢化の影響で廃校に追い込まれた学校が続出しているのに対して、デイサービスや高齢者介護など福祉関連の施設は不足**気味**である。 受少子老龄化的影响，一方面不断有学校被迫关闭，另一方面日间护理等老年看护相关福利设施却略显不足。 BMI指数とは人間の体重と身長から算出される、人間の肥満度を表すものであり、一般的に、これが18.50未満だと、やせ**気味**の体型だと認識される。 BMI指数是根据一个人的体重和身高计算出来的，代表一个人的肥胖程度的指标，通常，如果该指数小于18.50，则被认为是偏瘦的体型。

POINT　「～気味」「～がち」「～っぽい」の違い

「～気味」：現在の状態について使う。話し手の身体的・精神的なわずかな感覚や傾向を表す。
「～がち」：何回か繰り返されて，回数が多いということを強調する。
「～っぽい」：そのような感じが強い、傾向が強いという意味。
「～気味」：一般用于描述当下的状态。表示说话人自身身体上或心理上的略微的感觉或倾向。
「～がち」：表示一段时间经常产生某种行为，强调多次发生。
「～っぽい」：表示某种感觉或某种倾向非常强烈。

例

風邪**気味**：程度は低いが、今現在実際に風邪の症状が出ている。
虽然轻微，但当前有实际的感冒症状。

風邪をひき**がち**：今だけでなく、最近風邪をひく機会が多い。
不仅现在，最近常常感冒。

風邪**っぽい**：風邪の時と同じような状態だが、風邪と断言出来ない。
貌似是感冒，但不确定。

文型	～きらいがある	接続	V辞＋きらいがある V否＋ない＋きらいがある N＋の＋きらいがある

意	～の傾向がある　有……的倾向

解	良くない傾向があることを表し、それについて批判的に言うときに使う。自然現象には使えなく、主に人の性格や内面的な特徴について述べる。漢字で書くと「～嫌いがある」となる。 表示有某种不好的倾向产生，包含批判之意。不能用于自然现象，主要叙述人的性格或内在特征。汉字书写为「～嫌いがある」。
例	あの人は昔から人の話を何でも信じてしまう**きらいがある**。 那个人一直以来就总是容易轻信别人。 彼女は物事をなんでも理論的に捉(とら)えすぎる**きらいがある**。 她倾向于对任何事物都从理论上进行过度分析。 伝統的な漢方(かんぽう)医学の観点からみれば、最近の若者は体を冷(ひ)やす食べ物をとり過ぎている**きらいがある**。 从传统中医的观点来看，现代年轻人总是会过多地摄取寒性食物。 我々はメディアの情報をなんでも鵜呑(うの)みにし、左右(さゆう)されてしまう**きらいがある**から、なるだけ正確な情報を見極(みきわ)めて、取捨(しゅしゃ)選択していくことも大切だ。 我们倾向于对媒体所有的信息都囫囵吞枣，并且往往会受其影响，因此，尽可能识别并选择准确的信息也非常重要。

文型	～だらけ	接続	N＋だらけ
意	～がたくさんある　净是……、满是……、全是……		
解	不愉快と感じるものが多量に存在していることを表す。マイナスの印象が強い。 表示有大量让人不愉快的东西存在。一般用于不好的事项或内容。		
例	慌(あわ)てて宿題をしたので、字が汚くて間違い**だらけ**でした。 因为赶时间做作业，所以字很乱而且有很多错误。 初めて参加した料理教室は、中高生**だらけ**で少し恥ずかしかった。 第一次参加的烹饪课里全是初中和高中学生，所以稍微有点难为情。 その文章は、複雑な構文(こうぶん)に加(くわ)え、難解(なんかい)な言葉**だらけ**なので、読むのに多少てこずる。 那篇文章不但结构复杂，而且有很多难懂的词句，读起来多少有些费事。 古代エジプト文明は、様々な遺跡(いせき)や墓(はか)が発掘(はっくつ)され、文字の解読もされてはいるが、依然(いぜん)として謎(なぞ)**だらけ**の文明だ。 尽管已经挖掘出各种遗迹和古墓，并且对文字进行了解密，但古埃及文明仍然是一个充满谜题的文明。		

文型	～まみれ	接続	N＋まみれ
意	～いっぱいついている　到处都是……、布满……		
解	汚いものが体など全体に広がって表面にたくさんついている様子を言う。「血・ほこり・汗・泥・油・砂・ごみなど」に接続するのが多い。　描述某种不干净的东西附着于物体整个表面。可以写为「塗れ」。通常接在「血・ほこり・汗・泥・油・砂・ごみ」等词后。		
例	現場のスタッフは毎日汗(あせ)**まみれ**になって働いている。现场工作人员每天都汗流浃背地工作。 部屋にシャワーがあるので、その泥(どろ)**まみれ**の体を洗ってきてください。 房间里有淋浴，去把满身的泥土冲洗一下。		

	玄関から入って、浴室の隣にある小さな部屋の壁に、ほこり**まみれ**の小さな油絵(あぶらえ)が一枚掛かっていた。 从玄关进入，浴室旁边小房间的墙壁上挂了一小幅布满灰尘的油画。 君の書く小説は、展開(てんかい)こそ面白いが、ところどころ手垢(てあか)**まみれ**な表現が目立(めだ)ち、陳腐(ちんぷ)な印象を受けるから、もっと斬新(ざんしん)な表現を目指(めざ)したほうがいい。 你撰写的小说的情节发展很有趣，但是在某些地方的表达过于老套，略显陈腐，因此应该寻求更加新颖的表达方式。

文型	～ずくめ	接続	N＋ずくめ
意	～が多い / ～ばかりだ 充满了……、清一色……		
解	プラス・マイナス両方の事に使う。「いいことずくめ」「ごちそうずくめ」「黒ずくめ」など決まった表現で使われるものが多い。 可以用于描述正面或负面的内容。多使用「いいことずくめ」「ごちそうずくめ」「黒ずくめ」等固定表达方式。		
例	頭から足まで黒**ずくめ**の人が目の前に座っている。一个从头到脚一身黑的人正坐在我的面前。 父は毎日残業**ずくめ**で、いつも疲れた顔をしている。父亲每天都是加班，因此总是看起来很累。		
例	朝早く起きねばならないこと、毎日電車に乗って会社に行くこと、規律(きりつ)**ずくめ**のサラリーマン生活について抵抗感(ていこうかん)が高かった。 早上必须早起，每天乘电车去公司，我对于这样一板一眼的公司职员生活有很强的抵触感。 ひとりで東京に引っ越してきて慣れないこと**ずくめ**の生活の中で、彼女は自分自身を見つけ出し、家庭を築(きず)いて、仕事においても大成功を収(おさ)めた。 独自一人搬到东京后，她在满是陌生和不习惯的生活中找到了自我，建立了家庭，并在工作中取得了巨大的成功。		

POINT 「だらけ」「まみれ」「ずくめ」の違い

「だらけ」：「汚いもの、嫌なものが乱雑にたくさんある」という意味で、使用範囲が一番広い。マイナスの印象が強い。
「まみれ」：「汚いものが一面にくっついている状態」という意味で、「だらけ」よりも使用範囲が狭い。表面についているものにしか使えない。マイナスの事に使う。
「ずくめ」：「全て～ばかりだ」、「最初から最後まで～だ」、「～一色だ 」という意味で、使用範囲が一番狭い。 一般的に慣用表現で使われる。プラス・マイナス両方の事に使う。
「だらけ」：表示存在很多脏的或令人厌烦的东西。使用范围最广，负面印象较强。
「まみれ」：表示脏的东西沾满了物体的整个表面。相较「だらけ」，使用范围较窄。只能用于可以粘在、贴在表面的东西。描述不好的事情或内容。
「ずくめ」：表示“全部都是……”“从头到尾都是……”“清一色……”，使用范围最窄。一般用于惯用表达方式。可用于正面或负面内容的描述。

例

○顔が血**まみれ**になっている。**（顔一面が血で覆われている）**一脸全是血。
○顔が血**だらけ**になっている。**（顔に血がいっぱいある）**脸上有很多血。
○間違い**だらけ**の作文だ。**（間違いがたくさんある）**作文里有很多错误。
×間違い**まみれ**の作文だ。**（「一面にくっついている状態」になれない）**

△いいことだらけだね。
(マイナスの印象が強いので、「ちょっと不思議」、あるいは「悪いことでも起こるかな」という不信感が含まれる。現在は慣用的に、マイナスのイメージなしにも使われている)
好事很多。(因「だらけ」本身多用于负面描述，因此该表达包含“好事过多，有些不可思议、不可相信”之意。另外在现代日语中也会作为惯用用法用在非负面内容的场合。)

✕いいことまみれだね。 不能用于描述好的事情。
(「いいこと」に使用できない)

○いいことずくめだね。 整个全是好事。(为惯用表达方式)
(慣用表現で、「全ていいことばかりだ」という意味)

文型	~とばかりに	接続	普・丁+とばかりに
意	いかにも~というような様子で　几乎就要(说)……		
解	「言葉で言うのではなく、いかにもそのような態度や様子で行動をする」という意味。話し手自身の様子には使わない。ほとんど「~と言わんばかりに」にチェンジすることができる。「ここぞとばかりに」は慣用表現。 表示“虽然实际并未说出口，但所表现出的态度和样子让人感觉似乎马上就要说出口了”。不能用于描述说话人自己的样子。几乎都可以替换为「~と言わんばかりに」。「ここぞとばかりに」是常见惯用表达方式。		
例	かかってこい**とばかりに**拳(こぶし)を強く握(にぎ)り締(し)めた。　他握紧了拳头，似乎在说“尽管放马过来”。 何度殴(なぐ)られても、男は痛くも痒(かゆ)くもない**とばかりに**立ち上がり、敵(てき)を睨(にら)み返(かえ)した。 无论被打倒多少次，该男子都彷佛完全不受影响似的重新站起来，并用锋利的眼神回敬敌人。		
	普段あまり出演(しゅつえん)機会の少ないお笑(わら)い芸人(げいにん)が、ここぞ**とばかりに**渾身(こんしん)の力を振(ふ)り絞(しぼ)ってネタ作りをした。 平时少有演出机会的搞笑艺人，似乎像是在说“终于有机会好好表现了”，使出浑身解数准备了节目里的笑点和包袱。 監督(かんとく)が俳優(はいゆう)に指示を出すと、俳優は冗談じゃない**とばかりに**反対し、他のスタッフもそんなことはすべきではないと監督を諫(いさ)めた。 当导演向演员下达了指示后，演员立刻反对，似乎在说“你不是开玩笑吧”，其他工作人员也劝告导演说不应该这样做。		

文型	~んばかりに	接続	V否+んばかりに (する➡せ+んばかりに)
意	ほとんど~しそうに　几乎要……的样子、眼看就要……		
解	「実際にはその動作・作用は起こらないが、まるで今にも~しそうな様子」でという意味になり、他者や物事の動作、様子、表情、程度などを形容する。話し手自身の様子には使わない。「する」に接続する場合は、「せんばかり」になる。　表示“实际并未做前述的动作，但看起来似乎马上就要做了”，用于形容说话人看到的别人或别的事物的动作、样子、表情、程度等。不能用于描述说话人自身的状态。接「する」时，要变为「せんばかり」。		

例	
	念願の大学から合格通知を受け取った彼は、飛び上がら**んばかりに**喜(よろこ)んでいた。 当收到心心念念的大学录取通知时，他高兴到几乎要跳起来。 将来の夢を正直(しょうじき)に告(つ)げると、母は失望(しつぼう)したといわ**んばかりに**落胆(らくたん)した表情を見せた。 当我坦率说出自己将来的梦想后，母亲露出了极其沮丧的表情，脸上写满了失望。
	最近若者に人気のあのお店に入ると、あふれ**んばかりに**並(なら)んだお菓子のにぎやかさにびっくりした。 走进那家最近在年轻人当中很有人气的店铺，看到货架上铺天盖地快要满溢出来的点心着实吓了一跳。 日本では、夏になると町中にセミが溢(あふ)れ、耳が潰(つぶ)れ**んばかり**の大きな鳴き声が、至(いた)るところから聞こえてくるようになる。 在日本，到了夏天街区中充斥着蝉鸣，震耳欲聋般的巨大蝉鸣声处处可闻。

文型	～ともなく・ともなしに	接続	V辞＋ともなく・ともなしに
意	特にそうしようというつもりでなく　不经意……		
解	特に目的や意図がなく無意識的に動作を行うことを表す。前後に同じ動詞（見る・言う・聴く・考える、など）を使うことが多い。「なにを」「どこを」などが一緒に使われることが多い、例えば「なにを聞くともなく音楽を流していると～」。 表示并未有特别的目的或意图，无意识地实施某动作。前后通常使用同一个动词。常接动词为“看、说、听、思考”等。也常常会与「なにを」「どこを」等一起使用，如「なにを聞くともなく音楽を流していると～」等。		
例	テレビを見る**ともなく**見ていたら、突然友達が映(うつ)って驚いた。 无意间看了一眼电视，惊讶地发现一个朋友突然出现在电视里。 なにを聞く**ともなしに**音楽を流しっぱなしにしていると、誰かから電話がかかってきた。 正当我漫不经心听着音乐时，有人打来了电话。		
	隣の部屋から聞こえてくる母と客の会話を聞く**ともなしに**聞きながら、携帯を弄(いじ)っていた。 不经意间一边听着从隔壁房间传来的母亲和客人的谈话，一边玩着手机。 英会話や英語の音楽を聞く**ともなく**一日中流(なが)しっぱなしにしているだけでも、一定数(いっていすう)の語学力向上(ごがくりょくこうじょう)を見込(みこ)めることがある。 即使只是一整天漫不经心地放着英语对话或英语歌曲，语言能力也可以有一定程度提高。		

<10>感動・願望

68	～ものだ	实在是……啊
69	～ことだ	非常……
70	～ことに（は）	非常让人……的是
71	～ものがある	很……，总觉得……
72	～なんて	……这一事实，……这一情况
73	～てほしい	希望（别人）做……，希望……发生

文型	～ものだ	接続	普(V・A)＋ものだ NAな＋ものだ
意	本当に～だなあ　实在是……啊		
解	驚いたり感心したりしたことを感慨や感嘆、驚きの気持ちを込めて言う。 对于惊讶或感动的事情表达自身感慨、吃惊、感动等情绪。		
例	留学というのは、なんと有意義(ゆういぎ)な**ものだ**。　出国留学真是有意义啊。 この街も、十年も経つと変わってしまう**ものだ**なぁ。　十年来，这条街道变化也真是很大啊。 自分に何があるか、自分が何をしたいか、よくそんなことをいつまでも考えていられる**ものだ**。　自己拥有什么，自己想做什么，真的是能够始终都在考虑这些问题啊。		

POINT 「～ものだ」の意味のまとめ

①**〈回想〉**昔よくしたことを思い出して、懐かしんで感情を込めて言う。
（回想）怀着感概的心情回忆过去经常经历的事情。

例

子供の頃はよくこの店で駄菓子を買った**ものだ**。　小时候常在这家店里买零食。

②**〈願望〉**強烈な願望を表す。
（愿望）表达强烈的愿望。

例

平和な世界になってほしい**ものです**。　真希望能变成一个和平的世界。

③**〈本質・傾向〉**物事の本質や傾向、または普遍的な結論を述べる。
（本质、倾向）描述事物本身的特质、倾向，或是阐述普遍结论。

例

赤ちゃんは可愛い**ものだ**。　婴儿还真是可爱！

④**〈当然・義務〉**道徳的、社会的な常識から、「～するのが当然だ」という意味を表す。
（理所当然、义务）根据道德及社会常识来看，前述动作是理所当然的。

例

若い人はお年寄りに席を譲る**ものだ**。　年轻人应该给老年人让座。

文型	～ことだ	接続	Vた＋ことだ A＋ことだ NAな＋ことだ
意	非常に～だ　非常……		
解	話者がある事実について、感動、皮肉、驚きなど、様々な感情を込めて言うときの表現。感情を表す形容詞につくことが多い。 说话人对某事实表达自己感动、讽刺、惊讶等心情时使用该句型。一般接在表达感情的形容词后。		

例	分からないことを全部詳しく説明してくれた。 本当にありがたい**ことだ**。 对于我不懂的东西，他全都给我作了详细的讲解。真的非常感激。 三十代でマイホームを持つだなんて、結構な**ことだ**。 三十多岁时就拥有自己的房产，真的很棒。 同じ趣味を持つ人と、思いを共有(きょうゆう)するのは嬉しい**ことだ**。 跟兴趣一致的人共享内心的想法实在是一件让人开心的事。 昔の人々が多くの争(あらそ)いと失敗を経験してきたはずなのに、 人類はちっとも学習せず、歴史の悲劇(ひげき)を繰(く)り返(かえ)す。あきれた**ことだ**。 虽然过去的人们一定经历了许多冲突和失败，但人类毫不从中吸取教训，而是重蹈历史的悲剧。真的是叫人难以理解。

比	26 勧誘・注意・禁止	～ことだ	▶ 448ページ

POINT 「～ことだ」と「～ものだ」の違い（感嘆）

「～ものだ」：社会一般的な認識やイメージから感嘆を表す。
「～ことだ」：個別なことに対して、個人的な判断で感嘆を表す。
「～ものだ」：对于社会一般性认识或印象表示感叹。
「～ことだ」：针对具体的个别事项从个人的观点表示感叹。

例

赤ちゃんって可愛い**ものだ**（✕ことだ）ねえ。（一般認識）
「や、やめてよ…。」って顔真っ赤になった。可愛い**ことだ**（✕ものだ）なあ。（個別判断）

文型	～ことに（は）	接続	Vた＋ことに（は） A＋ことに（は） NAな＋ことに（は）
意	とても～ことだが～　非常让人……的是		
解	話し手が感じたことを強調して言う時に使う。一緒に使われる言葉が限られる（「驚いた・悲しい・おもしろい・残念な・悔しい・困った・嬉しい・ありがたい」など感情を表す言葉）。書き言葉的な表現。　说话人对于自己的感受表示强调时使用该句型。通常前面所接的词较为固定，常用的有「驚いた、悲しい、おもしろい、残念な、悔しい、困った、嬉しい、ありがたい」等。偏书面用语。		
例	悔(くや)しい**ことに**、言葉の壁で自分の思いをうまく伝えられなかった。 非常遗憾的是，由于语言的障碍，我没能很好地传达自己的想法。 困った**ことに**、このプレゼント、送(おく)り主(ぬし)の名前が書かれていないんだ。 让人困扰的是，此礼物上没有寄件人的名字。 残念な**ことに**、仕事と家庭を完璧(かんぺき)に両立(りょうりつ)させることはほぼ不可能だ。 让人觉得遗憾的是，让家庭和事业完全得到兼顾几乎是不可能的。 驚(おどろ)いた**ことに**、彼は十八歳の若さで二冠(にかん)・八段昇段(はちだんしょうだん)を果(は)たし、将棋界(しょうぎかい)を震撼(しんかん)させた。 非常出人意料的是，他年仅18岁就夺得双冠并晋升八段，震惊了日本将棋界。		

文型	～ものがある	接続	V辞＋ものがある A＋ものがある NAな＋ものがある
意	～ように感じられる　总觉得……		
解	「ある事実から～だと感じる」という意味を表す。前には感情を表す言葉が来ることが多い。よく「～には～ものがある」の形で使われる。 表示虽然有某种感受，但是无法明确表达出理由。前面通常连接表达感情的内容。一般使用「～には～ものがある」的形式。		
例	彼女の言葉には、人の心を動(うご)かす**ものがある**。 她的话语里总觉得有一些可以打动人心的东西。 君と出会った夏から五年が経(た)ったのかと思うと、感慨深(かんがいぶか)い**ものがある**。 一想到从遇见你的那个夏天开始到现在已经五年了，不禁令人感慨啊。 この作家の文章には、何か心を引(ひ)かれる**ものがある**。 这个作家的文章里总觉得有一些可以吸引内心的东西。 彼の言葉にはどこか不自然さを感じさせる**ものがあり**、疑(うたが)いはますます深(ふか)まるだけだった。 他的话语中总有让人感觉不自然的地方，越来越让人怀疑了。		

文型	～なんて	接続	普＋なんて
意	～ということは　……这一事，……这一情况		
解	予想していなかった事実を見たり聞いたりしたときの驚きや感慨などの気持ちを表す。話し言葉として使われる。 在看到或听到预料之外的事情或状况时，表达内心惊讶或感慨的心情。一般在口语中使用。		
例	普段真面目に勉強していない彼が東大に受かった**なんて**。信じられない。 平时从不认真学习的他被东京大学录取了。真是难以置信。 あの頃は小学生だった君が、こんなに成長した**なんて**、驚いたよ。 当时你还是一个小学生，竟然长这么大了，真是令人惊讶。 まだまだ使えそうなものをごみとして捨てる**なんて**、もったいないじゃないか。 还能用的东西你就当垃圾给扔了，实在是太浪费了吧。 この汚染(おせん)された海が、かつてはこんなに美しく澄(す)んでいた**なんて**、環境汚染問題について、深く考えさせられる。 这片被污染的海洋曾经如此美丽和清澈，这一事实让我对环境污染问题陷入沉思。		

文型	～てほしい	接続	Vて＋ほしい
意	願望や要求を表す　希望（别人）做……，希望……发生		
解	話し手が聞き手やほかの人に、要望や希望がある場合に使う。否定の形は「～てほしくない」と「～ないでほしい」の2つの言い方がある。 表达说话人对于听话人或其他人提出希望或要求。否定形式有「～てほしくない」及「～ないでほしい」两种。		

例	
	周囲に迷惑なのでやめ**てほしい**です。 这样做会给周围造成困扰，希望不要这样做。 君は会社にとって必要な人材なので、できれば退職(たいしょく)しない**でほしい**。 你是公司必不可少的人才，如果可能的话希望你不要辞职。
	一つの考えだけにこだわらないで、もっと柔軟性(じゅうなんせい)を持っ**てほしい**。 希望你不要只拘泥于一种想法，而是应该让思维更加灵活。 日本の経済には早く回復(かいふく)し**てほしい**し、そのためには、若者には政治や経済活動に意欲的(いよくてき)に参加し**てほしい**。 我希望日本经济迅速复苏，为此，希望年轻人积极参与政治和经济活动。

POINT 「～たい」「～てほしい」「N＋がほしい」の違い

「～たい」：形容詞型の活用をする助動詞で、動詞の連用形に接続して話し手（自分）のある行為をすることに対する願望を表す。
「～てほしい」：話し手の、聞き手や、その他の人に対しての要望や希望を表す。
「N＋がほしい」：何かものを手に入れたいと思う話し手の願望を表す。
「～たい」：形容词型活用的助动词，接在动词连用形后，表示说话人自己想做某事的愿望。
「～てほしい」：表达说话人希望听者或其他人做某事的愿望。
「N＋がほしい」：表达说话人想要某样东西的愿望。

例

来年、世界一周旅行をし**たい**です。　明年我想要环球旅行。

そばに居**てほしい**です。　希望你能待在我身边。

私は新しいパソコンが**ほしい**です。　我想要一台新电脑。

<11> 時間・時点

74	**～際（に）**	……的时候
75	**～折（に）**	……的时候
76	**～に際し（て）**	正值……;……之际
77	**～にあたって・にあたり**	正值……;……之际
78	**～に先立って・に先立つ**	在……之前
79	**～にあって**	在……（这一特殊时刻）
80	**～ところに・ところへ・ところを・ところで**	正当……（刚好）
81	**～最中・最中に・最中だ**	正在……中（发生意外而停止）
82	**～うちに・ないうちに**	在……期间；在还没……的时候
83	**～か～ないかのうちに**	刚……还没……的时候
84	**～たとたん**	刚……就……
85	**～（か）と思うと・（か）と思ったら**	正当……的时候（表示惊讶和意外）

86	～次第	一……就……
87	～が早いか	……之后，马上……
88	～てはじめて・てこそ	……之后，才……
89	～てから	……之后……
90	～て以来	……之后（到现在一直）……
91	～てからというもの	……之后一直……
92	～上で	在……之后（再）……

文型	～際（に）	接続	V辞・Vた＋際（に） N＋の＋際（に）
意	～のとき　……的时候		
解	「とき」よりやや硬い表現。　比起「とき」，表达稍显生硬。		
例	登録(とうろく)の**際に**本人の印鑑(いんかん)が必要です。　登记的时候需要本人的印章。 彼女と会った**際に**はよろしくお伝えください。　见到她时请代我问好。 細長い翼(つばさ)を持つ鳥は、森の中を飛ぶ**際に**、木の枝(えだ)等に翼が引っ掛かりにくい特性を持つ。 翅膀细长的鸟类具有一种特性，就是在森林里飞翔的时候，其翅膀不容易被树枝等钩住。 生物の保全(ほぜん)状態を評価する**際に**は、個体数の増減率(ぞうげんりつ)や、繁殖(はんしょく)の成功率、既知(きち)の脅威(きょうい)などさまざまな要因(よういん)が考慮(こうりょ)される。 在评估生物体的保护状况时，要考虑例如种群的增减率、繁殖成功率和已知威胁等各种因素。		

文型	～折(おり)（に）	接続	V辞・Vた＋折（に） N＋の＋折（に）
意	～ときに　……的时候		
解	「ときに」とほぼ同じだが、「折」は「何かをするのによい機会」という意味があるので、特別の時・機会・場合を示す。 与「ときに」使用方法基本一致，但因为「折」本身有“做……的好机会”的意思，所以能表示一些特殊的时刻、机会和情况。更为郑重。		
例	今度お目にかかった**折に**、お話しいたします。　下次见面的时候，我再告诉您。 この作品が賞を受賞(じゅしょう)する**折に**は、作品制作(せいさく)を支(ささ)えてくださった人々を家にお招(まね)きして、感謝をお伝えしたい。借这部作品获奖的机会，我想邀请支持作品制作的人们来我家，向大家表示感谢。		

文型	～に際し（て）	接続	V辞＋に際し（て） N（する動詞）＋に際し（て）
意	～をする前に・～をしているときに。あることを始めるときを表す。 正值……；……之际。表示开始做某事的时候。		
解	特別の出来事や大切なことをするときに使う表現。 用于表示非常特别或重大的事情。		

例	手術**に際し**、家族から同意書(どういしょ)を取る。　在做手术之前要先让家属签署同意书。 この茶碗は、私が上京(じょうきょう)する**に際し**、母親が買ってくれたものだ。 这个茶碗，是我进京之际妈妈给我买的。 このたび会長に就任(しゅうにん)する**に際し**、多くの方々のご支援をいただき、心より感謝いたします。 这次我担任会长之际，受到了许多人的支持，我衷心地表示感谢。 新駅舎(えきしゃ)の建設**に際し**、旧駅舎および駅舎付近の商業施設(しせつ)が取り壊されることになった。 建设新车站之际，旧车站和车站附近的商业设施将被拆除。

文型	～にあたって・にあたり	接続	V辞＋にあたって・にあたり N＋にあたって・にあたり
意	～をする前に・～に際して　正值……；……之际		
解	特別なことをする前に、式典などの改まった場で使う表現。 用于表示在做特殊事情前的准备，常用于仪式等重大场合。		
例	開会**にあたって**、ひとごとご挨拶をさせていただきます。 值此大会开幕之际，请允许我讲几句话。 この本を書く**にあたって**、私は取材(しゅざい)のために群馬県(ぐんまけん)を訪れました。写这本书的时候，我为了采访去了群马县。 狩(か)りをする**にあたって**、個々が勝手に行動してしまっては捕(つか)まるものも逃(に)がしてしまう。 在打猎的时候，如果各自擅自行动的话会让本来捕捉得到的猎物溜走。 起業(きぎょう)する際、才能と未来を見込んでくれる有力(ゆうりょく)な投資(とうし)家がいれば、経営を行う**にあたって**必要な資金(しきん)を入手することができる。 创业之际，如果有实力派投资方看好我们的才干与发展，在经营的时候可以得到必要的资金。		

POINT　時点を表す「～際に」「～折に」「～に際して」「～にあたって」

① **「～際に」**：「～とき」より硬い表現になる。
「～際に」：比「～とき」显得生硬。

② **「～折に」**：前文に「何かをするのに良い機会」という意味を表す文が来る。特別の時・機会・場合に使う。
「～折に」：前文含有“做某事的好机会”的意思。用于特别的时候、机会和场合。

③ **「～に際して」**：「～をする前に」という意味を表し、前文に「特別な出来事や大切なこと」を表す文が来る。
「～に際して」：表示“在做……之前”，前句多加表示“特别的事情，重要事项”的句子。

④ **「～にあたって」**：「～をする前に」という意味を表し、前文は式典など特別なことになり、改まった場で使う硬い表現。
「～にあたって」：表示“在做……之前”，前项多加庆典或仪式等特殊事项，是用于正式场合的生硬表示方式。

文型	～に先立って・に先立つ	接続	V辞＋に先立って・に先立つ N＋に先立って・に先立つ
意	～をする前に　在……之前		
解	何かが行われる前に準備として何かをする。特別なことを言うことが多く、日常生活にはあまり使わない。　表示做某事前进行的某种准备，但多用于特殊事项，不常用于日常生活。		
例	イベント**に先立ち**、実行委員会はSNSに広告(こうこく)を出した。 在活动之前，实施委员会通过社交媒体投放了广告。		
例	台風による被害者を悼(いた)み、両チームは試合**に先立って**黙祷(もくとう)する。 两队在比赛前，先对在台风中受灾遇难的人们进行默哀。 アニメの劇場公開**に先立ち**、二ヶ月にわたって、アニメの声優(せいゆう)によるトークライブとグッズの販売が行われる。 在动画剧场公映之前，将进行两个月的动画配音演员现场访谈以及相关商品的销售活动。		

文型	～にあって	接続	N＋にあって
意	～で、～に　在……（这一特殊时刻）		
解	時間、場所、状況などを強調し、特別な状況にあることを表す。「このような特別な中で」という意味になる。 用于强调时间、场合和状况等，表示处于一种特殊的状况。意为“正值……（这一特殊时刻）”。		
例	今日の変化の激しい社会**にあって**、人々は学習の機会を求(もと)めている。 在如今变化激烈的社会，人们正在寻求学习的机会。		
例	どのような職業，境遇(きょうぐう)**にあっても**，真剣(しんけん)に生きている人間の姿はそれだけで美しい。 不论是什么职业，在怎样的境遇中，认真生活的人都是那样地美。 少子高齢化**にあって**、若者の人材不足が予想される現在は、外国人の権利(けんり)を拡大し、移住者(いじゅうしゃ)を多く受け入れようと考える政治家も増えている。 在现在这样一个出生人口降低，人口高龄化日益严峻的背景下，可以预想到年轻人才将会日趋匮乏，有越来越多的政治家在考虑扩大外国人的权利，接收大量的外国移民。 不景気(ふけいき)**にあって**、多くの企業が、政府からの補助金(ほじょきん)だけでは経営を維持(いじ)できないほどの窮地(きゅうち)に立たされている。正值经济不景气，很多企业陷入了仅靠政府补助金无法维持经营的窘境。		
比	23 原因・理由	～とあって	▶ 432ページ

文型	～ところに・ところへ・ところを・ところで	接続	V辞・Vた・Vている＋ところに・ところへ・ところを・ところで A＋ところに・ところへ・ところを・ところで NAだな＋ところに・ところへ・ところを・ところで Nだの＋ところに・ところへ・ところを・ところで
意	ちょうど～とき　正当……（刚好）		
解	その状況を変化させるような行為が時間的な流れのどの時点で行われるかを表す。 表示某个改变状况的行为是在哪一个时间点上发生的。		

例	寝ているところを隣の怒鳴り声で起こされた。 睡得正香的时候被旁边的怒吼声吵醒了。 仕事でわからないことがあり、困っていたところへ、上司が声をかけてくれた。 正在为工作中的难点为难的时候，上司给了我许多指点。 昨晩はちょうど本を読み終えたところで、力尽きて眠ってしまった。 昨晚读完书时刚好就没劲儿了，睡过去了。 怖い夢を見て汗びっしょりになっていたところで目が覚めた。 做了噩梦，一身冷汗的时候惊醒了。 後輩も増え、いよいよ仕事に脂も乗り始めるところで体調を崩して入院だなんて、本当に運が悪い。 后辈也越来越多了，终于工作开始步入正轨的时候却生病住了院，真是倒霉。		
比	21 逆接・譲歩	～ところ（を）	▶ 416ページ

POINT 「V辞＋ところ」「Vている＋ところ」「Vた＋ところ」の違い

① **「V辞＋ところ」**はあることが行われる直前であることを表す。表示马上就要发生某事。

例

今から会議に**出席するところ**なので、あとで連絡します。
我马上要去开会，之后跟你联系。

② **「Vている＋ところ」**はある行為の最中を表す。表示某个行为正在进行。

例

食事をしているところに、急に山本が訪ねてきた。
正在吃饭的时候，山本突然来访。

③ **「Vた＋ところ」**はある行為が終わった直後であることを表す。表示某个行为刚刚结束。

例

容疑者は飛行機で国外に逃げようとしたが、空港に**到着したところ**で捕まった。
嫌疑人企图乘飞机逃往国外，
但刚到机场就被逮捕了。

文型	～最中（さいちゅう）・最中に・最中だ	接続	Vている＋最中・最中に・最中だ N＋の＋最中・最中に・最中だ

意	ちょうど～しているときに　正在……中
解	何かが進行しているときに、進行していたことが止まるようなほかの何かが起こることを表す。 表示某事正在发生，而后项发生的事情打断了这件事的进行。
例	教授の発言の**最中に**、彼女は突然立ち上がった。 教授正在发言的时候，她突然站了起来。 僕が部屋に入ったとき、父親はテレビを修理している**最中だった**。 我进房间的时候，父亲正在修理电视。 大事な話の**最中に**、いきなり携帯電話が鳴りだしたら、相手に悪い印象を与（あた）える。 在别人说重要的事情时，如果你的手机突然响了，就会给对方留下不好的印象。 ザリガニなどの甲殻類（こうかくるい）を家で飼う際、脱皮（だっぴ）の**最中に**水槽（すいそう）を揺（ゆ）らしたり、体を突（つ）いたりすると、体に深いダメージを与えてしまう恐（おそ）れがある。 在家里饲养小龙虾等甲壳类动物的时候，如果在其脱皮的过程中摇晃水槽、撞击身体的话，有可能会对它的身体造成巨大伤害。

文型	～うちに・ないうちに	接続	V辞・Vている＋うちに V否＋ないうちに A＋うちに NAだな＋うちに Nだの＋うちに

意	～うちに：～の間に　在……期间 ～ないうちに：～の前に　趁着还没……的时候
解	「～うちに」は継続することを表すことばに続き，その状態の間にある変化が起こることを表す。「～ないうちに」はその状態が変わる前に、何かをすることを表す。 「～うちに」常常接在表示持续性意义的词后，表示在此状态下发生了后项。「～ないうちに」表示在变成某个状态前做某事。
例	大阪にいる**うちに**、一度心斎橋（しんさいばし）に行ってみたい。 趁着在大阪，想去一次心斋桥。 教室が静かな**うちに**、宿題を終わらせてしまおう。 趁教室安静的时候，把作业做完吧。 勉強とは進めていく**うちに**楽しさを感じてくるものだが、後回（あとまわ）しにしている**うちに**は、忘れることも増え、やる気がどんどん削（そ）がれていくだろう。 学习就是在不断进行的过程中体会快乐，但如果不断往后拖延的话，那么你忘记的事情就会越来越多，并且干劲也就越来越小。 作物（さくもつ）が病気にかからないために農薬（のうやく）に混（ま）ぜた抗生（こうせい）物質を、知らない**うちに**食べ物を通して摂取（せっしゅ）しているかもしれない。 我们可能在不知不觉间通过食物摄入了许多抗生素，它们混在农药里，用于防治农作物病害。

文型	～か～ないかのうちに	接続	V辞・Vた＋か＋V否＋ないかのうちに
意	ほぼ同時に　刚……还没……的时候，几乎同时		
解	何かが起こった直後に別のことが起こる。また、ほぼ同時に起こることを表す。 表示某事发生之后，马上就发生了后面的事项。或者表示两个动作几乎同时发生。		
例	電車に乗った**か**乗ら**ないかのうちに**、ドアが閉まった。　刚跑进电车，门就关上了。 好きな番組が始まる**か**始まら**ないかのうちに**、家に帰ることができた。 我回到家里的时候，正赶上自己喜欢的电视节目刚刚开始。		
	演奏会(えんそうかい)で、演奏が終わる**か**終わら**ないかのうちに**立ち上がったり、声を上げたりするのは、他の観客に迷惑がかかるのでやめるべきだ。 在演奏会上，演奏刚结束就站起来，或是大声喧哗，会给其他观众带来困扰。		

文型	～たとたん	接続	Vた＋たとたん
意	～するとすぐに・～とほとんど同時に　刚……就……		
解	あることした直後に別のことが起こることを表す。前文は状態、習慣を表す文は来ない。驚きや意外などの気持ちを表す。　表示前项发生时几乎同时发生了后项。而前项不可以是表示状态或习惯的句子。多用来表示惊讶或意外等心情。		
例	大雨のため運動会の中止が決定し**たとたん**、雨がやんだ。 刚刚因下雨决定取消运动会的时候，雨就停了。 彼女に別れを告げられ**たとたん**、頭の中が真(ま)っ白(しろ)になった。 刚被她告知分手的瞬间，脑子里一片空白。		
	なにかの拍子(ひょうし)で予想していないことが起き**たとたん**に，そこでなにをしていいのか，わからなくなってしまう。 突然发生了预料之外的事情时，就会不知道该怎么办好。 主人公が幸せの絶頂(ぜっちょう)に達(たっ)し**たとたん**に不幸のどん底(ぞこ)に突き落とされる、というのは、あらゆる物語において踏襲(とうしゅう)される典型的(てんけいてき)なストーリー展開だ。 主人公刚一到达幸福的顶峰就会跌入不幸的深渊，这是在所有故事中都会沿袭的一种典型的故事发展情节。		

文型	～（か）と思うと・（か）と思ったら	接続	Vた＋（か）と思うと・（か）と思ったら
意	～が起こった直後、同時性を表す。　正当……的时候		
解	あることが起こったすぐ直後に別のことが起こること、または前件状態の直後に次のことが起こる。話者の驚きや意外な気持ちを表す。後文に話し手の意志、命令、行動はこない。 表示前项发生时几乎同时发生了后项，或是在前项状态下立即发生了后项。多用来表示惊讶或意外等心情，后项不能接表示意志（命令）的句子。		
例	晴れた**かと思うと**、また雨が降り出した。　刚一晴，又下起雨来了。 最近は停電(ていでん)が多くて、やっと電気がついた**かと思うと**、すぐに真っ暗になる。 最近经常停电，有时甚至刚一来电，马上就又一片漆黑了。		

	先日建物の取り壊し工事をしていた**かと思うと**、今度は別の場所でもビルの建設工事が始まったので、この辺りは騒音によるクレームが増えている。 前几天还在进行建筑物拆除工程，这次在别的地方又开始了大楼的建设工程，所以这一带由于噪音引起的投诉越来越多了。

POINT 「～たとたん」と「～かと思うと·かと思ったら·と思うと·と思ったら」

① **「～たとたん」**は「～するとすぐに・～とほとんど同時に」という意味で、話者の驚きや意外などの気持ちを表す。前文に状態、習慣は来ない。
「～たとたん」意为“刚……就……；几乎同时……”，表现说话人震惊或意外等心情。前项不能出现表示状态或习惯的表达方式。

② **「～かと思うと・かと思ったら・と思うと・と思ったら」**は「～が起こった直後」という意味で、同時性を表す。話者の驚きや意外な気持ちを表す。後文に話し手の意志、命令、行動はこない。「～かと思うと・かと思ったら・と思うと・と思ったら」表示同时性，意为“……发生之后立即……”，表现说话人惊讶或意外的心情，后文不能出现表示说话人意志、命令和行动的表达方式。

文型	～次第	接続	V~~ます~~＋次第 N（する動詞）＋次第
意	～したらすぐに～する　一……就……		
解	前件が終わったら、すぐに後件のことをする。後文はこれからすることを表す文になる。 用来表示前项一结束，立刻做后项的事情。后文表示接下来要完成的事情。		
例	メーカーから品物が到着**次第**、発送いたします。　厂家的货一到就立即发送。 商品は売り切れ**次第**終了となるので、お買い求めの方は早めに店にお越しください。 商品限量发售，售完即止，欲购从速。 こちらの冊子は十冊までは無償でお配りいたしますが、それ以降は要求をいただき**次第**、有償でお配りいたしております。 这个册子可以免费发放十本，之后如果再有需要，则有偿提供。 体調が最近優れないので、今やっているプロジェクトが終わり**次第**、会社は辞めて実家に戻るつもりだ。我因为最近身体状况不佳，所以等现在正在做的项目一结束，就打算辞职回老家。		
比	13 結果・結論	**～次第だ**	▶ 360ページ
比	19 基準・対応	**～次第だ・次第で**	▶ 405ページ

文型	～が早いか	接続	V辞＋が早いか
意	～とすぐに　……之后，立刻……		
解	前件のすぐに後件のことをする。あるいは～の瞬間に～が起こる。後件に自然現象や自発に使うと不自然。　用来表示前项一结束，立刻做后项的事情。或者表示前项发生的瞬间后项也相继发生。一般后项不能接自然现象或自然发生的事情。		

例	川で溺れている子どもを見る**が早いか**、彼は川に飛び込んだ。 一看到孩子在河里溺水，他就立刻跳进了河里。 試験問題を解き終わる**が早いか**、その学生は解答用紙を提出して教室を後にした。 刚一做完考试题，那个学生就提交了答卷离开了教室。 ドラッグストアが開く**が早いか**、並んでいた客はマスクを求めて店内になだれこみ、目当ての商品を探した。 药妆店一开门，排队的顾客就蜂拥而入，抢购他们所需要的口罩。 樹液を見つける**が早いか**、働きアリは群れを成して甘い香りがする木の穴の周りに集まった。 一发现树液，工蚁就成群结队地聚集在散发着香甜气味的树洞周围。

文型	～てはじめて・てこそ	接続	Vて＋はじめて・てこそ
意	～してから・した後で　……之后，才……		
解	「～てはじめて」：①あることを経験したあとやあることが起きた後に、今までなかった何かが起こったときに使う表現。②～という条件が満たされれば、～が可能だが、その条件がなければ不可能だという意味。 「～てこそ」：②の意味。 「～てはじめて」：①用来表示在经过什么事情或者发生什么事情后，发生了迄今没有的某些事情；②表示“只有满足了……这个条件，才有可能……，如果这个条件无法成立则不可能”。 「～てこそ」：只有②的意思。		
例	チャンスがあっ**てはじめて**才能が生きる。　有了机会才能发挥才能。 玉は磨い**てこそ**輝く。　玉要磨才能发光。（玉不琢不成器） 結婚し**てはじめて**、女性の大変さを身をもって知ることができた。（結婚したらわかった） 结婚之后，才亲身体会到女性的辛苦。 結婚し**てこそ**、女性の大変さを身をもって知ることができる。（結婚しないとわからないものだ） 只有结婚之后，才能亲身体会到女性的辛苦。 その問題は一見簡単に見えるが、解い**てはじめて**その難しさに気付く。 这个问题看上去非常简单，但实际解起来才发现它有多难。 革新的な問題解決にチャレンジし**てこそ**、組織も人も成長します。 只有挑战了创新的问题，组织和成员才有可能成长。 ただ知識を詰め込むだけでなく、それを実践したり人に教えたりという形でアウトプットし**てはじめて**、自分の力として身に付けることができるのだ。 不仅是死记硬背，还要通过将知识运用于实践、把知识教授给别人等方式来进行输出，才能使知识真正变成自己的力量，真正掌握它。		

文型	～てから	接続	Vて＋から
意	～してから・した後で　……之后……		
解	前件の動作を先に行うことを表す。後には動作を表す文が来る。 表示前项动作先发生。后句要接表示动作的句子。		

例	兄は今の恋人と出会って**てから**人が変わったようにまともに働くようになった。 哥哥自从遇见现在的恋人以后就像变了个人似的开始认真工作了。
	ランナーはよく、「今回はこれくらいのタイムで走ろう」と、事前に目標を定め**てから**レースを臨む。 短跑选手经常会提前设定好目标，“这次我一定要跑出这个成绩”，然后再参加比赛。 胃カメラで胃を検査してもらう際には、前日の夜から絶食し、いちど胃袋を空っぽの状態にし**てから**検査してもらう必要がある。 用胃镜检查胃的时候，需要从前一天晚上开始不进食，空腹后再接受检查。

いちど胃袋を空っぽの状態にしてから検査してもらう必要がある。
最後って何?!
これが僕にとって(本日)最後の食事になるんだ…。

文型	~て以来	接続	Vて+以来 N(する動詞)+以来
意	~してから今までずっと　……之后（到现在一直）……		
解	~してから今までずっと，後文には過去の時点から続いている状態を表す文が来る。一回だけのことが来ない。　表示“从……开始到现在一直”。后句要接表示状态（从过去某时间点一直持续）的句子。且不能是一次性的事情。		
例	山田さんとは、卒業し**て以来**、一度も会っていなかった。 自从毕业以来，我一次也没见过山田君。 芸能界に入っ**て以来**、彼女はずっと今の細い体型を維持している。 进入演艺圈以来，她一直保持着现在的纤细体型。		
	世界の言語はいくつかの祖先言語が派生して存在しているという説は、19世紀に提唱され**て以来**、比較言語学の基礎となっている。 世界上所有的语言都是由若干祖语派生而来的，这一说法成为19世纪以来比较语言学的基础。		

POINT　「~てから」と「~て以来」

「~てから」：「~してから・した後で」の意味で、後文に動作を表す文が来る。

「~て以来」：「~してから今までずっと」という意味で、後文には過去の時点から続いている状態を表す文が来る。**「~てから」が「時間（とき）」を重視するのに対して、「~て以来」は時間の前後関係というより、(ある時点から)ある状態が継続していることを重視する表現。**

「~てから」意为“……之后”，后文接表示动作的句子。

「~て以来」意为“自从……之后，一直……”，后文表示某一状态从过去的时间点一直持续。

「~てから」强调时间关系的前后，而「~て以来」比起单纯的时间前后关系，更重视从某个时间点起某种状态一直持续。

例

企画を**見てから**予算を決める。　看过企划之后再决定预算。

今の会社に**就職して以来**、転職を考えたことはない。自从在这个公司就职以来，就没再考虑过换工作。

文型	～てからというもの	接続	Vて+からというもの

意	～してからずっと　……之后一直……
解	きっかけを表す。～をきっかけに変化があり、そのあとずっと～という状態が続いていて、そして期間が長いことを表す。 表示以前项为契机发生了某种变化，导致后项的状态一直持续，并且持续了很长时间。
例	大事に飼っていた猫をなくし**てからというもの**、息子は毎日泣いている。 自从心爱的猫丢了以后，儿子每天都在哭。 東京に来**てからというもの**、素敵な出会いにばかり恵(めぐ)まれている。 自从来到东京以后，总是与美好相遇。 美術館に芸術作品が移(うつ)されるようになっ**てからというもの**、芸術作品は、それが置かれていた場所を失い、世界から孤立(こりつ)してしまった。 自从将艺术作品移至美术馆中，艺术作品就失去了它存在的场所，变得从世界中孤立出来。 アニサキスアレルギーを発症(はっしょう)し**てからというもの**、魚介類(ぎょかいるい)はおろか、魚介類を含む調味料(ちょうみりょう)を使用した食べ物でさえ、摂取(せっしゅ)できなくなった。 自从异尖线虫过敏发病后，别说水产了，就算食物里只是放了含有水产成分的调料，也吃不成了。

文型	～上で	接続	Vた+上で N+の+上で

意	～してから　在……之后（再）……
解	先に～をしてから次のことをするときに使う表現。前文と後文の動作主は同じ人になる。 用来表示，先做前文事项，根据结果再来做后文事项。前后文的动作主体必须一致。
例	緊急の場面では、適切な対処法を考えた**上で**、すぐに実行(じっこう)に移しなさい。 在紧急情况下，请在考虑好合适的处置方法后立即开展行动。 願書(がんしょ)をご提出の**上**、受験料を郵便局に振り込んでください。 在提交申请书后，请把考试费汇入邮局。 相手の気持ちや立場を考えた**上で**使う言葉を考えないと、他人を不愉快(ふゆかい)にさせるだけで状況を変えることはできない。 如果在使用语言时不考虑对方的心情和立场，那就无法改变状况，只能让别人不快。 鶏肉や豚肉といった肉は、酒などを使って下処理(したしょり)をした**上で**調理をすれば、臭(くさ)みの抜けた美味しい料理にすることができる。 鸡肉和猪肉等肉类，如果用酒等预先处理后再烹饪的话，可以做出没有腥味的好菜。

比	14 限定・非限定・付加	～上に	▶ 380ページ

<12> 進行・相関関係

93	～一方だ	逐渐变得……
94	～つつある	正在渐渐……
95	～ばかりだ	越发……（更坏） 就剩……

96	**～につれて・につれ**	随着……
97	**～にしたがって**	随着……也……
98	**～とともに**	随着……也……
99	**～に伴って・に伴い・に伴う**	随着……也……
100	**～ば～ほど**	越……越……
101	**～きり・～きりだ**	从……之后，一直（没）
102	**～きる**	……到最后；彻底……

文型	～一方だ	**接続**	V辞＋一方だ
意	どんどん～なる　逐渐变得……		
解	物事の状況の変化がある方向に進んでいて、止まらないことを表す。マイナスのことに使われることが多い。 用来表示事物的变化朝着某一个方向进行，无法停止。常用于表示负面消极的变化。		
例	地球の温暖化(おんだんか)は進(すす)む**一方だ**。　全球气候变暖正在不断加剧。 甘(あま)やかしてばかりでは、子供のわがままはひどくなる**一方だ**。 老是娇惯孩子的话，孩子就会越来越任性。 物価は安定し、生産性上昇率(じょうしょうりつ)は高く、輸出競争力(ゆしゅつきょうそうりょく)は強くなる**一方だ**。 物价稳定，生产效率不断提高，出口竞争力就会逐渐增强。 社長は社内で不満を持つ人々を黙(だま)らせようと躍起(やっき)になっていたが、社員の不満は強まる**一方で**あり、仕方なく社員の要求を飲むことを決断(けつだん)した。 一开始总经理想竭尽全力让对公司不满的人们保持沉默，但职员们的不满越来越强烈，最终总经理无可奈何只能决定接受职员们的要求。		

文型	～つつある	**接続**	Vます＋つつある
意	今～している　正在渐渐……		
解	ある動作や行為、変化が進行中であることを表す。 用来表示动作、行为或者变化正在进行中。表示正在变化的过程。		
例	西の空に、太陽が沈(しず)み**つつある**。　西边的天空中，太阳正在渐渐下沉。 道路整備(どうろせいび)と宅地(たくち)開発が行われたことで、この街は近年、急激(きゅうげき)に都市化し**つつある**。 由于进行了道路整修和住宅用地开发，这条街道近年来城市化进程正在加速进行。 東京の下町(したまち)でかつて使われていた江戸弁(えどべん)は、都心の若者が郊外(こうがい)に移住したり、東京で標準語(ひょうじゅんご)が定着(ていちゃく)したりといった要因により、現在はなくなり**つつある**。 以前在东京平民区广泛使用的是江户方言，由于近年来市中心的年轻人搬到郊外、标准话在东京逐渐普及等原因，江户方言正在渐渐地消失。		

文型	～ばかりだ	接続	V辞＋ばかりだ
意	①悪い方向への一方的な変化　越发……（更坏） ②準備の完了　就剩……		
解	①物事が悪いほうに進むことを表す。　用来表示事物正在向不好的方向发展。 ②準備が完了して，あとは～するだけだ。　意为“已经做好准备，接下来就只剩……”。		
例	①薬を飲んでいるけど、症状は悪くなる**ばかりだ**。　虽然在吃药，但症状还是越发严重。 今月は収入が少ない割(わり)に出費(しゅっぴ)が増えているので、貯金(ちょきん)が減る**ばかりだ**。 因这个月收入少，支出增加，所以存款不断减少。 ②やるだけのことをやって、後は結果を待つ**ばかりだ**。 我们已经尽力而为，就剩下等待结果了。 ②荷物は車に乗せたし、ガソリンも入れた。あとは出発する**ばかりだ** 。 行李放在车上了，也加了油。就等出发了。		
	①今回の事件は、謎が深まる**ばかりだ**。　在这次的事件中，谜团变得越来越复杂。 ②この一年間、試合に向けて毎日体を鍛(きた)えていたし、優勝だけを目指して努力していた。あとは試合に出る**ばかりだった**のに、まさか中止になるなんて。 这一年来，为了比赛每天都锻炼身体，坚持努力，目标就是夺冠。没想到就要参加比赛了，比赛竟然取消了。		

文型	～につれて・につれ	接続	V辞＋につれて・につれ N（する動詞）＋につれて・につれ
意	（変化）と一緒に～　随着……		
解	前文の程度が変化すると，それが理由となって、後文の程度も変化する。 用来表示随着前项程度的变化，后项程度也发生变化。		
例	時代が進む**につれ**、若者に好(この)まれる音楽のジャンルも変遷(へんせん)している。 随着时代的进步，年轻人喜欢的音乐种类也在不断变化。		
	世の中の人々の仕事が忙しくなる**につれて**、平均(へいきん)読書時間はどんどん短くなっている。 随着世界上人们工作日益忙碌，平均读书时间也变得越来越少。 資本主義(しほんしゅぎ)が発達し、貧富(ひんぷ)の差が大きくなる**につれ**、行政側にも、社会的弱者(しゃかいてきじゃくしゃ)を救(すく)うための様々な政策を講(こう)じる必要が出てきた。 随着资本主义越来越发达、贫富差距一步步增大，行政方面也有必要采取各种各样的政策来救助社会上的弱者。 魚は、本来熟成(じゅくせい)される**につれ**旨味(うまみ)を持つようになる食材だが、腐(くさ)らせずに熟成させるためには、熟練(じゅくれん)した職人の腕(うで)が必要になる。 鱼这种食材会随着熟成而变得更加鲜美，但是为了让其熟成而不腐烂，就需要熟练的行家技术。		

文型	～にしたがって	接続	V辞＋にしたがって N（する動詞）＋にしたがって
意	～が変化すると、～も変化する　随着……也……		
解	前文が変化すると、それに合わせて後文も変化することを表す。変化は継続性のあるもの。 用来表示随着前项变化，后项也跟着发生变化，但需要注意的是，变化是持续性的。		

例	スマホの普及**にしたがって**、スマホを持ち歩く小学生の姿も多くなった。 随着智能手机的普及，越来越多的小学生开始边走路边玩手机。
	職人の賃金(ちんぎん)は、修行(しゅぎょう)を積(つ)む**にしたがって**増加する。 工匠的工资也随着他们从业时间的增加而上涨。 少子高齢化**にしたがって**、年金制度の歪(ゆが)みや医療問題など、社会全体で考えるべき課題も増加している。 随着少子高龄化的发展，诸如养老金制度的失调以及医疗体制等涉及社会整体的问题也越来越多。 人間の体毛(たいもう)は、成長する**にしがたって**ある程度まで濃(こ)くなるが、他の哺乳類(ほにゅうるい)動物のように全身が濃くなるということは基本的にありえない。 人类的体毛，虽然伴随成长也会长长到一定程度，但基本上不会像其他哺乳动物那样全身的体毛都变得非常浓密。

文型	～とともに	接続	V辞＋とともに N（する動詞）＋とともに

意	～が変化すると、～も変化する　随着……也……
解	前文が変化すると、それに合わせて後文も変化することを表す。変化は継続性のあるもの。（「にしたがって」とほぼ同じ） 用来表示随着前项变化，后项也跟着发生持续性的变化。与「にしたがって」意思、用法基本类似。
例	この曲はコード進行**とともに**音が複雑に入り組む仕組(しく)みになっている。 这首曲子随着和弦的进行，音符也复杂地交织在一起。
	地上で生活している蜂(はち)の一部は、進化**とともに**居住地をより安全な地中に移すようになった。それが、現在の蟻(あり)であると考えられている。 一部分在地上生活的蜂，随着进化将居住地转移到更安全的地下。这正是现在的蚂蚁。 キリスト教は、教えが普及する**とともに**信者(しんじゃ)の中でも解釈が分かれていき、そういった議論が、信者同士の争いの火種(ひだね)にもなった。 基督教在普及教义的同时，在信徒中也存在着对教义不同的解释，这种争论成为信徒之间争斗的导火索。

文型	～に伴(ともな)って・に伴い・に伴う	接続	V辞＋に伴って・に伴い・に伴う N（する動詞）＋に伴って・に伴い・に伴う

意	～が変化すると、～も変化する　随着……也……
解	何かが変化すると、それに合わせて別のことが変化することを表す。一回だけのことにも使える。 用来表示前项发生变化的话，与其相对的后项也会发生变化。可用于单次的变化。
例	結婚**に伴い**、友人の性格は少し丸(まる)くなった。 结婚以后，朋友的性格稍微变得柔和了。 箱の中身を想像する**に伴い**、開けてみたいという好奇心(こうきしん)も湧(わ)いてきた。 随着对箱子里东西的想象，想要打开看看的好奇心也涌现出来了。

	不景気に伴って，業績が悪化してきた際，まず思いつく改善策は人件費（じんけんひ）の削減（さくげん）だろう。 随着经济衰退，业绩开始出现恶化的时候，一般首先会想到的补救措施就是减少人员工资的开支吧。 政治的な才能とは、芸術的な感性や人とのコミュニケーション能力、文才（ぶんさい）など、様々な他の才能の如何（いかん）に伴う。 所谓政治才干，就是如何将自身的艺术感受能力、人际交流能力、文章写作能力等各种才干综合发挥的能力。

POINT 「につれて」「にしたがって」「とともに」「に伴って」

「～につれて・につれ」は「（変化）と一緒に……」という意味で、前文は後文の変化の理由になる。**後文に意志的な行為を表す文はこない。** 「～につれて・につれ」意为“随着……”，前项是后项发生变化的缘由，后文不能出现意志性的行为。

例

日本語の勉強が進むにつれ、文法が難しくなった。
日语的语法会随着学习的进展变得越来越难。

「～にしたがって」「～とともに」は「～が変化すると，～も変化する」という意味で、**前文と後文は継続性のある変化を表す文が来る。** 「～にしたがって」和「～とともに」意为“随着……也……”，前项发生变化后项也会随之发生变化，需要注意前后项都是持续性的变化。

例

歳を取るにしたがって、結婚する友人が増えてきた。
随着年龄不断增长，结婚的朋友也变得越来越多。

「～に伴って・に伴い・に伴う」は「～が変化すると，～も変化する」という意味で、**前文と後文は、単発的、また継続性のある変化を表す文が来る。** 「～に伴って·に伴い·に伴う」意为“如果前项变化，那么后项也将随之变化”，前后项既可以是一次性的变化，也可以是持续性的变化。

例

地震に伴って津波や土砂崩れなどが起こる危険がある。
伴随地震，可能会发生海啸和山体滑坡的危险。

文型	～ば～ほど	接続	V仮＋ば＋V辞＋ほど A~~い~~ければ＋A＋ほど NAなら・NAであれば＋NAな＋ほど Nなら・Nであれば＋Nである＋ほど
意	～すれば、もっともっと　越……越……		
解	一方の程度が変われば，それとともに他方も変わる。 一方的程度变化的话，另一方的程度也会随之变化。		
例	外国語の勉強は早ければ早いほど、子供の教育にいいという。据说外语学习越早对孩子的教育越好。 子供は褒（ほ）めれば褒めるほど、自己肯定感（こうていかん）が高まり素直に成長する。 孩子越是表扬，自我肯定感就越高，就能够更好地成长。		

例	練習すればするほど上達するのは間違いないが、何も考えずに繰り返し行うだけの練習には、意味はない。 虽然练习越多进步越大是没错的，但是不进行思考，只是单纯反复练习是没有意义的。 科学技術が発達すれば発達するほど、世の中は便利になっていくが、一方で社会的に解決せねばならない問題も多く目に見えてくる。 科学技术越发达，社会就越方便，但另一方面，社会必须解决的问题也越来越多。

文型	～きり・きりだ	接続	Vた＋きり・きりだ
意	～したあと、そのままで　从……之后，一直（没）		
解	そのあとの状態が変わらないことを表す。後文には、起こるはずのことが起こらない状態が続いているということを表す文が来る。 表示之后的状态一直没有发生变化。后句多为表示理应发生的事情却没有发生的句子。		
例	お父さんはきのう会社に行ったきり、帰ってこなかった。 父亲昨天去了公司，之后就一直没回来。 卒業したきり会えなくなった友人がどうしているのか、今は知る術(すべ)すらない。 有些朋友毕业后就再也没有见过了，他们现在过得如何，我无从得知。 寝たきりの人が歩く訓練(くんれん)をするのを助けるリハビリ用ロボットが使われるようになってきた。 帮助卧床不起的人进行行走训练的机器人已经开始投入使用了。 バブル経済においては、景気は上昇したきりで、人々の生活はこれからも豊(ゆた)かになるばかりだとさえ思われていた。 在泡沫经济中，经济形式不断向好，大家都以为人们的生活今后也会越来越富裕。		

文型	～きる	接続	V~~ます~~＋きる
意	最後まで～をする　……到最后；……完 徹底的に～なる　彻底变得……		
解	無意志動詞と一緒に使うと、完全にその状態になるという意味を表す。 意志動詞と一緒に使うと、意図的にある動作を完全にやり終えるということをあらわす。あるいは強くその動作をするということを表す。 与无意志动词一起使用时，表示完全、彻底地变成某个状态。 与意志动词一起使用时，表示有意识地将某个动作完全做完。或表示强硬完成某个动作。		
例	試合で自分たちの力を出しきった。　在比赛中竭尽全力了。 父親が行方(ゆくえ)不明になったと聞いて、彼女は憔悴(しょうすい)しきっていた。 听说父亲下落不明，她憔悴不堪。 食材を腐りきる前に使いきるためには、記載された賞味期限(しょうみきげん)や消費期限を確認して、計画的に購入する必要がある。 需要确认商品上记载的最佳使用期限和保质期，有计划地进行购买以保证在食材腐烂之前将其用完。		

<13> 結果・結論

103	**～たところ**	……之后，结果……
104	**～あげく**	……之后，结果是（不好）
105	**～末（に）**	（长时间努力）……结果
106	**～っぱなし**	……着，就……
107	**～次第だ**	所以才……
108	**～に至る・に至って**	到了……
109	**～始末だ**	最终……（坏结果）
110	**～わけだ**	（因为……）所以……
111	**～ということだ**	……的意思
112	**～こととなっている・ことになっている**	规定……

文型	～たところ	接続	Vた＋ところ
意	～したら・～した結果　……之后，结果……		
解	あることをして、その結果を言う表現。後文は「～したら、その結果、こうだった」という意味の文が来る。 用来表示做某事后，出现某种结果。后句常接表示“做……后，结果发现……”等表达。		
例	ジムに通(かよ)いはじめ**たところ**、運動だけではなく、免疫力(めんえきりょく)も上がった。 去了健身房之后，结果不仅仅是运动水平，免疫力也提高了。 日本でおそるおそる寿司を食べてみ**たところ**、意外と美味しかった。 在日本战战兢兢地吃了寿司，没想到很好吃。 電話で問い合わせ**たところ**、おざなりな返事しかもらえなかった。 打电话咨询了之后只得到了敷衍的回答。 提出していただいたファイルを社内で確認し**たところ**、ミスが何点か見つかったので、そちらを指摘(してき)した上で再度送らせていただきます。 经我们公司确认，您给我们的文件有一些问题，我们标注后会再返还给您。		
比	21 逆接・譲歩	～たところで	▶ 414ページ

文型	～あげく	接続	Vた＋あげく N（する動詞）＋の＋あげく
意	～したあと、結局　……之后，结果是（不好）		
解	いろんなことをやったあと，最終的に残念な結果になる。後文には悪い結果や残念な結果を表す文が来る。　表示做了很多事情，但最终结果令人遗憾，后句多接表示负面意义或者遗憾的句子。		
例	二週間にわたる話し合いの**あげく**、何も決まらなかった。 经过两周的协商之后，最终什么也没决定。 あれこれ考えた**あげく**、値段の安いほうのプリンターを買った。 考虑再三，最后还是买了个便宜的打印机。		

	ルイ9世はキリスト教への情熱(じょうねつ)のために二回の十字軍遠征(じゅうじぐんえんせい)を行なったが、莫大(ばくだい)な費用を費(つい)やしたにもかかわらず、惨敗(ざんぱい)を喫(きっ)した**あげく**、戦地で死亡した。 路易九世因为对基督教的热情而发动了两次十字军远征，尽管花费了巨额费用，最终还是惨败，死在了战场上。

文型	～末(すえ)（に）	接続	Vた＋末（に） N＋の＋末（に）
意	長い間に～した後で　（长时间努力）……结果		
解	長時間にわたって前の動作や行為を行った後、最後どうなったかを言う。 表示经过长时间的努力做完前项的动作、行为后，最终结果怎么样的意思。		
例	よく考えた**末**(すえ)、日本に留学に行くことに決めた。 经过认真考虑，最后我决定去日本留学。 父親との喧嘩の**末に**、大学をやめて就職することを許(ゆる)してもらえた。 我和父亲大吵一架，最终他同意我从大学退学找工作了。 さんざん思い悩んだ**末**，相手からの具体的な依頼がない限り，何もしないことにした。 我烦恼再三，最后决定只要对方不提出具体的要求，我就什么都不做。 数百人の市民が地道(じみち)に署名(しょめい)を集め、抗議(こうぎ)活動を続けた**末**、知事は私立高校授業料の実質無償化を決定した。 数百名市民一点点地收集签名，持续进行抗议活动，最终知事决定实质性免除私立高中学费。		

文型	～っぱなし	接続	V~~ます~~＋っぱなし
意	～したままで　……着，就……		
解	他動詞につく場合。当然しなければならないことをしないで、ある動作をしたままで放置している。後文にはマイナスな評価が多い。自動詞につく場合。ある状態が持続していることを表す。 接在他动词后，表示应该做的事情一直没做，使其一直处于某种状态下，后文多接负面消极的评价。接在自动词后，表示某个状态一直持续。		
例	昨夜はエアコンをつけ**っぱなし**で、寝てしまった。　昨晚开着空调就睡着了。 今日は５時間も座り**っぱなし**で、腰(こし)が痛い。　今天一动不动坐了5个小时，腰都痛了。 水辺(みずべ)や水中にすむ動物は、卵を石や岩(いわ)の隙(すき)に産(う)み**っぱなし**にする。ほかの動物に食べられたこともある。 在水边和水里生活的动物，在石头和岩石的缝隙里产卵后就不管了。因此有时产下的卵也会被其他动物吃掉。 成功したからといって浮(う)かれ**っぱなし**でいると、いつか自分が見下(みくだ)している人物に足元(あしもと)をすくわれて、失敗することだろう。 如果因为成功就一直洋洋得意的话，总有一天会被自己蔑视的人击中要害而一败涂地。 テストや難しい課題は解き**っぱなし**で満足するのではなく、間違えたところを何度も復習しないと、成長することができない。 不能一味地只满足于考试和刷题，如果不反复研习自己曾经做错的地方，就无法进步。		

文型	～次第だ	接続	V辞・Vた・Vている＋次第だ
意	（理由）だから～になった　所以才……		
解	経過や理由を説明する表現である。「理由があってこのような状態になった」という意味で、改まったときに使う表現。 用来说明经过和理由。意为“因为某种理由才变成了现在的状态”，多用于正式场合的表达方式。		
例	近所で火事が起こったと聞いて、慌てて家に戻ってきた**次第です**。 听说附近发生了火灾，所以才急急忙忙地回了家。 手紙は読まない人であるとお伺いしたので、お電話した**次第です**。 听说您平时不太看信件，所以我才给您打了电话。 先日のお礼を申し上げたくて、お手紙を差し上げる**次第です**。 为了表示对您前几日的感谢，我特地给您写了这封信。 お電話だけでは埒(らち)が明(あ)かないと思いましたので、直接お話に伺(うかが)った**次第です**。 我觉得光打电话是解决不了问题的，所以才直接来拜访您。		
比	11 時間・時点	～次第	▶ 360ページ
比	19 基準・対応	～次第で・～次第だ	▶ 405ページ

文型	～に至る・に至って	接続	V辞＋に至る・に至って N＋に至る・に至って
意	～になって　到了……		
解	「～という重大な事態になって、（やっと）」という意味を表す。話し手の驚きや呆れる気持ちを表すことが多い。 表示前项事态严重，（终于……）的意思。多用于表示说话人惊讶或吃惊的心情。		
例	死者が出る**に至って**、ようやく警察は事件の解明に乗り出した。 直到出现了死者，警察才开始着手调查这一案件。 救急車(きゅうきゅうしゃ)で運(はこ)ばれる**に至って**、自分がいかに無理していたかに気付かされた。 直到被抬上了救护车，才知道自己撑得多么勉强。 市民の90%以上が反対する**に至って**も、高速道路の建設は中止されなかった。 即使到了90%以上的市民都反对的地步，但还是没有停止高速路的建设。 バスティーユ牢獄(ろうごく)が市民によって襲撃(しゅうげき)されるという状況**に至って**、国王は、革命を受け入れることを余儀(よぎ)なくされた。 直到巴士底狱遭到市民的袭击，国王才不得不接受革命。		

文型	～始末(しまつ)だ	接続	V辞＋始末だ
意	～という悪い結果になった　最终……（坏结果）		
解	悪いことが続いて、最後には好ましくない結果になってしまった。話し手の残念な気持ちを表す。 用来表示坏事一直持续，最后出现了不好的结果，表示说话人遗憾的心情。		

例	幼(おさな)い頃から問題児の彼は、高校で停学になる**始末だ**。 他从小就是个问题儿童，到了高中最终还是被勒令停学了。 散々(さんざん)謝ったのに許してもらえず、慰謝料(いしゃりょう)まで請求される**始末だ**。 虽然多次道歉但仍然得不到原谅，最终还是被要求支付赔偿费。 就職もせずに遊んでばかりいて、40歳過ぎて親に金をたかる**始末だ**。 （他）不去找工作，一直游手好闲，结果到了40多岁成了一个啃老族。 その科学者は、論文で虚偽(きょぎ)の研究結果を発表し、専門家に指摘されれば号泣(ごうきゅう)しながら身の潔白(けっぱく)を主張する**始末で**、多くの国民からの批判を浴(あ)びた。 那位科学家在论文中发表了虚假的研究成果，被专家指出问题也只会嚎啕大哭强调自己的清白，结果遭到了很多国民的批评。

文型	～わけだ	接続	普＋わけだ （NAだな＋わけだ） （Nだな・Nだである＋わけだ）
意	～だから～になる。～なので～ということだ。　（因为……）所以……		
解	事実や状況からそういう結論になるということを表す。 表示根据事实或者状况，而自然而然引发的结论。		
例	この物件は古く、風呂もない。安い**わけだ**。　这个房子很旧，也没有浴室，所以当然便宜了。 昨日から何も食べてなくて、パンを見る目が輝く**わけだ**。 从昨天开始什么都没吃，所以看到面包就觉得眼睛都发亮了。 オサガメが昼夜(ちゅうや)を問(と)わずほとんど休むことなく泳ぎつづけるのは熱を作って体温を温かく保(たも)ち、冷たい深海(しんかい)に潜(もぐ)るための準備でもある**わけだ**。 棱皮龟不分昼夜一直游泳是为了产生热能维持体温，为潜入冰冷的深海做准备。 なるほど、社員が今日に限って真剣なのは、今日の働きでボーナスが決まるからな**わけだ**。 原来如此，员工之所以今天这么认真，是因为今天的工作业绩决定了奖金的多少。		
比	22 否定・部分否定	**わけがない**	▶ 423ページ
比	22 否定・部分否定	**わけではない**	▶ 426ページ

文型	～ということだ	接続	普＋ということだ
意	～という意味だ。つまり～だ。　……的意思		
解	何かを解釈するとき、そこから何らかの結論を導き出すことを表す。 解释说明时，表示可以得出某结论的意思。		
例	味が薄いということは、塩分が少ない**ということだ**ね。 所谓味道淡寡就是盐分少。 眠っているように見えるが、名前を呼ぶと反応するから、意識はある**ということだ**。 虽然看起来像是在睡觉，但是叫名字的时候会有反应，所以是有意识的。		

	さらに大事なことは、シカは繁殖力が旺盛（おうせい）なので、オオカミによって数が減らされないと森林（しんりん）の草を食べ尽くしてしまい、自らが死滅（しめつ）する**ということだ**。 更加重要的是，由于鹿的繁殖能力很强，如果不让狼去减少它们的数量的话，它们会把森林中的植被全部吃光，最终导致自身灭绝。 社長の長男が会社を継（つ）ぐのを辞退したということは、なんの経験もない社長の次男坊（じなんぼう）が次期社長になる可能性が高い**ということだ**。 总经理的长子不准备继承公司，那也就是说毫无经验的总经理次子很有可能成为下一任总经理。

比	17 伝聞・推量	**～ということだ・～とのことだ**	▶ 391ページ

文型	**～こととなっている・ことになっている**	**接続**	V辞＋こととなっている・ことになっている V否＋ない＋こととなっている・ないことになっている
意	～と決まっている　規定……		
解	何らかの規則や決まり、予定で～になっているという意味を表す。 用来表示按照某种规则、决定、计划而决定的情况。		
例	この学校では、毎朝生徒たち全員で体操（たいそう）をする**ことになっている**。 这所学校，规定每天早上学生们全员都要做体操。 千代田区では、原則路上で喫煙してはいけない**こととなっている**。 在千代田区，原则上规定不能在路上吸烟。 現在の日本の法律では、女性は16歳、男性は18歳から結婚できる**ことになっている**。ただし成人する前の結婚の場合、親の同意が必要だ。 日本现行法律规定，女子16岁以上，男子18岁以上可以结婚。但是如果未成年就结婚则需要获得父母的同意。 公開市場においては、特定の資格や条件を必要とせず、誰でも自由に取引（とりひき）を行えるという**こととなっている**。　在公开市场中，规定不需要特定的资格和条件，任何人都可以自由交易。		

<14>限定・非限定・付加

113	**～に限り**	只限
114	**～に限って**	偏偏……的时候 唯独……的时候（表示与平时不同） 只有……（不会）
115	**～に限らず**	不仅限于……
116	**～限り（は）**	只要……就……
117	**ただ～のみ**	只有……而已
118	**～ならでは（の）**	……特有，……独有
119	**～をおいて**	除了……之外（再没有……）
120	**～のみならず**	不仅……
121	**～にとどまらず**	不只是……，超过……
122	**～ばかりでなく**	不仅……而且……

123	**～ばかりか**	不仅……甚至……
124	**～も～ば（なら）～も**	既……又……，既有……又有……
125	**～上に**	不仅……
126	**～に加え・に加えて**	不但……还……
127	**～はもちろん・はもとより**	……自不必说，还有……
128	**～はおろか**	不用说……
129	**～どころか**	不仅……而且…… 何止……反倒……

文型	～に限り	接続	N＋に限り
意	～だけ。限定、特別。　只限……		
解	その場合だけという限定を表す。何かが適用される条件を表す。案内など，硬い書き言葉で用いられる。　表示某种场合的限定，也表示某事可以成立的条件。常用于说明性文字等生硬的书面语体。		
例	この博物館は、6歳以下の子供**に限り**無料です。　本博物馆，仅限6岁以下的儿童免费。 会員登録されているお客様**に限り**、無料クーポンをプレゼントします。 仅限注册了会员的客人可以获赠免费优惠券。 試験は論述式（ろんじゅつしき）で，直筆（じきひつ）ノート**に限り**ノートは持ち込み可にする。 考试是论述式的，可以带笔记人场但仅限手写的笔记。 受診には市内の開業医（かいぎょうい）による紹介状が必要となりますが、緊急性が認められる場合**に限り**、その必要はございません。　就诊需要市内从业医生的介绍信，仅限急救患者可免除介绍信。		
比	7 起点・終点・限界・範囲	「限る」シリーズ	▶ 333ページ

文型	～に限って	接続	N＋に限って
意	①～の場合だけは　偏偏……的时候 ②～は普段と違っている　唯独……的时候（表示与平时不同） ③～だけは　只有……（不会）		
解	①状況を表す語について，「～の時だけ，望ましくないことが起こった」という意味を表す。話者の不満を表す。 接在表示状况的语句后，表示“偏偏……的时候，发生了不好的事情”，表示说话人不满的心情。 ②～普段と違っている意味を表し、後文は「いつもとは違う」という意味の文が来る。 表示与往常不同，后文接表示“与平日不同”含义的句子。 ③～を特別に信じているから、悪い状況にはならないはずだ。後文は否定文を使い、話者の判断を表す。　表示“出于对……的信任，所以觉得不会出现不好的情况”，后句接否定的表达方式，表示说话人的判断。		
例	①遊びに行こうと思った日**に限って**、用事が入った。 偏偏在想去玩的日子里突然有事情。 店長がいない日**に限って**、厄介（やっかい）な客が訪れる。偏偏店长不在的日子，来了麻烦的客人。		

	②いつも不機嫌（ふきげん）な彼が、その日**に限って**嬉しそうな表情を浮かべていた。 他一般心情都不好，唯独那天露出了开心的表情。 ③うちの子**に限って**不登校（ふとうこう）なんてするわけがない。　我们家的孩子绝不可能不去上学。 うちの会社**に限って**、破産（はさん）するということはないだろう。　咱们公司那是绝不可能破产的吧。		
	①学問的な権威（けんい）と呼ばれる人**に限って**、読書の範囲（はんい）が狭いことも珍しくありません。 越是那些被称为学术权威的人，读书的范围就越窄。这种事情并不罕见。 ②夫は普段子供の教育については私に任せきりだが、子供に塾を通（かよ）わせたいと言ったとき**に限って**、急に怒り出した。 丈夫明明平时把孩子的教育都扔给我，但唯独在我说想让孩子上补习班的时候，却又突然生起气来。 ③自分**に限って**ミスをするわけがない、と思い込んでいると、思わぬところで重大（じゅうだい）な過（あやま）ちを犯（おか）してしまうことがある。 如果自认为只有自己是不会犯错的，就会在意想不到的地方犯下重大错误。		
比	7 起点・終点・限界・範囲	「限る」シリーズ	▶ 333ページ

文型	～に限らず	接続	N＋に限らず
意	～だけでなく　不仅限于……		
解	前の名詞だけでなく、その名詞が所属するグループのほかのものにも当てはまるということを表す。 表示不仅限于前句的名词，此名词所属的类别中的其他事物也都符合所述情况。		
例	日本人**に限らず**、海外からのお客様もよくこの店を訪れます。 不仅日本人，海外的客人也经常来这家店。		
	動物**に限らず**、われわれでも一人で食事するよりも、仲間との会話を楽しみながらのほうが食も進む。不仅是动物，我们人类也是比起独自吃饭，和朋友一边聊天一边吃饭胃口会更好。 インターカレッジ・サークルとは、その大学の在校生**に限らず**、他大学の生徒や場合によっては社会人までもが入れるような仕組みのサークルのことだ。 所谓的大学对抗赛，不仅该大学的在校生，根据具体的情况，其他大学的学生，甚至是社会人士都可以加入。 現代アートを扱（あつか）う美術展では、絵画**に限らず**、音楽や写真、建築物などを使った作品が展示（てんじ）されることも多い。在现代艺术美术展上，不仅是绘画，还会展示用音乐、照片以及建筑物等制作的作品。		
比	7 起点・終点・限界・範囲	「限る」シリーズ	▶ 333ページ

文型	～限り（は）	接続	V辞・Vた・Vている＋限り（は） V否＋ない＋限り（は） A＋限り（は） NAな・NAである＋限り（は） Nの・Nである＋限り（は）
意	～の間は・～の範囲では　只要……就……		
解	範囲を限定する表現である。～の状態が続いている間、～という範囲内ならば、後の状態も変わらないという限定を表す。　表示范围的限定。表示只要这种状态还在持续，或只要还在这一范围中，后项的状态就不会发生变化。		

例	体が健康な限り働きたい。 只要身体健康就想继续工作。 傷(きず)が治らない限りは、必要以上に動かないでください。 伤口没好的话，就不要过分地活动。 脳は、それが有機的な組織として生きている限り、常(つね)に学習し続けている。 只要大脑还作为一个有机的组织存活，那么它就一直在学习。 国民として生きる限り、我々には社会のために働き、税金(ぜいきん)を納(おさ)めなければならないという義務がある。 只要作为国民活着，我们就有义务为社会工作，缴纳税金。
比	7 起点・終点・限界・範囲 | 「限る」シリーズ | ▶ 333ページ

文型	ただ～のみ	接続	ただ＋V辞・Vた＋のみ ただ＋A＋のみ ただ＋NA（である）＋のみ ただ＋N（である）＋のみ
意	ただ～だけ 只有……而已		
解	ほかのものではなく、～だけだと強調する表現である。「ただ～だけ」より硬い表現。 用来表示"不是别的，只是……"。较于「ただ～だけ」相对生硬。		
例	やることはすべてやった。後はただ結果を待つのみだ。 该做的事情都做了。剩下的就只有等结果了。 今はただ、彼女の回復を心から祈(いの)るのみだ。 现在能做的只有由衷地祈祷她恢复健康了。 ただ何も考えずに日本語の音声を聞き流し、勉強した気になっているのみでは、日本語を習得するのは難しい。 什么都不想，只是播放日语音频就觉得自己学习了的话，那要掌握日语是很困难的。 私はただ事実を述(の)べたのみで、そこに他人を攻撃(こうげき)したいといったような意図(いと)は、全(まった)くございませんでした。 我只是陈述了事实，无意攻击别人。		

文型	～ならでは（の）	接続	N＋ならでは N＋ならではの＋N
意	～だけの・～の他にはない ……特有的；……独有		
解	～のほかには見られない、できない。 表示"在……之外是见不到的或做不到的"。		
例	地方都市ならではの祭りで客を増やす。 以地方城市特有的节日庆典增加客流量。 郊外でも美味しくて安全なものが安価(あんか)で食べられるのは、ここならではだ。 只有这里才能体验到在郊外也能吃到美味放心的东西。 日本各地には、その土地ならではの食材を生(い)かした郷土(きょうど)料理がある。 日本各地都有用当地独有的食材制作的乡土料理。 作曲家のシューマンは文学への造詣(ぞうけい)も深く、彼の作品は、文学者ならではの感性が作り出す、感傷的(かんしょうてき)な作品であると評価する人もいる。 作曲家舒曼对文学造诣很深，也有人评价他的作品是文学家独有的感性创作，是令人感伤的杰作。		

文型	～をおいて	接続	N+をおいて
意	～以外に（～ない） 除了……之外（再没有……）		
解	「～を除いて」という意味で、後文は必ず否定文が来る。「～以外には～ない」ということを表す。～に対して高い評価を表す。 用来表示“除了……之外”的意思，后面必须接表示否定的句子，意为“除了……之外，再没有……”。表示对前项的高度评价。		
例	このチームのリーダーになれるのは、彼**をおいて**ほかには考えられない。 要说谁能成为这个队的队长，我认为非他莫属。 今もっとも時代の流れに乗っている会社は、我が社**をおいて**ほかにあるまい。 现在最顺应时代潮流的公司，除了我们公司没有第二个。 脳の重さは新生児の体重の10%を占(し)め、これほど脳の比率(ひりつ)の大きい動物は、人間**をおいて**他にない。大脑的重量占新生儿体重的10%，除了人类之外再也没有大脑占比如此高的动物。 古代世界の文献(ぶんけん)において、動物に関してもっとも緻密(ちみつ)に著したものといえば、アリストテレスの記述**をおいて**ほかにあるまい。 在古代世界的文献中，关于动物最为细致的著作，除了亚里士多德的记述以外没有其他的了。 その芸術家は、自分の作品**をおいて**ほかに美しいものなどこの世にはどこにも存在していないと、そう信じきっていた。那位艺术家坚信，除了自己的作品之外世界上没有其他更美好的东西了。		

MORE+ 限定を表す「～をおいて」と場面を表す「～において」

限定を表す**「～をおいて」**は名詞に接続し、「～を除いて」という意味で、後文は必ず否定文が来る。高い評価を表す。
場面を表す**「～において」**は名詞に接続し、物事が行われる場所，場面，状況を表す。
表示限定的「～をおいて」接在名词后，表示“除了……（就没有）”的意思，后文必须是表示否定的句子。用来表示很高的评价。
表示场面的「～において」也是接在名词后，但用来表示事物发生的场所、场面或状况。

例

この問題を解決するチャンスは、今**をおいて**ない。（限定）
除了现在就再没有机会解决这个问题了。

その二人の結婚式は小ホール**において**行われた。（場面）
两人的结婚仪式在小礼堂里举行。

文型	～のみならず	接続	普+のみならず （NAだ・NAだである+のみならず） （Nだ・Nだである+のみならず）
意	～だけでなく 不仅……		
解	「～だけでなく、他にも～」ということを表し、「だけでなく」と同じ意味。「だけでなく」よりも硬い表現。 用来表示“除了……之外，还有……”的含义，与「だけでなく」含义相同，但相比「だけでなく」略显生硬。		

例	彼は才能がある**のみならず**、頭もいい。　他不仅有才能，还很聪明。 この漫画は面白い**のみならず**、内容について深く考えさせられる。 这部漫画不仅有趣，而且内容也让人深思。
	古典学の研究は多角的(たかくてき)な視点を求められるため、その研究対象には、古典の文学**のみならず**、哲学(てつがく)や歴史学、聖書学(せいしょがく)なども含(ふく)まれてくる。 因为古典学的研究需要多角度的视点，所以研究对象不仅包括古典文学，还包括哲学、历史学、圣经学等。

文型	～にとどまらず	接続	普＋にとどまらず （NAだ・NAだである＋にとどまらず） （Nだ・Nだである＋にとどまらず）
意	～だけではなく、～をこえて　不只是……；超过……		
解	～という狭い範囲を超えて、もっと広い範囲で影響があるという意味である。 表示超过……这一狭窄范围，在更深远的范围内有影响的意思。		
例	先生の授業は、単なる教科書の説明**にとどまらず**、学ぶ楽しさを教えてくれる。 老师的课不仅是给我们单纯地教授课本上的知识，还教会我们学习的乐趣。 その俳優は、役者(やくしゃ)活動**にとどまらず**、歌手やタレントとしての活動にまで手を伸(の)ばしている。 那位演员不仅从事表演，还从事着歌手和艺人的活动。		
	ゆとり教育は学生の学力低下(ていか)**にとどまらず**、学校教育にゆがみをもたらした。 宽松教育不仅让学生学习能力下降，并且也给学校教育带来了不良影响。 この映画は、単に第二次世界大戦を描写(びょうしゃ)する**にとどまらず**、当時の社会問題や市民の生活までも丁寧に描(えが)いた作品だ。 这部电影不仅描写了第二次世界大战，还细致地描写了当时的社会问题和市民的生活。		

文型	～ばかりでなく	接続	普＋ばかりでなく （NAだな・NAだである＋ばかりでなく） （Nだ・Nだである＋ばかりでなく）
意	～だけではなく　不仅……而且		
解	～だけでなく，もっと広い範囲に及ぶ。　表示不局限于前项所描述的事物，还涉及更广泛的范围。		
例	子供の教育は、叱(しか)る**ばかりでなく**、ほめるのも大事だと思う。 我认为孩子的教育，不仅需要批评，表扬也很重要。 娘は三歳にして本が読める**ばかりでなく**、難しい漢字を書くことができる。 女儿虽然才三岁，但不仅能读书，还能写出很难的汉字。		
	人の行動を理解するという方法は，まちづくり**ばかりではなく**，他の問題にも適用(てきよう)できる。 “理解人们的行动”这一方法不仅可以用在城市建设上，还可以用于解决其他问题。 人が感じる痛みや苦痛(くつう)については、古くから、医師**ばかりでなく**、哲学者や神学者(しんがくしゃ)などによっても、研究されてきた。 关于人们感受到的痛苦与悲伤，自古以来不仅是医生，哲学家与神学家也多有研究。		

文型	～ばかりか	接続	普＋ばかりか （NA~~だ~~な・NA~~だ~~である＋ばかりか） （N~~だ~~である＋ばかりか）

意	～だけではなく，さらに～　不仅……甚至……
解	～だけでなく，もっと程度の高いものもある。「ばかりか」の後に来る文は，話者の意志・希望や，相手への命令などではなく，状況を説明する文が多い。「～ばかりでなく」より、「～さらに」の意味があるため、驚きや感嘆の気持ちや感情を表すことが多い。 表示不仅是前项所描述的事物，后项还有更高程度的事物。「ばかりか」的后项不接表示说话者意志、希望以及向对方命令的句子，而多接描述状态的句子。与「～ばかりでなく」相比，有“更加”的意思，所以常表示惊讶或感叹等感情。
例	このロボットは、普通の家事**ばかりか**、介護の仕事もできる。 这个机器人不仅会做普通的家务，还会做看护的工作。 彼は音楽の才能がある**ばかりか**、運動神経(しんけい)の良さも抜群(ばつぐん)だ。 他不仅有音乐上有才能，运动神经也很发达。 伝染病(でんせんびょう)により経済活動ができなくなったら，カネもモノも回らなくなって，大量の失業者が出る**ばかりか**，餓死者(がししゃ)さえ出てくるだろう。 如果经济活动因为传染病而停滞的话，那么货币与物品都无法流通，不仅会产生大量的失业者，甚还会有人冻馁而亡。 暑い中で水分補給(すいぶんほきゅう)を怠(おこた)ると、ぼーっとして集中できなくなる**ばかりか**、熱中症になって倒れたり病院に運ばれたりする恐れがある。 如果在炎热的天气中不及时补充水分的话，那么不仅会发呆无法集中精神，甚至还有可能会中暑倒下被送往医院。

文型	～も～ば（なら）～も	接続	N＋も＋V仮＋ば＋N＋も N＋も＋A~~い~~ければ＋N＋も N＋も＋NA＋なら＋N＋も

意	～も～し、～も　既……又……；既有……又有……
解	「～に加えて、～も」という意味を表す。　用来表示“在……基础之上，还有……”的含义。
例	彼は頭**も**よけれ**ば**、運動神経**も**いい。　他头脑聪明，运动神经也发达。 五十年も生きていると、苦しいこと**も**あれ**ば**嬉しいこと**も**ある。活了五十年，既有苦也有乐。 彼は、行動**も**暴力的(ぼうりょくてき)なら**ば**、発言**も**暴力的だ。　他不仅行动上暴力，言语上也很粗暴。 毎日料理**も**すれ**ば**掃除**も**してくれる妻に、私はいつも感謝している。 我对每日又做饭又打扫卫生的妻子，总是心怀感激。 一言(ひとこと)に蟻(あり)と言っても、土(つち)を掘(ほ)って巣(す)を作る種類**も**あれ**ば**、樹木(じゅもく)の中で巣を作る種類**も**ある。 虽然都叫蚂蚁，但有的挖土筑巢，也有的在树木中筑巢。 仕事の世界で輝けるのは、才能**も**あれ**ば**コミュニケーション能力**も**ある人であり、どちらか一方しかなければ、成功を収めるのは難しいだろう。 在职场上叱咤风云的，应该是那些既有才能又有沟通能力的人，如果缺少了哪一方面，都是很难成功的吧。

文型	～上に	接続	普＋上に （NAだな・NAだである＋上に） （Nだの・Nだである＋上に）

意	～それに～　不仅……
解	何かにプラスして他のことも言う表現。積極的なことには積極的なことをプラスし、消極的なことには消極的なことをプラスする。 用来表示累加。使用时，需要累加同样性质的词。积极加积极，消极加消极。
例	この仕事はやりがいがある**上に**、楽しい。 这项工作不仅有价值，而且很有趣。 夜行(やこう)バスは、安い**上に**乗車中に寝られるので、お金と時間を節約できる。 夜行巴士不仅便宜而且能在乘车时睡觉，所以既省钱又省时间。 いったん飛行機に積んだ燃料(ねんりょう)を降(お)ろすのは，時間がかかる**上に**様々な制約(せいやく)があって現実的ではない。 如果要把已经装上飞机的燃料卸掉的话，既花费时间又有许许多多的限制，因此并不现实。 天然の宝石(ほうせき)は、発掘(はっくつ)できる地域が少ない**上に**、傷のない美しい石が採(と)れる場所となればかなり限られてしまうので、希少(きしょう)価値が高くなる。 能挖掘天然宝石的地方本来就少，而且能毫无损伤地采到美丽石头的地方就更为有限，所以天然宝石的稀有价值也会变高。

比	11 時間・時点	～上で	▶ 363ページ
比	23 原因・理由	～上は	▶ 433ページ

文型	～に加(くわ)え・加えて	接続	N＋に加え・に加えて

意	～だけでなく、さらに　不但……还……
解	「～も、そして～も」という意味で、今までにあった前件に，類似した別のものが加わったことを表す。　意为“不但有……还有……”，用来表示在已有的前项上，又添加了与之类似的事物。
例	原料の値上(ねあ)がり**に加え**、人件費の高騰(こうとう)のために会社の利益が減少している。 原料价格上涨，再加上员工工资的提升，公司利润减少了许多。 美術館では、絵画作品**に加え**、彫刻(ちょうこく)や当時の文献なども展示されている。 在美术馆，除了展出绘画作品之外，还展示了雕刻作品和当时的文献等。 提出されたレポート、論文に剽窃(ひょうせつ)が発覚(はっかく)した場合は、当該(とうがい)科目**に加え**、その学期に履修(りしゅう)している他の全科目の単位を無効とします。 提交的报告和小论文如果被发现有抄袭行为，那么包含本门科目在内，本学期选修的所有课程学分全部为零。 メディアの多様化により、CD**に加え**、サブスクや動画配信(どうがはいしん)など様々な媒体(ばいたい)を用(もち)いて自分の曲を発表するアーティストが増えている。 随着媒体的多样化，有越来越多的艺术家除了选择CD之外，还利用订阅频道、网上发布视频等媒体来发表自己的歌曲。

文型	~はもちろん・はもとより	接続	N+はもちろん・はもとより
意	~は当然　……自不必说，还有……		
解	前件のことは当然だが，前件だけではなく、前件よりさらに程度が上のことも加えて言いたいときに使う表現。「~はもとより」はより書き言葉的な表現。 用来表示前项是理所当然的，而除此之外，还添加了比之程度更高的后项。而「~はもとより」常用于书面语言和正式场合。		
例	英語はもちろん、彼は日本語も韓国語もぺらぺらだよ。 英语就不用说了，他日语和韩语也很流利。 大阪を訪れた際には、たこ焼きはもちろん、串(くし)カツなどのご当地名物も食べたい。 去大阪的时候，章鱼烧就不用说了，还想吃炸猪肉串儿等当地特产。 この飲食店は、本店がある東京はもちろん、関西や北海道にも、グループ店やフランチャイズ店を置く、有名な店だ。 这家餐厅，在东京的总店自不必说，在关西和北海道也没有集团店和加盟店，是很有名的餐厅。		

文型	~はおろか	接続	N+はおろか
意	~はもちろんのこと、他のことも当然そうだ　不用说……		
解	前件のことは当然だが，前件よりさらに程度が上のことも加えて言いたい時に使う表現。話者の不満や意外な気持ちを表す。　用来表示前项是理所当然的，而除此之外，还想添加比前续名词程度更高的词，体现说话人不满或意外的心情。		
例	最近の若者は、敬語はおろか、あいさつさえできない。 最近的年轻人，别说敬语了，连打招呼都不会。 この店には、トイレはおろか、手を洗う場所さえ設置されていない。 这家店别说厕所了，连洗手的地方都没有。 身体障(しょう)がい者(しゃ)を表す差別(さべつ)用語は、テレビや本はおろか、日常会話でも使用されることはなくなってきている。　歧视残障人士的用词，不用说电视和书本上了，在日常会活中也不再使用了。 女性の地位(ちい)が低かった頃は、女性は政治家になることはおろか、選挙にいくことすらできなかった。　在女性地位低下的时代，不用说女性当政治家了，就连选举也不能参加。		

文型	~どころか	接続	普+どころか （NAだな・NAだである+どころか ） （Nだな・Nだである+どころか）
意	①~だけではなく　不仅……而且…… ②~ではなく、逆に　何止……反倒……		
解	①前項のことはもちろん、前項よりさらに程度が上のことも加えて言いたい時に使う表現。 用来表示前项是理所当然的，而除此之外，还表示后项比前项程度更高。 ②前項ではなく、その反対に予想外の結果が出る。 表示不仅不止前项，甚至出现了与前项相反的、意料之外的结果。		

例

①外は暑い**どころか**、アスファルトも融けるくらいだ。
外面何止是热啊，简直是热得连柏油路也要融化了。

給料が上がったからか、新車**どころか**、マイホームまで買ったそうだ。
因为工资涨了啊，别说新车，还买了房呢。

②毎日ジムを通っているが、やせる**どころか**、体重が増えていく。
虽然每天都去健身房，不但一点儿也没瘦，体重反而增加了。

試験に落ちた僕を、父は慰める**どころか**、こんなこともできないのかと強く叱り付けた。
我考试落榜后，父亲非但没有安慰我，还严厉地斥责我，说“难道连这么简单的事你都做不好吗”。

---

①王様が変わってから、景気が良くなる**どころか**、他国との国交問題も解決したので、国民はとても満足している。
自从换了国王后不仅经济好转了，还解决了和其他国家的邦交问题，国民非常满意。

②コンピュータが普及すれば紙の使用量は減るだろうと考えられていました。しかし，現実は減る**どころか**，逆に増えている場合もあります。
大家都觉得随着电脑的普及，纸的用量应该会减少，但事实上，不仅没有减少，有时甚至会增加。

<15>比較・程度

130	～ほど・ほどの・ほどだ	像……一样
131	～くらい・くらいの・くらいだ	像……一样 只是……
132	～までだ・～までのことだ	不过是……
133	～というところだ・といったところだ	不过是……而已
134	～に比べ・～に比べて	和……相比
135	～ないまでも	就算不……也得……
136	～に越したことはない	……是最好的

文型	～ほど・ほどの・ほどだ	接続	普＋ほど・ほどの・ほどだ （NAだな・NAだである＋ほど・ほどの・ほどだ） （Nだ・Nだである＋ほど・ほどの・ほどだ）

意　～と同じ程度　像……一样

解　ある状態がどの程度なのか、例を出して具体的に説明するときに使う表現。
用来表示某个状态到了某种程度，举例说明其具体程度。

例

先輩に対して言いたいことは数えきれない**ほど**あるが、我慢している。
想对前辈说的话数不胜数，但忍耐着。

ロッククライミングというのは辛いということは，以前から聞いていたが，実際にこれ**ほど**辛いものだとは思わなかった。
之前就听说了徒手攀岩是一件非常艰难的事情，但实际尝试了一下，没想到会如此困难。

	ギリシア神話において全知全能の神とされているゼウスは、宇宙を破壊する**ほどの**強大な力を持っていると言い伝えられている。 传说在希腊神话中被称为全知全能之神的宙斯，拥有足以破坏宇宙的强大力量。 苦しい**ほど**に辛い体験をしたところで、数年も経てばそれは懐かしい過去の思い出に変わり、君の人生の糧になることだろう。 这些几近痛苦的体验，再过几年可能就会成为你难忘的过去，丰富你的人生。

文型	～ぐらい・ぐらいの・ぐらいだ	接続	普+ぐらい・ぐらいの・ぐらいだ （NAだな・NAだである+ぐらい・ぐらいの・ぐらいだ） （Nだ・Nだである+ぐらい・ぐらいの・ぐらいだ）
意	①～と同じ程度　像……一样 ②～のような程度のもの　只是……		
解	①ある状態の程度について，一例をあげて，判断の基準を表す。 举例说明某种状态具体到了什么程度。 ②大したことではないと感じることを表し、軽視の意味になる表現。 用来表示不是什么大事，含有对前项的轻视之意。		
例	①ロシアは冬になると、鼻水も凍る**ぐらい**寒い。 俄罗斯到冬天，冷得连鼻涕都要冻住了一样。 ②一度食事をした**ぐらい**で、友達とは言えない。 只是一起吃了顿饭，说不上是朋友。 ①一つの映画を、場面ごとに何度も繰り返して、暗記する**ぐらい**まで見る。 一幕幕地重复看一个电影，一直看到几乎能背下来为止。 ②本一冊**くらい**なら中国語訳なしでも読めるようになれば、日本語を習得していると胸を張って言ってもいいはずだ。 如果可以在没有中文翻译的情况下读完整本书，那么就可以骄傲地说“我已经掌握日语了”。		

文型	～までだ・までのことだ	接続	V辞・Vた+までだ・までのことだ
意	ただ～だけ　不过是……		
解	「大したことではない。特別な理由や感情はなく，ただ～するだけ」という意味をあら合わす。話者が状況説明や言い訳をしたいときに使う。　用于说话人进行状况说明或者辩解，“不是什么大不了的事情，也没有什么特别的理由或感情，只是……而已”。		
例	彼女が大変そうだから、手伝った**までだ**。　看到她太辛苦了，我只是帮了她一下而已。 先輩に言われた通りの仕事をした**まで**なので、私は悪くありません。 不过是按照前辈指示的那样干的，所以我并没做错什么。 山本さんと飲みに行ったのは、ちょっと話してみたかった**までのことだ**。 我和山本去喝酒，只不过是有话要说而已。		

	なぜこんなに成績がいいのかと聞かれても、私はあなたたちが寝ている間に、真面目(まじめ)に授業を受けていた**までのことです**。 要问我为什么成绩这么好，我只不过是在你们睡觉的时候认真上课而已。		
比	15 主張・断定	～までだ・までのことだ	▶ 383ページ

文型	～というところだ・といったところだ	接続	V辞＋というところだ・といったところだ N＋というところだ・といったところだ
意	せいぜい～だ　也不过是……而已。		
解	「せいぜい～だ」「最高でも～だ」という意味で、話者の「もし多くてもこの程度で、それ以上ではない」という気持ちを表す。 意为“也不过……”“最多……”，表示说话人“最多也就这个程度，不会比这更多了”的心情。		
例	バイトの時給(じきゅう)は700円から1000円**というところだ**。 打工的时薪也不过是700日元到1000日元而已。		
	東京で一日における乗降者数(じょうこうしゃすう)が最も多いのは新宿らしいが、その乗降者数は七十万人か八十万人**といったところだろうか**。 在东京，每天的上下车人数最多的车站好像是新宿站，上下车人数大概有七八十万人吧。 作品の完成(かんせい)までにかかる時間は、あと一週間**といったところだろう**。 作品完成大概最多还需要一周左右吧。		

文型	～に比べ・に比べて	接続	N＋に比べ・に比べて 普＋の＋に比べ・に比べて （NAだな・NAだである＋の＋に比べ・に比べて） （Nだな・Nだである＋の＋に比べ・に比べて）
意	～と比較して・より　和……相比		
解	二つのものを比較して述べる。　用来比较两个事物		
例	40代**に比べ**、30代はスマホ決済(けっさい)をよく使う。 和40多岁的人相比，30多岁的人经常用智能手机支付。 彼はまつ毛が長いの**に比べて**髭(ひげ)は薄(うす)いから、中性的(ちゅうせいてき)な印象を受ける。 他睫毛长但胡子比较稀少，给人性别中性化的印象。		
	社会科学が自然科学**に比べて**、はるかに困難(こんなん)な学問(がくもん)であることは、よく知られている。 大家都知道，比起自然科学来说，社会科学是一门更难的学问。 韓国語は文字数(もじすう)も多くなく、日本語と文法や発音が似(に)ているので、中国語**に比べて**習得するのが楽(らく)だ。 韩语的文字数不多，再加上与日语的语法和发音相似，和学习中文相比要轻松得多。		

文型	～ないまでも	接続	V否＋ないまでも
意	～ほどではないが・～ほどではなくても　就算不……也得……		

解	前の動詞の程度までにはならないけれど，それより下の程度にはなっている。 表示即使达不到前面的动词的程度，最起码也得达到后句这一较低的程度。
例	明日の試験、満点が取れ**ないまでも**、せめて85点くらいは取りたい。 明天的考试，就算得不到满分，也得考85分左右。 世界一の選手とは言え**ないまでも**、スポーツ史に名を刻むことはできたはずだ。 就算不能说是世界第一的选手，也应该能在体育史上名垂青史。 口を出さ**ないまでも**、先生には討論の場に居合わせていてほしい。 希望讨论的时候老师可以在场，哪怕不说话也行。 お笑いコンビ「和牛」は、漫才コンクールM-1グランプリにて、優勝とはいか**ないまでも**、史上初の三年連続準優勝を果たしたことから、「無冠の帝王」と呼ばれている。 搞笑组合“和牛”，在相声比赛M−1大奖赛中，虽说没能夺冠，但因为史上首次连续三年获得亚军，所以被称为“无冕之王”。

比	22 否定・部分否定	**～までもない**	▶ 425ページ

文型	**～に越したことはない**	**接続**	**V辞＋に越したことはない** **V否＋ない＋に越したことはない** **A＋に越したことはない** **NA（である）＋に越したことはない** **N（である）＋に越したことはない**

意	～が一番よい　……是最好的
解	常識的に考えてそうしたほうが良い、当然である。 表示从常识上考虑，这么做是最好的，是理所当然的。
例	家賃は安い**に越したことはない**が、立地が悪すぎるのは問題だ。 房租便宜是最好不过了，但地段太差是个问题。 大学受験をするのなら、勉強を始めるのは早い**に越したことはない**。 如果要考大学的话，最好是能尽快开始学习。 将来のことを考えると、たくさん貯金する**に越したことはない**。 要是考虑到将来的话，那多存钱当然是最好的了。 食べ物を粗末にしない**に越したことはない**のだが、物が溢れかえっている現在では、平気でご飯を残したり捨てたりする人が増えている。 虽说最好能不浪费食物，但现在物质过剩，有越来越多的人会随随便便地就剩饭或者把食物扔掉。

将来のことを考えると
沢山貯金するに越したことないね

＜16＞対比・代替

137	**～（の）に対して**	相对于……
138	**～一方・一方で・一方では**	一方面……另一方面……
139	**～に反して・に反する・に反した**	和……相反；与……不符

140	**～反面・半面**	……反面……
141	**～というより**	与其说……不如说……
142	**～かわりに**	……另一面…… 代替……
143	**～にかわって**	代替……
144	**～にひきかえ**	与……相反

文型	～（の）に対して	接続	N＋に対して 普＋のに対して （NAだな・NAだである＋のに対して） （Nだな・Nだである＋のに対して）

意	対比　相对于……
解	2つの物事について，その性質を対照的に示す時に使う。　表示两件事物的对照关系。
例	東北では雪が多い**のに対し**、九州では雪は少ない。 东北地区经常下雪，与之相对九州地区则很少降雪。 ブレスレットは腕につけるアクセサリーである**のに対し**、アンクレットは足につけるアクセサリーだ。　手链是戴在手腕上的饰品，而脚链则是戴在脚上的饰品。 「プ」では唇は閉じた位置から発音する**のに対して**「グ」では始めから開いている。 “pu”这个音发音时是从闭唇开始的，与之相对“gu”这个音发音时一开始就是开放的口型。 ベトナムでは、男性の喫煙者率が50%近い**のに対し**、女性の喫煙率はおよそ1%である。 在越南，男性的吸烟率接近50%，与之相对女性的吸烟率约为1%。

比	2 対象	**～に対して・に対する**	▶ 316ページ

文型	～一方・一方で・一方では	接続	普＋一方・一方で・一方では （NAだな・NAだである＋一方・一方で・一方では） （Nだな・NAだである＋一方・一方で・一方では）

意	他の面では～　一方面……另一方面……
解	～である同時に、～という側面もある。あるいはある事柄と並行して別の事柄がある。 表示某个事物有……的一面，同时还有另一面。
例	食糧浪費が増えている**一方**、未だに食糧不足の国がたくさんある。 一方面粮食浪费在不断增加，而另一方面还有很多国家粮食不足。 ダイエットを始めてから、体が痩せる**一方**、肌荒れがひどくなった。 开始减肥后，一方面身体瘦了，但另一方面皮肤却变粗糙了。 あまり使われない施設がある**一方で**，不足している公共施設がある。 有些设施利用率非常有限，但另一方面还有很多公共设施不足。

	マスコミや世間が憶測で特定の人物を批判する**一方では**、理不尽な誹謗中傷により傷ついている人間が必ずどこかにいることを、我々は忘れてはいけない。 我们不能忘记，媒体和社会用臆测批判某些特定人物的同时，也有人因为被无故诽谤而受到伤害。 通信技術が発達し、どこにいても人と交流ができるようになった**一方で**、交通機関の利用者は減少している。 通信技术发达了，无论在哪里都能与人交流，但另一面是利用交通工具的人也在减少。

文型	～に反して・に反する・に反した	接続	N＋に反して・に反する・に反した
意	～と違って、～とは反対に　和……相反；与……不符		
解	結果が予想や期待などと違うことを表す。　表示结果和预期、期待不相符。		
例	親の期待**に反して**、彼は大学を中退した。　与父母的期待相反，他大学辍学了。 予想**に反して**、今回の試験は難しかった。　与预想相反，这次的考试很难。 昨年**に反して**、今年の梅雨は異例の長さで、平年より梅雨明けが遅れている。 与去年不同，今年的梅雨期持续之久前所未有，出梅的时间也比往年要晚。 豪雨による土砂災害の起きた地方では、人々の願い**に反して**、多くの人が亡くなった。 在由于暴雨而引发泥石流的地方，有很多人都不幸罹难，这是大家不愿看到的。		

文型	～反面・半面	接続	普＋反面・半面 （NAだな・NAだである＋反面・半面 ） （Nだである＋反面・半面）
意	ある面は……だが、他の面では……　……反面……		
解	あることについて、二つの面を対比して、前に述べたことと反対の性質や特徴や傾向を述べる時に使う表現。　表示对比一个事物的两面，后项与前项的性质和特征正相反。		
例	スマホが普及する**反面**、小学生の近視有病率も高くなった。 智能手机在不断普及，而与之相对，小学生的近视发病率也提高了。 君の文章は簡潔で読みやすい**反面**、人の心に訴えかけるものがない。 你的文章简洁易读，但没有打动人心的东西。 少子高齢化の影響で、空き教室が続出している**半面**、介護やデイサービスなど福祉関係の施設は不足気味である。 由于受到少子老龄化的影响，空教室在不断出现，而与之相对护理和日间看护等福利设施却有所不足。 糖分は、体を動かすエネルギー源として必要である**反面**、濃度が高すぎると糖尿病などの生活習慣病を引き起こす恐れがある。 糖分，作为活动身体的能量源是必要的，但浓度过高的话有可能引发糖尿病等生活习惯病。		

文型	～というより	接続	普＋というより （Nだというより）
意	～よりもっと適切な言い方で言うと　与其说……不如说……		

解	～という言い方よりも，むしろ～と言った方がいい。　比起前项说法，后项的说法更为合适。
例	きのうの天気は大雪**というより**吹雪だった。　昨天的天气与其说是大雪，不如说是暴风雪。 ３歳までのことをすっかり忘れた。**というより**，それまでの記憶そのものが存在しない。 与其说三岁之前的事情全部都忘了，不如说是三岁以前根本就没有记忆。 この企画は私の力で成し遂げた**というより**は、周りの人の協力のおかげで成し遂げられたのだと思っています。 我觉得这个企划与其说是靠我的力量完成的，不如说是多亏了周围人的协助才完成的。 現代でこそ娯楽として芸術活動を楽しむ人は多いが、かつては、絵画や彫刻は趣味**というより**ビジネスとして扱われることの方が多かった。 在现代，很多人把艺术活动当作一种娱乐来享受，但在过去，更多的人是把绘画和雕刻当作了一种职业。

文型	～かわりに	接続	①普＋かわりに （NAだな・NAだである＋かわりに） （Nだの・Nだである＋かわりに） ②V辞＋かわりに Nの・Nである＋かわりに
意	①～の代償として　……另一面（作为代价） ②～の代わりに　代替……		
解	①前の事項の代償として後の事項がある。 用来表示既有前面的事项，也有后文的事项，表示事物具有两个方面。 ②前の事項の代替として、後文の事項をする。　用来表示以后项作为前项的代替。		
例	①このレストランは安い**かわりに**、味はそこそこだ。　这家餐厅虽然便宜，但味道马马虎虎。 ②映画館に映画を観にいく**かわりに**、家でテレビを見る。不去电影院看电影，在家里看电视。 ①二十代はカルチュア・ショックも大きい**かわりに**、対応力、受容力も大きい。 二十多岁的人在接触不同文化时，受到的文化冲击很大，但相对地他们的接受能力和包容度也很高。 何にも挑戦しないまま生きていると、人生に大きな失敗や苦労もない**かわりに**、大きな喜びや刺激も得られることもない。 活着却什么都不挑战的话，人生虽然没有大的失败和辛苦，但也得不到大的喜悦和刺激。 ②化学薬品の農薬の**かわりに**害虫をえさとして食べる虫を使用することで、従来より農薬の使用量を減らせる。 通过使用以害虫为食的昆虫来代替化学农药，从而减少以往的农药使用量。 ②江戸時代の日本では、白米は主に特権階級が食べるものであり、庶民は白米の**かわりに**、麦や大根などを玄米に混ぜて作る「かて飯」を食べていた。 在江户时代的日本，白米主要是特权阶层吃的，平民用小麦、萝卜等和糙米混合而成的“糅饭”来替代白米饭。 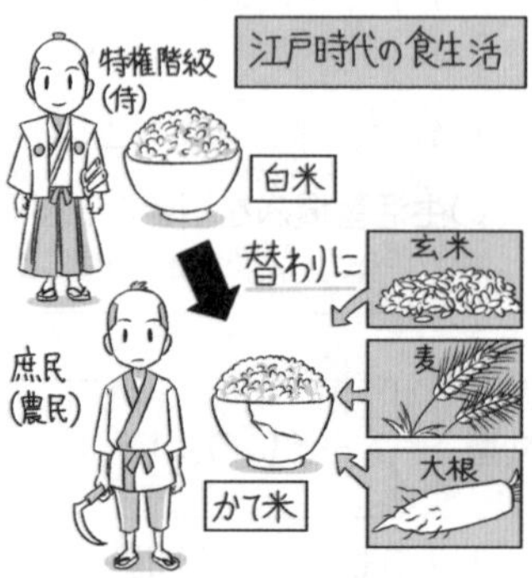		

文型	～にかわって	接続	N＋にかわって
意	～の代理として　代替……		
解	他の人や物の代理として、後文の事項をする。改まった表現。 代替别的人或物完成后项。是相对正式的表达方式。		
例	風邪を引いた森さん**にかわって**発表(はっぴょう)をする。　森先生感冒了，我替他发表。 今日は課長が休みなので、課長**にかわって**会議を取りまとめる人が必要だ。 因今天科长休息，所以需要有人代替科长主持会议。		
	ギリシアの神々(かみがみ)**にかわって**、キリスト教の神が登場(とうじょう)した紀元前後(きげんぜんご)という時代は、一つの大きな変革期(へんかくき)であった。 公元前后，基督教的神明取代希腊诸神登场的时代，是一个巨大的变革期。 昨年はタピオカが空前(くうぜん)の大ブームを引き起こしたが、今年はタピオカ**にかわって**何が流行(りゅうこう)するのか、まだ予想(よそう)がつかない。 去年珍珠奶茶引起了空前的大热潮，但是今年什么会接替珍珠奶茶呢，我们还无法预测。		

文型	～にひきかえ	接続	N＋にひきかえ 普＋の＋にひきかえ （NAだ・NAだである＋の＋にひきかえ） （Nだである＋の＋にひきかえ）
意	～とは反対に　与……相反		
解	前の事項と対照的になった後文の事項を言いたいときに使う表現。話し手の主観的な気持ちを示す。　表示与前文形成对照的后文事项。表示说话人主观的心情。		
例	お隣の娘さんは医学部(いがくぶ)に進学(しんがく)したらしい。それ**にひきかえ**、あんたはいつになったら勉強をし始めるの。　隔壁的女儿好像进了医学系。那么就要说到你了，你什么时候开始学习呢？		
	高くて故障(こしょう)しやすい外国製品(せいひん)**にひきかえ**、安くて品質(ひんしつ)のいい日本製品は、世界中の消費者に人気がある。与高价而易坏的外国产品不同，日本产品物美价廉，受到了全世界消费者的青睐。 同じネズミ目でも、ハムスターやモルモットはペットとして愛(あい)されやすいの**にひきかえ**、ドブネズミは不潔(ふけつ)な動物として、忌(い)み嫌(きら)われることが多い。 即使同样是鼠类，仓鼠和豚鼠就作为宠物被大家接受并喜爱，与此相反，褐鼠则作为肮脏的动物，经常被人们讨厌。 火山灰(かざんばい)による悪影響(あくえいきょう)を受けやすい畑作(はたさく)**にひきかえ**、水田耕作(すいでんこうさく)は山地(さんち)から流出(りゅうしゅつ)する栄養素(えいようそ)を水中(すいちゅう)に蓄(たくわ)えることができるために、日本の状況に適(てき)している。 与容易受到火山灰恶劣影响的旱田不同，水田耕作因为能在水中储存从山地流出的营养成分，所以更适合日本。		

＜17＞伝聞・推量

145	～そうだ（伝聞）	听说……
	～そうだ（様態）	似乎……
146	～ということだ・とのことだ	听说……

147	**～とか**	听说……
148	**～ようだ**	好像…… 像……一样 就像……
149	**～みたいだ**	好像…… 像……一样 就像……
150	**～らしい**	似乎……
151	**～まい**	应该不……吧 绝不……
152	**～ではあるまいか**	恐怕……吧
153	**～かねない**	可能会……
154	**～恐れがある**	恐怕会……

文型	**～そうだ**	**接続**	**普+そうだ**
意	伝聞を表す　表示传闻，“听说……”		
解	「～そうだ」は伝聞を表す文型で、誰かに聞いたり、何かを見たりして得（え）た情報を相手に伝える時に使う。　表示传闻，向别人转述自己看到或者听到的消息。		
例	天気予報によると、あした大雨だ**そうだ**。　根据天气预报，明天有大雨。 平安時代に好まれていた「蘇」というお菓子は、かなり美味しかった**そうだ**。 据说一种在平安时代很受欢迎的叫做“酥”的点心非常好吃。 増殖したがん細胞を減らすために抗がん剤を与えることで，治療成果をあげている病院がある**そうだ**。　听说有的医院为了减少增殖的癌细胞，给患者注入抗癌剂，从而取得治疗成果。 北極圏や南極圏では、夏に「白夜」と呼ばれる、真夜中になっても空が暗くならない現象が見られる**そうだ**。 听说在北极圈和南极圈，夏天的时候可以看到半夜天也是亮的这一现象，这被称为“极昼”。		

文型	**～そうだ**	**接続**	**V~~ます~~+そうだ** **A~~い~~+そうだ** **（いい ➡ よさそうだ）** **（ない ➡ なさそうだ）** **NA+そうだ**
意	～の様子だ　表示推测，似乎看上去……		
解	話し手が「はっきりと断言できないが，～という様子や状態だろう」と判断・予測・推量していることを表す。　表示说话人的判断、预测或推测，“虽然不确定，但应该是……”。		
例	これは厄介なことになり**そうだ**。　这个似乎很麻烦。 写真を見る限り、この街は静か**そうだ**。　从照片来看，这条街似乎很安静。		

	インターンシップは会社で働(はたら)く経験ができるだけでなく、将来の仕事を見つけるのにも役立(やくだ)ち**そうだ**。 实习不仅能让人拥有在公司里工作的经验，对于将来找工作也有帮助。
	今年の梅雨は七月末まで続き、かなり長かったが、八月からは例年通り猛暑日(もうしょび)が続き**そうだ**。 今年的梅雨一直持续到七月末，相当长，但八月开始似乎就会和往年一样炎热。

文型	～ということだ・とのことだ	接続	普＋ということだ・とのことだ （ただし、Nは「だ」がなくてもいい）
意	伝聞を表す　表示传闻，“听说……”		
解	他から聞いたり読んだりして知ったことを表す表現。　表示通过耳闻目睹从别处了解到的事情。		
例	ニュースによると、来月から電気料金が上がる**ということだ**。 根据新闻报道，下个月起电费要上涨。		
	元乗組員(もとのりくみいん)の話によると、青函(せいかん)トンネルができる前、北海道と青森(あおもり)間は、青函連絡船(れんらくせん)と総称(そうしょう)される船によって結(むす)ばれていた**ということだ**。 听原机组人员说，在青函隧道建成之前，北海道和青森之间是用统称为青函联络船的船连接起来的。		
	店長の話によると、葛西(かさい)から西葛西にかけてはインド人の居住者(きょじゅうしゃ)が多く、インド料理だけでも30店舗(てんぽ)はある**とのことだった**。 听店长说，从葛西到西葛西有很多印度人居住，光是印度料理就有30家店铺。		

文型	～とか	接続	普＋とか （NAだ＋とか） （Nだ＋とか）
意	～と聞いた　表示传闻，“听说……”		
解	例をあげたいときに使い、不確かなことをはっきり言うのを避けたいときに使う表現。 用于举例，表示不确定的传闻。		
例	彼女は来週結婚する**とか**で、忙しいらしい。　听说她下周要结婚什么的，似乎很忙。 今年の新入社員(しんにゅうしゃいん)は、かなり優秀だ**とか**。君たちも頑張れよ。 听说今年的新职员相当优秀。你们也要加油啊。		
	トラックの運転手になろうという人が減っている**とか**。これから日本の貨物輸送(かもつゆそう)の問題点も多いだろう。听说想当卡车司机的人越来越少了。今后日本的货物运输应该会出现很多问题吧。 アリストテレスは、その生涯(しょうがい)のうちにありとあらゆる分野の学問を研究し、学問の体系(たいけい)を築(きず)いた**とか**。まさに万学(ばんがく)の祖(そ)という呼(よ)び名(な)にふさわしい。 据说亚里士多德在其一生中研究了所有领域的学问，建立了学问体系。不愧是万学之祖。		

文型	～ようだ	接続	普＋ようだ （NAだな＋ようだ） （Nだの＋ようだ）
意	①推定　表示推测“好像……”		

	②比喩・比況　表示比喻，“像……一样” ③例示　表示举例，“就像……”
解	①推定を表す表現。ある物事について、何らかの根拠を持って判断しうるときに使う。 表示推测，用于描述说话人有某种证据可以做出这一判断。 ②似ている状況や物を例に出して，何かを説明する。比喩。 在说明某事时，以相似的状况或事物为例。比喻。 ③「～とだいたい同じようだ」という意味を表す。　表示“与……基本相同”。
例	①会話の内容から察(さっ)するに、あの二人は兄弟の**ようだ**。从对话的内容来看，他们俩好像是兄弟。 ②仲睦(なかむつ)まじく遊んでいる様子を見ると、あの二人は兄弟の**ようだ**。 看到他们和睦地玩耍的样子，他们俩就像兄弟一样。 ③あなたの**ように**誰とでも仲良くなれる性格がうらやましい。 我羡慕就像你这样和谁都能成为好朋友的性格。 ①才色兼備(さいしょくけんび)な彼女だが，料理のほうも腕が立つ**ようだ**。 她又漂亮又有才华，好像做饭也很不错。 ②毎日同じ時間に起きて会社に行き、同じものを食べて、同じ時間に寝る。夫の生活は、まるで判(はん)に押(お)した**ようだ**った。 每天同一时间起床去公司，吃同样的东西，同一时间睡觉。丈夫的生活，就像盖章一样死板。 ③地球の**ように**水や大気(たいき)が存在する星を、人類は探し続けている。 人类还在持续探索像地球这样存在水和大气的星球。

文型	～みたいだ	接続	普＋みたいだ （NAだ＋みたいだ） （Nだ＋みたいだ）
意	①推定　表示推测“好像……” ②類似　表示类似，“像……一样” ③例示　表示举例，“就像……”		
解	①話者の判断を表す。そのような様子や状況がうかがわれる。 表示推测，用于描述说话人从感觉或者主观得来的感受。 ②様子や形などが似ているという意味を表す。　表示样子、形状相似。 ③条件に合うものを具体的に例示することを表す。　举例表示与条件相符的事物。		
例	①彼は何もわかっていない**みたいだ**。　他好像什么都不知道。 ②ハンバーガー**みたいな**雲が浮(う)かんでいる。　漂浮着一朵像汉堡一样的云彩。 ③東京**みたいな**大都会には住みたくない。　不想住在像东京那样的大城市里。 ①歯の汚(よご)れは唾液(だえき)が減(へ)って口の中が乾燥(かんそう)することが原因**みたいだ**。 牙齿上的污垢好像是由于唾液减少、口腔干燥而形成的。 ②大塚国際美術館(おおつかこくさいびじゅつかん)では歴史的な西洋名画(せいようめいが)の多くを本物(ほんもの)**みたいに**再現(さいげん)した作品を展示しており、西洋絵画好(かいがす)きにとってはたまらない美術館だ。 大家国际美术馆展示了许多历史性的西洋名画的临摹作品，是一个深受西洋绘画爱好者喜爱的美术馆。 ③遊園地(ゆうえんち)**みたいな**楽しく遊べる場所に行きたい。　我想去像游乐场一样能开心玩耍的地方。		

文型	～らしい	接続	普+らしい （NAだ+らしい） （Nだ+らしい）
意	推定を表す　表示推测，“似乎……”		
解	話し手が客観的な根拠をもとに,判断したことを述べるときに使う。 用来表示说话人在基于客观依据的基础上做出的判断。		
例	田さんは来月、アメリカに出張（しゅっちょう）に行くらしい。 田先生下个月似乎要去美国出差。		
	絵画の修復（しゅうふく）では、同じ素材（そざい）を用（もち）いて直しても、傷（いた）みやすかったり、時代を経（へ）た美術品には合わなかったりすることもあるらしい。 修复绘画作品时，似乎即使使用同样的素材来修复，也会出现损伤原作，或者修复材料与历史悠久的美术品不相匹配等情况。 古い芸術作品は、贋作（がんさく）もまた多く出回っており、本物らしいと思われる作品を一般人（いっぱんじん）が見分（みわ）けるのは難しい。在古老的艺术作品中，也大量出现赝品，一般人很难分辨出仿真度高的假货。		

MORE＋　助動詞の「らしい」と接尾語の「らしい」

	助動詞の「らしい」	接尾語の「らしい」
接続	普+らしい （NAだ+らしい） （Nだ+らしい）	N+らしい 副詞+らしい NA+らしい
意味	客観的な根拠を基づく判断。	～の特質をよく備えている。 ～という気持ちを起こさせる。
例	天気予報によると、明日は雨らしい。 根据天气预报，明天似乎要下雨。  	自分らしい生活を送りたい。想活出真我。  その話はばからしくて聞いていられない。 这话太愚蠢了，实在听不下去。

文型	～まい	接続	V（五段）辞+まい V（一段）否+まい V（カ）「来る」は「くるまい」「こまい」 V（サ）「する」は「すまい・するまい・しまい」
意	①～ないだろう　应该不……吧 ②～ないつもりだ　绝不……		
解	①打ち消しの推量の意を表す。　表示否定的推测。 ②打ち消しの意志を表す。　表示否定的意志。		

例	①酒を飲んだくらいで、病気になんてなる**まい**。　只是喝了点儿酒，不会生病的。 ②あの高くてまずい店、もう二度と行く**まい**。　那家又贵又难吃的店，我再也不会去了。 ①シュリーマンは、実在する**まい**とさえ思われていた伝説の都市トロイアの遺跡を発掘したことで、考古学者としての名を歴史に刻んだ。 施里曼发掘了传说中的都市特洛伊遗迹，在那之前大家都以为它并不真实存在。所以他作为考古学家名留青史。 ②生き物は、保護色や擬態をもっていたり、固い殻やトゲや武器をもっていたりあるいは毒を含んでいたりして、相手に食べられ**まい**と必死に抵抗している。 生物会披上保护色或者模拟生态环境，用坚硬的壳或者刺来当作武器，或者身体含有毒素，拼命抵抗，不让别人吃掉自己。

文型	～ではあるまいか	接続	普＋の＋ではあるまいか （NAだな＋の＋ではあるまいか） （Nだな＋の＋ではあるまいか）
意	恐らく～だろう　恐怕……吧		
解	話し手がある根拠に基づいた判断を表す。書き言葉に使う硬い表現。 表示说话人基于某种根据做出判断，是用于书面语的生硬表达方式。		
例	幼いころからここに住んでいた彼が、この場所に詳しいの**ではあるまいか**。 他从小就住在这里，对这个地方一定是很熟悉的吧。 著者がこの作品を通して伝えたかったのは、人生の儚さなの**ではあるまいか**。 作者通过这部作品想要传达的，难道不是人生的虚幻吗？ 温度や距離など現実的な問題から考えても、人類が太陽に到着するというのは不可能なの**ではあるまいか**。 从温度和距离等现实问题来考虑，人类想要到达太阳恐怕是不可能的吧。 線文字Bは論文や公式の文書には使用されておらず、主に粘土板に書き留められているから、記録を伝えるためだけに用いられたの**ではあるまいか**。 线形文字B没有用在论文和正式的公文文书中，主要是写在黏土板上留存下来，所以只是用来传达记录的吧。		

文型	～かねない	接続	V~~ます~~＋かねない
意	～の可能性がある　很有可能……		
解	「～かねない」は、ある状況から考えて，良くないことが起こる可能性があるという話し手の判断を表す。 说话人考虑到某种状况做出的判断，表示有可能发生不好的事情。		
例	スマホを見ながら運転したら、交通事故を起こし**かねない**。 边看手机边开车的话，很有可能会发生交通事故。 一般人が軽く問い詰めるだけでは、犯人は嘘をつき**かねない**。 如果是普通人轻描淡写地追问的话，犯人很有可能会说谎。		

	外来種は島の固有の生物の生存を脅かし、島全体の生態系を破壊しかねない。 外来物种会威胁岛上原有的生物，甚至有可能破坏整个岛的生态链。 暴力的なゲームが普及しすぎると、若者が現実と虚構を混同し、犯罪に走りかねないとして、危惧する人も多い。 很多人担心，如果暴力游戏过于普及，年轻人很有可能将现实与虚构混淆，走向犯罪。

比	8 可能性	～かねる	▶ 340ページ

文型	～恐れがある	接続	V辞＋恐れがある V否＋ない＋恐れがある N＋の＋恐れがある

意	～という心配がある　恐怕会……
解	～という悪いことが起こる可能性がある。硬い表現。 表示有可能会发生某种不好的事情。相对生硬。
例	東京地方は、竜巻などの激しい突風が発生する恐れがある。 东京地区恐怕会发生龙卷风等激烈的暴风。 食品にアレルギー物質が入っている場合や、その恐れがある場合は、子供に食べさせてはいけない。　如果食品中含有过敏物质，或疑似含有过敏物质的话，就不能给孩子吃。 車も自転車もスピードが出せるので、道幅が充分あっても出会い頭に衝突する恐れがある。 不管是机动车还是自行车速度都很快，因此即使道路宽度足够恐怕也会在转弯处发生碰撞。 水面下に潜む岩石やサンゴ礁は暗礁と呼ばれており、その周辺を通過する船にとっては座礁の恐れがある、危険な場所だ。 潜藏在水面下的岩石和珊瑚礁被称为暗礁，对于通过其周边的船来说，这种地方会有触礁的风险，是很危险的地方。

POINT　「～かねない」と「～恐れがある」の比較

「～恐れがある」は～という悪いことが起こる可能性があり、～という心配があるという意味を表す。**硬い言い方なので、天気予報やニュースなどで使う。悪いことにしか使わない。**
「～かねない」もよくないことが起こる可能性があるという意味を表すが、話し手がある状況からの判断をしたことを表し、原因と一緒に使う。
「～恐れがある」意为“可能会发生……这种不好的可能性；担心会……”。是一种相对生硬的表达方式，可用于天气预报或新闻等。只用于负面和消极的事情。
「～かねない」也是指有发生不好事情的可能性，但表现的是说话人根据某种状况做出的判断，要搭配表达原因的句子。

例

○病気になる恐れがある。 ✕病気になりかねない。 意：可能会生病。	○そんな乱れた生活をしていると病気になる恐れがある。 ○そんな乱れた生活をしていると病気になりかねない。 意：如果一直这样生活不规律的话，就有可能会生病。

<18> 主張・断定

155	～に違いない・～に相違ない	一定是……
156	～に決まっている	肯定是……
157	～にほかならない	一定是……
158	～というものだ	就是……
159	～しかない	只能……
160	～（より）ほか（は）ない	只能……
161	～までだ・までのことだ	只能……
162	～にすぎない	只不过……而已

文型	～に違(ちが)いない・に相違(そうい)ない	接続	普＋に違いない・に相違ない （NA~~だ~~＋に違いない・に相違ない） （N~~だ~~＋に違いない・に相違ない）

意	きっと～だ　一定是……
解	何らかの根拠にもとづいて、話し手が強く確信しているということを表す。どちらも書き言葉だが、「～に相違ない」のほうがより硬い表現。 说话人基于某种根据，十分确信。两者都是书面语，但「～に相違ない」更为生硬。
例	そのレストランはいつも人が多いから、おいしい**に違いない**。 那家餐厅总是人很多，一定很好吃。 この小説を読む限り、作者はきっとユーモアに富(と)む人物である**に違いない**。 只要读了这部小说，就会知道作者一定是一个很幽默的人。 偶然(ぐうぜん)発見したように見えても、実際のところ、彼のそれまでの努力があったからこそ、今回の実験で成果として現れた**に違いない**。 看起来是偶然发现的，但实际上是因为他之前的努力，才会有这一次实验的成果。 宇宙(うちゅう)がこれほど広いのであれば、生命体(せいめいたい)が住み、文明が築かれている星がどこかにある**に違いない**。 如果宇宙如此广阔的话，那么一定在什么地方会存在居住着生命体、构建出文明的星球。

文型	～に決まっている	接続	普＋に決まっている （NA~~だ~~・NA~~だ~~である＋に決まっている） （N~~だ~~・N~~だ~~である＋に決まっている）

意	絶対に～　肯定是……
解	話し手が断言したいときに使う強い言い方。「絶対に～だ、ほかには考えられない」。話し言葉。 表示说话人的断定，“一定是……，不可能是其他的”。语气强烈，用于口语中。
例	この仕事を今日中に終わらせるなんて、無理**に決まっている**。 这个工作是绝不可能今天之内完成的。 冷蔵庫のプリンがなくなっていた。妹が食べた**に決まっている**。 冰箱里的布丁不见了。一定是妹妹吃了。

	毎日２時間睡眠では、体調を崩す**に決まっている**。 如果每天只睡两小时，那么你的身体一定会垮掉的。 自分が一番正しい**に決まっている**と思い込んで行動を先走ると、意図せず他人を巻き込んだり傷つけたりすることがある。 如果总是固执地认为自己一定是最正确的并贸然行动的话，有时会无意中连累或伤害别人。

文型	～にほかならない	接続	N＋にほかならない
意	絶対に～だ　一定是……		
解	話し手が断言したいときに使う強い言い方。「絶対に～だ、ほかには考えられない」。書き言葉。 表示说话人的断定，“一定是……，不可能是其他的”。语气强烈，用于书面语中。		
例	あの映画が人気を集めたのは、俳優の演技がよかったから**にほかならない**。 那部电影之所以受欢迎，一定是因为演员的演技好。 この手紙の筆跡は、私の級友のもの**にほかならない**。 这封信的笔迹，一定是我同班同学的。 人間はまるで特別な高等生物のような顔をしているが、実際は少し頭が発達しただけの、数ある動物の一種**にほかならない**。 人类总以为自己是特殊的高等动物，其实只不过是众多动物种类中，大脑略微发达了一些的一种而已。 中世のヨーロッパでは、少し変わった人間は魔女**にほかならない**として炙り出され、多くの罪なき人が拷問を受け、ときには処刑されることもあった。 在中世纪的欧洲，一些稍显奇怪的人会被大家坚信是巫婆，很多无辜的人受到拷问，有时甚至会被处死。		

文型	～というものだ	接続	普＋というものだ （ただし、NAとNは「だ」がなくてもいい）
意	それは～だ　就是……		
解	話し手が感想を言ったり、主張をしたりするときに使う断定的な言い方。 表示说话人的感想或主张等，表示断定。		
例	遅く来て、いい席に座ろうなんて、自分勝手**というものだ**。 来晚了，还想坐在好位子上，这太自私了。 困っている人がいたら助けるのが当たり前**というものだ**。 伸手帮助有困难的人是理所当然的。 助けることもあれば、助けられることもあるのが人間**というものだ**。人就是要互相帮助。 芸術とは難しいものではなく、自分の表現したいことを自由に表現する**というものだ**。 艺术并不是什么难事，就是将自己想要表示的东西自由地表现出来而已。		

文型	～しかない	接続	V辞＋しかない N（する動詞）＋しかない
意	～するだけだ　只能……		

解	他には方法がないから、仕方なく～をするだけだ。 表示没有别的办法了，出于无奈只能……
例	終電を逃したから、歩く**しかない**。 错过了末班车，只好步行（回家）。 試験に落ちたとしても、前を向く**しかない**。 即使考试没及格，也只能向前看。 他の生物との競争に勝てない生物は、誰もいないところへ出て行く**しかない**。 在与其他生物的竞争中失败的生物，只能逃到没有人去的地方。 通信販売は、利便性こそ高いが、店頭で現物を手にすることができないため、消費者は広告での写真やクチコミなどを基に購入を判断する**しかない**。 虽然邮购非常便利，但因为不能去店里直接接触到实物，所以消费者只能根据广告上的照片和口碑决定是否购买。

文型	～（より）ほか（は）ない	接続	V辞＋（より）ほか（は）ない
意	～以外に方法がない 只能……		
解	「しかない」と同じで、「他には方法がないから、仕方なく～をするだけだ」という意味を表すが、「しかない」より少し硬い表現。「より」と「は」は省略できる。与「しかない」相同，表示“没有别的办法了，出于无奈只能……”，但较「しかない」相对生硬。「より」与「は」可以省略。		
例	単語は一つずつ覚える**よりほかはない**。 单词只能一个一个记住。 これ以上客足が遠のき続けるのであれば、店をたたむ**ほかない**。 如果客人再不来的话，就只能歇业了。 仕掛けを学習できないラットは、環境に適応できないものとして死ぬ**よりほかない**。 学不会认知装置的小白鼠，就没办法适应环境，只能走向死亡。 論を立証できる既存のデータがないのであれば、自分で新たに実験や取材を行い、地道にデータを採集する**ほかない**。 如果没有现有数据可以进行论证的话，就只能自己进行新的实验和采访，踏踏实实地收集数据了。		

文型	～までだ・までのことだ	接続	V辞＋までだ・までのことだ
意	～するだけだ 只能……		
解	それ以外には方法がないから、仕方なく～をするだけだ。最終手段を表す。 表示没有别的办法了，出于无奈只能……。表示最后的手段。		
例	とりあえずやってみて、失敗したらやめる**までだ**。 总之只能先试试看，失败了就放弃。 電車が運転見合わせなのであれば、歩いて帰宅する**までだ**。 如果电车停运了，就只能走回家了。 政治に対して不満があるのなら、まずは現在の情勢にしっかりと目を尖らせ、積極的に選挙に行って世の中を変える努力をする**までだ**。 如果对政治有不满的话，只能先好好观察现在的形势，积极地参与选举，努力改变社会了。		

電車が運転見合わせなのであれば…
歩いて 帰宅 するまでだ

	どれほど僕が彼女を深く愛していたとしても、彼女の気が変わったというのなら、諦めて別(わか)れる**までだ**。 不管我多么深爱她，如果她改变了心意，那也只能放弃然后分手了。

比	15 比較・程度	**～までだ・～までのことだ**	383ページ

文型	**～にすぎない**	**接続**	**普＋にすぎない** **（NAだ・NAだである＋にすぎない）** **（Nだ・Nだである＋にすぎない）**

意	ただ～だけだ 只不过……而已
解	ある物事の程度が低いことを言うときに使う。それ以上のものではないことを表す。 表示程度之低，"只不过是……"。
例	こんなことしても、ただ時間の無駄**にすぎない**。 这样做只不过是浪费时间而已。 彼女にとって僕は、影の薄いクラスメート**にすぎない**だろう。 对她来说，我只不过是个没存在感的同学而已吧。 何度も同じ失敗をしても、繰り返しているうちに、いつかうまくいくだろうと頑張る。この頑張りは「奇跡(きせき)を期待していること」**にすぎない**。 尽管反复失败，但依然坚持努力，希望可以重复过程直到成功。这种努力其实只不过是在"期待奇迹的发生"。 プラトンは、あらゆるものの本質(ほんしつ)はこの世とは違うイデア界に存在しており、我々が肉体的(にくたいてき)に感覚している対象はイデアに似た像**にすぎない**、と説(と)いた。 柏拉图说，所有事物的本质都存在于与这个世界不同的理念界之中，我们肉体上感觉的对象只不过是理念的影像罢了。

＜19＞基準・対応

163	**～ようだ・ように・ような**	像……一样
164	**～とおりに・とおりだ・とおりの** **～どおりに・どおりだ・どおりの**	像……一样
165	**～をもとに（して）・をもとにした**	以……为素材
166	**～に基づいて・に基づく・に基づいた**	以……为根据
167	**～に沿って・に沿う・に沿った**	沿着……；按照……
168	**～に即して・に即した**	基于……
169	**～を踏まえて・を踏まえた**	以……为前提
170	**～に応じて・に応じた**	根据……；顺应……
171	**～のもとで・のもとに**	在……下
172	**～によって・による**	由……而不同
173	**～次第で（は）・次第だ**	全凭……
174	**～たびに**	每当……就
175	**～をきっかけに（して）・をきっかけとして**	以……为契机
176	**～を契機に（して）・を契機として**	以……为契机
177	**～かたわら**	一边……一边……
178	**～そばから**	一……立刻就……

文型	～ようだ・ように・ような	接続	普＋ようだ・ように・ような （NAだな＋ようだ・ように・ような） （Nだの＋ようだ・ように・ような）

意	～とだいたい同じ　像……一样		
解	具体的な例を挙げたいときに使う表現である。「例えば」を補うことができる。 用于举例，常与「例えば」连用。		
例	神田（かんだ）の**ような**古本屋街は世界でも珍しいだろう。像神田这样的旧书店一条街在世界上也比较少有。 母が私にとても優しくしてくれた**ように**、私も娘に対し優しくありたい。 我温柔地对待我的女儿，就像母亲对待我一样。 昔の**ように**電車で文庫本（ぶんこぼん）を読む人が少なくなり、じっと携帯の画面を見ている人が増えてきた。　像原来那样在电车里读文库书的人在减少，而死死盯着手机屏幕的人在逐渐增加。 高村光太郎が彫刻家（ちょうこくか）としても作品を残していた**ように**、詩人（しじん）と呼ばれる人の多くは、詩以外の分野での創作（そうさく）活動や職業と並行（へいこう）して、詩作（しさく）を行（おこ）なっていた。 就如同高村光太郎作为雕刻家留下作品一样，被称为诗人的很多人，一方面从事着诗歌以外的创作活动和工作，一边作诗。		
比	17 伝聞・推量	～ようだ	▶ 391ページ

POINT　「～ようだ」「～ように」「～ような」の使い方

「～ように」は**「ようだ」**の連用形であり、**「ような」**は「同じく「ようだ」の連体形である。
「～ように」は連用形として、用言（動詞・形容詞・形容動詞）を修飾するときに使われる。
「～ような」は連体形として、体言（名詞）を修飾するときに使われる。
「～ようだ」有连用形「ように」和连体形「ような」的形式。
「～ように」作为连用形，主要是修饰动词、形容词等用言。
「～ような」作为连体形，修饰名词等体言。

例

あの人の**ように**日本語がぺらぺら話せたらいいのに。
如果能像那个人一样日语说得很流利就好了。

風邪をひいたときは、みかんの**ような**
ビタミンCを多く含む果物を食べるといい。
感冒的时候，多吃点像橘子这样富含维生素C的水果比较好。

風邪をひいた時にはみかんのようなビタミンCを多く含むような果物を食べるといいんだよ？

文型	～とおりに・とおりだ・とおりの ～どおりに・どおりだ・どおりの	接続	V辞・Vた＋とおりに・とおりだ・とおりの N＋の＋とおりに・とおりだ・とおりの N＋どおり・とおりだ・とおりの

意	～と同じように　像……一样
解	「～と同じように」という意味を表す。「予定・計画・指示・言う・思う」などの特定の単語と結びつくことが多い。表示“正如……一样”的意思，多接如「予定・計画・指示・言う・思う」等特定意思的词语。

例	
	当日のスケジュールは、この書類に示した**とおりです**。 当天的日程如资料所示。
	計画を立てたところで、どうせその**とおりに**実行できないに決まっている。 即便做了计划，反正到时也肯定无法完全按计划执行。 栃木県にある塩の湯温泉は、その名前の**とおり**、塩分による効能が高い湯質であることが知られている。 栃木县的盐汤温泉，正如其名字那样，以富含盐的高品质温泉为人所知。

POINT 「～ように」と「～とおりに」の違い

「～ように」は挙げた例とほぼ同じであることを表す。それに対して**「とおりに」**は挙げたものと異なることなくという意味を表す。

「～ように」表示与所举事例基本一致，而「とおりに」则表示与所举事例完全相同。

例

彼は約束**どおり**の時間に来なかった。（✕約束のような） 他没按照约好的时间来。

彼の**ように**日本語が流暢に話せない。（✕彼の通りに） 不能像他一样日语说的很流畅。

文型	～をもとに（して）・をもとにした	接続	N＋をもとに（して）・をもとにした
意	～を素材として 以……为素材		
解	あるものを作り出すときの基礎・原型・素材などを表す。「書く・話す・作る・創作する」などの意味を持つ動詞と結びつくことが多い。 表示某事的基础、原型、素材等。常搭配有「書く・話す・作る・創作する」等意思的词语。		
例	最近の歴史ブームで、史実**をもとにした**ドラマが人気だ。 因为最近的历史热，以史实为素材的电视剧很受欢迎。 この小説は、作者が実際の自身の生活**をもとに**書いたものであると言われている。 据说这篇小说是作者以自己的实际生活为素材撰写的。		
	私たちは、たとえ過去に経験したことがないような場面に出会ったとしても、経験したことの知識**をもとにして**考え、その場面を理解し、最適な行動をとろうと計画します。 我们即使遇到了从未经历过的场面，也可以根据学习过的知识进行思考，理解当时的情况，并制定计划采取最合适的行动。 オペラ『フィガロの結婚』は、フランスの劇作家ポール・マルシェが書いた戯曲**をもとに**、モーツァルトが作曲したものだ。 歌剧《费加罗的婚礼》是莫扎特是以法国剧作家博马舍的戏剧为基础创作的。		

文型	～に基づいて・に基づく・に基づいた	接続	N＋に基づいて・に基づく・に基づいた
意	～を基本として 以……为根据		

解	何かを根拠・基準にして判断や行動をするということを表す。「規定・ルール・データ・計画」などの言葉とともによく使われる。 表示以某事作为根据、基准从而作出判断和行动。常搭配「規定・ルール・データ・計画」等词语。
例	入学試験の成績(せいせき)**に基づいて**、一年目のクラス分けをします。 以入学考试的成绩为依据进行第一年的分班。 この小説に書かれていることはすべて、実話(じつわ)**に基づいた**ものだ。 这篇小说中所写的内容都是来源于真人真事。 判例法主義(はんれいほうしゅぎ)の国家では、裁判(さいばん)において、原則、過去の同種(どうしゅ)の裁判の先例(せんれい)**に基づいて**、判決(はんけつ)が下(くだ)される。在实施判例法的国家中，法院审判时，原则上以过去的同类判例为依据来下达判决。 面接で新入社員を採用(さいよう)する際は、客観的(きゃっかんてき)な視点(してん)**に基づいた**冷静(れいせい)な判断が必要になる。 通过面试来录用新员工时，必须基于客观的角度进行冷静的判断。

POINT 「～をもとにして」と「～に基づいて」の違い

「～をもとにして」は「～を素材に新しいものを作り出す」という意味である。それに対して**「～に基づいて」**は「～を根拠・基準にして判断や行動をする」という意味である。

「～をもとにして」侧重表示以某事为基础创造出新的东西。而「に基づいて」则侧重表示基于某种依据作出判断或采取动作。

例

平仮名や片仮名は漢字（〇をもとにして　×に基づいて）作られた。　平假名和片假名是基于汉字创造的。

未成年の飲酒は法律（〇に基づいて　×をもとにして）禁止されている。　根据法律，未成年人禁止饮酒。

このドラマは被爆体験（〇に基づいて　〇をもとにして）書かれた。　这个电视剧，是基于核爆受害者的经历写成的。

平仮名や片仮名は漢字を
もとにして作られました
安
あ
和
わ
世
セ
ク

文型	～に沿って・に沿う・に沿った	接続	N＋に沿って・に沿う・に沿った
意	～に従って　沿着……；按照……		
解	「何かに合わせて行動する」「長く続いているあるものに並行する」という意味を表す。「川・流れ・方針・方向」などの言葉とともに使われる。 表示配合其他事物作出行动，或是表示与某延续的事物并行。常搭配「川・流れ・方针・方向」等词语。		
例	花火大会の時は、たくさんの人が川**に沿って**座っている。花火大会时，很多人沿着河边坐着。 結婚式は彼らの希望**に沿って**、ハワイで行われた。　婚礼按照他们的愿望，在夏威夷举办。 予(あらかじ)め用意しておいた質問項目**に沿って**アンケート調査をする。按照事先准备的问题进行问卷调查。 かつてから、水があるゆえに土壌(どじょう)が豊かで、船で他の地域と交流することも可能であることから、あらゆる文明は、川**に沿って**栄(さか)える傾向(けいこう)があった。 有水土壤就能肥沃，也能够通船连接其他地区，所以自古以来，文明大都是沿着河流水域繁荣起来的。		

文型	～に即して・に即した	接続	N＋に即して・に即した
意	～を基準にして　基于……		
解	あるものを基準・拠り所にして判断や行動をするということを表す。よく「事実・実態・方針・計画」などの基準を表す言葉とともに使われる。 表示判断和行动的基准、依据。常与「事実・実態・方針・計画」等词连用。		
例	ニュース番組は事実**に即して**報道すべきである。　新闻节目应基于事实进行报道。 サービス業においては、個々の利用者に対し、それぞれの意向に沿った提案をし、それぞれのニーズ**に即した**サービスを提供する必要がある。 在服务业中，必须针对每位客户各自的意向进行提案，并按照其各自的需求去提供服务。 多様性が認められる現在においては、マイノリティの生活**に即して**デザインなどを工夫し、誰でも安心して使えるような商品を生み出すことが大切だ。 在强调多样化的今天，以少部分人的生活来进行设计，创造出无论是谁都能安心使用的产品很重要。 実生活**に即した**日本語を習得したいのなら、与えられた文章を読むだけでなく、ドラマやアニメにも触れてみるのはどうだろうか。 如果想学习基于实际生活的日语，不仅要阅读布置的文章，也要多看些电视剧和动画。		

文型	～を踏まえて・を踏まえた	接続	N＋を踏まえて・を踏まえた
意	～を前提にして　以……为前提		
解	あるものを土台や前提にして行動をするということを表す。よく「結果・状況・現状」などの言葉とともによく使われる。 表示将某事作为基础和前提来采取行动，常与「結果・状況・現状」等词搭配使用。		
例	文部省の国語教育の文法は主に橋本文法**を踏まえて**できている。 日本文部省的国语教育语法是以桥本文法为基础形成的。 今回の反省**を踏まえて**、次は失敗しないようにしよう。 基于对本次的反省，下一次尽量别再失败了。 一般社団法人においては、理事会は、株主総会で審議された案件**を踏まえて**、業務執行に関する事項を決定する。 在一般社团法人中，理事会会根据股东大会的决议，来制定业务实施的具体事宜。 文章を書くときは、あらゆる人種やセクシュアリティ、思想の人が読むこと**を踏まえて**、細心の注意を払いながら言葉を選ぶべきだ。 写文章时，应该以所有种族、性别、思想的人都会读这本书作为前提，来认真考虑措辞。		

文型	～に応じて・に応じた	接続	N＋に応じて・に応じた
意	～に対応して　根据……；顺应……		
解	前項事柄の変化に合わせて、後項事項も変わるという意味である。 表示配合前项的变化，后项也会随之发生变化。		

例	労働時間**に応じて**給料を払う。　根据劳动时间支付工资。 環境の変化**に応じて**、生物はそれぞれにとって適(てき)した形に進化してきた。 生物是根据环境的变化，进化成为适应不同环境的形式。 時代の変化や消費者のニーズ**に応じて**、素早(すばや)く商品を切り替える必要がある。 必须顺应时代的变化和消费者需求的变动，迅速地将商品更新换代。 動詞や形容詞など、「用言」と呼ばれる単語は、文法的な意味機能**に応じて**、複数の形に活用することができる。 动词、形容词等被称为用言的词，会根据语法功能不同有多种活用形式。

POINT 「～に沿って」「～に即して」「～を踏まえて」「～に応じて」の違い

この四つの文型は何らかを根拠にする点ではほぼ同じである。類義の文型であるが、少し異なった語感を持っている。
这四个句型都可以表示根据某事采取行动之意，但在语感上有差异。

「～に沿って」は流れに合わせるという意味を表す。
「～に沿って」表示配合某事的动作，进展等意思。

例

成功をイメージして、そのシナリオ**に沿って**行動する。想象成功的样子，并沿着这一蓝图行动。

「～に即して」はそのままに従うという意味を表す。
「～に即して」则表示完全按照某个依据来采取行动。

例

校則**に即して**制服を着て通学しなければならない。
根据校规，上学必须穿校服。

「～を踏まえて」は何かを考慮して行動するという意味を表す。
「～を踏まえて」表示顾虑某事，从而采取行动。

例

アンケート結果**を踏まえて**、企画を見直します。　根据问卷调查的结果，来修改方案。

「～に応じて」は前の変化行動に合わせて、臨機応変に行動を取るという意味を表す。
「～に応じて」表示根据前面的变化、动作等，从而随机应变采取行动。

例

参加する人数**に応じて**、どの会場を予約するかを決める。根据参加人数来决定预约哪个会场。

文型	～のもとで・のもとに	接続	N＋のもとで・のもとに
意	～の影響が及ぶ範囲・～の状況で　在……之下		
解	「影響力のあるものの下で行動をする」「ある条件において行動をする」いう意味である。「～の名の下に」という表現が多くみられ、動作の名目を表す。表示在某个具有影响力的事物下活动，或在某一条件下活动。常以「～の名の下に」的形式出现，用于表示动作的名目，"以……之名"。		

例	先生のご指導**のもとで**、論文を完成した。 在老师的指导下，完成了论文。 私が成功したのは、恵(めぐ)まれた環境**のもとで**経験を積(つ)むことができたからだ。 我之所以成功，是因为在优越的环境中积累了经验。 そのため、企業はそうした認識**のもとで**新たなビジネスモデルを築かなければならない。 正因如此，企业必须在这样的认识下来构建新的商业模型。 人種差別(じんしゅさべつ)をなくすという名目(めいもく)**のもとで**、多くの人を攻撃(こうげき)し、傷つけているのなら本末転倒(ほんまつてんとう)だ。 如果以消除种族歧视为名，攻击伤害他人，这就本末倒置了。

文型	~によって・による	接続	N+によって・による
意	~に対応して変わる　由……而不同		
解	前項事柄の違いで、後項事項も違うという意味である。「違う・変わる」の意味を表す言葉とともに使われる。表示由于前项的差异，后项也会有所差异。常搭配「違う・変わる」等意思的词语。		
例	国**による**文化の違いを理解すべきだ。　应该理解各国的文化差异。 時代**によって**、社会の中で正しいとされる共通(きょうつう)認識は変化してきた。 在社会上，人们认同的“普遍认识”也会随时代发展而变化。 一つの政策を巡って、視点**によって**は正反対の意見が出るかもしれない。 围绕一项政策，从不同的角度出发可能会得到完全相反的意见。 ここにはかつて地震**によって**沈(しず)んだ島があったらしいが、その島が沈んだタイミングや実在したかどうかについては研究者**によって**意見が分かれている。 据说此处曾经有一座岛因为地震而沉没了，然而对于这个岛的沉没时间以及这个岛是否真实存在，各个研究者都持有不同意见。		
比	5 根拠・手段・媒介	~によって	▶ 325ページ
比	23 原因・理由	~によって・による	▶ 428ページ

文型	~次第で（は）・次第だ	接続	N+次第で（は）・次第だ
意	~によって決まる　全凭……		
解	あるものに対応して、何かが決まったり結果が変わったりすることを表す。 表示某个结果的产生都凭借、依赖某事某物。		
例	合格するかどうかは、あなたの努力**次第です**。 能否录取，取决于你的努力。 いくら地獄(じごく)の沙汰(さた)も金(かね)**次第だ**とはいえ、こんなにも重大な事件にもかかわらず、お金だけで解決させてしまうのは、果(は)たして許されることなのか。 虽说有钱能使鬼推磨，但是这么严重的事情竟然只用钱就解决了，这难道是可以容忍的吗？		

	Youtubeやブログを使えば、企画やコンテンツ**次第で**、一般人でも芸能人より高い収入や知名度(ちめいど)を得たりすることがある。 利用Youtube和博客，只要能有好的想法和内容，即使是普通人也能获得比明星更高的收入和知名度。

比	１１ 時間・時点	**～次第**	▶ 360ページ
比	１３ 結果・結論	**～次第だ**	▶ 371ページ

文型	～たびに	接続	V辞＋たびに N＋の＋たびに
意	～のときはいつも　每当……就		
解	前項動作を行うと、いつも後項事項が発生する。　当前项动作发生时，后项动作也一定会发生。		
例	好きなアイドルの情報が更新(こうしん)される**たびに**、彼女は奇声(きせい)を上げている。 每次她喜欢的偶像的信息更新时，她都会发出尖叫。 帰省(きせい)の**たびに**、姉は実家にお土産を買ってきてくれる。 每次回老家，姐姐都会给家里带礼物。 のびのびと海の中を泳いでいるクラゲを見る**たびに**、何となく癒(いや)される感じがする。 每次看着在海中自由自在游泳的水母，总会感觉被治愈了。 合わせ調味料(ちょうみりょう)を使えば、調理の**たびに**調合(ちょうごう)するより効率的に調理することが可能になる。 使用复合味型的调味料，会比做菜时现场调味来的高效。		

文型	～をきっかけに（して）・をきっかけとして	接続	N＋をきっかけに（して）・をきっかけとして
意	～を動機として・契機として　以……为契机		
解	前項の出来事を動機・契機として、後項動作を行うことを表す。前项事件作为契机，出现了后项的动作。		
例	修学旅行**をきっかけに**、歴史に興味を持つようになった。 以修学旅行为契机，对历史产生了兴趣。 今回の放送(ほうそう)**をきっかけに**、より多くの人に我々のことを知ってもらいたいと思う。 我想要借这次播放，让更多人了解我们。 新居(しんきょ)に引っ越したこと**をきっかけに**、心機一転(しんきいってん)して生活をやり直す。 借着搬新家的契机，整个心情也焕然一新，重新开始生活。 震災(しんさい)により様々な建物が倒壊(とうかい)したこと**をきっかけに**、地震に強い丈夫な家の需要(じゅよう)が急速(きゅうそく)に高まった。　各种建筑物因为地震而倒塌，由此，人们对于耐震房屋的需求开始急速上涨。		

文型	～を契機に（して）・を契機として	接続	N＋を契機に（して）・を契機として
意	～を動機・発端として　以……为契机		
解	前項の出来事によって、後項の動作を行うことを表す。後項はプラスの意味の文が来ることが多い。　由于前项发生的事情，从而做了后项的动作。后项多出现积极正面的结果。		

例	結婚したこと**を契機に**、酒もタバコも辞めようと思う。 我想以结婚为契机，戒酒戒烟。 事故**を契機として**、鉄道会社は車両(しゃりょう)を丈夫なものに一新した。 以这次事故为契机，铁道公司全部更换了更加结实安全的新型车辆。 国際エネルギー機関は、石油危機(せきゆきき)**を契機として**、アメリカの国務長官の提唱(ていしょう)のもと、設立された。　以石油危机为契机，在美国国务卿的倡导下，设立了国际能源机构。 大飢饉(だいききん)**を契機に**、幕府(ばくふ)は百姓(ひゃくしょう)の没落(ぼつらく)を防(ふせ)ぐため、田畑(たはた)の売買を禁止する法令(ほうれい)を発令(はつれい)した。 大饥荒时，幕府为防止"百姓"（农民阶层）的衰落，颁布了禁止田地买卖的法令。

文型	～かたわら	接続	V辞＋かたわら N＋の＋かたわら
意	～一方で、他も　一边……一边……		
解	前項の動作をする一方で、並行して後項も行うことを表す。傍らとも表記される。 表示在前项动作进行的同时，后项动作也在进行。		
例	彼女は、女優としての仕事の**かたわら**、児童を援助(えんじょ)する活動も続けている。 她一边从事着演艺活动，一边也在开展援助儿童的活动。 彼は大学で文芸批評(ひひょう)論を学ぶ**かたわら**、自身も小説を書くことに興味を持ち、在学中に新人賞を受賞(じゅしょう)した。 她在大学学习文艺批评理论的同时，对写小说也很感兴趣，在大学期间就获得了新人奖。 学生生活の**かたわら**別の勉強をするのは良いことだが、それにより学業が疎(おろそ)かになってしまえば、本末転倒(ほんまつてんとう)だ。 在学习校内课程的同时，学别的东西是很好的，但如果疏忽学业的话就是本末倒置了。		

文型	～そばから	接続	V辞・Vた＋そばから
意	～してもすぐに　一……立刻就……		
解	何かをしてすぐ後で別のことが起こることを表す。後項は望ましくないことが多い。特に何度も繰り返し発生していることの場合に使われる。 表示刚一做完前项动作后项动作就紧接着发生。后项动作多为消极、负面的事态。在表示事情的反复发生时会使用该句型。		
例	単語は覚えた**そばから**忘れてしまう。 单词刚记住就忘了。 息子は、今日こそ勉強をすると言った**そばから**、ゲームばかりしている。 我家儿子刚表示说今天一定要好好学习，转眼就又闷头玩起了游戏。 店長に注意された**そばから**ミスばかりしていて、あきれるよ。 刚被店长说完就又犯错，真让人无语。		

	どれだけ立派なことを言っていても、言った**そばから**それを行動に移せていないような人の話は、聞く価値がないだろう。 不管说得多好听，说完不能马上付诸行动的人的话，根本就不值得一听。 政府が国民に自粛するようにと呼びかけた**そばから**深夜まで大人数で飲むサラリーマンが多いのは、呆れたものだ。政府才呼吁大家要自我约束，就有一大群上班族喝到深夜，简直无语了。

<20> 無関係・無視

179	～にかかわらず・にかかわりなく	与……无关
180	～を問わず	与……无关
181	～もかまわず	不在意……
182	～はともかく（として）	暂且不提……
183	～はさておき	把……放在一边
184	～をものともせずに	把……不当回事
185	～をよそに	对……不在意
186	～（よ）うと～まいと・（よ）うが～まいが	无论……都

文型	～にかかわらず・にかかわりなく	接続	V辞＋V否＋ない＋にかかわらず・にかかわりなく A＋A~~い~~く＋ない＋にかかわらず・にかかわりなく NA＋NA＋でない＋にかかわらず・にかかわりなく N＋にかかわらず・にかかわりなく
意	～に関係なく　与……无关		
解	前の事項に関係なく、後ろの事項が成立することを表す。 表示无关于前项事态，后项动作都会成立。		
例	本日の面接の結果については、合否**にかかわらず**、お電話でお知らせいたします。 关于今天的面试结果，不管结果合格不合格，都会电话通知你。 年齢や社会的地位**にかかわらず**、自分の好きなことに打ち込める人は素敵だ。 不管年龄和社会地位如何，能专注于自己喜欢的事情的人都很了不起。 実際、ブランド品であれば、品質**にかかわらず**よく売れるものだ。 实际上，只要是名牌，无论品质如何都很畅销。 高級住宅街など舌の肥えた人が集まる場所では、値段**にかかわらず**、品質が高く美味しい食品を提供する飲食店が評価される傾向がある。 在老饕聚集的高级住宅区，不管价位如何，高品质好味道的餐厅都会受到好评。		
比	2 対象	～に関わる	▶ 315ページ
比	21 逆接・譲歩	～にもかかわらず	▶ 417ページ

文型	～を問わず	接続	N＋を問わず
意	～に関係なく　与……无关		

解	前の事項がどのようであっても、後ろの状況に影響しない。「有無」「昼夜」などの対立を表す言葉とよく一緒に使われる。 表示无论前项是何种情况，对于后项的动作都不构成影响。常与「有無」「昼夜」等表示对立状况的词语连用。
例	サッカーは年齢や性別**を問わず**、多くの人々に人気がある。足球不论男女老少，受到很多人的喜爱。 我々の会社では、経験や学歴(がくれき)**を問わず**、一緒に働いてくれる人を募集(ぼしゅう)しています。 我们公司招聘职工，不问经验与学历，只需要能与我们志同道合的人。 日本は近年、季節**を問わず**、のべつ災害に見舞(みま)われている。 日本最近几年不论季节，会经常性地发生一些自然灾害。 リモートワークが普及したことにより、場所や時間**を問わず**、いつでも誰でも仕事ができるようになった。由于远程办公的普及，不再受到场所和时间的限制，无论是谁都可以随时办公。

POINT 「～にかかわらず」と「～を問わず」の違い

「～にかかわらず」「～を問わず」は単に物事の名称を表す名詞にではなく、内容が含まれる名詞、すなわち属性や性質を表す名詞につく。「～を問わず」は、対の名詞（大小·多少·男女·昼夜）などがつくことが多い。

「～にかかわらず」「～を問わず」都不能直接接表示事物名称的名词，必须要搭配能够体现出性质、属性等的名词。这其中，「～を問わず」常与表示一组相对概念的名词搭配使用。

例

財産**にかかわらず**、税金を支払わなければならない。×

財産の多少**にかかわらず**、税金を支払わなければならない。○

无关财产的多少，都要缴纳税金。

老若男女**を問わず**、税金を支払わなければならない。○

无论男女老少，都要缴纳税金。

文型	～もかまわず	接続	普＋の＋もかまわず （NAだな・NAだである＋の＋かまわず） （Nだである＋の＋かまわず） N＋もかまわず
意	～も気にしないで 不在意……		
解	普通は注意を払うようなことを、気にせずに何らかの行動を行うことを表す。 对本该注意、介意的事物不放在心上，继续进行后项的动作。		
例	あの女の子は人目**もかまわず**、電車の中で化粧をしている。 那个女孩子毫不在意别人的目光，在电车里化妆。 なりふり**かまわず**生きているとき，人間はまだ文化を持っていない。 在毫不在意服饰样貌随心生活之时，人类尚未拥有文化。 周りに人がいるの**もかまわず**路上で喫煙(きつえん)するような人は、法律で厳しく取締(とりし)まるべきだ。 毫不顾忌他人在路上吸烟的人，应该用法律来严格管束。		

文型	～はともかく（として）	接続	N＋はともかく（として）
意	～を問題にしないで　暂且不提……		
解	前のことは今は問題にせず、後ろのことを優先させて話すという意味を表す。問題にする必要がないのではない。　暂不考虑前项事态，优先讨论后项事态。表示姑且不论的意思。		
例	あの店は、サービス**はともかく**、味は文句なしだ。那家店，姑且不说服务态度，味道是真没得说。 結果**はともかく**、今回頑張ったことは、きっといつか将来の役に立つだろう。 先不说结果，这次的努力对将来一定是会有好处的。		
	アフリカの現状について、他の問題**はともかく**、子供の教育の現状に対しては、私は非常に心配している。从非洲的现状来说，其他的暂且不论，我对于孩子们教育的现状感到非常担心。 彼の作品は、展開の面白さ**はともかく**、登場人物の個性や文体の読みにくさという点においてはまだまだ実力不足だ。 他的作品，先不说故事情节是否有趣，在表达登场人物个性和文章的易读性上还有所欠缺。		

文型	～はさておき	接続	N＋はさておき
意	～を置いておいて　把……放在一边		
解	前の話は今は考えないで、後ろの話題に移ることを表す。疑問の助詞「か」に接続してもいい。 把前面的话题暂作保留，先讨论后项的话题。也可以接在疑问助词「か」后。		
例	冗談**はさておき**、そろそろ本題に入りましょう。玩笑话咱们先放一边，进入正题吧。 読みたい人がいるかどうか**はさておき**、小説を書いたのでSNSに投稿しました。 没去想会不会有人想读，小说既然已经写了还是发在社交媒体上了。		
	良いか悪いか**はさておき**、最近の若者は、最近は大事ですら話をメールやラインで済ませようとすることが多い。 好坏先不说，最近很多年轻人，就连重要的事也都通过邮件和line来解决了。 その映画は、興行収入**はさておき**、先鋭的な芸術性が業界内で高く評価されて、のちの映画業界にも多大な影響を与えることとなった。 先不说票房收入有多少，这部电影凭借其前卫的艺术性在业内得到了很高的赞誉，对于之后的电影行业也影响深远。		

POINT　「～はともかく」と「～はさておき」の違い

「～はともかく」「～はさておき」は両方とも「前の話題をしないで、後ろの話題について話す」という意味を表す。ほぼ同じであるが、違いもある。
「はともかく」は、前の話題を考えずに、後ろの話題を話したいという強調的な意味を表す。それに対して、**「はさておき」**は、前の話を一旦やめて、後ろの新しい話題に移るという優先的な意味合いが含まれる。

「～はともかく」「～はさておき」都表示暂且不提前项话题，但仍有所差异。
「～はともかく」表示暂时不考虑前面的事，想要谈论后项话题，用于对后项话题进行强调。
而「～はさておき」则表示先暂时中止前项话题，转而谈论后项的新话题。

例

海外で生活するチャンスがあるか**はともかく**、英語力は大事です。（強調）
先不管能不能有机会在国外生活，英语能力都是很重要的。
海外で生活できるかを考えるより、大事な英語力を身につけなければならないということを強調する。
表示与其考虑能否在海外生活，不如先掌握英语，对于英语能力一事进行强调。

海外で生活するチャンスがあるか**はさておき**、英語力は大事です。（優先）
先别想是不是能有机会在国外生活，把英语学好才是最重要的。
海外で生活するチャンスはあるかという話をやめて、英語力の話に移るという意味を表す。話題を転換する時によく使われる。
表示先中止有关于海外生活的话题，讨论一下有关于英语能力的事情。多用于转移话题的场景中。

文型	～をものともせずに	接続	N+をものともせずに
意	～を無視して、～に負けないで　把……不当回事		
解	前項事項は後項の出来事を妨げることだが、それを気にせず負けずに、無事に後項事項をする。 表示无视前项事态对后项事态的影响，并顺利展开后项事态。		
例	不況**をものともせずに**、あの店は売り上げの成長を遂(と)げた。 那家店丝毫不受经济萧条的影响，销售额不断提高。 周囲からの反対**をものともせずに**、姉は自分の夢を叶(かな)えた。 无视周围的反对，姐姐实现了自己的梦想。 大坂なおみ選手は、批判や偏見(へんけん)**をものともせずに**、不当(ふとう)な人種差別や暴力と向きあい、メッセージを出し続けている。 大坂直美选手毫不在意周围的批判和偏见，对不正当的种族歧视和暴力持续发表见解。 働きアリの軍隊(ぐんたい)は、カマキリの素早(すばや)い攻撃**をものともせずに**、小さい体と数の力を利用して、カマキリを降伏(こうふく)させた。 工蚁大军面对螳螂的迅速攻击也毫不畏惧，利用小小的身体和数量上的优势，击败了螳螂。		

文型	～をよそに	接続	N+をよそに
意	～には無関心で、～に関係なく　对……不在意		
解	他人の感情や評価について、全く無関心、また無関係であることを表す。 面对他人的感情评价等，采取漠不关心或是毫不相关的态度。		
例	彼は親の期待**をよそに**、遊んでばかりいる。他完全辜负父母的期待，一直无所事事，游手好闲。 荷物を持たされて疲れ切った旦那(だんな)**をよそに**、奥さんは大量の服を買い込んでいた。 老婆完全不顾提着大包小包累的精疲力尽的老公，还买了一大堆衣服。		

女は結婚すべきだとか、そんな周りの言葉をよそに、一人でも自分なりの幸せを理解している人の方が、魅力的に見える。
毫不在意周围“女人就应该结婚”的风言风语，一个人也能活得精彩幸福。这样的人，很有魅力。

周囲からの心ない誹謗中傷(ひぼうちゅうしょう)をよそに、彼は確実に実力をつけ、第一人者として業界を引っ張る存在になった。
不在乎周围人的诽谤中伤，他踏踏实实地提高实力，终于成为引领行业的第一人。

POINT 「～もかまわず」「～ものともせずに」「～をよそに」

「～もかまわず」「～ものともせずに」「～をよそに」はどれも動作主の無関心を示すものであるが、語感の違いもある。
「～もかまわず」「～ものともせずに」「～をよそに」都可以表示动作实施者对某事不关心的态度，但在语感上有差异。

「～もかまわず」、普通気にすることを気にしないという意味を表す。
「～もかまわず」，表示本应在意的事情在该场合变得不在意了。

例
人目もかまわず、あの二人は抱き合っている。
毫不在意别人的目光，两个人相拥在一起。

「～ものともせずに」、「台風・不況」など困難を表す言葉につき、それを克服した強さ・勇気を褒める文として使われる。
「～ものともせずに」常接在如「台風・不況」等表示困难的词语之后，多用于表扬克服困难的坚韧勇气。

例
プレッシャーをものともせずに、最後まで完璧に演奏した。
他承受着压力，完美演奏到了最后一刻。

「～をよそに」、自分の関係あることを自分とは関係ないこととして捉えることを意味する。他人からの評価・期待を無視する時によく使われる。
「～をよそに」，表示将本与自己有关的事件都视为和自己无关。用于表达无视对方的评价、期待等。

例
親の期待をよそに、毎日部屋にこもってゲームをしている。
他辜负了父母的期待，每天宅在房间里打游戏。

文型	～（よ）うと～まいと ～（よ）うが～まいが	接続	V意＋（よ）うと＋V辞（※）＋まいと V意＋（よ）うが＋V辞（※）＋まいが
意	～ても、～なくても結果は変わらない　无论……都		
解	前項の動作はしてもしなくても、後項の結果に影響しない。※V否：五段動詞以外 前项动作做与不做，对于后项结果都没有影响。		
例	たとえ雨が降ろうと、降るまいと、運動会は行われる。无论下不下雨，运动会都照常举行。		

	一部の人を除(のぞ)けば、「生きていけるお金を持っていようといまいと、やっぱり働(はたら)くべきだ」と思っています。我认为除了一部分人以外，其他人无论有没有可以生存下去的钱，都应当工作。 忠犬(ちゅうけん)ハチ公(こう)は、飼(か)い主(ぬし)が戻ってこようが戻ってこまいが飼い主の帰りを待ち続けたことがメディアに取(と)り上(あ)げられ、多くの国民(こくみん)の涙を誘った。 媒体报道了关于忠犬八公不论主人是否归来都一直蹲在那里等候的事迹，感动得大家热泪盈眶。 タバコを吸おうと吸うまいと勝手だが、いかに体に害(がい)を及(およ)ぼし、人にも迷惑(めいわく)をかける可能性があるということは、理解しておいた方がいい。 虽说吸不吸烟是个人自由，但还是希望你明白吸烟有害健康，会给别人带来麻烦。

<21> 逆接・譲歩

187	たとえ～ても	即使……也……
188	～としても	即使……也……
189	～にしても・にしろ・にせよ	虽然……但是
190	～たところで	就算……也
191	～ものの・とはいうものの	虽说是……但……
192	～ものを	明明……但却……
193	～ところ（を）	如果是一般情的话……，可……
194	～にもかかわらず	虽然……但是
195	～からといって	虽说……但……
196	～といっても	即便说……也……
197	～ながら・ながらも	虽然……但是……
198	～つつ・つつも	虽然……但是……
199	～くせに・くせして	明明……但……
200	～とはいえ	虽说……
201	～といえども	即使是……
202	～（か）と思いきや	本以为……

文型	たとえ～ても	接続	たとえ+Vて+も たとえ+A~~い~~く+ても たとえ+NA+でも たとえ+N+でも
意	もし～ということになっても　即使……也……		
解	前項はごく極端な事例を述べ、それでも後項の動作が成立するという意味を表す。 前项提出一个极端性的假设，表示即使在这种情况下后项动作依然成立。		
例	たとえ冗談(じょうだん)であっても、そんなことを言ってはいけない。即使是玩笑，也不能说这样的话。 たとえ僕の目が見えなくても、君だけは見失(みうしな)わない。 就算我的眼睛看不见了，也唯独不想失去你。		

	四本撚(よ)りのクライミングロープは、**たとえ**一本の糸(いと)が切(き)れ**ても**、三本の糸が残(のこ)るため、登山者の安全を保障(ほしょう)できる。 由四根绳子搓成的攀岩绳，即使有一根绳子断了也还留有三根，所以可以保障攀岩者的安全。 **たとえ**運転能力が高く**ても**、免許(めんきょ)を持っていない状態では、路上(ろじょう)を運転してはいけない。 即使车开得好，没有驾照，也是不能上路的。

文型	～としても	接続	普+としても
意	～と仮定しても　即使……也……		
解	仮に前項の条件が成立しても、後項の結果に何らかの影響をしないことを表す。 即使前项条件成立，对于后项的结果也没有任何影响。		
例	買う**としても**、一番安いのしか買えない。　要买也只能买最便宜的。 第一志望に合格しなかった**としても**、卒業後は家を出るつもりだ。 即使第一志愿没考上，毕业后也打算离开家。 出席が足(た)りなければ、たとえ期末試験に合格した**としても**単位は認(みと)められません。 如果出席次数没有达到要求，即使期末考试通过也拿不到学分。 日本では教師の需要が減っているため、大学で教員免許を取得(しゅとく)した**としても**、必ず常勤の教師になれるとは限らない。 由于日本对于教师的需求在减少，即使在大学拿到了教师资格，也不一定能够成为全职老师。		

文型	～にしても・にしろ・にせよ	接続	普+にしても・にしろ・にせよ （NAだ・NAだである+にしても・にしろ・にせよ） （Nだ・Nだである+にしても・にしろ・にせよ）
意	～は事実であるが　虽然……但是		
解	前項について考えても、後項の結論は変わらないことを表す。「にしろ」「にせよ」は改まった表現である。 再怎么考虑前项的情况，后项的结论也不会发生改变。「にしろ」「にせよ」是较为正式的表达方式。		
例	子供のいたずら**にしても**、笑って済(す)ませられる問題ではない。 即使是小孩子的恶作剧，也不能一笑了之。 体は元気である**にせよ**、医師に言われたなら安静(あんせい)にしておくべきだ。 虽然你身体很好，但是医生嘱咐了就应该安静休养。 ひとつの小説を読む**にしても**、知識を持った上で厳密(げんみつ)に読めば、作者の社会学的な立場や政治的な思想を読(よ)み取(と)ることができる。 即使只是阅读一部小说，如果用相关知识来仔细阅读的话，就能从中了解到作者的社会立场和政治思想。 専門学校や美術大学でデザインの教育を受けた**にしろ**、デザイナーとしての仕事が得(え)られるとは限らない。　即使在专门学校和美术大学学过设计，也未必能够找到设计师的工作。		

文型	～たところで	接続	Vた+ところで
意	～ても　就算……也		

解	前項の動作を行っても、その行為は報われない、無駄であることを表す。「言ったところで」という表現が多い。 再怎么进行前项动作，其结果也是徒劳无功。常以「言ったところで」的形式出现。
例	言ってみたところで、どうにもならない。　就算说了也没用。 何度告白したところで、彼の気持ちは変わらない。　表白了好几次，他的心意也没有改变。 同じ化学実験（じっけん）を何度したところで、必（かなら）ずしも同じ結果が出るとは限りません。 做相同的化学实验，也不一定会出现一样的结果。 ダイエット食品を利用したところで、その他の生活を正（ただ）さなければ、誰でも劇的（げきてき）に痩（や）せられるとは限らない。 即使食用减肥产品，但如果其他生活方式都不改正的话，也不是谁都能立刻瘦下来的。
比	１３ 結果・結論 ｜ ～たところ ｜ ▶ 369ページ

文型	～ものの・とはいうものの	接続	普＋ものの・とはいうものの （NAだな・NAだである＋ものの・とはいうものの） （Nだ(である)＋ものの・とはいうものの）
意	～なのは確かだが　虽说是……但……		
解	前項事項は事実であるが、前項から予想されることが起こらない時に使われる。文頭ではよく「とはいうものの」という表現が使われる。 前项虽然是事实，但是出现了根据前项所难以推测的情况。「とはいうものの」的形式常在句首使用。		
例	他人に褒められれば嬉しい。とはいうものの、明らかなお世辞は嫌だ。 能收到别人表扬的话是很开心的。但是明显是恭维就不喜欢了。 私の学校は、進学校とはいうものの、勉強以外の行事にも力を入れている。 我们学校虽然注重升学率，但也非常重视学习以外的活动。 自身で翻訳（ほんやく）した作品を読（よ）み返（かえ）す時に、一通（ひととお）り目は通（とお）すものの、単語まで一つ一つ確認できないので、印刷を行（おこな）ってから初めてミスに気（き）づくこともある。 回头看自己的翻译作品时，虽然从头到尾看了一遍，但因为不能每个单词都确认到，所以有一些错误要在打印之后才能发现。 学歴社会（がくれきしゃかい）とはいうものの、実際に社会で出世（しゅっせ）していくためには、頭の良さだけではなく人間性（にんげんせい）やコミュニケーション能力も必要だ。 虽说现在都看学历，但实际上，要在社会上出人头地不仅要头脑好，人品和交流能力也很重要。		

文型	～ものを	接続	V・A・NA普＋ものを （NAだな＋ものを）
意	～のに　明明……但却……		
解	実際に実現しなかったことについて、話し手の後悔、不満などの気持ちを表す。後項は省略可能なので、「ものを」で文を終わらせることがある。 表达说话者对于实际没能实现的事情的后悔、不满等感情。经常以「ものを」的形式结句，省略后项内容。		

例	もっと練習すればいいものを、遊んでいるから試合で負けるんだよ。 再多练习点就好了，光顾着玩才输了比赛。 あの時君にちゃんと想(おも)いを伝えていれば良かったものを、今更(いまさら)何を言っても遅いよね。 要是那个时候好好告诉你我的想法就好了，现在说什么都晚了。 提出期限が遅れてでも自力でレポートを書いておけばよかったものを、剽窃(ひょうせつ)が発覚(はっかく)して、落第(らくだい)が決定してしまった。 哪怕晚点提交也应该自己完成论文，现在被老师发现抄袭，落得个不及格的地步。 文句ばかり言わずに説得力のある代替案(だいたいあん)を出せばいいものを。野党(やとう)は今日も与党(よとう)の批判ばかりしている。 在野党今日也一直在批判执政党。别光批评抱怨，倒是拿出点有说服力的代替方案啊。

もっと練習すればいいものを遊んでいるから試合で負けるんだよ

POINT 「～ものの」と「～ものを」の違い

「～ものの」は、前文は既に発生した事実を述べ、それに対応している事柄が行われていないことを述べる。意味は「しかし」とほぼ同じである。

「～ものの」前面陈述已经发生的事实，后项则陈述没有出现与前项所相对应的事态。和「しかし」意思基本一致。

例

化粧はしたものの、出掛けたくない。　化好了妆，但是不想出门。

「～ものを」は、仮定事項が実行されないことに対する話し手の不満・残念・後悔などの気持ちを表す。「のに」と言い換える。

「～ものを」则表示说话者对于假定的事项没有发生所产生的不满、遗憾、后悔的心情，和「のに」可以互换。

例

薬を飲めば治るものをどうして飲まないの？　明明吃药就会好，为什么不吃?

文型	～ところ（を）	接続	普＋ところ（を） （NAだな＋ところ（を）） （Nだの＋ところ（を））
意	普通なら～だが　如果是一般情况的话……，可……		
解	普通なら～なのに、今は違うという状況を表す時に使う。 用于表示现在的状况与以往的状况有所不同。		
例	通常9800円のところ、本日は5900円となっています。平常是9800日币，今天5900日币。 本来は二十三時閉店のところを、常連(じょうれん)の頼みで二十四時まで引(ひ)き延(の)ばした。 本来应该23点关门，应老顾客的要求延长到了24点。		

	本来なら直接出向いて謝るべき**ところを**、書面にてお詫び申し上げることをご容赦（ようしゃ）ください。 原本是应该直接登门道歉，现用书面道歉还请见谅。 通常のお客様なら手数料をいただく**ところ**、同級生のよしみで無料にさせていただきます。 通常是向客人收取手续费，这次看在老同学的交情上就免了。		
比	１１ 時間・時点	～ところに・ところへ・ところを・ところで	▶ 356ページ

文型	～にもかかわらず	接続	普＋にもかかわらず （NAだ・NAだである＋にもかかわらず） （Nだ・Nだである＋にもかかわらず）
意	～のに　虽然……但是		
解	前項の事態から予想されることと違う事態が発生する。話し手の驚き、不満、非難などの気持ちが含まれる。实际发生的事件和前项所预测的不同。用于体现说话者的惊讶、不满、责怪等语气。		
例	結婚したいと言っていた**にもかかわらず**、いざ結婚の話になると、彼は話を逸（そ）らす。 虽然嘴上说想结婚，但每每一提到结婚，他就转移话题。 北岳（きただけ）は、日本で標高（ひょうこう）第二位の山である**にもかかわらず**、標高（ひょうこう）第一位の富士山（ふじさん）に比（くら）べると、その名はあまり知られていない。 虽说北岳是日本第二高的山，但和第一高的富士山相比起来，知名度并不高。 身体には異常（いじょう）が認（みと）められない**にもかかわらず**、吐（は）き気（け）を催（もよお）したり頭痛（ずつう）や腹痛（ふくつう）が続いたりしているのなら、日々のストレスが原因である可能性がある。 虽说身体方面并无异常，但是如果恶心、头痛腹痛等症状一直持续的话，也有可能是平日的压力导致的。		
比	２ 対象	～にかかわる	▶ 315ページ
比	２０ 無関係・無視	～にかかわらず	▶ 408ページ

文型	～からといって	接続	普＋からといって
意	～という理由から当然考えられることと違って　虽说……但……		
解	前の内容から予想されることと違う事態が起こるということを表す時に使われる。後ろに「とは限らない」「わけではない」などの否定の表現がくる場合が多い。 表示发生了与前项所预测的不同的事态。后面常搭配「とは限らない・わけではない」等表达方式。		
例	好きだ**からといって**、食べすぎると体によくない。　虽说喜欢但是吃太多对身体不好。 彼が優しい**からといって**、何をしても許（ゆる）されると思っているなら大間違いだ。 虽说他很温柔，但如果你觉得不管做什么他都会原谅的话就大错特错了。 車の運転による事故が多い**からといって**、車を全部なくすという議論はナンセンスだ。 虽说很多事故是由于开车造成的，但全面禁止汽车的观点也很荒谬。 血糖値（けっとうち）を抑（おさ）える薬を飲んでいる**からといって**、好き勝手に糖質（とうしつ）を摂取（せっしゅ）していいわけではない。 虽说在吃降糖药，但也不能肆意摄取糖分。		

文型	～といっても	接続	普＋といっても （ただし、NAとNは「だ」がなくてもいい）
意	～というけれども　即便说……也……		
解	前項話題から予測されることと違うことを述べる時に使われる。 表示发生了与前项话题所预测内容相反的事。		
例	いくら優秀である**といっても**、一人で何でもできるわけではない。 再优秀的人，也不是一个人什么都能做。 有名人**といっても**、インスタグラムのフォロワーが多いだけだ。 说是名人只不过是在照片墙（Instagram）上的粉丝多罢了。 ひとことに青色（あおいろ）**といっても**、藍色（あいいろ）や瑠璃色（るりいろ）、紺青色（こんじょういろ）など様々な種類のものがある。 虽说都叫蓝色，但细说起来有蓝色、琉璃色、深蓝色等各种种类。 私の会社はメーカー企業である**といっても**新製品を開発することはなく、既存（きそん）の製品の改造工事などを行っています。 我们公司虽说是制造公司，但是并没有新产品开发，而是对现有产品进行改造。		

文型	～ながら・ながらも	接続	Vます＋ながら・ながらも V否＋ない＋ながら・ながらも A＋ながら・ながらも NA(であり)・N(であり)＋ながら・ながらも
意	～のに　虽然……但是……		
解	性質・状態を表す言葉に接続し、そこから予測されない事態を表すときに使われる。「ながら」には逆接と同時の二つの意味があるが、「ながらも」は逆接のみである。 前接表示性质、状态等词语，后项多为由前项性质难以预测的事项。「ながら」同时具有表示逆接和表示同时进行两种用法，而「ながらも」只表示逆接。		
例	あの俳優は若い**ながらも**、すごく演技力がある。　那个演员虽然年轻，但是演技十分了得。 対戦相手と一進一退（いっしんいったい）の攻防（こうぼう）を繰り返し**ながらも**、負けてしまった。 和对手一来一往进行攻防战，最后落败。 アリは、体は小さい**ながらも**、群れをなせばあらゆる肉食昆虫（にくしょくこんちゅう）に匹敵（ひってき）するほどの狩猟能力（しゅりょうのうりょく）を持つ。　蚂蚁虽然身体小，但是聚在一起的话就能拥有与任何肉食昆虫相匹敌的狩猎能力。 北海道にある積丹半島（しゃこたんはんとう）は、都市圏に比較的近い**ながらも**交通の不便さがネックとなってあまり開発が進んでいないという問題を抱（かか）えている。 位于北海道的积丹半岛，虽说离大城市很近，却面临着因交通不便而发展缓慢的问题。		
比	複文　7　様態	～ながら	▶ 299ページ

POINT 「～ながらも」「～にもかかわらず」「～ものの」の違い

この三つの文型は書き言葉的な逆接表現としてよく使われ、意味は似ているが、語感の違いがある。这三个都是表示转折关系的书面用语句型，意思虽然相近但仍在语感上略有差异。

「～ながら（も）」、状態を表す名詞につくことで、逆接の意味を表す。「若いながらも」「子供ながらも」「知りながらも」のような慣用的な表現としてよく使われる。
「～ながらも」，多接表示状态的名词，用于表示转折关系。经常以「若いながらも」「子供ながらも」「知りながらも」这样的固定用法出现。

例

彼女は若い**ながらも**、仕事はできる。　她虽然年轻，但工作能力很强。

「～にもかかわらず」は事態が前文からの予測とは食い違ったことを表す。
「～にもかかわらず」用于表示事态和前文所推测的不一样。

例

雨**にもかかわらず**、運動会は予定通りに行われる。　即使下雨，运动会也会照常举行。

「～ものの」は前文で述べた事態を認めているが、それに対立する、またはそぐわない事柄を述べる時に使われる。前文を認めながら反省や残念な気持ちを表すことが多い。
「～ものの」，表示承认前项事态，但是着重陈述与前项事态对立或不适合的后项事态。多用于表达说话者反省或遗憾的心情。

例

そんなことを言った**ものの**、自分の心も痛む。　虽然嘴上这么说，但自己的心也在痛。

文型	～つつ・つつも	接続	V~~ます~~＋つつ・つつも
意	～しているが、しかし～　虽然……但是……		
解	「言う」「思う」など発言や気持ちを表すことに接続し、後ろにその発言や気持ちと反対の行動を述べる。言動の不一致を表す場合によく使われる。 前项多为「言う」「思う」等表示言说或思考的词语，后项则为与前项发言思考相反的动作。常用于表示言行不一。		
例	彼女は「お金がない」と言い**つつ**、高価なブランド品を買った。 她嘴上说没钱，却买了昂贵的名牌货。 諦(あきら)めようと思い**つつも**、初恋(はつこい)の人が忘れられない。　虽然想要放弃，但是仍无法忘记初恋。 その遊園地(ゆうえんち)は、テーマパークとしての営業(えいぎょう)が難しくなり、多くのファンに惜(お)しまれ**つつも**閉園(へいえん)した。那个游乐园作为主题公园的经营越来越困难，虽然很多粉丝很惋惜不舍，但还是关闭了。 ルターは聖書(せいしょ)の権威(けんい)を主張したが、カトリックは聖書が神のことばであることを認(みと)め**つつも**、聖書(せいしょ)が唯一(ゆいいつ)の権威(けんい)であることには同意しなかった。 路德主张圣经的权威，然而天主教虽然承认圣经是上帝的言语，却不认同圣经是唯一的权威。		

文型	～くせに・くせして	接続	普＋くせに・くせして （NA~~だ~~な＋くせに・くせして） （N~~だ~~の＋くせに・くせして）
意	～のに　明明……但……		

解	前の内容から普通想像されることと違う内容を述べる。また、違いに対して話し手の不満や非難の態度も含まれる。 用于表达逆接转折关系，即发生了与前项所推断内容不同的事态。体现了说话者不满责难等消极否定的态度。
例	大学生の**くせに**、漢字も書けないのか。　一个大学生连个汉字都不会写吗? 第一志望に受かった**くせに**、大学に行きたくないだなんてわがままだ。 都考上了第一志愿，现在说什么不想上大学，太任性了。
	本や書類を整然(せいぜん)とならべている**くせに**，必要なときには何もでてこないという人もいる。 有的人虽然将书和文件摆放得很整齐，但在需要的时候还是什么都找不到。 女の**くせに**勉強ばっかりして何になるの、と周りから言われてきたが、気にせず自分のやりたいことに打(う)ち込(こ)んできたから、夢を叶(かな)えることができた。 尽管常被别人说“一个女孩子学习有什么用”，但我并不在意这些言论，而是专注于自己想做的事情，终于实现了梦想。

本や書類を整然とならべてるくせに
必要なときには何もでてこないという人もいる。
単にならべたいだけなんだ!
文句でもあるかね?
…いえ

文型	～とはいえ	接続	普＋とはいえ （ただし、NAとNは「だ」がなくてもいい）
意	～は確かだ、しかし　虽说……		
解	前の内容は認めるが、実際のことはそこから想定されることと違っている。 承认前项内容，但是实际情况和前项所推断内容不一致。		
例	プロ**とはいえ**、失敗することもある。　虽说是专业的，但也会失败。 親しい**とはいえ**、傷つけるようなことを言っていいわけではない。 虽说关系好，但是伤人的话也是不能说的。		
	いくら地獄(じごく)の沙汰(さた)も金次第**とはいえ**、こんなにも重大な事件にもかかわらず、お金で解決させてしまうのは、果(は)たして許されることなのか。 虽说是有钱能使鬼推磨，但是这么严重的事情竟然都能用钱解决，这难道是可以容忍的吗? 九月になった**とはいえ**、クーラーの効かない狭い部屋の中では、真夏と変わらない蒸し暑さがたちこめていた。 虽说都九月了，但在没有空调的狭小房间里待着，真跟盛夏一样闷热。		

文型	～といえども	接続	普＋といえども （ただし、NAとNは「だ」がなくてもいい）
意	～であっても　即使是		
解	人や物事に接続し、その性質から予想されないことが起こることを表す。名詞に接続することが多い。 接在表示人或事物的词语之后，表示由此性质所推测的内容并未实际发生。前项多为名词。		

例	
	子供**といえども**、正しい判断ができる。　即使是小孩也能做出正确的判断。 有名大学を卒業した**といえども**、仕事ができるとはかぎらない。 即使是毕业于名牌大学，也未必工作能力就强。
	王は人の下にあってはならない。しかし、国王**といえども**神と法の下にある。なぜなら、法が王を作るからである。 王不能处于人之下。可国王也是处于神和法之下的。因为法制造了王。 大企業**といえども**年々酷（ひど）くなる不況には耐（た）えられず、新製品の開発を中止してしまった。 虽说是大企业但是也熬不住每年越来越不景气，最后终止了新产品的开发。

POINT 「～といっても」「～といえども」「～からといって」「～とはいえ」

前文を認めたうえで、後項の内容で付け加えたり、言い直したりする点で似ているが、ニュアンスの違いもある。这四者都表示在承认前项的基础上，对前项的事态作出补充或修正。

「～といっても」：前文で述べた事態に対して、「それはそうなんだが、不十分な部分もある」という意味を表す。
「～といっても」：表示对于前项的事态，说话者表现出"的确如此，但不够充分"的态度。

例

解決した**といっても**、まだ不安があります。　虽说解决了，但还是不放心。

「～とはいえ」：**「～といっても」**に比べて書き言葉的な表現である。意味としてはほぼ同じである。　「～とはいえ」：较之「～といっても」更倾向于书面用语。但意思基本一致。

例

解決した**とはいえ**、まだ不安があります。　虽说解决了，但还是不放心。

「～からといって」：前に理由を表す「から」が来ることで、「その理由から、想像される結果とは違う」という意味を表す。
「～からといって」：由于前面搭配了表示原因的「から」，表示实际情况与由该理由所推测出的结果不一致。

例

大雨だった**からといって**、2時間も遅れるとはひどすぎる。
虽说是因为下了大雨，但迟到两小时也太过分了。

「～といえども」：**「けれども」**などに置き換えられる。人や事柄を表す名詞につくことで、人や事柄の性質から期待される事態と異なる事態を述べる。
「～といえども」：可以和「けれども」置换，前接表示人和事件的名词，用于表达实际发生的事态与根据前述人和事件的性质推测出来的不一致。

例

父親**といえども**、子供に暴力は振るうべきではない。
虽说是父亲，但也不应该对孩子使用暴力。

文型	～（か）と思いきや	接続	普＋と思いきや 普＋かと思いきや （NAだ＋かと思いきや） （Nだ＋かと思いきや）

意	～と思ったが　本以为……
解	実際に起こったことは思っていることと違うという意味を表す。 表示实际情况与自己一直以来的想法相反。
例	この店は有名なので美味しいのか**と思いきや**、味は驚くほどまずかった。 这家店很有名，本以为会好吃，没想到味道惊人地难吃。 彼は東京で就職（しゅうしょく）するのか**と思いきや**、地元に帰るらしい。 本以为他会在东京就业，没想到他要回家乡了。 彼女はいつも文句ばかり言っているので、よほど仕事ができるのか**と思いきや**、自分はミスが多くて、周りに迷惑をかけてばかりいる。 她一直在抱怨，本以为她工作能力很强，没想到自己犯了那么多错误，尽给周围人添麻烦了。 父が痛風（つうふう）になったので、流石（さすが）に食生活を見直（みなお）す**と思いきや**、家族の目を盗（ぬす）んで毎晩飲み歩いていることが発覚（はっかく）した。 父亲得了痛风，本以为这次他该调整自己的饮食生活了，没想到我发现他还是瞒着家人每天到处喝酒。

<22> 否定・部分否定

203	～はずがない	不可能……
204	～わけがない	绝不会……
205	～ことなく	不做……
206	～どころではない	不是……的时候
207	～ものか	绝对不会……
208	～なしに・ことなしに	不……就不……
209	～までもない	不需要……
210	～とは限らない	未必……
211	～わけではない	并非全部……
212	～ないことはない・ないこともない	并不是完全不……
213	～というものではない	不一定……

文型	～はずがない	接続	普＋はずがない （NAだな・NAだである＋はずがない） （Nだの・Nだである＋はずがない）

意	～可能性がない　不可能……
解	ある根拠に基づいて、そのような可能性がないと主張する時に使われる。 表示说话者基于某一客观依据，认为某事不可能发生。

例	こんな中途半端(ちゅうとはんぱ)な態度で、試験に合格する**はずがない**。 这种半途而废的态度，考试是不可能合格的。 何回も繰(く)り返(かえ)し練習したんだから、できない**はずがない**。 反复练习了多次，所以不可能不会。 人生において、一つの明確な答えなど到底(とうてい)見つかる**はずがない**。 人生当中，最终也不可能找到一个明确的答案。 どれほどのプロが集まっていたとしても、指揮者(しきしゃ)がいなければ、完璧(かんぺき)なパフォーマンスなど成立する**はずがない**。 无论聚集多少专业演奏家，如果没有指挥的话，都是不可能有完美的表演的。

文型	～わけがない	接続	普＋わけがない （NAだな・NAだである＋わけがない） （Nだの・Nだな・Nだである＋わけがない）
意	当然～ない　绝不会……		
解	ある事実をもとに、当然そのことが成立する可能性がないことを強く述べる時に使われる。 说话者基于某一个事实，理所当然地认为某事不可能成立。		
例	こんなに仕事が残っているのに、今日中に終わる**わけがない**。 剩下了那么多工作，今天之内绝对完不成。 私が天才である**わけがない**。ただ努力をしただけだ。　我绝不是什么天才，只是努力而已。 日本では、神様や死後(しご)の世界など存在する**わけがない**と言いつつ、苦しいときにお祈(いの)りしたり、幽霊(ゆうれい)を怖がったりするような人が多く見られる。 在日本，虽然大家认为绝不存在神灵或死后的世界，但还是可以看到许多人遇到痛苦就祷告，见到幽灵就害怕。 結婚すればお金や余計な手続きがかかる上に、離婚や慰謝料(いしゃりょう)といったリスクも多い今の時代に、国民が結婚に対してポジティブなイメージを持つ**わけがない**。 结婚不仅花钱还费事，甚至面临离婚和支付赔偿金的风险，所以在当今时代，国民不可能对结婚持积极态度。		

POINT 「～はずがない」と「～わけがない」の違い

「～はずがない」と**「～わけがない」**が両方話し手の強い否定を表す。言い換えられる場合も多いが、違いがある。「～はずがない」和「～わけがない」都可以表示说话者强烈的否定，多数情况可以换用，具体差异如下。

「～はずがない」は何らかの根拠を持って、話し手が「絶対にない」と判断する時に使われる。それに対して、「～わけがない」は単に否定という主観的主張を表す、根拠がなくても使える。

「～はずがない」表示说话者基于某种依据，认为绝不可能如此。与此相对，「～わけがない」仅表示主观上的否定意见，即使没有依据也可以使用。

例

—ねえ、明日のパーティに来ないの？　哎，你不来明天的聚会啊？

—え！そんな**わけがない**よ。行くに決まってるでしょ！○　怎么可能！肯定去啊！

—え！そんな**はずがない**よ。彼の誕生日だから、行くに決まってるでしょ！○

怎么可能！他过生日，肯定去啊！

文型	～ことなく	接続	V辞＋ことなく
意	～しないで　不做……		
解	前のことをしないでという意味を表す。　表示在不做前项动作的情况下做后项动作。		
例	いつまでも変わる**ことなく**、私のことを覚えていてほしい。 不管到什么时候都请记得我。 犬は飼(か)い主(ぬし)の顔を忘れる**ことなく**、2年も過ぎたころに無事に帰ってきた。 狗没有忘记主人，两年后平安回来了。		
	人とケンカしたり、もめたりする**ことなく**、安らぎに毎日を生きながら、自分の人生を充実(じゅうじつ)させていきたいです。　想要不和别人发生争吵摩擦，安稳度日，充实自己的人生。 彼は幾度(いくど)の失敗にも諦める**ことなく**、新薬の開発に取(と)り組(く)み続けた。 即使失败多次他也没有放弃，一直致力于新药的开发。		

犬は飼い主の顔を忘れることなく
2年も過ぎたころに無事に帰ってきた

文型	～どころではない	接続	V辞＋どころではない N＋どころではない
意	～する場合ではない　不是……的时候		
解	前の動作をする余裕がないと話し手の強い否定を表す時に使われる表現である。 表示没有余力或闲暇做前项动作，用于体现说话者强烈的否定态度。		
例	桜が咲いたのに、仕事が忙しくて花見(はなみ)**どころではない**。 樱花开了，但是工作太忙没时间赏花。 彼は初心者(しょしんしゃ)ですから、まだまだコンテストに出る**どころではありません**。 他还是初学者。还没到参加比赛那个份儿上呢。		
	感染症(かんせんしょう)の流行により多くの企業が採用(さいよう)活動を中断(ちゅうだん)したため、大学生にとっては就職活動**どころではない**という状況が何ヶ月も続いた。 因为传染病的流行很多企业都暂停了招聘活动，对于大学生来说好几个月都没法找工作。 少子化(しょうしか)が叫(さけ)ばれているが、国民の収入が全体的に減っている現在は、多くの国民にとって仕事が重要で、結婚や育児(いくじ)をする**どころではない**という現実的(げんじつてき)な問題がある。 每天都在说少子化，可现实问题是，全体国民的收入都在减少，大家看中的是工作，根本顾不上结婚和育儿。		

文型	～ものか	接続	V辞＋ものか A＋ものか NAな＋ものか Nな＋ものか

意	絶対～ない　绝对不会……
解	話し手の強い否定を表す。会話では「もんか」になることが多い。 表示说话者的强烈否定，口语中多以「もんか」的形式出现。
例	どんなに頼(たの)まれたって、絶対に助けてやる**ものか**。不管你再怎么求我，我也绝对不会帮你。 試合であんなに汚(きたな)い手を使う男が、いい人間な**もんか**。 比赛中用那么肮脏手段的男人绝对不是好人。 戦争に利用されるような技術開発に、決(けっ)して加担(かたん)する**ものか**。 绝对不能参与用于战争的技术开发。 この事件の犯人が逮捕(たいほ)されないと、被害者の悲しみが報(むく)われないだろう。このまま逃(にが)していい**ものか**。如果不能逮捕这个案件的凶手，就无法抚平受害者的悲痛。绝不能让他这么逃跑。

文型	～なしに・ことなしに	接続	V辞＋ことなしに N＋なしに

意	～しないで　不……就不……
解	その前述の動作をしないでという意味を表す。　表示不进行前项的动作
例	許可を得る**ことなしに**、博物館での撮影は認(みと)められない。 没有经过批准，博物馆内不得拍照。 この小説は感動的で、涙**なしに**読めなかった。　这部小说很感人，会让人哭着读完。 生活を充実(じゅうじつ)したものにしようとするなら、こうした努力**なしに**済(す)ますことはできない。 如果要充实的生活，不这么努力是不行的。 文章構造の勉強や取材**なしに**、説得力(せっとくりょく)のある小説を書くことはできない。 如果没有学习过写作的结构，或是没有实地采访，是不可能写出有说服力的小说的。

文型	～までもない	接続	V辞＋までもない

意	～必要がない　不需要……
解	前の動作をする必要がないということを表す。他の文型に比べて、やや改まった表現である。「言うまでもない」の形で「当然」を表す言い方が多く使われる。 表示没有做某事的必要。较之其他相近句型，是一种更为正式的表达方式。「言うまでもない」作为一种固定搭配，用于表达“自不用说”的意思。
例	そんなに遠くないから、電車に乗る**までもない**ね。歩こう。 不太远，用不着坐电车，咱们走着去吧。 君に言われる**までもなく**、それが無理なことはよくわかっているんだ。 不需要你说，我很清楚这是不可能的。

	それらに読書という学習方法を組み合わせることによって、学習の効果が一段と上がることは言う**までもない**。 把这些和读书学习方法结合起来的话，不用说，学习的效果会再上一层楼的。 『走れメロス』は教科書にも載っていて非常に有名な作品であるため、内容を論じる際に、改めてあらすじや作者について説明する**までもない**だろう。 《奔跑吧，梅洛斯》是一步选进教科书的名作，我们在讨论其内容时，已经用不着介绍其故事情节和作者了吧。

比	15 比較・程度	～ないまでも	▶ 384ページ

文型	～とは限らない	接続	普＋とは限らない （ただし、NAとNは「だ」がなくてもいい）
意	絶対～とは言えない　未必……		
解	「ある事態がいつも正しいとは言えない」という意味を表す。普通に正しいと思うことにも例外がある。よく「必ずしも」という言葉とともに使われる。 表示某一事态并非永远正确，也有例外。常与「必ずしも」一词搭配。		
例	日本人は親切だといわれるが、すべての人が親切だ**とは限らない**。 都说日本人很热情，但并非所有人都那么热情。 いつも授業に出ているといっても、内容を理解している**とは限らない**。 虽说每天都去上课，但不一定理解了上课内容。 全ての音を部屋から排除したとしても、必ずしも心地よい睡眠環境が実現できる**とは限らない**。　就算是把所有的声音都隔离在房间之外，也不一定就是好的睡眠环境。 科学技術がいくら進歩したといっても、AIの判断が必ずしも人間より正確である**とは限らない**。　不论科学技术怎么发展，AI做出的判断也不一定就比人正确。		
比	7 起点・終点・限界・範囲	「限る」シリーズ	▶ 333ページ

文型	～わけではない	接続	普＋わけではない （NAだな・NAだである＋わけではない） （Nだの・Nだな・Nだである＋わけではない）
意	全部が～ということはない　并非全部……		
解	部分否定を表す。また間接的で、話し手の婉曲な気持ちを表す。 表示部分否定。该句型是间接进行否定，更能体现说话者的委婉语气。		
例	日本に5年住んでいるからといって、日本人のように話せる**わけではない**。 虽说已经在日本住了5年，但日语也没法像日本人一样。 祖母はスマホを持っているけれど、電話以外に使う**わけではない**。 祖母虽然有智能手机，但除了打电话也不怎么用。 過去のことをクヨクヨしても、後悔や自責の念が強まるだけで、結果が変わる**わけではない**。 对于过去的事情耿耿于怀，也只会让自己更加后悔自责，并不能改变结果。		

	原子力発電は必ずしも悪な**わけではない**が、重大事故が起きた際のリスクを考慮すると手放しで肯定できるものではない。 核电站并不是一定不好，但考虑到发生重大事故的风险，所以不能无条件地表示赞同了。

比	8 可能性	**～わけにはいかない**	▶ 338ページ
比	22 否定・部分否定	**～わけがない**	▶ 423ページ

文型	～ないことはない・ないこともない	接続	V否＋ないことはない・ないこともない A~~い~~く＋ないことはない・ないこともない NA・Nじゃ/で（は）＋ないことはない・ないこともない

意	全く～ないのではない　并不是完全不……
解	前の否定表現を否定することによって、前の部分を消極的に肯定する、または断定を避ける言い方である。对于前项的否定事态进行否定，换言之，是对前项部分进行间接的、消极的肯定。
例	この治療に関して、やってやれ**ないことはない**が、あまりお勧めしません。 这种治疗不是不能做，但是并不推荐。 可能性が全く存在し**ないことはない**が、君が将来この道に進むことはないと思う。 虽说并非全无可能，但你将来大可不必走这条路。 同じ留学生として、君の辛さが分から**ないこともない**。 同样是留学生，你的艰辛我也不是不懂。 明治時代、資本主義が導入されてから、お金で解決でき**ないことはない**と考える人々が増えたのは事実である。确实，在明治时期转变为资本主义后，越来越多的人认为没有钱解决不了的问题。

比	26 勧誘・注意・禁止	**～ことはない**	▶ 447ページ

文型	～というものではない	接続	普＋というものではない

意	必ずしも～とはいえない　不一定……
解	「必ず～とは言えない」という意味を表し、婉曲的な否定表現である。 表示未必如此的意思，可以理解为一种委婉的否定表达方式。
例	ただ面接で聞かれそうなことだけ覚えればいい**というものではない**。 并不是只要掌握在面试中会问到的东西就够了。 お金さえあれば幸せに暮らせる**というものではない**。 并不是有钱就能生活幸福。 デジタル世代にとって、求められることは、ただメディアリテラシーを身につければいい**というものではない**。 对于生活于数字时代的一代人而言，可不仅仅是具备媒介素养就够了的。 終身雇用が当たり前ではなくなりつつある現代においては、就職さえすれば一生安定して生活できる**というものではなく**なっている。 在终身雇佣变得不再理所当然的现在，并不是只要找到工作就能一生安稳生活。

<23> 原因・理由

214	～によって・による	由于……
215	～おかげで・おかげか・おかげだ	多亏了……
216	～せいで・せいか・せいだ	都怪……
217	～もので・ものだから・もの	正因为……
218	～ばかりに	正因为……
219	～だけに	正因为……
220	～あっての	有……才有的……
221	～とあって	由于……（特别的状况）
222	～からには	既然……
223	～以上（は）	既然……
224	～上は	既然……
225	～からこそ	就是因为……
226	～ことだし	因为……
227	～ことから	由于……
228	～のことだから	因为是……所以……
229	～（が）ゆえ・ゆえに・ゆえの	正因为……
230	～あまり・あまりの	由于太过……所以……
231	～では（じゃ）あるまいし	又不是……

文型	～によって・による	接続	N＋によって・による
意	～から　由于……		
解	動作・結果の原因を説明する。用于说明动作、结果的原因。		
例	震度(しんど)5の大きい地震によって、都心では帰宅難民(なんみん)が発生した。 由于发生了烈度为5的大地震，很多人在东京市中心回不了家。 震災(しんさい)で原子力発電所(げんしりょくはつでんしょ)が爆発(ばくはつ)したことによって、国民の原子力発電に対する不信感が募(つの)ってしまった。　因为地震导致核电站爆炸，加剧了国民对于核能发电的不信任感。 今回の事件によって、首相の地位は揺(ゆ)らぎ始めている。 由于这一次的事件，首相的地位开始动摇。 アンダーマイニング効果によって、いくら報酬(ほうしゅう)が高くてもやる気を失うことがある。 由于破坏效应，即使报酬丰厚也会使人失去干劲。		
比	5 根拠・主題・媒介	～によって・による	▶ 325ページ
比	1 9 基準・対応	～によって・による	▶ 405ページ

文型	～おかげで・おかげか・おかげだ	接続	普＋おかげで・おかげか・おかげだ （NAだな＋おかげで・おかげか・おかげだ） （Nだの＋おかげで・おかげか・おかげだ）
意	～が原因で、いい結果になった　多亏了……		

解	前の事項が原因・理由で、いい結果になったということを表す。 表示由于前项事态，从而得到了好的结果。
例	教えてくださった先生の**おかげで**、試験に合格した。　多亏了指导老师，考试合格了。 勤務シフトを代わってくれた**おかげで**、子供を病院に連(つ)れていくことができました。 多亏了你帮我代班，我才能带孩子去医院。 その古代の遺物(いぶつ)は、人々から大事にされ続けてきた**おかげで**、現在まで生(い)き長(なが)らえている。 由于受到人们的精心维护，古代文物才得以保存至今。 国際ジャーナリストがいる**おかげで**、瞬時(しゅんじ)に世界で何が起こっているかを知ることができる。 多亏了国际记者，我们才能立刻知道世界上正发生着什么。

文型	～せいで・せいか・せいだ	接続	普＋せいで・せいか・せいだ （NAだな＋せいで・せいか・せいだ） （Nだの＋せいで・せいか・せいだ）
意	～が原因で、悪い結果になった　都怪……		
解	後ろの好ましくない事態が起こるのは前の事態が理由・原因である。 由于前项事态，从而出现了不好的结果。		
例	彼女は体が大きく背が高い**せいで**、ときとき男に間違われる。 她因为体型高大而时常被误认为男的。 会議に遅れたのは私の**せいではありません**。電車の**せいです**。会议迟到不是我的错，是电车的错。 政党への寄付金(きふきん)に対する規制(きせい)が緩い**せいで**、寄付者のために政治をおこなおうとする政治家がいる。　因为向政党捐款的限制太低，出现了为捐款者而从政的政治家。 バブル景気が崩壊(ほうかい)した**せいで**、日本は不景気に突入(とつにゅう)し、多くのサラリーマンが職を失って路頭(ろとう)に迷うこととなった。 泡沫经济破灭，日本经济走向低迷，很多上班族失去工作，流落街头。		

文型	～もので・ものだから・もの	接続	普＋もので・ものがから・もの （NAだな・NAだである＋もので・ものがから・もの） （Nだな・Nだである＋もので・ものがから・もの）
意	～ので　正因为……		
解	事態の理由・原因。～という事情があったので、後ろの結果になるということを表す。会話では「もんで」の形で使われることもある。 表示由于某种情况，从而产生了后项的结果。口语中会使用「もんで」的形式。		
例	お客さんが来た**もので**、なかなか出かけられなかった。　因为来了客人，所以没能出门。 夫が在宅ワークで家にいる**もんだから**、家の仕事が増えて大変なのよ。 因为丈夫在家办公，所以家务活越来越多，累死了。		

	時が経つのは早い**もので**、東北大震災が起きた日からもうすぐ十年になるというのに、その爪痕はいまだに、至るところに残っている。 时光飞逝，距东北大震灾发生已经过去十年了，但到处都能看到灾害留下的伤痕。 趣味を仕事にするのは楽しい反面辛い**もので**、思い通りにいかないときに溜まるストレスも倍増する。 把兴趣当成工作虽然开心但也痛苦。当工作进展不顺利时压力也会倍增。

文型	～ばかりに	接続	普＋ばかりに （NAだな・NAだである＋ばかりに） （Nだな・Nだである＋ばかりに）
意	～というのが原因で　正因为……		
解	前述の出来事・行為・性質が理由で、ある望ましくない結果になったということを表す。消極的、好ましくない結果によく使われる。 由于前项的事件、行为、性质，造成了后面不好的结果。一般用于负面、消极的情况。		
例	書類を一枚入れ忘れた**ばかりに**、出願できなかった。 就因为忘了一张材料，所以没申请成。 目覚ましをセットしなかった**ばかりに**、テストの日に朝寝坊してしまった。 就因为没上闹铃，考试那天睡过头了。  あの政治家は、選挙で票を集めたい**ばかりに**、演説のたびに平気で嘘をついたりできなもしい公約を掲げたりしている。 那个政客为了获得选票，甚至可以在演讲中随意撒谎，承诺一些不可能的事。 日本では、道徳教育は知識とは関連性の低いものとされている**ばかりに**、軽視されている。 在日本，由于有人认为道德教育与知识关联不大，所以被轻视。		

文型	～だけに	接続	普＋だけに （NAだな・NAだである＋だけに） （Nだな・Nだである＋だけに）
意	～というのが理由で　正因为……		
解	前述した特性・状態が原因で、後ろの結果になるのは当然であるということを表す。「時期が時期だけに」といった時を指定した因果関係もある。 表示因为前项所描述的特征、状态，所以出现后面的结果也理所当然。也有「時期が時期だけに」这样的用于表达因果关系的形式。		
例	佐藤先生は歴史の専門家である**だけに**、年代を覚えるのが得意だ。 正因为佐藤老师是历史专家，所以特别擅长记年代。 この昆虫の体の色は目立ちやすい**だけに**外敵から狙われやすい。 这种昆虫因为颜色很醒目，所以很容易被天敌盯上。		

	江戸川区は海や川に囲（かこ）まれているだけに、台風が来た際には、土地の浸水（しんすい）や河川（かせん）の氾濫（はんらん）に警戒（けいかい）する必要がある。 江户川区因为被大海与河流围绕，每当台风来临之际，都须警惕土地渗水与河流泛滥的风险。 ゆずは幅広い世代から支持（しじ）を得（え）ているアーティストなだけに、メロディも歌詞（かし）もキャッチーで親（した）しみやすい。 因为柚子乐队深受各年龄层的支持喜爱，所以他们的旋律和歌词都让人觉得熟悉亲切。

POINT 「～ばかりに」と「～だけに」の違い

「～ばかりに」、「まさにそのことだけが理由で」という理由を特定する言い方である。後文はマイナスな結果がつく。それに対し、**「～だけに」**は前文の性質・期待にふさわしい結果が出るということを表し、プラスな結果がつくことが多い。

「～ばかりに」表示正因为某个理由才导致了后面的消极结果。与此相对，「～だけに」则表示后项结果符合前文中提到的性质、预期等，后项内容多是积极正面的事态。

例

保証人になったばかりに、ひどい目にあった。　都是因为做了担保人，这下惨了。

あのチームは抜群の成績を残しているだけに、明日の試合が期待できる。
那只队伍的成绩很好，明天的比赛让人期待。

文型	～あっての	接続	N＋あっての
意	～が成立するのは、～があるから　有……才有的……		
解	「XあってのY」で、「Yが成立するのはXがあるから」ということを表す。 表示某事的存在完全是因为另一个事物。		
例	映画づくりは監督だけいても成り立たない、俳優や現場を支（ささ）えるスタッフあっての仕事だ。 电影只有导演是不成的，也得依靠演员和现场的工作人员。 あの町は優（すぐ）れた制度や施策を実施しているのは、市民運動あっての結果であると思います。 我认为那个城市之所以会实施这样好的政策制度都是市民运动的结果。 昔は政府あっての人民、今は人民あっての政府という考えが主流（しゅりゅう）であった。 以前的主流思想是有政府才有人民，而现在的主流思想是有人民才有政府。 首相は、経済あっての財政再建（さいけん）であり、経済の回復を最優先にしなければならないと主張した。 首相主张先有经济才能重建财政，必须先抓经济恢复。		

文型	～とあって	接続	普＋とあって （NAだ＋とあって） （Nだ＋とあって）
意	～という特別な状況なので　由于……（特别的状况）		
解	ある普通と違って、特別な事柄を取り上げて、それが理由で後ろの事態が起こるということを表す。「とあって」の前に「最終日・連休・夏休み」など特別な時期を表す名詞がくることが多い。 选取一个特别的事项，用于陈述由此特别情况所引发的结果。前面多接如「最終日・連休・夏休み」等表示特殊时期的词语。		
例	久しぶりの再会**とあって**、お互いの近況を報告しあった。 久别重逢，互相报告了近况。 海外から人気のアイドルが来日する**とあって**、空港には多くのファンが詰め寄せた。 人气偶像从海外来到日本，所以机场聚满了粉丝。		
例	日本人がノーベル賞を受賞した**とあって**、ニュースは連日受賞者の経歴や研究内容の話で持ちきりだった。 日本人获得了诺贝尔奖，所以几天来新闻都在报道获奖者的经历和其研究内容。 特別警報級の台風が来る**とあって**、人々は窓を締め切り、避難の準備を行うなどの対策を行なったが、実際には予想されたほどの巨大な台風は来なかった。 说是特别警报级的台风要来，人们都关好窗户或准备避难以作应对，但是实际上台风并没有预想的那么大。		
比	１１ 時間・時点	～にあって	▶356ページ

文型	～からには	接続	普＋からには （NAだである＋からには） （Nだである＋からには）
意	～のだから　既然……		
解	前項では何らかの責任・決意を表し、後項では前項に対する義務を果たす内容が述べられる。後ろの部分は「～なければならない」「～べき」など話し手の義務・決意を表す表現が来ることが多い。 表示出于前项事态，从而要采取后项的动作。前项多为说话者的责任或决心，而后项则是表示说话者对此责任、决心要尽的义务。后项部分多以「なければならない」「べきだ」等表示决心、义务的形式出现。		
例	この年になると、付き合う**からには**結婚のことも考えなければいけない。 到了这个年纪，既然开始交往了就必须考虑婚事。		
例	飲酒運転が法律で禁止された**からには**、自分自身も気をつけねばならないし、友人や家族が車を運転するときも酒を飲ませてはいけない。 既然法律禁止酒驾，就不仅自己要注意，在朋友家人开车时也不要向他们劝酒。 これほど鮮やかな色合いと不気味な形をしている**からには**、このキノコには毒があるに違いない。 鉴于其鲜艳的色调和怪异的形状，这种蘑菇一定是有毒的。		

文型	～以上（は）	接続	普＋以上（は） （NAだな・NAだである＋以上（は）） （Nだである＋以上（は））
意	～のだから、必ず～　既然……		
解	前件ではすでに発生した出来事を述べ、その状況において、やるべき事柄を後件で述べる。 前项表示已经发生的某个事项，表示在此状况下，理应完成后项。		
例	給料をもらっている**以上は**一生懸命やるしかない。　既然拿了工资就只能卖命工作。		
	人の上に立つ役職を与えられた**以上**、責任を持って会社に貢献し続けるつもりだ。 既然身处管理他人的职位，我将继续以负责任的态度为公司做出贡献。 国からの営業自粛要請が出ている**以上**、居酒屋であれ閉店時間を早めなければならない。 既然国家已经发布了自我约束的要求，就算是居酒屋也得提早关门。		

文型	～上は	接続	V辞・Vた＋上は
意	～のだから、必ず～　既然……		
解	前項内容から当然後項の内容を実行するという話の決心や意味を表す。やや硬い表現なので、話し言葉にはあまり使われていない。　表示由前项内容来看理所应当要进行后项动作，多用于表达说话者的决心和意志。是一种较为生硬的表达方式，日常会话中较少使用。		
例	留学すると決めた**上は**、しっかりと準備しなければならない。 既然决定要留学，就得好好准备。		
	選挙によって国民に選ばれた**上は**、責任をもって日本を豊かな未来へと導くよう精一杯努めていきたい。既然国民在选举中选了我，那我将负起责任，为带领日本走向更好的未来鞠躬尽瘁。 税金を使って学問に励んでいる**上は**、自分の好き勝手に学問をするのではなく国民にとって有益になるような発見ができるよう努めるつもりだ。 既然是花着纳税人的钱在做学问，就不能只考虑自己想学的，应该在对国民有益之事上努力做出成果。		
比	１１ 時間・時点	～上で	▶ 363ページ
比	１４ 限定・非限定・付加	～上に	▶ 380ページ

文型	～からこそ	接続	普＋からこそ
意	～だから　就是因为……		
解	理由を強調する表現である。「その理由だから、その結果になる」という意味を表す。通常と反する結果を表す時にも使われる。 表示原因的强调，正是由于该原因，所以才会出现后续的结果。也会特别用于表达与往常不一样的情况。		
例	苦しみの末に勝ち取った優勝だ**からこそ**喜びが増す。 因为这是吃尽苦头才取得的胜利，所以喜悦更甚。		
	親に期待されている**からこそ**、叱られるのです。だからあまりにもこれをネガティブに捉えすぎないでください。正是因为父母对你有所期待才会责骂你。所以不要太消极地看待父母的责备。		

	情報社会になり、身の回りに様々な情報が溢(あふ)れている**からこそ**行動することの方が重要になってきている。 在信息社会，我们身边充斥着各种各样的信息，所以如何采取行动才更加重要。

文型	～ことだし	接続	普+ことだし (NAだな・NAだである+ことだし) (Nだの・Nだである+ことだし)
意	～なので　因为……		
解	前の事項が一つの軽い理由として、後ろの動作を行うという意味を表す。他にも理由があるというニュアンスを表す。　表示前项是采取后项行动的理由之一，暗示还有其他理由。		
例	雨も降ってきた**ことだし**、今日は行くのをやめよう。 又下起雨来了，今天还是别去了吧。 天気も良い**ことだし**、散歩でも一緒にいかがですか。 今天天气也不错，要不一起去散个步？ 仕事とはいえせっかく京都に来た**ことだし**、嵐山(あらしやま)を観光してから東京に帰ることにしよう。 虽说是来工作的，但是难得来京都一趟，咱们去岚山逛逛再回东京吧。 それぞれのパートの譜読(ふよ)みも終わった**ことだし**、一度全員で合奏(がっそう)して曲のイメージを共有しておきましょう。 大家已经把各自部分的谱子识完了，下面咱们来合一遍找找曲子的感觉吧。		

文型	～ことから	接続	普+ことから (NAだな・NAだである+ことから) (Nだである+ことから)
意	～という由来で　由于……		
解	前項が由来・理由で、物事がある名前で呼ばれるようになるということ表す。よく判断の理由・根拠として使われる。 表示由于前项内容，所以某事物因此得名。常用于表示说话者判断的理由、依据等。		
例	肌が雪のように白い**ことから**、白雪姫(しらゆきひめ)と名付(なづ)けられた。 由于肌肤像雪一样白，因此她被取名为白雪公主。 彼は今日も会社を休んでいる**ことから**、なかなか体調が良くならないのだと思う。 他今天也没来公司上班，我想应该是身体不太好吧。 およそ五千万から四千万年以上前に陸上(りくじょう)を歩いていたある肉食性(にくしょくせい)の哺乳類(ほにゅうるい)の頭部(とうぶ)が、ほぼ同時期の古いタイプのクジラによく似ている**ことから**、それらのグループから海棲(かいせい)のクジラが生(う)み出(だ)されたという説を唱(とな)えた学者もいた。 迄今五千万年到四千万年前的某种陆生肉食哺乳动物的头部与同时期的鲸鱼的头部十分相像，由此有学者认为是从这些生物中诞生了水生的鲸鱼。		

	犯人が整形して国外に逃亡(とうぼう)していた**ことから**、逮捕(たいほ)するには数年の月日を要(よう)することとなった。 由于嫌犯整形后逃往国外，抓捕可能会需要数年的时间。

文型	～のことだから	接続	N＋のことだから

意	～そういう性格だから、きっと　因为是……所以……
解	ある人物の性格・習慣から考えて、推量するということを表す。後ろに、「だろう・かもしれない・に違いない」など判断を表す表現が来ることが多い。 表示基于对某人性格、习惯的了解，对其会采取的行动进行推测。后项多为「だろう・かもしれない・に違いない」等表示判断的表达方式。
例	真面目な彼女**のことだから**、宿題を忘れるなんてありえない。 她是一个非常认真的孩子，所以不可能忘记作业。 彼**のことだから**、とっておきのサプライズを用意しているに違いない。 正因为是他，所以一定准备了惊喜。 社長の不祥事(ふしょうじ)を隠蔽(いんぺい)しようとしたって、情報が早いマスコミ**のことだから**、一瞬(いっしゅん)でも外部に漏(も)れてしまえば、すぐに嗅(か)ぎつけて世間に広めてしまうだろう。 虽然想掩盖总经理的丑闻，但毕竟大众媒体搜集信息速度很快，一旦消息有所泄露，会立刻跟风过来将消息扩散出去吧。 留学に行ったきり、親友の消息が不明になってしまった。だが、彼**のことだから**、きっとどこかで元気に暮らしているはずだ。 好朋友去留学后，就再也没有他的消息了。但我想就他的能力来讲，应该在那边干得不错吧。

文型	～（が）ゆえ・ゆえに・ゆえの	接続	普＋（が）ゆえ・ゆえに・ゆえの （NAだ・NAだである＋がゆえ(に・の) （Nだ・Nだである＋がゆえ(に・の) （NAだ(な)・NAだである＋ゆえ(に・の) （Nだ(の)・Nだである＋ゆえ(に・の)

意	～だから　正因为……
解	だから、～が理由でという意味を表す。やや堅い表現である。 表达某结果产生的理由，是一种较为正式生硬的表达方式。
例	女性である**がゆえに**差別されることがある。　我曾因身为女性而受到歧视。 電子レンジは食材を入れてチンするだけというその手軽さ**ゆえに**多くの家庭で重宝(ちょうほう)されている。 只需将食材放进去“叮”一下就做好了，所以微波炉被许多家庭视为做饭利器。 学校が終わってさっさと帰る子は、他の子供と一緒に遊ぶことが少なくなる**がゆえに**、学校で友達を作るのが難しくなる。 学校放学后马上回家的孩子，因为和其他的孩子一起玩的机会比较少，所以难以在学校中交到朋友。 発展途上国では、貧困**ゆえに**子供を育てることが難しく、虐待(ぎゃくたい)やネグレクトのすえに児童養護(ようご)施設に送られる児童が多くいる。 在发展中国家，因为贫困难以养育孩子，不少儿童都会遭受虐待弃养，最后被送往儿童福利设施中。

文型	～あまり・あまりの	接続	普＋あまり （NAだな＋あまり） （Nだの＋あまり） あまりの＋N＋に
意	～すぎた　由于太过……所以……		
解	前項事項が程度が大きいのが理由で、後ろの結果になったということを表す。 表示因为过于怎样，从而导致了其后的结果。		
例	悔しさの**あまり**、声をあげて泣いた。由于太过懊悔而嚎啕大哭。 美しさの**あまり**、僕は彼女を目で追(お)ってしまっていた。 她实在是太漂亮了，我的眼睛一直离不开她。 会議中、怒りの**あまり**、取引相手に暴言(ぼうげん)を吐(は)いてしまった。 在会议中由于太过愤怒，对生意伙伴说了脏话。 芸術(げいじゅつ)を用(もち)いて何かを訴(うった)えかけることは大切だが、奇(き)を衒(てら)いすぎた**あまり**に誰からも理解されない作品になることは避けたい。 虽然用艺术进行表达是很重要的，但还是想避免因过于标新立异而导致不被人理解。		

文型	～では（じゃ）あるまいし	接続	V辞・Vた＋の・ん＋では（じゃ）あるまいし N＋では（じゃ）あるまいし
意	～ではないのだから　又不是……		
解	前の否定事項が理由で、後ろの動作を行うのは当然であるということを表す。前項を根拠として、それに基づいて話し手の判断を表す時によく使われる。　将前项的否定事态作为理由，表示理所当然会发生后项动作。经常用于说话者基于前项根据从而做出判断。		
例	小学生**ではあるまいし**、漢字も読めないのはどうなのよ。又不是小学生，怎么连汉字都不会读? 子供**じゃあるまいし**、学校ぐらい自分で行きなさい。 又不是小孩儿了，至少该自己去学校了吧。 パソコン**じゃあるまいし**、人生はコマンドキーでやりなおしたり簡単に思い出を上書(うわが)き保存できたりするものではない。 人生又不是电脑，不是按下指令键就能撤销重来，也不可能覆盖自己的记忆。 総理大臣だって神様**じゃあるまいし**、ミスすることもあれば日本中の人間を幸せにすることもできないのに、そんなことも理解せず批判してばかりいては何も前には進(すす)まないだろう。 首相也不是神，也会犯错也不可能让全日本的人都幸福，如果不能想明白这一点只会一味批判的话，根本无法向前发展。		
比	１７ 伝聞・推量	～ではあるまいか	▶ 394ページ

＜24＞条件

232	～さえ～ば	只要……就……
233	～としたら・とすれば・とすると	如果……；假设……
234	～ないことには	不……的话

235	**～ものなら**	如果能……的话
236	**～（よ）うものなら**	如果……的话
237	**～をぬきにしては**	没有……的话就不能……
238	**～となると・となれば・となったら**	到了……的场合的话
239	**～ない限り**	只要不……
240	**～たら最後・たが最後**	一旦……就
241	**～なくして（は）**	没有……的话就不能

文型	～さえ～ば	接続	V~~ます~~＋さえ～ば A~~い~~く＋さえ～ば NA＋で＋さえ～ば N(助詞)＋さえ～ば

意 ～が実現できれば、他は問題ない　只要……就……

解 ある一つの条件が満(み)たされれば、他に問題にならないという意味を表す。
表示只要符合该条件，就没有问题。

例
あなたがいてくれ**さえ**すれ**ば**幸せだ。　只要有你就很幸福了。

こつ**さえ**つかめ**ば**、すぐに上手になります。　只要掌握诀窍，很快就能做好了。

あとはユーモアのセンス**さえ**磨(みが)け**ば**、彼女の才能はいずれ芽吹(めぶ)くに違いない。
接下来只需要锻炼幽默的感觉，她的才能定会有一天开花结果。

国立大学で**さえ**あれ**ば**どこの学部でもいいという意識のまま、大学で何をやりたいかを明確にせずに受験すると入学してから苦労することになる。
如果想着"只要能上国立大学专业无所谓"，没有明确自己在大学中想做的事就盲目报考的话，上了大学会很辛苦的。

文型	～としたら・とすれば・とすると	接続	普＋としたら・とすれば・とすると

意 ～と仮定したら　如果……；假设……

解 何かを前提として仮定する時に使われる。「もし～と考えたら」という意味を表す。
将某事作为前提进行假设时使用。"如果……的话"。

例
その証言(しょうげん)が本当だ**としたら**、彼が犯人ということになるね。
如果那份证词是真的话，那么他就是凶手。

望(のぞ)むことがある**とすれば**、両親が健康にいてくれることですかな。
要说有什么愿望的话，就是希望父母身体健康吧。

雇用者が労働者に違約金(いやくきん)を請求(せいきゅう)した**とすれば**、労働基準法(ろうどうきじゅんほう)に違反しているとして、罰せられる可能性がある。
雇佣者如果向劳动者要求支付违约金的话，作为违反劳动基本法的行为，有可能会被处罚。

平屋(ひらや)しかない住宅街(じゅうたくがい)に突然(とつぜん)マンションを建築する**としたら**、工事の騒音や立(た)ち退(の)き、日照(にっしょう)の妨害(ぼうがい)といったあらゆる問題に多くの住民が抗議を始める可能性がある。
在全是平房的住宅街突然要盖起公寓的话，施工噪音、住户搬迁、光照影响等，可能会有很多居民对这些问题发起抗议。

文型	～ないことには	接続	V否＋ないことには A~~い~~く＋ないことには NA＋で＋ないことには N＋で＋ないことには
意	～しなければ　不……的话		
解	前の動作がしなければ、後ろの内容が実現できないということを表す。後ろに否定の表現が続く。 表示如果不进行前项动作，则后项内容也无法实现。后项多为否定表达方式。		
例	許可を得**ないことには**撮影(さつえい)はできない。　不得到批准的话是不能拍照的。 とにかく、彼と話さ**ないことには**誤解はとけない。 总之不和他谈谈的话误会是解不开的。 伝統に縛(しば)られない目で見**ないことには**、現代アートの面白さはなかなか見出せない。 如果不用超越传统的眼光来看的话，是发现不了现代艺术的魅力的。 法学部に合格したとしても、司法試験を突破(とっぱ)し**ないことには**、法曹(ほうそう)になるためのスタート地点にも立つことができない。 即使从法学部毕业，但如果没有通过司法考试，也不能算是站在司法工作者的起跑线上了。		

文型	～ものなら	接続	動詞可能形＋ものなら
意	もし～できるなら　如果能……的话		
解	「もし～できるなら、…したい」という意味を表す。不可能あるいは実現の難しい事態に接続することが多い。　对于较低的可能性的假设，表示如果可以实现某事的话，后续想要采取的行动。		
例	億万長者(おくまんちょうじゃ)になれる**ものなら**なりたい。　如果可以的话真想成为亿万富翁。 何の努力も勉強もせずに有名になれる**ものなら**なりたいが、実際には、楽しんでいるように見える多くの芸能人は、影で努力している。 如果能不努力不学习就能出名的话我也想那样，但实际上很多看上去很轻松的明星，也都在台下默默努力着。 ミュージシャンの大半は、いつか武道館や東京ドームでコンサートができる**ものなら**やりたいという夢を持っている。 很多音乐家，都梦想着有朝一日能够在武道馆或者东京巨蛋开演唱会。		

文型	～（よ）うものなら	接続	V意＋（よ）うものなら
意	もし～たら　如果……的话		
解	もし、前述の動作をしたら、大変なことになるということを表す。 表示如果进行了前项动作的话，后续会发生不好的结果。		
例	僕が少しでもデートに遅れ**ようものなら**、彼女は怒って帰ってしまう。 我要是约会稍有迟到的话，她就会发脾气回去。 祖父に酒を飲ませ**ようものなら**、一晩中歌い出すので近所迷惑になる。 要是让祖父喝酒的话，他就会唱一晚的歌，给邻居添麻烦。		

	体の弱い小さな子供を真夏の車の中に置き去りにし**ようものなら**、短時間であっても、熱中症などで取り返しのつかない事態になる可能性を、大人は常に留意せねばならない。 在夏天，如果把身体还不够强壮的小孩留在车里的话，即使是很短的时间都可能会引起中暑甚至酿成不可挽回的后果，所以大人们必须谨慎起来。 大臣が問題発言をし**ようものなら**、マスコミが一斉に報道するだろう。 如果大臣发表有问题的言论的话，大众传媒大概就要一股脑报道了吧。

文型	～をぬきにしては	接続	N＋をぬきにしては
意	～を除外しては　没有……的话就不能……		
解	前述の物を除外した場合、後ろの実現が不可能になるということを表す。ある人物・物事の必要性を論じる時によく使われる。 表示在没有某事、某物的场合下，后续动作不能实现。通常用该句型来表示某人、某物的重要性。		
例	彼**をぬきにしては**、会議が始められない。　没他的话会议就开始不了。 練習**をぬきにしては**、試合に勝つことなどできない。 没有练习的话就无法在比赛中取胜。 大仏**をぬきにしては**奈良県のＰＲはできない。 离了大佛奈良县无法宣传。 株式会社は、株主からの資金調達**をぬきにしては**、会社の経営を維持することが難しい。 股份公司，要是没有股东们的资金支持，很难维持下去。		

大仏をぬきにしては奈良県のPRはできない。
奈良

文型	～となると・となれば・となったら	接続	普＋となると・となれば・となったら （NAだ＋となると・となれば・となったら） （Nだ＋となると・となれば・となったら）
意	～という状況になった場合　到了……的场合的话		
解	「～という状況になった場合」という意味を表す。つまり、現実的に起こる可能性ある状況について、とるべき行動や判断を述べる。表示到了某种状况，并针对这一状态陈述应当采取的动作。		
例	彼は決断まで時間がかかるが、やる**となると**実行するのは早い。 虽说他做起决断来会花时间，但一旦下定了决心就会很快实行。 さんざん迷ったが、やる**となったら**最後までやろうと決心した。 纠结了很久，可一旦下定决心做的话就会做到最后。 かつて海を泳いでいた動物が陸上に上ったことは確かなのだが、どのグループから哺乳類が進化したのか**となると**、それはまだ明確ではない。 虽然可以确定哺乳动物是从前生活在海里的动物上岸以后进化来的，但是要说到具体是从哪一类进化而来，可以说现在还不明确。 田舎や離島は、高齢者が多く医師が不足しているので、新しく病院が開業する**となれば**、住民からは大歓迎されることだろう。 农村或离岛由于老年人多，医生数量不够，所以如果要开新的医院的话，居民肯定会非常欢迎吧。		

文型	～ない限り	接続	V否＋ない限り
意	～しなければ、絶対～　只要不……		
解	前項の動作をしなければ、後項の動作も実行できないという意味を表す。 表示在前项动作不发生的情况下，后项动作也无法实现。		
例	たくさん練習し**ない限り**、上達はしない。　不大量练习的话就没法长进。 どんな人間であっても、公共の福祉に反し**ない限り**、居住（きょじゅう）、移転及び職業選択の自由を有（ゆう）する。　无论是谁，只要不违反公共福利，都可以自由选择居住地，自由搬家和选择职业。 無知（むち）であること自体は悪いことではないが、無知であることに甘え、何も知ろうとし**ない限り**は、人として成長することはできない。 无知本没有错，但是如果无知而不自知，也没有任何求知的愿望，作为人是没法成长的。		
比	7 起点・終点・限界・範囲	「限る」シリーズ	▶ 333ページ

文型	～たら最後・たが最後	接続	Vた＋たら最後・たが最後
意	もし～したら　一旦……就		
解	前の動作をしたら、その後他に選択肢がなくなる、後ろの内容をするしかないという意味を表す。 表示当前项动作实现的情况下，就一定会出现后项结果，没有其他可能。		
例	彼が寝**たら最後**、周りがどんなに騒（さわ）いでも目を覚さない。 他一旦睡下，无论周围多吵都醒不了。 あの人にお金を貸し**たら最後**、返ってくることはない。 钱一旦借给了他就回不来了。 歳をとってから、一度忘れ**たら最後**、何を話そうとしていたか全く思い出せないといった状態が、とんと増えたように感じる。上了岁数后，感觉经常会一旦忘记了就完全记不得想要说什么。 農家（のうか）は、害虫（がいちゅう）の侵入（しんにゅう）を許してしまっ**たが最後**、全部の農作物（のうさくぶつ）が売り物にならなくなるというリスクを抱えている。　农家一旦允许害虫侵人，最后所有的农作物都有可能卖不出去。		

文型	～なくして（は）	接続	N＋なくして（は）
意	～がなければ　没有……的话就不能		
解	前の内容がなければ、後ろの事項が実現できないということを表す。 表示在没有前项事物的情况下，后项动作也无法实现。		
例	彼の協力**なくして**、成功できません。　没有他的协助就没法取得成功。 挨拶**なくして**良好な人間関係は築（きず）けないだろう。 如果没有日常的往来问候的话就没办法构筑良好的人际关系了吧。 配偶者（はいぐうしゃ）であれ友人であれ家族であれ、他人からの支（ささ）え**なくしては**、人は自分の力で生きていくことなどできない。 不论是伴侣、朋友，还是家人，人如果没有他人的支持，没办法一个人生活下去。		

	大航海(だいこうかい)時代の話**なくして**、中世(ちゅうせい)から近世(きんせい)にかけてのヨーロッパの歴史を語り合うことなどできない。 如果跳过大航海时代，就没有办法讲述从中世纪到近代的欧洲历史。

<25> 心理・感情

242	**～てしかたがない・てしょうがない**	非常……
243	**～てたまらない**	……得受不了
244	**～てならない**	难以抑制得……
245	**～てやまない**	打从心底一直……
246	**～ないではいられない・ずにはいられない**	忍不住……
247	**～ないではすまない・ずにはすまない**	必须做……
248	**～ないではおかない・ずにはおかない**	一定会……
249	**～ざるを得ない**	不得不……
250	**～を余儀なくされる・を余儀なくさせる**	只能做……

文型	～てしかたがない・てしょうがない	接続	Vて＋しかたがない・しょうがない A~~い~~く＋てしかたがない・てしょうがない NA＋でしかたがない・でしょうがない
意	非常に～ 非常……		
解	前に感情・感覚を表す語につき、話し手の気持ちの強さを表す。 前接表示情感、知觉词语，用于表达说话者强烈的情感。		
例	大学受験の結果が気になっ**てしかたがない**。 心里总是惦记着大学考试的结果。 徹夜(てつや)で勉強していたので眠く**てしょうがない**。 由于通宵学习，困得不行。 故郷で待つ母に早く会いたく**てしかたがない**。 非常想早一天见到母亲。 数学の勉強は苦痛(くつう)**でしかたがない**。 学数学实在是太痛苦了。 上司のやり方に腹が立っ**てしょうがない**。 对上司的做法实在是很窝火。 早稲田(わせだ)大学の文学部に受かったからには、子供の頃から憧(あこが)れていた小説家の先生の授業を早く受けたく**てしかたがない**。 既然已经考上了早稻田大学文学部，希望能够早日听到从小时候就非常喜欢的小说家老师的课。		

文型	～てたまらない	接続	Vて＋たまらない A~~い~~く＋てたまらない NA＋でたまらない
意	我慢できないくらい～だ ……得受不了		
解	強い感情や感覚がわき起こり、その気持ちを抑えることができないときに使われる。 表示难以抑制某一个感情或感觉的产生，……得受不了。		
例	薬を飲んだせいか、今は眠く**てたまらない**。 不知是否因为吃了药，现在困得受不了了。 朝ごはんを食べていないのでお腹がすい**てたまらない**。 由于没吃早餐，现在饥饿难耐了。		

	研究を投げ出したく**てたまらない**ときもあったが、諦めずに研究を続けたことが今回のノーベル賞受賞につながった。 有时也真想放弃研究，但正是因为不懈的研究才能够获得这次的诺贝尔奖。 煙草をやめてから最初の何週間かは吸いたく**てたまらなかった**が、それを乗り越えたからこそ、完全に禁煙に成功することができた。 刚开始戒烟的几周想抽得不得了，但是只有挺过去这段时间，才能成功把烟戒掉。

文型	～てならない	接続	Vて＋ならない A~~い~~く＋てならない NA＋でならない
意	気持ちが抑えられないほど～だ　难以抑制得……		
解	自然にある感情が起こり、それを抑えられないと言いたいときに使われる。消極的な事態によく使われる。特别用于一些自然涌现的感觉、感情中，表示这样的心情难以抑制，多用于负面消极事态。		
例	昨日の番組を見逃したのが悔しく**てならない**。　没看成昨天的节目，太后悔了。 志望校に合格したことがわかり、体が震え**てならない**。 当得知自己考上了心仪已久的学校时，激动得浑身发抖。 何年もその日のために努力を続けていた選手たちが大会の延期に直面した悔しさを思うと、私も虚しく**てならない**。 多年辛苦就为了这一天，一想到一直努力的选手在得知比赛延期时的懊恼，我也是十分失落。 我々医師の技術不足のために患者の命を救うことができなかった。自分の不甲斐なさが遺憾**でならない**。　由于我们医生技术不够，没能救回患者。我为自己的不中用感到遗憾不已。		

POINT　「～てしかたがない」「～てたまらない」「～てならない」の違い

「～てしかたがない」は気持ちを抑えることができない、我慢できないということを強く表す。会話的な表現。「てしかたがない」表示的是无法抑制或无法忍受某种心情，多用于会话当中。

例

彼は彼女ができて、うれしく**てしかたがない**ようだ。他交到了女朋友，似乎开心得不得了。

「～てたまらない」は話し手がある感情・感覚・欲求を抑えられない時に使われ、気持ちの高まりを表す。話し言葉として使われる。「～てたまらない」表示说话者难以抑制某种感情、感觉、愿望，用来体现心情感觉的强烈程度，也多用于口语中。

例

国へ帰りたく**てたまらない**。　想回国想得不行。

「～てならない」は自然にそう思ったり、感じたりするのを禁じえないということを表す。書き言葉として用いられることが多い。

「～てならない」用于表示会忍不住产生某种心情，或者会不自觉这么想，这么感觉。多用于书面形式中。

例

ひとりぼっちで、毎日寂しく**てならない**。　独身一人，每天都觉得寂寞无比。

文型	～てやまない	接続	Vて＋やまない
意	心からずっと～ている　打从心底一直……		
解	期待や願いなどの感情的な言葉をつき、その感情がずっと続いていることを表すときに使われる。マイナスな感情でもプラスな感情でも使われる。 前面多接表示期待、愿望等的词语，用于表示说话者的这份心情一直延续着。既可以用于积极正面的情感中，也可以用于消极负面的情感中。		
例	我が子の幸せを願ってやまない。　衷心祝愿我孩子幸福。 彼の成功を願ってやまない。　衷心祝愿他成功。 君たちが輝(かがや)かしい未来を作っていくことを願ってやまない。衷心祝愿大家能创造光辉的未来。 皆さんの今後のご活躍(かつやく)を期待してやみません。　衷心期待大家今后大显身手。 両国の更(さら)なる発展を願ってやみません。　衷心祝愿两国进一步发展。		

文型	～ないではいられない・ずにはいられない	接続	V否＋ないではいられない V否＋ずにはいられない （する➡せ＋ずにはいられない）
意	どうしても～してしまう　忍不住……		
解	話し手の意志とは関係なく、自然引き起こされる動作を表すときに使われる。 表示某事不受说话者意志支配，会自然发生。		
例	彼の困った顔がおかしくて、笑わずにはいられなかった。他犯愁时的表情实在是太逗了，我忍不住笑了。 美しい人とすれ違って、思わず振(ふ)り返(かえ)らずにはいられなかった。 和漂亮的人擦肩而过，忍不住回头看了一眼。 上野動物園でパンダの子供が生まれたというニュースに、国民の多くが癒(いや)されないではいられなかった。新闻报道了上野动物园大熊猫宝宝的出生，大多数国民都为之感到了心灵上的抚慰。 自分の作品が他人に侮辱(ぶじょく)されたり軽(かろ)んじられたりしたとき、憤慨(ふんがい)せずにはいられないのは、芸術家として当然のことだ。 当自己的作品被别人侮辱或轻视的时候，作为艺术家感到非常愤慨不平也很正常。		

文型	～ないではすまない・ずにはすまない	接続	V否＋ないではすまない V否＋ずにはすまない （する➡せ＋ずにはすまない）
意	必ず～しなければならない　必须做……		
解	一般常識・社会規範などを考慮して、必ずしなければならないことを表す。 用于表示出于社会的常识、规范从而必须做某事。		
例	不祥事(ふしょうじ)を起こしてしまったので、責任を取らずにはすまないだろう。 你惹出了丑闻，就必须承担相应的责任。 学者の研究内容に異議(いぎ)ありと言うのなら、十分な理由を示(しめ)さないではすまない。 如果对学者的研究内容有异议的话，那就必须拿出充分的理由。		

君の失敗で計画が台無しになったのだから、みんなに謝らずにはすまないよ。
因为你的失败，计划全部泡汤了，所以必须向大家道歉。

自分では間違っていることを言ったつもりはなかったが、多くの人を不快にさせ、傷つけてしまったので、失言を撤回しないではすまなかった。
尽管你不想承认是自己错了，但是伤害了那么多人，给大家造成不愉快，就必须收回自己的失言。

文型	～ないではおかない・ ずにはおかない	接続	V否＋ないではおかない V否＋ずにはおかない （する➡せ＋ずにはおかない）
意	必ず～してやる　一定会……		
解	①自然に感情や行動が引き起こされることを表す。感情・心理を表す動詞につくとき、使役形になることが多い。 表示情感、行为的自然发生。当搭配表示情感心理的动词时，该动词多以使役形式出现。 ②主に話し手の立場から、ある動作を実行する決心や意志を表す。 表示从说话者的角度出发，表达做某事的决定和意志。		
例	①親子の愛を描くこの物語は人を感動させずにはおかないだろう。 这个描写亲情的故事一定会让人感动吧。 ②財布を拾ってしまい、警察に届けないではおかなかった。 捡到了钱包，就必须交给警察。 ①モダンデザインの父とも呼ばれるウィリアムモリスが建築した「赤い家」は、訪れた人を魅了させずにはおかない、美しくも素朴で親しみやすい建物だ。 现代设计之父威廉・莫里斯建造的“红屋”，既好看又简朴，容易亲近，使所有到访的人都不觉为之倾倒。 ②ダムの建設のために住民に立ち退きを要請するとなれば、その地域に永住するつもりでいる高齢者の反感を買わずにはおかないだろう。 如果为了修建水库而要求住户搬离的话，可能会招致本打算在此定居下来的老年人的反感。		

POINT 「～ないでは・ずにはいられない」「～ないでは・ずにはすまない」「～ないでは・ずにはおかない」の違い

「～ないでは・ずにはいられない」は動作をする気持ちを抑えらない、我慢できないということを表す。よく自然にそうなることに使われる。
「～ないでは・ずにはいられない」表示难以抑制做某个动作的心情。经常用于某个事情的自然发生。

例

読み始めたら、終わりまで読まないではいられない。
一开始读，就会忍不住一直读到最后。

「～ないでは・ずにはすまない」は社会規範や一般常識を考慮して、動作をしなければならないことを表す。
「～ないでは・ずにはすまない」是从社会规范或一般常识来考虑，表示必须去做某个动作。

例

検査の結果によっては、手術せ**ずにはすまない**だろう。

根据检查的结果，可能会非做手术不可。

「～ないでは・ずにはおかない」は主に話し手の立場から、ある動作を実行する決心や意志を表す。あるいは、感情や心理を表す動詞と共起し、感情や動作が自然に引出されることを表す。　「～ないでは・ずにはおかない」表示从说话者的角度出发，表达做某事的决定和意志。又或者和表示情感、心理的动词搭配，用于表示情感、动作的自然发生。

例

こんなひどいことをされたのだから、絶対に謝らせ**ないではおかない**。

对我做了这么过分的事，一定要让他道歉。

彼女の天使のような歌声は、聴く人を感動させ**ないではおかない**。

她天使般的歌声，让每一个听众都为之动容。

文型	～ざるを得ない	接続	V否＋ざるを得ない（する➡せ＋ざるを得ない）
意	～しなければならない　不得不……		
解	したくないが、避けられない状態でどうしてもする必要があるということを表すときに使われる。 用于表示虽然不想做，但出于某种不可逃避的现实情况必须做。		
例	台風が迫（せま）っているので、コンサートを中止にせ**ざるを得ない**。 因台风迫近，不得不取消音乐会。 理不尽（りふじん）なことでも、我慢せ**ざるを得ない**こともある。 即便是对方不讲情理，也有必须忍耐的时候。 自分を褒（ほ）めてくれるものを追（お）い出（だ）すわけがない。そのアーティストは嫌々ながらも、ファンの言葉に耳を傾け**ざるを得なかった**。 伸手不打笑脸人。那位艺术家虽然嫌弃，但也只能倾听粉丝的话了。 近年は、保育所が不足しているために、親が仕事への復帰（ふっき）を諦め**ざるを得ない**ような深刻な状況が続いている。近年来，由于托儿所数量不足，很多父母只能放弃回归职场，专心育儿。		

文型	～を余儀（よぎ）なくされる・を余儀なくさせる	接続	N＋を余儀なくされる・を余儀なくさせる
意	～するしかなくされる・～するしかなくさせる　只能做……		
解	本当はしたくないが、他に方法がなくするしかないということを表すときに使われる。 用于表示虽然不想做，但由于别无办法只能去做。		
例	大雨が旅行の延期**を余儀なくさせた**。　由于暴雨旅行被迫延期了。 その芸術祭に対し、インターネット上で巻（ま）き起（お）こった多くの批判が、一部の作品の展示を中止すること**を余儀なくさせた**。 网络上出现了很多批评这个艺术节的声音，所以只能先停止展出其中部分作品。		

	新しい国道（こくどう）の建設に伴（ともな）い、その地域に住んでいた人々は自治体によって、立（た）ち退（の）きを余儀なくされた。　由于新国道的建设，住在这个地区的人在地方自治团体的安排下，不得不搬家。

POINT 「～余儀なくされる」「～余儀なくさせる」の違い

「～余儀なくされる」は受身形なので、人や集団が文の主語になる。それに対して、**「～余儀なくさせる」**は使役形なので、原因である出来事が文の主語になる。

「～余儀なくされる」是被动态，由表示人或某集团的词语做句子的主语。与此相对，「～余儀なくさせる」是使役态，由表示事件的词语作为句子的主语。

例

不景気が続き、多くの人々は職場を離れること**を余儀なくされた**。

由于经济持续低迷，许多人被迫离开公司。

両国関係の悪化がプロジェクトの中止**を余儀なくさせた**。

两国关系的恶化使项目被迫取消。

<26> 勧誘・注意・禁止

251	**～（よ）うではないか**	让……吧
252	**～てもさしつかえない**	可以……
253	**～ものではない**	不应该……
254	**～ことはない**	不必……
255	**～ことだ**	要……
256	**～べき・べきだ・べきではない**	应该……
257	**～べからず・べからざる**	禁止……

文型	～（よ）うではないか	接続	V意＋（よ）うではないか
意	～ましょう　让……吧		
解	スピーチや演説の場で、話し手が自分の意志を伝え、あるいは賛同するよう呼びかけるときに使われる。　在演讲等场合，用于表达说话人的意志和对听众的呼吁。		
例	困った時はお互いに助け合っていこ**うではありませんか**。困难的时候让我们大家互相帮助吧。 久々に皆が集ったのだから、今夜は大いに語り合お**うではないか**。 大家好久没有相聚，今晚让我们聊个通宵吧。 我々は入社一年目であるにもかかわらず、次に行うプロジェクトのメンバーに抜擢（ばってき）されたのだから、誠心誠意（せいしんせいい）を込（こ）めて頑張ろ**うではないか**。 尽管我们进公司刚一年，但这次都被选拔参加了这个项目，让我们一起全心全意努力奋斗吧。 グローバル化が進む世界にあって、母国を背負（せお）って立つ人材になろ**うではないか**。 面对全球化高歌猛进的世界，我们一定要成为不负祖国期望的栋梁之材。		

文型	～てもさしつかえない	接続	V~~て~~＋てもさしつかえない A~~い~~く＋てもさしつかえない NA＋でもさしつかえない N＋でもさしつかえない
意	～てもいい　可以……		
解	消極的な許可を表すやや硬い表現であり、改まった場面で使われることが多い。 用于表示许可，是一种较为生硬的表达方法，多用于比较正式的场合。		
例	ひとりかふたりのお客様なら、人数を変更なさって**てもさしつかえません**。 如果是一两位客人的话，变更人数也没关系。 夜９時以降は食事は禁止ですが、水かお茶だけなら飲ん**でもさしつかえありません**。 晚上9点以后是禁止用餐的，但也可以喝点水喝点茶什么的。 面接は基本的に対面で行(おこな)うつもりですが、地方に住んでいて来社が難しいという方は、ビデオ通話による面接を申(もう)し込(こ)んでいただい**てもさしつかえありません**。 面试基本上是当面进行的，但如果住的地方来公司有困难的话，也可以申请通过视频电话进行面试。		

文型	～ものではない	接続	V辞＋ものではない
意	～しないほうがいい、してはいけない　不应该……		
解	人の行為について、そうするのがよい、そうしないほうがよいと忠告やアドバイスをするということを表す。　对于某人的行为，给出“这样做比较好或是不这么做比较好”的忠告或建议。		
例	人のことに首を突(つ)っ込(こ)む**ものではない**。　不该干预别人的事情。 いつまでも悲しみを引(ひ)きずる**ものではない**。　不该一直沉湎于悲伤之中。 間違っていることをしているからといって、全く関係のない外部の人間が無責任に誹謗中傷をする**ものではない**。 即使犯了错，也不应该不负责任地出言中伤毫不相关的人士。 自分の好(この)みには合わないからといって、他人の好きなものや趣味を否定したり価値観(かちかん)を押(お)し付(つ)けたりする**ものではない**。 即使和自己的喜好不一样，也不应该否定别人喜欢的东西和兴趣，不应该将自己的价值观强加在别人身上。		

文型	～ことはない	接続	V辞＋ことはない
意	～必要がない　不必……		
解	人に「その必要はない」と助言や忠告をするときに使われる表現である。 建议他人不必做某事时使用。		
例	遠慮する**ことはありません**。気軽になんでもおっしゃってください。 不必客气。有什么事都尽管说吧。 賛同してくれる人が少ないからといって、自分の主張を曲(ま)げる**ことはない**ですよ。 虽说赞同的人少，但也不必改变自己的意见。		

	大学受験に失敗したとしても若者はこれから多くの選択肢や好機に恵まれるのだから、人生が終わったかのように落胆する**ことはない**。 即使没能考上大学，但是年轻人今后还会遇到很多选择和机遇，不必像人生就此结束似的那么灰心丧气。

比	22 否定・部分否定	～ないことはない	▶ 427ページ

文型	～ことだ	接続	V辞＋ことだ V否＋ない＋ことだ

意	～しなさい　要……
解	「その状況ではそうした方がいい」と述べて、間接的に忠告や命令を表す。 用于表示在当下场合中这样做最好，是一种间接劝告或命令对方的方式。
例	風邪をひいた時は、暖かくしてよく寝る**ことだ**。　感冒的时候，要保暖、多睡觉。 他人のことには口をださない**ことだ**。　不要评论别人的事。 教養を深めたいのなら、毎日できるだけ多くの本やニュースに触れ、そこから自分なりに感じたことを客観的に整理して、考えを深めていく**ことだ**。 如果想要提高自己的知识素养，就要每天尽可能多地读书看报，把从中体会到的东西进行客观整理，并对此去深入思考。 徹夜で勉強するという人も多いが、試験で実力を出し切るためには試験前日はしっかり寝る**ことだ**。 虽说有不少人都会通宵学习，但为了能在考试中发挥出自己的实力，考试前一天还是要好好休息。

比	10　感動・願望	～ことだ	▶ 350ページ

文型	～べき・べきだ・べきではない	接続	V辞＋べき・べきだ・べきではない

意	～するのが当然だ　应该……
解	ある常識や規範からの、当然・適当・義務を表す。話し手自分に使うことができない。 表示基于常识和规范，认为理应采取某种行动。该句型不能用于说话者自身。
例	ネットが発達し、実店舗のみの企業は淘汰される**べき**運命にある。（当然） 网络发达后，只有实体店的企业注定要被淘汰。 他人のプライベートに干渉する**べきではない**。（適当） 不应该干涉他人隐私。 法治国家においては、国民は法を遵守する**べきだ**。（義務） 在法治国家，国民必须遵守法律。 もしも、子どもが大人に対して迷惑を掛けてしまっても、大人はある程度は寛容である**べきだ**。 即便小孩给大人造成了麻烦，大人也是应该适度宽容的。 何か対人トラブルがあったときは、安易に他人を批判する**べきではなく**、まず自分を省みる**べきだ**。 和别人出现争执的时候，不应简单地去批判他人，而应该先反省自己。

文型	～べからず・べからざる	接続	V辞+べからず・べからざる
意	～てはいけない　禁止……		
解	禁止を表すときに使われ、「べきではない」より硬い言い方である。 「～べからず」：禁止を呼びかける際に、看板などでよく使われる。 「～べからざる」：名詞を修飾する形。「許すべからざる」「欠くべからざる」2つの表現しかない。 表示禁止，较之「べきではない」更为生硬，语气也更显强硬。 「～べからず」：表示呼吁禁止某事。多用于广告牌等。 「～べからざる」：用来修饰名词。只有「許すべからざる」「欠くべからざる」2种表达方式。		
例	落書（らくが）きする**べからず**。　禁止涂鸦。 ここにゴミを捨てる**べからず**。　禁止在此丢放垃圾。 試験中は私語（しご）をする**べからず**。　考试期间禁止私语。 憐（あわ）れみの心や思いやりの心というのは、 人間にとって欠く**べからざる**ものである。 对于人类而言，怜悯之心与为他人着想之心是不可或缺之物。		

文法項目の実践

事実は存在している。しかし、人間は一生を費やしてそれを探ろうとしても、事実の全体を把握することができない。

我々人間は、常に実際に見た、あるいは経験したことを事実とし、日常生活の中で事実そのものの存在を確かめながら生きている。が、我々が事実だと確信しているのは、真実の一角に過ぎない不完全な真相である。それは、人が五感で物事を認識し始めるときから、実在することだと判断するまで、段階ごとに無意識に選定した角度からだけ観察を行っているからである。

では、より全般的な結論を得るために、観察する角度を増やしてみるとしたらどうだろう。しかしそれでも、多角形の角をいくら増やしても円に近い多角形にしかならないように、どれほど多角的な視点を通じても、真実に無限に近いが完全なる真実ではない結論に辿り着くことしかできない。ここで人と事実を隔てるのは私たち自身の限界である。

我々は三次元に生息しているが、二次元の視点でこの世界を見る傾向がある。万物が立体的に見えるのも、物体の表面の比較的に暗い部分を影として認識しているからに他ならない。例えば、ある平面に１つの点が動いているとしよう。この点自身から見れば、世界は一本の線であり、自分はただそれに沿って動いている。だが、私達の視線から見ると、点の世界の全貌は平面で、点の運動速度、方向、その世界の何もかもは明瞭である。つまり、１つの世界をそれと同じ次元の五感で観察すれば明々白々である。けれど世界に生きている生き物はその世界の次元より１次元低い視覚しか有していない。実際のところ、視覚のみならず、五感から思想まで、様々な感覚において、このような次元の障壁がある。簡単にいえば、生き物はみな生まれながらにして世界の真実に届かないということが定められている。こういった悲しい現実の下に生まれてきたのである。

能力の制限に加え、現実社会にある他のものも絶えず私たちの事実の認識過程を左右している。中でも顕著に人々に影響を及ぼすのは、メディアである。社会は巡り巡って、今日に至って情報の時代に入ったとされている。様々な領域を渡っての技術革命により、生産が加速し、生活の速さも上げられた。したがって、情報を時間をかけて丁寧に扱い、熟慮するよりも、情報収集の時間パフォーマンスが重視されるようになった。質よりも量、質よりも速さ。このような社会的価値観のもとで、メディアはいかなる時代よりも強い影響力を持っている。現に一社の記事だけを読む、もしくはタイトルを見るだけで済ませる人も少なくない。元々視野が限られている上、更に自ら多角性を切り捨てる。人間は非常に煽がれやすい、導かれやすい種となっていき、事実の本体から遠ざけられる一方にあると私は思う。

このように、事実の本体は常に人間の届かない場所に位置しているのである。そうではあるものの、事実を探索するという行動にある意味と価値は否定されるべきではない。真相は永遠に得られないからというだけで、悲観的に身を引くべきではない。真実の正体はいかなる時でも不透明であることを頭にし、自分が現在理解していることのすべてはまだ不完全だと知ったうえで、この認識を動力に転換させ、絶えず多角的に物事を見極め、真実を求める。こういった姿勢こそ、我々人間が幾多の限界と障碍に直面しながらも、今日まで発展してこられ、そして明日へ進んでいける、人間なりの戦い方である。これこそが正しい事実の求め方であると私は考える。

「事実」について、あなたの考えを述べなさい。

―― 東京大学留学生入試2014年小論文A・名校志向塾卒業学生練習

PART4 敬語

CHAPTER 11 敬語

敬語というのは話し手や聞き手、および話題の人物への敬意を表す表現形式である。敬語を使うことによって、主体（書き手、話し手など）とその相手（読み手、聞き手）やその話題中の人物との社会的関係（親疎、権力の大小）、社会集団の中での立場の違い（先輩と後輩、恩恵や利益を与える側と受ける側など）を表し、対人関係をスムーズに築くことができる。敬語は言語知識や聴解の部分で出題されることが多い。また面接の際も、敬語を正しく使用することによって、日本語能力をアピールすることができる。本書では、敬語を「尊敬語」「謙譲語」「丁寧語」という三つの部分に分け、それぞれについて説明する。

敬语是一种表现说话人对听话人，或者话题人物的敬意的表达形式。使用敬语，可以体现说话人与听话人或话题人物之间的社会关系，社会集体中立场的不同，构建和谐的人际关系。在语言知识和听力考试中，敬语也经常成为考查内容，另外，敬语对于在面试中展示日语能力也有很重要的作用。本书将把敬语分成“尊敬语”“谦让语”“礼貌语”三个部分来介绍。

CHAPTER 11 敬語

1 敬語の意義

敬語というのは**話し手**または**書き手**が**相手**や**話題の人物**に対して**敬意を表す**言語表現である。様々な**相互関係**に基づいて敬語を使い分けることで、その**人間関係**を明らかにすることができる。敬語は、身分などに基づく旧来の固定的なものでなく、人と人との**相互尊重**の気持ちを基盤とすべきものである。敬語を使うことによって、社会集団の中での立場の違い（先輩と後輩、恩恵や利益を与える側と受ける側など）を表し、対人関係をスムーズに築くことができる。

敬语指的是说话人对于听话人以及话题中人物表示敬意的语言。根据人物关系而进行区别使用。不仅限于固有概念的“上下尊卑”，而是在相互尊重的基础上，明确人物之间的关系（例如前后辈、施恩方和受惠方等），正确使用敬语有利于我们构建和谐的人际关系，体现自身教养。

女子学生：先輩は、どんな仕事をして**いらっしゃる**んですか。

「先輩」を高めて扱い、聞き手に敬意を表し、上下関係を示す

女学生：学长，您做什么工作呢？（通过抬高听话人的地位，来达到区分上下级关系的目的）

大学職員：財布を届けてくれた清掃員の**方**が**いらっしゃる**日にちを確認します。

「清掃員」を高めて扱い、話題の中の人物に敬意を表す

大学工作人员：我们确认一下送来钱包的清扫人员的出勤日期。（在这句话中，通过抬高话题中人物的地位，来表示对话题中人物的敬意。）

2 敬語の種類

話し手の敬意的配慮を表す対象や、**敬意を表す方法**によって、敬語を分類することができる。敬語の分類については、国語教育の場の通説や研究者の分類案など、様々な分類案が提案されているが、本書では、国語教育の通説である三分法**（尊敬語、謙譲語、丁寧語）**を説明する。

根据说话人表示敬意的对象以及表示敬意的方法，可以对敬语进行分类。但是现有的敬语的分类众说纷纭，本书采用日本国语教育的分类方法，按照尊敬语、谦让语和礼貌语三类来讲解。

<1> 尊敬語

尊敬語というのは、**話し手**が**話題にしている人物**のうち、**その動作をする者を高めて扱う**表現である。**敬意を表す対象**は**聞き手**でも**話題にしている第三者**でもいい。

尊敬语是说话人通过抬高对话中提及的动作发出者的地位，来达到表示尊敬的目的。受到尊敬的对象是听话人，也可以是会话中提到的第三者。

（1）尊敬の意味を含む体言

体言の中には、下記の表のように、もともと敬意が含まれている表現がある。

有许多体言本身就含有尊敬含义（如下表所示）

指示詞	あなた、どなた
	方：この方　その方　女の方　座っている方
	こちら　そちら　あちら　どちら
呼称	先生　教授　社長　殿下

（2）尊敬の意味を表す接頭語・接尾語のついた語

1 体言、形容詞、形容動詞につく接頭語「御（お）」「御（ご）」「御（おん）」「貴」

接在体言、形容词、形容动词前的接头词“御（お）”“御（ご）”“御（おん）”“貴”

お一人様ですか。　您是一个人吗？
お＋一人「一人」である聞き手を高めて扱う

お仕事がありますか。　您现在有工作吗？
お＋仕事「仕事」の動作をする聞き手を高めて扱う

お忙しいところすみません。　在您百忙之中非常抱歉。
お＋忙しい「忙しい」状態である聞き手を高めて扱う

ご連絡ありがとうございます。　感谢您与我联系。
ご＋連絡「連絡」の動作をする聞き手を高めて扱う

ご清聴（せいちょう）ありがとうございました。　谢谢收听。
ご＋清聴「清聴」の動作をする聞き手を高めて扱う

厚く**御礼**（おんれい）申し上げます。　非常感谢。
おん＋礼

早く**御社**（おんしゃ）に貢献（こうけん）できるように努めます。　我会努力为贵公司做出贡献的。
おん＋社

貴学（きがく）の教育内容にとても魅力を感じました。　我对贵校的教育内容十分感兴趣。
貴＋学

COLUMN

「お」と「ご」

① 「お」あるいは「ご」をつけて敬語にする場合は、「お＋和語」「ご＋漢語」が原則である。

お湯（ゆ）　お皿（さら）　お箸（はし）　お見事（みごと）　お花見（はなみ）
ご住所（じゅうしょ）　ご返事（へんじ）　ご来店（らいてん）　ご意見（いけん）　ご希望（きぼう）

11 敬語

②生活によく使われる漢語と和製漢語に関して、「ご」ではなく、「お」をつけることがある。

お誕生日（たんじょうび）　お時間（じかん）　お料理（りょうり）
お電話（でんわ）　お洋服（ようふく）

③外来語、自然現象、組織名といった名詞の前に「お」も「ご」もつけない。

おファックス　ごファックス
お早稲田大学（わせだだいがく）　ご早稲田大学

一般来说，「お」用在日语固有词前，「ご」用在汉字音读词前。
但是一些日常生活常用的汉字音读词和一些和制汉语词也会冠以「お」而不是「ご」。
另外，外来语、自然现象、团体组织等名词前既不冠「お」也不冠「ご」。

2 体言につく接尾語「さん」「様」「氏」「殿」 接在体言后的结尾词「さん」「様」「氏」「殿」

姓・名・名前	**さん**	鈴木さん　三郎さん　鈴木三郎さん
	様	鈴木様　　三郎様　　鈴木三郎様
	殿	鈴木殿（公用文）　社長殿
	氏	鈴木氏（姓のみ）
職業	**さん**	歯医者さん
代名詞	**さん**	どちらさん
	様	どちら様
親族呼称	**さん**	お父さん
	様	お父様
機関・団体	**さん**	サクラ商事さん
動植物	**さん**	象さん

（3）尊敬の意味を含む動詞

1 **「お（ご）Vになる」**の形

「お（ご）＋V~~ます~~＋になる」という形。（一般に、動詞が和語の場合は「お」がつく。動詞がサ変動詞（名詞＋する）の場合は**「ご＋サ変動詞語幹（名詞）＋になる」**という形になる。）

一般用「お（ご）＋V＋になる」的形式。动词是和语时用「お」。动词是汉语构成的サ变动词时，用「ご＋サ変動詞語幹（名詞）＋になる」的形式。

お出かけになりますか。　您要出门吗？
お＋出かけ（出かける・連用形）＋になる

お正月の時実家に帰れば、ご両親はきっと**お喜びになる**でしょう。
お＋喜び（喜ぶ・連用形）＋になる
过年的时候如果能回家，您父母一定会非常高兴吧。

名古屋を**ご訪問になる**と聞きました。
ご＋訪問（サ変動詞語幹）＋になる
听说您要访问名古屋。

学部長は本日の会議に**ご欠席になります**。
ご＋欠席（サ変動詞語幹）＋になる
院长不出席今天的会议。

2 尊敬の意味を表す助動詞「れる」「られる」をつけた形

助動詞の**「れる」「られる」**を使い、動作の主体に対して敬意を表し、聞き手や話題の中の人物を高めて扱う。

使用助动词「れる」「られる」，来抬高听话人或话题中人物的地位，表示对动作主体的尊敬。

鈴木先生が来年大学を**辞められる**と聞いた。听说铃木老师明年就要从大学辞职了。
話題の人物の「鈴木先生」に敬意を表す

先生が先日**言われた**本はこれですね。 老师您之前说的是这本书吗？
聞き手の「先生」に敬意を表す

今日は天気がいいので、たくさんのお客様が**来られて**いますね。
今天天气很好，来了那么多的客人啊。 話題の人物「お客様」に敬意を表す

3 特定の語形（尊敬動詞）

尊敬語独自の動詞を使うのが、尊敬語の形式の一つである。これらの尊敬動詞は活用することができる。次のようなものがある。

一些动词存在常见的特定形式尊敬动词，如下表所示。需要单独记忆。

辞書形	尊敬語	
	普通形	丁寧形
行く	いらっしゃる おいでになる	いらっしゃいます おいでになります
来る	いらっしゃる おいでになる お越しになる	いらっしゃいます おいでになります お越しになります
いる	いらっしゃる おいでになる	いらっしゃいます おいでになります
食べる・飲む	召し上がる	召し上がります
寝る	お休みになる	お休みになります
見る	ご覧になる	ご覧になります
言う	おっしゃる	おっしゃいます
着る	お召しになる	お召しになります
する	なさる	なさいます
知っている	御存じだ	御存じです
くれる	くださる	くださいます
座る	お掛けになる	お掛けになります

ADVANCED(EJU etc.)

司会者：作曲をするときに気をつけて**いらっしゃる**ことはどんなことですか。

「気をつけている」➡「気をつけていらっしゃる」：聞き手（作曲をする人）を高めて扱う言い方になる

主持：您在作曲的时候一般都注意些什么呢？

女子学生：インタビューを受けた方が高齢者の方で、大変だと**おっしゃいました**。

「言った」➡「おっしゃいました」：話題の人物である「インタビューを受けた方」を高めて扱う言い方になる

女学生：接受采访的人是一些老人家，他们回答“非常辛苦”。

先生：私の授業でアンケートを実施することを、演習の先生は**ご存じ**ですか。

「知っている」➡「ご存じ」：「演習の先生」を高めて扱い、敬意を表している。

老师：研讨课的老师知道你要在我的课上做问卷调查吗？

<2> 謙譲語

謙譲語とは、話し手が自分や自分側の動作をへりくだることによって、動作の受け手に敬意を表す表現である。また、謙譲語には、話し手が聞き手に対する敬意を表すものもある。謙譲語は、謙譲語Ⅰ（「伺う・申し上げる」型）と、謙譲語Ⅱ（丁重語「参る・申す」型）に分けられる。

谦让语表示说话人通过贬低自己或己方的动作，表示对动作承受对象的敬意。另外，谦让语还可以表示对听话人的敬意。谦让语可以分为甲类谦让语（謙譲語Ⅰ）和乙类谦让语（謙譲語Ⅱ）两类。甲类表示对动作行为承受对象的敬意，乙类表示对听话人的敬意。

●**謙譲語Ⅰ：自分側から相手側または第三者に向かう行為・もの**について、**その向かう先の人物を立てて述べる**もの。

先生のところに**伺います**。

「行く」の代わりに「伺う」を使うことで、「先生」という向かう先を立て、そして「先生」に敬意を表す

我去拜访老师。

甲类谦让语（謙譲語Ⅰ），表示的是对己方动作承受对象的敬意。「伺う」（拜访）是己方的动作，承受对象是老师，表示对老师的敬意。

●**謙譲語Ⅱ：自分側の行為・ものごと**などを、**話や文章の相手に対して丁重に述べる**ものである。

弟のところに**参ります**。

「行く」の代わりに「参る」を使うことで、「弟」を高く扱うのではなく、聞き手に敬意を表す

我去弟弟家。

乙类谦让语（謙譲語Ⅱ），表示的是对听话人或文章读者的敬意。「参る」这个词并不是对弟弟表示敬意，而是对听话人表示敬意。

（1）**謙譲語Ⅰ**（「伺う・申し上げる」型）

謙譲語Ⅰは、相手に向かう自分や自分側の動作などを低めて表すことにより、相手側を高める敬語表現である。

甲类谦让语（謙譲語Ⅰ）通过贬低自己或己方动作，表示对动作承受对象的尊敬。

1 **動詞の謙譲語Ⅰ**

①「お（ご）Vする」形

「お（ご）＋V~~ます~~＋する」という形。（一般に、動詞が和語の場合は「お」につく。動詞がサ変動詞の場合は「ご＋サ変動詞語幹＋する」という形になる）

一般用「お（ご）＋V＋する」的形式。动词是和语时用「お」。动词是汉语构成的サ变动词时，用「ご＋サ変動詞語幹（名詞）＋する」的形式。

くわしい内容は、のちほど**ご連絡します**。　具体内容我之后再与您联系。

「ご＋連絡＋する」：連絡対象という向かう先を立てて、連絡するという動作の受け側を高めて扱い、敬意を表す。

皆様のご来店を**お待ちします**。　我们恭候各位光临。

「お＋待つ＋する」：待つ対象という向かう先（顧客）を立てて、「待つ」という動作の受け側を高めて扱い、敬意を表す。

②特定の語形

辞書形	謙譲語	
	普通形	丁寧形
尋ねる・訪ねる	伺う	伺います
聞く	伺う 拝聴する	伺います 拝聴します
言う	申し上げる	申し上げます
知る	存じ上げる	存じ上げます
する	致す	致します

あげる	差し上げる	差し上げます
もらう	いただく 頂戴する	いただきます 頂戴します
会う	お目にかかる	お目にかかります
見せる	お目にかける	お目にかけます
見る	拝見する	拝見します
借りる	拝借する	拝借します
読む	拝読する	拝読します

害虫の天敵を使用して害虫を殺すという新しい方法について、農家の方にお話を**伺います**。　我询问农民一种用害虫天敌来杀死害虫的新方法。

返却期限になった本はいったん返却して**いただきます**。
到了还书期限的书要先请您还回来。

今回のディベートについて、皆さんの感想文を**拝見しました**。
我拜读了大家关于这次讨论会的感想文。

2 体言の謙譲語 I

「**お・ご+名詞**」という形で、「先生へのお手紙」のように、名詞についても、「先生」という「向かう先」を立てる謙譲語 I がある。

通过「お」或「ご」加名词这种方式，就像「先生へのお手紙」一样，即使加在名词前，也有「先生」这个动作对象，因此也属于甲类谦让语。

これが2020年定休日の**お知らせ**です。　这是关于2020年法定节假日的通知。
「知らせ」の「対象」という「向かう先」を立てて、受け側を高めて扱い、敬意を表す。

結婚式で演奏をしてくれた友人への**お礼**はどうする。　怎么感谢在婚礼上演奏的朋友呢?
「お礼」と受ける対象という「向かう先」を立てて、敬意を表す。

COLUMN

友人に対して敬意を表す必要

結婚式で演奏をしてくれた友人への**お礼**はどうする。

「友人」に対して、「敬意を表す必要ないのでは」と思う人があるかもしれないが、実はそうでもない。はじめの「敬語とは」の部分で説明したとおり、敬語は、身分などに基づく旧来の固定的なものではなく、人と人との相互尊重の気持ちを基盤とすべきものである。敬語を使うことによって、社会集団の中での立場の違い、この例文の場合は「演奏してくれた」という恩恵を与える側の友人と「演奏のある結婚式を上げた」という恩恵を受ける側の話者の違いを表す。

♡在「結婚式で演奏をしてくれた友人へのお礼はどうする」这一例句中，可能会有同学认为说话人跟“朋友”是非常亲近的，不需要使用敬语，但其实并不然。正如在一开篇的敬语定义的解释中所说，敬语建立在人们相互尊重的基础上，使用敬语来反映两者在社会集团中立场的不同，在这一句中，存在“帮忙演奏”的朋友，也就是施恩一方，也存在“办了一个有伴奏的婚礼”的说话人，也就是受惠一方。使用敬语反映了两者关系的不同，体现了说话人感谢的心情和自身良好的教养。

（2）謙譲語Ⅱ（丁重語　「参る・申す」型）

謙譲語Ⅱは自分側の行為・ものごとなどを、話や文章の相手に対して丁重に述べるものである。典型的な例は「参る、申す、いたす、おる、小社」などがある。

♡乙类谦让语（謙譲語Ⅱ）是将自己的行为郑重地表达给听话人和文章读者，典型的例子有「参る」「申す」「いたす」「おる」「小社」等。

1 動詞の謙譲語Ⅱ

鈴木三郎と**申します**。　我叫铃木三郎。

言います

この動作の受け側、いわゆる「向かう先」という人がないので、単に自分の行為を、話や文章の相手に対して改まった言い方で述べることになる。

在这句中，「申す」代替了「言う」，表现了说话人对听话人或者文章读者的郑重态度。而在这句中，「申す」这个动作本身是没有承受者的，因此不存在抬高动作承受者地位来达到表示敬意的用法。这一点就与上述的甲类谦让语不同。

バスが**参りました**。　公交车来了。

来ました

聞き手に改まった言い方で述べることで丁寧さをもたらすことになる。

2 体言の謙譲語Ⅱ

「わたくし」「家内（かない）」のように、もともと謙譲の意味が含まれている体言がある。

♡就像「わたくし」「家内」这样，有一些体言本身就含有自谦的含义。

謙譲語	意味
わたくし	わたし
せがれ	自分の息子
家内	自分の妻
手前（てまえ）	わたし

また、謙譲の意味を表す接頭語・接尾語につき、謙譲の意味を表す体言がある。

♡另外，有一些体言可以接在表示自谦含义的接头词后或接尾词前，来表示自谦的含义。

①**接頭語**：「小」「愚」「弊」「拙」「粗」など

謙譲語	意味
小社（しょうしゃ）	自分の会社
小生（しょうせい）	わたし
愚息（ぐそく）	自分の息子
愚妻（ぐさい）	自分の妻
弊社（へいしゃ）	自分の会社
弊店（へいてん）	自分の店
粗品（そしな）	他人に贈呈（ぞうてい）する品物の謙遜（けんそん）した言い方

②**接尾語**：「ども」「め」など

謙譲語	意味
娘ども	自分の娘たち
わたくしども	わたしたち
わたしめ	わたし

<3> 丁寧語

丁寧語というのは、話し手が丁寧にいい、聞き手を高めて扱う気持ちを表す表現のことである。

礼貌语指的是说话人通过礼貌发言来抬高听话人地位的表达方式。

(1) 丁寧の意味を含む動詞

「～ございます」などがある。(「ございます」を形容詞につける場合もあり、音便が発生する（▶「形容詞・形容動詞」131ページ）

一部ご利用いただけない店舗・サービスが**ございます**。
部分店铺或服务项目不能使用（此优惠券）。　　ある

返品の際、店舗スタッフより確認させていただくことが**ございます**。
退货时，请允许店铺的工作人员确认商品状况。　　ある

(2) 丁寧の意味を表す助動詞「です」「ます」のついた語

丁寧な意味を表す「ます」と**丁寧な断定を表す「です」**を使い、**聞き手を高めて扱う**気持ちを表し、**話しぶりを丁寧にする**。助動詞の「ます」と「です」は活用することもある。(▶「助動詞」177ページ)

使用表示礼貌的助动词「です」「ます」，来体现抬高听话人地位的心情，让对话显得礼貌。助动词「です」「ます」有活用形式。

(3) 丁寧の意味を表す接頭語「お」「ご」のついた語（美化語）

美化語はほとんど**名詞**あるいは**サ変動詞「名詞＋する」形の動詞**である。より良い人

間関係を作るための尊敬語、謙譲語と違い、**接頭語「お」「ご」のついた美化語**は**話題の中の物事を美化して述べる**際に使われる。相手に対する丁寧さというよりも、**自分自身の言葉遣い**を**上品**にしようという目的で美化語を使う場合が多い。**言葉遣い**を**丁寧**にすることに加え、**相手の物、ことを尊重する場合**（「先生のお考え」）、**日常的に慣用化している場合**（など）もある。

加了表示礼貌的接头词「お」「ご」形成的词，也叫“美化语”。美化语基本上都是名词或者サ变动词（「名詞＋する」）这样的形式，有时并非表示对对方的尊敬，而是表现说话人自身的修养，所以既有对对方礼节性地表示尊重的情况，如「先生のお考え」，也有一些词已经成为日常性的惯用词，如「ごはん」「お酒」「お土産」。

お土産　お茶　お湯　お菓子　お汁粉
お団子　お椀　ご近所　ご祝儀

3 敬語を使うときの注意点

<1>「二重敬語」に注意

一つの言葉について、**同じ種類の敬語を二重に使った**ものを「**二重敬語**」という。例えば、「お持ちになられる」という表現は、「持つ」を「お持ちになる」という「お＋動詞（ます）型＋になる」の尊敬語にしたうえで、尊敬を表す助動詞「られる」を加えたもので、二重敬語である。一般的に適切ではないとされている。

对于一句话使用两次同种类的敬语，就叫作「二重敬语」，如「お持ちになられる」，一般来说并不恰当。

<2>「お」と「ご」の使い分けに注意

「お」あるいは「ご」をつけて敬語にする場合は、**「お＋和語」「ご＋漢語」**が原則である。ただし、**美化語の場合**は、**「お＋漢語」**という形もある。

原则上在使用「お」和「ご」的敬语时，お＋和语词，ご＋汉字词。但是如果是美化语的话，也存在「お＋漢語」的形式。

<3>敬語の過剰に注意

敬語をたくさん使えば使うほど、丁寧な言葉遣いになると思っている人が多いかもしれないが、**敬語を使うべきでない場面**に**過剰**に敬語を使ったり、**丁寧すぎる言葉遣い**をしすぎたりすると、逆に**皮肉**や**嫌味**にとらえられ、**不快**に思われる場合もある。敬語を使う際に、相手に対する配慮の意識がなければ、いくら敬語を使っていっても失礼に感じられてしまうものである。

可能会有人认为使用敬语时越多越好，越尊敬越好。但是如果在不应使用敬语的情况下过分使用敬语，反而会给人一种讽刺的感觉，会让人感到不快。因此在使用敬语的时候，如果考虑不够周到，不考虑对方的感受，那么使用再尊敬的敬语也会让人感觉失礼。

POINT 敬語のまとめ

分類		形式	例
尊敬語		尊敬の意味を含む体言	あなた　この方こちら　先生
		尊敬の接頭語・接尾語のついた語	お仕事　貴学　御社 鈴木さん　歯医者さん　お父さん
		お（ご）＋V~~ます~~＋になる	お出かけになる
		助動詞「れる」「られる」をつける	辞められる　思われる
		特定語形	いらっしゃる　召し上がる
謙譲語	謙譲語Ⅰ	尊敬の意味を含む体言	お知らせ　お礼
		お（ご）＋V~~ます~~＋する	ご連絡する
		特定語形	伺う　お目にかかる
	謙譲語Ⅱ	謙譲の接頭語・接尾語のついた語	弊社　粗品 娘ども　わたしめ
		特定語形	申す　参る
丁寧語		丁寧の意味を含む動詞	ございます
		助動詞「です」「ます」のついた語	学生です 話します
		丁寧の接頭語のついた語（美化語）	お土産　お茶　お汁粉 ご近所　ご祝儀

文法項目の実践

男子学生が図書館の人と電話で話しています。この男子学生は借りている本をどうすることにしましたか。

女性　　：はい、中央図書館です。

男子学生：あ、あの、今借りている本の返却日があさってなんですが、もう少し借りたいんです。

女性　　：貸し出し延長ですね。お名前と図書番号をお願いします。

男子学生：木村一郎です。図書番号は03-0524です。

女性　　：少々、お待ちください。申し訳ございませんが、その本は予約が入っているので、いったんご返却願います。もう少しお読みになりたいのでしたら、ご返却のあとで予約なされば、2週間後にまたお貸しできますが。

男子学生：ああ、じゃ、いったんお返しして、予約することにします。でも、明日はそちらお休みですよね。今日もあさってもそちらに行く時間がないんですが。

女性　　：休館日でも、入り口の前の返却ポストに入れていただければ結構です。予約は、いったんお返しいただいた後で、電話でも承ります。

男子学生：そうですか。じゃ、明日、返却ポストに返しておきます。

EJU日本語問題・2016年・日本語聴解スクリプト

PART5 口語

CHAPTER 12 口語

口語、話し言葉とも言える。書き言葉に対する日常の会話でよく使われる文体であり、JLPT-N2・N1の聴解や、EJUの聴解等で多く使われている。表現の正しさが求められるやや改まった書き言葉に対し、話し言葉は日常生活で使うためくだけた表現が多い。話し言葉には音の変化だけでなく、語順の変化や語の省略もしばしばみられる。そのほか、地域の差、性別の差、身分関係の差による表現の違いも見られる。

口语体，是一种在日常会话中使用的表达方式，和书面体相对。日语能力考试以及EJU考试中的听力部分，也大量存在口语的表达方式。书面体追求的是语言的准确性，相对来说比较生硬、刻板，与此相对的口语体由于多用在日常会话中，所以不乏十分随意的表达方式。不仅是发音的变化，语序的调整、单词的省略都是在口语体中才能看到的情况。此外，根据地域差异、性别差异乃至身份地位的差异，口语表达方式也会随之变化，也是日语学习者特别需要注意掌握的一个重要方面。

CHAPTER 12 口語

1 口語の性質

口語とは、日常生活において口頭で使われる話し言葉のことである。一般的に文字を書くときには使用されないが、インターネット上では**文語**（書き言葉）と**口語**（話し言葉）が併用されている。この本では、主に首都圏で話される共通語をもとに解説する。

口语是指在日常生活中使用的口头表达方式，在书写时一般不用。网络用语多是书面语和口语并存。本书主要以首都圈所用的标准语为主进行解说。

［文語］
突然雨が降ってきてしまいました。私は傘を持っていません。
突然下雨了，我没有带伞。

［口語］
雨が降ってきちゃいましたね、突然。（私は）**傘持ってません。**
突然下雨了，没带伞啊。

◆書き言葉と話し言葉

書き言葉	話し言葉
ておく・でおく	とく・どく
ている・ていく	てる・てく
ては・では	ちゃ・じゃ
てしまう・でしまう	ちゃう・じゃう
けば	きゃ
ければ	けりゃ・きゃ
れば	りゃ
と・という	って
という	っちゅう・っつう
というような	てな
といえば	てば
といったら	ったら
ても・でも	たって・だって
なぜか・なんだか	なんか
など	なんか・なんて
ことは・ことだ	こった・こっちゃ

これは本物ではない
文語
これは本物じゃない
口語
「〜ではない」「〜じゃない」2者は同じだよ

王　：よかった。授業に間に合ったよ。遅刻しちゃうんじゃ（してしまうのでは）ないかと思って駅から走って来たんだ。

佐藤：いつもそう言ってる（言っている）よね。遅刻したくなけりゃ（なければ）、もっと早く起きりゃ（起きれば）いいのに。

王　：そうなんだけど、なんか（なぜか）、つい夜更かしちゃう（してしまう）だよね。で、朝起きれない（起きられない）。昨日の夜は映画見てたん（見ていたの）だ。

佐藤：そんなことじゃ（では）ダメでしょ。早く寝て早く起きなきゃ（起きなければ）ダメだよ。

王　：そんなこと言ったって（言っても）、面白い映画だったから途中でやめられなくてさ。

佐藤：録画しときゃ（しておけば）いいのに。

先生：こらこら、遅刻スレスレで来たっちゅう（来たという）のに、無駄話ばっかりしてちゃ（ばかりしていては）だめだぞ。はい、これ、今日授業で提出してもらうプリント。一枚ずつ取って、まず名前を書いとく（書いておく）ように。

小王：太好了，总算赶上了。以为会迟到呢，我从车站一路跑过来的。

佐藤：总听你这么说啊。要想不迟到，就早点起床。

小王：是这个理儿啊。但是总是会熬夜嘛，然后早上就起不来了。昨天晚上看电影来着。

佐藤：这样是不行的。必须要早睡早起啊。

小王：话是这么说，电影那么好看总不能看到一半停下来吧。

佐藤：录下来不就好了。

老师：好了好了，都差点迟到了还在这里瞎聊。给，这是今天要交的作业，大家一人拿一张，先把名字写上去。

2 口語の特徴

口語の特徴：文語では見られない音の変化、語順の変化、省略がしばしば見られる。また、文語と違い、イントネーションによって文の意味が変化することもある。

文の長さは比較的短く、理解しやすい語彙が多く使われる。主に男性が用いるとされる男ことば・女性が用いるとされる女ことばなどの違いや、方言も現れやすい。口語に多いくだけた表現は、初対面や目上の人と話すときに使うと失礼となることもある。

口语的特征：口语中常会出现书面语中难以见到的语音变化、语序变化、省略等现象。另外，和书面语不同，口语中，根据音调的不同句子的意思也会发生变化。口语表达一般句子较短，也多使用易于理解的单词。并且男性用语女性用语的差异、方言也多体现在口语中。口语中的随意表达方式，如果对初次见面的人或上级长辈使用的话会不礼貌。

音の変化	：速く注ぐと水がこぼれちゃうよ。　倒得太快了水会溢出来的。
語順の変化	：好きだよ、君が。　喜欢你。
省略	：イメチェン　改变形象
イントネーション	：これ食べない？↑（疑問を表す）　吃不吃这个？
男ことばと女ことば	：（男）俺、新しくすげぇいいコート買ったんだぜ。 （男）我新买了件特别好的外套。 （女）私、新しくすごくいいコート買ったのよ。 （女）我新买了件非常不错的外套呢。

＜1＞音の変化

例

～てしまう ➡ ～ちゃう

速く注ぐと水が**こぼれちゃう**よ。　倒得太快了水会溢出来的。

～いるのでは ➡ いるんじゃ

この傘、お父さんが持っていき**忘れているんじゃ**ないかな。　那个伞，爸爸是不是忘带了啊？

（1）単音的変形

単音的変形とは、隣の音に影響を及ぼさずに音が変化することである。

音の一部が発音しやすいように変化する音便化、通常長く発音しなければならない母音を短く発音する長母音の短音化などがおきる。

単音变化，是指不会影响到其他音，仅一个音发生的变化。
通常分为，为了让发音更容易的音变，和将长元音缩短的音变两种。

1 音便化（おんびんか）

音便とは、音の一部が発音しやすいように変化することである。

①促音便化（そくおんびん）

日本語では、小さい「っ」で表現されるようなつまる音を「促音」と呼ぶ。本来違う音が「っ」音に変化することを促音便という。

日语中将写作「っ」的表示发音中停顿的音称为促音，将其他音变为促音的情况称为促音变。

例

いいか ➡ いっか

宿題終わってないけど、まあ**いっか**。　作业还没写完，不过也没关系。

あたたかい ➡ あったかい

あったかいものが飲みたい。　想喝点热乎的东西。

どこか ➡ どっか

週末は**どっか**いこう。　周末去哪逛逛吧。

②撥音便化（はつおんびん）

日本語では、「ん」と表記される音を「撥音」と呼ぶ。本来違う音が「ん」音に変化することを撥音便という。

日语中将「ん」这一假名所表示的音称为拨音，将其他音变为拨音的情况称为拨音变。

例

わからない ➡ わかんない

この問題、よく**わかんない**。　这个问题，真不太明白。

つまらない ➡ つまんない

してるの ➡ してんの

どうしてそんなに**つまんない**って顔**してんの**。

你为啥一副咋这么无聊的表情呢?

あなた ➡ あんた

あんたが掃除しといてよね。　你打扫一下。

なにも ➡ なんも

この部分が**なんも**わからない。　这个部分啥也不明白。

やらない ➡ やんない

本気で**やんない**とまずい。　如果不认真做的话就糟糕了。

そのときに ➡ そんときに

そんときに買ったのがこの靴だよ。　那回买的就是这双鞋。

2 長母音の短音化

長母音とは、母音を長く発音することである。

> 空気（ku u ki）
> お母さん（o ka a sa n）
> 长音是指将元音延长进行发音。

「空気（くうき）」「お母さん（おかあさん）」など、通常の長母音は、口語でもそのまま発音される。だが、以下に挙げる例のように、長母音が短く発音されることがある。

像「空気」「お母さん」等词，在口语中也发长音。但是在词中和词尾也有将长音缩短的情况。

例

さようなら ➡ さよなら

さよなら、元気でね。　再见了，多保重。

だいじょう（お）ぶ ➡ だいじょぶ

疲れてそうだけど、**だいじょぶ**？　你看上去很累的样子，没事儿吧?

ありがとう ➡ ありがと

本当に**ありがと**。　太谢谢了。

でしょう ➡ でしょ

どうせすぐ飽きる**でしょ**。　反正很快就腻了吧。

3 母音同化と脱落

①母音同化

動詞＋接続助詞**「て」（て形）**の後ろに、**「お」**ではじまる補助動詞が続くとき、**接続助詞「て」は補助動詞の先頭の音に同化します。**

动词て形之后如果接续以「あ」或「お」开头的补助动词的话，「て」会和补助动词的第一个音发生同化现象。

てお**る** ➡ とる

てお**く** ➡ とく

例

てお**く** ➡ とく

言っ**とくけど**、この料理まずいよ。　我跟你说啊，这个菜可难吃了。

てお**らん** ➡ とらん

近頃の若者はなっ**とらん**。　最近的年轻人真不像话。

②母音脱落

動詞＋接続助詞**「て」（て形）**の後ろに、**「い」**で始まる補助動詞が続くときは、補助動詞の**先頭の「い」がしばしば脱落する。**

动词て形之后如果接续以「い」开头的补助动词的话，那么「い」音会发生脱落现象。

ている ➡ てる

ていく ➡ てく

例

ている ➡ てる

愛し**てる**。　我爱你。

ていく ➡ てく

私は歩い**てく**よ。　我走着去。

ています ➡ てます

この人の名前、覚え**てます**か？　你记得这个人的名字吗?

ていた ➡ てた

頼まれた牛乳を買うの忘れ**てた**。　别人让我买牛奶，我给忘了。

いらっしゃい ➡ らっしゃい

楽しんで**らっしゃい**。　好好玩儿啊。

4 ら行音の脱落

「ら抜き言葉」は若者の使う間違った日本語として問題になっている。近年は、一般的にかなり浸透しており、可能と受身の区別として一定の役割を果たしているとの意見もある。実際は「ら」の音だけではなく、一般にら行の他の音も省略されやすい。

“「ら」的脱落”被年轻人广泛使用，已经成为一种现象。但也有人认为“「ら」的脱落”有助于区分可能态和被动态。实际上，不仅仅是「ら」这个音，ら行的音都容易发生省略现象。

●**動詞の可能形における「ら抜き」**

動詞＋助動詞**「～られる（可能）」**の**「ら」**が無くなることがある。助動詞「～られる」には受身、尊敬、自発、可能の意味がある。その中でも**可能の意味で使う時にのみ、ら抜きが起きる。**

表示可能的助动词「られる」中的「ら」会发生脱落。但需要注意的是，助动词「られる」有被动、尊敬、自发、可能等意思，只有在表示可能时才会发生脱落。

例

来られるの ➡ 来れるの

高橋君、今度の飲み会に**来れるの**？　高桥，这次聚会你能来吗？

食べられない ➡ 食べれない

そんなにたくさん**食べれない**よ。　吃不了这么多啊。

母　：優香、朝だよ。

優香：え、もうこんな時間！？

母　：おはよう。鍋の中に朝ごはんあっためてあるから食べて行きなさいね。（あっためてある＝あたためてある）

優香：ありがと！でも急いでるから今日は食べれないかも。（ありがと＝ありがとう、急いでる＝急いでいる、食べれない＝食べられない）

母　：だめよ、朝ごはん食べないでばっかいると、体によくないのよ。すぐにお皿に盛ったげるから、少し待ってて。（ばっか＝ばかり、盛ったげる＝盛ってあげる、待ってて＝待っていて）

優香：ほんとに大丈夫。八時の電車に乗んないと、学校に間に合わなくなる。（ほんとに＝ほんとうに、乗んない＝乗らない）

母　：じゃあお弁当だけでも詰めてあげるから、それだけは持ってきなさい。（持ってきなさい＝持っていきなさい）

優香：だから今すぐ出ないとだめなんだって言ってんのに～～！！（だめなんだ＝だめなのだ、言ってん＝言っている）

母亲：优香，该起床了。

优香：啊？都这个时间了？！

母亲：早上好，锅里我给你热着早饭呢，吃了再去吧。

优香：谢谢妈妈。但是我得赶紧走，可能今天没法吃饭了。

母亲：这可不行，总是不吃饭身体会吃不消的。我这就给你盛饭去，你等一下。

优香：真的不用了。我要是赶不上8点的车，今天上学就迟到了。

母亲：那我去给你装个便当，至少带个饭去。

优香：哎呀，我已经说了我现在必须出门了！

田中：ゼミ発表のスライド作ったんだけど、どう思う？（作ったん＝作ったの）

劉　：ええっと、この部分がよくわかんないな。もうちょい説明いるんじゃない？（わかんない＝わからない、ちょい＝ちょっと＝少し、いるんじゃない＝いるのではないか）

田中：他はだいじょぶかな？　あ、先生、ちょうどよかった。ちょっと見てください。どっか直したほうがいいとこありますか？（だいじょぶ＝だいじょうぶ、どっか＝どこか、とこ＝ところ）

先生：どれどれ。うーん、内容は、まあ、いっかって（いいかという）感じだけど、写真が小さすぎて教室の後ろのほうからは見れないんじゃないか（みられないのではない）かな。

劉　：そっか（そうか）、確かに写真が小っちゃい（小さい）ね。

田中：わかりました！もっと大きくしといた（しておいた）ほうがいいですね。

田中：这是我做的小组发表的PPT，你觉得怎么样？
小刘：嗯……这个部分我有点不太明白，是不是再加点说明会比较好啊。
田中：其他没问题了吧。啊，老师，您来得正好。请您帮我们看看有没有什么需要修改的地方。
老师：嗯，我瞧瞧啊。内容还可以，但是配的照片太小了，坐在教室后面的同学看不清吧。
小刘：是啊，确实照片小了点。
田中：明白了！是把照片再放大点会比较好呢。

（2）連音的変形

連音的変形とは、周囲の音も巻き込んで音が変化することである。

连音变化指的是将周围的音连在一起发生变化的现象。

1 連母音の変形

「知らない（nai）」、「青（ao）」のように、二つの異なる母音が連続することを**「連母音」**と呼ぶ。単語の語尾の連母音は、しばしば長母音になることがある。

像「知らない」「青」这样，我们把两个不同的元音连续出现的情况称为二重元音，单词词尾的二重元音经常会变为长元音。

例

さい（sai）➡ せえ（see）

うる**せえ**。　吵死了。

ない（nai）➡ ねえ（nee）

このくらいの傷、全然痛く**ねえ**よ。　就这点小伤，一点也不疼的。

まえ（mae）➡ めえ（mee）

おめえの話なんて聞かねえよ。　我才不听你的话呢。

2 係助詞「は」の変形

系助詞**「は」**は、**前の単語の語尾と連動して音が変わることがある。**

系助词「は」，会和前一个词尾的音一起发生连音现象。

例

たちは ➡ たちゃ

俺**たちゃ**、仕事なんてないよ。　我们连工作都没有。

ありは ➡ ありゃ

ここには食べ物なんて**ありゃ**しないよ。　这儿不会有吃的。

3 終助詞「わ」の変形

終助詞**「わ」**は、前の単語の語尾と連動して音が変わることがある。主に男性が使い、少し古風な表現になる。

终助词「わ」，会和前一个词尾的音一起发生连音现象。多为男性使用，是一种较为古板的说法。

例

知ってるわ ➡ 知ってらあ

そんなこと知って**らあ**。　我知道这个事儿。

そうですわ ➡ そうでさあ

そりゃそうで**さあ**。　确实如此。

4 係助詞「しか」の変形

係助詞**「しか」**は**「っきゃ」**に変わることがあるが、促音**「っ」**は省かれることもある。

系助词「しか」，有时会变成「っきゃ」，其中的促音也可以被省略。

例

やるしか ➡ やるっきゃ

気合い入れて**やるっきゃ**ないね。　只能玩儿命干了。

働くしか ➡ 働くきゃ

食うには**働くきゃ**ねえ。　要养活自己只能工作。

5「ては」の変形

「ては」が**「ちゃあ」**、**「ちゃ」**に変わることがある。**「くては」**は、**「～くちゃ」「～きゃ」**に変わる。**「くては」**の打消しである**「なくては」**は、**「～なくちゃ」「～なきゃ」**に変わる。

「ては」会变成「ちゃあ」或「ちゃ」的形式。「くては」会变成「～くちゃ」「～きゃ」，「くては」的否定形式「なくては」会变成「～なくちゃ」「～なきゃ」。

例

来ては ➡ 来ちゃ

子どもはこんなところに**来ちゃ**いけない。　孩子不该来这样的地方。

聞いては ➡ 聞いちゃ

夜に怖い話を**聞いちゃ**だめだよ。　晚上可听不得恐怖故事。

高くては ➡ 高くちゃ

そんなに**高くちゃ**買えないよ。　这么贵可买不起。

悪くては ➡ 悪きゃ

味が良くても盛り付けセンスが**悪きゃ**売れないものだ。

味道再好，卖相不好的话也卖不动的。

やらなくては（ならない）➡ やらなくちゃ

勉強したくなくても**やらなくちゃ**。　不想学习也得学。

食べなくては ➡ 食べなきゃ

ちゃんと**食べなきゃ**身体に悪いよ。不好好吃饭的话，身体会吃不消的。

ちゃんと食べなきゃ
体に悪いよ？
謎の手料理

6「では」の変形

「では」が**「じゃあ」**、**「じゃ」**に変わることがある。

「では」会变成「じゃあ」或「じゃ」的形式。

例

そんなものでは ➡ そんなんじゃ

そんなんじゃ謝ったことにならないよ。　这样可不算道歉啊。

では ➡ じゃあ

じゃあ、明日また来るね。　走了啊，我明儿再来。

7「てしまう」の変形

接続助詞**「て」**＋補助動詞**「しまう」**の**「てしまう」**が**「ちゃう」**、**「ちまう」**に変わることがある。「ちまう」は少し古風な表現。

「てしまう」会变成「ちゃう」或者「ちまう」的形式。其中「ちまう」的说法比较古板。

例

言ってしまった ➡ 言っちゃった

言っちゃったことは取り消せない。　说过的话可收不回去。

放り出してしまいたい ➡ 放り出しちまいたい

何もかも**放り出しちまいたい。**　真想放手啥都不管了。

8「でしまう」の変形

接続助詞**「で」**＋補助動詞**「しまう」**の**「でしまう」**が**「じゃう」**、**「じまう」**に変わることがある。「じまう」は少し古風な表現。

「でしまう」会变成「じゃう」或者「じまう」的形式。
其中「じまう」的说法比较古板。

例

転んでしまった ➡ 転んじゃった

水たまりで**転んじゃった。**　踩着水坑摔倒了。

死んでしまう ➡ 死んじまう

暑すぎて**死んじまう。**　我快热死了。

9「ことだ」の変形

「ことだ」は**「こった」**と**「こっちゃ」**に変わる。

「ことだ」会变成「こった」或者「こっちゃ」的形式。

例

ことだ ➡ こった

偉そうな**こった。**　真了不起。

ことではない ➡ こっちゃねえ

知った**こっちゃねえ。**　我可不知道。

10 「ば」条件の変形：動詞の場合

「書けば」、「来れば」などの条件を表す「動詞＋ば（接続助詞）」の言葉は音が変わりやすい。 像「書けば」「来れば」这样的“动词＋ば”的也会发生音变。

例

言えば ➡ 言やあ

最初から素直に**言やあ**いいんだ。 一开始就老实说不就好了。

そういえば ➡ そういや

そういやお父さん帰って来たよ。 对了，爸爸回来了。

書けば ➡ 書きゃあ

もっと綺麗に**書きゃあ**いいのに。 要是能写得再工整点的话就好了。

返せば ➡ 返しゃ

借りたものは早く**返しゃ**信用できる。 早借早还才能让人相信。

勝てば ➡ 勝ちゃ

勝負は最後に**勝ちゃ**いい。 只要最后能赢就行。

死ねば ➡ 死にゃ

どんなに偉くても**死にゃ**おしまいだ。 再怎么厉害死了就全完了。

喜べば ➡ 喜びゃあ

他の人が**喜びゃあ**、自分はどうなってもいい。 只要别人开心，我怎么都无所谓。

飲めば ➡ 飲みゃあ

薬**のみゃあ**治るよ。 吃了药病就能好。

どうすれば ➡ どうすりゃ

どうすりゃいいんだ。 我怎么办才好啊？

11 「ば」条件の変形：形容詞の場合

「動詞＋ば」の他に、「良ければ」、「なければ」などの「形容詞＋ば（接続助詞）」の言葉もまた音が変わる。**「ければ」**は、**「～けりゃ」「～きゃ」**に変わる。

除了动词，“形容词＋ば”也会发生音变。「ければ」会变成「～けりゃ」或者「～きゃ」的形式。

例

そうしたければ ➡ そうしたきゃ

そうしたきゃそうすればいい。 想做的话就去做吧。

まずければ ➡ まずけりゃ

私の料理が**まずけりゃ**別れることだね。 你要敢说我做的饭难吃，咱们就分手。

なければ ➡ なきゃ

お金が**なきゃ**何もできない。 没钱什么也干不成。

12 「これは」「それは」の変形

「これは」「それは」、あるいは**「おれは」**などの主語は、**「れは」**の部分が**「りゃ（あ）」**に変化することがある。

「これは」「それは」「おれは」等词，其中「れは」的部分，有时会变成「りゃ」的形式。

例

これは ➡ こりゃ

こりゃあもしかして、クロシジミの標本じゃないか。　这个莫非是黑蚬子的标本?

それは ➡ そりゃ

最近息子が冷たいって？**そりゃ**、反抗期ってやつだろ。　你说最近儿子很冷淡？估计是到了叛逆期吧。

母　：太郎、勉強はやったの？

太郎：やってない。
やっていない

母　：そんなんじゃ、落第しちゃうよ。
そんなことでは、落第してしまうよ

太郎：言われなくても分かってるよ。俺は勉強なんてしたくねえし、学校にだって
分かっている　ない　でも
行きたくねえんだ。
ないの

母　：学校に行かなきゃ、将来ちゃんとした職につけないわよ。
行かなければ

太郎：やなこった。学校も勉強もめんどくせえ。
いやなことだ

母　：私はあなたのためを思って言ってるのに。

太郎：うるせえな、俺の気持ちなんかわかっちゃいないくせに。
うるさいな　わかっては

母　：どうすりゃあなたの気持ちがわかるって言うのよ。
どうすれば

母亲：太郎，学习了吗?
太郎：还没学呢。
母亲：你这样会考不上学的。
太郎：你不说我自己也知道。可我不想学习，也不想去学校。
母亲：不去学校的话，你以后会找不到工作的。
太郎：真烦人。学校和学习都好烦啊。
母亲：我这都是为你好啊。
太郎：烦死了，你根本就不理解我。
母亲：那你说说怎么样才算理解你啊。

（3）その他の変形

1 「と／という」の変形

格助詞**「～と」**、格助詞＋動詞の**「～という」**、または格助詞＋係助詞の**「とは」**はいずれも**「～って」**に変形する。

「と」「という」和「とは」都可以变为「～って」的形式。

例

と ➡ って

お父さんにいつ帰ってくるの**って**聞いといて。　你去问问爸爸啥时候回来。

いざという ➡ いざって

いざってときに備えておいたほうがいい。　以防万一，还是早做准备为好。

したという ➡ したって

サイン**したって**ことは、契約成立ですね。　签了字，那就意味着契约成立了。

私（というの）は ➡ 私って

私ってほんとう面倒くさがり。　我真是一个很怕麻烦的人。

愛とは ➡ 愛って

愛って何？　爱是什么?

恋人とは ➡ 恋人って

噂の**恋人って**お前か！？　传说中的恋人就是你呀！？

また、**「というような」**は**「～ってな」**に変形する。その際促音便**「っ」**が省略されることが多い。

另外，「というような」会变为「ってな」。其中的「って」也经常会被省略。

例

というような ➡ てな

後ろの人が、並んでたのに買えないのか、**てな**調子で暴れだしちゃって。
排在后面的人好像因为排了队却买不到而闹起来了。

というような ➡ てな

てな具合で、お母さんは妹に怒ってたの。　就这样，妈妈对着妹妹发火了。

2 「といえば/といっている」の変形

「って」の派生形。**「といえば/といっている」**はいずれも**「ってば」**に変形する。

由「って」所派生而来的形式，「といえば・といっている」都可以变为「ってば」

例

といえば ➡ ってば

お父さん**ってば**、本当プリン大好きだね。　爸爸可真是爱吃布丁啊。

やるといっている ➡ やるってば

宿題ならゲーム終わったら**やるってば**！　我都说了玩完游戏就去写作业！

3 「といったら/といっている」の変形

「って」の派生形。**「といったら/といっている」**はいずれも**「ったら」**に変形する。**「ってば」**と言い換えられる表現も多い。

由「って」所派生而来的形式，其中「といったら」「といっている」都可以变为「ったら」，并且可以和「ってば」互换。

例

といったら ➡ ったら

だめ**ったら**だめって言ってるでしょ！　说了不行就是不行。

といったら ➡ ったら

うるせえ**ったら**ありゃしねえ。　真是烦死人啦！

④「だとしたら」の変形

順接の仮定条件を表す**「だとしたら」**は**「だったら」**に変形する。変形後が「ったら」と似ているが、意味が異なる。

表示顺接假定条件的「だとしたら」可变为「だったら」，形式上和「ったら」相似，但意思不同。

例

私だとしたら ➡ 私だったら

私だったらちゃんと返信するのになあ。　要是我的话就会好好回复的。

だめだとしたら ➡ だめだったら

工夫しても**だめだったら**教えて。　下了功夫要还是不行的话就教教我。

⑤「ても・でも」の変形

「ても」は**「たって」**に変形し、**「でも」**は**「だって」**に変形する。

「ても」会变成「たって」，「でも」会变成「だって」的形式。

例

しなくても ➡ しなくたって

そんな怖い言い方**しなくたって**いいのに。　你不用说得那么严重吧。

それにしても ➡ それにしたって

それにしたって、最近景気が悪い。　即使这样，最近经济还是很差。

飲んでも ➡ 飲んだって

薬**飲んだって**良くならないよ。　喝了约也不会好。

でも ➡ だって

だって彼が好きなんだもん。　谁让我喜欢他呢！

⑥「という」の変形

「という」は**「っちゅう」「っつう」**に変形する。**「って」**と意味は同じだが、よりくだけた印象を与える。

「という」也可以变形为「っちゅう」「っつう」的形式，和「って」的意思相同，但更加随意。

例

という ➡ っちゅう

嘘をつく**っちゅう**のは、人からの信頼を失う**っちゅう**ことだ。　说谎，会失去别人信任的。

という ➡ っつう

そういうことされると、嬉しい**っつう**より、むしろ腹立つんだけど。

这样的事发生在自己身上，怎么可能高兴啊，一定会生气的。

7 「なぜか・なんだか・なにか」の変形

「なぜか・なんだか・なにか」は**「なんか」**に変形する。

「なぜか」「なんだか」可以变形为「なんか」。

例

なぜか ➡ なんか

あの人に伝えてないのに、**なんか**知ってたんだよね。　明明没告诉他，他怎么会知道的啊?

なんだか ➡ なんか

なんか最近この辺に不審者が多いみたいなのよ。　总觉得最近这附近好像有很多可疑人员。

8 「など」の変形

「など」は**「なんて」**に変形する。軽蔑的な気持ちを帯びて、否定を表す。

「など」可以变为「なんて」或者是「なんか」的形式。用于表示带有轻蔑语气的否定。

例

など ➡ なんて

あんた**なんて**大嫌い。　我最讨厌你了。

9 「こと」の変形

「こと」「～すること」は**「っこ」**に変形し、名詞や動詞の連用形に付くことができる。実際使用されるケースは少ない。

「こと」「～すること」可以变形为「っこ」，但需要接在名词或动词的连用形之后。实际使用不多。

例

まねごと ➡ まねっこ

娘は三歳ごろから、私の**真似っこ**をするようになりました。

我的女儿从三岁开始，就开始学我的样子做事。

勝てることはない ➡ 勝てっこない

どれほど努力したって、彼には**勝てっこない**。　再怎么努力，也赢不了他。

食べられることはない ➡ 食べられっこない

今日は、一人では**食べられっこない**量の魚を釣ってきました。　我今天钓的鱼，一个人都吃不完。

優香：太郎ったら、またゲームなんかしてるの。

太郎：ほっといてくれよ、俺のことなんて（俺のことなど）。

優香：どうして勉強したくないの？

太郎：だって、いくら勉強したって（勉強しても）、姉ちゃんみたいに賢くなんてなりっこない（などなることはない）んだもん。

優香：分かるなぁ。私も太郎くらいの年齢のときは、勉強なんてしたくないって言って（と言って）、部屋にこもっていたな（こもっていたものだ）。

太郎：姉ちゃんにそんな時期があった なんて 、知らなかった。
など（ということは）

優香：私だって、ずっと親の言うことばかり聞いてたわけじゃないのよ。太郎も、
私 で も
たまには息抜きしてもいいんじゃないかな。

太郎：ありがとう、姉ちゃん。

優香： てな こと言っちゃったけど、本当は勉強しなきゃダメだと思ってるよ。
というような

优香：太郎你怎么又在玩游戏？

太郎：你少管我。

优香：你为什么不想学习啊？

太郎：反正我再怎么学也不可能像姐姐那么聪明。

优香：有点明白你的感觉。我跟你这么大的时候也是不想学习，每天都呆在房间里。

太郎：姐姐你还有过这样的时候啊，我怎么不知道？

优香：我也不是一直爸妈说什么就听什么的。太郎你稍微放松下也好。

太郎：谢了姐姐。

优香：不过再怎么说，我真的觉得不学习是不行的。

加藤：あれ？またジムのサイト見てんの？
見ている

王　：うん、日本に来てから勉強ばっかで、運動不足だからね。水泳と 筋トレ に
ば か り　　筋肉トレーニング
行こうと思って。

加藤：王くんってば、そういや前もそんなこと言ってジムに通ってたけど、すぐや
といえば　そういえば　通っていた
めたよね？どうせ続きっこないのに、また入会するの？
続けることはない

王　：そんな言い方しなくたって…。
し な く て も

先生：ははは。加藤さん、そんなこと言っちゃ王くんがかわいそうだよ。
言 っ て は
王くんって、ほんとは努力家なんだよ。ジム通いも頑張るよね？王くん。
王くん（というの）は　ほんとう　な の だ

加藤：先生って、王くんに甘いんだから！
先生（というの）は

王　：先生に期待されちゃってるし、こりゃ今度こそやるっきゃない！僕は
期 待 さ れ て い る し　こ れ は　や る し か な い
やるったらやる男なんだよ。
やるといったら

先生：君っつう奴は！お調子者だな。（倒置文）ジム通いが続くか楽しみにしとくよ。
君 と い う　してお く

加藤：诶？还在看健身房的网页啊？

小王：是呢，来日本就光顾着学习了，都没怎么运动。想要去游游泳，再锻炼一下肌肉。

加藤：小王，你是不是之前也说过类似的话啊。去健身房几天就不去了。你又坚持不下来，还要报名啊？

小王：你也不用这么说我吧……

老师：哈哈哈。加藤，你这么说小王也太可怜了。其实小王做事很努力的，小王健身也加加油啊。
加藤：老师您对小王太纵容啦！
小王：既然老师您都这么说了，这次我一定坚持下来。我是一个说到做到的人。
老师：你这个家伙，立刻就开始说大话了啊！你到底能不能坚持下来，我拭目以待哦。

12 口語

<2> 語順

口語では、文語で正しいとされる語順が必ずしも守られるわけではない。

口语中，不会像书面语那样对句子的语序有严格要求，语序可以被调换。

例

お箸持ってきて、あの机の上の。　把筷子拿过来，就桌子上的那个。

何て言ったらいいのかな、あれは。　叫什么来着，那个。

もう終わったの？　宿題は。　已经写完作业了吗？

思い出せない、彼の名前が。　怎么都想不起他的名字。

大事だよ、バランスのよい食事って。　很重要啊，营养均衡的饮食。

昨日のことのように感じるよ、初めて日本に来た日のことを。　刚到日本那天的事，就好像发生在昨天一样。

置いておいてください、この本を、僕の机の上に。　那本书就放在我的桌子上吧。

<3> 省略

話し言葉では主語をはじめ，話者同士が了解しあっていることなどは省略されやすい。昔から使用されている省略語の他に、外来語やアルファベット化の省略など、近年生まれた表現も多くある。

在口语中，主语或者是对话双方心知肚明的事物经常会被省略。除了以上讲解的省略成分外，近年来外来语或是外文拼写词的省略现象也越来越多。

(1) 頭抜き

単語の冒頭の音が省略されることがある。　单词的第一个音或起始部分容易被省略。

例

いやだ ➡ やだ

この野菜**やだ**！　我讨厌这个菜！

それなら ➡ なら

なら、なんでもっと早く家を出なかったの？　那，你为什么不早点出家门呢？

（2）語尾抜き

単語の語尾も省略されやすい。　单词的词尾也容易被省略。

例

かもしれない ➡ かも

もしかしたら遅刻しちゃう**かも**。

我可能要迟到了。

のではないか ➡ のでは

もっと表現を簡単にすればいい**のでは**？

稍微再表达得简单点你觉得怎么样？

（3）固有名詞の簡略化

地名、イベント名、機関名などの固有名詞は、文語でも簡略化された名前が用いられることがあるが、口語ではそれが顕著である。

地名、事件名、机关名等专有名词的缩略情况在书面语中虽然会出现，但口语中的缩略语尤其多。

例

秋葉原 ➡ アキバ

首都高速道路 ➡ 首都高

国際連合 ➡ 国連

万国博覧会 ➡ 万博

独占禁止法 ➡ 独禁法

（4）簡略化により生まれた単語

通过缩略创造出的新单词

例

デパートの地下売り場 ➡ デパ地下

朝にシャンプーをすること ➡ 朝シャン

サラリーマンを辞めて、独立して事業を起こすこと ➡ 脱サラ

（5）外来語の簡略化　外来语的缩略

例

ファミリーレストラン ➡ ファミレス

スマートフォン ➡ スマホ

アルバイト ➡ バイト

（6）イニシャル化　首字母化

例

パソコン ➡ PC

インフォメーションテクノロジー革命 ➡ IT革命

<4> イントネーション

口語では、イントネーションによって意味がしばしば変わる。

口语中，不同的声调所表示的意思也会有所不同。

例

もうお昼ごはん**食べた。** 已经吃过午饭了。

もうお昼ごはん**食べた**⤴？（食べたかどうか尋ねる疑問） 已经吃过午饭了吗？

このアイス、**おいしくない。** 这个冰激淋不好吃。

このアイス、**おいしくない**⤴？（おいしいという同意を求める疑問） 这个冰激淋，不好吃吗？

君のお父さんって、**いい人じゃない。** 你的爸爸，不是个好人。

君のお父さんって、**いい人じゃない**⤴？
（いい人だという同意を求める疑問） 你的爸爸，不是挺好的嘛？

そうなん**ですか。** （相手の言っていることに納得） 这样啊。

そうなん**ですか**⤴？（相手の言っていることに疑問） 诶？是这样的吗？

そう**でしょう。**（強い推測） 是这样的吧。

そう**でしょう**⤴？（同意を求める疑問） 是吧？

そう**だよね。**（同意） 是呢。

そう**だよね**⤴？（同意を求める疑問） 是吧。

<5> 男ことばと女ことば

日本語の口語には、主に男性が用いるとされる男ことば、主に女性が用いるとされる女ことばが存在する。厳密に区別されるものではなく、近年は男性が女言葉を使ったり女性が男ことばを使ったりする場面や、どちらにも属さない言葉を使うことが増えてきているが、原則は、文末表現や一人称は男女によって異なる。

在日语的口语当中，会根据性别来区分语言的使用。有男性用语，也有女性用语，但是两者之间并没有明确的界限。性别用语的差异主要是通过第一人称代名词和句末的表达方式来体现的。

（1）一人称代名詞

一人称代名詞、すなわち自分を表す言葉は、若者の間でも男ことば／女ことばの意識が根強く残っている。

第一人称代名词也就是用来指代自己的词。即使在年轻人当中，也会根据性别来区别使用。

1 私（わたし/わたくし）

主に女性が用いる。男性は書き言葉やスピーチ、仕事など正式な公の場で用いることが多い。**「わたくし」**は**「わたし」**よりも更に堅い表現である。

一般是女性使用。男性会在书面语、演讲、工作等正式场合使用。「わたくし」比「わたし」更加生硬和正式。

2 あたし

主に女性が用いる。「わたし」よりも砕けた表現。一般的に公の場では使われない。

一般是女性使用。比「わたし」更加随意。一般不用于公共场合。

3 僕

主に男性が用いる。「私」よりも砕けた表現。日常会話で用いられることが多い。

一般是男性使用。比「私」更加随意。一般用于日常会话。

4 俺

主に男性が用いる。「私／僕」よりもさらに砕けた表現。日常会話で用いられることが多い。　一般是男性使用。比「私／僕」更加随意。一般用于日常会话。

（2）文末表現（終助詞）

文末表現にも、男ことば／女ことばとされる表現が顕著に現れることがある。いずれも敬語ではないので、基本的に初対面や目上の人と話すときには使用しないほうが良い。

性别用语的差异会通过句末表达方式得到明显的体现。由于这些用法不是敬语，在初次见面以及和长辈说话时一般不使用。

男ことばの例	女ことばの例
ぜ（強調）	よ（強調）
ぞ（強調）	（な）の（断定・疑問）
（ん）だ（断定）	（な）のよ（断定）
（ん）だぜ（断定）	わ（断定）
（ん）だよ（断定）	わよ（断定）
（ん）だな（確認）	ね（確認）
（ん）だよな（確認）	のね（確認）
（ん）だろ（確認）	（ん）でしょ（確認）
（ん）だろうな（確認）	（ん）でしょう（確認）
よな（確認）	（ん）でしょうね（確認）
な（禁止・確認）	わ（断定）
だい（疑問）	かしら（疑問）
かい（疑問）	
のか（疑問）	

母：最近、子どもたちがあんまり言うことを聞いてくれなくなったのよ。
父：反抗期に突入したんじゃないのか？もう大きくなったんだしな。
母：反抗期だなんて、私、どうしたらいいのか分からないのよ。あなたからもなんとか言ってやってもらえないかしら。
父：そんなこと言ったって、俺の言うことだって聞いてくれないだろ。断る。
母：はぁ。あなたはいいわよね、そうやって無責任な立場からものが言えるんだから。（はぁ、そうやって無責任な立場からものが言えるんだから、あなたはいいわよね（倒置））
父：じゃあ俺に相談しようとするなよ。
母：そうね、あなたに相談したのが間違ってたわ。
父：ごめん、言い過ぎたな。とりあえず、今は子供たちの話を聞いて寄り添ってあげたらいいんじゃないのか？
母：そうしてみるわ。こちらこそ、ごめんなさいね。

母亲：最近说什么孩子们都不听。
父亲：是不是到叛逆期了啊，他们也都是大孩子了。
母亲：说什么叛逆期啊，我现在是一点办法都没有。要不你去说说他们？
父亲：我说话他们也不会听啊。我不去。
母亲：你倒好。就能这么不负责任撒手不管啊。
父亲：那你别找我商量了。
母亲：是啊，找你商量是我错了。
父亲：好了，对不起嘛，我说过头了。我们现在就只能好好听听孩子们是怎么想的。
母亲：是呢，我也打算这么做。刚才也是我不对，对不起。

先生：張君、最近日本語の勉強はどうだい（疑問）？ 順調に進んでるのかい（疑問）？たしか、来月試験があるんだよな（確認）？
張　：先生、それがうまくいってなくて。だって、日本語の敬語って難しいんだもん。どうやったら覚えられるの…？
先生：そう弱気になるな（禁止）よ。大丈夫だよ（強調）。敬語を使って会話の練習をしてみるといいぞ（強調）。
佐藤：そうよ（強調）、実際に使っているうちに覚えられるわよ（強調）。言葉ってそういうもん（もの）なの（断定）。よし、私が練習相手になるわ（断定）。
張　：でも敬語はほんとに自信ないんだよ（断定）。
先生：たしかに難しいだろうな（確認）。だけど私も佐藤さんも応援してるから、頑張ろうぜ（強調）、張君。
佐藤：じゃあ、「善は急げ」って言う（と言う）でしょ（確認）、今日から始めていいよね？
張　：うん。ありがとう！頑張るよ（強調）。

老师：小张最近日语学得怎么样啊？还顺利吗？下个月就要考试了吧。
小张：老师，最近学得不太好。日语敬语实在是太难了。要怎么样才能记住呀？
老师：别说丧气话呀。没事的。多用敬语练练会话就好了。
佐藤：没错。用着用着渐渐就能掌握了。语言就是这样。我可以陪你一起练习的。
小张：但是对敬语还是没信心。
老师：敬语确实很难。但我和佐藤都会帮助你的，加油，小张。
佐藤：事不宜迟，咱们今天就开始吧。
小张：嗯，谢谢！我会加油的！

◆口語のまとめ

<table>
<tr><td rowspan="14">音の変化</td><td rowspan="4">単音的変形</td><td colspan="2">音便化</td></tr>
<tr><td colspan="2">長母音の短音化</td></tr>
<tr><td colspan="2">母音同化と脱落</td></tr>
<tr><td colspan="2">ら行音の脱落</td></tr>
<tr><td rowspan="10">連音的変形・その他の変形</td><td>二重母音の変形</td><td>「これは」「それは」の変形</td></tr>
<tr><td>「は」の変形</td><td>「と/という」の変形</td></tr>
<tr><td>「わ」の変形</td><td>「といえば/といっている」の変形</td></tr>
<tr><td>「しか」の変形</td><td>「といったら/といっている」の変形</td></tr>
<tr><td>「ては」の変形</td><td>「だとしたら」の変形</td></tr>
<tr><td>「では」の変形</td><td>「ても・でも」の変形</td></tr>
<tr><td>「てしまう」の変形</td><td>「という」の変形</td></tr>
<tr><td>「でしまう」の変形</td><td>「なぜか・なんだか」の変形</td></tr>
<tr><td>「ことだ」の変形</td><td>「など」の変形</td></tr>
<tr><td>「～ば」条件の変形</td><td>「こと」の変形</td></tr>
<tr><td colspan="4">語順</td></tr>
<tr><td colspan="2" rowspan="6">省略</td><td colspan="2">頭抜き</td></tr>
<tr><td colspan="2">語尾抜き</td></tr>
<tr><td colspan="2">固有名詞の簡略化</td></tr>
<tr><td colspan="2">簡略化により生まれた単語</td></tr>
<tr><td colspan="2">外来語の簡略化</td></tr>
<tr><td colspan="2">イニシャル化</td></tr>
<tr><td colspan="4">イントネーション</td></tr>
<tr><td colspan="2" rowspan="2">男ことばと女ことば</td><td colspan="2">一人称代名詞</td></tr>
<tr><td colspan="2">文末表現（終助詞）</td></tr>
</table>

文法項目の実践

男子学生と女子学生が、新しく開発された、船に塗る塗料について話しています。この男子学生は、船に使用される新しい塗料にはどのような機能があると言っていますか。

男子学生：今日の授業で、船の外側に塗る塗料の話を聞いたんだ。

女子学生：へえ。塗ると、船がさびにくくなるとか？

男子学生：ああ、確かにそういう塗料もあるけど、今日のは別の目的で塗るものなんだって。

女子学生：別の目的？

男子学生：うん。あのね、船の底に貝なんかの生物が大量につくと、船が重くなったり、水との摩擦が増えたりするから、燃料を余計に使ったり、速度が遅くなってしまったりするらしいんだ。

女子学生：うん。

男子学生：だから、以前は、貝にとって毒となる成分が含まれた塗料が使われて、それが少しずつ海中に溶け出すことで、貝を船に寄せ付けないようにしていたんだって。

女子学生：へえ。でも、それじゃ、海が汚れてしまいそうね。

男子学生：うん。それで、そういう成分を使うんじゃなくて、貝がくっつきにくい性質の新しい塗料が開発されたんだ。

女子学生：つまり、貝を殺すんじゃなくて。船に貼りつきにくくするってことね。

男子学生：そう。だから、環境にも優しいんだよ。

EJU日本語問題・2018年・日本語聴解スクリプト

文法項目の実践

女子学生と男子学生が話しています。この男子学生は、どのようなテーマでレポートを書こうとしていますか。

女子学生：今度のレポートのテーマ、決めた？

男子学生：うん、だいたい…。あのね、新聞で読んだんだけど、人の行動って、メディアで報道されている情報に左右されやすいんだって。

女子学生：へえ。どういうこと？

男子学生：たとえば、景気がよかった時代には、景気がいいっていう報道に影響されて、あまりお金を持ってない人も、財布のひもを緩めてたくさんお金を使ったらしいんだ。でも、その後不景気になって、リストラのニュースが多く流れるようになったら、貯金も十分あって、安定した職を持つ人まで不安になって、物を買わなくなったんだって。

女子学生：へえ。そういえば、ある町では犯罪はあまり起きていないのに、防犯グッズの売り上げがかなり伸びてるって話、聞いたな。そういうのも、新聞やテレビで、いろんなところで起きた犯罪のニュースが報道されているせいかな。

男子学生：うん、そうそう。そういうことについて考えてみようと思ってるんだ。

EJU日本語問題・2018年・日本語聴解スクリプト

▶付録 附录

国文法と日本語文法の対照表

▶48ページ「動詞の活用形」

注：日本語文法の「受身形・使役形・否定形・意向形・ます形・て形・た形・仮定形」は後ろの接続するものを含める。

国文法	日本語文法	1類動詞	2類動詞		3類動詞		接続するもの
		五段	上一段	下一段	サ変	カ変	
形	形	動く	起きる	捨てる	する	来る	
未然	受身／使役	動か	起き	捨て	さ	こ	(ら) れる
	否定（ない）	動か	起き	捨て	し (せ)	こ	ない (ず)
	意向	動こ	起き	捨て	し (せ)	こ	(よ) う
連用	ます て・た	動き 動い	起き	捨て	し	き	ます て・た
終止	辞書	動く	起きる	捨てる	する	くる	。
連体	辞書	動く	起きる	捨てる	する	くる	体言／とき／こと
仮定	仮定（ば）	動け	起きれ	捨てれ	すれ	くれ	ば
命令	命令	動け	起きろ 起きよ	捨てろ 捨てよ	せよ	こい	。

動詞活用形一覧　普通形・丁寧（ます）形含む

▶48ページ「動詞の活用形」

	五段				一段		カ変	サ変
動詞	書(か)く	読む	合う	話す	見(み)る	受(う)ける	来(く)る	する
辞書形	書く	読む	合う	話す	見る	受ける	来る	する
連用形	書きます 書いて	読みます 読んで	合います 合って	話します 話して	見ます 見て	受けます 受けて	きます きて	します して
連体形	書く	読む	合う	話す	見る	受ける	来る	する
未然形［否］	書かない	読まない	合わない	話さない	見ない	受けない	こない	しない、 せぬ／せず される
未然形［意］	書こう	読もう	合おう	話そう	見よう	受けよう	こよう	しよう
仮定形	書けば	読めば	合えば	話せば	見れば	受ければ	くれば	すれば
命令形	書け	読め	合え	話せ	見よ 見ろ	受けよ 受けろ	こい	せよ しろ
ます形 五段：語尾「う」段 ➡「い」段＋「ます」	書きます	読みます	合います	話します	見ます	受けます	きます	します
て形／た形 五段：イ音便・撥音便・促音便	①語尾「く·ぐ」➡「い」 書いて 書いた	②語尾「ぶ、む、ぬ」➡「ん」 読んで 読んだ	③語尾「う、つ、る」➡「っ」 合って 合った	④語尾「す」➡「し」 話して 話した	見て 見た	受けて 受けた	きて きた	して した
ば形 五段：語尾「う」段 ➡「え」段＋「ば」	書けば	読めば	合えば	話せば	見れば	受ければ	くれば	すれば
否定形 五段：語尾「う」段 ➡「あ」段＋「ない」	書かない	読まない	合わない	話さない	見ない	受けない	こない	しない
意向形 五段：語尾「う」段 ➡「お」段＋「う」	書こう	読もう	合おう	話そう	見よう	受けよう	こよう	しよう
可能形 五段：語尾「う」段 ➡「え」段＋「る」	書ける （書かれる）	読める （読まれる）	合える （合われる）	話せる （話される）	見られる	受けられる	こられる	できる
受身形 五段：語尾「う」段 ➡「あ」段＋「れる」	書かれる	読まれる	合われる	話される	見られる	受けられる	こられる	される
使役形 五段：語尾「う」段 ➡「あ」段＋「せる」	書かせる	読ませる	合わせる	話させる	見させる	受けさせる	こさせる	させる
普通形　肯定・非過去	書く	読む	合う	話す	見る	受ける	くる	する
普通形　肯定・過去	書いた	読んだ	合った	話した	見た	受けた	きた	した
普通形　否定・非過去	書かない	読まない	合わない	話さない	見ない	受けない	こない	しない
普通形　否定・過去	書かなかった	読まなかった	合わなかった	話さなかった	見なかった	受けなかった	こなかった	しなかった
丁寧形　肯定・非過去	書きます	読みます	合います	話します	見ます	受けます	きます	します
丁寧形　肯定・過去	書きました	読みました	合いました	話しました	見ました	受けました	きました	しました
丁寧形　否定・非過去	書きません	読みません	合いません	話しません	見ません	受けません	きません	しません
丁寧形　否定・過去	書きませんでした	読みませんでした	合いませんでした	話しませんでした	見ませんでした	受けませんでした	きませんでした	しませんでした

形容詞・形容動詞の普通形・丁寧形

▶73ページ「テンス」

形容詞（イ形容詞） 例長い 例よい（いい）※

形容詞	過去		非過去（現在・未来）	
	普通形	丁寧形	普通形	丁寧形
肯定	A~~い~~＋かった	A~~い~~＋かったです	A	A＋です
	例長かった 例よかった	例長かったです 例よかったです	例長い 例よい 　いい	例長いです 例よいです 　いいです
否定	Aい➡く＋なかった	Aい➡く＋なかった Aい➡く＋ありませんでした	Aい➡く＋ない	Aい➡く＋ないです Aい➡く＋ありません
	例長くなかった 例よくなかった	例長くなかったです 　長くありませんでした 例よくなかったです 　よくありませんでした	例長くない 例よくない	例長くないです 　長くありません 例よくないです 　よくありません

※「いい」の否定形と過去形を表す場合には、「いい」ではなく、「よい」という特殊な形を使用する。

形容動詞（ナ形容詞） 例静かだ

形容動詞	過去		非過去（現在・未来）	
	普通形	丁寧形	普通形	丁寧形
肯定	NA＋だった NA＋であった	NA＋でした	NA＋だ NA＋である	NA＋です
	例静かだった 　静かであった	例静かでした	例静かだ 　静かである	例静かです
否定	NA＋ではなかった	NA＋ではありませんでした NA＋ではなかったです	NA＋ではない	NA＋ではありません NA＋ではないです
	例静かではなかった	例静かではありませんでした 　静かではなかったです	例静かではない	例静かではありません 　静かではないです

常用助数詞

▶27ページ「数詞」

	1	2	3	4	5	6	7	8	9	10	?
個数（小さい物）	一つ（ひと）	二つ（ふた）	三つ（みっ）	四つ（よっ）	五つ（いつ）	六つ（むっ）	七つ（なな）	八つ（やっ）	九つ（ここの）	十（とお）	幾つ（いく）
	一個（いっこ）	二個（にこ）	三個（さんこ）	四個（よんこ）	五個（ごこ）	六個（ろっこ）	七個（ななこ）	八個（はっこ）	九個（きゅうこ）	十個（じゅっこ）	何個（なんこ）
日数	一日（いちにち）	二日（ふつか）	三日（みっか）	四日（よっか）	五日（いつか）	六日（むいか）	七日（なのか）	八日（ようか）	九日（ここのか）	十日（とおか）	何日（なんにち）
人数	一人（ひとり）	二人（ふたり）	三人（さんにん）	四人（よにん）	五人（ごにん）	六人（ろくにん）	七人（しちにん）	八人（はちにん）	九人（きゅうにん）	十人（じゅうにん）	何人（なんにん）
本数（細長い物）	一本（いっぽん）	二本（にほん）	三本（さんぼん）	四本（よんほん）	五本（ごほん）	六本（ろっぽん）	七本（ななほん）	八本（はっぽん）	九本（きゅうほん）	十本（じゅっぽん）	何本（なんぼん）
コップや茶碗などの器に入れたもの	一杯（いっぱい）	二杯（にはい）	三杯（さんばい）	四杯（よんはい）	五杯（ごはい）	六杯（ろっぱい）	七杯（ななはい）	八杯（はっぱい）	九杯（きゅうはい）	十杯（じゅっぱい）	何杯（なんばい）
動物、昆虫など	一匹（いっぴき）	二匹（にひき）	三匹（さんびき）	四匹（よんひき）	五匹（ごひき）	六匹（ろっぴき）	七匹（ななひき）	八匹（はっぴき）	九匹（きゅうひき）	十匹（じゅっぴき）	何匹（なんびき）
乗り物・電気製品など	一台（いちだい）	二台（にだい）	三台（さんだい）	四台（よんだい）	五台（ごだい）	六台（ろくだい）	七台（ななだい）	八台（はちだい）	九台（きゅうだい）	十台（じゅうだい）	何台（なんだい）

▶索引 索引

あ

～あいだ（に）……292
～合う……106
～あげく……369
あげる……71
アスペクト……78
あたかも……156
～あっての……431
～後（で）……113
～あと（に/で）……296
あの……160
あまり……152, 155
～あまり・あまりの……436
～あまり（に）……289
あらゆる……158
ある……158
あるいは……167, 170
いい……140
イ音便……51
いかが……153
いかなる……158
いかにも～らしい……217
いくら……154
イ形容詞……124
意向形……48, 60
意志動詞……45
～以上（は）……286, 433
いただく……71
一段活用動詞……49, 53
一番……151
Ⅰ類動詞……49
～一方・一方で・一方では……386
～一方だ……93, 364
～一方（で）……281
いろんな……159
いわゆる……158
～上で……363
～上に……380
～上（は）……286
～上は……433
ヴォイス……84
ウ音便……131
受け身……84
受身形……48, 61
うち……36
～うち（に）……291
～うちに・ないうちに……358
う・よう……206
～得る……100, 339
～得ない……101
得ない……339
遠称……15
御（お）……453
大きな……159
～おかげで……285
～おかげで・おかげか・おかげだ……428
おかしな……159
お（ご）Vする……457
お（ご）Vになる……454
お・ご＋名詞……458
恐らく……154
～恐れがある……101, 395
男ことば……481
同じだ……142
および……167
～折（に）……291
折（に）……354
～終わる/終える……81, 98
御（おん）……453
女ことば……481

か

～か……269
か……248, 250
～が……275
が……225, 236, 241
書き言葉……464
カ行変格活用動詞……49, 55
～限り・限りの……337
～かぎりだ……144
～限り（は）……375
格助詞……223, 225
確定条件……269
～かける……98
～かける／かけだ/かけの……98
かしら……252
～がする……55
～がたい……103, 340
～かたがた……301
～かたわら……300, 407
～がち……344
～がちだ……103, 104
活用……13
活用語尾……13
仮定形……48, 62
仮定条件……269
～がてら……300
～かどうか……269
～（か）と思いきや……422
～（か）と思うと・（か）と思ったら……359
～（か）と思ったら……279
～か～ないかのうちに……295, 359
～かねない……100, 394
～かねる……101, 340
可能形……48, 61, 69
可能動詞……69
～が早いか……293, 360
～かもしれない……101
～（が）ゆえ・ゆえに・ゆえの……435
～から……285
から……230, 237, 238
～からいうと・からいえば・からいって……319
～からこそ……286, 433
～からして……337
～からすると・からすれば・からして……319
～からといって……284, 417
～から～にかけて……334
～から（に）は……286
～からには……432
～から～まで……335
～からみると・からみれば・からみて……319
かりに……154
～かわりに……388
感情形容（動）詞……127
間接受身文……85
感動詞……171
貴……453
擬音語……149
擬態語……149
来たる……158
きっと……154
気味……345
～気味だ……104
～きらいがある……345
きり……246
～きり・きりだ……368
～きる……82, 368
～極まる/極まりない……144
極めて……152
近称……15
～くせに……276
～くせに・くせして……419
くださる……71
くらい（ぐらい）……245
～ぐらい・ぐらいの・ぐらいだ……383
くれる……71
一ーげ……136
敬語……452
形式名詞……29, 38, 264
形容詞……124
形容動詞……124
決して……155
～けど……275
～けれど……275
けれど（けれども）……236
～けれども……275
けれども……166
謙譲語……452, 456
謙譲語Ⅰ……456
謙譲語Ⅱ……456
現場指示……15
御（ご）……453
口語……464
語幹……13
ごく……151
～ございます……460
こそ……244
こそあど（ことば）……15

五段活用動詞 49
こと 29, 264
～ことがある 30, 91, 115
～ことができる..91
～ことがない 115
～ことから 31, 434
～ことだ 30, 350, 448
～ことだし 31, 434
「ことだ」の変形 472
～こととなっている・ことになっている...373
～ことなく 424
～ことなしに 31
～ことにする 30, 92
～ことになる 30, 92
～ことに（は）..31, 351
「こと」の変形..477
～ことはない 30, 92, 447
この 160
～込む..105
固有名詞..27
「これは」「それは」の変形..................474
こんなだ 142

さ

ーーさ 136, 137
さ 252
～最中・最中に・最中だ..................358
～最中（に）..291
～際（に）..290, 354
～際には..274
さえ 244
～さえ～ば 437
サ行変格活用動詞.......................49, 55
さしあげる 71
さぞ 154
さて 169
様 454
さらに 151
～ざるを得ない 445
さん 454
Ⅲ類動詞..49
し 238
氏 454
使役 87
使役受身..89
使役形 48, 62
しか 244
しかし 166, 170
～しかない 92, 397
「しか」の変形..471
しかも 167
指示語 15
指示代名詞..28
事実条件..269
指示の副詞 150
辞書形 48, 56
～次第 294, 360
～次第だ 371
～次第で（は）・次第だ..................405
したがって 165
実質名詞..38
自動詞 63
～始末だ..371
修飾語 6
修飾部 8
終助詞 223, 249
従属節 261
重複文 267
重文 11
主語 5, 10
主従関係の複文 263
授受動詞..71
主節 261
述語 5, 10
述部 8, 10
主部 8, 10
状況語 260
状態動詞..45, 74
状態の副詞 149
省略 10
助詞 222
助動詞 176
自立語 12
～ず 118
数詞 27
～末（に）..370
～すぎだ..107
～すぎる 107
～ずくめ 347
少しも 155
ずつ 247
ずっと 151
すなわち 168
～ず（に）..118, 299
すると 165
～せいで 285
～せいで・せいか・せいだ..................429
～（せ）ざるをえない..................117
接続語 6, 164
接続詞 164
接続助詞..223, 232
接続節 261
接続部 8
絶対テンス 76
接頭語 19, 460
接尾語 19, 460
ぜひ 157
せる・させる..202
ぞ 251
～そうだ..390
そうだ 210, 215
相対テンス 76
そうです 210
～そうではない..212
～そうにもない..212
促音便 52
属性形容（動）詞 127
そこで 165, 169
そして 167, 170
その 160
そのうえ 167
～そばから 295, 407
それから 166, 170
それで 165, 169
それとも 168
それに 167
それほど 152
それゆえ 165
尊敬語 452
尊敬動詞..455

た

だ..177
～たい..97, 353
たい..203
体言 14
大した 161
大して 152
だいたい 153
大変 152
代名詞 28
～た上で 297
だが 166, 170
～た（か）と思うと..293
だから 165
～たがる 97
たがる 203
だけ 245
～だけあって 288
～だけあって・だけのことはある 324
た形..48, 58
～だけ・だけの..336
～だけでなく 301
だけど 166
～だけに 288, 430
～出す..79, 98
た（だ）..196
ただし 168
ただ～のみ 376
だ・である体..20
他動詞 63
たとえ～ても 413
～たところ 369
～たところで 282, 414
「だとしたら」の変形 476
～たとたん 359
～たとたん（に）..295
～だの～だの 247
～たびに 406
たぶん 154
ため 34
～ため（に）..286
～ためにに（は）..289
～たら 270
～だらけ 346
～たら最後・たが最後 440
たり（だり）..238
～たり（～たり）する..................116
～だろう 193
だろう 179, 189
単語 4
単文 11, 261
段落 2

小さな……159
中止法……57, 133
中称……15
ちょうど……156
直接受身文……85
陳述の副詞……153
～ついでに……300
～つくす……82
～っこない……101, 192, 343
～つつ……299
つつ……239
～つつある……80, 364
～続ける/続く……80
～つつ・つつも……419
～つつ(も)……280
～っていうのは……309
～っぱなしだ……107, 370
～っぽい……104, 344
つまり……168
つもり……35
～つもりだ……93
～づらい……103, 341
～て……285, 298
で……229, 255
～(て)あげる……72
～てある……80
である……179
～であれ(～であれ)……284
～であれ～であれ……331
～であろう……193
～であろうと～であろうと……331
～ていく……108
～ていた……80, 81
～(て)いただく……72
程度の副詞……150
丁寧形……22, 184
丁寧語……452, 460
丁寧体……19
～て以来……297, 362
～ている……79
～ているだろう……81
～ているところだ……80
～ておく……79, 109
～てから……113, 296, 361
～てからでないと……296
～てからでなければ……296
～てからというもの……297, 363
――的……143
～(て)くださる……72
～てくる……108
～(て)くれる……72
て形……48, 58
～(て)さしあげる……72
～てしかた(が)ない……144
～てしかたがない・てしょうがない……441
～てしまう……81
「てしまう」の変形……472
「でしまう」の変形……472
～でしょう……193
～てしようがない……144
です……177, 460
です形……184
です・ます体……20
～てたまらない……144, 441
て(で)……235
～てならない……144, 442
～ては……273
では……169
～ではあるまいか……394
～てばかり(いる)……112
～てはじめて……297
～てはじめて・てこそ……361
～では(じゃ)あるまいし……436
「ては」の変形……471
「では」の変形……472
～てほしい……111, 141, 352
～てみせる……111
～てみる……110
～てみると……274
～ても……282
でも……166, 248
～て(も)いい……140
～てもさしつかえない……447
～でもしたら……273
ても(でも)……236
「ても・でも」の変形……476
～(て)もらう……72
～てやまない……443
～(て)やる……72
テンス……73
転成名詞……38
～と……269, 270
と……229, 235
～とあって……288, 432
～というか～というか……330
～ということだ……372
～ということだ・とのことだ……391
～というと……312
～というところだ・といったところだ……384
～というのは……309
「という」の変形……476
～というものだ……397
～というものではない……427
～というものは・ということは……310
～というより……387
～といえども……277, 420
～といえば……311
～といえば・というと・といったら……311
「といえば/といっている」の変形……475
～といった……329
～といったら……312
「といったら/といっている」の変形……475
～といったらない……313
～といっても……418
どうか……157
動詞……44
動詞過去形……74
どうして……153
どうしても……155
動詞非過去形……74
動態動詞……45, 74
倒置……10
どうやら(どうも)～ようだ……214
どうやら/どうも～らしい……217
～と思いきや……279
～と思う……194
～と思われる……194
～とおりに・とおりだ・とおりの……400
～どおりに・どおりだ・どおりの……400
～とか……391
～とか～とか……247, 330
～と考えられる……194
～と考える……194
とき……35
～ときたら……314
～とき(に)……290
ときに……169
～時には……274
独立語……6
独立部……8
ところ……36
ところが……166, 170
～どころか……381
～ところだ……79, 81, 94, 113
ところで……169, 239
～どころではない……424
～ところに・ところへ・ところを・ところで……356
～ところによると……327
～ところ(を)……416
～としたら……272
～としたら・とすれば・とすると……437
～として……321
～としても……414
～とすると……272
～とすれば……272
とても……152
「と/という」の変形……474
～と同時に……292
～とともに……292, 303, 366
～となると・となれば・となったら……439
殿……454
どの……160
～とは……310
～とはいえ……278, 420
～とは限らない……426
～とばかりに……348
とも……250
～ともすると……325
～ともなく・ともなしに……349
～ともなると・ともなれば……324
とんだ……161

な

～な……107
な……250
ない……131, 139, 204
～ない限り……440
～ないことには……31, 273, 438
～ないことはない・ないこともない……30, 427
～ないで……118, 299
～ないではいられない・ずにはいられない……443
～ないではおかない・ずにはおかない……444
～ないではすまない・ずにはすまない……443

～ないまでも……384
～ないものだろうか……32
なお……166
～なおす……106
なかなか……152, 155
～ながら……299
ながら……238
～ながら・ながらも……418
～ながら（も）……277
～なくして（は）……440
～なくて……118, 299
～なくてはいけない……119
～なくてはならない……119
～なくてもいい……119
～なくてもかまわない……119
ナ形容詞……124
～なければいけない……116
～なければならない……116
～なさい……107
～なさそうだ……212
～なしに・ことなしに……425
なぜ……153
「なぜか・なんだか・なにか」の変形……477
なぜなら……168
など……246
「など」の変形……477
な（なあ）……250
なのに……166
～なら……270
～ならでは（の）……376
～なら（ば）……196
なら（ば）……189
ならびに……167
～なり……294
なり……246
～なり～なり……330
～なりに・なりの……321
～なんて……352
に……226, 255
～にあたって・にあたり……355
～にあって……356
～に至る・に至って……371
～において……377
～に応じて・に応じた……403
～にかかわらず・にかかわりなく……408
～に関わる……315
～に限って……374
～に限らず……375
～に限り……374
～にかけては……310
～にかたくない……341
～にかわって……389
～に関して・に関する……315
～に決まっている……192, 396
～にくい……103, 341
～に比べ・に比べて……384
～に加え・加えて……380
～に越したことはない……385
～に際し（て）……354
～に先立って・に先立つ……356
～にしたがって……303, 365
～にしたって……283
～にしたところで・としたところで……320
～にしたら・にすれば……320
～にしては……279, 323
～にしても……283
～にしても～にしても……328
～にしても・にしろ・にせよ……414
～にしろ……283
～にすぎない……399
～にせよ……283
～に相違ない……192
～に即して・に即した……403
～に沿って・に沿う・に沿った……402
～に対して……322
～に対して・に対する……316
～に堪える・に堪えない……342
～に違いない……192
～に違いない・に相違ない……396
～について……314
～につれて……303
～につれて・につれ……365
～にとって……321
～にとどまらず……302, 378
～に伴って……303
～に伴って・に伴い・に伴う……366
～に反して……280
～に反して・に反する・に反した……387
～にひきかえ……280, 389
～にほかならない……397
～にもかかわらず……276, 417
～に基づいて・に基づく・に基づいた……401
～によって・により・による……325
～によって・による……405, 428
～によると～そうだ……212
～によると・によれば……326
Ⅱ類動詞……49
～にわたって・にわたる……336
人称代名詞……28
～ぬく……106
ぬ（ん）……204
ね（ねえ）……252
の……34, 225, 251, 264
～のことだから……31, 435
～のこととなると……313
～のだから……287
～のだったら……272
～のだ（なのだ）……189
～ので……285
ので……237, 238
～のである……189
～のです……189
～（の）ではあるまいか……195
～（の）ではないか……195
～（の）ではないだろうか……195
～（の）ではなかろうか……195
～のに……276
のに……237
～（の）に対して……281, 386
～のみならず……302, 377
～のもとで・のもとに……404

は

は……240
～ば……270
ば……234
～場合には……274
～はおろか……381
ばかり……244
～ばかりか……302, 379
～ばかりだ……81, 94, 113, 365
～ばかりでなく……301, 378
～ばかりに……286, 430
ば形……48, 62
～ばこそ……120
～はさておき……410
～始める……79, 98
はず……35
～はずがない……191, 192, 422
～はずだ……191, 192
派生語……19
撥音便……51
～ば～で……121
～はともかく（として）……410
話し言葉……464
「は」の変形……470
「ば」の変形……473
～ば～ほど……121, 245, 302, 367
～はもちろん・はもとより……381
反事実条件……269
～反面……281
～反面・半面……387
美化語……460
非常に……152
否定形……48, 60
品詞……13
複合形容詞……138
複合語……19
副詞……148
副助詞……223, 239
複文……12, 76, 261
付属語……12
普通形……22, 188
普通体……19
普通名詞……27
不定称……15
ふとした……161
文……2
文語……464
文章……2
文節……3
文体……19
文脈指示……15
へ……228
並列関係の複文……262
並列節……261
～べからず……92
～べからず・べからざる……449
～べきだ……117
～べき・べきだ・べきではない……448
～べく……289
～べくもない……92
ほう……36

～ほうがいい 115
ほしい 141, 353
補助形容詞 139
補助動詞 70
補足語 260
ほど 245
ほど～ない 245
～ほど・ほどの・ほどだ 382
ほとんど 153

ま

～まい 195, 393
まい 208
～前(に) 298
まさか 156
ました 183
ましょう 183
～ましょう/ましょうか/ませんか 94
ます 177, 460
ます形 48, 57, 184
～ます/ません/ました 94
ません 183
ませんでした 183
また 167
または 168, 170
まで 248
～までだ・までのことだ 383, 398
までに 249
～までもない 93, 425
～まみれ 346
まるで 156
まるで～のようだ 214
ーーみ 136, 137
未然形[意] 48, 60
未然形[否] 48, 60
～みたいだ 105, 392
みたいだ 213
無意志動詞 45
～向きだ・向きに・向きの 317
～向けだ・向けに・向けの 318
名詞 26
命令形 48, 63, 107
も 244
～もかまわず 278, 409
目的語 260
もし 154
もしくは 168, 170
もっと 151
もっとも 168
最も 151
もの 31
～ものか 32, 425
～ものがある 33, 352
～ものだ 32, 350
～ものだから 287
～ものだから・ものですから 33
～ものではない 32, 93, 447
～もので・ものだから・もの 429
～ものなら 33, 272, 438
～ものの 33, 278
ものの 239
～ものの・とはいうものの 415
～ものを 33, 277, 415
～も～ば(なら)～も 379
もらう 71

や

や 230
～や(否や) 293
～やすい 103
～やむ 81
～止む 98
やら 247
～やら～やら 247, 329
やる 71
ゆえに 165
よ 251
よい 140
～ようがない 101
～ようがない・ようもない 339
～(よ)うが(～まいが) 283
～(よ)うが～まいが 120, 412
～(よ)うが～(よ)うが 120
～(よ)うが/(よ)うと 119
用言 14
～ようだ 391
ようだ 213, 215
～ようだ・ように・ような 400
～(よ)うではないか 446
～(よ)うとする 79
～(よ)うと～まいと 120, 412
～(よ)うとも 120
～(よ)うと～(よ)うと 120
～ように 269, 289
～ようにする 93, 214
～ようになる 93, 214
～(よ)うにも～ない 120, 339
～(よ)うものなら 33, 120, 438
よって 165
よほど 151
よもや 156
より 231
～(より)ほかない 92
～(より)ほか(は)ない 398
よろしい 140

ら

～らしい 105, 393
らしい 215
ら抜き言葉 468
領域共有型 15
領域対立型 16
れる・られる 198, 455
連体形 48, 59
連体詞 157
連体修飾語 7
連体修飾節 263
連文節 3, 8
連用形 48, 57
連用修飾語 7
連用修飾節 263, 266

わ

わ 251
わが 160
わけ 34
～わけがない 191, 192, 423
～わけだ 191, 192, 372
～わけではない 426
～わけにいかない 93
～わけにはいかない 338
「わ」の変形 471
～わりに(は) 322
～わりには 279
を 226
～をおいて 377
～を限りに・限りで 333
～を皮切りに(して)・を皮切りとして 332
～をきっかけに(して)・をきっかけとして 406
～を契機に(して)・を契機として 406
～を中心に・を中心として・を中心とした 317
～を通じて・を通して 327, 335
～を問わず 408
～をぬきにしては 439
～をはじめ(として)・をはじめとする 332
～を踏まえて・を踏まえた 403
～をめぐって・をめぐる 316
～をもって 327, 334
～をもとに(して)・をもとにした 401
～をものともせずに 411
～を余儀なくされる・を余儀なくさせる 445
～をよそに 411
～んばかりに 348

合格者体験記・入試情報・受験対策など

名校志向塾の最新情報をお届けいたします ≫≫≫≫≫≫≫≫≫≫≫≫≫≫≫

WECHAT 公式アカウント ID
名校志向塾 Insights
最新的受験動向、大学募集傾向を定性・定性的に分析し、留学・進学に関して最も踏み込んだ情報と見解を届ける。

学部文系

コース 東京大学面接と小論文クラス
合格大学 東京大学

劉 さん

難関小論文を突破し 東大文科三類合格

日本の刀剣文化が好きで来日しました。大学では、社会科学を勉強したいと思っています。東大の小論文は話題が広く、アカデミックな内容はとても難しかったのですが、名校志向塾の面接対策と、小論文クラスのおかげで、無事に試験を突破し、合格を勝ち取りました。

学部文系

コース 関西校周年スペシャルコース
合格大学 東京大学　東北大学　一橋大学　早稲田大学

許 さん

日本留学試験得点全国1位 東京大学文科三類合格

私は初めの頃は面接が非常に苦手でした。初めの頃は模擬面接でさえ、緊張してしまい、失敗ばかりしていました。しかし、名校志向塾の先生方は私の問題点を一つ一つ整理して、改善の手助けをしてくれたため、本番では非常に高い完成度で面接に臨むことができました。また、留学試験でも全国1位の成績を獲得したことで、確かな自信に繋がりました。

学部文系

コース 文系保証コース
合格大学 早稲田大学

張 さん

早稲田大学 2学部ダブル合格

受験勉強の一年間は、様々な不安定な要素がありました。そこで、合理的な受験方法・対策を身につけることが非常に大事です。名校志向塾の先生たちは、親身になって、書類選考、筆記試験そして面接試験の準備を手伝ってくれまして、理想な大学と学部に合格することができました。

大学院藝術

コース VIPコース
合格大学 東京藝術大学

朱 さん

海を渡って 夢をかなえた

先生たちは、面接や、小論文対策などにおいて、隅から隅まで教えてくれます。個人個人に、しっかりと付き添ってくれるので、安心して受験に望めました。先生たちのおかげで、あまり孤独感を感じることなく、しっかりと勉強ができました。

学部文系

コース 日本語語彙・EJU日本語対策課程
合格大学 早稲田大学

刘 さん

半年でEJU日本語358点 早稲田大学教育学部

効率よく成果を出すには、正しい勉強法が必要不可欠です。とにかく問題を解きまくるという勉強法は個人的に結構向いていますが、実際要領よく練習を繰り返すことも容易ではありません。名校志向塾の先生がいつも丁寧に方向性の問題を指摘してくれたおかげで、私は最終的に正しい道を見つけました。

大学院文系

コース 大学院経済学コース
合格大学 一橋大学　横浜国立大学

朱 さん

きめ細かな指導で 確実に実力UP

名校の先生の授業はわかりやすいだけでなく、一人一人を丁寧に指導してくれます。講義における詳細なまとめは、復習の際に、とても役立ちました。難しい問題でも、詳細な解説をしてくれるので、確かな実力をつけることができました。

学部理系

コース 理系通年クラス＆東京大学面接と小論文クラス
合格大学 東京大学　東京工業大学　東京理科大学　慶応義塾大学

董 さん

脳科学を志望し 4つの一流大学に合格

最初は科学の勉強に関して、不明な点がたくさんあったので、短時間で本当に効果的な学習方法を身に着けられるか不安でした。しかし、名校志向塾の先生たちは、皆真面目な方ばかりで、教え方も効果的だったので、科学の専門知識、小論文や面接の要旨を把握でき、夢を叶えることができました。

大学院文系

コース 大学院文系コース・VIPコース
合格大学 東京大学

房 さん

0基礎・専攻チェンジ 半年で東大・経済学研究科

0から経営学の勉強をスタートした私が東大に合格できたとは、夢にも思わなかったことです。名校志向塾の先生たちのおかげで、「コツさえ掴めば、なんでもやれる」ということを再認識できました。先生たちの指導と励みのもとで、準備期間が短いにもかかわらず、私は数々の難関大学の過去問を効率よくクリアし、面接のスキルを全て身に付け、最終的にたったの半年間で東大に合格することができました。

学部文系

コース 東京大学面接と小論文クラス
合格大学 東京大学　北海道大学　慶応義塾大学　上智大学

宋 さん

一歩一歩を着実に 輝く未来を掴むため

自分の力を最大限に発揮したいと思い、最難関校である東大を志望しました。名校志向塾の東大特訓クラスを通して、専門科目の知識のみならず、面接の対策も行ったことで、スムーズに合格することができました。中国人、日本人、両方の先生方の懇切丁寧な指導にも、とても安心できました。

TOKYO

名校志向塾 高田馬場本部

〒169-0075
東京都新宿区高田馬場 3-3-3
三優ビル
TEL.03-5332-7836

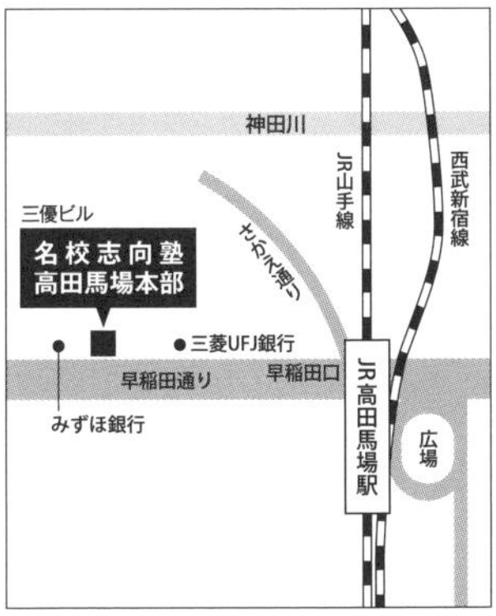

■高田馬場駅早稲田口より徒歩 2 分

名校志向塾 大久保第 2 本部

〒169-0074
東京都新宿区北新宿 4-4-1
第 3 山広ビル 2F
TEL.03-6279-3708

■新大久保駅より徒歩 5 分
■大久保駅北口より徒歩 4 分

名校教育　日本語学校
名校志向塾　上野校

〒110-0015
東京都台東区東上野 5-15-2
TSS ビル
TEL.03-5338-3135

■上野駅より徒歩 5 分

名校教育 国際善隣学院

〒169-0075
東京都新宿区高田馬場 3-22-1
ペガサスビル
TEL.03-62793542

■高田马场駅より徒歩 5 分

名校教育 東京巣鴨国際学院

〒114-0023
東京都北区滝野川 3-16-10
TEL.03-5972-1550

■都営三田線 「西巣鴨」 駅より徒歩 5 分

名校教育 東京外国語学院

〒162-0814
東京都新宿区新小川町 5-18
TEL.03-5579-802

■有楽町線 「江戸川橋」 駅より徒歩 11 分
■東西線 「飯田橋」 駅より徒歩 9 分
■東西線 「神楽坂」 駅より徒歩 10 分

TOKYO

名校教育 専門学校東京経理綜合学院
名校教育 ファッションビジネスカレッジ東京

〒169-0073
東京都新宿区百人町 1-5-6
TEL. 03-3209-1521

■西武新宿駅北口より徒歩 1 分
■新大久保駅より徒歩 3 分
■大久保駅より徒歩 3 分
■「新宿駅」 東口、 西口いずれも徒歩 10 分

名校教育
専門学校アニメ・アーティスト・アカデミー

〒130-0026
本館：東京都墨田区両国 2-17-5
別館：東京都墨田区石原 2-29-10
TEL. 03-6659-5375

■中央総武線 「両国駅」
東口・西口より徒歩 2 分
■都営大江戸線 「両国駅」
A4 出口より徒歩 9 分

OSAKA & KYOTO

名校志向塾 大阪旗艦校(難波)

〒556-0016
大阪府大阪市浪速区元町2-3-19
TCAビル8F
TEL.06-6648-8759

■難波駅より徒歩 7 分

名校志向塾 大阪梅田校

〒530-0015
大阪府大阪市北区中崎西4-3-32
タカ・大阪梅田ビル501
TEL.080-4421-4555

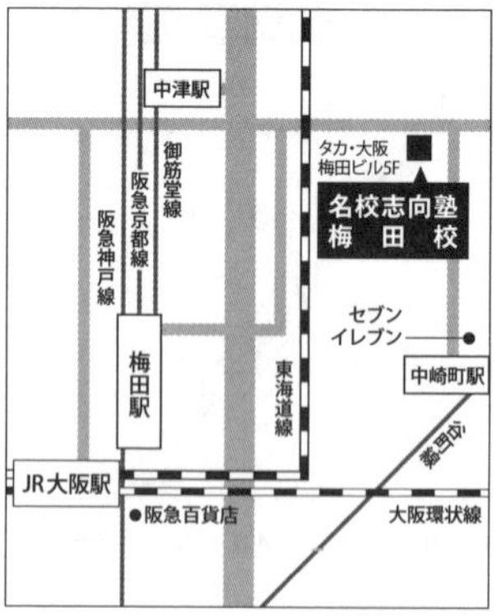

■梅田駅より徒歩 6 分

名校志向塾 京都校

〒612-8401
京都府京都市伏見区深草下川原町31-1
大和観光開発ビル
TEL.080-9424-6555

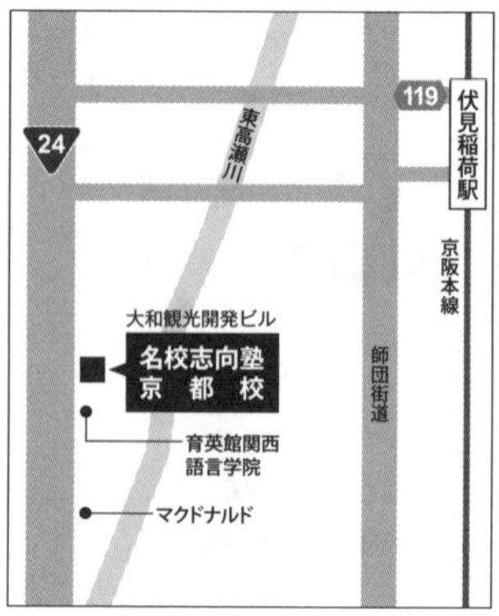

■伏見稲荷駅より徒歩 7 分

OVERSEAS

名校志向塾　北京朝阳事務所

〒100022
北京市朝阳区东三环中路39号院
建外soho西区14号楼0805室
TEL 010-5900-1663

名校志向塾　北京海淀事務所

〒100085
北京市海淀区金域国际中心
A座15层1510室
TEL 010-8639-3685

名校志向塾　南京事務所

〒210000
南京市秦淮区中山东路18号
TEL 025-5264-6269

名校志向塾　鄭州事務所

〒450046
郑州市金水区未来路和金水路
交叉口东北角-升龙大厦704室
TEL 0371-5857-8578

名校志向塾　瀋陽事務所

〒110013
沈阳市沈河区团结路7-1号
华府天地1号楼27层2703室
TEL 180-4006-0455

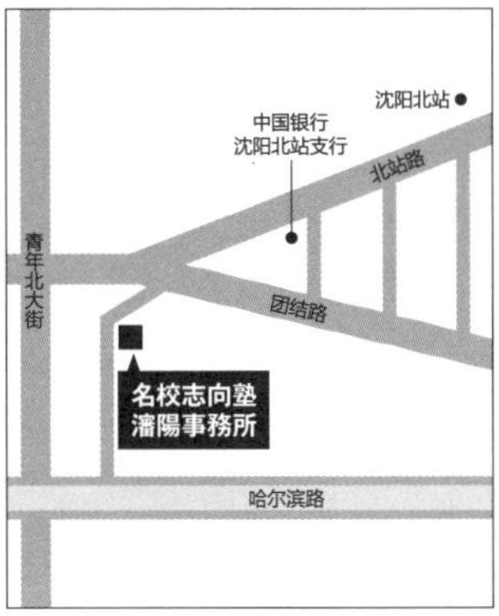

名校志向塾　ハルビン事務所

〒151800
哈尔滨市道里区上海街8号
爱建滨江写字楼530室
TEL 131-6344-1817

●監修者・編著者

陳 芨
株式会社名校教育グループ取締役。名校志向塾東大小論文・面接講師。東京大学卒業。

馮 嘉卿
株式会社名校教育グループ取締役。名校志向塾理科国立大学面接講師。電気通信大学卒業。

宋 衡
名校志向塾日本語講師。北京語言大学大学院修士課程修了。翻訳書に『妖怪』など。

王 茜玥
名校志向塾日本語講師。西安外国語大学大学院修士課程修了。
共著書に『日本留学試験（EJU）日本語単語・語彙 10000 語』など。

鄭 爽
名校志向塾日本語講師。北京外国語大学大学院修士課程修了。

名校志向塾
MEKO EDUCATION GROUP

日本で進学するための
総合日本語 文法と表現
2021年1月18日 初版第1刷発行

編　　著 陳 芨
宋 衡
王 茜玥
鄭 爽

発 行 所 株式会社名校教育グループ
〒169-0074 東京都新宿区北新宿4-1-1 第3山広ビル2F
TEL：03-6279-3708
https://www.mekoedu.com

発 売 所 日販アイ・ピー・エス株式会社
〒113-0034 東京都文京区湯島1-3-4
TEL：03-5802-1859 FAX：03-5802-1891

印 刷 所 共同印刷株式会社

ISBN978-4-909907-28-8